SPSS를 활용한

# 자료분석론

**정규형 · 김성희 · 히든그레이스 논문통계팀** 공저

학지사

실습파일은 학지사 홈페이지의 『SPSS를 활용한 자료분석론』(정규형, 김성희, 히든그레이스 논문통계팀)
부록 자료에서 다운로드할 수 있습니다. 또는 정규형 교수 홈페이지
(네이버나 구글에서 '정규형 교수 연구실' 검색.
https://sites.google.com/view/jqbrother)의 저서에서 다운로드할 수 있습니다.

# 머리말

이 책을 편 지금 이 순간에도 '자료분석론을 왜 공부해야 하지?', '앞으로 통계를 할 일은 없을 것 같은데 알아야 하나?'라고 생각하는 분들이 있을 것입니다. 어렵다는 선입견과 통계라는 큰 산 때문에 자료분석론 과목을 피하는 경우도 많이 보았습니다. 이 책의 저자들도 그랬습니다.

그러나 학부 졸업 후 현장에서 활동한 저자는 수행한 사업을 평가하고 더 나은 사업을 계획하기 위해 조사론과 자료분석론 교재를 다시 펴 들었습니다. 대학원에 진학한 저자는 연구논문들을 제대로 읽고 이해하고, 또 자신의 생각을 설득력 있게 표현하기 위해서 통계를 공부해야 했습니다.

자료분석을 통한 조사연구 과정은 전문 연구자들만의 영역이 아닙니다. 몇 해 전 화제가 되었던 논문의 저자에는 전 미국 대통령인 오바마의 이름이 올라가 있었습니다. 전문 연구자가 아니어도 자신의 분야에서 얼마든지 과학적인 방법과 논리적인 글쓰기를 통해 자신의 주장을 펼칠 수 있는 것입니다. 자료분석론을 공부하는 과정은 통계 전문가가 되기 위한 과정이 아닙니다. 과학적으로 사고하고 이해하며 분석을 통해 의사결정을 하기 위한 역량을 갖추어 나가는 과정입니다. 통계라는 하나의 좋은 무기를 갖춤으로써 내 전문 분야에 관해 더욱 설득력 있게 말할 수 있게 되는 것입니다.

이 책은 통계와는 거리가 멀었던 저자들이 자료분석의 중요성을 깨닫고, 조금이라도 잘해 보고자 노력해 왔던 고군분투의 결과물입니다. 그리고 그 과정에서 알게 된 것을 나누기 위해, 저자들처럼 어려움을 겪는 분들과 공유하며 쌓아 온 경험의 산물이기도 합니다. 실제로 이 책은 지난 10여 년간 초보자를 대상으로 진행한 SPSS 강의자료를 집대성한 것입니다. 그래서 그 어떤 책보다 쉽습니다. 이 책에서는 SPSS 프로그램을 다운로드하는 방법부터 시작합니다. 복잡한 이론이나 통계 관련 수학식을 삭제하고 대신 자세한 그림을 통해 방법을 한 단계, 한 단계 안내합니다. 그리고 학부생과 활동가들이 활용할 수 있는 기초적인 분석뿐만 아니라 대학원생을 포함한 연구자들의 학술적인 글쓰기를 위한 중급 이상의 통계 방법도 포함합니다.

이 책은 양적 자료분석 과정에서 가장 많이 활용하는 SPSS 프로그램을 중심으로 하고 있으며, 총 3부로 구성되어 있습니다.

'제1부 자료분석의 이해'에서는 우선 자료분석과 관련한 기초 개념들을 가볍게 다룹니다. 필요한 경우 주요 개념들의 자세한 내용은 선제과목에 해당하는 조사론의 도움을 받도록 합니다. 이어서 자료수집 과정에서 실제로 활용할 수 있도록 설문지를 작성하는 방법과 구글을 활용한 온라인 설문지 작성 과정을 자세히 소개하고, 2차 자료(공공데이터)를 수집·활용할 수 있는 사이트와 검색방법을 안내합니다.

'제2부 SPSS 기초'에서는 SPSS 프로그램 이해, 변수 세팅 및 데이터 코딩, 파일 합치기, 데이터 핸들링 등 SPSS 프로그램을 통해 분석을 하기 전에 알아두어야 할 내용을 소개합니다.

'제3부 SPSS 분석'에서는 빈도분석, 기술통계분석 등 기초 분석부터 회귀분석, 로지스틱 회귀분석, 매개효과분석, 조절효과분석, 조절된 매개효과분석 등 중급 이상의 분석까지 다룹니다. 이 책에 나오는 다양한 분석방법을 다 외우려고 하지 마십시오. 통계가 적용되는 구조와 원리를 이해하시고 필요한 때 언제든 이 책을 활용하시길 바랍니다.

이 책이 나오기까지 많은 분의 도움이 컸습니다. 저자를 대표하여 이렇게나마 감사의 마음을 전합니다. 적지 않은 분량과 많은 그림, 세세한 요청사항에도 기꺼이 응해 주고 믿어주신 학지사와 관계자분들께 감사드립니다. 대학원 후배 박다윤 학우와 세명대학교의 김민지 학생은 독자의 마음으로 원고를 읽어 봐 주고, 실제로 데이터 실습을 진행하며 수정 작업에 도움을 주었습니다. 누구보다 이 책의 소식을 기뻐해 주실 남석인 지도 교수님, 삶과 연구에 있어 모범이 되어 주셔서 감사합니다. 영원한 멘토 박호준 박사님을 비롯한 위스타트의 존재는 현장과 연구를 잇는 전문가로 성장하고 싶다는 꿈의 원동력입니다. 집필이 막힐 때면 함께 공부하는 동료 연구자들, 현재 제천지역에서 만나는 학생들과 실천 현장에서 만나는 활동가, 그리고 민간·학계를 넘나들며 열심히 뛰고 계시는 선배 교수님들을 떠올리며 작업을 이어 갈 수 있었습니다. 보내 주시는 응원과 격려에 깊이 감사드립니다. 또한 이 책에 일일이 언급되진 않았지만, 저자들은 수많은 교재를 참고하며 공부하였고 이 책을 집필하는 과정에도 큰 도움을 받았습니다. 유사한 목적의 도서가 이미 많지만 이렇게 또 발전한 모습으로 선보일 수 있는 건 선배 연구자들의 노력이 있었기에 가능했습니다. 이 책이 또 누군가의 연구와 실천에 힘이 되었으면 합니다. 집필에 두 명의 저자가 함께했으나 특별히 한 분에 대해 언급하지 않을 수 없습니다. 저자 정규형은 대학원생 시절부터 통계분석 강의를 만들어 동료·후배들을 가르치는 데 열심이었고 지금은 대학교수로서 후학 양성에 힘쓰고 있습니다. 이 책의 시작은 더 많은 이들이 쉽게 통계를 활용할 수 있었으면 좋겠다는 그의 마음에서 비롯되었습니다.

이 책은 저자들에게 개인적으로도 특별한 의미를 갖습니다. 같은 전공을 공부하는 동료 연구자이자 인생의 동반자인 저자들이 처음으로 함께 내놓은 저서이기도 합니다. 불안하기만 한 학생 부부의 시작을 믿고 여전히 큰 사랑으로 응원해 주고 계시는 양가 부모님, 결혼기념일에도 원고 수정으로 티격태격하는 엄마 아빠의 어깨를 토닥여 주는 작은 손 찬희에게 말로 다할 수 없는 고마움과 사랑을 전합니다. 저희 가정을 아껴 주시고 기도해 주시는 분들께도 정말 감사합니다. 모든 것을 선으로 이끄시는 주님 안에서 더 많이 사랑하며 성실하게 걸어 나가겠습니다.

끝으로 이 책을 통해 만나는 독자분들과도 함께 배우고 성장해 나가길 기대합니다. 이 책의 부족함이나 보완해야 할 사항, 궁금한 점은 언제든 공유해 주시기 바랍니다. 저희 저자들은 계속해서 보다 의미 있는 연구와 글로 세상의 목소리를 전할 수 있도록 노력할 것입니다. 감사합니다.

저자 대표하여

김성희 씀

# 차 례

# 제2부 SPSS 기초

## 제1부

# 자료분석의 이해

제1장

# 자료분석의 개괄

## Key Point

자료분석의 의미

- 조사를 통해 얻은 자료에 통계분석 방법을 적용한 결과물을 토대로 그 의미를 도출해 나가는 과정

자료분석의 과정

- 계획(자료분석 목적 명시, 자료수집 설계)−수행(자료수집, 자료정리 및 분석)−평가(보고서 작성)

## 1. 자료분석의 의미

과학적 연구는 사회현상이나 인간행동을 설명, 요약, 예측하는 데에 목적이 있습니다. 자료분석은 과학적 연구 절차의 일부로 조사를 통해 얻은 자료를 통계적 분석을 통해 밝혀냄으로써 그 의미를 도출해 낼 수 있도록 돕는 과정이라고 할 수 있습니다. 우리는 보다 논리적이고 신뢰할 수 있는 연구 과정을 수행하기 위하여 '통계'라는 방법을 활용합니다. 이때 자료분석은 관심을 갖는 문제를 파악하는 데에 적합한 통계분석 방법을 선택 · 수행하고, 통계를 통해 도출된 수량적 결과물을 근거로 해석 · 판단하고 나아가 이를 기술하는 능력까지도 포함합니다.

오늘날 우리는 일명 데이터 사회를 살아가고 있습니다. 범람하는 데이터와 자료 안에서 연구자는 객관적이고 신뢰할 수 있는 결과물로 복잡한 사회를 설명하고 의미를 발견해 전달할 수 있어야 하며, 현장의 활동가들은 근거 기반의 실천을 통해 책무를 다해야 합니다. 과학적이고 체계적인 자료분석은 이 같은 과정을 가능하게 합니다. 우리가 자료분석에 관심을 가지고 공부해야 하는 이유입니다.

## 2. 자료분석의 과정

조사분석은 다음과 같이 5단계의 체계적인 과정으로 진행합니다. 우리가 알고 있는 연구절차와 맞닿아 있습니다. 여기서는 자료분석에 기반하여 그 과정을 다시 살펴보고자 합니다.

| 단계 | 구분 |
|---|---|
| 자료분석의 목적 명시<br>자료분석을 통하여 무엇을 설명 · 주장하고자 하는가? | 계획 |
| 자료수집의 설계<br>자료의 내용(개념화 · 조작화), 자료수집의 대상(모집단 · 표본)과 방법(조사 · 실험) 결정 | |
| 자료수집<br>자료분석의 목적과 설계에 따라 실제 자료를 수집하는 단계 | 수행 |
| 자료정리 및 분석<br>수집된 자료를 컴퓨터에 입력(코딩) 후 통계적 기법을 통한 분석 실시 | |
| 보고서 작성<br>통계적 맥락에서 결과 제시 및 서술하기 | 평가 |

자료: 성태제(2009), 알기 쉬운 통계분석, p. 16 재구성.

### 1) 자료분석의 목적 명시

연구자가 관심을 갖는 문제를 둘러싼 이론과 실제를 살피며 연구주제를 선정함으로써 자료분석의 목적을 분명히 합니다. 연구자가 조사를 통해 무엇을 설명하고 주장하고자 하는지(가설)를 정립합니다. 이에 따라 취해야 할 자료수집의 설계들이 달라집니다.

### 2) 자료수집의 설계: 자료의 내용, 자료수집 대상, 자료수집 방법 결정

• 자료의 내용은 무엇을 수집할 것인가와 관련 있습니다. 이를 위해서는 연구자가 조사를 통해 파악하고자 하는 조사문제와 관련한 주요 개념(변수)의 내용들을 구체화(개념화)하고 어떻게 측정할 수 있는지(조작화)를 확인해야 합니다. '소득수준이 높을수록 생활만족도가 높다.'는 가설을 검증한다고 할 때, 소득수준은 '작년 기준 세전 월 평균소득', 생활만족도는 '생활만족도 관련 리커트 척도 점수'와 같이 측정 가능한 수치로 구체

화할 수 있습니다.

- 자료수집 대상은 크게 모집단과 표본으로 살펴볼 수 있습니다. 모집단이 자료수집 대상에 해당하는 이들의 전체집합을 의미한다면, 표본은 자료수집의 효율성을 고려하여 모집단으로부터 일정 수준 추출한 부분집합이라고 볼 수 있습니다. 대부분의 사회연구에서는 표본을 대상으로 조사를 진행합니다. 이 과정에서 표본이 모집단을 잘 대표할 수 있도록 적절한 표본의 수를 선정하고 표본추출방법(표집방법)을 선택하여 활용할 수 있습니다.
- 자료수집 방법은 어떻게 자료를 수집할 것인가에 해당하는 것으로 크게 두 가지로 살펴볼 수 있습니다. 수집대상을 인위적으로 통제하여 특정 자료를 수집하는 '실험', 또는 인위적으로 통제하지 않은 자연적인 상황에서 수집하는 '설문조사'로 나누어 볼 수 있습니다. 사회과학 연구들은 설문조사(면접, 전화, 우편, 온라인 등)의 방법을 많이 취하고 있으며, 연구자가 직접 자료를 수집하는 것 이외에 개인이나 기관에 의해 이미 수집된 2차 자료를 수집 · 가공하여 활용할 수도 있습니다. 이 책에서는 '제3장 설문지 작성 및 공공데이터의 활용'에서 이 부분을 자세하게 다룹니다.

### 3) 자료수집

자료분석의 목적과 자료수집 설계(내용, 대상, 방법 등)에 따라 자료를 수집하는 단계입니다. 예를 들어, 설문조사, 면접조사, 혹은 2차 자료를 통해 수집하거나 실험이나 관찰조사를 진행하며 조사대상으로부터 자료를 얻습니다.

### 4) 자료정리 및 분석

수집한 자료는 우선 컴퓨터에 입력(코딩)합니다. 응답 내용을 분석 가능한 자료의 형태로 전환하는 과정은 통계에서 분석만큼이나 매우 중요한 작업입니다. 해당 내용은 SPSS에 대한 기본적 이해와 함께 이 책의 제2부에서 자세하게 다루고 있습니다.

이후 코딩된 자료를 가지고 조사 목적과 자료의 특성에 맞는 통계기법을 사용하여 분석합니다. 연구자는 도출된 결과에 기반하여 조사연구의 의미를 찾아냅니다. 분석 과정에 해당하는 내용은 이 책의 제3부에서 자세하게 볼 수 있으며, 해석하는 방법과 보고서를 작성하는 방법도 분석별로 함께 다룹니다.

### 5) 보고서 작성

도출해 낸 결과를 정리하여 제시하는 단계입니다. 이때 연구자는 가능하면 중학생도 쉽게 이해할 수 있는 수준으로 작성할 수 있도록 합니다. 표나 그래프, 그림 등을 활용하여 한눈에 이해하기 쉽게 제시하는 것도 좋습니다.

제2장

# 자료분석을 위한 기본개념

## Key Point

### 변수의 구분

• 기능에 따른 변수: 독립변수, 종속변수, 매개변수, 조절변수, 통제변수

• 속성(측정수준)에 따른 변수: 명목변수, 서열변수, 등간변수, 비율변수

| 구분 | | 특징 | 예시 |
|---|---|---|---|
| 이산변수<br>질적변수 | 명목변수 | 상호배타적 범주로 나누는 변수 | 성별, 종교, 직업, 결혼유무 |
| | 서열변수 | 상호배타적 범주로 나눌 수 있고 범주 간 순서를 매길 수 있는 변수 | 학점, 등수, 학력, 장애등급, 만족도(리커트 척도) |
| 연속변수<br>양적변수 | 등간변수 | 범주 간 동일한 간격으로 이루어진 변수. 임의영점을 지님 | 온도(℃), 지능지수(IQ), 물가지수, 학년 |
| | 비율변수 | 범주 간 동일한 간격뿐만 아니라 절대영점을 지닌 변수 | 소득수준(원), 몸무게(kg), 신장(cm), 가족 수 |

### 자료분석 관련 주요 개념

• 모집단: 수집하고자 하는 자료의 대상 전체

• 표본: 모집단으로부터 추출한 일정 수준의 대상 집단. 모집단의 부분집합으로 모집단을 대표

• 전수조사: 모집단 대상의 조사

• 표본조사: 표본 대상의 조사. 표본조사 결과를 바탕으로 모집단의 특성을 추정

• 모수치: 모집단의 특성을 설명하는 값(모집단 크기 N, 모평균 $\mu$, 모분산 $\sigma^2$, 모표준편차 $\sigma$)

• 통계치: 표본의 특성을 설명하는 값(표본 크기 n, 표본평균 X, 표본분산 $s^2$, 표본표준편차 s)

• 기술통계: 표본의 자료를 요약하고 설명해 주는 통계(평균, 중앙값, 최빈값, 분산, 표준편차 등)

• 추론통계: 표본에서 얻은 통계치로 모집단을 예견하고 일반화하기 위한 통계

• 영가설(귀무가설, $H_0$): 연구가설을 기각하기 위해 설정한 가설. 'A와 B는 관계가 없다.'

• 연구가설(대립가설, $H_1$): 연구자가 실제로 검증하고자 하는 가설. 'A는 B와 관계가 있다.'

• 유의수준($\alpha$): 영가설/연구가설을 기각 · 채택하기 위한 기준. 5%(0.05), 1%(0.01)로 설정

• 유의확률(p값): 영가설이 채택될 확률. 유의수준보다 작아야 영가설을 기각하고 연구가설을 채택
(※ p값 < 유의수준: 영가설을 기각하므로 연구가설 채택)

• 정규분포: 가설을 검증하거나 모집단을 추정하는 데 기초가 되는 종 모양의 좌우대칭 분포

• 왜도: 자료분포가 좌측이나 우측으로 기울어진 정도

• 첨도: 자료분포가 뾰족하거나 완만한지 중앙에 집중되는 정도

# 1. 변수

변수(variable)란 연구대상의 속성으로 두 가지 이상의 값을 가지는 변할 수 있는 수를 말합니다. 상반되는 개념으로 변하지 않는 고정된 수를 뜻하는 상수(constant)가 있습니다. 예를 들면, 남성과 여성 각각의 단일 속성은 변하지 않는 상수이지만 두 개념을 아우르는 성별은 변수가 될 수 있습니다. 가족 자체는 상수적 개념이지만 가족의 수, 가족의 유형으로 살펴보면 변수가 됩니다. 변수는 자료분석의 기본단위로 기능과 속성에 따라 다음과 같이 구분할 수 있습니다.

## 1) 기능에 따른 변수 분류

### (1) 독립변수와 종속변수

독립변수(Independent Variable)는 인과관계에서 원인의 기능을 하는 것으로 다른 변수에 영향을 주는 변수입니다. 실험연구에서 연구자에 의해 조작되는 변수가 이에 해당하며, 사회조사연구에서는 논리적 선행조건에 해당합니다. 원인변수, 설명변수, 예측변수라고도 합니다.

종속변수(Dependent Variable)는 인과관계에서 결과의 기능을 하는 것으로 독립변수로부터 영향을 받는 변수입니다. 실험연구에서 독립변수의 변화에 따라 변하게 되는 변수가 이에 해당하며, 독립변수에 후행하여 나타납니다. 결과변수, 피설명변수, 피예측변수라고도 합니다.

연구자가 파악하고자 하는 두 변수 간의 관계를 'A는 B에 영향을 미친다', 'A가 ~할수록 B가 ~하다', 'A에 따른 B의 차이'라고 할 때 A는 독립변수, B는 종속변수에 해당됩니다.

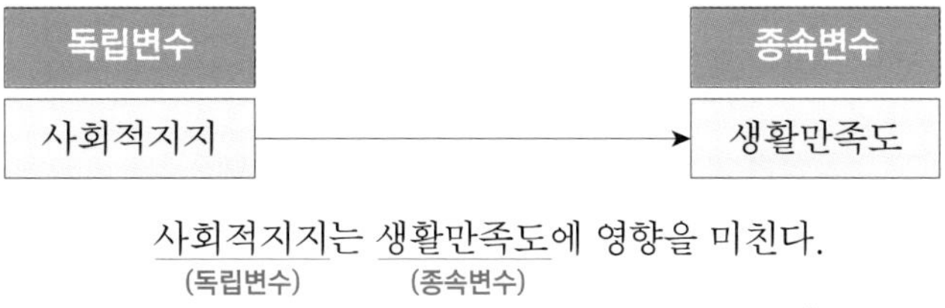


[그림 2-1] **독립변수, 종속변수 간 관계의 예**

### (2) 매개변수

매개변수(Mediator Variable)는 독립변수의 영향을 받아 종속변수에 영향을 주는 변수로, 독립변수가 종속변수를 '어떻게', '왜' 예측하고 야기시키는지를 설명합니다. 위치상 독립변수의 결과인 동시에 종속변수의 원인으로 작용하며, 독립변수와 종속변수의 관계를 연결시킵니다. 중재변수(Intervening Variable)라고도 합니다.

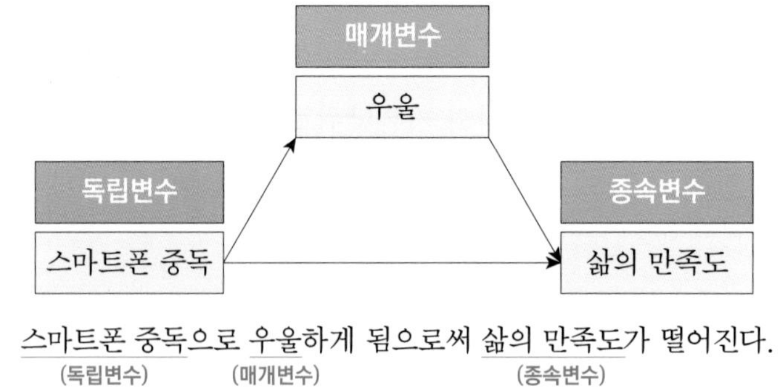


[그림 2-2] **독립변수, 매개변수, 종속변수 간 관계의 예**

### (3) 조절변수

조절변수(Moderate Variable)는 독립변수가 종속변수에 미치는 영향력을 조절할 수 있는 변수로, 독립변수와의 상호작용을 통해 종속변수에 영향을 미칩니다. 이 과정에서 조절변수는 독립변수와 종속변수의 관계 정도(강도)를 더 강화할 수도 완충시킬 수도 있습니다.

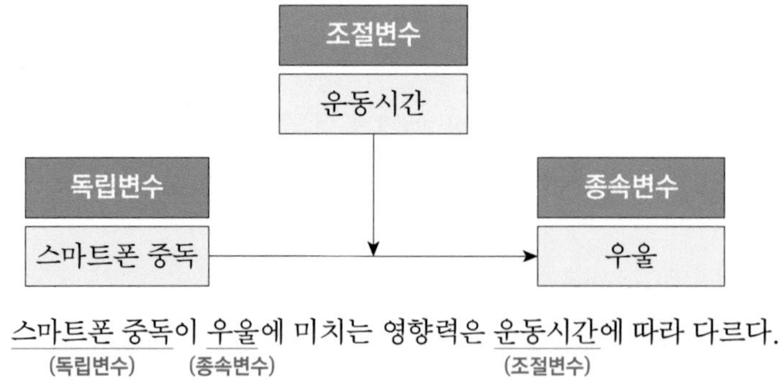


[그림 2-3] **독립변수, 조절변수, 종속변수 간 관계의 예**

### (4) 통제변수

변수 간 관계에 영향을 미칠 수 있는 제3의 변수를 통제할 때 이를 통제변수(Control Variable)

라고 합니다. 통제변수를 통해 연구자가 파악하고자 하는 독립변수와 종속변수 간의 관계를 보다 명확하게 알 수 있습니다.

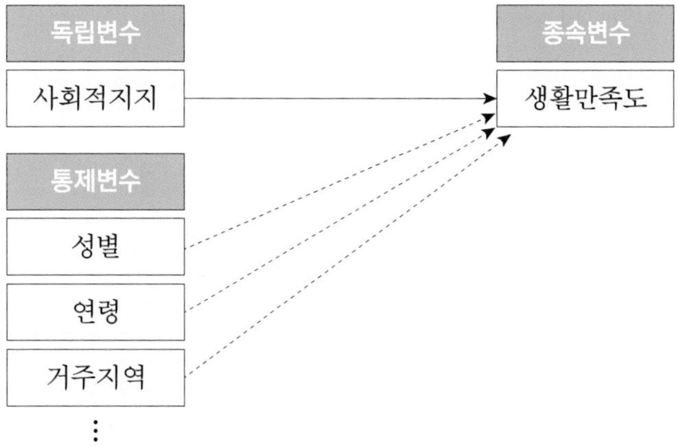


[그림 2-4] **통제변수의 예**

## 2) 속성(측정수준)에 따른 변수 분류

변수는 속성과 측정수준에 따라 사용할 수 있는 통계 방법이 달라지기에 이를 파악하는 것은 매우 중요합니다. 여기서 측정이란 조사연구를 진행하는 과정 중 변수의 속성을 수치로 표현하는 작업을 말합니다. 다음에 살펴볼 명목변수, 서열변수, 등간변수, 비율변수를 측정수준의 차원에서 '명목척도, 서열척도, 등간척도, 비율척도'라고도 말합니다.

### (1) 명목변수

명목변수(Nominal Variable)는 사물의 속성을 상호배타적 범주로 나눌 수 있는 변수로, 각 범주에 부여된 수치는 이름이 부여되어 구분을 위한 것일 뿐 다른 의미를 지니지 않습니다. 예를 들어, 성별의 경우 ① 남성과 ② 여성으로 나타낼 수 있는데, 이때 ①과 ②는 양적인 의미를 지니지 못하고 단순히 구분을 위한 것이라고 볼 수 있습니다. 따라서 ① 여성, ② 남성과 같이 범주의 수치가 바뀌어도 상관없습니다.

### (2) 서열변수

서열변수(Ordinal Variable)는 사물의 속성을 상호배타적 범주로 나눌 수 있고 범주 간 순서를 매길 수 있는 변수로, 각 범주에 부여된 수치는 단순히 서열을 의미합니다. 예를 들어, 성적이 좋은 순서대로 1등부터 100등까지 등수를 매긴 경우 1에서 100까지 갈수록 성적이 낮아진다는 서열 정보는 알 수 있으나 얼마나 성적 차이가 나는지 알 수 없고, 1등과 2등의 성적 차이가 99등과 100등의 성적 차이와 같다고 할 수 없습니다. 이처럼 명목변수의 특성에 서열이라는 정보가 더 추가된 것으로, 부여된 수치 간의 간격은 일정하지 않지만 점점 커지거나 점점 작아지게 됩니다. 특히 사회과학 분야에서는 삶의 만족도, 우울, 자아존중감과 같은 변수들을 파악하기 위하여 관련 제시 문장별로 '① 전혀 그렇지 않다, ② 대체로 그렇지 않다, ③ 보통이다, ④ 대체로 그렇다, ⑤ 매우 그렇다'와 같이 리커트 척도로 이를 묻는 경우가 있는데, 이것 역시 서열변수에 해당한다고 볼 수 있습니다. 그러나 분석 과정에서 리커트 척도는 연속변수에 속하는 등간변수로 간주되어 사용되기도 합니다.

#### (3) 등간변수

등간변수(Interval Variable)는 범주 간에 동일한 간격, 동일한 거리로 이루어져 있는 변수로, 범주 간의 순서뿐만 아니라 차이를 알 수 있습니다. 예를 들어, 온도(℃)의 경우 20도와 21의 차이는 40도와 41도의 차이와 같다고 할 수 있습니다. 이처럼 서열변수의 특성에 거리라는 정보가 더해진 변수라고 볼 수 있습니다.

등간변수의 경우, 비율변수와 다르게 임의영점을 지니고 있습니다. 등간변수에서의 0은 임의로 정한 값(something)에 불과하지, '전혀 없음(nothing)'을 의미하지 않습니다. 예로 들었던 온도에서 0℃는 임의의 기준에 따른 값일 뿐 온도가 없다는 것을 뜻하지 않습니다.

#### (4) 비율변수

비율변수(Ratio Variable)는 범주 간에 간격이 동일할 뿐만 아니라 절대영점의 의미를 갖고 있는 변수로, 범주 간 몇 배 차이인지를 측정할 수 있습니다. 여기서 절대영점이란 '전혀 없음(nothing)'의 의미로, 예를 들어 비율변수에 해당하는 소득의 경우, 소득이 0이란 것은 소득이 아무것도 없다는 것을 뜻하며, 소득 100만 원은 소득 50만 원에 비해 2배 높다고 할 수 있습니다. 가장 고차원적이고, 가장 많은 정보를 가지고 있는 변수이자 사칙연산이 모두 가능한 변수에 해당합니다.

### 3) 속성에 따른 변수의 종류와 특징

속성에 따른 명목변수, 서열변수, 등간변수, 비율변수는 크게 두 가지로 나누어 볼 수 있습니다.

첫 번째는 '비연속적 변수(discontinuous variable)', '이산변수' 혹은 '질적변수'에 해당하는 것으로, 변수에 연속성이 없어 단지 구분만이 가능한 변수를 말합니다. 특정 수치나 소수점으로 표현할 수 없고 범주로 분류하여 나타낼 수 있습니다. 명목변수와 서열변수가 이에 속합니다. 이 책에서는 이해를 돕기 위해 집단을 구분할 수 있는 변수 특성을 고려하여 '집단변수'라는 표현을 사용하고자 합니다.

두 번째는 '연속변수(continuous variable)' 혹은 '양적변수'입니다. 여기에 해당하는 변수는 연속성을 가지고 있어 한정된 범위 안에서라면 어떠한 값이든, 소수점까지의 값으로도 표현할 수 있습니다. 등간변수와 비율변수가 여기에 속합니다. 변수의 속성을 수치로 나타내어 연산을 할 수 있는 특징이 있기에, 이 책에서는 원활한 이해를 위해 여기에 해당하는 변수를 '평균변수'라는 용어로 설명합니다.

<표 2-1> **속성에 따른 변수의 종류와 특징**

| 구분 | | 예시 | 특징 | | | |
|---|---|---|---|---|---|---|
| | | | 분류<br>= | 순위<br>>, < | 동일 간격<br>+, - | 절대영점<br>×, ÷ |
| 이산변수<br>질적변수 | 명목변수 | 성별, 종교, 직업, 결혼유무 | ○ | | | |
| | 서열변수 | 학점, 등수, 학력, 장애등급, 만족도(리커트 척도) | ○ | ○ | | |
| 연속변수<br>양적변수 | 등간변수 | 온도(℃), 지능지수(IQ), 학년, 물가지수 | ○ | ○ | ○ | |
| | 비율변수 | 소득수준(원), 몸무게(kg), 신장(cm), 가족 수 | ○ | ○ | ○ | ○ |

- 이산변수, 질적변수: 범주로 표현할 수 있는 변수. 명목변수와 서열변수

  ↕ ↕ 차후 이 책에서는 '집단변수'로 설명
- 연속변수, 양적변수: 수치로 표현할 수 있는 변수. 등간변수와 비율변수

  차후 이 책에서는 '평균변수'로 설명

체크? 체크!

### 변수의 측정수준은 달라질 수 있다?

하나의 변수를 측정할 수 있는 방법은 다양합니다. 해당 변수를 어떻게 응답하도록 할지, 즉 어떻게 측정할지에 따라 변수의 속성은 달라지고, 이에 따라 분석방법도 달라집니다.

다음 예시와 같이 연속변수로 알고 있는 연령(나이)도 측정수준에 따라 연속변수가 될 수도 있고, 이산변수가 될 수도 있습니다. 중요한 것은 연속변수는 이산변수로 측정수준을 바꿀 수 있지만 그 반대는 어렵다는 것입니다. 아래 연령의 예에서 25세라는 연속변수는 차후 ②번이라는 이산변수로 측정수준을 바꿀 수 있는 반면, 이미 ②번으로 측정된 연령은 21세인지, 25세인지 알 수가 없어 연속변수로 전환할 수 없습니다. 따라서 변수를 측정할 때는 가능하면 가장 많은 정보를 담고 있는 변수로 측정할 수 있도록 하는 것이 좋습니다.

**예**: 변수–연령

현재 귀하의 연령은 어떻게 됩니까?

(　　)세

현재 귀하의 연령은 어떻게 됩니까?

| | | |
|---|---|---|
| ① 10대 이하 | ② 20대 | ③ 30대 |
| ④ 40대 | ⑤ 50대 | ⑥ 60대 이상 |

# 2. 모집단과 표본

## 1) 모집단

모집단(population)이란 수집하고자 하는 자료의 대상 전체로, 연구에 필요한 정보를 가지고 있는 대상들의 전체집합을 뜻합니다. 우리나라 대학교 1학년 학생들의 공부시간에 관한 연구를 할 경우 모집단은 현재 대학교 1학년인 전국 모든 학생이 해당됩니다. 그러나 연구 대상의 전체에 해당하는 모집단을 대상으로 연구를 진행하는 것은 현실적으로 불가능합니다. 모집단 전체를 대상으로 진행하는 전수조사는 시간과 비용이 지나치게 많이 소요되기 때문입니다.

## 2) 표본

표본(sample)이란 모집단의 부분집합으로, 모집단을 대표할 수 있도록 모집단으로부터 추출한 일정 수준의 대상집단을 의미합니다. 모집단을 대상으로 한 전수조사가 현실적으로 불가능하기에 합리적인 방법으로 모집단을 대표할 수 있는 대상을 추출한 표본을 통하여 표본조사를 실행합니다. 대학교 1학년 학생들의 공부시간에 관한 연구를 위해 우리나라 대학교 1학년 전국 모든 학생 중 300명이 추출되었다고 했을 때, 300명이 표본에 해당하며 최종 선택된 케이스 수로서 표본의 크기(sample size)에 해당합니다. 모집단에서 부분으로서의 표본을 선택하는 과정을 표본추출 또는 표집(sampling)이라고 하는데, 표본이 모집단을 잘 대표할 수 있도록 단순무선표집, 층화표집, 군집표집과 같은 표본추출방법을 활용합니다.

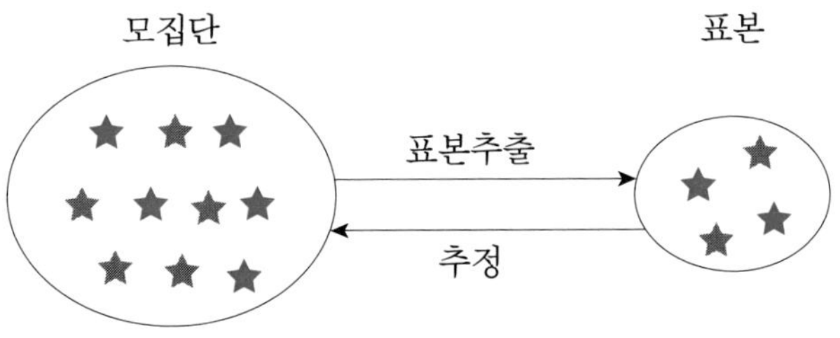


[그림 2-5] **모집단과 표본의 관계**

## 3. 전수조사와 표본조사

조사방법은 그 대상이 모집단이냐, 표본이냐에 따라 전수조사와 표본조사로 구분할 수 있습니다.

### 1) 전수조사

전수조사(Complete Enumeration)는 조사의 대상이 되는 전체 집단을 전부 조사하는 것으로 모집단이 곧 표본이 됩니다. 경제성과 신속성이 떨어져 현실적인 어려움이 따릅니다. 예를 들어, 국가에서 5년 단위로 실시하는 인구주택총조사(인구조사, 인구센서스), 농림어업총조사 등이 있습니다.

### 2) 표본조사

표본조사(Sampling Survey)는 다양한 표본추출방법에 따라 모집단에서 추출한 일부, 즉 표본을 대상으로 조사하는 것을 말하며, 부분조사라고도 합니다.

표본조사의 결과를 바탕으로 모집단의 특성을 추정합니다. 따라서 표본조사의 경우 대표성의 문제, 즉 표본이 모집단을 잘 대표할 수 있는지가 중요합니다. 대표성 있는 표본을 추출하기 위해 어떻게 표본추출(sampling)을 할지가 관건입니다. 표본이 모집단을 잘 대표할 수 있을 때, 정확한 분석이 가능하고 모집단을 추정하는 일반화가 가능해집니다.

표본조사는 전수조사에 비해 시간과 비용이 적게 들고 심도 있는 조사가 가능하다는 장점이 있으나, 표본이 전체 모집단을 잘 대표하지 못하는 등 표본추출의 오류가 있을 경우 연구 결과에 영향을 미칠 수 있습니다. 또한 모집단의 크기가 작을 경우 표집 자체가 무의미할 수 있으며, 특정 성질의 조사 대상을 찾을 때는 표본추출을 통한 표본조사가 적합하지 않습니다.

# 4. 모수치와 통계치

## 1) 모수치

모수치(parameter)는 모집단에서 얻은 변수의 값으로 모집단의 특성을 설명하는 값들을 말합니다. 모수라고도 합니다.

◆ 표기: 모집단 크기 N, 모평균 $\mu$, 모분산 $\sigma^2$, 모표준편차 $\sigma$

## 2) 통계치

통계치(statistic)는 표본에서 얻은 변수의 값으로 표본의 특성을 설명하는 값들을 말합니다. 통계량 또는 추정치(estimate)라고도 합니다. 모집단 전체를 대상으로 조사를 하는 것이 현실적으로 쉽지 않으므로 연구자는 표본을 통해 얻은 통계치들에 근거해서 모집단의 모수치를 추론하게 됩니다. 이 과정을 가설검증이라고 합니다.

◆ 표기: 표본 크기 n, 표본평균 X, 표본분산 $s^2$, 표본표준편차 s

## 5. 기술통계와 추론통계

통계는 대상을 통해 자료를 수집하여 파악한 특성을 숫자로 기술 · 요약하고 그로부터 어떤 판단을 하기 위한 추론 과정을 말합니다. 이처럼 통계는 기술과 추론이라는 목적을 가지고 있는데, 자료분석의 기능에 따라 기술통계와 추론통계로 나눌 수 있습니다.

### 1) 기술통계

기술통계(Descriptive Statistics)는 수집한 표본의 자료를 요약하여 간단하고 이해하기 쉽게 정리하는 통계를 말합니다. 서술통계라고도 합니다. 자료들의 속성을 묘사하고 설명해 주기만 할 뿐, 모집단의 속성을 예견하지는 않습니다. 자료분석의 기초가 되는 통계로 평균, 중앙값, 최빈값, 분산, 표준편차 등을 주로 활용합니다.

### 2) 추론통계

추론통계(Inferential Statistics)는 표본에서 얻은 통계치로 모집단의 모수치를 추정하는 통계를 말합니다. 즉, 수집된 자료를 통해 모집단의 특성을 예견하고 일반화하는 과정이라고 볼 수 있습니다. 예로, 투표를 마치고 나온 일부 유권자들을 대상으로 실시한 출구조사를 통해 선거 결과를 예측하는 것을 들 수 있습니다. 이 책에서 다루는 대부분의 통계기법은 추론통계에 기반을 두고 있습니다.

# 6. 가설검증의 과정

## 1) 가설

가설(hypothesis)이란 연구문제에 대한 결론을 이끌어 내기 위해 세워지는 잠정적인 문장으로, 두 개 이상의 변수 간 관계를 예측하는 추정을 말합니다. 과학적 연구는 인과관계를 가정하고 있기에, 원인이 결과에 영향을 미친다는 검증 가능한 형태로 이루어져 변수 간의 상태와 관계를 서술합니다. 예로, '~이면, ~이다', '~할수록, ~하다'와 같습니다. 가설은 영가설(귀무가설)과 연구가설로 나눌 수 있습니다.

### (1) 영가설(귀무가설)

영가설 또는 귀무가설(null hypothesis, $H_0$)은 연구가설을 부정하거나 기각하기 위해 설정하는 가설입니다. 예로, 'A와 B는 관계가 없다/차이가 없다.'와 같은 형식을 지닙니다.

### (2) 연구가설

연구가설(research hypothesis, $H_1$)은 연구자가 주장하는 가설로 실제로 검증하고자 하는 가설에 해당합니다. 통계 검증 과정에서 연구가설을 영가설의 형태로 표현하고 검증 과정을 통해 영가설의 반대인 대립가설의 기각 여부를 결정하는데, 사실상 연구가설이 곧 대립가설이라고 할 수 있습니다. 연구가설은 이론으로부터 도출되며 가설이 검증되기 전까지 연구주제에 대한 잠정적인 답으로 간주됩니다. 과학적 가설, 작업가설, 실험가설이라고도 불립니다. 예로, 'A는 B와 관계가 있다/차이가 있다.'와 같은 형식을 지닙니다.

- 영가설(귀무가설) $H_0$=사회적지지는 사람들의 생활만족도를 증가시켜 주지 않을 것이다.
- 연구가설(대립가설) $H_1$=사회적지지는 사람들의 생활만족도를 증가시켜 줄 것이다.

## 2) 가설의 검증

연구자는 자료분석의 결과를 통해 주장하고자 하는 가설이 맞는지 틀리는지를 결정 내리게 됩니다. 여기서 연구가설은 그 자체로 검증될 수 없고, 연구가설과 대비되는 영가설이

옳지 않다는 것을 입증함으로써 검증합니다. 영가설을 지지할 증거를 못 찾으니 영가설을 기각(부정)하고 연구가설을 채택하게 되는 것입니다. 엄밀히 말하면, 자료분석 과정에서 검증하는 것은 이 영가설에 대해 검증하는 것이고, 영가설의 기각 여부를 판단하는 과정입니다.

- 영가설(귀무가설)이 '거짓' = 영가설을 기각한다. = 연구가설 채택
- 영가설(귀무가설)이 '참' = 영가설을 기각할 수 없다. = 연구가설 기각

이때 기각 여부를 판단하는 기준이 있습니다. 바로 유의수준과 유의확률입니다.

### (1) 유의수준

유의수준(Significance Level, α)은 영가설/연구가설을 기각하거나 채택할 때의 기준에 해당합니다.

가설검증 과정은 영가설의 기각 여부를 판단하는 과정으로, 유의수준은 영가설을 기각할 경우 범할 수 있는 오류(1종 오류, 참인 영가설을 기각할 경우)를 어느 수준까지 허용할 수 있는가에 대한 기준입니다. 사회과학 연구에서는 통상 유의수준을 5%(0.05), 1%(0.01)로 설정합니다. 유의수준을 .05로 설정했다는 것은 검증 오류의 발생 가능성을 최대 5%까지 허용할 수 있다는 의미이고, 유의수준을 .01로 설정하면 1%까지 오류의 가능성을 감수한다는 뜻으로 기준이 더 엄격해집니다. 다른 말로 통계적 유의정도를 각각 95%, 99% 확신한다는 신뢰수준으로 볼 수 있습니다.

자료분석을 통해 도출되는 확률치(유의확률)가 이 유의수준보다 작아야 영가설을 기각하고 연구가설을 채택할 수 있으며, 유의수준 ~% 내에서 유의하다고 말할 수 있습니다.

### (2) 유의확률

유의확률(Significance Probability, p−value, p값)은 영가설이 채택(영가설이 참)될 확률, 즉 연구가설이 기각될 확률이라고 이해할 수 있습니다. 표본으로부터 얻은 유의확률인 p값과 미리 설정해 놓은 유의수준을 비교하여 p값이 유의수준보다 작으면 영가설을 기각하고 연구가설을 채택할 수 있습니다.

- p값 < 유의수준: 영가설을 기각하므로 연구가설을 채택한다.
  '차이가 있다', '관계가 있다', '영향을 준다'고 해석
- p값 > 유의수준: 영가설을 기각할 수 없으므로 연구가설을 기각한다.
  '차이가 없다', '관계가 없다', '영향을 주지 않는다'고 해석

체크? 체크!

### 해석으로 보는 관련 분석

- 차이가 있다: 교차분석(카이제곱 검정), t검정(t-test), 일원배치 분산분석(ANOVA)
- 관계가 있다: 상관관계분석
- 영향을 준다: 회귀분석

Know how

### 가설검증? 가설검정?

우선 국어사전으로 검증과 검정의 의미 차이를 살펴보겠습니다.

- 검증(檢證): 검사하여 증명함. (예: 검증 결과)
- 검정(檢定): 일정한 규정에 따라 자격이나 조건을 검사하여 결정함. (예: 교과서 검정/검정 시험)

통계 관련 용어에서 검증과 검정이라는 용어가 혼용되어 무엇이 맞는지 궁금하실 겁니다. 분석 관련 용어들을 국문으로 번역하는 과정에서 온 차이로, 여전히 학자마다 의견 차이가 있습니다. 이를 고려하여 한국통계학회의 통계용어집에서는 '가설검정[검증]', '카이제곱 검정[검증]'과 같이 검정과 검증 모두 맞는 표현으로 표기해 놓았습니다.

이 책에서는 국어사전에 가설과 관련한 용어 설명에 '검증'이라는 표현이 사용되는 것을 고려하여 '가설검증'으로 표기하였고, 분석과 관련한 용어에서는 '검정'(예: t검정)이라는 용어를 사용하고자 합니다.

## 7. 정규분포

정규분포는 가설을 검증하거나 모집단을 추정하는 데 기초가 되는 분포입니다. 통계학의 기본원리이자 사회현상을 설명하는 데 가장 많이 이용되는 중요한 분포로 대부분의 현상이나 사건의 발생 빈도는 경험적으로 정규분포를 따른다고 봅니다. 따라서 분석을 진행하기 전 변수들이 정규분포의 형태를 띠는지 확인 후 분석에 들어갑니다.

정규분포는 평균을 중심으로 하나의 꼭지를 지니는 좌우대칭의 종 모양이며, 왜도(치우친 정도)와 첨도(뾰족한 정도)를 통해 대칭 정도를 확인합니다. 만약 산출된 왜도값과 첨도값이 정규분포의 형태를 많이 벗어나게 된다면 측정한 변수들 중에 이상치(극단값, outlier)나 결측치(missing value)가 있는지 확인해야 합니다.

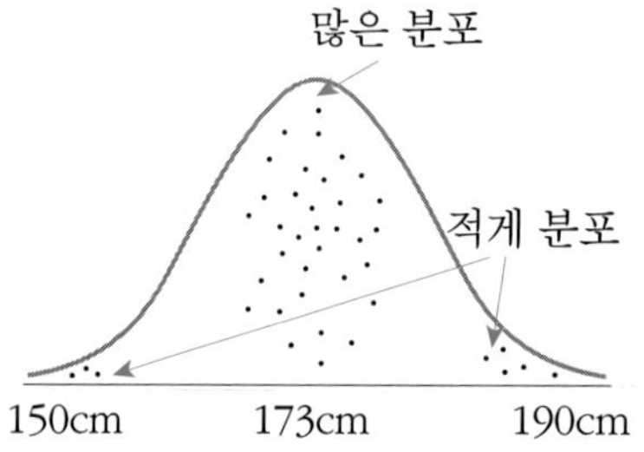


[그림 2-6] **정규분포의 예-대한민국 성인 남성 키(cm) 분포**

- 왜도(skewness): 자료의 분포가 평균을 중심으로 좌측이나 우측으로 치우쳐져 있는 정도, 즉 기울어진 정도를 나타낸다.
- 첨도(kurtosis): 자료의 분포가 중앙에 집중되는 정도, 즉 분포 중심의 뾰족한 정도를 나타낸다.

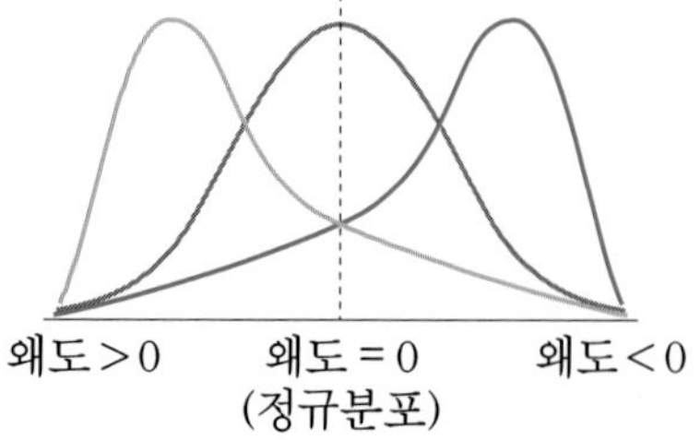


[그림 2-7] **왜도**

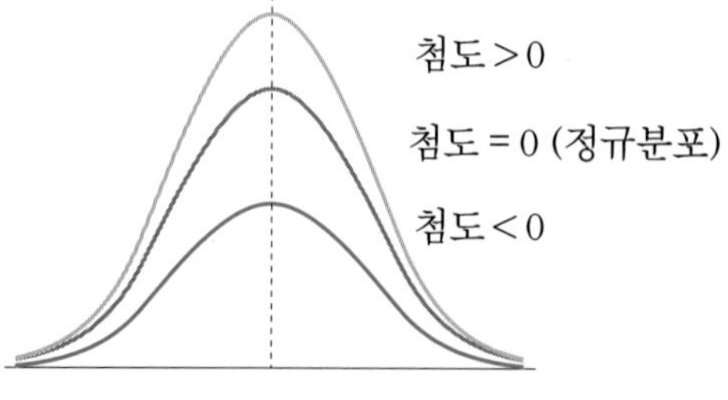


[그림 2-8] **첨도**

제3장

# 설문지 작성 및 공공데이터의 활용

## Key Point

설문지 문항 개발 과정의 유의사항

- 개방형 질문 또는 폐쇄형 질문(양자택일형, 다지선다형, 척도형, 다중선택형, 순위형, 여과형) 선택
- 쉽고 보편적인 용어, 간단명료, 하나의 항목에 하나의 질문, 가치중립적 표현
- 쉽고 흥미로운 질문 → 민감하거나 주관적 질문 순서로 배열
- 응답자를 고려한 설문지 디자인(종이크기, 글자체, 글자크기, 진하기, 번호 입력 등)

온라인 설문지: 구글 설문지(google forms) 활용

- 질문 유형별 메뉴 선택 가능

| 질문 유형 | 구글 설문지 질문 메뉴 |
|---|---|
| 개방형 질문(주관식 응답) | 단답형, 장문형 |
| 양자택일형, 다지선다형 질문(택1 응답) | 객관식 질문, 드롭다운 |
| 다중선택형 질문(중복응답) | 체크박스 |
| 단일척도형 질문 | 선형배율 |
| 복수척도형, 순위형 질문(택1 응답) | 객관식 그리드 |
| 중복체크형 질문(중복응답) | 체크박스 그리드 |
| 여과형 질문 | 섹션추가 기능 활용 |

- 작성 후 응답자에게 [보내기] 통해 공유 가능(메일, 링크 등)

공공데이터 사이트

- 국가통계포털(KOSIS) https://kosis.kr
- 마이크로데이터 통합서비스(MDIS) https://mdis.kostat.go.kr
- 복지국가연구센터(복지DB 플랫폼) http://www.welfarestate.re.kr

# 1. 설문조사

설문조사(서베이, survey research)는 모집단에서 추출한 표본을 대상으로 조사 문제에 관련한 응답을 얻어내는 과정으로, 질문(질문지 혹은 면접)을 통해 그들의 특성, 의견, 행동, 기대, 지식 등을 수집하게 됩니다. 비교적 적은 수의 응답자를 대상으로 하는 관찰에 비해, 설문조사는 비교적 많은 수의 응답자들을 대상으로 하기에 조사 결과는 통계적으로 양적 분석이 이루어질 수 있으며, 표본이 모집단을 잘 대표한다면 그 결과로 모집단을 일반화하고 추정할 수 있습니다. 사회과학에서 가장 널리 활용되는 자료수집 방법이기도 합니다.

그러나 주의할 것은 설문조사를 통해 얻어지는 정보는 응답자의 생각이나 행동 그 자체가 아니라는 점입니다. 설문조사는 그들의 생각과 행동을 언어로 표현한 정보로 실제와는 차이가 있을 수 있습니다. 응답 과정에서 사회에 수용되거나 남에게 긍정적으로 보이려는 사회적 바람직성이 반영될 수도 있고, 조사 방법(면접조사, 전화조사, 우편조사, 온라인조사 등)에 영향을 받을 수도 있습니다. 따라서 어떻게 하면 응답 오류를 줄이고 실제 생각과 행동이 잘 반영될 수 있도록 하는지가 중요한 과제라고 할 수 있습니다.

이 책에서는 설문조사에서 활용되는 '설문지'를 중심으로 작성 과정과 유의사항을 살펴보고 최근 대두되고 있는 온라인을 활용한 설문작성법을 안내하고자 합니다. 또한 공공기관에서 대규모로, 정기적으로 설문조사를 진행하여 얻어진 자료인 '패널데이터', '공공데이터' 등을 활용하는 방법을 소개하고자 합니다.

## 2. 설문지 작성 과정

설문지(questionnaire)는 연구자가 조사하고자 하는 목적에 맞는 문항을 개발하여 구조화한 질문 세트를 말합니다. 설문지 작성의 일반적인 단계는 다음과 같습니다.

| | |
|---|---|
| 수집할 자료의 결정 | 수집할 자료들의 내용들 확인 |
| 자료수집 방법 결정 | 자기기입식 혹은 조사원기입식 설문조사 |
| 설문 문항 개발과 구성 | 문항의 유형(개방형 · 폐쇄형), 문항의 표현(간단명료 · 가치중립적), 문항의 배열(쉬운 → 민감한 질문)을 고려 |
| 검토 및 사전조사 | 소집단 대상의 사전조사 실시, 설문지 점검 및 교정 |
| 확정 및 설문지 인쇄 | 설문지 편집과 설문지 표지 확인 후 인쇄 |

### 1) 수집할 자료의 결정

연구문제와 가설을 고려하여 어떤 정보를 수집할 것인지 측정해야 할 개념(변수)들의 속성을 확인합니다. 변수의 개념적 정의를 내리고(개념화) 가시적으로 측정할 수 있도록(조작화) 합니다.

### 2) 자료수집 방법 결정

수집할 자료가 결정되면 어떤 방법으로 자료를 수집할지 방법을 결정합니다. 면접, 전화, 우편, 온라인 등 각각의 장단점을 고려하여 적합한 방법을 선정할 수 있도록 합니다. 이에 따라 설문지의 양식이나 문항의 수, 표현방식 등이 달라집니다. 자료수집은 누가 설문에 응답하느냐에 따라 크게 자기기입식과 조사원기입식으로 나누어 살펴볼 수 있습니다.

### (1) 자기기입식(자기보고방식) 설문조사

조사대상자가 직접 설문지를 작성하게 됩니다. 보통 설문지를 배부하여 응답자가 작성하는 형태로 우편조사, 온라인조사/인터넷조사 등이 이에 해당합니다. 조사원을 별도로 두지 않아도 되기에 조사원 영향으로 의한 오류 가능성이 적으며, 민감한 쟁점을 다루는 데 더 효과적이라고 볼 수 있습니다. 면접 설문조사에 비해 시간과 비용이 적게 소요되고, 비교적 짧은 시간에 광범위한 조사가 가능하기에 대규모 표본을 조사하는 데 유리합니다. 또한 응답자는 시간적 여유를 가지고 참여할 수 있다는 장점이 있습니다. 그러나 응답률이 낮아질 가능성이 있으며, 응답자가 문자를 읽고 표현할 수 있다는 전제하에 진행되기에 이 부분에서 표본에 제한이 있을 수 있습니다. 또한 응답자가 작성한 내용에 한해서만 정보로 획득할 수 있을 뿐 응답자의 행동이나 심리 상태에 대한 정보는 파악할 수 없고, 응답하지 않은 내용이 발생했을 시 자료로 활용하는 데 어려움이 있을 수 있습니다.

### (2) 조사원기입식 설문조사

조사원이 질문하여 조사대상자의 응답을 기입하는 방식으로 진행됩니다. 보통 면접을 통해 진행되는 조사를 말합니다. 조사원이 있기에 이해하기 어려운 질문에 대해 설명을 제공하는 등 응답자의 반응에 효과적으로 대응할 수 있습니다. 따라서 복잡하게 이루어진 질문을 다루거나 개방형 질문을 다루는 데 유리하고, 응답자의 심층적인 정보를 파악하는 데 유용합니다. 또한 응답률이 높은 편입니다. 그러나 조사원을 모집하고 교육하는 등 시간과 비용이 소요되기에 양적 분석을 하는 데 한계가 있습니다.

<표 3-1> **자기기입식(자기보고식) 설문조사와 조사원기입식 설문조사**

| 자기기입식(자기보고식) 설문조사 | 조사원기입식 설문조사 |
|---|---|
| • 조사대상자가 직접 작성하는 설문조사(예: 자기기입식의 직접조사, 우편조사, 온라인조사) | • 조사원이 질문하고 응답을 기입하는 설문조사(예: 대면면접조사, 전화조사) |
| • 시간과 비용 적게 소요<br>• 짧은 시간 내 광범위한 조사 가능<br>• 민감한 질문을 다루는 데 효과적<br>• 시간 여유를 가지고 응답 참여 가능<br>• 조사원 영향으로 인한 오류가능성 낮춤 | • 높은 응답률(높은 조사 성공률)<br>• 복잡한 질문/개방형 질문을 다루는 데 효과적<br>• 응답자에 대한 심층적 이해 가능 |
| • 응답률이 낮아질 가능성<br>• 불성실한 응답이나 타인의 개입 우려<br>• 응답자의 기본적인 문자해독 능력을 전제로 함<br>• 설문 내용 외 응답자의 행동이나 심리 상태 파악 어려움<br>• 응답 누락에 대한 대응책 필요 | • 조사원 모집 · 교육 등 시간과 비용 소요<br>• 응답자에게 미치는 조사원의 영향 |

## 3) 설문 문항 개발과 구성

방법 등을 고려하여 어떤 내용의 문항을 추가할 것인지 결정하면, 다음 각 문항의 유형과 표현, 배열을 고려하여 설문지 초안을 완성합니다.

### (1) 문항의 유형

질문에 대한 응답 형식을 개방형(주관식, 서술형)으로 할 것인지, 폐쇄형(객관식)으로 할 것인지 결정합니다.

#### ① 개방형 질문

응답에 대한 제한된 항목을 두지 않고 응답자가 질문에 대해 자신의 생각과 의견을 자유롭게 기록할 수 있도록 하는 방법입니다. 응답자의 자세한 응답을 제한 없이 수집할 수 있으며, 응답자의 생각을 정확하게 파악할 수 있다는 장점이 있습니다. 그러나 응답내용의 체계가 응답자에 따라 매우 다르기에, 이를 분류하고 처리하는 데 많은 시간과 노력이 소요되고 일관성 있게 처리가 이루어지지 않을 가능성이 있습니다. 또한 응답내용을 연구자가 자의적으로 해석할 여지가 있습니다.

#### ② 폐쇄형 질문

응답에 대한 선택항목이 있어 응답자가 고르도록 하는 방법입니다. 한정된 항목 내에서 응답하기에 응답이 쉽고 빠르며, 응답자의 반응을 객관적으로 파악할 수 있습니다. 또한 차후 자료를 처리하는 과정이 간편하여 측정에 통일성을 가질 수 있습니다. 단점은 응답이 제한되어 있다 보니 항목이 충분하지 못할 때 잘못된 반응(생각과 다른 문항 선택, 무응답)이 나올 수 있는 등 응답자의 의견을 충분히 반영하지 못할 수 있습니다. 이를 보완하기 위하여 응답항목 마지막에 '기타'를 넣어 개방형 질문처럼 응답자의 개별 답변을 추가할 수 있도록 할 수 있습니다. 폐쇄형 질문의 예로는 양자택일형, 다지선다형, 척도형, 다중선택형 및 순위형, 여과형 질문 등이 있습니다.

- 양자택일형(양분형) 질문

두 가지 응답 형태만을 제시하는 질문으로 이 중 하나만 선택하도록 하는 방법입니다. 예-아니요, 찬성-반대 형태가 가장 일반적입니다. 여기에 응답자들의 선택지를 넓힐 수 있도록 중간 성격의 '모르겠다'를 포함하기도 합니다.

**Q.** 현재 귀하는 일을 하고 있습니까?
① 예 ② 아니요

• 다지선다형 질문

대표적인 폐쇄형 질문으로 흔히 객관식으로 우리에게 가장 익숙한 방법 중 하나입니다. 응답자는 여러 보기 중에 자신의 생각과 일치하는 하나의 내용만 선택할 수 있습니다. 보기가 너무 많을 경우 응답자가 혼란스러울 수 있기에 3~5개가 권장되지만, 요구되는 응답이 많으면 보기를 더 추가할 수 있습니다.

중요한 점은 제시된 보기들은 상호배타적이어야 하고 모든 응답의 경우를 포괄할 수 있어야 합니다. 보기의 내용이 충분하지 않을 가능성에 대비하거나, 소수의 응답이 예상되는 경우 Q2와 Q3처럼 응답 보기 마지막에 '기타'를 추가하여 보완할 수 있습니다. 다음 Q2의 예시에서 마지막에 '기타'를 추가함으로써 앞선 보기에 해당하지 않는 응답자(예: 별거, 동거 등)가 응답지를 선택할 수 있게 됩니다. 즉, '기타'를 통해 모든 응답영역을 포괄하게 되나, 응답자의 응답 반응이 '기타'에 너무 많이 속할 경우, 해당 질문과 응답결과들의 활용과 해석이 어려울 수 있습니다. 따라서 가능하면 주요 응답은 보기 내용에 포함될 수 있도록 하고 응답자가 '기타'에 추가적으로 서술하도록 할 수 있습니다.

**Q1.** 귀하의 최종 학력은 어떻게 됩니까?

① 무학 ② 초등학교 졸업 ③ 중학교 졸업
④ 고등학교 졸업 ⑤ 대학교 졸업 ⑥ 대학원 졸업

**Q2.** 귀하의 결혼상태는 어떻게 됩니까?

① 미혼 ② 기혼 ③ 이혼
④ 사별 ⑤ 기타

**Q3.** 귀하께서는 여가프로그램에 참여하지 못하는 이유가 무엇입니까?

① 이용할 수 있는 서비스가 적어서
② 프로그램 질이 낮아서
③ 시설 및 장비가 좋지 않아서
④ 이용 시간대가 제한적이어서
⑤ 대기 기간이 길어서
⑥ 기타 ____________________

• 척도형 질문

대표적인 것으로 동의 정도를 나타내는 리커트 척도를 들 수 있습니다. 응답자의 생각에 일치하는 정도나 강도에 대해 응답하는 형태입니다.

척도를 사용할 때 중요한 점은 측정하고자 하는 개념(변수)에 대해 공인된 척도를 사용하는 것입니다. 예로, 벡(Beck)의 우울 척도나 로젠버그(Rosenberg)의 자아존중감 척도와 같이 기존 연구자들을 통해 검증된 척도를 사용해야 합니다. 따라서 내가 측정하고자 하는 개념(변수)에 해당하는 척도를 찾고 검토하는 과정은 매우 중요합니다.

척도를 찾는 첫 번째 방법은 각 전문 분야별로 자주 활용하는 척도를 묶어 놓은 시중의 척도집 책을 활용하는 것입니다. 두 번째는 선행연구를 통해 확인하는 방법이 있습니다. 측정하고자 하는 개념을 포함한 선행연구를 검색하고 각 연구에서 해당 변수를 어떻게 측정했는지 (주로 연구방법 중 변수 설명 부분에 자주 언급) 살펴보며 원척도를 찾아갑니다. 특히 학위논문에는 사용한 척도나 설문지를 첨부하는 경우가 많아 활용하기 좋습니다. 척도 개발 및 타당화 연구를 찾아보는 것도 방법입니다.

척도를 찾으면 '척도 목적, 검사대상, 검사내용, 채점 방법 및 해석, 원척도'의 내용을 확인해 보고 연구자의 조사에 활용할 수 있는지를 검토합니다. 같은 용어라도 세부적으로 살펴보면, 용어에 대한 정의, 측정대상이나 항목 내용이 상이한 경우가 있어 연구자의 조사 목적과 개념에 부합하는 척도인지를 반드시 살펴봐야 합니다.

기존 검증된 질문을 활용하는 것은 신뢰도와 타당도를 보장받을 수 있다는 점에서 매우 큰 장점이 있습니다. 그러나 활용 과정에서 주의해야 할 점은 원척도를 연구자 마음대로 삭제 · 수정하여 사용해서는 절대 안 된다는 것입니다. 또한 외국어로 개발된 척도를 사용하고자 할 때, 마음대로 단순 번역해서 사용해서도 안 됩니다. 한국어로 번역한 척도는 엄격한 과정을 통해 타당화 과정을 거친 후 사용할 수 있기 때문입니다. 때때로 일부 척도는 별도의 사용 허가가 필요하거나 척도 사용료를 지불해야 하는 경우도 있습니다.

**Q.** 다음은 사전 우울에 대한 질문입니다. 각 문항을 읽고 해당 사항에 체크하여 주십시오.

| 우울 | 전혀 그렇지 않다 | 그렇지 않다 | 보통 이다 | 그렇다 | 매우 그렇다 |
|---|---|---|---|---|---|
| 1. 쓸데없는 생각들이 자꾸 떠올라 괴롭다. | ① | ② | ③ | ④ | ⑤ |
| 2. 아무것도 할 수 없을 것처럼 무기력하게 느껴진다. | ① | ② | ③ | ④ | ⑤ |
| 3. 앞날에 대해 걱정할 때가 많다. | ① | ② | ③ | ④ | ⑤ |
| 4. 정말 자신이 없다. | ① | ② | ③ | ④ | ⑤ |
| 5. 앞날에 대해 걱정할 부분이 많다. | ① | ② | ③ | ④ | ⑤ |

※ 위 문항은 편의상 축약한 것으로 형태만 참고하시기 바랍니다.

- 다중선택형 질문, 순위형 질문

제시된 보기들 중 여러 항목을 선택할 수 있는 질문입니다. 순위형 질문의 경우 다중선택의 일종으로 여러 선택을 하면서도 선호나 중요도에 따라 순위를 정하게 되는 질문으로 다음 Q2에 해당합니다.

**Q1.** 아래 보기 중 귀하께서 참여하고 싶은 여가프로그램을 2개만 선택해 주십시오. (　　,　　)
① 노래 교실　　② 댄스 교실　　③ 서예 교실
④ 탁구 교실　　⑤ 기타(　　)

**Q2.** 아래 보기 중 귀하께서 참여하고 싶은 여가프로그램을 1순위와 2순위로 선택해 주십시오.
1순위 (　　), 2순위 (　　)
① 노래 교실　　② 댄스 교실　　③ 서예 교실
④ 탁구 교실　　⑤ 기타(　　)

- 여과형 질문

질문에 추가 질문을 하는 것으로, 여과형 질문(Q1)의 조건에 해당하는 경우와 그렇지 않은 경우 응답해야 할 질문이 달라지거나 응답할 필요가 없어지기도 합니다. 설문지에는 여과형 질문(Q1) 이후 수반형 질문(Q1-1)이 함께 이어서 배치되도록 합니다.

**Q1.** 현재 귀하는 여가프로그램에 참여하고 계십니까?
① 참여　　② 미참여(☞ Q1-1 문항으로)

**Q1-1.** 귀하께서는 여가프로그램에 참여하지 못하는 이유가 무엇입니까?
① 이용할 수 있는 서비스가 적어서
② 프로그램 질이 낮아서
③ 시설 및 장비가 좋지 않아서
④ 이용 시간대가 제한적이어서
⑤ 대기 기간이 길어서
⑥ 기타

(2) 문항의 표현

각 문항은 응답자가 정확하게 알고 제대로 응답할 수 있도록 해야 합니다. 이를 위해서 간단한 질문이라도 응답자의 입장에서 생각하며 질문의 표현을 가다듬도록 합니다.

① 쉽고 보편적인 용어 사용

전문용어, 속어나 약어 등은 쉽게 풀어쓰거나 설명을 달 수 있도록 하고 응답자의 수준과 능력을 고려하여 단어를 선택합니다. 가능하면 성인 대상의 연구라도 중학생이 이해할 수 있는 수준으로 쉽게 만들 수 있도록 합니다.

② 간단명료한 질문

모호하거나 여러 해석의 여지가 있는 용어의 사용을 줄이고, 추상적인 질문보다는 구체적으로 질문하는 것이 좋습니다. 또한 질문은 짧을수록 좋습니다. 단어 중복이나 부연 설명을 줄이고 간결하게 전달하며, 이중부정 표현은 피합니다.

예: 귀하의 작년 소득은 얼마입니까? → 귀하의 세후 기준 작년 월 소득은 얼마입니까?

③ 하나의 항목에 하나의 질문

한 번에 하나의 질문만 하도록 합니다. 두 가지 이상이 포함되어 있는 경우, 응답자의 정확한 응답을 들을 수 없게 됩니다.

예: 귀하는 본 여가프로그램의 환경과 내용에 만족하십니까? → 귀하는 본 여가프로그램의 환경에 만족하십니까?, 귀하는 본 여가프로그램의 내용에 만족하십니까?

④ 가치중립적 표현

한쪽으로 편향되거나 유도질문과 같이 편견이 개입된 질문을 해서는 안 됩니다. 질문 내에 특정 가정이나 암시가 있어서도 안 될 것입니다. 중립적인 용어를 사용하도록 노력해야 합니다.

(3) 문항의 배열

문항의 순서를 정합니다. 처음부터 답하기 곤란하거나 어려운 질문이 나오면 응답자가 포기하거나 무성의하게 응답할 가능성이 있습니다. 이에 응답하기 쉽고 흥미로운 질문은 앞에 배열하도록 하고, 민감할 수 있는 질문이나 주관적 의견을 묻는 질문(개방형 질문)은 뒤에 배열하여 솔직하게 응답할 수 있도록 합니다. 보통 인구사회학적 특성에 해당하는 성별, 연령 등을 묻는 것으로 설문지를 시작하는 경우가 많으나, 이를 지루하거나 식상하게 여겨 응답자의 흥미 유발을 위해 의견을 먼저 물은 다음 인구사회학적 특성을 뒤에 묻는 게 좋다는 의견도 있습니다.

일정한 유형이 반복되는 경우, 질문 내용에 상관없이 일정한 방향으로 응답하는 경우(고정반응)가 생기지 않도록 유사 유형의 내용을 떼어 놓고 배치하거나 질문을 다양화할 수 있도록 합니다. 신뢰도 검사를 위한 유사 질문도 역시 떨어뜨려 배치하는 것이 좋습니다.

### 4) 검토 및 사전조사

사전조사(pre-test)란 본조사를 실시하기 전, 완성된 설문지 초안을 가지고 소집단(모집단을 대표하나, 차후 표집대상에서 제외)을 대상으로 본조사와 동일한 절차와 방법으로 설문조사를 실시하는 것을 말합니다. 설문지를 점검, 교정하기 위해 진행합니다. 다음과 같은 내용들을 검토할 수 있도록 하고, 발견된 문제점은 수정하여 교정합니다. 신뢰도와 타당도 검증도 실시합니다.

**사전조사 시 점검사항**

- 조사 목적의 전달
- 문항의 의미(표현의 명확성 등)와 난이도 확인
- 설문 구성과 배열, 양식의 적절성
- 문항 내용의 중복이나 누락
- 응답의 치우침, 회피하는 문항 확인
- 반복적으로 무응답 처리되는 문항 검토

### 5) 확정 및 설문지 인쇄

설문지 디자인은 설문에 대한 이해도를 높일 수 있는 중요한 역할을 합니다. 깔끔하고 쉽게 읽힐 수 있도록 편집된 설문지는 응답자의 정확한 반응과 연결됩니다. 설문에 참여하는 조사대상자의 연령, 특징을 고려하여 종이크기, 글자체, 글자크기, 진하기 등을 확인하고, 문항과 페이지에 번호를 매겨 혼동을 방지합니다.

설문지 표지는 설문지의 맨 앞에 구성하도록 합니다. 설문지에 대한 첫인상에 해당하는 것으로 다음과 같은 내용이 포함될 수 있도록 합니다.

**설문지 표지 구성 내용**

- 설문번호(혹은 응답자 ID)
- 인사말
- 조사 취지와 목적
- 문항 개수나 소요시간
- 조사자 성명과 소속, 조사자 연락처
- 연구제목
- 조사자와 조사기관 소개
- 응답자의 비밀보장과 익명성 보장에 관한 내용
- 설문응답에 대한 협조요청 및 마무리 인사말

설문지 표지가 포함된 설문지 최종안이 완성되면, 필요시 설문지침을 함께 준비하여 최종적으로 설문지를 완성하고 인쇄합니다.

설문지 표지 예시

| 『SPSS를 활용한 자료분석론』 수업 만족도 조사 | ID | | | |
|---|---|---|---|---|

안녕하십니까? □□□ 연구단은 현장과 학문 및 연구분야에서 사회조사를 위해 애쓰고 있는 학생과 전문가들을 지원하는 업무를 하고 있습니다. 이 일환으로 현재 본 연구단에서는『SPSS를 활용한 자료분석론』관련 수업을 진행하고 있습니다.

이에 본 연구단에서는 수업의 질 향상을 위하여『SPSS를 활용한 자료분석론』수업에 참여한 학생들을 대상으로 설문조사를 실시하고자 합니다. 설문지 내용은 수업의 전반적인 만족도와 개선 방안을 파악하기 위한 문항으로 구성되어 있으며, 약 5분 정도의 시간이 소요될 예정입니다.

귀하께서 응답하신 내용은「통계법」제33조(비밀의 보호)에 의해 개인의 신상자료가 외부에 노출되는 일은 없습니다. 또한「개인정보보호법」제15조(개인 정보의 수집 · 이용)에 의거하여 보호받으며, 동법 제21조(개인정보의 파기)에 의거하여 조사 종료 후 파기되오니 안심하고 모든 문항에 빠짐없이 응답해 주시면 감사하겠습니다.

시간을 내어 조사에 응해 주셔서 진심으로 감사드립니다.

202×. ○○. ○○.

□□□ 연구단, 정규형 · 김성희 연구팀

[문의] 연구책임자 정규형 교수 Tel: 02−◇◇◇−□□□□ / E-mail: jqbrother@gmail.com

**Know how** 응답률 높이는 방법

응답률이 저조하면 해당 자료를 통해 나온 결과를 일반화하는 데에 어려움이 있습니다. 응답률이 떨어지는 경우로는 설문지 전달 과정에서 누락이 발생하거나, 전달에는 성공했지만 참여를 거부하는 경우도 있고, 조사에 참여하더라도 주요 질문에 응답하지 않은 사례도 있습니다. 워낙 여러 기관과 개인에 의한 설문조사가 많이 진행되다 보니 설문조사 참여에 필요성을 느끼지 못하고 귀찮게 여기는 경우도 많습니다. 응답률을 조금이라도 높이기 위해서 다음과 같은 부분을 신경 써 보도록 합니다.

- 응답자에게 설문의 필요성, 중요성을 잘 전달하기
- 설문지 초반부터 어렵거나 민감한 질문이 나오지 않도록 하기
- 적절한 설문시간과 분량
- 적절한 사례품
- 조사자가 있는 경우, 음성, 복장, 태도 점검
- 설문지 회수 과정에서 미응답 부분이 있는지 확인, 검토

# 3. 온라인 설문지 만들기

완성된 설문 문항을 온라인의 형태로 제작, 배포하여 응답을 받을 수도 있습니다. 설문 참여자는 공유된 링크만으로도 인터넷이 가능한 기기(PC, 노트북, 태블릿PC, 스마트폰 등)로 언제 어디서든 설문지에 접근할 수 있고 쉽게 참여할 수 있습니다. 그러나 인터넷 접속 환경이 원활하지 않거나 인터넷 활용이 어려운 표집 대상자에게는 적합하지 않을 수 있습니다.

온라인 기반 설문지를 제작할 수 있는 곳은 매우 많습니다. 온라인 설문지 제작에 전문화되어 있는 곳들도 있는데 일정 비용을 지출하고 다양한 디자인을 접목할 수 있습니다. 이 장에서는 무료로 쉽게 설문지를 제작하고 배포할 수 있는 구글 설문지(google forms)를 중심으로 주요 작성 방법을 살펴보도록 하겠습니다.

## 1) 구글 설문지 만들기 실행하기

구글 설문지의 경우 설정에 따라 응답자는 로그인 없이도 참여가 가능합니다. 그러나 설문지를 만들기 위해서는 로그인이 필수이므로 구글 계정을 만들어 놓도록 합니다. 구글 설문지를 제작하기 위해 구글 설문지(google forms)로 들어가는 방법은 두 가지입니다.

첫 번째 방법은 직접 구글 설문지 제작 사이트인 Google Forms (구글폼: https://docs.google.com/forms)으로 들어가서 새 양식 시작하기에서 ❶ 플러스 버튼(+)을 눌러서 새로운 설문지 양식을 시작합니다. 혹은 구글폼에서 제공하는 우측의 템플릿 갤러리를 선택하여 수정하는 방식으로 진행할 수도 있습니다.

[그림 3-1] **구글 설문지 실행하기 1**

두 번째 방법은 로그인을 한 이후 구글 드라이브로 들어가서 ❶ 새로 만들기를 클릭한 다음, ❷ Google 설문지를 클릭하여 들어가는 방법입니다.

[그림 3-2] **구글 설문지 실행하기 2**

이 두 가지 방법으로 구글 설문지를 만들 수 있는 레이아웃에 접근할 수 있습니다. 이제 이 레이아웃에 연구자가 개발한 설문지의 내용을 차근차근 담으면 됩니다.

## 2) 구글 설문지 레이아웃

구글 설문지에 들어가게 되면 다음과 같은 레이아웃으로 들어가게 됩니다. 가운데 해당하는 부분이 질문을 만드는 주요 부분으로 '설문지 제목'과 '설문지 설명'을 넣을 수 있습니다. '설문지 설명' 부분은 설문지의 표지에 해당하는 내용을 넣으면 됩니다. 그리고 '질문 만들기' 부분을 통해 본격적인 설문지의 문항들을 만들 수 있습니다. 이 외에 자주 활용하는 내용을 중심으로 레이아웃의 메뉴들을 살펴보겠습니다.

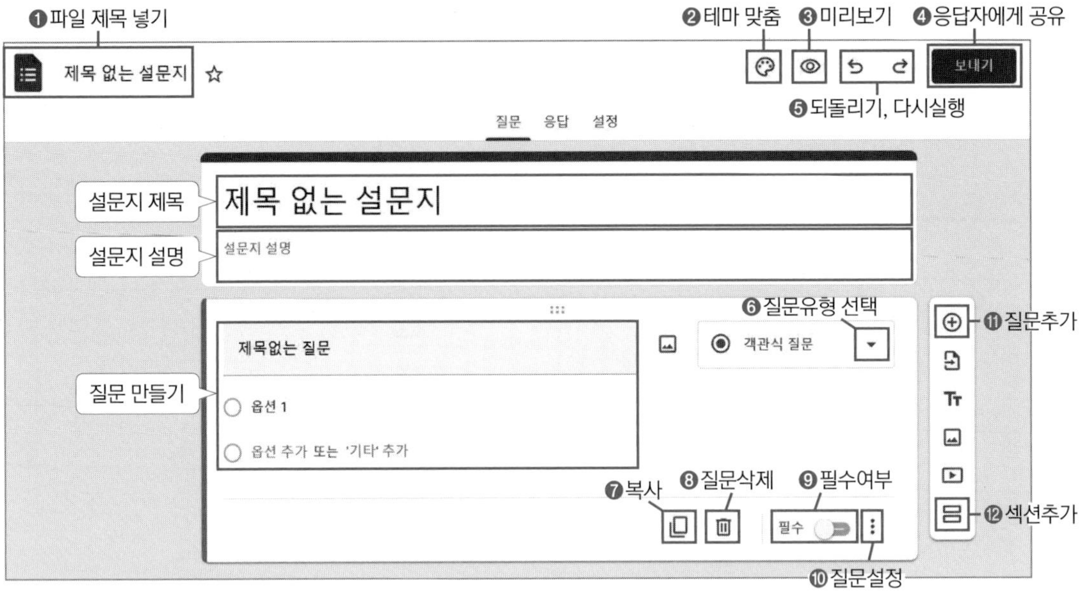


[그림 3-3] **구글 설문지 레이아웃**

❶ 파일 제목 넣기: 응답자에게 노출이 되는 부분은 아닙니다. 구글 드라이브 내에 어떠한 제목으로 본 설문지를 저장할 것인지에 해당하는 부분입니다.

❷ 테마 맞춤 설정: 설문지의 디자인을 할 수 있는 곳입니다. 머리글에 이미지 사진 삽입, 테마와 배경 색상 변경, 글꼴 스타일 등을 설정할 수 있습니다.

❸ 미리보기: 현재 제작 중인 온라인 설문지를 배포했을 때 응답자가 보게 될 화면을 미리 볼 수 있습니다. 내가 작업하고 있는 질문 내용이 어떻게 보여지고, 응답자가 어떻게 응답할 수 있는지 궁금하면 미리보기를 클릭합니다.

❹ 보내기: 설문지를 완성한 후, 응답자들에게 설문지를 공유할 때 클릭하는 메뉴입니다. 설문지를 보내는 과정은 '9) 설문지 공유하기'에서 자세히 살펴보겠습니다.

❺ 되돌리기, 다시실행: 작업한 내용을 취소하거나 다시 실행할 수 있는 메뉴입니다. 한글(hwp) 등 문서 작업할 때의 기능과 동일합니다.

❻ 질문유형 선택: ▼를 눌러 질문유형들을 선택할 수 있습니다. '단답형, 장문형, 객관식 질문, 체크박스, 드롭다운, 선형배율, 객관식 그리드, 체크박스 그리드, 날짜, 시간' 등으로 이루어져 있으며, 설문지 내용에 따라 무엇을 선택해서 어떻게 작업할 수 있는지를 이 장에서 자세히 살펴볼 예정입니다.

❼ 복사: 복사를 클릭하면 현재 작업한 질문과 동일한 내용이 그대로 하나 더 생깁니다. 유사한 유형의 질문을 반복해야 할 때 복사를 누르고 내용만 수정하며 작업할 수 있습니다.

❽ 질문삭제: 질문삭제를 클릭하면 작업 중이던 해당 [질문만들기] 칸이 통째로 사라집니다.

❾ 필수여부: 필수여부를 클릭하게 되면 응답자는 해당 질문에 반드시 응답해야지만 설문지를 제출할 수 있습니다. 필수가 된 질문의 경우 질문 옆에 빨간 *별표가 표기됩니다. 가능하면 매 질문별로 필수여부를 잊지 않고 클릭해 두어, 미응답 질문이 나오지 않도록 합니다.

❿ 질문설정: 설명, 응답확인(응답 길이, 응답 개수 등 제한 설정 가능)과 같은 내용을 설정할 수 있습니다. 선택하는 질문유형에 따라 해당되는 내용은 조금씩 달라집니다. 대표적으로 '설명'은 질문 아래에 추가적인 정보를 적어 응답자에게 조금 더 친절한 설명이 가능합니다. '4) 개방형 질문 만들기'에서 예시를 참고해 볼 수 있습니다. '응답확인'은 응답 길이나 응답 개수에 제한을 둘 때(예: 중복응답 개수를 최대 2개로 제한하고 싶을 때) 사용합니다.

⓫ 질문추가: 질문추가를 클릭하면 현재 작업 중인 질문 아래로 새로운 문항을 만들 수 있도록 새 질문 만들기가 생성됩니다. 질문추가를 클릭하며 추가적으로 작업할 수 있으며, 질문의 순서는 바꿀 수 있습니다.

⓬ 섹션추가: 섹션은 종이로 된 설문지로 가정하면 종이를 한 장 넘기는 것에 해당합니다. 온라인 설문지에서 한 섹션에 너무 많은 질문이 나열되면 응답자는 화면을 계속해서 아래로 내려야 합니다. 너무 길어지다 보면 응답 과정에 오류가 발생하기 쉽고, 응답자도 지루함을 느낄 수 있습니다. 주제나 분량을 고려하여 섹션추가를 적절히 활용할 것을 권합니다. 또한 섹션추가는 여과형 질문을 만들 때 활용할 수 있습니다. 이에 대한 자세한 방법은 '8) 여과형 질문 만들기'에서 살펴봅니다.

### 3) 제목 설정과 설문지 설명 넣기

레이아웃 본문에서 설문지 제목과 설명을 넣는 부분은 설문지의 표지에 해당하는 부분이라고 볼 수 있습니다. [그림 3-4] 왼쪽 파란 선 박스 부분은 응답자에게 노출되는 곳으로, 전달될 설문지 제목과 설명을 넣으면 오른쪽과 같이 완성본 설문지 상단에서 이 내용을 확인할 수 있습니다.

제목 없는 설문지
설문지 설명
제목없는 질문
객관식 질문
옵션 1
옵션 추가 또는 '기타' 추가
필수
『SPSS를 활용한 자료분석론』수업 만족도 조사
안녕하십니까? ㅁㅁㅁ 연구단은 현장과 학문 및 연구분야에서 사회조사를 위해 애쓰고 있는 학생과 전문가들을 지원하는 업무를 하고 있습니다. 이 일환으로 현재 본 연구단에서는 「SPSS를 활용한 자료분석론」 관련 수업을 진행하고 있습니다.
이에 본 연구단에서는 수업의 질 향상을 위하여 『SPSS를 활용한 자료분석론』 수업에 참여한 학생들을 대상으로 설문조사를 실시하고자 합니다. 설문지 내용은 수업의 전반적인 만족도와 개선방안을 파악하기 위한 문항으로 구성되어 있으며, 약 5분 정도의 시간이 소요될 예정입니다.
귀하께서 응답하신 내용은 「통계법」 제33조(비밀의 보호)에 의해 개인의 신상자료가 외부에 노출되는 일은 없습니다. 또한 「개인정보보호법」 제15조(개인 정보의 수집·이용)에 의거하여 보호받으며, 동법 제21조(개인정보의 파기)에 의거하여 조사 종료 후 파기되오니 안심하고 모든 문항에 빠짐없이 응답해주시면 감사하겠습니다.
시간을 내어 조사에 응해 주셔서 진심으로 감사드립니다.
202x. 00.00
ㅁㅁㅁ 연구단, 정규형·김성희 연구팀
[문의] 연구책임자: 정규형 교수(Tel. 02-◇◇◇-ㅁㅁㅁㅁ/E-mail: jqbrother@gmail.com)

[그림 3-4] **제목 설정과 설명문 넣기**

## 4) 개방형 질문 만들기 → 단답형, 장문형

**Q.** 현재 귀하의 연령은 어떻게 됩니까? (      )세

서술형 응답을 받아야 하는 경우, 단답형과 장문형으로 질문유형을 선택하여 진행합니다. 단답형과 장문형의 차이는 응답의 길이라고 볼 수 있습니다. 단순 응답은 단답형, 개인의 의견이나 생각을 묻는 응답은 장문형으로 선택합니다.

이 과정에서 응답에 대한 설명을 질문에 덧붙일 수 있습니다. 먼저, ❶ 질문설정을 클릭하고 ❷ 설명을 클릭하면 질문 아래에 질문보다 작은 글씨로 추가적인 내용을 입력할 수 있습니다. 이 부분을 활용하여 응답 형태나, 질문에 대한 이해도를 높일 수 있는 추가적인 설명을 넣을 수 있습니다. 또한 ❶ 질문설정에서 응답확인을 클릭하면 텍스트나 숫자, 글자 수 등을 제한할 수 있습니다.

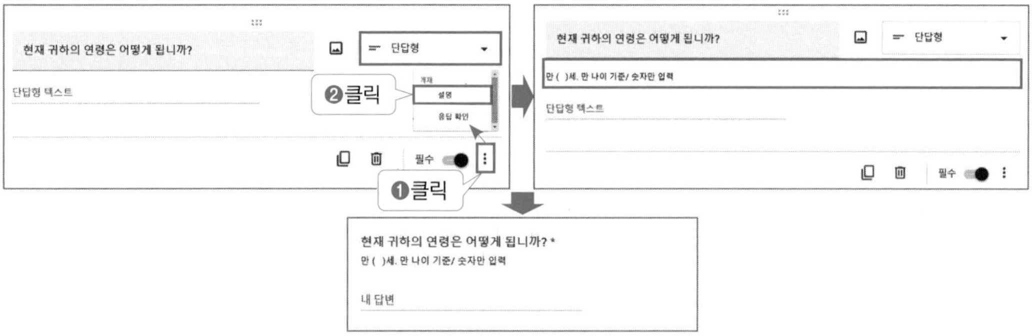
현재 귀하의 연령은 어떻게 됩니까?
단답형
단답형 텍스트
❷클릭
설명
응답 확인
필수
❶클릭
현재 귀하의 연령은 어떻게 됩니까?
단답형
만 ( )세. 만 나이 기준/ 숫자만 입력
단답형 텍스트
필수
현재 귀하의 연령은 어떻게 됩니까? *
만 ( )세. 만 나이 기준/ 숫자만 입력
내 답변

[그림 3-5] **개방형 질문 만들기**

## 5) 양자택일형, 다지선다형, 다중선택형 질문 만들기
## → 객관식 질문, 드롭다운, 체크박스

**Q.** 귀하의 결혼상태는 어떻게 됩니까?
① 미혼 ② 기혼 ③ 이혼
④ 사별 ⑤ 기타 ______________

### (1) 양자택일형, 다지선다형 질문 → 객관식 질문 or 드롭다운

보기 중에 한 가지만 선택할 수 있는 질문의 경우, '객관식 질문'이나 '드롭다운' 중에 선택할 수 있습니다.

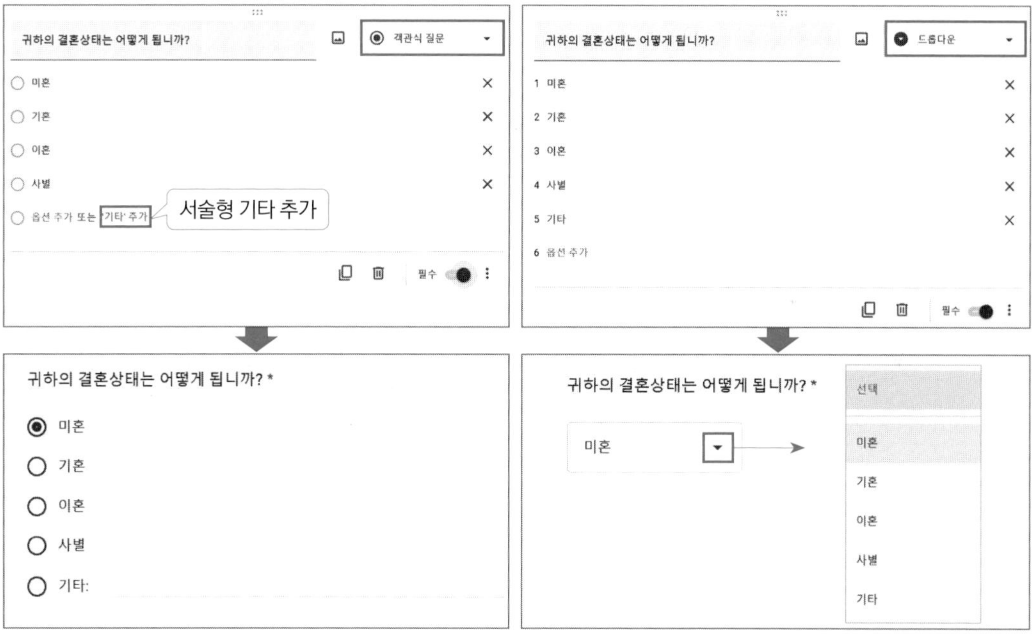


[그림 3-6] **양자택일형, 다지선다형 질문 만들기**

'객관식 질문'과 '드롭다운'의 가장 큰 차이는 응답 시에 선택 가능한 응답항목이 전체 노출되는가 혹은 ▼를 눌러 선택하는가입니다. 질문과 응답항목의 내용에 따라 가독성과 이해도를 높일 수 있는 유형으로 선택하면 됩니다. '객관식 질문'에서 응답항목(옵션)에 기타를 적어 넣을 수도 있지만, '기타' 추가를 클릭하게 되면 기타의 내용을 서술할 수 있도록 자동으로 구성됩니다.

### (2) 다중선택형 질문 → 체크박스

중복응답이 가능한 객관형의 경우 '체크박스'를 선택합니다. 응답자는 보기 중 여러 개를 선택할 수 있습니다. 만약 응답 개수에 최소나 최대, 혹은 정확한 개수를 제한하고 싶다면 질문설정 중 '응답확인'을 통해 설정할 수 있습니다.

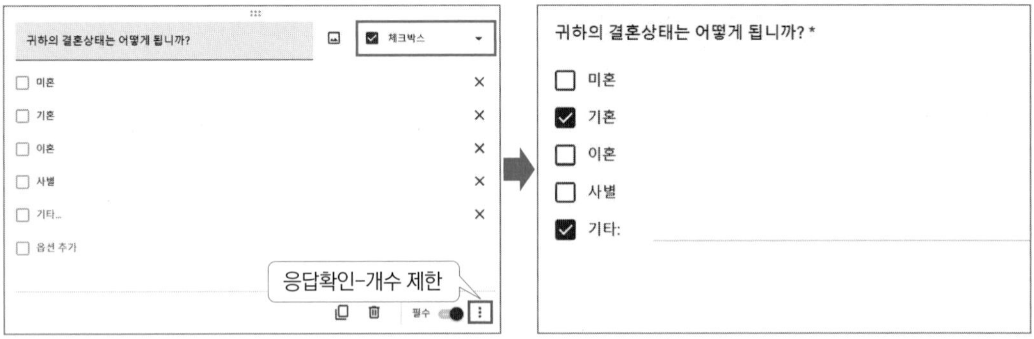


[그림 3-7] **다중선택형 질문 만들기**

## 6) 척도형 질문만들기 → 선형배율, 객관식 그리드

### (1) 단일척도형 질문 → 선형배율

**Q.** 여가프로그램에 대한 전반적인 만족도는 어느 정도입니까?
① 전혀 그렇지 않다 ② 그렇지 않다 ③ 보통이다
④ 그렇다 ⑤ 매우 그렇다

다지선다형처럼 객관식 질문 유형으로 응답하도록 할 수도 있지만, 단일 질문일 경우에는 선형배율이 훨씬 직관적이고 가독성이 좋습니다. 응답범주는 0이나 1부터 시작하여 10까지 설정이 가능하여 최대 11점 척도까지도 가능합니다.

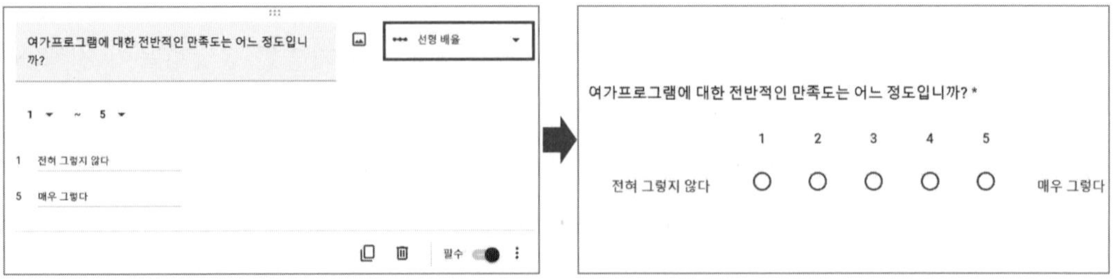


[그림 3-8] **단일척도형 질문 만들기**

(2) 복수척도형 질문 → 객관식 그리드

**Q.** 다음은 여가프로그램의 만족도에 대한 질문입니다. 각 문항을 읽고 해당 사항에 체크하여 주십시오.

| 여가프로그램 만족도 | 전혀 그렇지 않다 | 그렇지 않다 | 보통이다 | 그렇다 | 매우 그렇다 |
|---|---|---|---|---|---|
| 1. 시설 및 환경 | ① | ② | ③ | ④ | ⑤ |
| 2. 직원 및 강사 | ① | ② | ③ | ④ | ⑤ |
| 3. 프로그램 내용 | ① | ② | ③ | ④ | ⑤ |

복수의 문항을 활용하는 척도에 응답해야 하는 경우 '객관식 그리드'를 활용하면 좋습니다. 각 행(가로)마다 하나의 응답만 할 수 있습니다.

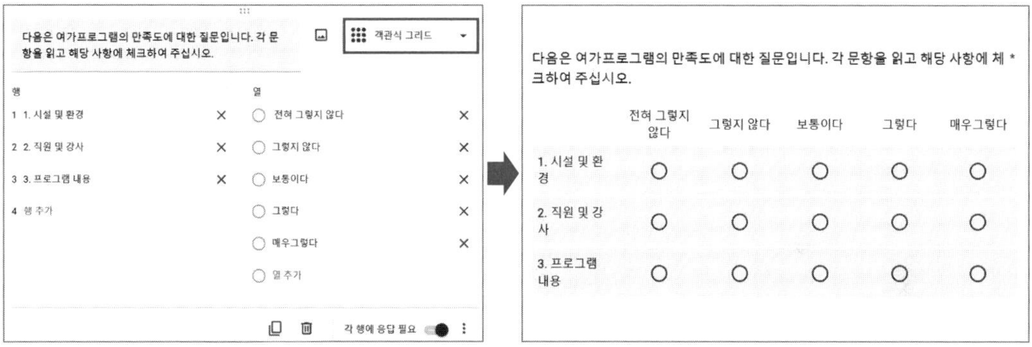


[그림 3-9] 복수척도형 질문 만들기

## 7) 순위형 질문 만들기 → 객관식 그리드

**Q.** 보기 중 귀하께서 참여하고 싶은 여가프로그램 1순위와 2순위를 선택해 주십시오.

1순위 ______ 2순위 ______

보기: ① 노래 교실 ② 댄스 교실 ③ 서예 교실 ④ 탁구 교실 ⑤ 기타(　　　)

'객관식 그리드'는 각 행(가로)마다 하나의 응답만 선택 가능합니다. 이 특징을 살려 순위형 질문에서 이를 활용할 수 있습니다.

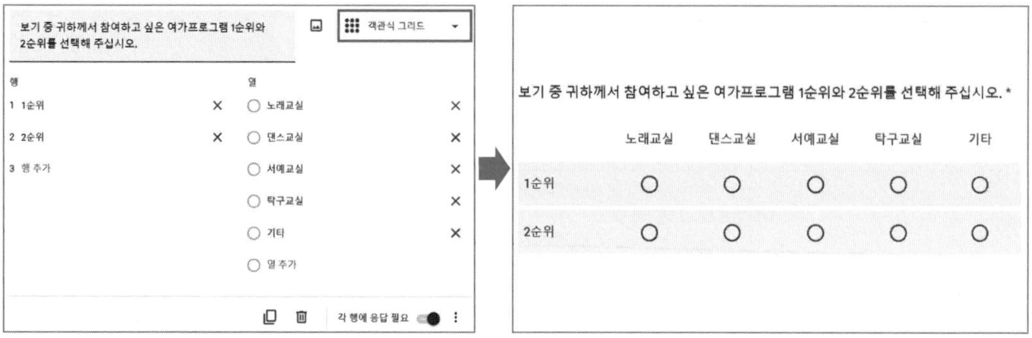


[그림 3-10] **순위형 질문 만들기**

'객관식 그리드'와 달리, 행렬로 배치된 여러 옵션 중 열(세로) 중에 두 개 이상 선택할 수 있도록 하고 싶은 경우, '체크박스 그리드'를 활용합니다. 다음과 같이 나타낼 수 있습니다. '가능한/해당되는 것에 모두 체크하시오'와 같은 질문에 유용합니다.

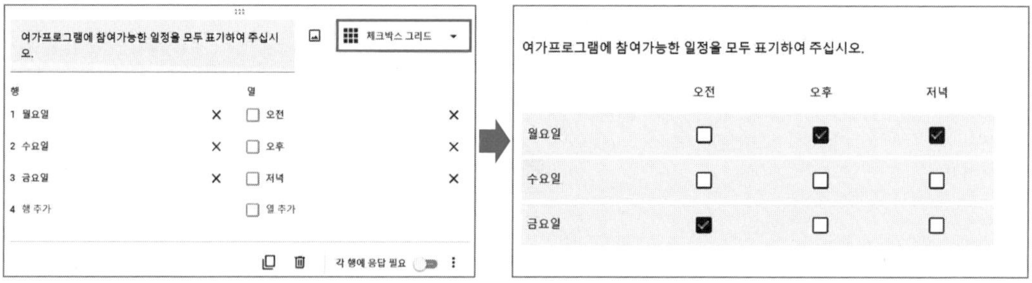


[그림 3-11] **체크박스 그리드 활용 예시**

## 8) 여과형 질문 만들기

**Q1.** 현재 귀하는 여가프로그램에 참여하고 계십니까?

① 참여 ② 미참여(☞ Q1-1 문항으로)

**Q1-1.** 귀하께서는 여가프로그램에 참여하지 못하는 이유가 무엇입니까?

① 이용할 수 있는 서비스가 적어서
② 프로그램 질이 낮아서
③ 시설 및 장비가 좋지 않아서
④ 이용 시간대가 제한적이어서
⑤ 대기 기간이 길어서
⑥ 기타

여과형 질문이란 제시된 질문에 따라 다음 응답해야 할 문항이 달라지는 것을 말합니다. 여과형 질문을 만들 때는 '섹션 만들기'를 활용합니다. 가장 먼저, 여과형 질문(Q1)을 만들고, ❶ 질문설정을 클릭합니다. ❷ 질문설정 옵션 중 '답변을 기준으로 섹션 이동'을 선택합니다. 응답마다 오른쪽에 '다음 섹션으로 진행하기'가 만들어집니다. ❸ 우측 움직이는 메뉴바에서 '섹션추가'를 클릭합니다. 하단에 새로운 질문 레이아웃이 만들어집니다. ❹ 이 새로운 섹션에 수반형 질문(Q1-1)을 만들어 줍니다. ❺ 각 응답별 ▼를 눌러서 ❻에서 해당 응답을 했을 경우 어떠한 섹션으로 이동하면 되는지 체크해 줍니다. 이 예에서는 '미참여'일 경우 '2섹션(여과형 질문)으로 이동'을 할 수 있도록 합니다.

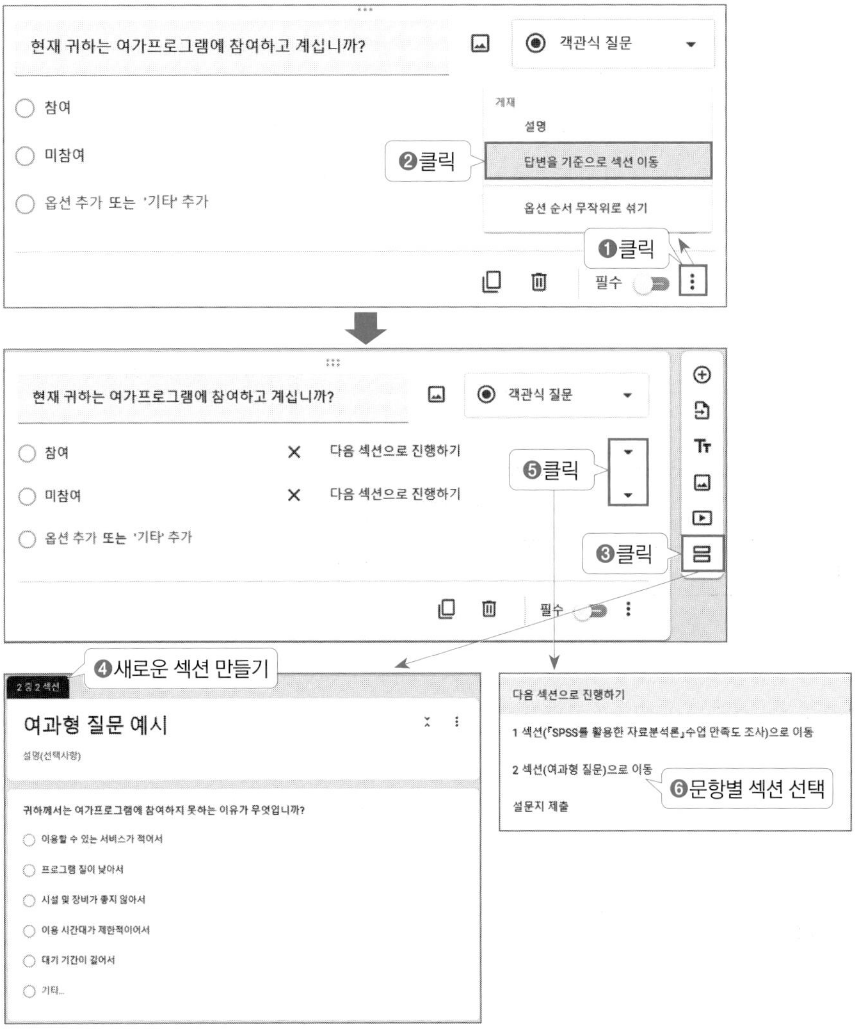


[그림 3-12] **여과형 질문 만들기**

## 9) 설문지 공유하기

완성된 설문지는 응답자에게 공유함으로써 설문에 참여할 수 있도록 합니다. 공유 전, '미리보기'를 통해 설문 작업에 문제는 없는지 검토합니다. 그 후, 설문지 레이아웃 우측 상단에 '보내기'를 눌러서 응답자들에게 설문지를 공유할 수 있습니다. '2) 구글 설문지 레이아웃'에서 '❹ 보내기'를 눌러 진행할 수 있으며, 이메일 공유, 링크 공유, 삽입된 HTML 세 가지 방법이 있습니다.

### (1) 이메일 공유

이메일 공유의 경우, 연구자가 응답 참여자의 메일주소를 알고 있을 때 진행할 수 있습니다. ❶을 클릭하고, ❷ 응답 참여자들의 이메일 주소를 적습니다. ❸ 메일 제목으로 가게 될 내용을 적습니다. 응답자가 메일로 전송받게 되는 화면 등을 고려하여 ❹ 이곳에 적을 내용을 확인합니다. ❺ 보내기를 클릭하면, 응답자에게 설문에 참여할 수 있는 메일이 전송됩니다.

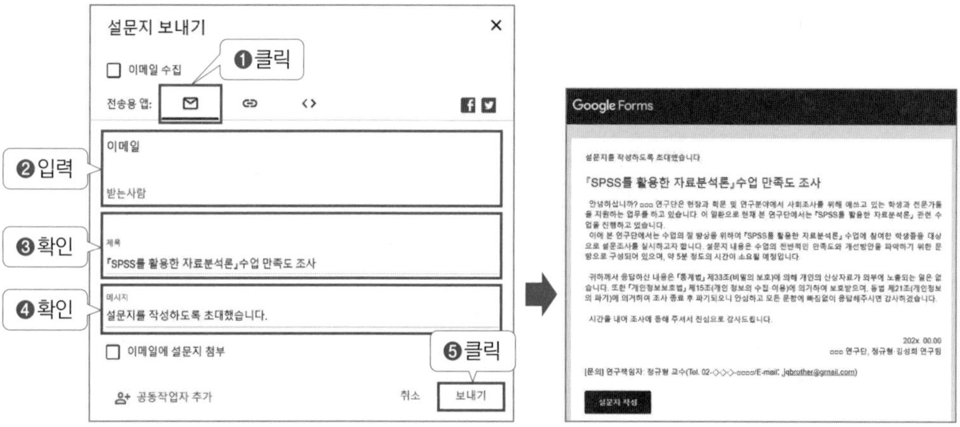


[그림 3-13] 설문지 이메일로 공유하기

### (2) 링크 공유

❶을 클릭하면 링크 공유를 할 수 있는 주소가 자동으로 생성됩니다. 링크 주소가 매우 길기 때문에 ❷ URL 단축을 눌러 링크 주소를 짧게 바꾸면 좋습니다. ❸ 복사를 클릭하면 링크의 주소가 자동으로 복사되고, 이 주소를 설문 참여자들에게 보내면 참여가 가능합니다. 응답자는 해당 주소로 모바일로도 참여가 가능합니다.

[그림 3-14] 설문지 링크로 공유하기

(3) 삽입된 HTML

HTML 편집이 가능한 웹페이지에 삽입하는 방법도 있습니다. ❶을 클릭하여 삽입된 HTML 소스를 ❷ 복사합니다. 원하는 웹페이지에서 HTML 글쓰기 모드에 복사한 내용을 넣어 주면 메일에 설문지를 추가했듯이, 웹페이지에서도 설문에 참여할 수 있습니다.

[그림 3-15] 설문지 HTML로 공유하기

### 10) 응답 결과 활용하기

설문지 작업을 하는 레이아웃에서 ❶ 응답을 클릭하면 ❷ 응답 결과들이 시각화된 자료로 요약된 것을 확인할 수 있습니다. 이 결과를 응답자별로 ❸ 엑셀파일 형태로 다운로드할 수 있습니다. 엑셀파일은 코딩작업에 유용하게 활용할 수 있습니다.

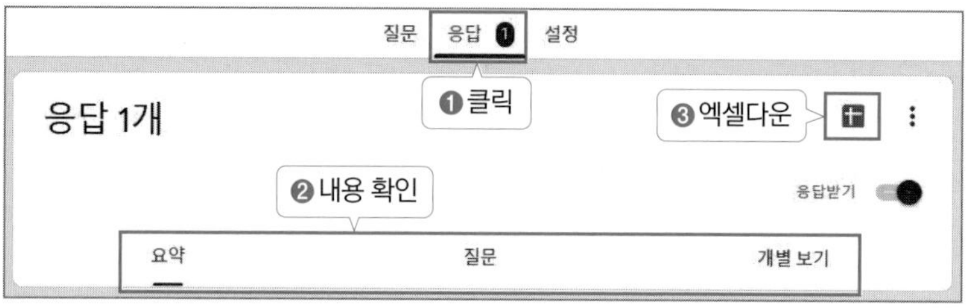


[그림 3-16] **설문지 결과보기**

# 4. 공공데이터의 활용

조사대상자로부터 수집하는 자료는 연구자가 직접 수집하는 1차 자료와 기성 자료를 활용하는 2차 자료로 나누어 볼 수 있습니다. 1차 자료는 빠른 시간 내에 연구자가 파악하고 싶은 조사 문제를 확인할 수 있다는 장점이 있으나 그 규모에 따라 시간과 비용(예: 설문지 인쇄비, 답례품 구입비, 조사원 수당 등)이 들 수 있습니다. 반대로 2차 자료는 대부분 국가차원에서 공공기관이 진행하는 경우가 많아 비교적 신뢰할 수 있는 방대한 양의 자료를 확보할 수 있으며, 이미 기관생명윤리위원회(IRB)의 심사 과정을 마쳐 연구자는 시간과 비용을 절약할 수 있습니다. 그러나 2차 자료의 경우 데이터를 수집한 곳의 목적이 있기에 연구자의 조사 목적과 알고 싶은 개념에 부합하지 않은 경우가 있어 연구 과정에 한계가 있을 수 있습니다. 또한 자료 구축 이후 자료 공개까지 시간이 소요(6개월~1년)되는 경우가 있어 최신의 자료를 바로 얻는 데에 어려움이 있다는 단점이 있습니다. 그럼에도 불구하고 방대한 양의 자료를 다룬다는 점, 특히 종단연구를 가능하게 하는 시계열 자료가 구축되어 있어 활용도가 매우 높기에 평소 관심 있는 2차 자료의 데이터베이스를 파악하고 눈여겨볼 것을 권장합니다.

대표적인 2차 자료는 공공기관에서 생성, 취득한 공공데이터입니다. 공공데이터는 수치화된 자료 이외에도 문서, 이미지, 동영상 등 다양한 형태의 모든 자료를 포괄하는 개념입니다. 최근에는 일명 공공데이터법이라고 불리는 「공공데이터의 제공 및 이용 활성화에 관한 법률」이 제정됨에 따라 관심 있는 국민이라면 누구나 공공데이터를 쉽게 이용할 수 있도록 하고 있으며, 필요하다면 공공기관에 누구나 데이터 공개를 요청할 수 있습니다.

다음은 연구자가 활용하기 좋은 공공데이터 자료를 확인하거나, 가공 가능한 형태의 자료를 획득할 수 있는 사이트를 안내하고자 합니다.

## 1) 국가통계포털

국가통계포털(Korean Statistical Information Service: KOSIS; https://kosis.kr)은 통계청에서 운영하는 곳으로 국내 · 국제 · 북한의 주요 통계를 한곳에 모아 놓은 One-Stop 통계 서비스 포털입니다. 현재 300여 개 기관이 작성하는 경제 · 사회 · 환경에 관한 1,000여 종의 국가승인통계를 수록하고 있으며, 국제금융 · 경제에 관한 IMF, Worldbank, OECD 등의 최신

통계를 제공하고 있습니다(국가통계포털 소개문 참조).

관심 있는 주제나 해당 데이터를 바로 검색할 수도 있고, 주제나 기관에 따라 원하는 통계의 내용을 다음 그림과 같이 살펴볼 수 있습니다. 원하는 자료에 접근하게 되면, 연구자가 찾고자 하는 자료에 부합하는지 확인합니다. 이를 위해 중요한 것은 ❶ 통계설명자료를 확인하는 것입니다. 이를 메타데이터(metadata)라고도 하는데 자료 이용자가 통계자료를 이해할 수 있도록 제작된 설명자료에 해당됩니다. 해당 부분을 클릭하면 자료에 따라 통계설명자료로 통계개요(목적, 조사대상, 실행기관, 조사항목, 자료수집 방법, 조사연혁, 표본설계 방법) 등을 확인할 수 있습니다. 온라인간행물의 경우 관련 주요 보도자료나 연구보고서 등 관련 발간자료를 살펴볼 수 있습니다. ❷ 설정을 통해 연구자가 보고 싶은 정보를 중심으로 도출되는 결과표를 쉽게 재구성을 할 수 있으며, ❸ 해당 자료를 다양한 형태로(예: 엑셀, SDMX 등) 다운로드할 수 있습니다.

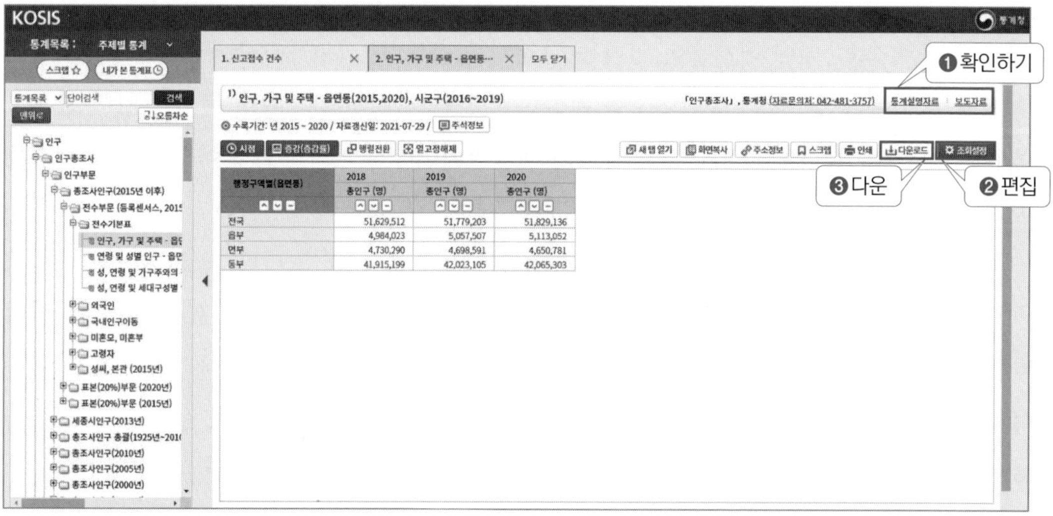


[그림 3-17] **국가통계포털_검색화면**

이 사이트는 연구자가 찾고자 하는 자료가 있는지, 있다면 그 자료는 어떻게 구성되어 있고 어떠한 자료를 추가적으로 확인할 수 있는지 등 개괄적인 정보를 얻는 데 매우 유용합니다. 그러나 [그림 3-17]처럼 종합한 결과를 중심으로 자료를 볼 수 있기에 직관적인 결과를 확인하고 추가적인 정보를 얻기에 매우 용이하지만, 해당 자료를 연구자가 직접 가공(분석)하기에는 어려움이 있습니다. 이를 위해서는 분석이 가능한 형태인 마이크로데이터가 필요한데, 이를 위해 '2) 마이크로데이터 통합서비스' 사이트를 활용할 수 있습니다.

## 2) 마이크로데이터 통합서비스

마이크로데이터(microdata)란 응답자(개인, 가구, 사업체 등) 단위로 구성된 자료로 데이터 가공이 가능한 형태의 통계원시자료에 해당합니다. 원자료(raw data)에서 입력 및 조사 오류 등이 제거된 상태의 자료로 연구자는 이를 분석, 연구하여 활용할 수 있습니다.

마이크로데이터 통합서비스(MicroData Integrated Service: MDIS; https://mdis.kostat.go.kr) 사이트는 정부 각 부처, 지방자치단체, 연구기관, 타 통계작성기관에서 진행한 마이크로데이터를 한데 모아 놓은 곳입니다. 로그인이 필수이며, '자료이용-다운로드 서비스'를 통해 공공용 자료에 한해 무료로 바로 다운로드가 가능합니다. 일부 자료는 비용을 지출해야 하거나, 인가가 필요합니다. 여기에도 마이크로데이터가 없는 경우, 생산기관 사이트를 접속하거나 생산기관에 직접 요청할 수 있습니다.

[그림 3-18] 마이크로데이터 통합서비스_검색방법

❶ 필요한 분야와 내용을 클릭, 클릭을 하고 난 후 ❷ 항목조회 버튼을 누릅니다. 항목조회를 클릭하면 [그림 3-19]와 같이, 하단에 확인할 수 있는 전체 메타파일을 볼 수 있습니다. 설계서/코드집, 조사표 등이 있습니다. 우리가 흔히 코딩북이라고 하는 것은 수집 자료 내에 세세하게 부여된 숫자나 문자 내용에 관한 정보를 정리해 놓은 자료입니다. 변수명,

변숫값 등 설문지와 마이크로데이터를 연결해 주는 설명자료라고 할 수 있습니다. 공공데이터에는 이러한 코딩북 자료가 반드시 포함되어 있으며, 우리 또한 연구 시에 협업이 필요한 경우 코딩북을 작성하여 함께하는 연구진들 간에 소통을 원활하게 할 수 있도록 합니다.

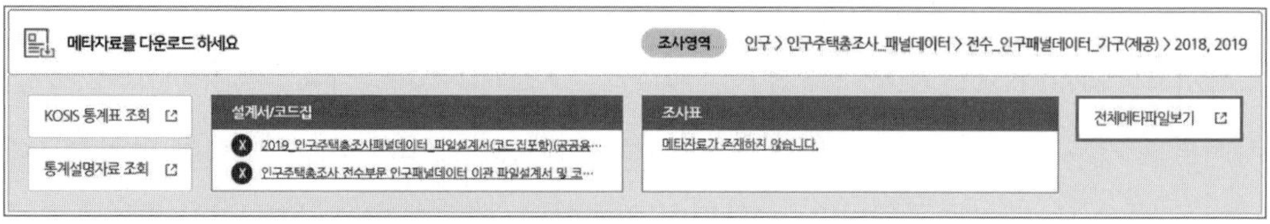


[그림 3-19] **마이크로데이터 통합서비스_메타자료**

메타자료 아래로는 [그림 3-20]과 같이 분석에 필요한 항목(변수)을 선택할 수 있도록 되어 있습니다. 얻고자 하는 항목을 ❶ 선택하고 ❷ 다운로드합니다. 다운로드 시에는 SAS, SPSS, STATA, R의 형태로 다운로드할 수 있습니다. 이로써 분석에 활용할 수 있는 자료를 수집하게 됩니다.

[그림 3-20] **마이크로데이터 통합서비스_다운로드**

### 3) 복지국가연구센터–복지DB 플랫폼

복지국가연구센터(Institute for Welfare State Research: IWSR; http://www.welfarestate.re.kr)는 저발전 복지국가 비교연구를 진행하고 있는 연구소로, 사업의 일환으로 국내외 복지국가/사회정책 분야의 데이터를 소개하고 이들에 대한 정보를 제공함으로써 플랫폼의 역할을 수행하고 있습니다.

복지DB 플랫폼에서는 사회과학 연구에서 많이 활용되고 있는 주요 패널과 해외 데이터를 소개하고 있습니다. '국가통계포털'에서의 아쉬움 중에 하나가 워낙 다양한 종류의 공공데이터를 다루다 보니, 검색이 쉽지 않고 마이크로데이터를 얻기 위해 또 다른 과정을 필요로 한다는 점인데, 복지DB 플랫폼은 조사명을 중심으로 가시성 좋게 구성되어 있고, 각각의 마이크로데이터로 접근할 수 있도록 링크가 연결되어 있어 바로 해당 데이터 생산기관의 사이트로 이동이 가능합니다.

국내 복지 패널의 경우, 공공기관에서 제공하는 주요 패널이 정리되어 있습니다. 해당 패널을 누르면, 해당 원자료(마이크로데이터)로 바로 접근 가능하도록 링크가 삽입되어 있고, 관련 메타데이터(개요, 생성기관, 생성기간, 조사대상, 조사내용, 참고자료 등)를 제공합니다.

[그림 3-21] **복지국가연구센터_국내 복지 패널**

해외의 경우 복지, 인구/소득/주거, 보건/의료, 고용, 여성/아동/가족, 노인/장애인, 청소년/청년으로 구분하여 자료를 소개하고, 해당 자료의 원자료(마이크로데이터) 링크와 관련 메타데이터 정보를 제공합니다.

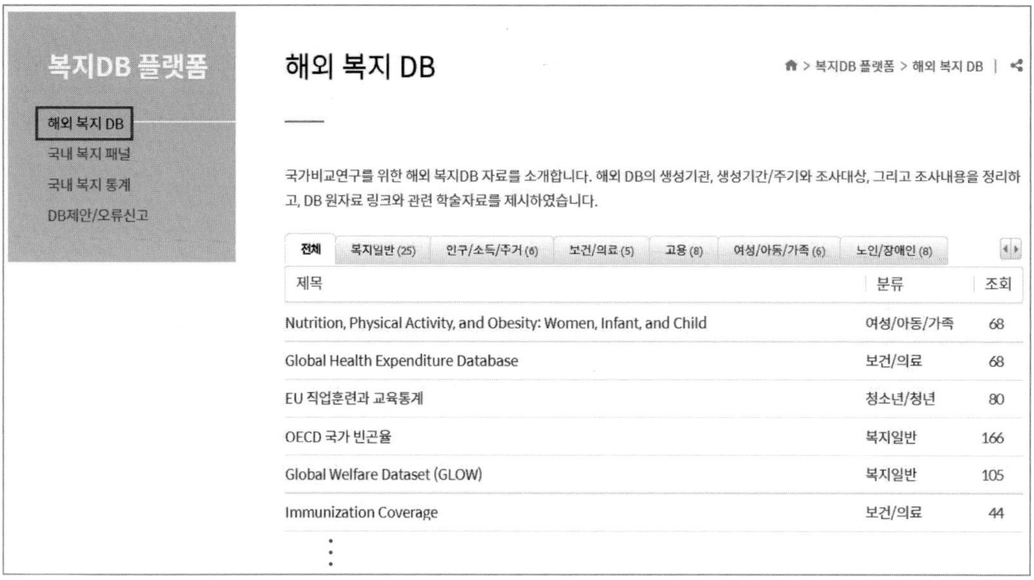


[그림 3-22] 복지국가연구센터_해외 복지 DB

# 제2부

# SPSS 기초

제4장

# SPSS 프로그램 이해

## Key Point

SPSS 프로그램 실행하기

- [윈도우 버튼(■)]–[IBM SPSS Statistics 폴더]–[IBM SPSS Statistics 프로그램 파일]
- [윈도우 버튼(■)]–[spss] 입력–[IBM SPSS Statistics 프로그램 파일]
- SPSS 데이터 파일을 클릭하여 SPSS 프로그램 실행

SPSS 프로그램에서 자주 활용하는 메뉴

- 파일: 저장, 다른 이름으로 저장
- 편집: 실행 취소(되돌리기), 변수 삽입, 케이스 삽입, 찾기, 옵션
- 데이터: 파일 합치기, 파일분할, 케이스 선택
- 변환: 변수 계산, 같은 변수(다른 변수)로 코딩변경, 자동 코딩변경, 더미변수 작성
- 분석: 기술통계량, 평균 비교, 상관분석, 회귀분석, 차원 축소, 척도분석, 다중반응

# 1. SPSS 프로그램 소개

SPSS(Statistical Package for the Social Sciences) 프로그램은 통계프로그램 중 가장 많이 사용하는 프로그램으로 경영, 교육, 심리, 행정, 사회복지, 간호, 의학, 보건 등에서 많이 활용하고 있습니다.

## 1) SPSS 프로그램 활용

SPSS 프로그램은 어디에서 활용될까요? 현장에서는 SPSS 프로그램을 잘 활용하지 않았으나 프로그램 만족도 조사, 욕구조사 등의 설문조사 분석을 위해 점차 활용도가 높아지고 있습니다. 대학원의 경우 SPSS 프로그램 이외에도 수많은 프로그램을 활용하지만, 그중에서도 SPSS 프로그램은 기본적인 통계프로그램이자 필수적인 통계프로그램으로 활용하고 있습니다.

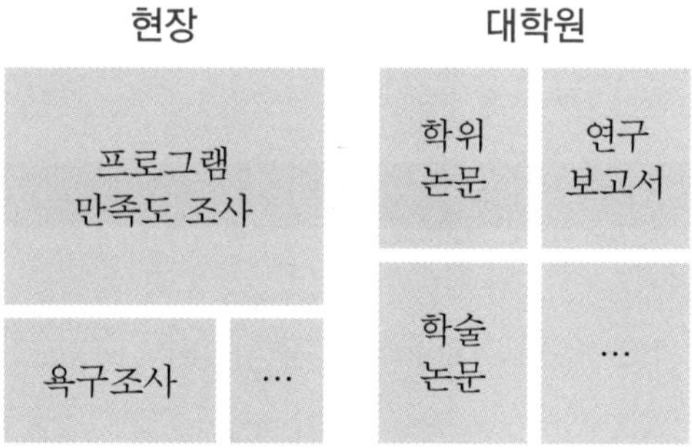

[그림 4-1] SPSS 프로그램 활용

## 2) SPSS 프로그램 특징

SPSS 프로그램의 첫 번째 특징은 다른 통계프로그램에 비해서 쉽다는 것입니다. 그렇기 때문에 통계프로그램을 처음 시작하는 분들이 많이 사용하는 프로그램이기도 합니다. 자주 활용하는 통계프로그램인 Stata, Mplus, R, SAS 등은 모두 명령어 기반 통계프로그램으로 영어로 명령어를 입력해야 데이터 핸들링과 각종 분석을 진행할 수 있습니다. 한편, SPSS 프로그램은 데이터 핸들링과 분석 등을 명령어로 직접 입력해서 하는 방식이 아닌 마우스로 메뉴를 클릭하여 진행하는 방식이기 때문에 통계프로그램 초보자들도 쉽게 접근할 수 있습니다.

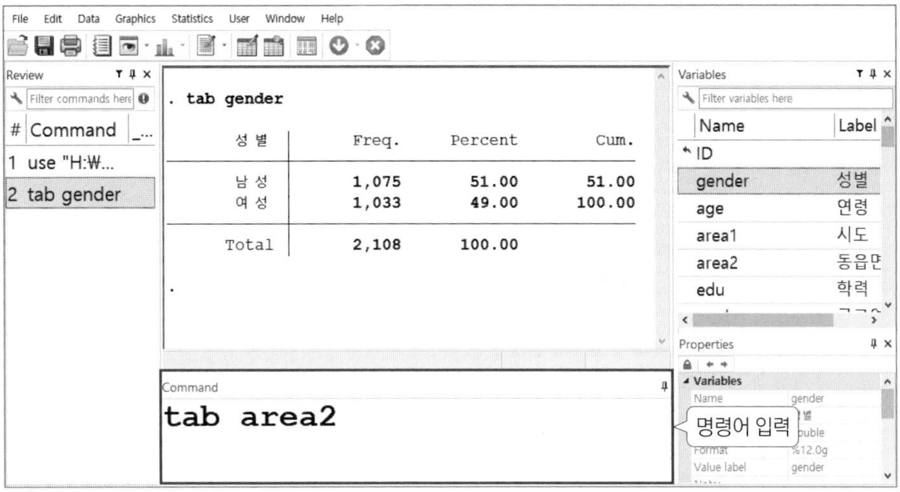


[그림 4-2] Stata 프로그램(명령어 입력)

[그림 4-3] SPSS 프로그램(마우스 클릭)

**체크? 체크!** **SPSS 프로그램도 명령어를 활용할 수 있다?**

SPSS 프로그램은 기본적으로 마우스로 메뉴를 클릭해서 데이터 핸들링과 분석을 진행할 수 있습니다. 하지만 SPSS 프로그램에서도 R, Stata처럼 명령어를 활용해서 데이터 핸들링과 분석을 할 수 있습니다.

만약 SPSS 프로그램에서 명령어를 활용할 줄 안다면 데이터 핸들링과 분석하는 시간을 줄일 수 있고, 작업하는 내용들을 기록할 수 있다는 장점이 있습니다. 그럼에도 SPSS 프로그램을 처음 활용하거나 명령어가 익숙하지 않다면 마우스로 메뉴를 클릭해서 분석하는 방법을 추천합니다. 명령어 사용은 필수가 아닙니다. SPSS 프로그램이 어느 정도 익숙해졌을 때 명령어를 사용해도 무방합니다.

[그림 4-4] SPSS 프로그램 명령어 활용

두 번째 특징은 SPSS 18 버전 이상이면 버전에 따라 큰 차이가 없기 때문에 문제없이 분석할 수 있습니다. 물론 버전이 올라가면서 할 수 있는 분석이 많아지기는 하지만 대체로 고급분석이 많아졌을 뿐 전반적인 메뉴는 비슷합니다. 아울러 버전이 높아짐에 따라 SPSS 화면이 조금 더 고급스럽게 바뀌기도 하였고, 용어(기술통계 → 기술통계량)가 조금씩 차이 나기도 합니다. 즉, 버전에 따라 분석, 이미지, 용어가 조금씩 차이는 있지만 메뉴에 큰 차이가 없기 때문에 18 버전 이상이면 무리 없이 사용할 수 있습니다. 이 책에서는 IBM SPSS Statistics 27 버전을 기준으로 서술하였습니다.

세 번째 특징은 타 통계프로그램과 호환이 비교적 잘된다는 것입니다. 엑셀 데이터 등을 SPSS 프로그램으로 쉽게 가져와서 분석할 수 있으며, SPSS 데이터를 엑셀, Stata, SAS 등 타 통계프로그램의 데이터로 변환할 수 있다는 것입니다. 다른 통계프로그램의 경우 SPSS 프로그램처럼 타 통계프로그램의 데이터 변환까지 고려하지는 않기 때문에 종종 불편한 상황이 발생합니다.

네 번째 특징은 변수 세팅과 데이터 핸들링이 쉽다는 것입니다. 변수 세팅은 변수의 이름과 유형 등 변수에 대한 정보 설정을 의미합니다. 데이터 핸들링은 데이터 분석을 할 수 있도록 데이터 변환하는 것을 의미합니다. 변수 세팅과 데이터 핸들링은 중요한 기능이지만, 해당 기능을 제공하지 않는 통계프로그램도 있고, 제공한다고 하더라도 SPSS만큼 편하지 않습니다. 그러나 SPSS 프로그램은 변수 세팅이 효율적이고 직관적이며, 데이터 핸들링이 쉬워 오류를 줄일 수 있습니다.

다섯 번째 특징은 14일 동안 무료로 쓸 수 있는 평가판을 제공한다는 것입니다. SPSS 프로그램은 가격이 저렴하지 않습니다. 보통 대학교에서는 대량으로 구매하여 학생 및 교원이 사용할 수 있도록 하고 있습니다. 물론 대학교에서 제공하지 않을 수도 있으니 확인해 보기 바랍니다. 만약 구할 수 있는 곳이 없다면, 데이터솔루션(https://spss.datasolution.kr/)에서 14일간 무료로 사용할 수 있는 평가판을 제공하고 있으니 활용해 보기 바랍니다. 참고로 평가판을 다운로드하기 전에 회원가입을 해야 하고, 평가판 설치 후 14일이 지난 다음에는 사용할 수 없습니다. 평가판 설치방법 등은 해당 사이트의 설치가이드를 보면서 진행하면 됩니다.

데이타솔루션
제품
스토어
기술지원
파트너
공지사항
평가판
평가판
설치 방법은 평가판 설치 가이드를 참고하시기 바랍니다.
통계분석 프로그램인 IBM SPSS Statistics, 데이터마이닝 분석 프로그램인 IBM SPSS Modeler, 구조방정식 모형 분석 프로그램 IBM SPSS Amos 평가판을 다운로드 받으실 수 있습니다.
아래의 프로그램 및 모든 파일에 대한 저작권 및 지적 소유권은 IBM에 있으며 소프트웨어 저작권법과 컴퓨터 프로그램 보호법에 의해 보호되고 있습니다. 본 소프트웨어는 평가용 목적으로만 사용이 허가되며, 불법 복제를 금합니다.
평가판 다운로드
IBM SPSS Statistics 25 for Windows
전세계에서 가장 많은 사용자를 보유하고 있는 글로벌 통계 소프트웨어로 방대한 데이터 처리가 용이하며, 편리하고 강력한 분석기능을 제공합니다.
32bit 설치파일
64bit 설치파일
설치가이드
매뉴얼
평가판다운로드
온라인견적요청
Contact Us
온라인 스토어
[그림 4-5] SPSS 프로그램 평가판 다운로드

## 2. SPSS 프로그램 실행하기

SPSS 프로그램은 윈도우 버튼을 활용하거나 SPSS 데이터 파일을 클릭하여 실행할 수 있습니다. 참고로 컴퓨터 사양에 따라 SPSS 프로그램을 처음 실행할 때 짧게는 5초에서 길게는 1분 이상 걸리기도 합니다.

### 1) 윈도우 버튼으로 SPSS 프로그램 실행하기

윈도우 버튼으로 SPSS 프로그램 실행하는 첫 번째 방법은, ❶ 윈도우 버튼(⊞)을 누르고, ❷ IBM SPSS Statistics 폴더를 클릭한 후, ❸ IBM SPSS Statistics 프로그램 파일을 클릭하면 됩니다. 이 책에서는 IBM SPSS Statistics 27 버전을 활용하기 때문에 IBM SPSS Statistics 27 폴더에 IBM SPSS Statistics 27 파일을 클릭합니다. 폴더명과 파일명은 버전에 따라 조금씩 차이가 있을 수 있습니다.

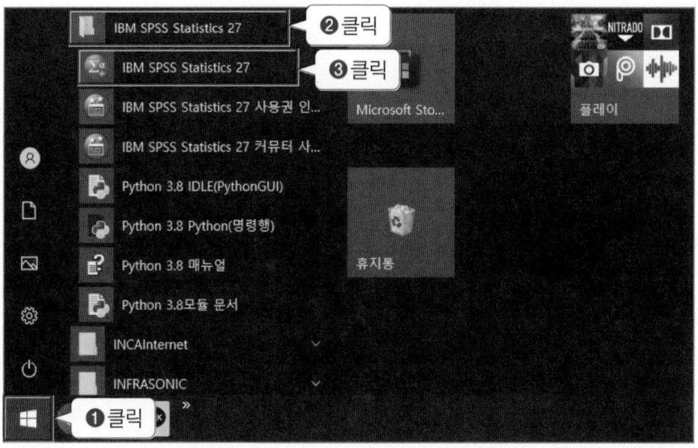


[그림 4-6] 윈도우 버튼으로 SPSS 프로그램 실행하기 1

윈도우 버튼으로 SPSS 프로그램 실행하는 두 번째 방법은, ❶ 윈도우 버튼(⊞)을 누르고, ❷ SPSS라고 입력해서 검색된 ❸ IBM SPSS Statistics 27 파일을 클릭해도 됩니다.

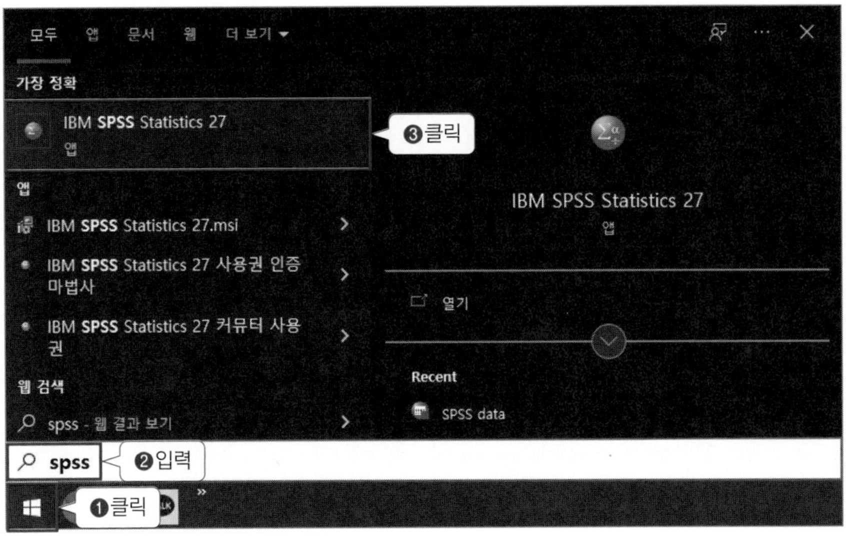


[그림 4-7] 윈도우 버튼으로 SPSS 프로그램 실행하기 2

## 2) 데이터 파일을 클릭하여 SPSS 프로그램 실행하기

SPSS 데이터 파일을 열 때는 해당 데이터 파일을 더블클릭하면 SPSS 프로그램이 실행됩니다. 실습파일 SPSS data를 더블클릭하여 실행해 보기 바랍니다.

[그림 4-8] 데이터 파일을 클릭하여 SPSS 프로그램 실행하기

## 3. SPSS 프로그램 시작 화면과 출력 결과 창

SPSS 프로그램은 하나의 파일 안에 두 개의 창을 가지고 있습니다. 즉, 두 개의 창은 데이터 보기 창과 변수 보기 창입니다. 데이터 보기를 클릭하면 데이터 보기 창으로 갈 수 있고, 변수 보기를 클릭하면 변수 보기 창으로 전환됩니다.

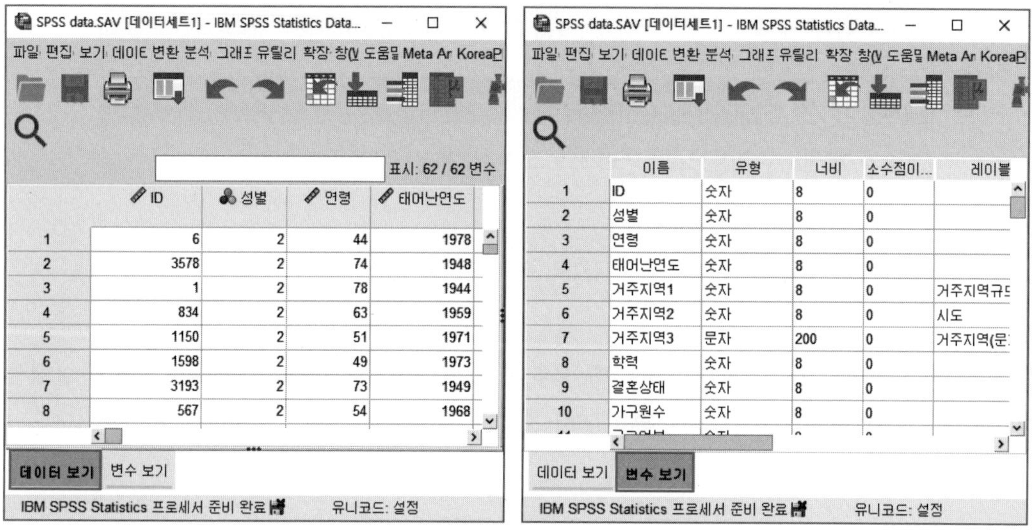


[그림 4-9] **데이터 보기와 변수 보기**

데이터 보기 창과 변수 보기 창의 메뉴나 도구모음 등은 공통적으로 배치되어 있고, 다음 그림과 같이 네모 박스에 있는 부분만 차이가 있습니다. 즉, 데이터와 변수가 세팅되어 있는 부분입니다. 이에 대한 구체적인 설명은 다음 페이지에서 살펴볼 데이터 보기 창과 변수 보기 창에서 진행하겠습니다.

[그림 4-10] **데이터 보기 창과 변수 보기 창에서 차이가 있는 부분**

## 1) 데이터 보기 창

'데이터 보기'를 클릭하면, 데이터 보기 창이 나옵니다. 데이터 보기 창은 파일이름, 메뉴, 도구 모음, 데이터 확인 창, 변수명, 케이스 번호, 데이터창, 상태 표시줄로 구성되어 있습니다. 구체적으로 하나씩 알아보겠습니다.

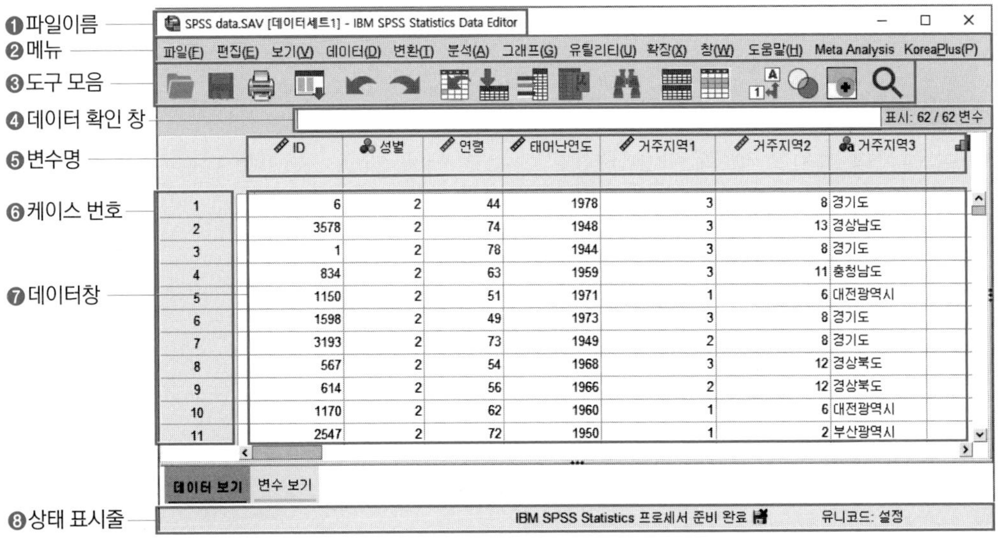


[그림 4-11] **데이터 보기 창**

❶ 파일이름: 파일이름은 SPSS 데이터 파일의 이름을 보여 주는 곳입니다. 파일 이름이 SPSS data라면 SPSS data.SAV로 표시됩니다. 아무런 데이터도 없는 빈 파일이라면 제목없음으로 표시됩니다. 참고로 SAV는 SPSS 데이터 파일의 확장자입니다. 아울러 파일이름 옆에 [데이터세트1]이라고 표시되어 있는데, 이것은 현재 SPSS 프로그램에서 불러온 첫 번째 데이터 파일이라는 것을 의미합니다. SPSS 데이터 파일이 열려 있는 상태에서 또 다른 SPSS 데이터 파일을 열면 [데이터세트2]라고 표시됩니다. [데이터세트]의 경우 명령어를 사용할 때 활용하므로 명령어를 활용하지 않는다면 간단하게 보고 넘어가기 바랍니다.

❷ 메뉴: 메뉴는 파일, 편집, 데이터, 변환, 분석 등을 통해 파일열기, 저장, 파일 합치기, 변수 계산, 코딩변경, 빈도분석, 기술통계분석 등 각종 데이터 핸들링과 분석을 진행할 수 있습니다. SPSS 프로그램에서는 메뉴를 통해 대부분의 작업을 진행하기 때문에 메뉴에 대해서는 정확하게 알고 있어야 합니다. 다만, 모든 메뉴를 다 활용하는 것은 아닙니다. 자주 활용하는 주요 메뉴에 대해서는 이 장의 '4. SPSS 프로그램 메뉴'에서 구체적으로 다루겠습니다.

❸ 도구 모음: 도구 모음은 메뉴에서 자주 활용하는 기능들을 아이콘 형식으로 표시하여 바로 실행이 가능하도록 만든 것입니다. 즉, 주요 메뉴를 모아 둔 것이라고 볼 수 있지만, SPSS 버전마다 조금씩 차이가 있고, 실제로 자주 사용하는 기능이 많지 않다 보니 활용도가 낮습니다. 다만, 도구모음에서 파일열기, 저장, 되돌리기는 다른 도구모음에 비해 활용도가 높으므로 간단히 살펴보고 넘어가겠습니다.

• (파일열기)

SPSS 데이터 파일을 열 때 사용합니다. 참고로 엑셀, Stata, SAS 등 다른 통계프로그램의 데이터도 파일열기를 통해 열 수 있습니다.

• (저장)

데이터를 저장할 때 사용합니다. 저장 단축키는 Ctrl+S입니다.

**Know how** 저장은 수시로 하세요

석사 과정 때 SPSS 프로그램으로 작업을 하다가 컴퓨터가 갑자기 꺼지거나 멈춰서 작업 중이던 SPSS 데이터를 날린 게 한두 번이 아닙니다. 그 이후로 조금만 수정해도 Ctrl+S를 눌러서 수시로 저장하고 있습니다. 최근에도 SPSS 데이터로 작업 중 컴퓨터가 멈추긴 했지만 수시로 저장한 덕분에 큰 문제를 면할 수 있었습니다. 작업한 데이터를 날리지 않도록 수시로 Ctrl+S를 눌러서 저장하세요. 참고로 도구모음의 보다는 단축키 Ctrl+S가 더 편합니다.

- (되돌리기)

방금 진행한 작업을 취소하고 이전의 작업형태로 되돌아갈 때 사용합니다. 단축키는 Ctrl+Z입니다. 다만, 케이스 선택을 통해 케이스를 삭제한 후에는 되돌리기가 되지 않을 수 있습니다. 이렇듯 되돌리기가 되지 않는 작업도 있으니 항상 원본 파일을 따로 저장하여 작업하기를 바랍니다.

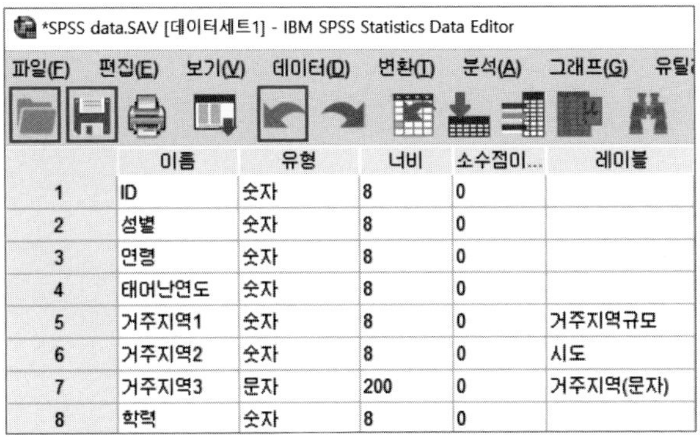


| | 이름 | 유형 | 너비 | 소수점이... | 레이블 |
|---|---|---|---|---|---|
| 1 | ID | 숫자 | 8 | 0 | |
| 2 | 성별 | 숫자 | 8 | 0 | |
| 3 | 연령 | 숫자 | 8 | 0 | |
| 4 | 태어난연도 | 숫자 | 8 | 0 | |
| 5 | 거주지역1 | 숫자 | 8 | 0 | 거주지역규모 |
| 6 | 거주지역2 | 숫자 | 8 | 0 | 시도 |
| 7 | 거주지역3 | 문자 | 200 | 0 | 거주지역(문자) |
| 8 | 학력 | 숫자 | 8 | 0 | |

[그림 4-12] **도구 모음**

**Know how** **되돌리기는 되도록 사용하지 마세요**

되돌리기가 가지고 있는 장점이 많지만 잘 사용하지 않습니다. 왜냐하면 되돌리기를 하다가 오류가 생기는 경우가 많으며 이전 작업 어디까지 되돌아간 것인지 가늠하지 못할 때가 많습니다. 이에 거의 사용하지 않으니 참고하기 바랍니다.

파일열기, 저장, 되돌리기 외에 나머지 도구 모음은 작업의 일관성을 위해 도구 모음보다 메뉴에서 진행하는 것을 추천합니다. 물론 메뉴에 '보기-도구 모음-사용자 정의'를 통해서 도구 모음을 자신에게 맞춰 재설정할 수는 있지만, 그럼에도 메뉴에서 진행하는 것을 추천합니다.

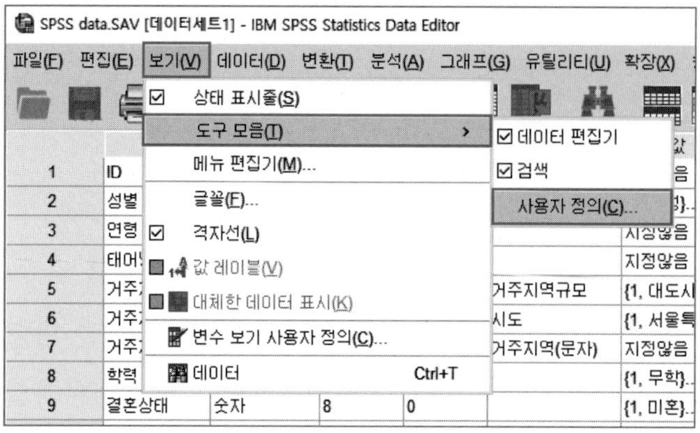


[그림 4-13] **도구 모음 재설정**

❹ 데이터 확인 창: 데이터 확인 창은 데이터창에서 클릭한 데이터(숫자, 문자 등)를 보여 주는 창입니다. 데이터창에 숫자나 문자가 길어서 보이지 않을 경우 클릭하여 확인할 수 있습니다.

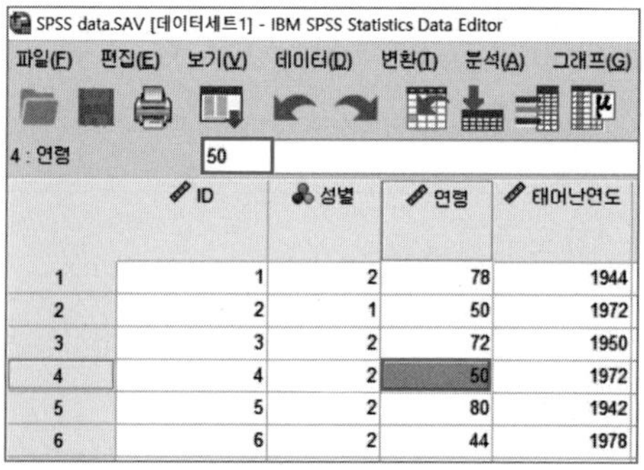


| | ID | 성별 | 연령 | 태어난연도 |
|---|---|---|---|---|
| 1 | 1 | 2 | 78 | 1944 |
| 2 | 2 | 1 | 50 | 1972 |
| 3 | 3 | 2 | 72 | 1950 |
| 4 | 4 | 2 | 50 | 1972 |
| 5 | 5 | 2 | 80 | 1942 |
| 6 | 6 | 2 | 44 | 1978 |

[그림 4-14] **데이터 확인 창**

❺ 변수명: 변수명은 변수 보기에서 변수 세팅한 변수명을 표시합니다. 변수명 옆에 있는 (등간척도, 비율척도), (서열척도), (명목척도), (문자)는 변수 유형을 의미합니다.

❻ 케이스 번호: SPSS가 자체적으로 부여하는 케이스 번호를 의미합니다.

❼ 데이터창: 새로운 데이터를 입력하거나 기존 데이터를 볼 수 있는 공간입니다.

❽ 상태 표시줄: 상태 표시줄은 SPSS 프로그램의 작동상태를 표시합니다.

**Know how** SPSS 프로그램이 멈춘 건가요? 아닌가요?

종종 SPSS 프로그램으로 분석이나 저장을 했을 때 시간이 많이 걸리는 경우가 있습니다. SPSS 프로그램이 멈춰서 오류가 난 것인지, 아니면 케이스나 변수가 많아서 시간이 많이 걸리는 것인지 가늠하지 못할 때가 있습니다. 이럴 때는 상태 표시줄을 보면 금방 파악할 수 있습니다. SPSS 프로그램이 작동하고 있다면 상태 표시줄에 작동상태가 변하는 것을 보여 줄 것입니다. 만약 상태 표시줄에 작동상태가 변하지 않는다면 멈춘 것이니 전원을 껐다 켜야 할 것입니다.

## 2) 변수 보기 창

'변수 보기'를 클릭하면, 변수 보기 창이 나옵니다. 변수 보기 창은 파일이름, 메뉴, 도구 모음, 변수속성, 변수 번호, 변수창, 상태 표시줄로 구성되어 있습니다. 데이터 보기 창과 공통적으로 있는 파일이름, 메뉴, 도구 모음, 상태 표시줄은 이미 데이터 보기 창에서 다루었으므로 생략하겠습니다. 변수속성, 변수 번호, 변수창에 대해서 구체적으로 확인해 보면 다음과 같습니다.

[그림 4-15] **변수 보기 창**

❹ 변수속성: 변수속성에는 변수의 이름, 유형, 너비, 소수점 이하 자리, 레이블 등 변수에 대한 특성이 제시되어 있습니다. 각종 변수속성 카테고리에 맞춰 변수에 대한 정보를

입력 및 설정합니다.

❺ 변수 번호: SPSS가 자체적으로 부여하는 변수 번호를 의미합니다.

❻ 변수창: 변수속성에 맞춰 새로운 변수를 입력하거나 기존 변수를 볼 수 있는 공간입니다. 각 변수의 변수명, 변수유형 등이 설정되어 있습니다.

### 3) 출력 결과 창

출력 결과 창은 SPSS 프로그램 시작 화면과 함께 항상 같이 열리는 창으로, SPSS 프로그램에서 진행한 작업의 과정과 결과가 표시됩니다. 출력 결과 창은 파일이름, 메뉴, 도구 모음, 개요창, 뷰어창, 상태 표시줄로 구성되어 있습니다.

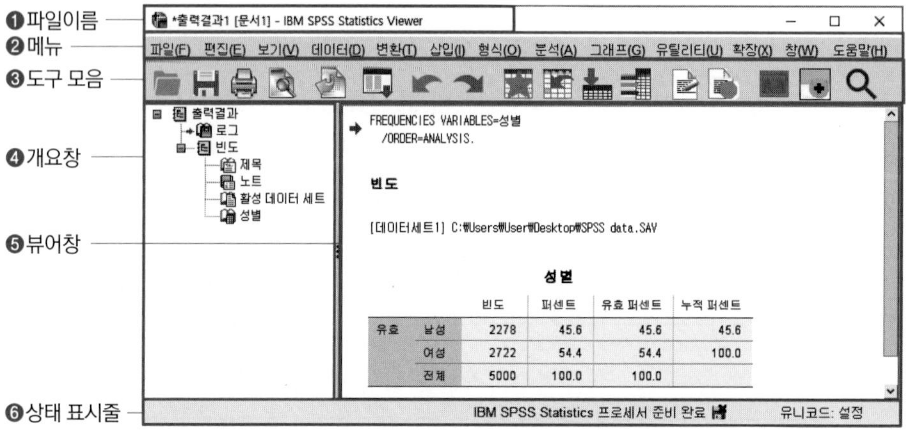


[그림 4-16] **출력 결과 창**

❶ 파일이름: 파일이름은 출력 결과 파일의 이름을 보여 주는 곳입니다. 출력 결과 파일을 SPSS output으로 저장했다면, SPSS output.spv로 표시됩니다. 저장하지 않은 파일이라면 출력결과1로 표시됩니다. 참고로 spv는 SPSS 출력 결과 파일의 확장자입니다.

❷ 메뉴: 출력 결과 창의 메뉴는 데이터 보기 창과 변수 보기 창의 메뉴와 같이 파일, 편집, 데이터, 변환, 분석 등을 통해 파일열기, 저장, 파일 합치기, 변수 계산, 코딩변경, 빈도분석, 기술통계분석 등 각종 데이터 핸들링과 분석을 진행할 수 있습니다. 즉, 출력 결과 창에서도 메뉴를 통해 직접 데이터 핸들링과 분석을 진행할 수 있습니다.

❸ 도구 모음: 출력 결과 창의 도구 모음은 데이터 보기 창과 변수 보기 창의 도구 모음과 같이 주요 메뉴를 모아 둔 것이라고 볼 수 있습니다. 참고로 출력 결과 창의 도구 모음

은 잘 활용하지 않습니다만, 저장( )은 출력 결과(개요창과 뷰어창에 있는 출력 결과물)를 저장하기 위해 활용할 가능성이 있습니다. 즉, 개요창과 뷰어창에 제시된 작업 진행 과정(명령어, 데이터 핸들링, 분석 내용 등)과 분석 결과를 공유하거나 추후에 다시 확인하기 위해 저장 기능을 이용합니다.

❹ 개요창: 개요창은 뷰어창(출력 결과)에 제시된 정보를 간략하게 표시한 창입니다. 아울러 뷰어창에 출력 결과가 많아 찾기가 힘든 경우 개요창에서 간단하게 확인한 후 보고 싶은 부분을 클릭하면 해당 결과물을 뷰어창에서 보여 줍니다.

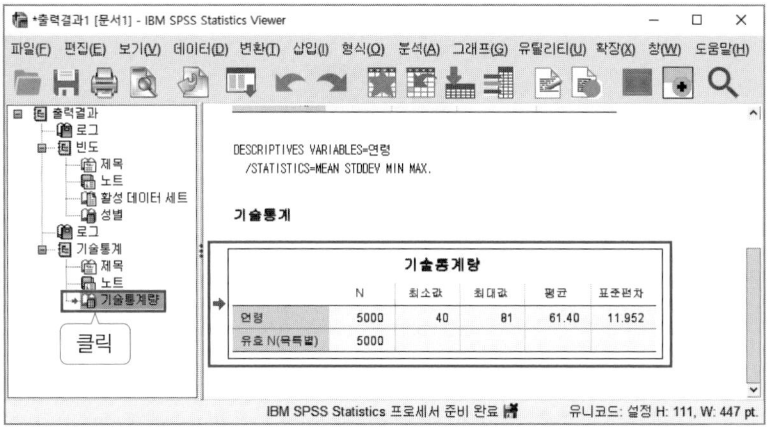


[그림 4-17] 개요창

❺ 뷰어창: 뷰어창은 SPSS에서 작업한 모든 내용(파일열기, 저장, 데이터 핸들링, 분석 등)을 보여 주는 창입니다. 뷰어창에는 명령어, 통계표, 그래프 등이 표시됩니다. 명령어는 SPSS 프로그램 초보자의 경우 참고적으로 보면 되고, SPSS 프로그램 중급자는 자신이 진행한 작업이 맞는지 다시 한 번 확인하는 차원에서 볼 수 있습니다. 통계표와 그래프를 보면서 자신의 분석 결과를 확인합니다. 참고로 통계표와 그래프는 더블클릭하여 단어나 그래프 형태 등을 수정할 수 있습니다.

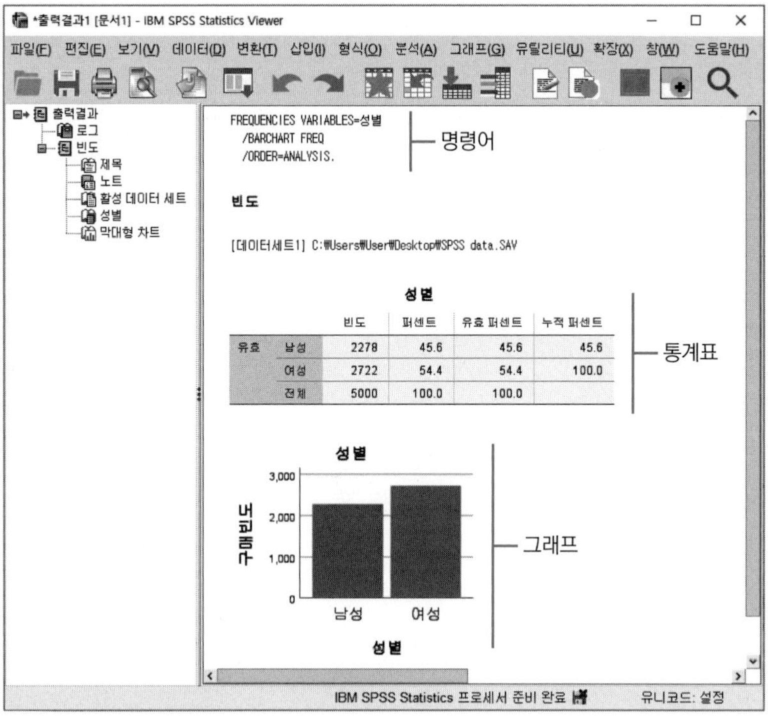


[그림 4-18] **뷰어창**

❻ 상태 표시줄: 상태 표시줄은 데이터 보기 창과 변수 보기 창의 상태 표시줄과 동일하게 SPSS 프로그램의 작동상태를 표시합니다.

# 4. SPSS 프로그램 메뉴

SPSS 프로그램은 메뉴를 활용하여 데이터 핸들링, 분석 등을 진행하기 때문에 메뉴에 대한 이해가 필요합니다. 다만, 자료분석을 위해 모든 메뉴를 다 파악할 필요는 없기 때문에 많이 다루는 메뉴 위주로 살펴보고자 합니다. 즉, 지금부터 다루는 메뉴는 모두 알고 있어야 한다는 것입니다. 이 책의 제2부와 제3부에서 SPSS 프로그램 메뉴 활용 방법에 대해 구체적으로 제시하고 있기 때문에 여기서는 자주 활용하는 메뉴에 대해 개괄적으로 소개하고 구체적인 내용은 다음 장에서부터 살펴보도록 하겠습니다.

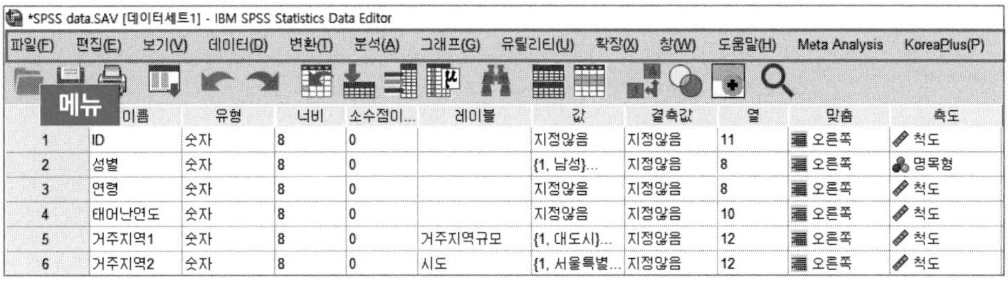


[그림 4-19] **메뉴**

## 1) 파일

파일 메뉴에서는 '저장'과 '다른 이름으로 저장'을 많이 사용합니다. 저장은 현재 데이터 파일을 저장하는 것이고, 다른 이름으로 저장은 현재 데이터 파일을 다른 이름으로 저장하는 것입니다.

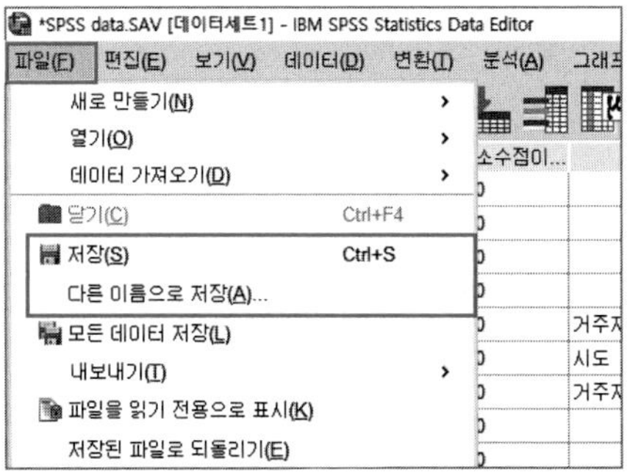


[그림 4-20] **파일 메뉴**

**Know how** **다른 이름으로 저장**

항상 원본 파일은 그대로 두고 다른 이름으로 저장을 클릭하여 복사본으로 작업하기를 추천합니다. 원본 파일로 작업하다가 저장을 하면 원본 파일이 사라지고 가공된 파일이 됩니다. 종종 원본 파일이 필요할 때가 있습니다. 그러므로 원본은 그대로 두고 다른 이름으로 저장하기를 바랍니다. 아울러 수많은 케이스나 변수를 삭제할 때에도 혹시 모를 문제에 대비하기 위해 다른 이름으로 저장하기를 바랍니다.

## 2) 편집

편집 메뉴에서는 실행 취소(되돌리기), 변수 삽입, 케이스 삽입, 찾기, 옵션을 주로 활용합니다.

[그림 4-21] **편집 메뉴**

❶ 실행 취소: 실행 취소는 되돌리기를 의미합니다. 메뉴에서 이용하기보다는 단축키 Ctrl+Z를 이용합니다.

❷ 변수 삽입, 케이스 삽입: 변수 삽입과 케이스 삽입의 경우, 변수 세팅과 데이터 코딩이 완료된 상태에서 변수나 케이스를 중간에 삽입하고자 할 때 사용합니다. 변수 삽입과 케이스 삽입은 '편집–변수 삽입' 또는 '케이스 삽입'을 통해 진행해도 되지만, 보통 변수 보기 창이나 데이터 보기 창에서 변수나 케이스를 넣고자 하는 위치에 오른쪽 마우스를 클릭(우클릭)하여 변수 삽입(변수 보기 창)이나 케이스 삽입(데이터 보기 창)을 할 수 있습니다.

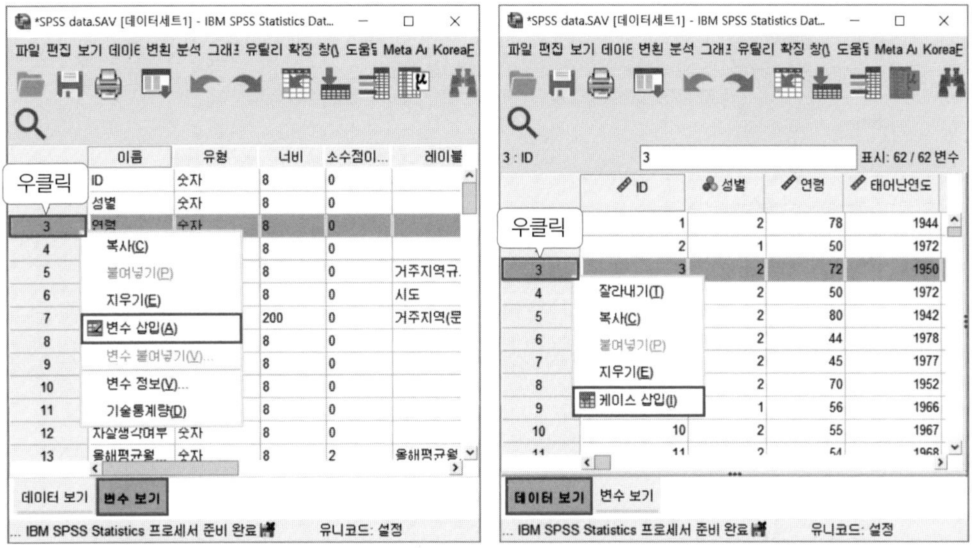


[그림 4-22] **변수 삽입과 케이스 삽입**

❸ 찾기: 찾기는 데이터 보기 창이나 변수 보기 창에서 특정 값이나 단어를 찾고자 할 때 사용합니다. 보통 편집 메뉴를 이용하기보다는 자신이 원하는 변수를 클릭 후 Ctrl+F를 눌러 찾습니다. 데이터 보기 창에서는 잘못 입력된 값을 찾을 때 주로 사용하고, 변수 보기 창에서는 이름과 레이블에서 특정 변수를 찾을 때 사용합니다. 참고로 변수 보기 창에서는 '이름', '레이블', '값', '결측값'에서 특정 단어 및 값을 찾을 수 있습니다.

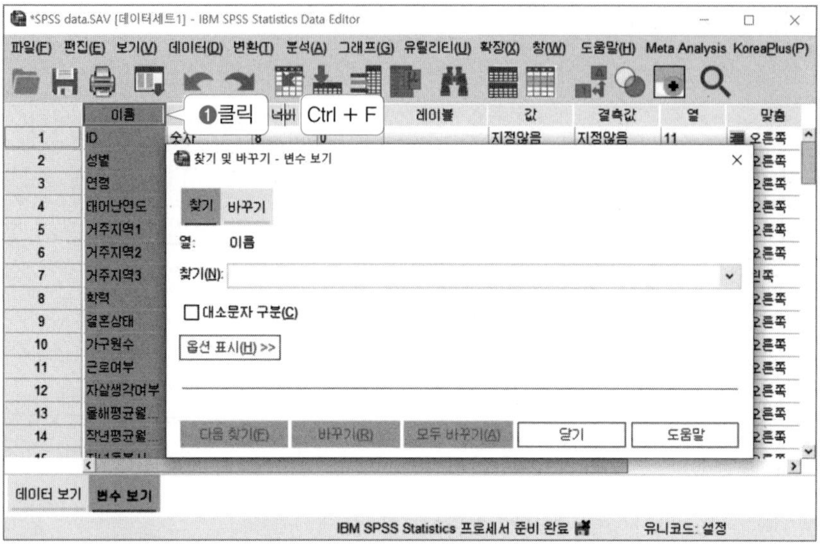


[그림 4-23] **찾기**

❹ 옵션: 데이터 보기 창과 변수 보기 창의 메뉴 등이 영어로 표시되는 경우가 종종 있습니다. 이것은 언어가 영어로 설정된 경우입니다. 영어를 한국어로 변경하고 싶은 경우 '편집–옵션'을 활용할 수 있습니다.

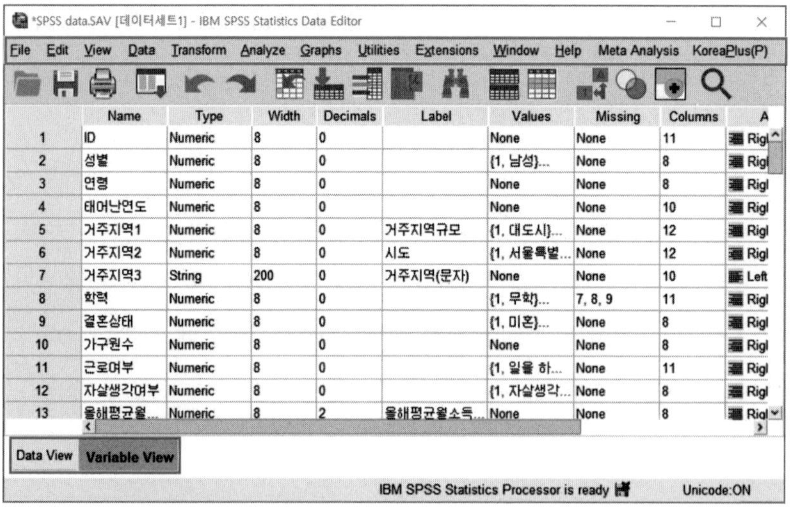


[그림 4-24] **언어가 영어로 설정**

우선 Edit–Options–Language(편집–옵션–언어)에 들어가서 Output(출력)과 User Interface(사용자 인터페이스)를 Korean으로 변경하면 됩니다. 반대로 한국어를 영어로 하고 싶은 경우에도 편집–옵션–언어에 들어가서 영어로 변경하면 됩니다.

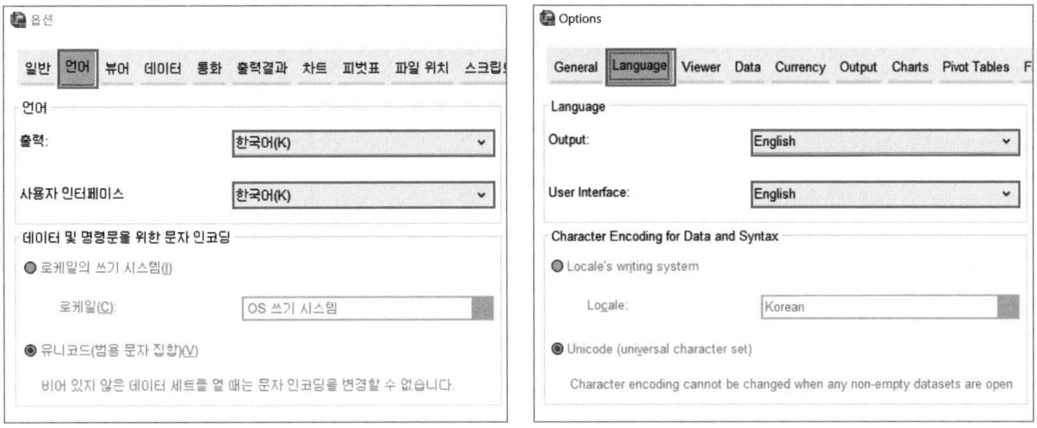


[그림 4-25] **옵션-언어**

## 3) 보기

보기 메뉴에서는 상태 표시줄 표시 여부, 도구 모음 수정 등이 있으나 활용도가 많이 낮아 잘 찾지 않는 메뉴입니다. 그러므로 간단하게 보고 넘어가면 되겠습니다.

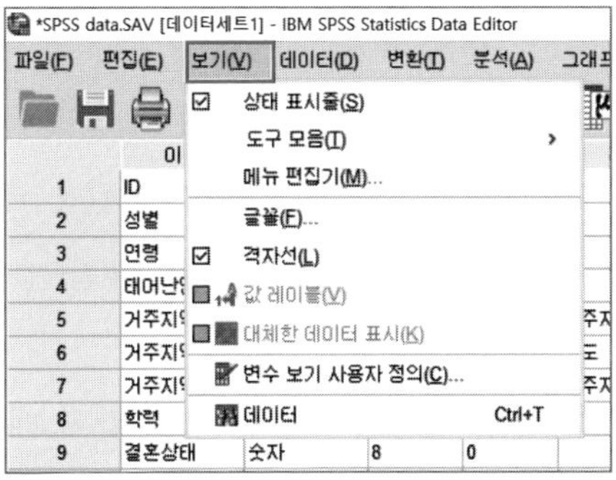


[그림 4-26] **보기**

## 4) 데이터

데이터에는 많은 메뉴가 있지만 많이 활용하는 메뉴는 파일 합치기, 파일분할, 케이스 선택 정도입니다. 파일 합치기, 파일분할, 케이스 선택은 이 책의 제2부에서 상세하게 다루기 때문에 이 부분에서는 간단하게 소개하고 넘어가도록 하겠습니다.

[그림 4-27] 데이터

❶ 파일 합치기: 파일 합치기는 2개의 SPSS 데이터 파일을 합쳐서 1개의 데이터 파일을 만들 때 사용합니다. 즉, 파일 합치기는 2명 이상의 조사자가 응답한 설문지를 나누어 코딩한 파일을 하나로 합칠 때, 가구용 데이터와 가구원용 데이터로 구분된 공공데이터를 합칠 때, 종단연구를 위해 2개년 이상의 데이터 파일(예: 2022년, 2023년 데이터)을 합칠 때 활용합니다.

❷ 파일분할: 파일분할은 집단변수(보기가 있는 변수)에 맞춰 데이터 파일을 집단별로 나눌 때 사용합니다. 예를 들어, 거주지역별 각각 회귀분석을 진행하여 분석 결과를 따로 보고 싶을 때 사전에 거주지역별로 파일분할을 할 수 있습니다.

❸ 케이스 선택: 케이스 선택은 데이터 파일에서 특정 케이스만 남기고자 할 때 사용합니다. 예를 들어, 남성만 분석대상자라면 남성만 남기고 나머지 케이스는 삭제해야 합니다. 이럴 때 케이스 선택을 진행하여 남성만 남길 수 있습니다.

### 5) 변환

변환은 데이터를 핸들링해서 분석에 필요한 데이터로 바꾸는 것을 말합니다. 즉, 주요 데이터 핸들링은 변환에서 이루어진다고 볼 수 있습니다. 변환에서 가장 많이 활용하는 메뉴는 변수 계산, 같은 변수(다른 변수)로 코딩변경이 있으며, 자동 코딩변경과 더미변수 작성은 유용한 메뉴이기에 소개하고자 합니다. 참고로 자동 코딩변경과 더미변수 작성은 SPSS 버전에 따라 없을 수도 있습니다.

변수 계산, 같은 변수(다른 변수)로 코딩변경, 자동 코딩변경, 더미변수 작성은 이 책의 제10장과 제11장에서 상세하게 다루기 때문에 이 부분에서는 간단하게 소개하고 넘어가도록 하겠습니다.

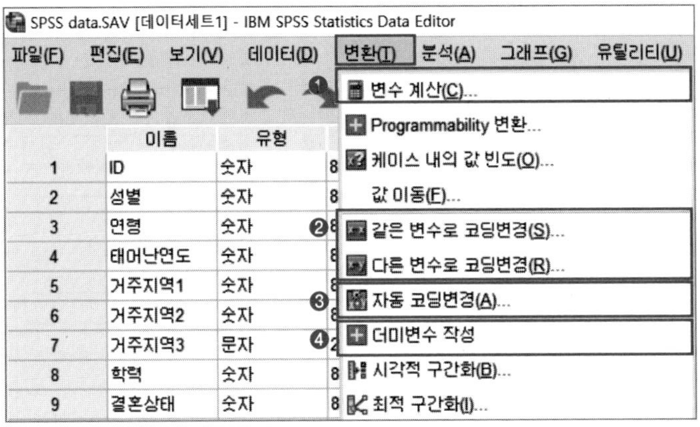


[그림 4-28] **변환**

❶ 변수 계산: 변수 계산은 기존 변수를 계산(합변수 만들 때, 평균변수 만들 때, 결측값이 있는 케이스를 확인할 때, 로그로 변환할 때, 사칙연산을 활용하여 기존 변수를 계산할 때)하여 새로운 변수를 만들 때 사용합니다.

❷ 같은 변수(다른 변수)로 코딩변경: 같은 변수(다른 변수)로 코딩변경은 기존에 코딩한 값을 변경[이상한 값을 결측값으로 처리할 때, 역코딩할 때, 보기를 재설정할 때, 평균변수(보기가 없는 변수)의 보기를 만들 때]할 때 사용합니다.

❸ 자동 코딩변경: 자동 코딩변경은 문자변수를 숫자변수로 변환하고자 할 때 주로 사용합니다.

❹ 더미변수 작성: 더미변수 작성은 집단변수를 더미변수로 만들 때 사용합니다.

## 6) 분석

분석 메뉴에서는 실제 분석을 진행할 때 사용하는 메뉴입니다. 분석 메뉴에 있는 기술통계량, 평균 비교, 상관분석, 회귀분석, 차원 축소, 척도분석, 다중반응이 주로 사용하는 메뉴입니다. 분석 메뉴는 이 책의 제3부에서 상세하게 다루기 때문에 이 부분에서는 간단하게 소개하는 수준으로 진행하겠습니다.

[그림 4-29] **분석**

❶ 기술통계량: 기술통계량에서는 빈도분석, 기술통계, 교차분석 등 기본적 분석에 대해서 다룰 때 사용합니다.

❷ 평균 비교: 평균 비교에서는 평균을 통해 집단 간 차이를 검정하는 분석인 독립표본 t검정, 대응표본 t검정, 일원배치 분산분석 등을 진행할 수 있습니다.

❸ 상관분석: 주요 변수 간의 상관관계를 검증할 때 사용합니다.

❹ 회귀분석: 회귀분석에서는 독립변수가 종속변수에 유의한 영향을 미치는지 검증하기 위해 단순회귀분석, 다중회귀분석, 매개효과분석, 조절효과분석, 로지스틱 회귀분석 등을 할 수 있습니다.

❺ 차원 축소: 차원 축소에서는 측정도구의 타당성을 검증하기 위해 요인분석을 진행할 수 있습니다.

❻ 척도분석: 척도분석에서는 측정도구의 신뢰도를 검증하기 위해 신뢰도 분석을 할 수 있습니다.

❼ 다중반응: 다중반응에서는 다중응답(복수응답 등) 변수를 통해 빈도분석과 교차분석을 진행할 수 있습니다.

## 7) 기타 메뉴

그래프, 유틸리티, 확장, 창, 도움말, Meta Analysis, KoreaPlus 등은 활용도가 낮은 메뉴이므로 이 책에서는 다루지 않습니다.

[그림 4-30] **기타 메뉴**

제5장

# 변수 세팅 및 데이터 코딩

## Key Point

변수 세팅

- 변수 세팅이란 변수의 이름, 유형, 너비, 소수점 이하 자리, 레이블(설명), 값, 결측값, 열, 맞춤, 측도, 역할 등 변수에 대한 정보를 설정
- 변수 세팅은 변수 보기 창에서 진행

다중응답(다중반응) 변수 세팅

- 모두 선택하시오, 2개 선택하시오, 중복 선택하시오, 1순위와 2순위를 선택하시오 변수 세팅
- 이분형 세팅: 변수 세팅 값을 '1=예'로 설정
- 범주형 세팅: 변수 세팅 값을 각 보기로 설정

데이터 코딩

- 데이터 코딩은 설문지나 각종 자료를 SPSS 등의 통계프로그램에 입력하는 것을 의미
- 데이터 코딩은 데이터 보기 창에서 진행
- 데이터 코딩은 엑셀로도 가능

# 1. 변수 세팅

변수 세팅이란 변수의 이름, 유형, 너비, 소수점 이하 자리, 레이블(설명), 값, 결측값, 열, 맞춤, 측도, 역할 등 변수에 대한 정보를 설정하는 것입니다. 변수 세팅은 변수 보기 창에서 진행할 수 있습니다.

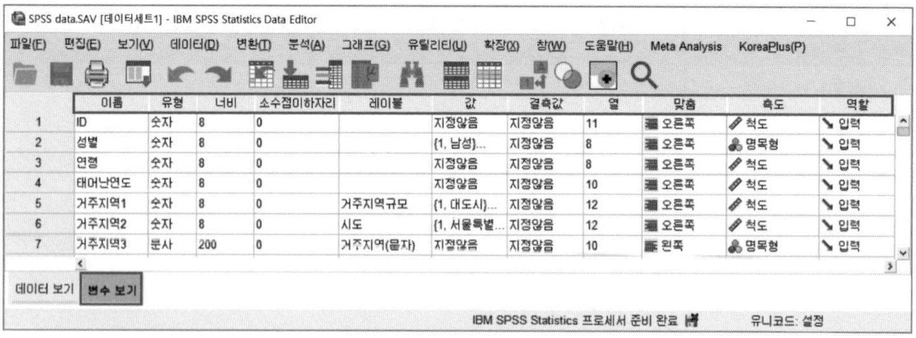


| | 이름 | 유형 | 너비 | 소수점이하자리 | 레이블 | 값 | 결측값 | 열 | 맞춤 | 측도 | 역할 |
|---|---|---|---|---|---|---|---|---|---|---|---|
| 1 | ID | 숫자 | 8 | 0 | | 지정않음 | 지정않음 | 11 | 오른쪽 | 척도 | 입력 |
| 2 | 성별 | 숫자 | 8 | 0 | | {1, 남성}... | 지정않음 | 8 | 오른쪽 | 명목형 | 입력 |
| 3 | 연령 | 숫자 | 8 | 0 | | 지정않음 | 지정않음 | 8 | 오른쪽 | 척도 | 입력 |
| 4 | 태어난연도 | 숫자 | 8 | 0 | | 지정않음 | 지정않음 | 10 | 오른쪽 | 척도 | 입력 |
| 5 | 거주지역1 | 숫자 | 8 | 0 | 거주지역규모 | {1, 대도시}... | 지정않음 | 12 | 오른쪽 | 척도 | 입력 |
| 6 | 거주지역2 | 숫자 | 8 | 0 | 시도 | {1, 서울특별... | 지정않음 | 12 | 오른쪽 | 척도 | 입력 |
| 7 | 거주지역3 | 문자 | 200 | 0 | 거주지역(문자) | 지정않음 | 지정않음 | 10 | 왼쪽 | 명목형 | 입력 |

[그림 5-1] **변수 세팅**

**Know how** **변수 세팅의 중요성**

변수 세팅은 데이터 SPSS 프로그램을 활용하는 사람이라면 무조건 알아야 하는 파트입니다. 종종 SPSS 프로그램을 공부할 때 변수 세팅을 잘 모르고 넘어가는 분들이 계시는데, 그것은 마치 수학에서 미분적분을 한다고 하면서 덧셈, 뺄셈은 모르는 격입니다. 그만큼 기본적이면서도 중요한 파트입니다. 2차 데이터(다른 조사자에 의해 이미 만들어진 데이터)를 활용한다고 하더라도 새롭게 변수를 만들거나 기존 변수를 수정해야 하는 작업이 많기 때문에 변수 세팅하는 방법을 정확하게 알고 있어야 합니다. 아울러 변수 세팅을 잘 알고 있다면, 설문지를 만들 때에도 변수 세팅을 생각하면서 설문 문항을 구성할 수 있기 때문에 오류를 줄일 수 있습니다.

**체크? 체크!** **변수 세팅과 데이터 코딩 순서**

설문조사가 완료된 후 SPSS 프로그램에 데이터 코딩을 할 때 변수 세팅이 이미 완료되어 있어야 합니다. 변수 세팅이 완료되어야 그 변수 세팅에 맞춰 코딩을 할 수 있기 때문입니다. 그러므로 변수 세팅을 먼저 하고, 그런 다음 데이터 코딩을 진행해 주기 바랍니다.

## 1) 이름

이름

- 변수명을 작성하는 곳
- 이름(변수명)에서 불가능한 것
  - 숫자로 시작하는 것 불가능(예: 1성별)
  - 띄어쓰기 사용 불가능(예: 성 별)
  - 특수문자(!, ?, %, #, *, & 등) 사용 불가능(예: 성별!)
- 이름(변수명)에서 가능한 것
  - 밑줄( _ )과 마침표( . ) 사용 가능(예: 성_별, 성.별)
  - 변수명은 한국어와 영어 모두 가능

이름은 변수명을 작성하는 곳입니다. 다만, 변수명은 숫자로 시작할 수 없습니다. 물론 변수명 뒤에 숫자를 넣을 수는 있습니다(예: 성별1). 변수명은 띄어쓰기 · 특수문자를 쓸 수 없습니다만, 띄어쓰기를 꼭 해야 한다면 밑줄( _ )과 마침표( . )는 사용할 수 있습니다. 변수명은 한국어와 영어 모두 사용 가능하므로 자신에게 쉬운 언어로 작성하시면 됩니다. 다만, SPSS 프로그램 데이터로 다른 통계프로그램을 활용할 계획이 있다면 한국어를 인식하지 못할 수 있기 때문에 영어로 변수명 작성하기를 추천합니다.

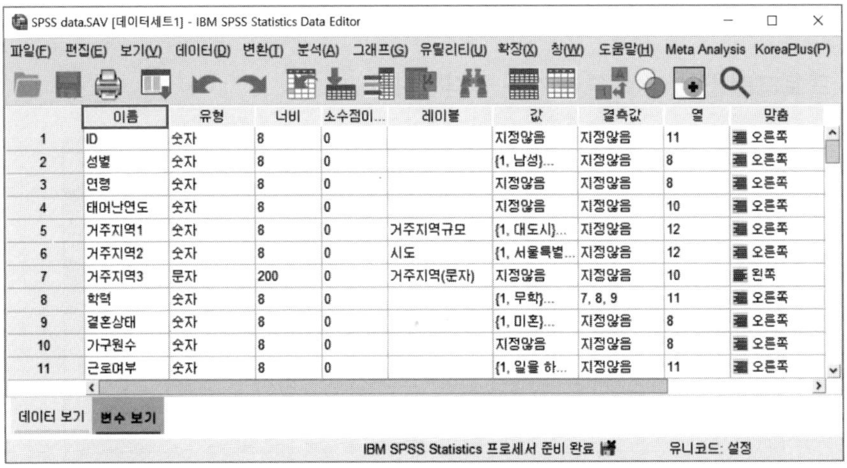


[그림 5-2] 이름

**Know how** **변수명은 심플할수록 좋다!**

변수명은 짧고 심플할수록 좋습니다. 예를 들어, '현재 일을 하고 계십니까?'를 묻는 질문이라면 변수명에 질문 전체를 적는 것이 아니라 '근로 여부'라고 짧게 작성하면 됩니다.

## 실습 이름(변수명) 작성하기

[실습 설문지]

| ID | | | |
|---|---|---|---|

1. 자신의 성별은?
   ① 남성 ② 여성

2. 자신의 종교는?
   ① 천주교 ② 개신교 ③ 불교 ④ 기타( )

3. 자신의 연령은? ( )세

4. 자신의 거주지역은? ( )시/군/구

**1** SPSS 프로그램을 열어 변수 보기를 클릭합니다.

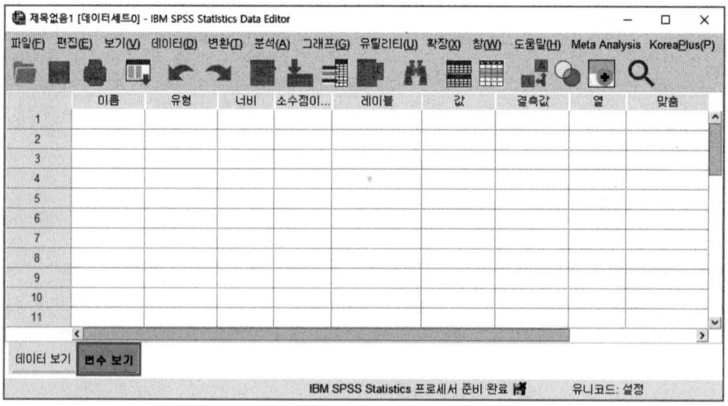


[그림 5-3]

**2** 실습 설문지를 보면서 이름에 설문지 문항 순서대로 ID, 성별, 종교, 종교기타, 연령, 거주지역을 넣습니다. 변수명을 넣으면 유형, 너비, 소수점이하자리, 값, 결측값, 열, 맞춤, 측도, 역할이 자동으로 설정됩니다. 유형, 너비 등 다른 변수 세팅은 다음 부분에서 실습을 통해 수정해 보겠습니다.

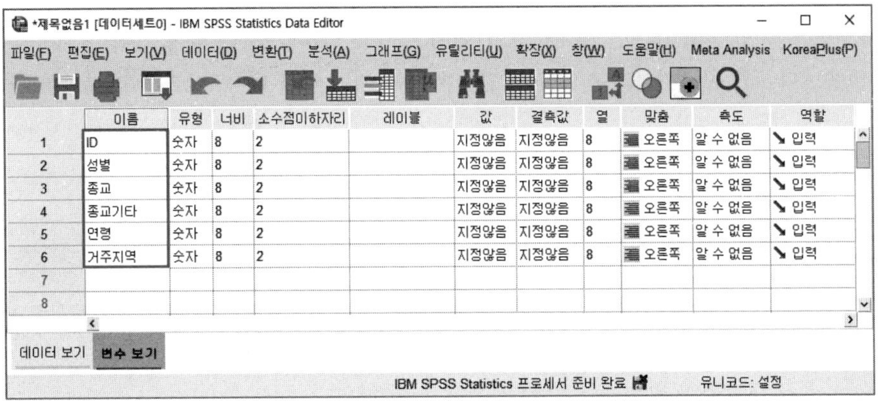


| | 이름 | 유형 | 너비 | 소수점이하자리 | 레이블 | 값 | 결측값 | 열 | 맞춤 | 측도 | 역할 |
|---|---|---|---|---|---|---|---|---|---|---|---|
| 1 | ID | 숫자 | 8 | 2 | | 지정않음 | 지정않음 | 8 | 오른쪽 | 알 수 없음 | 입력 |
| 2 | 성별 | 숫자 | 8 | 2 | | 지정않음 | 지정않음 | 8 | 오른쪽 | 알 수 없음 | 입력 |
| 3 | 종교 | 숫자 | 8 | 2 | | 지정않음 | 지정않음 | 8 | 오른쪽 | 알 수 없음 | 입력 |
| 4 | 종교기타 | 숫자 | 8 | 2 | | 지정않음 | 지정않음 | 8 | 오른쪽 | 알 수 없음 | 입력 |
| 5 | 연령 | 숫자 | 8 | 2 | | 지정않음 | 지정않음 | 8 | 오른쪽 | 알 수 없음 | 입력 |
| 6 | 거주지역 | 숫자 | 8 | 2 | | 지정않음 | 지정않음 | 8 | 오른쪽 | 알 수 없음 | 입력 |
| 7 | | | | | | | | | | | |
| 8 | | | | | | | | | | | |

[그림 5-4]

### 체크? 체크! 'ID'와 '기타'도 변수로 설정해야 합니다

#### ID 변수

ID(설문번호, 일련번호)는 설문지 상단에 보통 제시되어 있습니다. 이 ID를 변수 세팅할 때 하나의 변수로 만들어 설정하는 것은 중요합니다. SPSS 프로그램에서 문제가 있는 케이스를 확인했을 때(예: 키가 320cm), 정말 잘못 응답한 것인지 파악하기 위해 응답한 설문지를 확인해야 합니다. 그런데 ID를 변수로 세팅하지 않았다면, SPSS 프로그램에 코딩한 케이스와 설문지가 매칭되지 않기 때문에 잘못 응답한 설문지가 무엇인지 쉽게 파악할 수 없습니다. 그러므로 SPSS 프로그램에서 변수 세팅할 때 ID 변수를 꼭 설정하여 설문지 ID 번호와 매칭시켜 코딩하기를 바랍니다.

#### 기타 변수

설문문항에 '기타'라는 보기가 있고 옆에 자유롭게 응답할 수 있도록 괄호( )도 있는 경우가 많습니다. 즉, 기타 옆에 괄호가 있는 경우에는 '기타'라는 변수도 만들어야 합니다. 이를테면, 아래 종교에 대한 설문문항을 살펴보도록 하겠습니다. 보기에 ④ 기타( )가 있습니다. 즉, 기타 보기가 있고 그 옆에 괄호가 있는 경우 '종교기타'라고 변수명을 하나 만들어야 합니다.

2. 자신의 종교는?
① 천주교 ② 개신교 ③ 불교 ④ 기타( )

종교기타라는 변수를 만들어야 하는 이유는 다음과 같습니다. 만약 응답자가 다음과 같이 ④에 체크를 하고 힌두교로 응답했다고 가정하겠습니다.

2. 자신의 종교는?
① 천주교 ② 개신교 ③ 불교 ④ 기타( 힌두교 )

종교라는 변수만 만들었다면 데이터 보기에서 코딩을 할 때 힌두교라고 응답한 내용을 넣을 곳이 없습니다. 즉, 종교기타라는 변수를 만들어 기타에 응답한 내용도 넣을 수 있도록 해야 합니다.

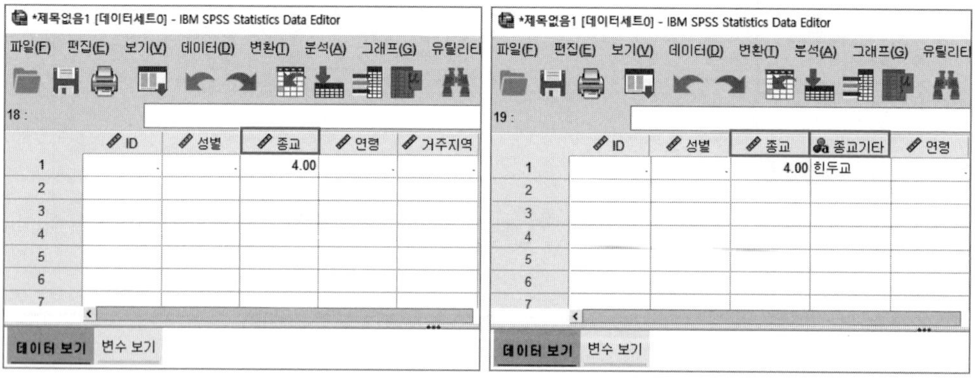


[그림 5-5]

참고로 종교기타로 변수명을 만들었다고 해서 힌두교를 코딩할 수 있는 것은 아닙니다. 앞으로 배울 변수 세팅에 유형과 너비를 설정해 줘야 문자를 코딩할 수 있습니다. 다음 부분에서 유형과 너비를 공부한 후 시도해 보기 바랍니다.

## Know how 리커트 척도일 때 변수명은?

리커트 척도일 때는 변수명을 어떻게 설정해야 할까요?

| 생활만족도 | 전혀 그렇지 않다 | 그렇지 않다 | 보통 이다 | 그렇다 | 매우 그렇다 |
|---|---|---|---|---|---|
| 1. 나는 요즘 하늘을 날 것처럼 즐겁다. | ① | ② | ③ | ④ | ⑤ |
| 2. 나는 지금 지루하게 느끼지 않는다. | ① | ② | ③ | ④ | ⑤ |
| 3. 내가 하고 있는 일들은 예전과 마찬가지로 행복하다. | ① | ② | ③ | ④ | ⑤ |
| 4. 나는 슬퍼할 일이 없다. | ① | ② | ③ | ④ | ⑤ |
| 5. 나는 조그마한 일에는 화가 나지 않는다. | ① | ② | ③ | ④ | ⑤ |

예를 들어, 생활만족도에 대한 리커트 척도라면, 생활만족도1, 생활만족도2, …… 식으로 작성해 주시면 됩니다.

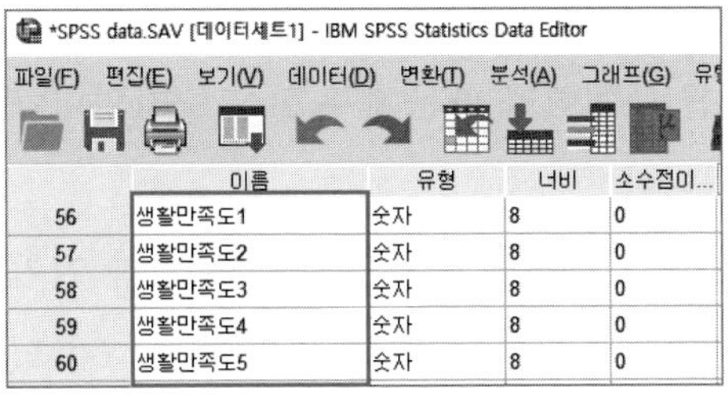


[그림 5-6] **리커트 척도 변수명**

## 2) 유형

유형

- 코딩할 변수의 유형을 설정해 주는 곳
- 보통 변수 유형은 숫자 혹은 문자이다.

유형은 코딩하려는 변수가 숫자인지, 아니면 문자인지를 설정해 주는 곳입니다. SPSS 프로그램에서 유형을 클릭하면 변수 유형 창이 뜨는데 숫자, 콤마, 점, 지수표기 등이 있지만 특수한 상황을 제외하고 보통 숫자와 문자만 사용합니다. 그러므로 변수 유형은 숫자 아니면 문자라고 생각하면 됩니다.

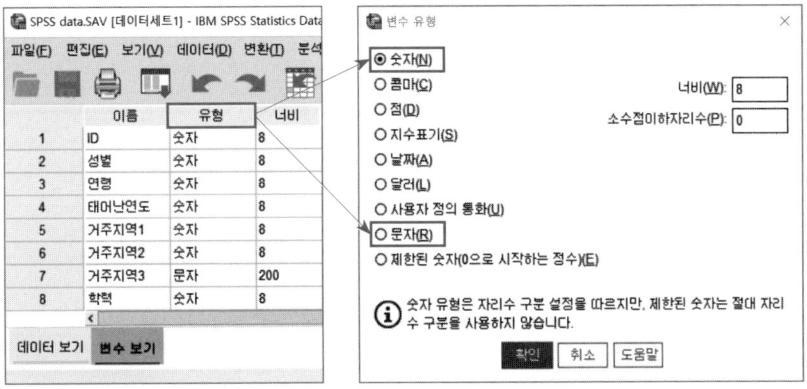


[그림 5-7] **유형**

그럼 어떤 경우에 숫자이고, 문자일까요? 먼저, 다음 실습 설문지에서 ID와 연령은 숫자로 기입하거나 응답할 수밖에 없습니다. 이런 경우, 유형은 숫자입니다.

성별 변수는 남성과 여성으로 되어 있기 때문에 문자로 인식하는 경우가 있는데, 남성은 1번, 여성은 2번으로 숫자를 부여했기 때문에 유형은 숫자입니다. 즉, 보기가 있는 경우 유형은 숫자라고 생각하면 됩니다.

종교 변수도 보기가 있으므로 유형이 숫자일까요? 보기가 있기 때문에 숫자가 맞습니다. 하지만 '④ 기타' 보기에 자유롭게 문자를 쓸 수 있는 괄호( )가 있습니다. 그렇기 때문에 문자 또한 유형에 포함됩니다. 즉, 종교 같은 경우 문항은 1개이지만 숫자변수와 문자변수 2개를 만들어야 합니다. 이를테면, 종교(숫자변수)라는 변수와 종교기타(문자변수)라는 변수를 만들어야 합니다.

거주지역 변수는 보기가 없습니다. 그리고 문자로만 응답을 할 수 있습니다. 그러므로 유형은 문자입니다.

| 실습 설문지 | 유형 |
|---|---|
| ID □□□ | 숫자 |
| 1. 자신의 성별은?<br>① 남성 ② 여성 | 숫자 |
| 2. 자신의 종교는?<br>① 천주교 ② 개신교 ③ 불교 ④ 기타( ) | 숫자+문자 |
| 3. 자신의 연령은? ( )세 | 숫자 |
| 4. 자신의 거주지역은? ( )시/군/구 | 문자 |

## 실습 유형 설정하기

[실습 설문지]

ID □□□

1. 자신의 성별은?
   ① 남성 ② 여성

2. 자신의 종교는?
① 천주교 ② 개신교 ③ 불교 ④ 기타(  )

3. 자신의 연령은? (  )세

4. 자신의 거주지역은? (  )시/군/구

**1** 실습 설문지를 보면서 유형을 수정합니다. ID, 성별, 종교, 연령의 유형은 숫자이므로 그대로 두고, 종교기타와 거주지역만 문자로 변경하면 됩니다. 먼저, 종교기타 변수의 유형에 있는 ❶ 숫자를 클릭한 후 ❷ [...] 버튼을 누릅니다. 변수 유형 창이 열리면 ❸ 문자를 클릭한 후 ❹ 확인을 클릭합니다.

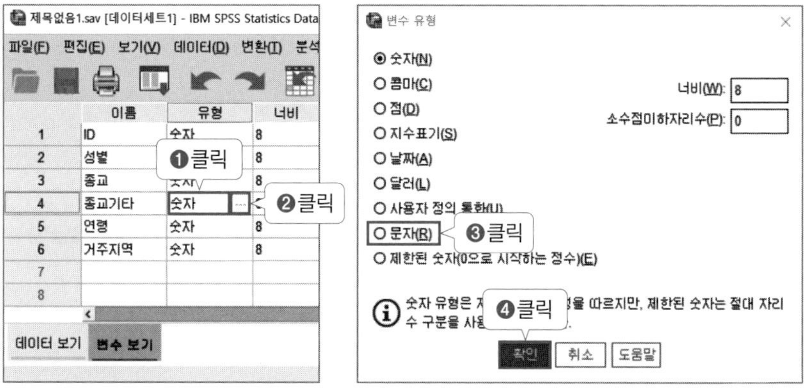


[그림 5-8]

**2** 종교기타의 유형이 문자로 바뀐 것을 확인할 수 있습니다.

[그림 5-9]

3 같은 방법으로 거주지역의 유형도 문자로 변경해 보기 바랍니다.

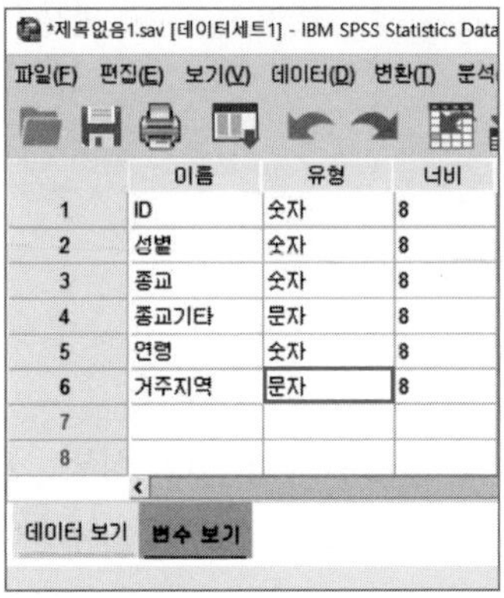

[그림 5-10]

## 3) 너비

너비
- 문자변수에서 코딩 가능한 숫자와 문자 수(예: 너비 3 → 한국어 1글자, 영어 3글자)
- 문자변수라면 너비를 글자 수보다 더 많이 늘려야 한다.

너비는 문자변수(변수 유형이 문자)에서 코딩 가능한 숫자와 문자 수를 말합니다. 만약 너비를 3으로 설정했다면 숫자는 3개, 한국어는 1글자, 영어는 3글자를 코딩할 수 있습니다. 숫자와 영어는 너비만큼 쓸 수 있고, 한국어는 너비 3개당 1글자를 쓸 수 있습니다. 참고로 너비가 6이라면 숫자는 6개, 한국어는 2글자, 영어는 6글자입니다.

변수 보기 창에서 종교기타 변수의 너비를 3으로 설정했다면 데이터 보기 창에 종교기타에서 코딩할 수 있는 숫자는 3개, 한국어는 1글자, 영어는 3글자입니다.

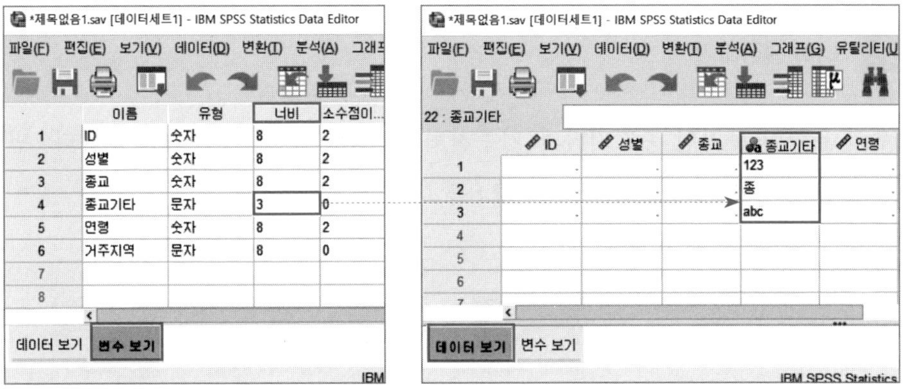


[그림 5-11] 너비

**체크? 체크!** **문자를 코딩하는데 중간에 작성이 안 된다면 너비를 확인해 보세요**

문자를 코딩하는데 더 이상 문자가 코딩이 안 되거나, 모든 문자를 다 작성했는데 코딩된 문자가 중간에 잘려 있다면, 너비를 너무 작게 설정해 놓은 것이니 너비 숫자를 크게 설정하면 됩니다.

너비는 숫자변수(변수 유형이 숫자)와 문자변수(변수 유형이 문자)에 모두 적용되기는 하지만 숫자변수에서 천조 이상의 숫자를 코딩하지 않는다면 크게 신경 쓰지 않아도 되며, 만약 숫자변수에서 천조를 넘긴다면 너비를 높여 주기만 하면 됩니다. 하지만 문자변수에서는 글자 수가 많을 수도 있기 때문에 특히 너비를 신경 써야 합니다.

**Know how** **문자변수라면 너비를 일단 500으로 하세요**

종교기타 변수에 '힌두교'라는 문자를 쓰고 싶다면, 한국어 3글자이므로 너비를 9로 설정해야 코딩이 됩니다. 응답자마다 작성한 종교가 다를 수 있는데, 그때마다 글자 수가 얼마나 되는지 하나하나 확인해 가면서 너비를 설정해야 할까요? 그럴 필요 없이 문자변수라면 일단 너비를 500으로 설정해 놓으면 됩니다. 너비 500이면 한국어 166글자를 코딩할 수 있기 때문에 대부분은 코딩이 될 것입니다. 만약 모자라다면 너비를 더 높이면 됩니다.

## 실습 너비 설정하기

**1** 변수의 유형이 문자인 종교기타와 거주지역 변수만 너비를 수정하면 됩니다. 먼저, 종교기타 변수의 ❶ 너비를 클릭한 후 ❷ 8을 삭제합니다.

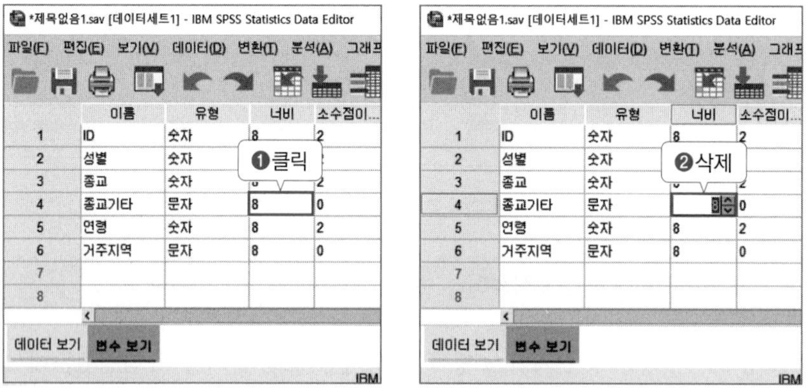


[그림 5-12]

**2** ❶ 500을 입력한 후 Enter(엔터)를 칩니다. 그러면 너비가 500으로 바뀐 것을 확인할 수 있습니다.

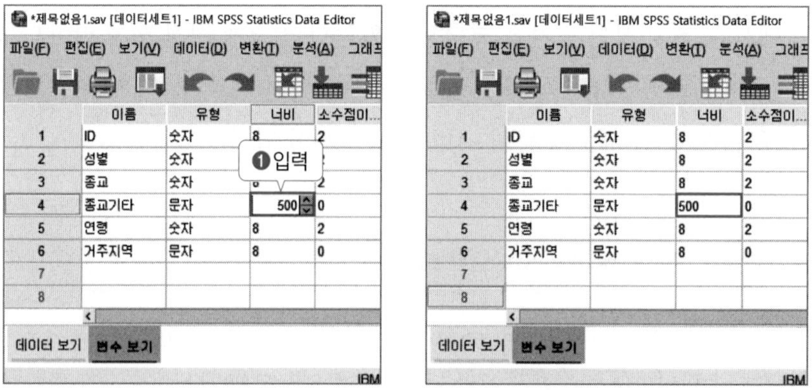


[그림 5-13]

**3** 같은 방법으로 거주지역의 너비도 500으로 변경해 보기 바랍니다.

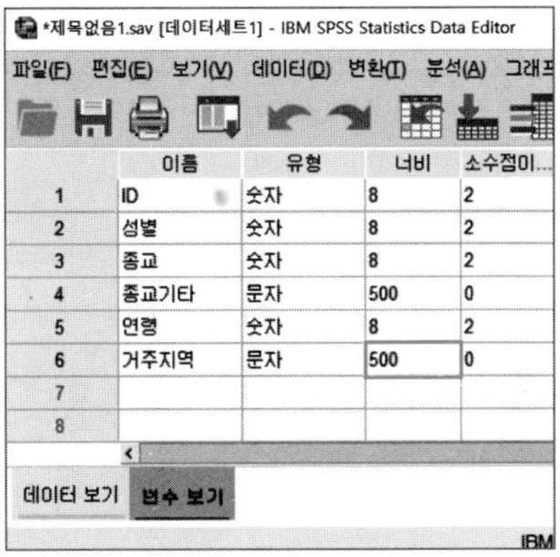


[그림 5-14]

## 4) 소수점 이하 자리

소수점 이하 자리

- 코딩할 때 소수점 이하 몇 번째 자리까지 표시할지를 설정하는 곳
- 소수점 이하 자리는 숫자변수에만 해당

소수점 이하 자리는 숫자를 코딩할 때 소수점 이하 몇 번째 자리까지 표시할지를 나타냅니다. 예를 들어, 키가 174.5cm라면 소수점 이하 자리를 1로 해야 하고, 월소득이 421.34만 원이라면 소수점 이하 자리를 2로 하면 됩니다. 또한 '자신의 성별은?'이라는 질문에 보기가 1은 남성, 2가 여성으로 되어 있다면 소수점 이하 자리는 0이 됩니다. 기본적으로 소수점 이하 자리 수는 2로 설정되어 있습니다.

소수점 이하 자리는 소수점에 대해서 다루는 것이기 때문에 숫자변수에만 해당하는 변수 세팅입니다. 문자변수의 경우 변수 유형을 문자로 변경할 때 자동으로 소수점 이하 자리가 0으로 설정되기 때문에 신경 쓰지 않아도 됩니다.

변수 보기 창에서 성별의 소수점 이하 자리를 0으로, 종교의 소수점 이하 자리를 2로 설정했다면 데이터 보기 창에서 성별은 소수점 이하 자리가 없는 것을 확인할 수 있고, 종교는 소수점 이하 둘째 자리까지 표시된 것을 알 수 있습니다.

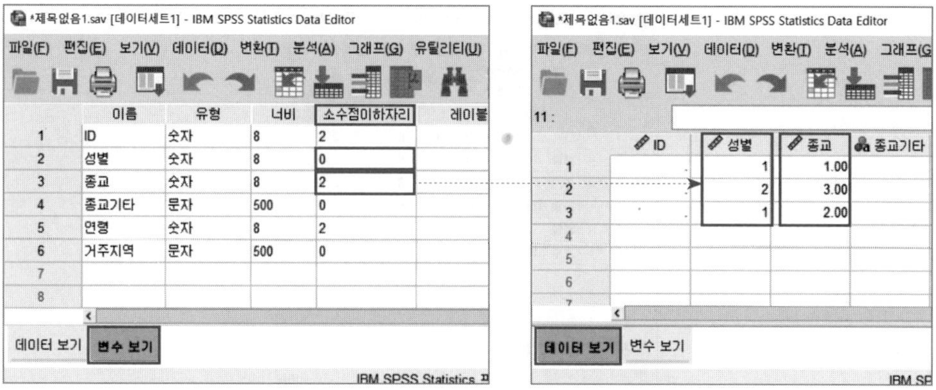


[그림 5-15] **소수점 이하 자리**

> **Know how** **소수점이 없는 변수인데, 소수점 이하 자리를 0으로 바꿔야 할까요?**
>
> 소수점 이하 자리는 기본적으로 2로 세팅되어 있습니다. 그런데 성별이라는 변수의 소수점 이하 자리를 세팅할 때 소수점 이하 자리가 없으므로 0으로 설정하는 것이 맞습니다. 하지만 기본적으로 세팅되어 있는 2로 놔두어도 통계분석을 할 때 전혀 문제가 되지 않기 때문에 기본 세팅 그대로 놔두셔도 됩니다.

## 실습 소수점 이하 자리 설정하기

**1** 숫자변수인 ID, 성별, 종교, 연령의 소수점 이하 자리는 없기 때문에 모두 0으로 수정하면 됩니다. 먼저, ID 변수의 ❶ 소수점 이하 자리를 클릭한 후 ❷ 2를 삭제합니다.

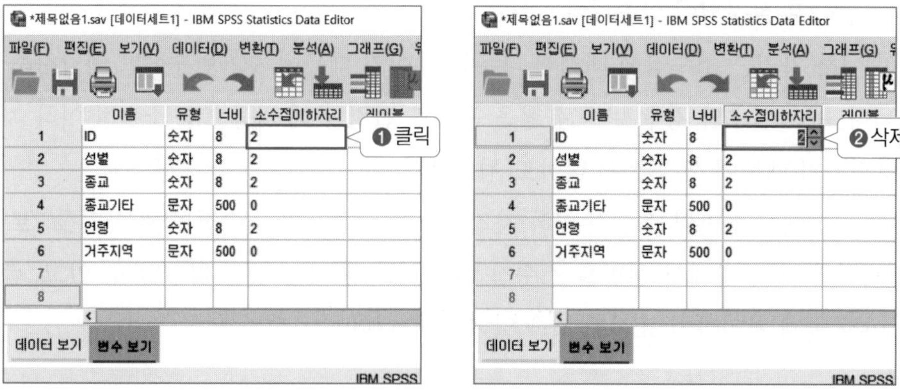


[그림 5-16]

**2** ❶ 0을 입력한 후 Enter(엔터)를 칩니다. 그러면 소수점 이하 자리가 0으로 바뀐 것을 확인할 수 있습니다.

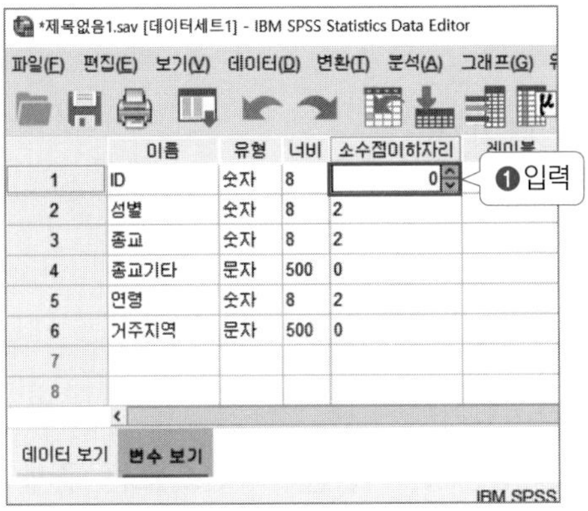


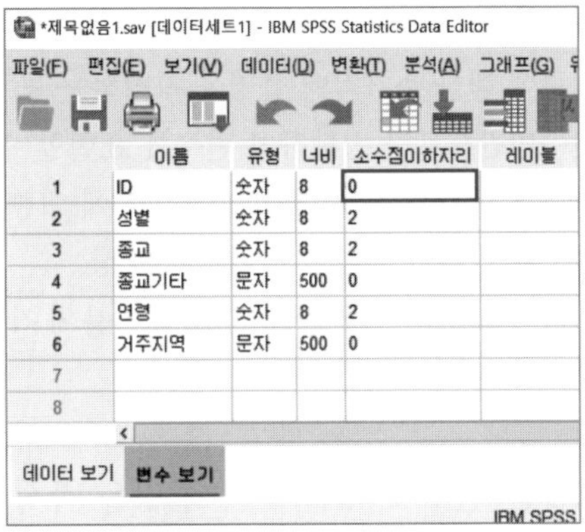


[그림 5-17]

**3** 같은 방법으로 성별, 종교, 연령의 소수점 이하 자리도 0으로 변경해 보기 바랍니다.

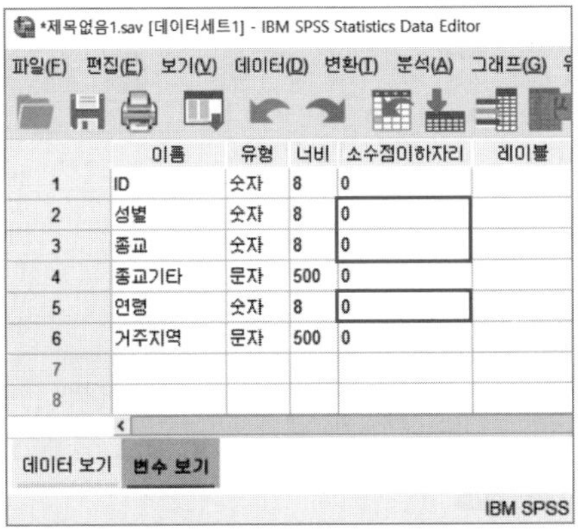


[그림 5-18]

## 5) 레이블

레이블
- 변수에 대한 추가적인 설명을 작성하는 곳
- 변수명만으로는 정확하게 변수를 표현할 수 없을 때 작성
- 변수명이 같은 경우, 레이블에 변수에 대한 추가적인 정보 작성
- 변수에 단위가 있다면 레이블에 작성
- 리커트 척도의 경우 각 문항을 레이블에 작성

레이블은 변수에 대한 추가 설명을 작성하는 곳입니다. 즉, 변수명만으로는 구체적으로 어떤 변수인지 파악하기 어려울 때 작성합니다. 레이블에서는 변수명에서 쓸 수 없었던 띄어쓰기, 특수문자 등을 사용할 수 있습니다.

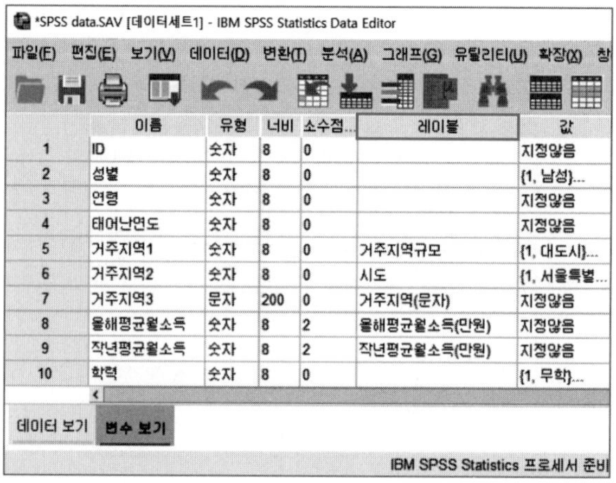


| | 이름 | 유형 | 너비 | 소수점... | 레이블 | 값 |
|---|---|---|---|---|---|---|
| 1 | ID | 숫자 | 8 | 0 | | 지정않음 |
| 2 | 성별 | 숫자 | 8 | 0 | | {1, 남성}... |
| 3 | 연령 | 숫자 | 8 | 0 | | 지정않음 |
| 4 | 태어난연도 | 숫자 | 8 | 0 | | 지정않음 |
| 5 | 거주지역1 | 숫자 | 8 | 0 | 거주지역규모 | {1, 대도시}... |
| 6 | 거주지역2 | 숫자 | 8 | 0 | 시도 | {1, 서울특별... |
| 7 | 거주지역3 | 문자 | 200 | 0 | 거주지역(문자) | 지정않음 |
| 8 | 올해평균월소득 | 숫자 | 8 | 2 | 올해평균월소득(만원) | 지정않음 |
| 9 | 작년평균월소득 | 숫자 | 8 | 2 | 작년평균월소득(만원) | 지정않음 |
| 10 | 학력 | 숫자 | 8 | 0 | | {1, 무학}... |

[그림 5-19] **레이블1**

변수명이 성별이나 연령이라면 어떤 변수인지 쉽게 파악할 수 있기 때문에 굳이 레이블에 추가 설명을 작성하지 않아도 됩니다. 그러나 변수명 거주지역1, 거주지역2, 거주지역3의 경우, 변수명만으로는 그 변수에 대해서 정확하게 파악하기가 어렵습니다. 이때 레이블에 '거주지역규모', '시도', '거주지역(문자)'이라고 작성한다면 그 변수에 대해서 더 명확하게 파악할 수 있을 것입니다. 또한 변수명 월소득이나 키처럼 단위가 있는 변수는 단위를 레이블에 작성하여 혼란이 생기지 않도록 하는 것이 좋습니다. 특히 월소득의 경우에는 데이터만으로 천 원 단위인지, 만 원 단위인지 파악하기 어렵습니다. 그러므로 단위가 있는 변수명이라면 레이블에 단위를 꼭 작성하기 바랍니다.

[그림 5-20] **레이블2**

리커트 척도의 경우, 각 문항을 레이블에 작성하면 됩니다. 예를 들어, 다음 생활만족도 척도의 문항은 총 5개입니다. 이 5개의 문항을 레이블에 작성해 주면 됩니다. 다만, 레이블을 작성할 때 변수명과 함께 작성하기를 추천합니다(예: 생활만족도1 나는 요즘 하늘을 날 것처럼 즐겁다.).

| 생활만족도 | 전혀 그렇지 않다 | 그렇지 않다 | 보통이다 | 그렇다 | 매우 그렇다 |
|---|---|---|---|---|---|
| 1. 나는 요즘 하늘을 날 것처럼 즐겁다. | ① | ② | ③ | ④ | ⑤ |
| 2. 나는 지금 지루하게 느끼지 않는다. | ① | ② | ③ | ④ | ⑤ |
| 3. 내가 하고 있는 일들은 예전과 마찬가지로 행복하다. | ① | ② | ③ | ④ | ⑤ |
| 4. 나는 슬퍼할 일이 없다. | ① | ② | ③ | ④ | ⑤ |
| 5. 나는 조그마한 일에는 화가 나지 않는다. | ① | ② | ③ | ④ | ⑤ |

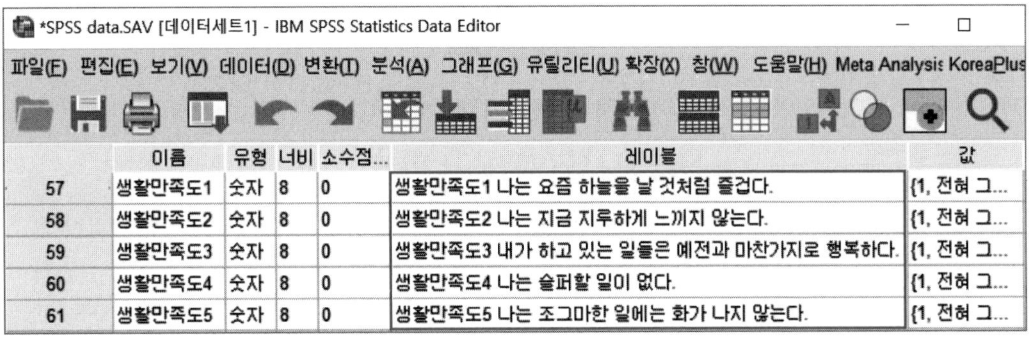


[그림 5-21] **리커트 척도 레이블**

변수명은 이름에서 이미 작성했지만 또다시 레이블에서도 변수명을 중복해서 작성하는 이유는 레이블이 작성되어 있는 경우, 데이터 핸들링과 분석에서 레이블이 변수명보다 먼저 보이기 때문입니다. 즉, 레이블에 변수명을 작성하지 않을 경우 문항만 보이게 되어 어떠한 변수인지 파악하기가 어렵습니다. 레이블에도 변수명을 작성함으로써 데이터 핸들링과 분석에서 어떠한 변수인지 쉽게 파악할 수 있습니다.

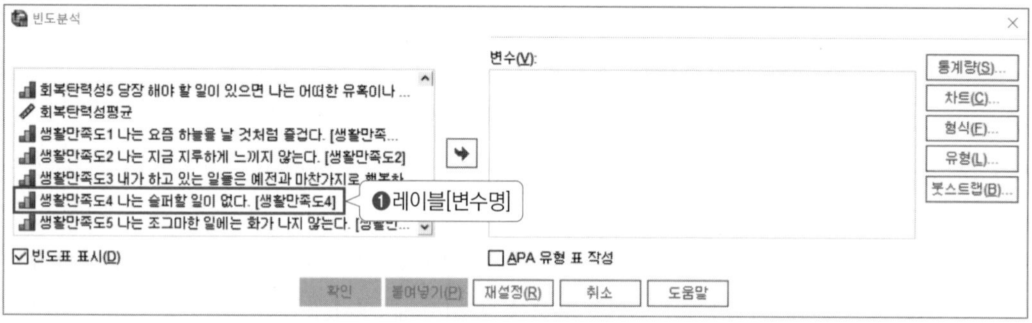


[그림 5-22] 빈도분석 창에서 리커트 척도 레이블 표기

## Know how 리커트 척도에 대한 노하우

### 빈도분석 창에서 변수명만 표시할 수 있다!

빈도분석 창에서 변수명만 표시되게 처리할 수 있습니다. 변수가 있는 공간에서 오른쪽 마우스를 클릭하여 '변수 이름 표시'를 클릭합니다. 그러면 변수명만 표시됩니다.

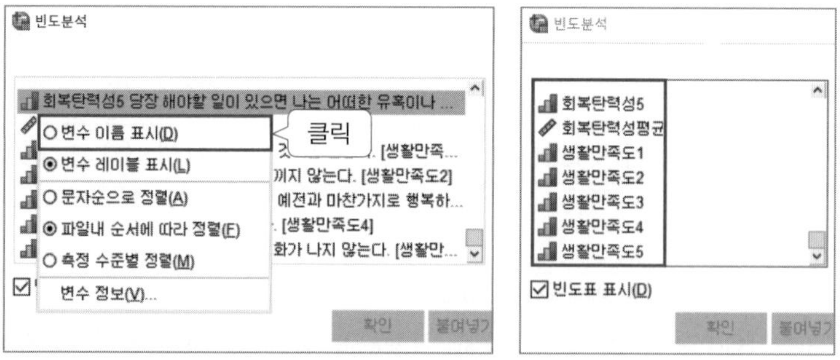


[그림 5-23] 빈도분석 창에서 변수명만 표시

### 리커트 척도에서 문항을 꼭 레이블로 작성해야 하나요?

꼭 작성해야 하는 것은 아닙니다. 하지만 리커트 척도의 문항을 레이블로 작성하는 것이 그렇게 어려운 일은 아니라고 생각합니다. 문항을 레이블에 작성하는 이유는 종종 문항을 살펴봐야 하는 일(역문항 확인 등)들이 생기는데, 그때마다 설문지를 보면서 체크하기보다는 SPSS 프로그램에서 바로 확인한다면 시간을 절약할 수 있기 때문입니다.

### 실습 레이블 작성하기

**1** 연령 변수의 단위가 '세' 이므로 연령(세)을 레이블에 작성하겠습니다. 연령 변수의 ❶ 레이블을 클릭한 후 ❷ 연령(세)을 입력하고 Enter(엔터)를 칩니다. 그러면 연령(세)이 레이블에 표시된 것을 확인할 수 있습니다.

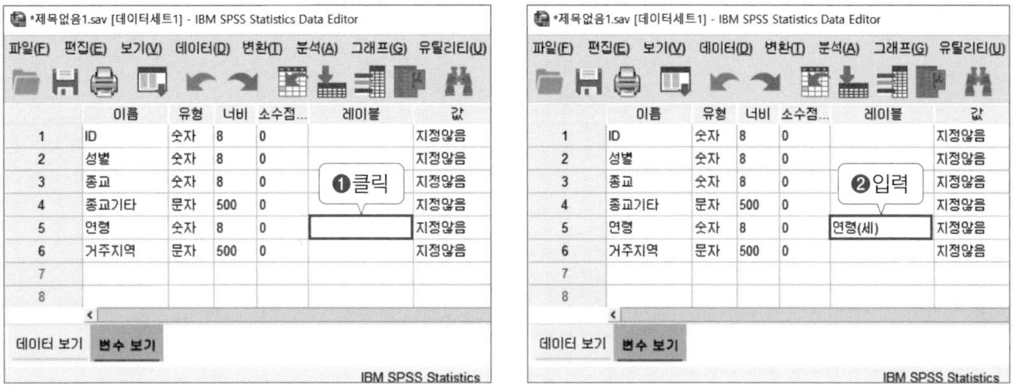

[그림 5-24]

## 6) 값

> **값**
> - 질문에 대한 보기를 있는 그대로 넣어 주는 곳
> - 보기가 없는 경우(등간척도, 비율척도)에는 값을 설정하지 않는다.

값은 질문에 대한 보기를 있는 그대로 넣어 주는 곳입니다. 보기가 곧 값이라는 뜻입니다. 예를 들어, '자신의 성별은? ① 남성 ② 여성'이라는 문항이 있을 때 보기인 '① 남성 ② 여성'을 값으로 설정합니다. 보기가 없는 문항(등간척도와 비율척도)이라면 값을 따로 설정할 필요가 없습니다. 예를 들어, '자신의 연령은? (　　)세' 같은 것은 보기가 없으니 값을 설정하지 않아도 됩니다.

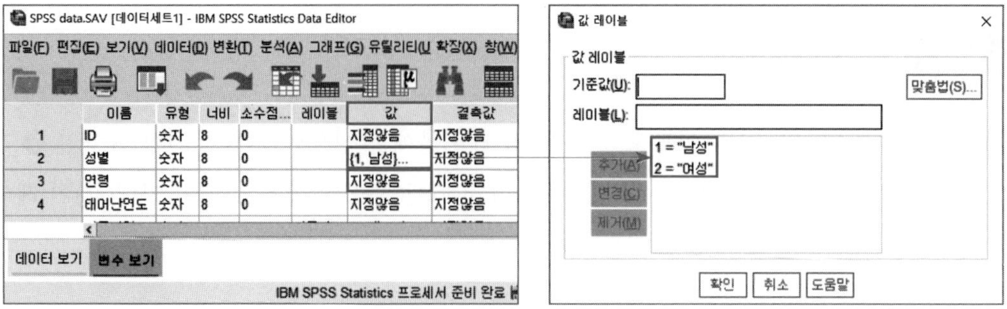


[그림 5-25] 값

## 실습 값 설정하기

[실습 설문지]

| ID | | | |
|---|---|---|---|

1. 자신의 성별은?
   ① 남성　　② 여성

2. 자신의 종교는?
   ① 천주교　　② 개신교　　③ 불교　　④ 기타(　　)

3. 자신의 연령은? (　　)세

4. 자신의 거주지역은? (　　　)시/군/구

**1** 성별과 종교는 보기가 있는 변수이므로 값을 설정해야 합니다. 성별의 보기는 ① 남성, ② 여성으로 구성되어 있습니다. 성별 보기를 입력하기 위해서, 먼저 성별 변수의 ❶ 값을 클릭한 후 ❷ [...] 버튼을 누릅니다.

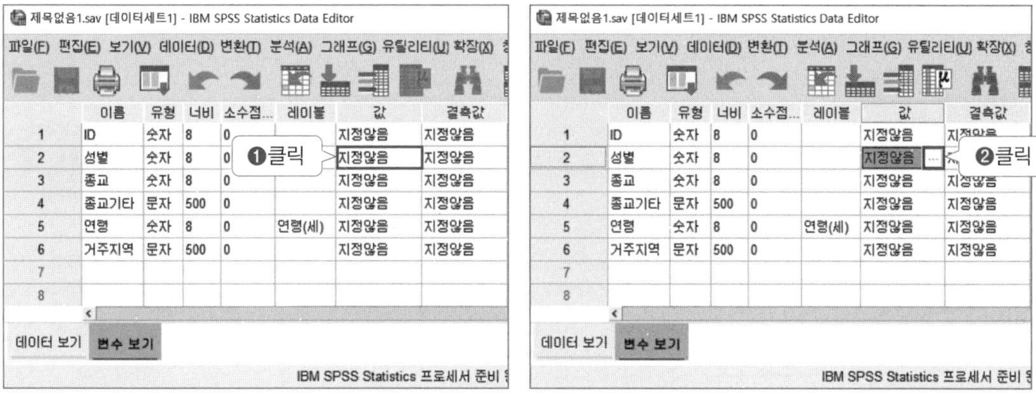


[그림 5-26]

**2** 값 레이블 창이 열리면, ❶ 기준값에 1을 입력하고, ❷ 레이블에 남성을 입력합니다. 그런 다음 ❸ 추가를 클릭하거나 Enter(엔터)를 치면, 1="남성"으로 표시됩니다.

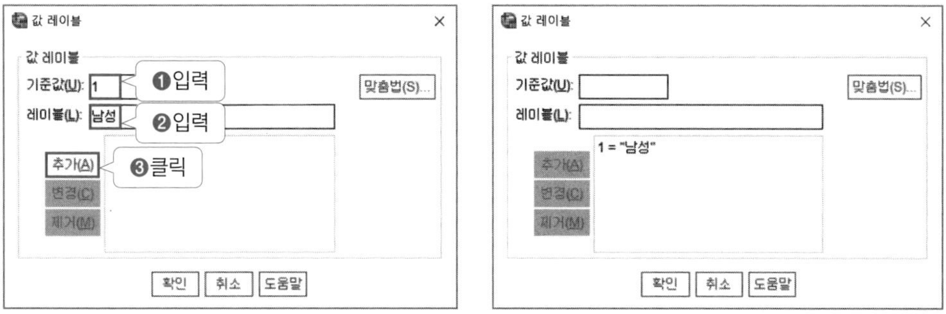


[그림 5-27]

**3** 남성 보기를 넣은 것과 같이 여성 보기를 넣기 위해서, ❶ 기준값에 2를 입력하고, ❷ 레이블에 여성을 입력합니다. 그런 다음 ❸ 추가를 클릭하거나 Enter(엔터)를 치고, ❹ 확인을 클릭하면 값 설정이 완료됩니다.

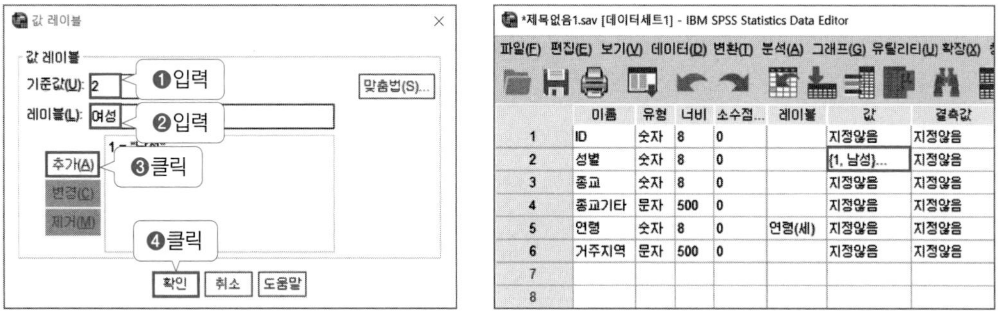


[그림 5-28]

**4** 같은 방법으로 종교 변수의 값도 설정해 보기 바랍니다.

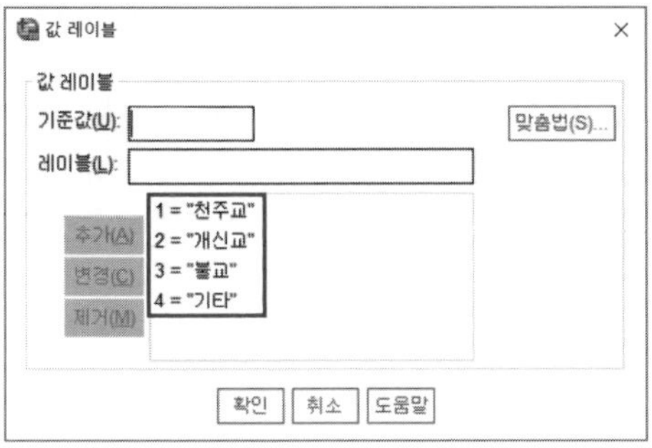


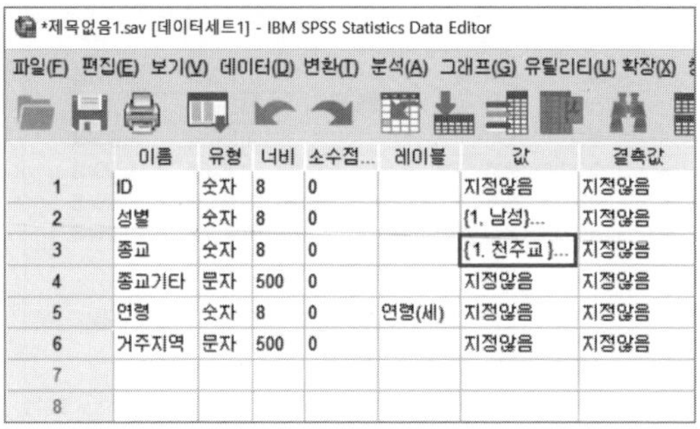


[그림 5-29]

**체크? 체크!** **보기에 '기타'도 값 설정할 때 넣어야 합니다**

종교 변수의 보기는 ① 천주교, ② 개신교, ③ 불교, ④ 기타( )입니다. 보기에 기타가 있는데, 값 설정할 때 기타를 넣지 않는 실수를 많이 합니다. 이러한 실수를 많이 하는 이유는 종교기타라는 변수를 만들기 때문에 굳이 4=기타를 설정하지 않아도 되는 것으로 판단하기 때문입니다. 종교기타 변수를 따로 만들더라도 보기에 기타가 있다면 값 설정할 때 잊지 않고 넣어 주기 바랍니다.

**체크? 체크!** **리커트 척도의 보기는 모두 같으므로 하나만 값 설정한 후 복사 붙여넣기 합니다**

리커트 척도에 있는 여러 문항의 보기는 모두 동일합니다. 이를테면, 다음 생활만족도는 5개의 문항으로 이루어져 있는데 모두 ① 전혀 그렇지 않다, ② 그렇지 않다, ③ 보통이다, ④ 그렇다, ⑤ 매우 그렇다로 보기가 같습니다.

| 생활만족도 | 전혀 그렇지 않다 | 그렇지 않다 | 보통이다 | 그렇다 | 매우 그렇다 |
|---|---|---|---|---|---|
| 1. 나는 요즘 하늘을 날 것처럼 즐겁다. | ① | ② | ③ | ④ | ⑤ |
| 2. 나는 지금 지루하게 느끼지 않는다. | ① | ② | ③ | ④ | ⑤ |
| 3. 내가 하고 있는 일들은 예전과 마찬가지로 행복하다. | ① | ② | ③ | ④ | ⑤ |
| 4. 나는 슬퍼할 일이 없다. | ① | ② | ③ | ④ | ⑤ |
| 5. 나는 조그마한 일에는 화가 나지 않는다. | ① | ② | ③ | ④ | ⑤ |

이런 경우에는 값 설정을 할 때 첫 번째 문항만 값 설정을 하고 나머지는 첫 번째 문항 값 설정한 것을 ❶ 복사(Ctrl+C)하여 ❷ 붙여넣기(Ctrl+V)하면 됩니다.

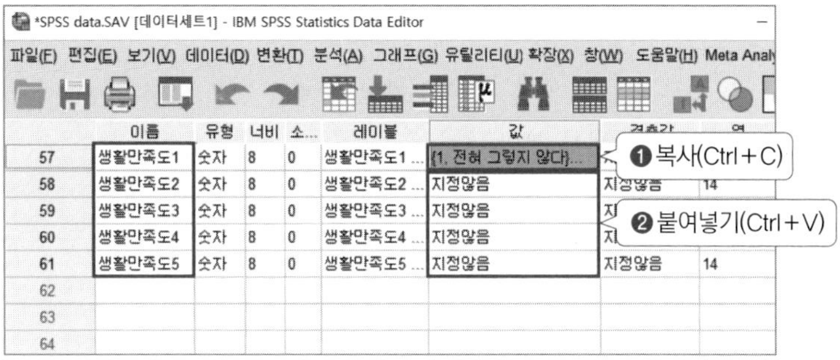


[그림 5-30]

**Know how** 값 설정할 때, 결측값에 대한 내용을 넣을 수도 있습니다

결측값은 무응답이나 잘못된 응답을 말합니다. 예를 들어, 성별의 경우 보기가 ① 남성, ② 여성으로 되어 있는데, 응답자들이 ①과 ② 모두 체크하지 않거나, ①과 ②에 둘 다 체크할 수 있습니다. 이런 경우 값 설정할 때 임의로 무응답을 8, 중복응답을 9로 세팅하고 실제 무응답을 8, 중복응답을 9로 코딩할 수 있습니다.

모든 경우에 결측값을 값 설정할 필요는 없습니다. 결측값을 값 설정하는 것은 조사자들 간에 논의를 통해서 값 설정 여부와 설정 방법(예: 무응답을 몇 번으로 설정?) 등을 결정하면 됩니다.

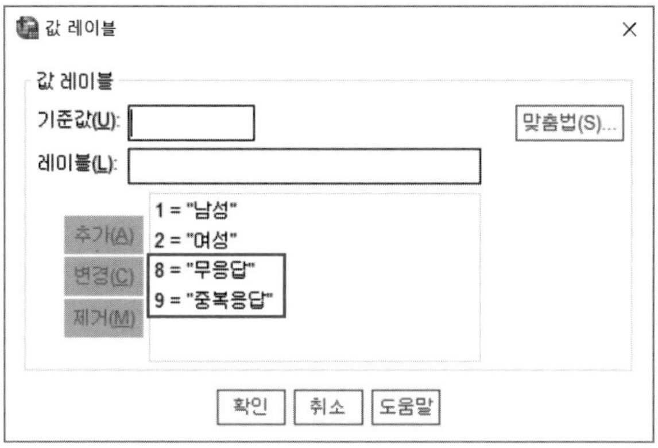


[그림 5-31] 결측값에 대한 값 설정

## 7) 결측값

결측값

- 중복응답, 무응답 등 잘못 응답한 값을 어떤 숫자로 대체할 것인지 정하는 곳
- 결측값에서 설정된 값은 분석에서 제외
- 결측값은 대체로 9, 99, 999 등을 활용
- 보통 변수의 최대값보다 큰 수를 활용
  - 키, 몸무게 등은 결측값을 999로 설정
  - 5점 리커트 척도인 경우 5보다 큰 수를 결측값으로 설정
- (중복응답=7, 무응답=8, 중간값응답=9)
- 중복응답, 무응답, 중간값응답 등을 구분해서 코딩할 필요가 없다면, 결측값은 따로 설정하지 않아도 된다.

결측값은 중복응답, 무응답, 중간값응답 등 잘못 응답한 값을 어떤 숫자로 대체할 것인지 정하는 곳입니다. 참고로 결측값으로 설정되면 분석에서 제외됩니다.

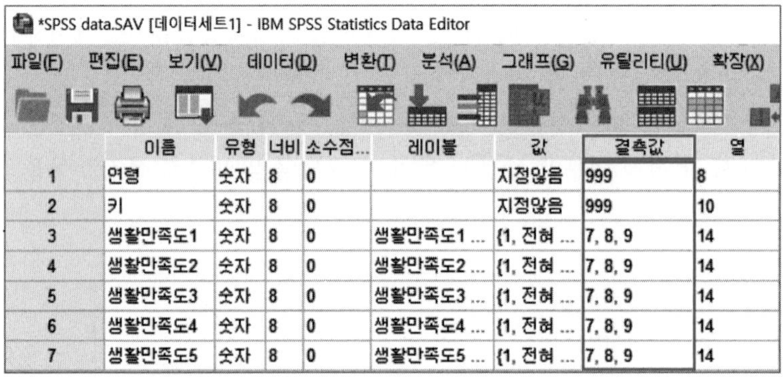


| | 이름 | 유형 | 너비 | 소수점... | 레이블 | 값 | 결측값 | 열 |
|---|---|---|---|---|---|---|---|---|
| 1 | 연령 | 숫자 | 8 | 0 | | 지정않음 | 999 | 8 |
| 2 | 키 | 숫자 | 8 | 0 | | 지정않음 | 999 | 10 |
| 3 | 생활만족도1 | 숫자 | 8 | 0 | 생활만족도1 ... | {1, 전혀 ... | 7, 8, 9 | 14 |
| 4 | 생활만족도2 | 숫자 | 8 | 0 | 생활만족도2 ... | {1, 전혀 ... | 7, 8, 9 | 14 |
| 5 | 생활만족도3 | 숫자 | 8 | 0 | 생활만족도3 ... | {1, 전혀 ... | 7, 8, 9 | 14 |
| 6 | 생활만족도4 | 숫자 | 8 | 0 | 생활만족도4 ... | {1, 전혀 ... | 7, 8, 9 | 14 |
| 7 | 생활만족도5 | 숫자 | 8 | 0 | 생활만족도5 ... | {1, 전혀 ... | 7, 8, 9 | 14 |

[그림 5-32] **결측값**

잘못 응답한 경우는 여러 가지가 있지만 주요 결측값은 4가지입니다.

- 중복응답=5점 리커트 척도에서 ②와 ③에 둘 다 체크하는 경우
- 무응답=응답 자체를 하지 않는 경우
- 중간값응답=5점 리커트 척도에서 ②와 ③ 사이에 체크하는 경우
- 이상응답=5점 리커트 척도에서 있지도 않은 ⑥을 만들어서 체크하는 경우, 연령을 물어본 질문에서 987세라고 작성하는 경우

이렇게 잘못 응답한 경우를 결측이라고 합니다. 이 잘못 응답한 것에 대해서 각각 숫자를 부여할 수 있습니다. 예를 들어, 중복응답을 한 경우는 7로 설정하고, 무응답을 8, 중간값응답을 9로 설정하는 것입니다.

| 생활만족도 | 전혀 그렇지 않다 | 그렇지 않다 | 보통이다 | 그렇다 | 매우 그렇다 | |
|---|---|---|---|---|---|---|
| 1. 나는 요즘 하늘을 날 것처럼 즐겁다. | ① | ② ✓ | ③ ✓ | 중복응답 | ⑤ | |
| 2. 나는 지금 지루하게 느끼지 않는다. | ① | ② | ③ | ④ | ⑤ | 무응답 |
| 3. 내가 하고 있는 일들은 예전과 마찬가지로 행복하다. | ① | ② | ✓ 중간값응답 | | ⑤ | |
| 4. 나는 슬퍼할 일이 없다. | ① | ② | ③ | ④ | 이상응답 | ⑥ ✓ |

[그림 5-33] **주요 결측값**

중요한 점은 결측값을 설정할 때 변수의 최대값보다 큰 수를 사용해야 한다는 것입니다. 그래서 결측값은 대체로 9, 99, 999 등을 활용합니다.

Know how

### 결측값 설정의 의미와 필요성

결측값을 설정한다는 것의 의미

결측값을 설정한다는 것은 중복응답, 무응답, 중간값응답 등 다양한 잘못된 응답을 세세하게 구분하여 각기 다른 값을 부여한다는 것입니다. 즉, 중복응답, 무응답, 중간값응답 등을 구분할 필요가 있을 때 결측값을 설정하는 것이 좋습니다. 만약 중복응답, 무응답, 중간값응답 등을 구분할 필요가 없다면 굳이 결측값을 설정하지 말고 빈칸으로 놔두기를 바랍니다. 실제 개인이 조사하거나 연구할 때는 보통 중복응답, 무응답, 중간값응답 등을 구분하는 경우가 적고 실제 분석에서도 잘 활용하지 않으므로 결측값 설정을 잘하지 않습니다.

결측값을 분석할 때 활용하지 않는다면 결측값을 설정하지 말고 삭제

결측값을 설정함으로써 얻을 수 있는 장점은 분석에서 설정된 결측값을 알아서 제외한다는 것입니다. 즉, 중복응답을 한 경우는 7, 무응답을 8, 중간값응답을 9로 설정했다면 코딩된 값에 7, 8, 9가 있어도 분석할 때 제외합니다. 하지만 중복응답, 무응답, 중간값응답 등 결측값을 분석할 때 활용하지 않는다면 결측값을 설정하지 말고 중복응답, 무응답, 중간값응답 등을 과감하게 삭제하기 바랍니다. 데이터 핸들링 등을 할 때 적용되지 않아 오류가 발생할 수도 있으며, 항상 결측값이 있다는 것을 인지하고 있어야 하기 때문입니다. 어차피 활용하지 않을 것이라면 굳이 남겨 둘 이유가 없습니다.

**결측값 설정 여부는 공동연구자나 조사자들과 함께 논의해서 결정**

어찌 보면 결측값 설정은 귀찮은 일입니다. 결측값을 설정하면 해당 결측값에 맞춰 코딩도 해야 하기 때문입니다. 예를 들어, 무응답이 나왔을 경우 8로 코딩을 해야 한다는 것입니다. 결측값을 설정하지 않고 무응답, 중간값응답 등을 빈칸으로 처리하는 것은 어떤가요? 사실 결측값을 빈칸으로 처리하는 것이 코딩하는 데 시간도 줄일 수 있고 편합니다.

이러한 상황에서 결측값 설정을 꼭 해야 할까요? 사실 이 질문에 대한 정답은 없습니다. 혼자 분석한다면, 스스로 결측값을 어떻게 처리할지 판단하면 됩니다. 결측값을 설정할지, 아니면 결측값을 설정하지 않고 빈칸으로 놔둘지를 결정하면 됩니다. 만약 공동연구자나 조사자들이 있다면, 함께 논의하여 결측값을 어떻게 처리할지 사전에 논의하면 됩니다.

**공공데이터에서는 대부분 결측값을 설정**

보통 공공데이터를 보면 결측값이 설정되어 있습니다. 그 이유는 어떤 연구자에게는 중복응답이, 또 어떤 연구자에게는 중간값응답이, 또 어떤 연구자에게는 무응답이 의미가 있기 때문입니다. 즉, 데이터를 이용자가 결측값을 활용할 수도 있기 때문에 결측값을 세세하게 설정하는 것입니다.

## 실습 결측값 설정하기

**1** 성별 변수에서 결측값을 설정해 보겠습니다. 성별의 보기는 ① 남성, ② 여성으로 구성되어 있습니다. 결측값 설정은 중복응답=7, 무응답=8, 중간값응답=9로 진행하겠습니다. 먼저, 성별 변수의 ❶ 결측값을 클릭한 후 ❷ [...] 버튼을 누릅니다.

[그림 5-34]

**2** 결측값 창이 열리면, ❶ 이산형 결측값을 클릭하고, ❷ 빈칸에 7, 8, 9를 입력합니다. 그런 다음 ❸ 확인을 클릭하면, 결측값에 7, 8, 9로 설정된 것을 확인할 수 있습니다.

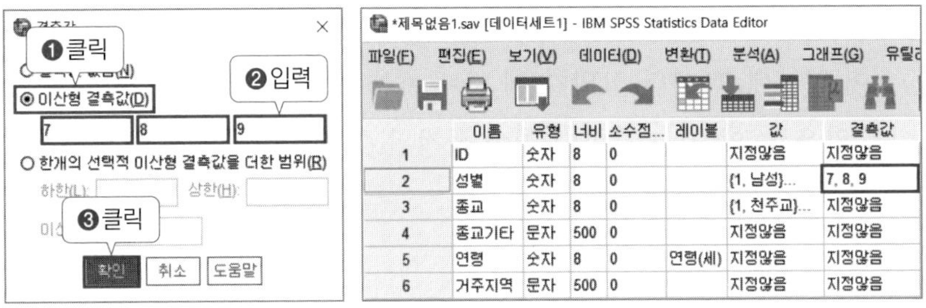


[그림 5-35]

**체크? 체크!** 

## 결측값을 범위로 설정

앞서 살펴본 결측값 설정은 이산형 결측값, 즉 특정 값에 해당하는 내용이었습니다. 만약 특정 범위를 결측값으로 설정하고 싶다면 결측값 창에서 '한개의 선택적 이산형 결측값을 더한 범위'를 클릭하고 결측값의 범위로 설정하고 싶은 하한과 상한을 작성합니다. 예를 들어, 150에서 200까지의 범위에 해당하는 값을 결측값으로 설정하고 싶다면 하한을 150, 상한을 200으로 설정하면 됩니다.

만약 특정 범위와 특정 값 모두 결측값으로 설정하고 싶다면, '한개의 선택적 이산형 결측값을 더한 범위'에 있는 하한과 상한을 모두 작성하고 이산값도 설정하면 됩니다. 예를 들어, 150에서 200까지의 범위와 100을 결측값으로 설정하고 싶다면 하한을 150, 상한을 200으로 설정하고, 이산값을 100으로 기입하면 됩니다.

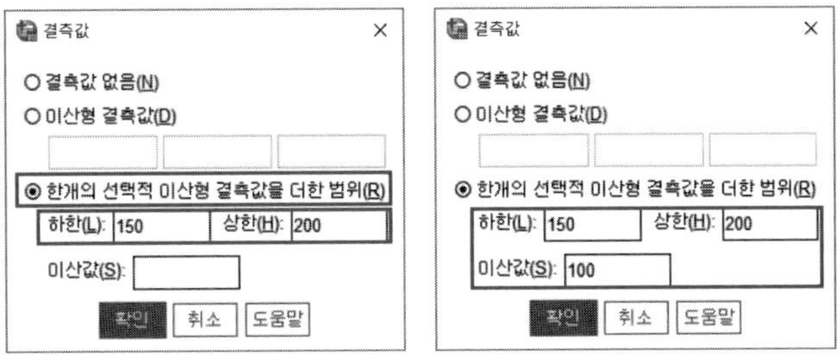


[그림 5-36]

## 8) 열

**열**

- 데이터 보기 창에서 데이터 코딩할 공간을 늘리거나 줄이는 곳
- 보통 열은 기본 세팅대로 사용

열은 데이터 보기 창에서 코딩할 공간을 늘리거나 줄이는 곳을 말합니다. 기본적으로 열은 8로 설정되어 있는데, 데이터 코딩할 때 큰 문제는 없으나 숫자나 문자가 길게 작성되는 경우 다 보이지 않을 수 있습니다. 이때 열에 설정된 숫자를 늘려 길게 코딩된 값을 볼 수 있습니다.

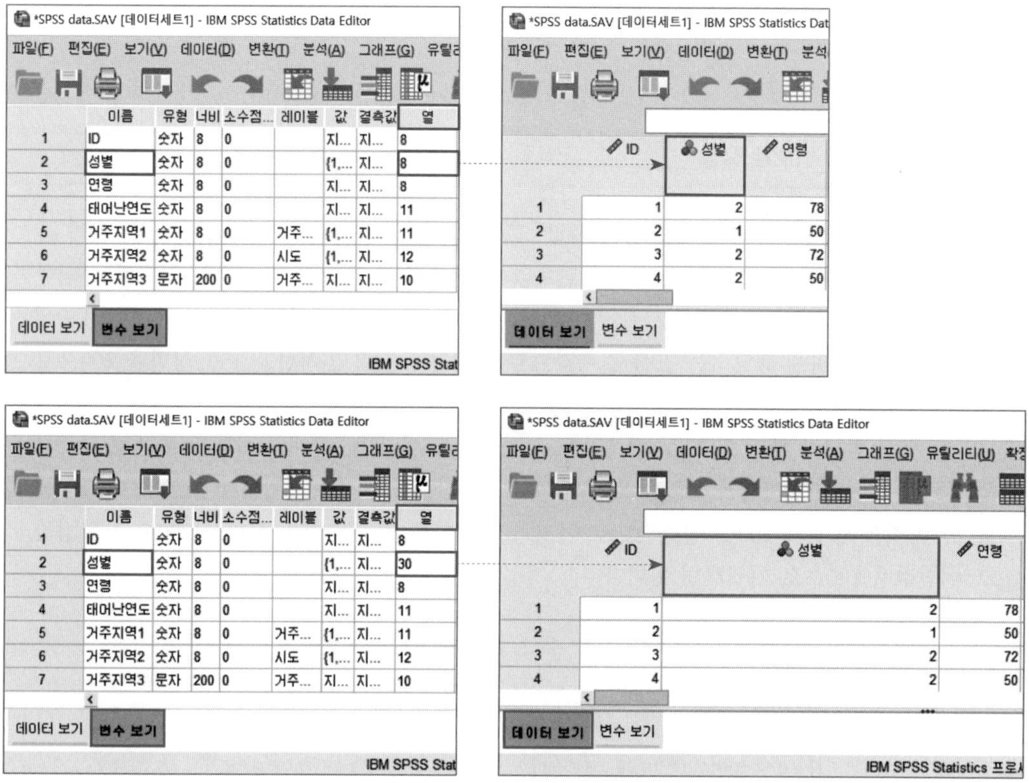

[그림 5-37] **열**

## Know how 열은 변경할 일이 거의 없습니다

열은 기본값이 8로 설정되어 있습니다. 이 기본값을 잘 변경하지는 않습니다. 왜냐하면 변경할 일이 별로 없기 때문입니다. 실제 열을 변경하는 경우는 문자변수 같이 길게 코딩되어 전체 내용을 확인할 수 없을 때에 사용하기 때문에 거의 변경할 일이 많지 않습니다.

## 실습 열 설정하기

**1** 성별 변수에서 열을 30으로 설정해 보겠습니다. 먼저, 성별 변수의 ❶ 열을 클릭한 후 기본값으로 설정되어 있는 ❷ 8을 삭제합니다.

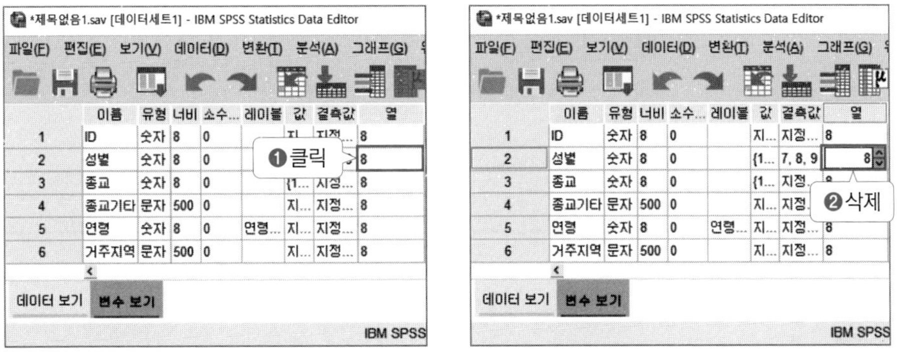


[그림 5-38]

**2** ❶ 30을 입력하고 Enter(엔터)를 치면, 열이 30으로 설정된 것을 확인할 수 있습니다.

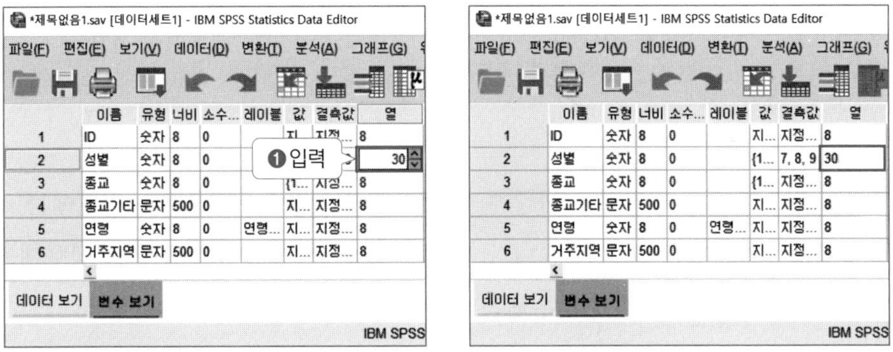


[그림 5-39]

**Know how** 열은 변수 보기 창보다 데이터 보기 창에서 변경하는 것을 추천

열은 변수 보기 창보다 데이터 보기 창에서 변경하는 것을 추천합니다. 만약 성별의 열을 변경하고 싶다면 데이터 보기 창에서 성별과 종교 사이에 경계선을 클릭한 후 좌우로 움직이면 열이 움직이는 것을 확인할 수 있습니다.

[그림 5-40]

## 9) 맞춤

맞춤

- 데이터 코딩할 때 정렬(왼쪽, 오른쪽, 가운데)을 어떻게 할 것인지 설정하는 곳
- 변수 유형이 숫자인 경우는 오른쪽, 문자인 경우는 왼쪽으로 기본 세팅되어 있다.
- 맞춤은 기본 세팅(SPSS 프로그램에서 자동으로 세팅)대로 사용하는 것을 추천

맞춤은 데이터 코딩할 때 정렬을 어떻게 할 것인지 설정하는 곳입니다. 정렬에는 왼쪽 정렬, 오른쪽 정렬, 가운데 정렬이 있습니다. 기본적으로 변수 유형이 숫자인 경우에는 오른쪽 정렬로 세팅되어 있고, 문자인 경우에는 왼쪽 정렬로 세팅되어 있습니다.

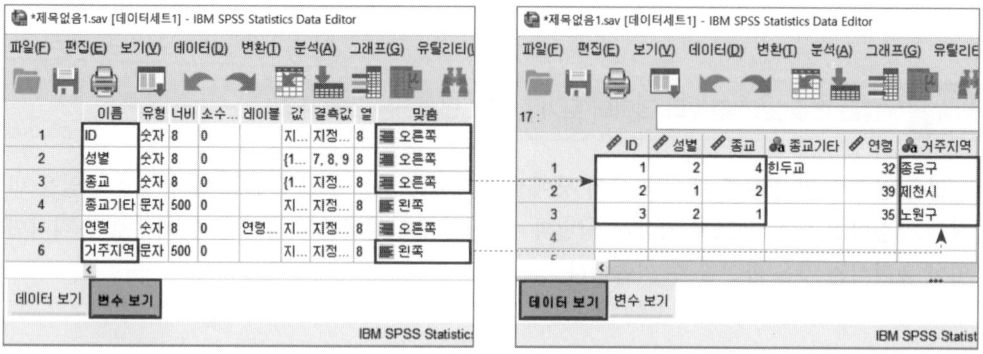


[그림 5-41] 맞춤

**Know how** **맞춤은 변경할 일이 거의 없습니다**

맞춤은 단순히 데이터 정렬에 대한 세팅이기 때문에 변경할 일이 거의 없습니다. 기본 세팅(숫자-오른쪽 정렬, 문자-왼쪽 정렬) 그대로 사용하기를 추천합니다.

**실습** **맞춤 설정하기**

**1** 성별 변수에서 맞춤을 가운데 정렬로 설정해 보겠습니다. 성별 변수의 ❶ 맞춤을 클릭한 후 ❷ '가운데'를 클릭합니다. 성별의 맞춤이 가운데로 설정된 것을 확인할 수 있습니다.

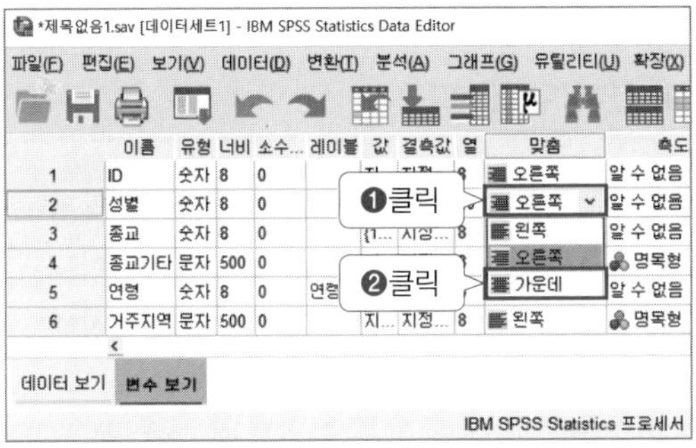


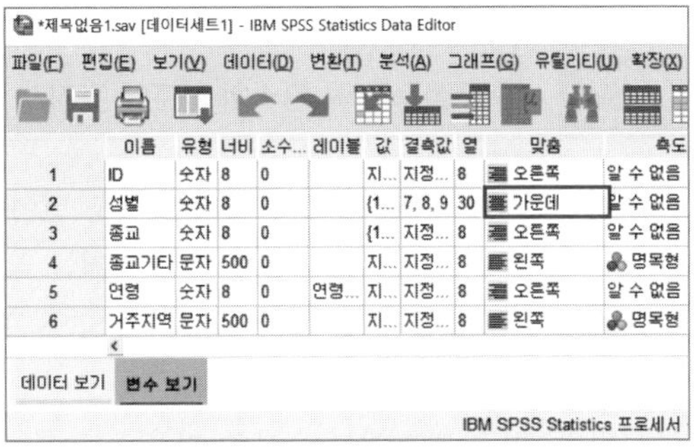


[그림 5-42]

## 10) 측도

**측도**

- 변수가 어떤 척도인지 설정하는 곳
- 척도: 비율척도, 등간척도
- 순서형: 서열척도
- 명목형: 명목척도
- 측도 설정을 꼭 변수의 척도에 맞춰서 사용하지 않아도 분석에 문제는 없다.

측도는 변수가 어떤 척도인지 설정하는 곳입니다. 측도에는 척도, 순서, 명목으로 구성되어 있습니다. 척도는 변수가 비율척도와 등간척도인 경우에 설정하고, 순서형은 변수가 서열척도인 경우, 명목형은 변수가 명목척도인 경우에 설정합니다.

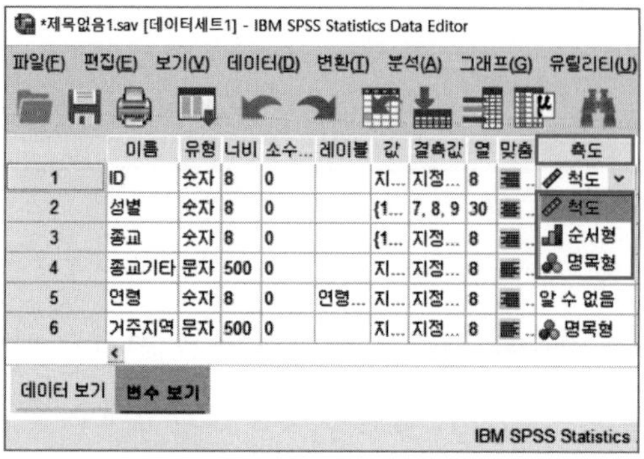


[그림 5-43] **척도**

**Know how** **척도 설정을 꼭 변수의 척도에 맞춰서 사용하지 않아도 됩니다**

변수가 많을 때는 척도 설정하는 것도 일이 됩니다. 사실 척도 설정을 꼭 변수의 척도에 맞춰서 사용하지 않아도 분석에 문제가 되지는 않습니다. 또한 척도에 '알 수 없음'으로 표시되어도 문제가 되지 않습니다. 그렇기 때문에 SPSS 프로그램에서 변수의 특성에 맞게 자동으로 설정해 준 척도 그대로 사용해도 됩니다.

다만, 변수 번호에서 오른쪽 마우스를 클릭(우클릭)하면 기술통계량이 나오는데, 척도에 따라 도출되는 기술통계량이 다릅니다. 이를테면, 명목형과 순서형의 경우 빈도분석 결과가 제시되고, 척도의 경우 기술통계(평균, 표준편차 등) 결과가 나옵니다. 이 점을 참고하여 척도를 설정해 보기 바랍니다.

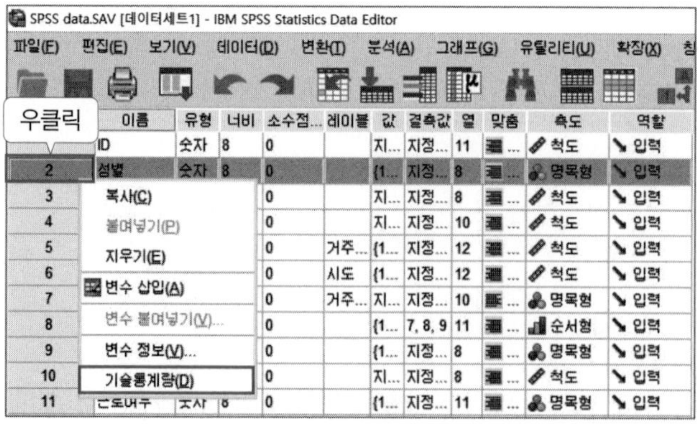


[그림 5-44] **척도에 따른 기술통계량**

## 실습 척도 설정하기

**1** 성별 변수는 명목척도입니다. 이에 성별 변수에서 측도를 명목형으로 설정해 보겠습니다. 성별 변수의 ❶ 척도를 클릭한 후 ❷ '명목형'을 클릭합니다. 성별의 측도가 명목형으로 설정된 것을 확인할 수 있습니다.

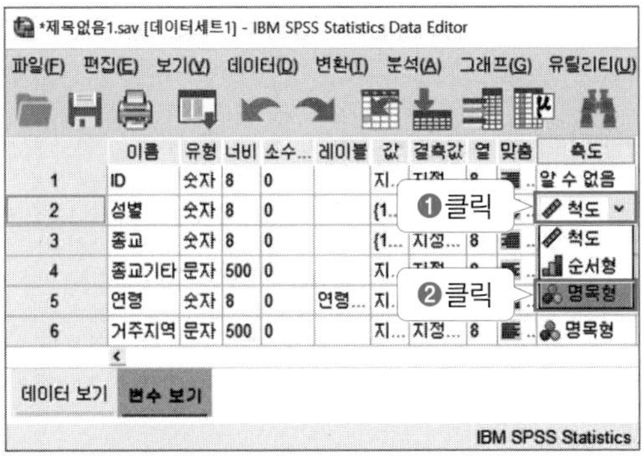

[그림 5-45]

**2** 같은 방법으로 ID, 종교, 연령 모두 척도로 변경해 보기 바랍니다.

[그림 5-46]

**Know how** **문자변수는 기본적으로 명목형으로 세팅이 됩니다. 그대로 사용하세요**

문자변수는 숫자가 아니기 때문에 명목, 서열, 등간, 비율 척도로 설정할 수 있는 것이 아닙니다. 그렇기 때문에 기본적으로 명목형으로 설정되어 있는데, 굳이 변경할 필요 없이 그대로 사용하면 됩니다.

## 11) 역할

역할
- 분석에 사용하는 변수를 미리 선택할 수 있도록 설정하는 곳
- 보통 역할은 기본 세팅인 '입력'으로만 사용

역할은 분석에 사용하는 변수를 미리 선택할 수 있도록 설정하는 곳입니다. 역할은 '입력, 목표(대상), 모두, 없음, 분할(파티션), 분할'로 구성되어 있습니다. 만약 독립표본 t검정, 일원배치 분산분석, 상관분석, 회귀분석 등의 분석을 진행할 때에는 모두 '입력'으로 설정해 주면 됩니다. 즉, 역할은 입력 외에 다른 세팅을 굳이 할 필요가 없는 변수 세팅입니다. 이에 역할에 대한 실습은 따로 진행하지 않겠습니다.

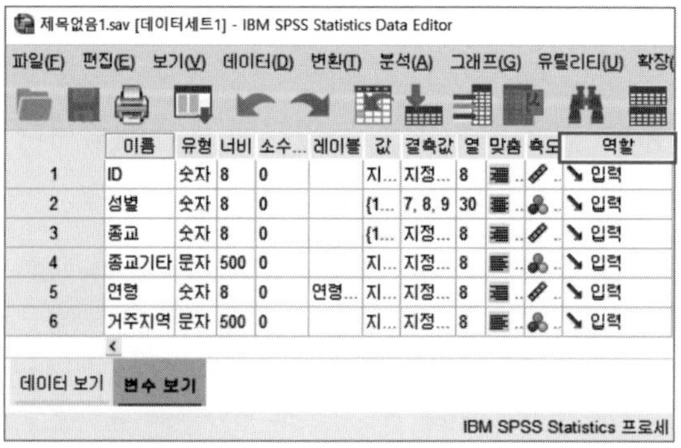

[그림 5-47] 역할

**Know how** **역할에서 '입력'을 제외하고 다른 것을 사용한 적이 없습니다**

역할에는 총 6개[입력, 목표(대상), 모두, 없음, 분할(파티션), 분할]로 구성되어 있지만 입력을 제외하고 나머지를 단 한 번도 사용해 본 적이 없습니다. 역할은 기본적으로 변수 활용 방법을 설정하는 것인데, 입력 외에 다른 역할을 사용했다가 분석에 오류가 생기거나 잘되지 않을 수도 있으니 '입력'으로만 설정하여 진행하기 바랍니다.

## 2. 다중응답(다중반응) 변수 세팅

다중응답은 여러 보기 중 응답자가 복수 선택하도록 구성된 문항을 의미합니다. 이를테면, '모두 선택하시오', '2개 선택하시오', '중복 선택하시오', '1순위와 2순위를 선택하시오' 등이 있습니다. 다중응답은 다중반응, 복수 선택, 중복 선택, 우선순위 선택이라는 용어로도 함께 사용하고 있습니다.

다중응답의 경우 변수 세팅은 단순하지 않기 때문에 따로 살펴볼 필요가 있습니다. 다중응답 변수 세팅은 이분형 세팅과 범주형 세팅으로 2가지 방법이 있습니다. 이 2가지 세팅 방법의 큰 차이점은 변수 세팅의 '값' 설정입니다. 이분형 세팅은 변수 세팅의 '값'을 '1＝예'로 설정하는 것이고, 범주형 세팅은 각 보기를 모두 설정하는 것입니다. 2개 중 자신에게 맞는 변수 세팅 방법을 선택하면 됩니다. 다중응답 변수 세팅 방법에 대해서 구체적으로 알아보도록 하겠습니다.

### 1) 이분형 세팅: 변수 세팅 값을 '1＝예'로 설정

**1.** 아래 보기 중 귀하께서 참여하고 싶은 여가프로그램을 모두 선택해 주십시오.
① 노래 교실 ② 댄스 교실 ③ 서예 교실
④ 탁구 교실 ⑤ 기타(　　)

**2.** 아래 보기 중 귀하께서 참여하고 싶은 여가프로그램을 2개 선택해 주십시오.
① 노래 교실 ② 댄스 교실 ③ 서예 교실
④ 탁구 교실 ⑤ 기타(　　)

이분형 세팅은 '모두 선택하시오'와 '2개 선택하시오' 질문에서 활용할 수 있습니다. 이분형 세팅할 때 '모두 선택하시오'와 '2개 선택하시오' 질문은 세팅 방법이 같습니다. 이분형 세팅인 '모두 선택하시오'와 '2개 선택하시오' 질문은 보기 수대로 변수를 만들어야 합니다. 예를 들어, 여가프로그램 질문은 총 5개의 보기로 이루어져 있으므로 변수의 개수는 5개여야 합니다. 다만, 기타(　)라는 보기가 있다면 기타문자 변수도 만들어 줘야 하므로 여기서는 총 6개(보기 5개＋문자변수 1개)를 만들어야 합니다.

그런 다음 여기서 중요한 것은 각 변수의 값을 클릭하여 값 레이블 창에서 기준값 '1', 레이블 '예'로 설정한다는 것입니다. 즉, 여가프로그램 중 체크한 프로그램만 1로 코딩할 수 있도록 하는 것입니다.

[그림 5-48] **이분형 세팅: 변수 세팅 값을 '1=예'로 설정**

**Know how** **이분형 세팅의 정석: '0=아니요', '1=예'**

이분형 세팅은 말 그대로 이분형, 즉 보기가 2개라는 것입니다. 즉, 변수 세팅을 할 때 값을 '0=아니요', '1=예'로 설정하는 것입니다. 그럼에도 불구하고 값을 '1=예'만 설정하도록 한 이유는 효율성 때문입니다. 만약 '0=아니요'를 값으로 설정한다면 코딩할 때 0도 코딩을 해야 합니다. 아울러 코딩해야 할 부분이 많아질수록 실수가 많아집니다. 코딩은 생각보다 많은 시간과 에너지를 쏟아야 하기 때문에 불필요한 행동은 자제하는 것이 좋습니다. 그리고 '0=아니요'를 값으로 설정을 하든 하지 않든 분석 결과값은 동일합니다. 다중응답(다중반응) 문항은 다중반응분석을 통해 분석 결과값을 도출할 수 있습니다. 다중반응분석에서 이분형 세팅에 대한 분석은 1로 코딩한 값만 가지고 분석하기 때문에 0으로 코딩한 값은 필요하지 않습니다. 이러한 측면에서 '0=아니요'를 값으로 굳이 설정하지 않아도 됩니다.

다중응답을 이분형 세팅으로 했을 경우, 다음과 같이 응답했을 때 구체적으로 어떻게 코딩하는지 살펴보겠습니다.

[설문지 응답]

ID 1번

**7.** 아래 보기 중 귀하께서 참여하고 싶은 여가프로그램을 모두 선택해 주십시오.

① 노래 교실 ② 댄스 교실 ③ 서예 교실
④ 탁구 교실 ⑤ 기타(　　　)

ID 2번

**7.** 아래 보기 중 귀하께서 참여하고 싶은 여가프로그램을 모두 선택해 주십시오.

① 노래 교실 ② 댄스 교실 ③ 서예 교실
④ 탁구 교실 ⑤ 기타(　　　)

ID 3번

**7.** 아래 보기 중 귀하께서 참여하고 싶은 여가프로그램을 모두 선택해 주십시오.

① 노래 교실 ② 댄스 교실 ③ 서예 교실
④ 탁구 교실 ⑤ 기타(　　　)

ID 4번

**7.** 아래 보기 중 귀하께서 참여하고 싶은 여가프로그램을 모두 선택해 주십시오.

① 노래 교실 ② 댄스 교실 ③ 서예 교실
④ 탁구 교실 ⑤ 기타(　　　)

ID 1번의 경우 여가프로그램 ①, ③, ⑤에 체크되어 있는 것을 알 수 있습니다. 그러므로 데이터 보기 창에서 ID 1번은 여가프로그램1_노래교실, 여가프로그램3_서예교실, 여가프로그램5_기타에 1을 코딩합니다. 1은 '예'를 의미하는 것으로 참여하고 싶은 여가프로그램에만 코딩하면 됩니다. 이때 ②, ④에는 체크되어 있지 않으므로 데이터 보기 창에 여가프로그램2_댄스교실, 여가프로그램4_탁구교실은 빈칸으로 두면 됩니다. 즉, 변수 세팅 값을 '1=예'로 설정하는 방식은 '여가프로그램1_노래교실'에 참여하고 싶은지 아니면 참여하고 싶지 않은지를 묻는 것이라고 보면 되고, 참여하고 싶다고 응답했을 경우 1로 코딩하는 것입니다. 이와 같은 방법으로 ID 2번부터 4번까지 어떻게 체크했는지 확인 후 데이터 보기 창을 살펴보기 바랍니다.

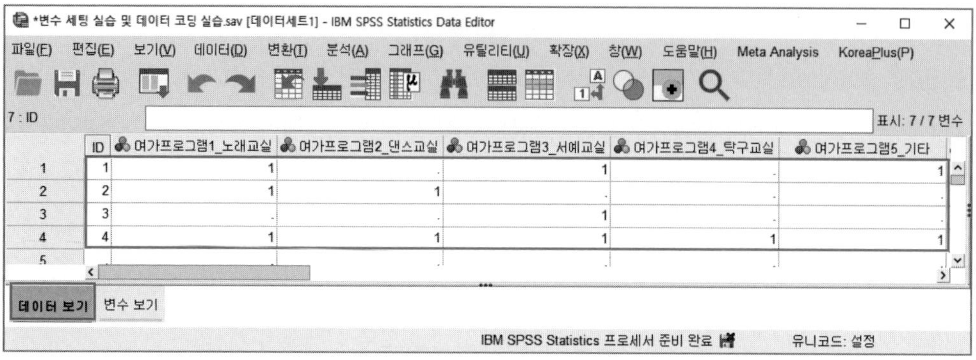

[그림 5-49] **이분형 세팅 코딩**

이러한 방식으로 '모두 선택하시오'뿐만 아니라 '2개 선택하시오'도 변수 세팅을 하면 됩니다. '모두 선택하시오'와 '2개 선택하시오'의 차이는 1로 코딩할 변수가 여러 개인지 아니면 2개인지의 차이입니다.

## 2) 범주형 세팅: 변수 세팅 값을 각 보기로 설정

**1.** 아래 보기 중 귀하께서 참여하고 싶은 여가프로그램을 모두 선택해 주십시오.
① 노래 교실 ② 댄스 교실 ③ 서예 교실
④ 탁구 교실 ⑤ 기타(     )

**2.** 아래 보기 중 귀하께서 참여하고 싶은 여가프로그램을 2개 선택해 주십시오.
① 노래 교실 ② 댄스 교실 ③ 서예 교실
④ 탁구 교실 ⑤ 기타(     )

**3.** 아래 보기 중 귀하께서 참여하고 싶은 여가프로그램을 1순위와 2순위 선택해 주십시오.
1순위(   ), 2순위(   )
① 노래 교실 ② 댄스 교실 ③ 서예 교실
④ 탁구 교실 ⑤ 기타(     )

범주형 세팅은 '모두 선택하시오', '2개 선택하시오', '1순위와 2순위를 선택하시오' 질문에서 활용할 수 있습니다. 즉, 범주형 세팅은 다중응답의 모든 형태에서 활용할 수 있습니다. 범주형 세팅할 때 '모두 선택하시오', '2개 선택하시오', '1순위와 2순위를 선택하시오' 질문은 세팅 방법이 같습니다. 다만, 생성해야 하는 변수 수는 질문 유형에 따라 다릅니다.

여가프로그램 질문은 총 5개의 보기로 이루어져 있으므로 '모두 선택하시오'로 진행한다면 변수의 개수는 5개여야 합니다. '2개 선택하시오'와 '1순위와 2순위를 선택하시오' 질문은 모두 2개의 보기를 선택하는 것이기 때문에 2개의 변수를 만들면 됩니다.

'모두 선택하시오' 변수 수
- 보기 수=변수 수

'2개 선택하시오' 변수 수
- 2개

'1순위와 2순위를 선택하시오' 변수 수
- 2개

변수를 만들었다면, 각 변수의 값을 클릭하여 값 레이블 창에서 1=노래 교실, 2=댄스 교실, 3=서예 교실, 4=탁구 교실, 5=기타로 설정하면 됩니다. 즉, 여가프로그램 중 체크한 프로그램의 보기 번호를 코딩할 수 있도록 하는 것입니다.

(1) '모두 선택하시오' 질문 범주형 세팅: 예시-여가프로그램

**1.** 아래 보기 중 귀하께서 참여하고 싶은 여가프로그램을 모두 선택해 주십시오.
① 노래 교실　　② 댄스 교실　　③ 서예 교실
④ 탁구 교실　　⑤ 기타(　　　)

여가프로그램 질문은 총 5개의 보기로 구성되어 있습니다. 그러므로 변수의 개수는 5개(여가프로그램1, 여가프로그램2, 여가프로그램3, 여가프로그램4, 여가프로그램5)로 세팅을 합니다. 아울러 여가프로그램 질문은 기타문자 변수도 있으므로 총 6개(보기 5개+문자변수 1개)를 만들어야 합니다.

여가프로그램1~여가프로그램5 변수는 각 변수의 값을 클릭하여 값 레이블 창에서 1=노래 교실, 2=댄스 교실, 3=서예 교실, 4=탁구 교실, 5=기타로 설정하면 됩니다.

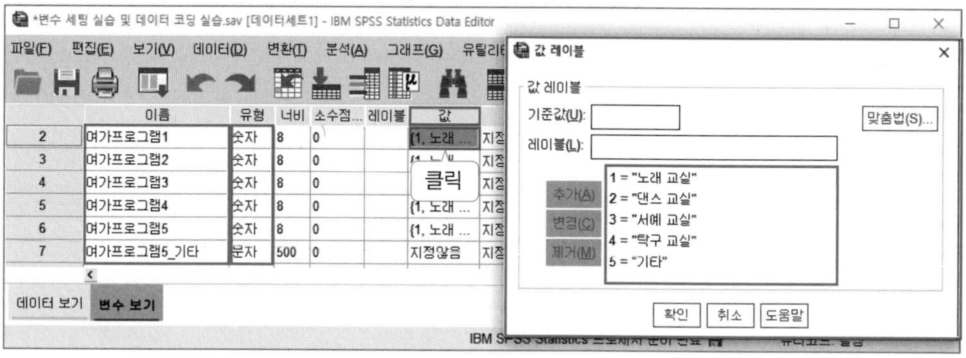


[그림 5-50] **범주형 세팅: 변수 세팅 값을 각 보기로 설정**

다중응답을 범주형 세팅으로 했을 경우, 다음과 같이 응답했을 때 구체적으로 어떻게 코딩하는지 살펴보겠습니다.

[설문지 응답]

ID 1번

**7.** 아래 보기 중 귀하께서 참여하고 싶은 여가프로그램을 모두 선택해 주십시오.

- ✓① 노래 교실　② 댄스 교실　✓③ 서예 교실
- ④ 탁구 교실　✓⑤ 기타(　　)

ID 2번

**7.** 아래 보기 중 귀하께서 참여하고 싶은 여가프로그램을 모두 선택해 주십시오.

- ✓① 노래 교실　✓② 댄스 교실　③ 서예 교실
- ④ 탁구 교실　⑤ 기타(　　)

ID 3번

**7.** 아래 보기 중 귀하께서 참여하고 싶은 여가프로그램을 모두 선택해 주십시오.

- ① 노래 교실　② 댄스 교실　✓③ 서예 교실
- ④ 탁구 교실　⑤ 기타(　　)

ID 4번

**7.** 아래 보기 중 귀하께서 참여하고 싶은 여가프로그램을 모두 선택해 주십시오.

- ✓① 노래 교실　✓② 댄스 교실　✓③ 서예 교실
- ✓④ 탁구 교실　✓⑤ 기타(　　)

ID 1번의 경우 여가프로그램 ①, ③, ⑤에 체크되어 있는 것을 알 수 있습니다. 그러므로 데이터 보기 창에서 ID 1번은 여가프로그램1 변수에 1을 코딩하고, 여가프로그램2 변수에 3을 코딩하고, 여가프로그램3 변수에 5를 코딩합니다. 즉, 응답자가 응답한 보기 번호를 순서대로 코딩하면 됩니다. 이때 ID 1번은 3가지 프로그램만 체크했으므로 데이터 보기 창에 여가프로그램4, 여가프로그램5는 빈칸으로 두면 됩니다. 즉, 변수 세팅 값을 각 보기로 설정하는 방식은 참여하고 싶은 여가프로그램 중 첫 번째는 어떤 것인지, 두 번째는 어떤 것인지 등을 묻는 것이라고 보면 되고 참여하고 싶은 프로그램 보기 번호를 순서대로 코딩하는 것입니다.

이와 같은 방법으로 ID 2번부터 4번까지 어떻게 체크했는지 확인 후 데이터 보기 창을 살펴보기 바랍니다.

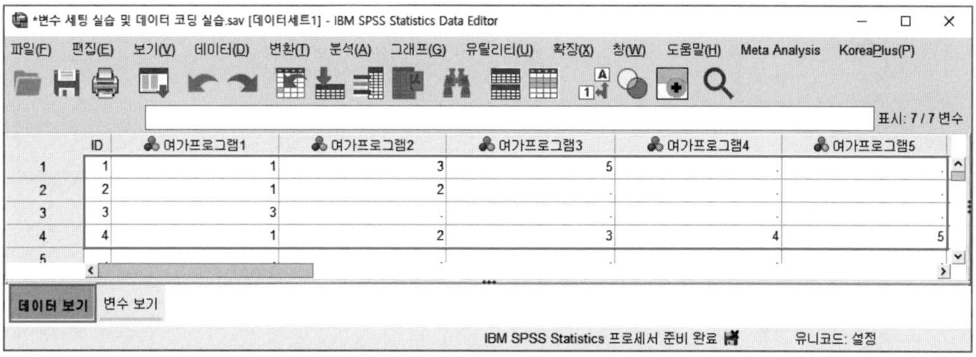


[그림 5-51] **'모두 선택하시오' 질문 범주형 세팅 코딩**

### (2) '1순위와 2순위를 선택하시오', '2개 선택하시오' 질문 범주형 세팅: 예시-여가프로그램

**1.** 아래 보기 중 귀하께서 참여하고 싶은 여가프로그램을 1순위와 2순위 선택해 주십시오.
1순위(　　), 2순위(　　)
① 노래 교실　　② 댄스 교실　　③ 서예 교실
④ 탁구 교실　　⑤ 기타(　　　)

**2.** 아래 보기 중 귀하께서 참여하고 싶은 여가프로그램을 2개 선택해 주십시오.
① 노래 교실　　② 댄스 교실　　③ 서예 교실
④ 탁구 교실　　⑤ 기타(　　　)

'1순위와 2순위를 선택하시오', '2개 선택하시오'는 앞서 살펴본 '모두 선택하시오' 질문 범주형 세팅과 같습니다. 변수 보기 창에서 각 변수의 값을 클릭하여 값 레이블 창에서 1=노래 교실, 2=댄스 교실, 3=서예 교실, 4=탁구 교실, 5=기타로 설정하면 됩니다. 즉, 여가 프로그램 중 체크한 프로그램의 보기 번호를 코딩할 수 있도록 하는 것입니다.

다만, '모두 선택하시오'에서 변수 세팅 값을 각 보기로 설정할 때에는 보기 개수대로 변수를 만들었으나 '1순위와 2순위를 선택하시오', '2개 선택하시오'는 2개만 응답하므로 2개 변수를 만들어야 합니다. '1순위와 2순위를 선택하시오'와 '2개 선택하시오'는 변수 세팅하는 방법이 같으므로 '1순위와 2순위를 선택하시오'만 확인해 보면 다음과 같습니다.

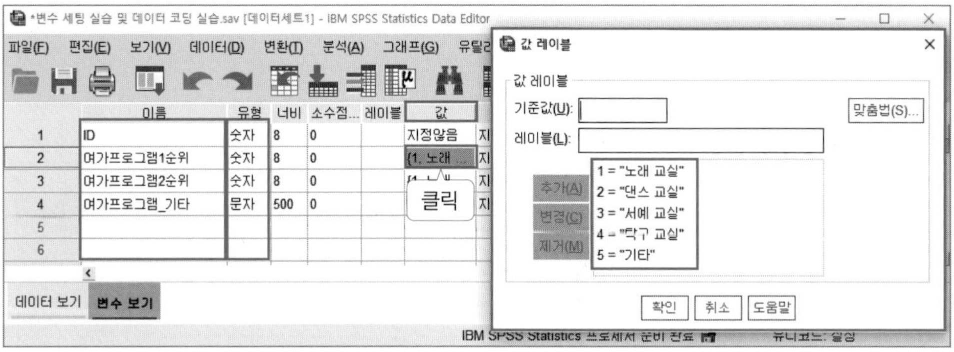


[그림 5-52] **'1순위와 2순위를 선택하시오' 변수 세팅 방법**

다중응답을 범주형 세팅으로 했을 경우, 다음과 같이 응답했을 때 구체적으로 어떻게 코딩하는지 살펴보겠습니다.

[설문지 응답]

ID 1번

**1.** 아래 보기 중 귀하께서 참여하고 싶은 여가프로그램을 1순위와 2순위 선택해 주십시오.

1순위( 4 ), 2순위( 2 )

① 노래 교실 ② 댄스 교실 ③ 서예 교실

④ 탁구 교실 ⑤ 기타( )

ID 2번

**1.** 아래 보기 중 귀하께서 참여하고 싶은 여가프로그램을 1순위와 2순위 선택해 주십시오.

1순위( 1 ), 2순위( )

① 노래 교실 ② 댄스 교실 ③ 서예 교실

④ 탁구 교실 ⑤ 기타( )

ID 3번

**1.** 아래 보기 중 귀하께서 참여하고 싶은 여가프로그램을 1순위와 2순위 선택해 주십시오.

1순위( 3 ), 2순위( 5 )

① 노래 교실 ② 댄스 교실 ③ 서예 교실

④ 탁구 교실 ⑤ 기타( 축구교실 )

ID 1번의 경우 1순위를 4, 2순위를 2로 응답했습니다. 데이터 보기 창에서 ID 1번은 여가프로그램1순위에 4, 여가프로그램2순위에 2를 코딩합니다. 즉, 응답자가 응답한 1순위, 2순위에 맞춰 순서대로 코딩하면 됩니다.

이와 같은 방법으로 ID 2번과 3번도 어떻게 응답했는지 확인 후 데이터 보기 창을 살펴보기 바랍니다.

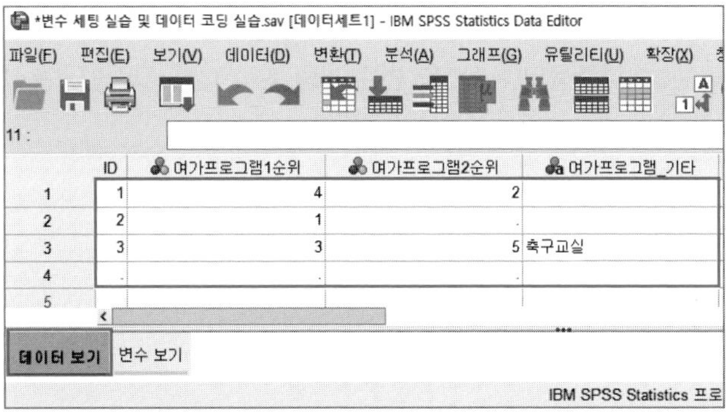


[그림 5-53] '1순위와 2순위를 선택하시오' 코딩

이러한 방식은 '2개 선택하시오'에도 동일하게 적용됩니다. 변수명을 여가프로그램1순위와 여가프로그램2순위 대신 여가프로그램1, 여가프로그램2로 설정하면 됩니다.

## 체크? 체크! 다중응답(다중반응) 변수 세팅 분석 방법: 다중반응분석

다중응답(다중반응)을 변수 세팅하면 SPSS 프로그램 메뉴에서 '분석–다중반응–빈도분석, 교차분석'으로 분석을 진행할 수 있습니다. 참고로 다중응답은 빈도분석과 교차분석만 진행할 수 있습니다. 다중반응분석은 제15장을 참고하기 바랍니다.

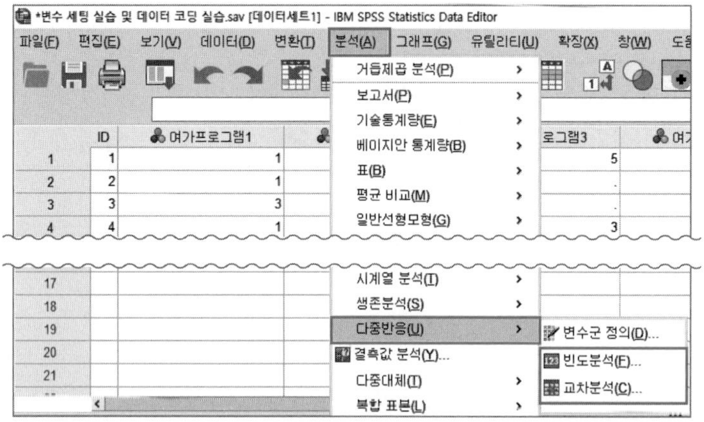


[그림 5-54] 다중응답(다중반응) 변수 세팅 분석 방법: 다중반응분석

## 3. 변수 세팅 실습

다음 설문지를 보고 직접 변수 세팅을 진행해 보기 바랍니다. 이 설문지는 총 7개의 질문으로 구성되어 있습니다. 이 7개의 질문은 설문지에서 제시할 수 있는 주요 질문의 형태를 고려하여 구성되었습니다. 이에 7개의 질문에 대해 변수 세팅을 완벽하게 할 줄 안다면, 어떠한 설문지라도 변수 세팅을 할 수 있을 겁니다. 변수 세팅을 실습한 후 실습 파일 '변수 세팅 실습 및 데이터 코딩 실습'을 보고 잘못 세팅한 부분은 없는지 확인하기 바랍니다.

* 변수 세팅할 때 결측값을 따로 설정하지 않고 진행해 주기 바랍니다.

[변수 세팅 실습 설문지]

| ID | | | |
|---|---|---|---|

**1.** 귀하의 성별은 무엇입니까?

① 남성　　② 여성

**2.** 귀하의 종교는 무엇입니까?

① 천주교　　② 개신교　　③ 불교　　④ 기타(　　)

**3.** 귀하의 거주지역은 어디입니까? (　　)시/군/구

**4.** 현재 귀하의 키와 몸무게는 얼마나 됩니까?

1) 키　( 　)cm

2) 몸무게 ( 　)kg

**5.** 귀하께서는 평균 기상시간이 언제입니까? 평균 ( ______시 ______분)

**6.** 다음은 생활만족도에 대한 질문입니다. 각 문항을 읽고 해당 사항에 체크하여 주십시오.

| 생활만족도 | 전혀 그렇지 않다 | 그렇지 않다 | 보통이다 | 그렇다 | 매우 그렇다 |
|---|---|---|---|---|---|
| 1. 나는 요즘 하늘을 날 것처럼 즐겁다. | ① | ② | ③ | ④ | ⑤ |
| 2. 나는 지금 지루하게 느끼지 않는다. | ① | ② | ③ | ④ | ⑤ |
| 3. 내가 하고 있는 일들은 예전과 마찬가지로 행복하다. | ① | ② | ③ | ④ | ⑤ |
| 4. 나는 슬퍼할 일이 없다. | ① | ② | ③ | ④ | ⑤ |
| 5. 나는 조그마한 일에는 화가 나지 않는다. | ① | ② | ③ | ④ | ⑤ |

**7.** 아래 보기 중 귀하께서 참여하고 싶은 여가프로그램을 모두 선택해 주십시오.
① 노래 교실 ② 댄스 교실 ③ 서예 교실 ④ 탁구 교실 ⑤ 기타( )

## 1) 변수 세팅 실습 설문지에서 많이 실수하는 부분

### (1) 보기 기타

종교 변수에 '④ 기타'가 있습니다. 종교의 값을 설정할 때 보기에 기타가 있기 때문에 값 레이블 창에서 4=기타로 설정해 주어야 합니다. 그럼에도 '④ 기타( )'를 종교 변수에서 보기로 설정하지 않는 실수를 많이 합니다. 이 점 유의하기 바랍니다.

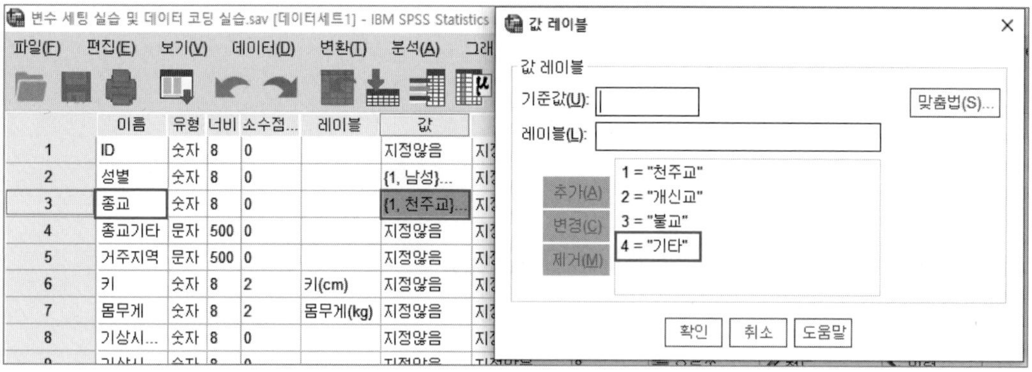

[그림 5-55] 보기 기타

(2) 레이블에 단위 제시

단위가 있으면 레이블에 작성해야 합니다. 이를테면, 키와 몸무게 변수를 보면 '키 ( )cm', '몸무게 ( )kg'으로 단위 cm, kg이 있습니다. 이를 꼭 놓치지 않고 레이블에 변수명과 함께 작성해 주기 바랍니다.

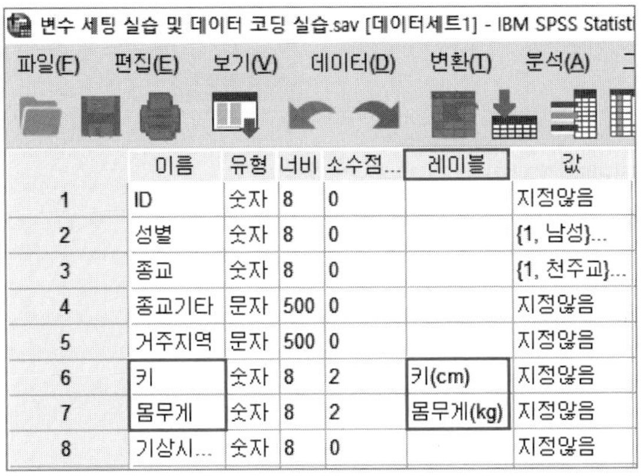


[그림 5-56] **레이블에 단위 제시**

(3) 질문이 1개라도 2개의 변수가 될 수 있다

질문이 1개면 보통 변수 1개를 만듭니다. 그런데 질문이 1개라도 변수 1개로 만들기에는 부족한 경우가 있습니다. 이를테면, '5. 귀하께서는 평균 기상시간이 언제입니까? 평균 (______시 ______분)'의 경우가 그렇습니다. 기상시간이라는 변수를 1개만 만들었다면 응답한 것을 온전히 드러낼 수 없었을 것입니다. 예를 들어, 기상시간이 7시 30분이라고 한다면, ❶ 기상시간이라는 변수를 1개만 만들었을 경우 730으로 코딩할 수밖에 없습니다. 하지만 ❷ 기상시간_시, 기상시간_분으로 기상시간 변수를 2개 만든다면 기상시간_시에 7, 기상시간_분에 30으로 정확하게 코딩할 수 있습니다.

물론 기상시간이라는 변수 1개를 만들어서 7시 30분이라고 응답한 것을 7.5로 변환해서 코딩하면 되지 않냐고 말하는 분들이 있습니다. 그렇다면 7시 31분은 어떻게 코딩할 것인가요? 코딩하기 위해 계산을 하실 건가요? 코딩할 때는 계산 같은 부수적인 작업 없이 응답한 내용을 있는 그대로 넣는 것이 좋습니다. 그리고 기상시간_시와 기상시간_분으로 시와 분을 구분하여 코딩한 것을 추후 데이터 핸들링의 변수 계산을 통해 기상시간이라는 하나의 변수로 만들 수 있습니다. '제10장 데이터 핸들링'의 변수 계산에서 확인해 보기 바랍니다.

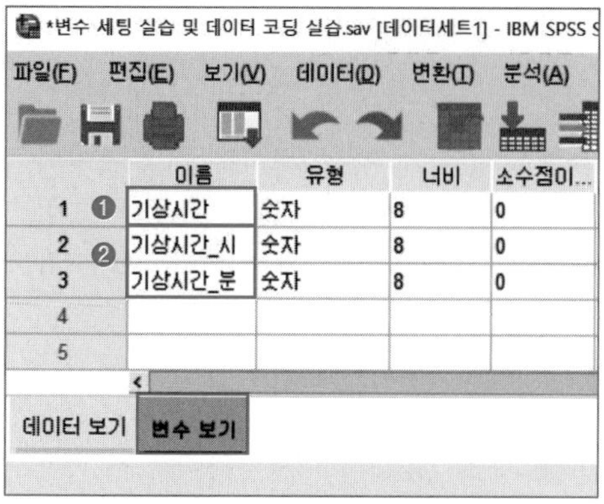


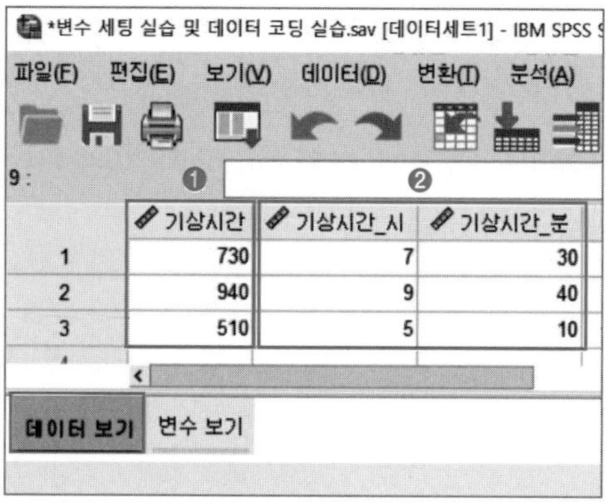


[그림 5-57] 질문이 1개라도 2개의 변수가 될 수 있다

**Know how** **변수 세팅할 때 어떻게 해야 할지 모르겠다면 실제 코딩하면서 해 보세요**

변수 세팅할 때 헷갈리는 변수들이 있습니다. 이럴 때는 데이터 코딩을 해 보면서 어떻게 변수 세팅해야 할지 생각해 보면 쉽게 해결될 수 있습니다. 예를 들어, '5. 귀하께서는 평균 기상시간이 언제입니까? 평균 (______시 ______분)'의 경우가 그렇습니다. 직접 응답한 것을 코딩하면 변수가 2개여야 한다는 것을 쉽게 파악할 수 있습니다. 이런 식으로 변수 세팅이 어렵다면 코딩을 해 보고 변수 세팅을 시도해 보기 바랍니다.

## 4. 데이터 코딩

데이터 코딩은 설문지나 각종 자료를 SPSS 등의 통계프로그램에 입력하는 것을 의미합니다. 예를 들어, 설문지에 '귀하의 성별은 무엇입니까? ① 남성 ② 여성'이라는 문항이 있을 때, 응답자가 남성인 경우 ①에 응답했다면, 숫자 1을 SPSS 프로그램에 입력하는 것이 바로 데이터 코딩입니다. SPSS 프로그램에서 데이터 코딩은 데이터 보기 창에서 진행합니다.

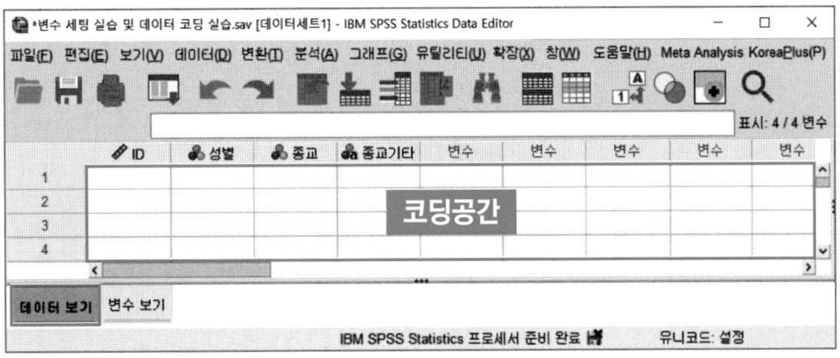


[그림 5-58] **코딩 공간**

데이터 코딩은 보통 설문지에 응답한 것을 가지고 진행합니다. 실제 응답한 설문지를 가지고, 구체적으로 어떻게 데이터 코딩하는지 살펴보겠습니다.

[데이터 코딩 실습 설문지]

| ID | | | |
|---|---|---|---|

**1.** 귀하의 성별은 무엇입니까?
① 남성 ② 여성

**2.** 귀하의 종교는 무엇입니까?
① 천주교 ② 개신교 ③ 불교 ④ 기타( )

우선적으로 데이터 코딩을 진행하기 전에 변수 세팅이 되어 있어야 합니다. 변수 세팅은 다음과 같으며, 이미 '3. 변수 세팅 실습'에서 살펴본 [변수 세팅 실습 설문지]의 일부이므로 구체적인 변수 세팅 방법은 넘어가도록 하겠습니다.

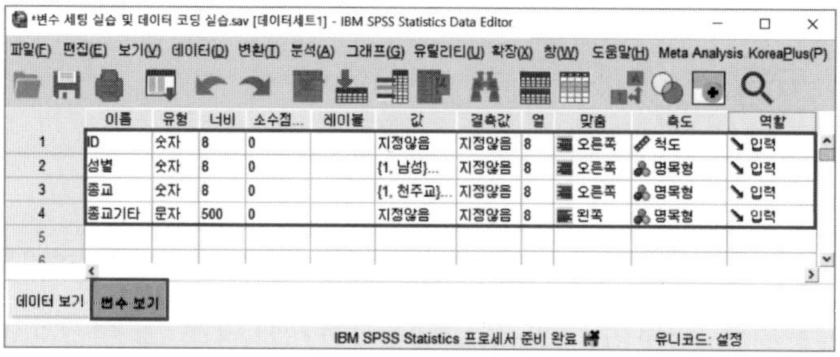

| | 이름 | 유형 | 너비 | 소수점... | 레이블 | 값 | 결측값 | 열 | 맞춤 | 측도 | 역할 |
|---|---|---|---|---|---|---|---|---|---|---|---|
| 1 | ID | 숫자 | 8 | 0 | | 지정않음 | 지정않음 | 8 | 오른쪽 | 척도 | 입력 |
| 2 | 성별 | 숫자 | 8 | 0 | | {1, 남성}... | 지정않음 | 8 | 오른쪽 | 명목형 | 입력 |
| 3 | 종교 | 숫자 | 8 | 0 | | {1, 천주교}... | 지정않음 | 8 | 오른쪽 | 명목형 | 입력 |
| 4 | 종교기타 | 문자 | 500 | 0 | | 지정않음 | 지정않음 | 8 | 왼쪽 | 명목형 | 입력 |

[그림 5-59] **코딩 전 변수 세팅**

ID 1번이 설문지에서 다음과 같이 응답했을 때 구체적으로 어떻게 데이터 코딩하는지 살펴보겠습니다.

[설문지 응답1]

| ID | | | 1 |
|---|---|---|---|

**1.** 귀하의 성별은 무엇입니까?

① 남성 ② 여성

**2.** 귀하의 종교는 무엇입니까?

① 천주교 ② 개신교 ③ 불교 ④ 기타( 힌두교 )

ID는 1번이므로 데이터 보기 창에서 ID 변수에 1이라고 코딩을 합니다. 성별은 1이라고 응답했으므로 성별 변수에 1이라고 코딩합니다. 종교는 ④ 기타(힌두교)로 응답했습니다. 그러므로 종교 변수에 4를 코딩하고 종교기타 변수에 힌두교라고 작성하면 됩니다.

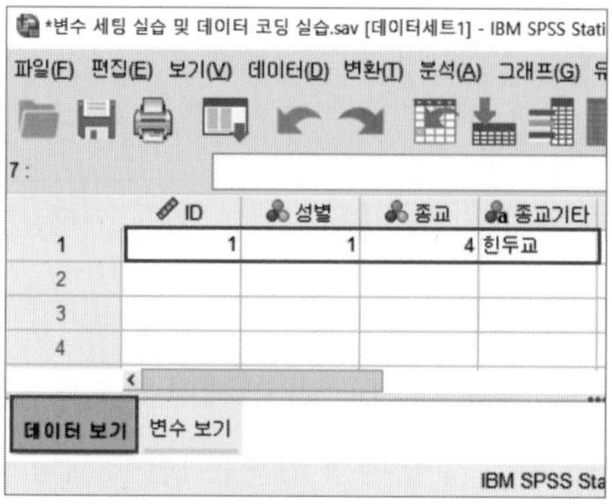

| | ID | 성별 | 종교 | 종교기타 |
|---|---|---|---|---|
| 1 | 1 | 1 | 4 | 힌두교 |
| 2 | | | | |
| 3 | | | | |
| 4 | | | | |

[그림 5-60] **ID 1번 코딩**

# 5. 데이터 코딩 실습

다음 설문지에 응답한 것을 보고 직접 데이터 코딩을 진행해 보기 바랍니다. 이 설문지는 '3. 변수 세팅 실습'에서 살펴본 [변수 세팅 실습 설문지]입니다. 데이터 코딩을 실습한 후 실습파일 '변수 세팅 실습 및 데이터 코딩 실습'을 보고 잘못 코딩한 부분은 없는지 확인하기 바랍니다.

[변수 세팅 실습 설문지]

| ID | | | 1 |
|---|---|---|---|

**1.** 귀하의 성별은 무엇입니까?

✓① 남성　　② 여성

**2.** 귀하의 종교는 무엇입니까?

① 천주교　　② 개신교　　③ 불교　　✓④ 기타( 힌두교 )

**3.** 귀하의 거주지역은 어디입니까? ( 노원구 )시/군/구

**4.** 현재 귀하의 키와 몸무게는 얼마나 됩니까?

1) 키　( 174.5 )cm

2) 몸무게 ( 82.5 )kg

**5.** 귀하께서는 평균 기상시간이 언제입니까? 평균 ( 8 시 20 분)

**6.** 다음은 생활만족도에 대한 질문입니다. 각 문항을 읽고 해당 사항에 체크하여 주십시오.

| 생활만족도 | 전혀 그렇지 않다 | 그렇지 않다 | 보통 이다 | 그렇다 | 매우 그렇다 |
|---|---|---|---|---|---|
| 1. 나는 요즘 하늘을 날 것처럼 즐겁다. | ① | ② | ③ | ✓④ | ⑤ |
| 2. 나는 지금 지루하게 느끼지 않는다. | ① | ② | ③ | ④ | ✓⑤ |
| 3. 내가 하고 있는 일들은 예전과 마찬가지로 행복하다. | ① | ② | ③ | ✓④ | ⑤ |
| 4. 나는 슬퍼할 일이 없다. | ① | ② | ③ | ✓④ | ⑤ |
| 5. 나는 조그마한 일에는 화가 나지 않는다. | ① | ② | ③ | ④ | ✓⑤ |

7. 아래 보기 중 귀하께서 참여하고 싶은 여가프로그램을 모두 선택해 주십시오.
① 노래 교실 ② 댄스 교실 ③ 서예 교실 ④ 탁구 교실 ⑤ 기타( 축구교실 )

[변수 세팅 실습 설문지]

| ID | | | 2 |
|---|---|---|---|

1. 귀하의 성별은 무엇입니까?
① 남성 ② 여성

2. 귀하의 종교는 무엇입니까?
① 천주교 ② 개신교 ③ 불교 ④ 기타( )

3. 귀하의 거주지역은 어디입니까? ( 제천시 )시/군/구

4. 현재 귀하의 키와 몸무게는 얼마나 됩니까?
1) 키 ( 165.5 )cm
2) 몸무게 ( 58.35 )kg

5. 귀하께서는 평균 기상시간이 언제입니까? 평균 ( 7 시 15 분)

6. 다음은 생활만족도에 대한 질문입니다. 각 문항을 읽고 해당 사항에 체크하여 주십시오.

| 생활만족도 | 전혀 그렇지 않다 | 그렇지 않다 | 보통이다 | 그렇다 | 매우 그렇다 |
|---|---|---|---|---|---|
| 1. 나는 요즘 하늘을 날 것처럼 즐겁다. | ① | ② | ③ | ④ | ⑤ |
| 2. 나는 지금 지루하게 느끼지 않는다. | ① | ② | ③ | ④ | ⑤ |
| 3. 내가 하고 있는 일들은 예전과 마찬가지로 행복하다. | ① | ② | ③ | ④ | ⑤ |
| 4. 나는 슬퍼할 일이 없다. | ① | ② | ③ | ④ | ⑤ |
| 5. 나는 조그마한 일에는 화가 나지 않는다. | ① | ② | ③ | ④ | ⑤ |

7. 아래 보기 중 귀하께서 참여하고 싶은 여가프로그램을 모두 선택해 주십시오.
① 노래 교실 ② 댄스 교실 ③ 서예 교실 ④ 탁구 교실 ⑤ 기타( )

제6장

# 엑셀 코딩 및 엑셀 데이터 불러오기

## Key Point

엑셀로 데이터 코딩하기

- 첫 행에 변수명을 작성
- 두 번째 행부터 데이터 코딩

엑셀 데이터 불러오기

- SPSS 프로그램 메뉴에서 '파일-열기-데이터'

# 1. 엑셀로 데이터 코딩하기

데이터 코딩을 SPSS 프로그램으로 하면 좋겠지만, 사정상 SPSS 프로그램이 없을 때 일단 엑셀로 코딩할 수 있습니다.

## 실습 엑셀로 데이터 코딩하기

**1** 엑셀의 첫 행에 ❶ 변수명을 작성합니다. 그런 다음 변수명에 맞춰 ❷ 데이터 코딩을 진행하면 됩니다. 데이터 코딩된 엑셀 파일을 SPSS 프로그램에 불러와서 변수 세팅 후에 활용하면 됩니다.

| | A | B | C | D | E | F | G |
|---|---|---|---|---|---|---|---|
| 1 | ID | 성별 | 종교 | 종교기타 | 거주지역 | 키 | 몸무게 |
| 2 | 1 | 1 | 1 | | 노원구 | 162.7 | 55.7 |
| 3 | 2 | 2 | 2 | | 제천시 | 162.7 | 55.7 |
| 4 | 3 | 1 | 3 | | 강남구 | 178.5 | 61.9 |
| 5 | 4 | 2 | 4 | 힌두교 | 달성군 | 153.2 | 49.5 |
| 6 | 5 | 2 | 4 | 원불교 | 남동구 | 173.2 | 62.9 |
| 7 | 6 | 1 | 2 | | 옹진군 | 177.2 | 50.5 |
| 8 | 7 | 2 | 2 | | 구리시 | 180.7 | 77.9 |

[그림 6-1]

### 체크? 체크! 엑셀로 코딩할 때 변수명 설정

SPSS 프로그램에서 변수명을 설정할 때 특수문자(!, ?, %, #, *, & 등)를 사용하는 것, 숫자로 시작하는 것, 띄어쓰기를 하는 것은 가능하지 않습니다. 엑셀 데이터를 SPSS 프로그램에서 불러와서 활용해야 하기 때문에 엑셀에서도 변수명을 작성할 때 특수문자, 숫자로 시작하는 것, 띄어쓰기를 주의해 주기 바랍니다.

참고로 엑셀 데이터를 SPSS 프로그램이 아닌 Stata, R, Mplus 등 다른 통계프로그램으로 불러와서 활용하고자 한다면 변수명을 영어로 설정해 주는 것이 오류를 줄일 수 있습니다.

## 2. 엑셀 데이터 불러오기

엑셀로 데이터를 코딩했거나 활용하고자 하는 2차 데이터(공공데이터 등)가 엑셀 파일이라면 SPSS 프로그램에서 어떻게 활용할 수 있을까요?

SPSS 프로그램이 없을 때 종종 엑셀로 코딩을 하기도 합니다. 또 통계청이나 국책연구원 등 공공기관에서 2차 데이터를 제공할 때 SPSS 데이터를 기본적으로 제공해 주는 곳이 많아졌지만, 여전히 엑셀 데이터만 제공하는 곳도 있습니다. 이런 경우 엑셀 데이터를 SPSS 프로그램 데이터로 변환해서 활용해야 합니다. 구체적인 실습을 통해 엑셀 데이터를 SPSS 프로그램 데이터로 변환하는 방법을 확인해 보겠습니다.

### 실습 엑셀 데이터 불러오기

- 실습내용: SPSS 프로그램에서 엑셀 데이터 불러오기
- 실습파일: 엑셀데이터.xlsx

**1** SPSS 프로그램을 실행합니다. 그런 다음 ❶ 파일, ❷ 열기, ❸ 데이터 순으로 클릭합니다.

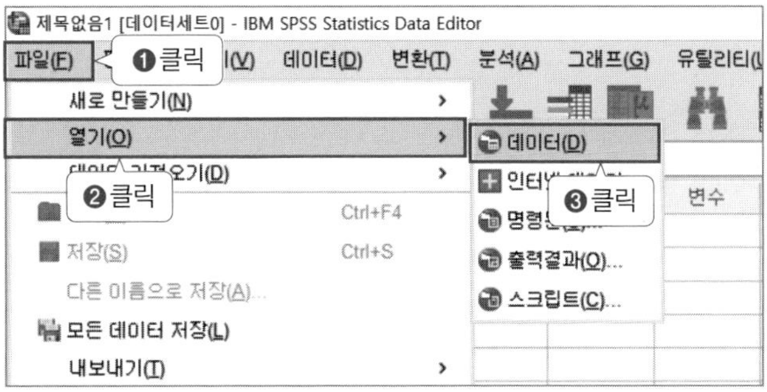


[그림 6-2]

**2** 데이터 열기 창이 열리면, ❶ 실습파일인 '엑셀데이터.xlsx'가 있는 폴더를 찾아서 클릭합니다. 그런 다음 파일 유형에서 ❷ Excel(*.xls, *.xlsx, *.xlsm)을 클릭합니다.

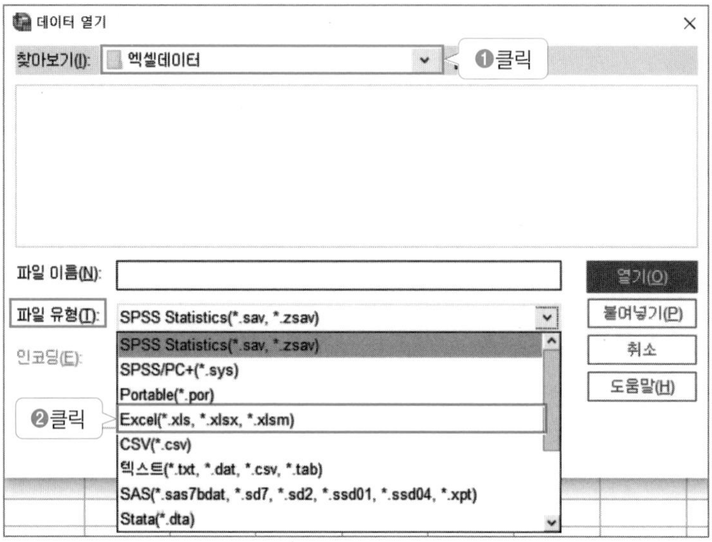


[그림 6-3]

**3** ❶ '엑셀데이터.xlsx' 파일을 클릭한 후 ❷ 열기를 클릭합니다.

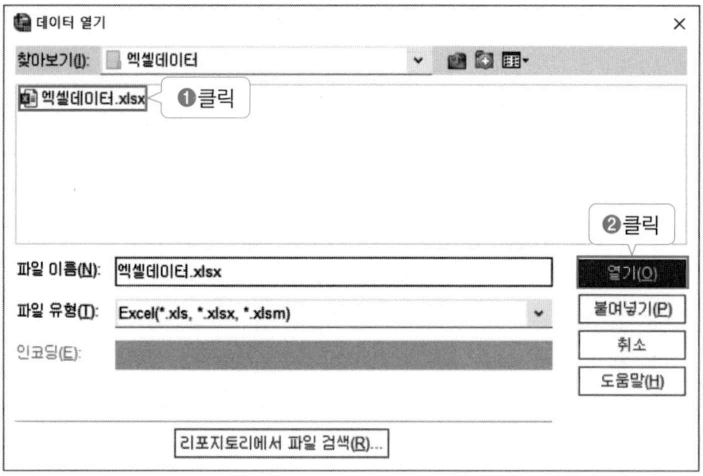


[그림 6-4]

**4** Excel 파일 읽기 창이 열리면, ❶ 확인을 클릭합니다.

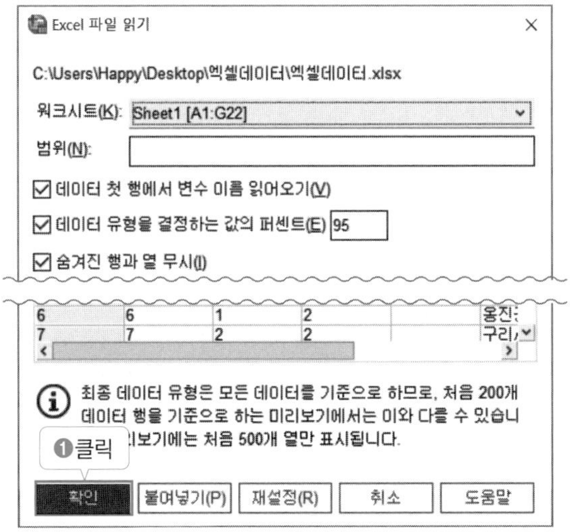


[그림 6-5]

## 체크? 체크! 엑셀에서 코딩 작업한 시트가 Sheet2라면?

엑셀에서 코딩 작업한 시트가 첫 번째 시트가 아닌 두 번째 시트(Sheet2)일 수 있습니다. 이럴 때에는 데이터 파일 읽기 창에서 워크시트를 Sheet2로 설정하면 됩니다.

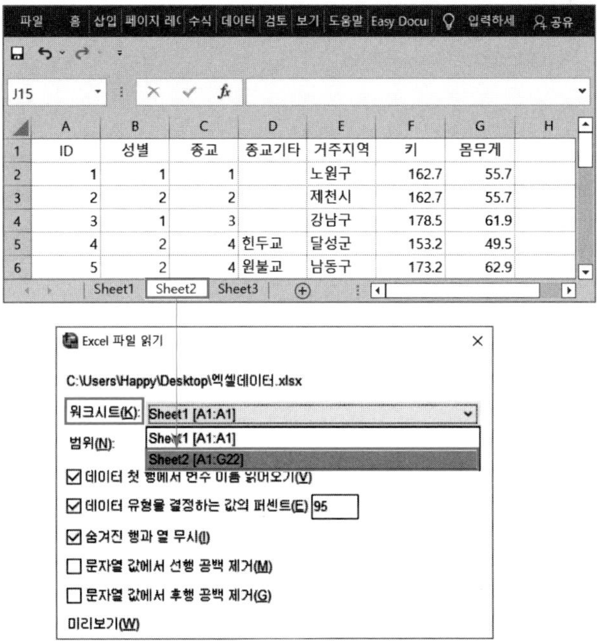


[그림 6-6]

## 체크? 체크! 데이터 첫 행에서 변수 이름 읽어오기

엑셀에서 첫 행에 변수명을 작성했는데, 가끔 Excel 파일 읽기 창에 '데이터 첫 행에서 변수 이름 읽어오기'가 체크되어 있지 않은 경우가 있습니다. 첫 행에 변수명을 작성했다면 무조건 '데이터 첫 행에서 변수 이름 읽어오기'를 체크해야 합니다.

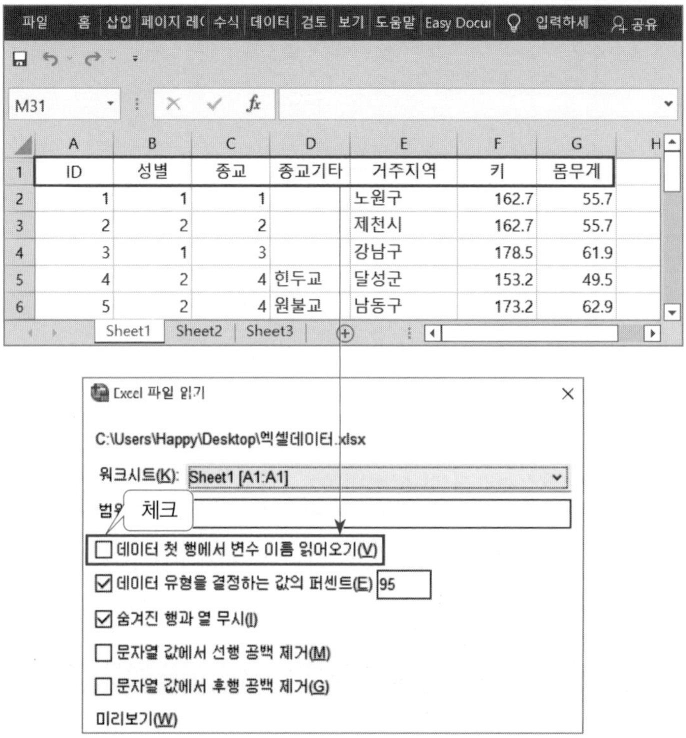


[그림 6-7]

**5** 데이터 보기 창을 열면, 데이터가 코딩되어 있는 것을 확인할 수 있습니다.

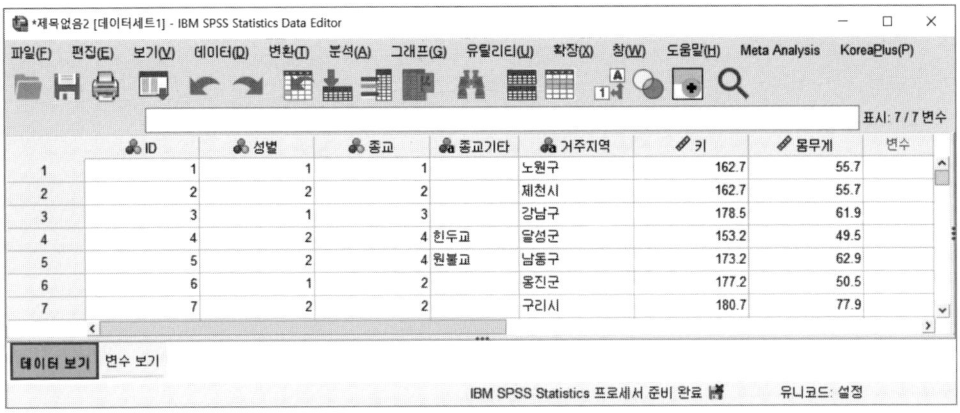


[그림 6-8]

**6** 변수 보기 창을 열면, 기본적인 변수 세팅이 되어 있습니다. 확인해 보고 변수 세팅에 유형, 너비, 소수점 이하 자리, 레이블, 값 등을 변수에 맞춰 수정하면 됩니다.

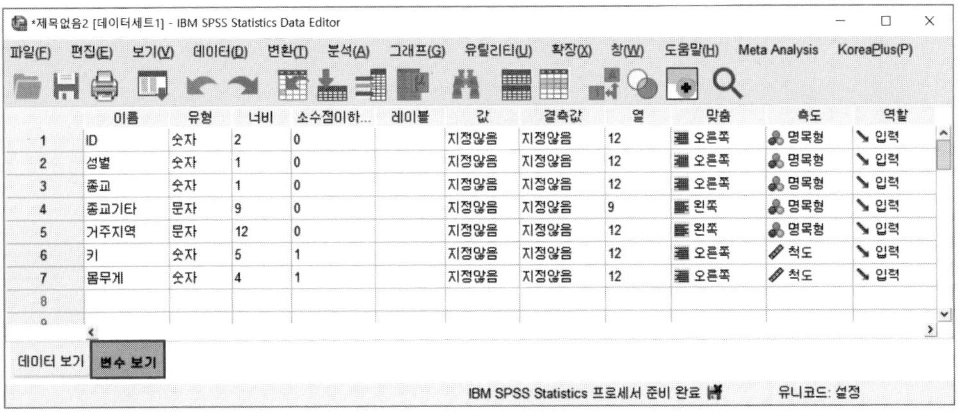


[그림 6-9]

제7장

# 파일 합치기

## Key Point

케이스 추가

- 변수는 같지만 케이스가 다른 2개의 데이터 파일을 합칠 때
- 설문조사에 응답한 케이스를 구분하여 각각 코딩했을 때 하나의 파일로 만들기 위해 사용
- SPSS 프로그램 메뉴에서 '데이터–파일 합치기–케이스 추가'

변수 추가

- 케이스는 같지만 변수가 다른 2개의 데이터 파일을 합칠 때
- 가구용 데이터와 가구원용 데이터로 구분된 공공데이터를 합치거나, 종단연구를 위해 2개년 이상의 데이터 파일(예: 2022년, 2023년 데이터)을 합칠 때 사용
- SPSS 프로그램 메뉴에서 '데이터–파일 합치기–변수 추가'

# 1. 파일 합치기의 개념과 이해

파일 합치기란 2개의 SPSS 데이터 파일을 합치는 것입니다. 2개의 데이터 파일을 합치는 경우는 생각보다 많습니다. 설문조사를 통한 데이터든, 공공데이터든 그 종류와 상관없이 데이터 파일을 합쳐야 할 때가 있습니다. 또한 횡단조사 데이터와 종단(패널)조사 데이터도 마찬가지로 데이터 파일을 합치는 경우가 종종 발생합니다. 실제로 파일 합치기는 다음과 같은 상황에서 활용합니다.

**파일 합치기 주요 용도**
- 2명 이상의 조사자가 응답한 설문지를 나누어 코딩한 파일을 하나로 합칠 때
- 가구용 데이터와 가구원용 데이터로 구분된 공공데이터를 합칠 때
- 종단연구를 위해 2개년 이상의 데이터 파일(예: 2022년, 2023년 데이터)을 합칠 때

파일 합치기는 크게 두 가지 방법(케이스 추가, 변수 추가)으로 이루어져 있습니다. 케이스 추가와 변수 추가에 대해서 구체적으로 알아보도록 하겠습니다.

## 1) 케이스 추가

케이스 추가는 변수는 같지만 케이스가 다른 2개의 데이터 파일을 합칠 때 사용합니다. 예를 들어, 설문조사에 응답한 케이스를 구분하여 각각 코딩했을 때 하나의 파일로 만들기 위해 합니다.

'케이스추가1' 파일을 보면, ID가 1번부터 5번까지 있는 것을 확인할 수 있습니다. '케이스추가2' 파일은 ID가 6번부터 10번까지 있습니다. '케이스추가1' 파일과 '케이스추가2' 파일은 모두 변수가 같습니다. 이런 경우 '케이스추가1' 파일에 '케이스추가2' 파일을 케이스 추가하면, '케이스추가1+케이스추가2' 파일처럼 케이스가 합쳐져서 ID가 1번부터 10번까지 되어 있는 것을 알 수 있습니다.

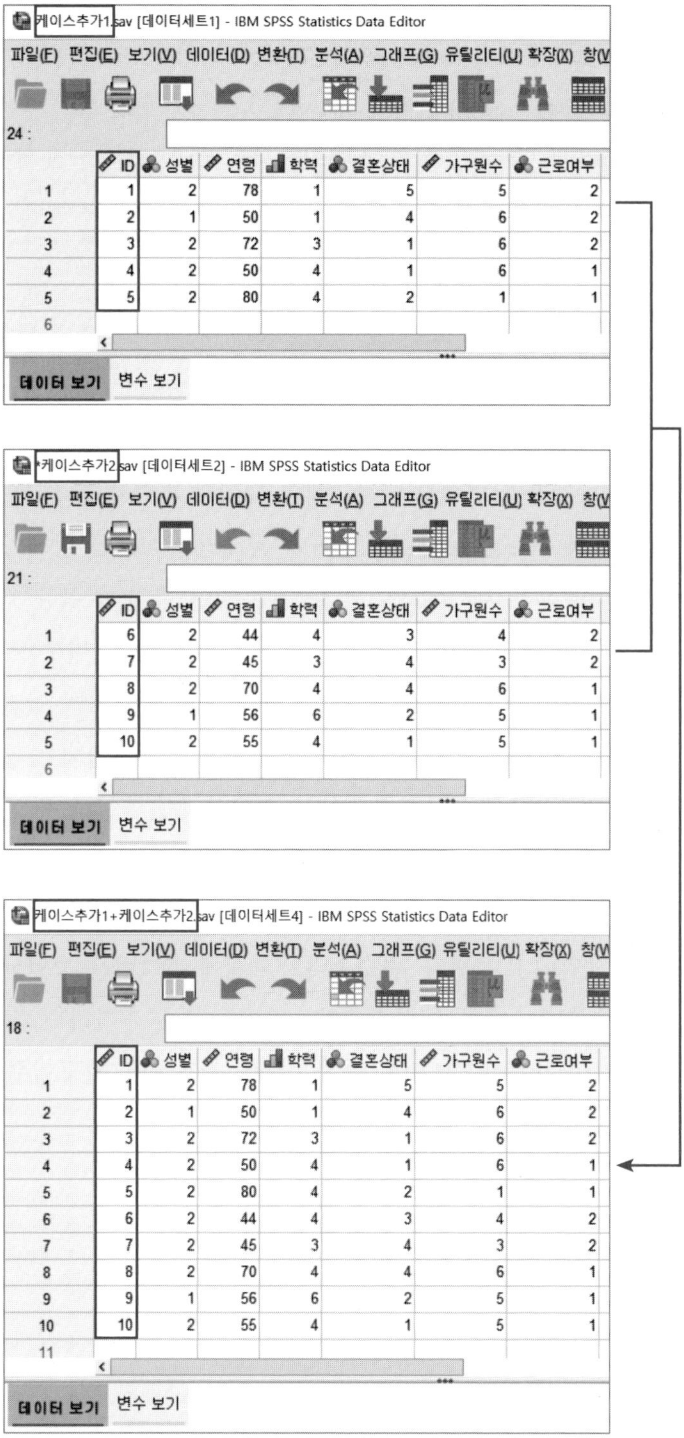
케이스추가1.sav [데이터세트1] - IBM SPSS Statistics Data Editor
파일(F) 편집(E) 보기(V) 데이터(D) 변환(T) 분석(A) 그래프(G) 유틸리티(U) 확장(X) 창(W)
24 :
ID 성별 연령 학력 결혼상태 가구원수 근로여부
1 1 2 78 1 5 5 2
2 2 1 50 1 4 6 2
3 3 2 72 3 1 6 2
4 4 2 50 4 1 6 1
5 5 2 80 4 2 1 1
6
데이터 보기 변수 보기
*케이스추가2.sav [데이터세트2] - IBM SPSS Statistics Data Editor
파일(F) 편집(E) 보기(V) 데이터(D) 변환(T) 분석(A) 그래프(G) 유틸리티(U) 확장(X) 창(W)
21 :
ID 성별 연령 학력 결혼상태 가구원수 근로여부
1 6 2 44 4 3 4 2
2 7 2 45 3 4 3 2
3 8 2 70 4 4 6 1
4 9 1 56 6 2 5 1
5 10 2 55 4 1 5 1
6
데이터 보기 변수 보기
케이스추가1+케이스추가2.sav [데이터세트4] - IBM SPSS Statistics Data Editor
파일(F) 편집(E) 보기(V) 데이터(D) 변환(T) 분석(A) 그래프(G) 유틸리티(U) 확장(X) 창(W)
18 :
ID 성별 연령 학력 결혼상태 가구원수 근로여부
1 1 2 78 1 5 5 2
2 2 1 50 1 4 6 2
3 3 2 72 3 1 6 2
4 4 2 50 4 1 6 1
5 5 2 80 4 2 1 1
6 6 2 44 4 3 4 2
7 7 2 45 3 4 3 2
8 8 2 70 4 4 6 1
9 9 1 56 6 2 5 1
10 10 2 55 4 1 5 1
11
데이터 보기 변수 보기

[그림 7-1] 케이스 추가

**체크? 체크!** **케이스 추가를 하기 전에 변수명을 동일하게 하기**

케이스 추가를 하기 전에는 데이터 파일의 변수명을 동일하게 맞춰 주는 것이 좋습니다. 합치고자 하는 데이터 파일에 변수명이 서로 다르다면, 다른 변수로 인식하여 합치는 것이 의미가 없게 됩니다. A 파일에 있는 성별 변수가 B 파일에는 gender 변수로 설정되어 있다면 제대로 합쳐지지가 않습니다. 이에 각 데이터 파일의 변수명을 동일하게 해 주기 바랍니다.

### 2) 변수 추가

변수 추가는 케이스는 같지만 변수가 다른 2개의 데이터 파일을 합칠 때 사용합니다. 예를 들어, 가구용 데이터와 가구원용 데이터로 구분된 공공데이터를 합치거나, 종단연구를 위해 2개년 이상의 데이터 파일(예: 2022년, 2023년 데이터)을 합칠 때 활용합니다. 분석을 진행하기 위해 가구용 데이터에 있는 변수와 가구원용 데이터에 있는 변수 모두 필요할 때 가구용 데이터 변수에 가구원용 데이터 변수를 추가하여 파일을 합치는 것입니다. 종단연구를 할 때도 2022년 데이터 변수에 2023년 데이터 변수를 추가하여 합치는 것입니다.

'변수추가1' 파일을 보면, 변수가 ID, 성별, 연령, 학력인 것을 확인할 수 있습니다. '변수추가2' 파일은 변수가 ID, 결혼상태, 가구원수, 근로여부로 '변수추가1' 파일과 변수가 다릅니다. 다만, '변수추가1' 파일과 '변수추가2' 파일에 있는 ID는 매칭되는 것이라고 판단하겠습니다. 즉, '변수추가1' 파일에 ID 1번과 '변수추가2' 파일에 ID 1번은 동일한 케이스라는 것입니다. 이런 경우 '변수추가1' 파일에 '변수추가2' 파일을 변수 추가하면, '변수추가1+변수추가2' 파일처럼 변수가 합쳐져서 ID, 성별, 연령, 학력, 결혼상태, 가구원수, 근로여부로 되어 있는 것을 알 수 있습니다.

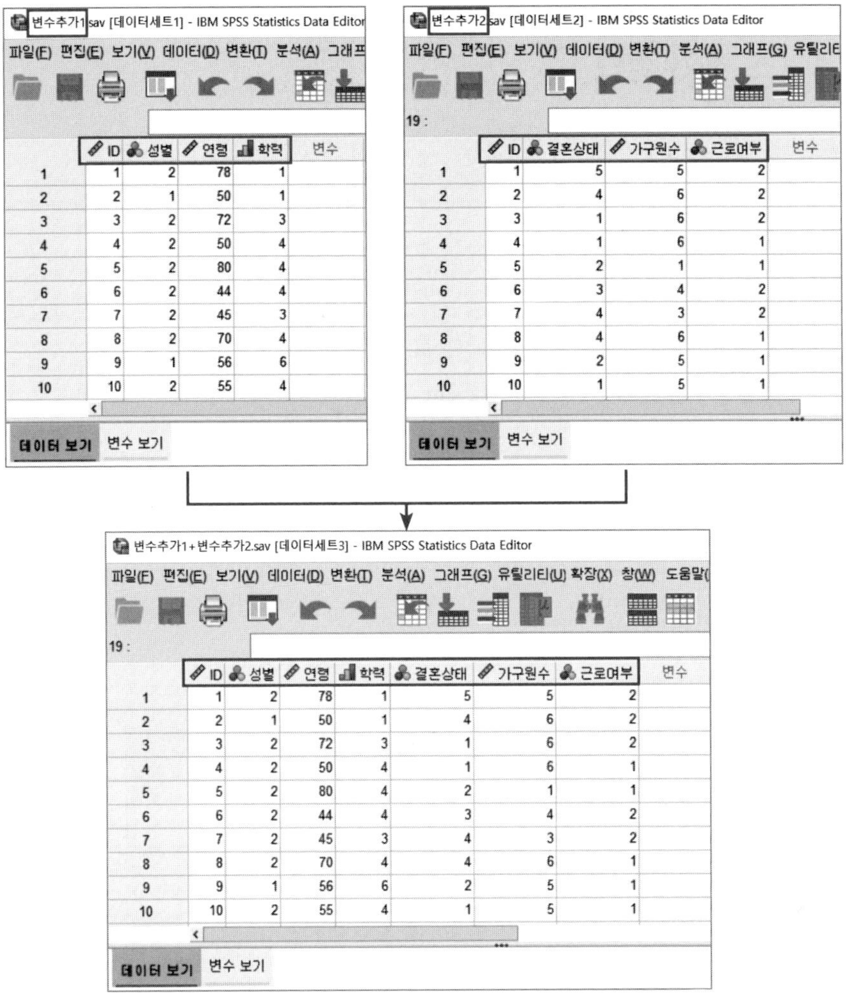


[그림 7-2] 변수 추가

**체크? 체크!** **변수 추가를 할 때는 기준변수(ID)가 무조건 있어야 합니다**

변수 추가를 하려면 양쪽 데이터 파일에 ID와 같이 기준이 되는 변수가 있어야 합니다. 왜냐하면 기준변수(ID)에 맞춰 파일이 합쳐지기 때문입니다. 기준변수가 없다면 파일 합치기를 진행할 수 없습니다.

## 2. 케이스 추가 실습

### 실습 케이스 추가

- 실습내용: 케이스추가1 파일에 케이스추가2 파일 합치기
- 실습파일: 케이스추가1.sav, 케이스추가2.sav

**1** '케이스추가1' 파일과 '케이스추가2' 파일을 모두 열어서 케이스를 확인합니다. '케이스추가1' 파일에는 ID가 1번부터 5번까지 있고, '케이스추가2' 파일에는 ID가 6번부터 10번까지 있는 것을 알 수 있습니다.

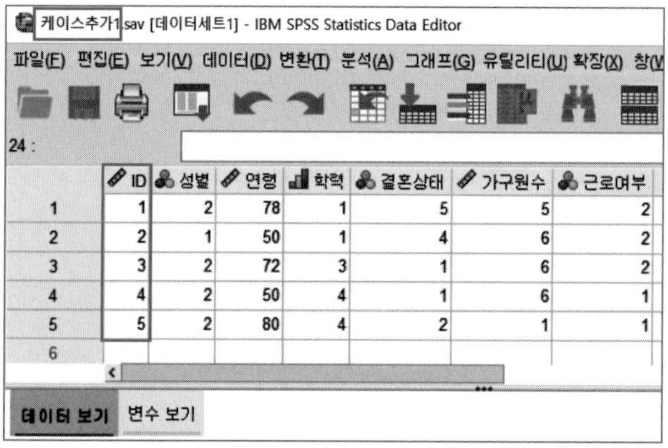


| | ID | 성별 | 연령 | 학력 | 결혼상태 | 가구원수 | 근로여부 |
|---|---|---|---|---|---|---|---|
| 1 | 1 | 2 | 78 | 1 | 5 | 5 | 2 |
| 2 | 2 | 1 | 50 | 1 | 4 | 6 | 2 |
| 3 | 3 | 2 | 72 | 3 | 1 | 6 | 2 |
| 4 | 4 | 2 | 50 | 4 | 1 | 6 | 1 |
| 5 | 5 | 2 | 80 | 4 | 2 | 1 | 1 |
| 6 | | | | | | | |

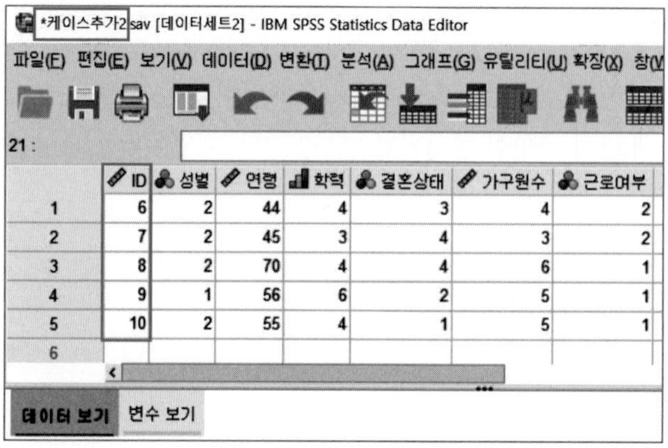


| | ID | 성별 | 연령 | 학력 | 결혼상태 | 가구원수 | 근로여부 |
|---|---|---|---|---|---|---|---|
| 1 | 6 | 2 | 44 | 4 | 3 | 4 | 2 |
| 2 | 7 | 2 | 45 | 3 | 4 | 3 | 2 |
| 3 | 8 | 2 | 70 | 4 | 4 | 6 | 1 |
| 4 | 9 | 1 | 56 | 6 | 2 | 5 | 1 |
| 5 | 10 | 2 | 55 | 4 | 1 | 5 | 1 |
| 6 | | | | | | | |

[그림 7-3]

**2** '케이스추가1' 파일에서 메뉴에 있는 ❶ 데이터를 클릭한 후, ❷ 파일 합치기를 클릭합니다. 그리고 ❸ 케이스 추가를 클릭합니다.

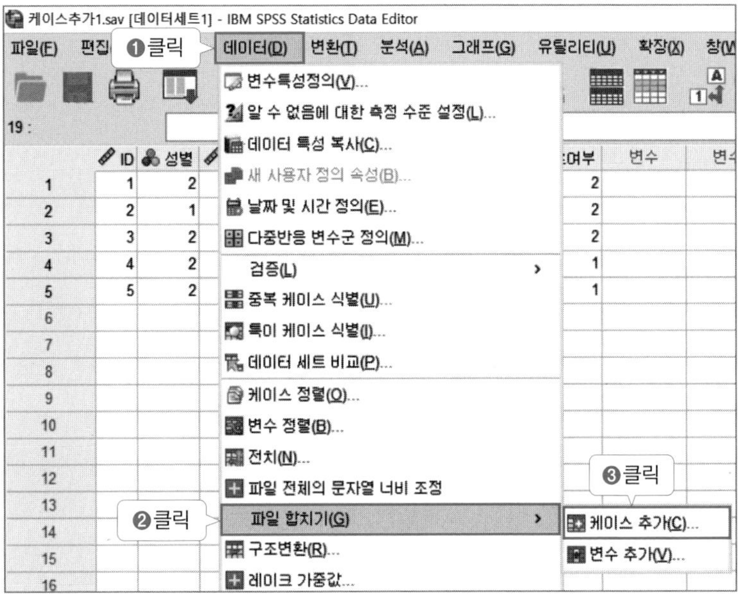


[그림 7-4]

**3** 케이스 추가 창이 열리면, 열려 있는 데이터 세트에서 ❶ '케이스추가2' 파일을 클릭합니다. 그런 다음 ❷ 계속을 클릭합니다.

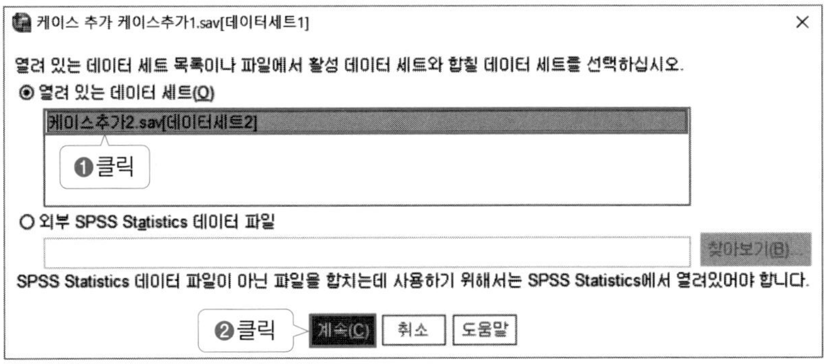


[그림 7-5]

**4** ❶ 확인을 클릭합니다.

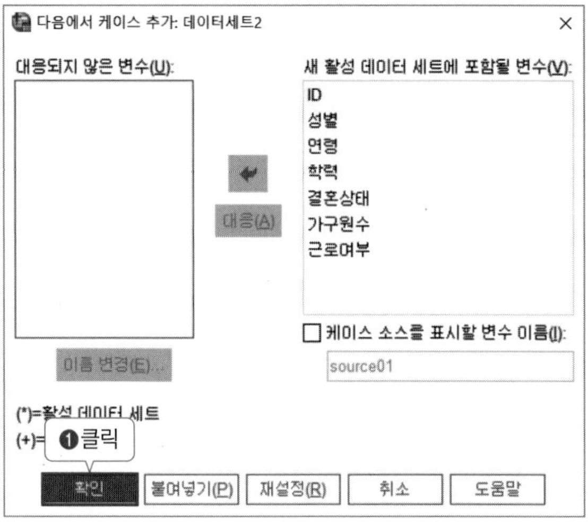


[그림 7-6]

**5** '케이스추가1' 파일에 ID 6번부터 10번까지 데이터가 추가된 것을 확인할 수 있습니다.

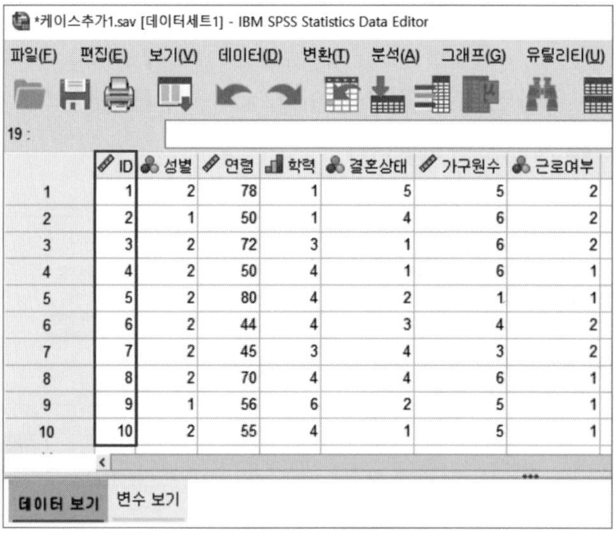


| | ID | 성별 | 연령 | 학력 | 결혼상태 | 가구원수 | 근로여부 |
|---|---|---|---|---|---|---|---|
| 1 | 1 | 2 | 78 | 1 | 5 | 5 | 2 |
| 2 | 2 | 1 | 50 | 1 | 4 | 6 | 2 |
| 3 | 3 | 2 | 72 | 3 | 1 | 6 | 2 |
| 4 | 4 | 2 | 50 | 4 | 1 | 6 | 1 |
| 5 | 5 | 2 | 80 | 4 | 2 | 1 | 1 |
| 6 | 6 | 2 | 44 | 4 | 3 | 4 | 2 |
| 7 | 7 | 2 | 45 | 3 | 4 | 3 | 2 |
| 8 | 8 | 2 | 70 | 4 | 4 | 6 | 1 |
| 9 | 9 | 1 | 56 | 6 | 2 | 5 | 1 |
| 10 | 10 | 2 | 55 | 4 | 1 | 5 | 1 |

[그림 7-7]

## 3. 변수 추가 실습

**실습** 변수 추가

- 실습내용: 변수추가1 파일에 변수추가2 파일 합치기
- 실습파일: 변수추가1.sav, 변수추가2.sav

**1** '변수추가1' 파일과 '변수추가2' 파일을 모두 열어서 ID 변수가 있는지 확인합니다. '변수추가1' 파일에는 변수가 ID, 성별, 연령, 학력으로 구성되어 있고, '변수추가2' 파일에는 변수가 ID, 결혼상태, 가구원수, 근로여부로 설정되어 있는 것을 알 수 있습니다.

| | ID | 성별 | 연령 | 학력 | 변수 |
|---|---|---|---|---|---|
| 1 | 1 | 2 | 78 | 1 | |
| 2 | 2 | 1 | 50 | 1 | |
| 3 | 3 | 2 | 72 | 3 | |
| 4 | 4 | 2 | 50 | 4 | |
| 5 | 5 | 2 | 80 | 4 | |
| 6 | 6 | 2 | 44 | 4 | |
| 7 | 7 | 2 | 45 | 3 | |
| 8 | 8 | 2 | 70 | 4 | |
| 9 | 9 | 1 | 56 | 6 | |
| 10 | 10 | 2 | 55 | 4 | |

| | ID | 결혼상태 | 가구원수 | 근로여부 | 변수 |
|---|---|---|---|---|---|
| 1 | 1 | 5 | 5 | 2 | |
| 2 | 2 | 4 | 6 | 2 | |
| 3 | 3 | 1 | 6 | 2 | |
| 4 | 4 | 1 | 6 | 1 | |
| 5 | 5 | 2 | 1 | 1 | |
| 6 | 6 | 3 | 4 | 2 | |
| 7 | 7 | 4 | 3 | 2 | |
| 8 | 8 | 4 | 6 | 1 | |
| 9 | 9 | 2 | 5 | 1 | |
| 10 | 10 | 1 | 5 | 1 | |

[그림 7-8]

2 '변수추가1' 파일에서 메뉴에 있는 ❶ 데이터를 클릭한 후, ❷ 파일 합치기를 클릭합니다. 그리고 ❸ 변수 추가를 클릭합니다.

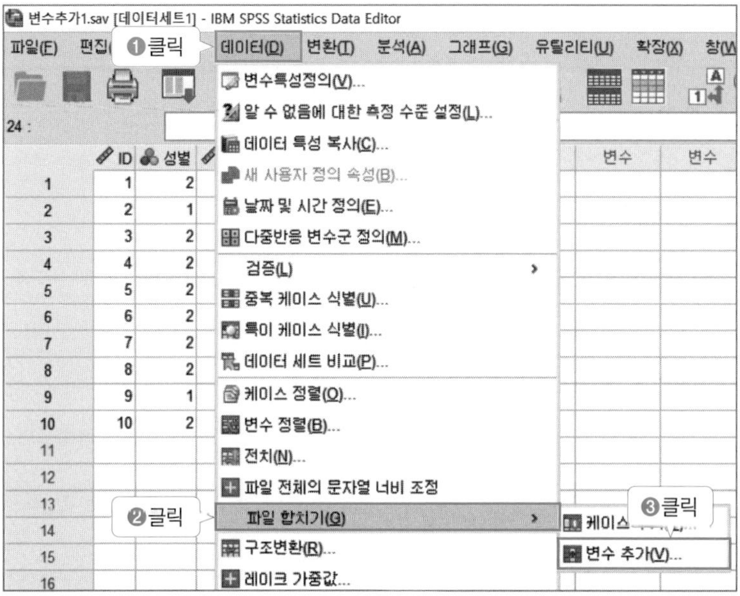


[그림 7-9]

3 변수 추가 창이 열리면, 열려 있는 데이터 세트에서 ❶ '변수추가2' 파일을 클릭합니다. 그런 다음 ❷ 계속을 클릭합니다.

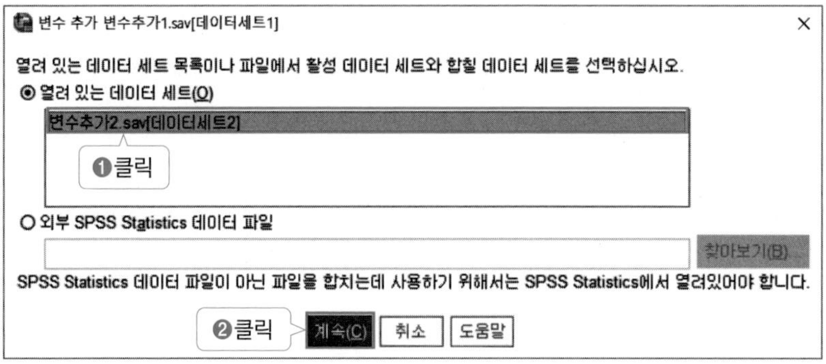


[그림 7-10]

4 기준변수가 ❶ ID인 것을 확인하고 ❷ 확인을 클릭합니다.

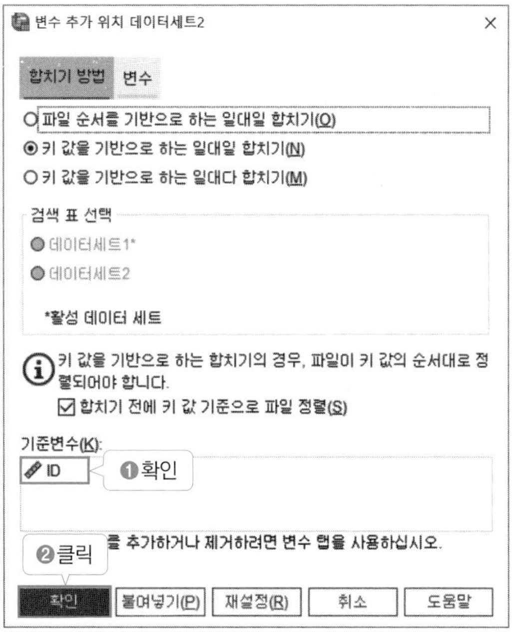


[그림 7-11]

5 '변수추가1' 파일에 결혼상태, 가구원수, 근로여부 변수가 추가된 것을 확인할 수 있습니다.

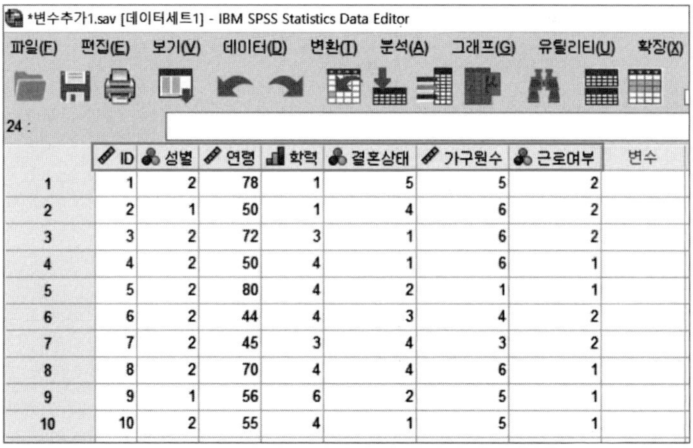


| | ID | 성별 | 연령 | 학력 | 결혼상태 | 가구원수 | 근로여부 | 변수 |
|---|---|---|---|---|---|---|---|---|
| 1 | 1 | 2 | 78 | 1 | 5 | 5 | 2 | |
| 2 | 2 | 1 | 50 | 1 | 4 | 6 | 2 | |
| 3 | 3 | 2 | 72 | 3 | 1 | 6 | 2 | |
| 4 | 4 | 2 | 50 | 4 | 1 | 6 | 1 | |
| 5 | 5 | 2 | 80 | 4 | 2 | 1 | 1 | |
| 6 | 6 | 2 | 44 | 4 | 3 | 4 | 2 | |
| 7 | 7 | 2 | 45 | 3 | 4 | 3 | 2 | |
| 8 | 8 | 2 | 70 | 4 | 4 | 6 | 1 | |
| 9 | 9 | 1 | 56 | 6 | 2 | 5 | 1 | |
| 10 | 10 | 2 | 55 | 4 | 1 | 5 | 1 | |

[그림 7-12]

## Know how 특정 변수를 제외하고 변수 추가를 하고 싶을 때

변수 추가를 할 때 모든 변수를 추가하는 것이 아니라 몇 개 변수는 추가하고 싶지 않을 때가 있습니다. 예를 들어, '변수추가1' 파일에 '변수추가2' 파일을 추가하려고 할 때 '변수추가2' 파일에 있는 변수 중 결혼상태 변수는 제외하고 가구원수와 근로여부 변수만 추가한다면 다음과 같이 진행하면 됩니다. ❶ 변수 탭을 클릭하고 ❷ 결혼상태 변수를 클릭합니다. ❸ [↵] 버튼을 누르면 제외된 변수로 결혼상태 변수가 이동합니다. 그런 다음 ❹ 확인을 클릭하면 결혼상태 변수는 제외하고 나머지 변수는 추가됩니다.

참고로 변수명 옆에 (+)는 추가되는 변수이고, (*)은 기존 파일에 있는 변수를 의미합니다.

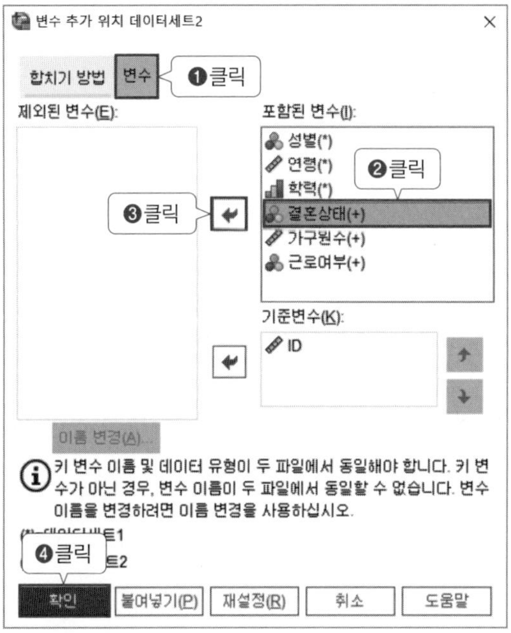


[그림 7-13]

## 체크? 체크! SPSS 버전이 다를 때 변수 추가를 한다면?

SPSS 버전마다 조금씩 변수 추가 창이 다를 수 있습니다. 대표적으로 다음과 같은 변수 추가 창이 열렸다면, 제외된 변수에서 ❶ ID를 클릭합니다. 그런 다음 ❷ '키 변수에서 일치하는 사례'에 ☑ 표시를 합니다. ❸ '케이스는 양쪽 데이터 세트에서 키 순서로 정렬됩니다'에 ☑ 표시를 하고, ❹ '양쪽 파일에 기준이 있음'을 클릭합니다. ❺ [➔] 버튼을 눌러 '제외된 변수'에서 선택한 ID를 기준변수 공간에 넣어 줍니다. 그런 다음 ❻ 확인을 클릭하면 됩니다.

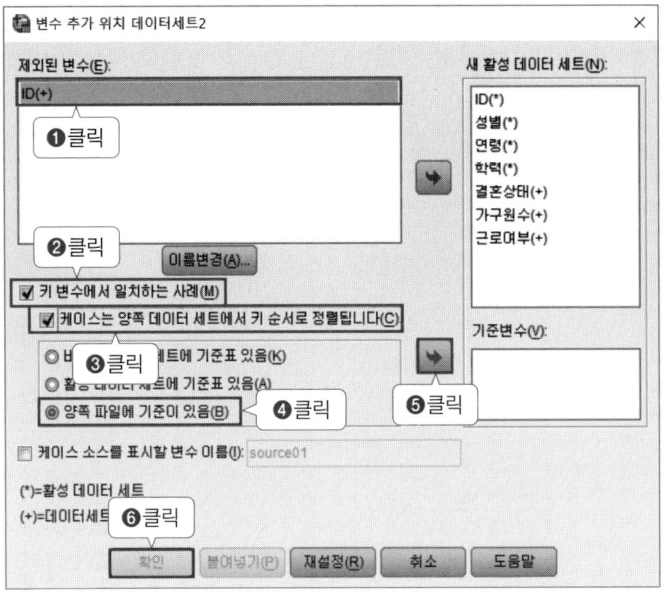


[그림 7-14]

## 체크? 체크! 기준변수의 오름차순 정렬과 관련된 경고가 뜬다면?

SPSS 프로그램 버전이 낮은 경우 '경고: 데이터가 기준변수의 오름차순으로 정렬되어 있지 않으면 기준 지정 일치에 실패합니다.'라는 창이 뜰 수 있습니다. 이 경고는 기준변수(ID)를 오름차순 정렬을 해 달라는 메시지입니다.

[그림 7-15]

변수 추가는 기본적으로 파일 합치기를 하려는 2개 파일의 기준변수(ID)를 오름차순으로 정렬한 후에 진행해야 합니다. 만약 그렇게 하지 않는다면, 에러가 나서 제대로 변수 추가가 되지 않을 수 있습니다. 다만, 기준변수 오름차순 정렬 경고 메시지가 나타나지 않는 SPSS 프로그램 버전(최신 버전)에서는 자동으로 기준변수를 오름차순으로 정렬 후 변수 추가를 진행하기 때문에 신경 쓰지 않아도 좋습니다.

기준변수 오름차순 정렬 경고 메시지가 뜬다면, '변수추가1' 파일에서 ❶ ID 변수를 오른쪽 마우스로 클릭(우클릭)합니다. 그런 다음 ❷ 오름차순 정렬을 클릭하고 ❸ 저장 버튼을 누릅니다. '변수추가2' 파일도 동일하게 진행합니다. 그런 다음 변수 추가를 진행하면 됩니다. 참고로 기준변수를 오름차순 정렬해도 기준변수 오름차순 정렬 경고 메시지는 뜹니다. 그러므로 기준변수 오름차순 정렬했을 경우에는 기준변수 오름차순 정렬 경고 메시지를 무시해도 좋습니다.

[그림 7-16]

제8장

# 파일분할

## Key Point

파일분할의 개념과 이해

- 집단변수(보기가 있는 변수)에 맞춰 데이터 파일을 집단별로 나누는 것
- 집단별로 각각 분석(빈도분석, 회귀분석 등)해야 하는 작업을 빠르게 진행 가능

파일분할 메뉴

- SPSS 프로그램 메뉴에서 '데이터–파일분할'

## 1. 파일분할의 개념과 이해

파일분할은 집단변수(보기가 있는 변수)에 맞춰 데이터 파일을 집단별로 나누는 것을 말합니다. 파일분할은 데이터 파일을 가상으로 나누는 것입니다. 파일분할을 잘 활용한다면 집단별로 각각 분석(빈도분석, 기술통계분석, 회귀분석 등)해야 하는 작업을 빠르게 진행할 수 있습니다. 예를 들어, 남성과 여성으로 파일을 나누고 각각 평균 연령이 어떻게 나오는지 확인할 수 있습니다. 즉, 집단변수인 성별에 맞춰 데이터 파일을 남성과 여성으로 파일분할을 한 뒤 연령을 기술통계분석하면 성별에 따른 평균 연령을 확인할 수 있습니다.

기초적인 분석을 할 때도 파일분할을 활용하지만, 회귀분석 등 고급 분석을 할 때도 유용합니다. 예를 들어, 남성과 여성 각각 독립변수가 종속변수에 미치는 영향을 확인하기 위해서 회귀분석을 진행한다고 가정해 보겠습니다. 남성 따로 여성 따로 회귀분석을 진행할 필요 없이 성별로 파일분할을 한다면 한 번에 회귀분석을 진행할 수 있습니다.

이처럼 파일분할은 빈도분석, 기술통계분석 등 기초적인 분석뿐만 아니라 상관관계분석, 회귀분석 등 모든 분석에서 활용할 수 있습니다. 집단별로 분석해야 하는 작업이 있다면 파일분할을 활용하여 시간을 많이 줄일 수 있습니다. 파일분할을 활용할 수 있는 예시를 들면 다음과 같습니다.

**파일분할 활용 예시**

- 남성과 여성 각각 학력, 근로여부를 빈도분석할 때
- 거주지역(대도시, 중소도시, 농어촌)별로 학력, 근로여부를 빈도분석할 때
- 남성과 여성 각각 근로여부에 따른 키 차이(독립표본 t검정)를 확인할 때
- 남성과 여성 각각 독립변수가 종속변수에 미치는 영향(회귀분석)을 확인할 때

## 2. 파일분할 실습

**실습** 파일분할

- 실습내용: 성별 변수를 활용하여 파일분할을 하고 근로여부를 빈도분석
- 실습파일: SPSS data.sav
- 활용변수: 성별, 근로여부

**1** SPSS data 파일에서 파일분할을 진행할 성별 변수의 값을 확인해야 합니다. ❶ 성별 변수의 값에 [...] 버튼을 누릅니다. 값 레이블 창에서 '1=남성, 2=여성'으로 설정되어 있는 것을 확인할 수 있습니다.

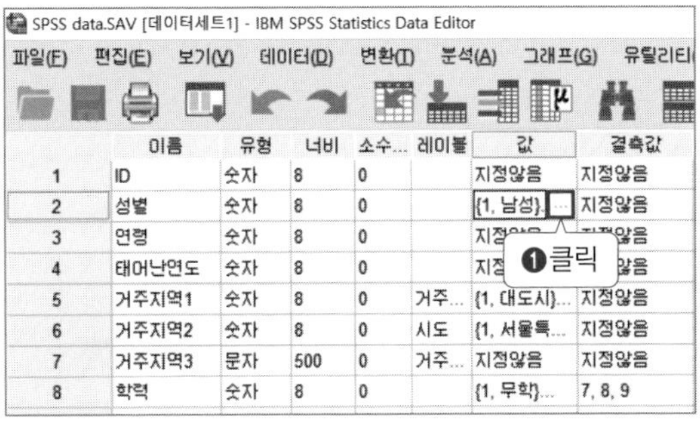


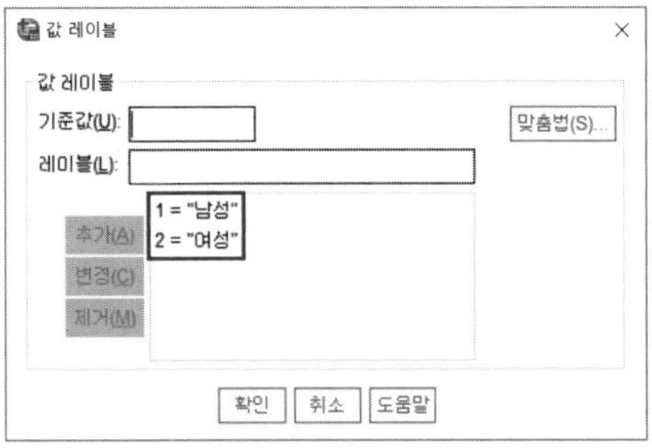


[그림 8-1]

**2** 메뉴에서 ❶ 데이터를 클릭한 후, ❷ 파일분할을 클릭합니다.

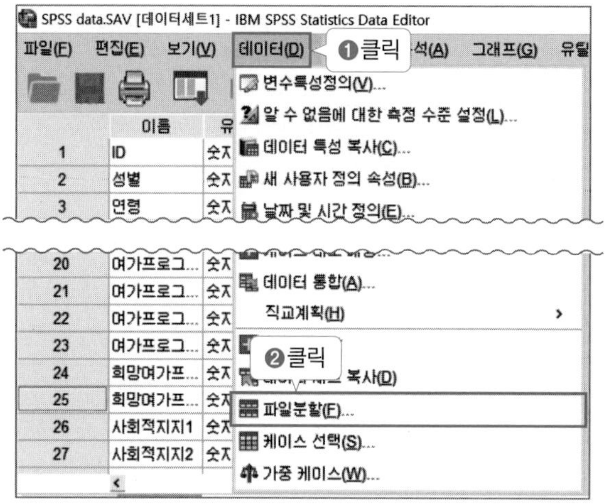


[그림 8-2]

**3** 파일분할 창이 열리면, ❶ '각 집단별로 출력결과를 나타냄'을 클릭합니다. 그런 다음 ❷ 성별을 더블클릭합니다. 그러면 분할 집단변수로 성별이 옮겨진 것을 확인할 수 있습니다. 마지막으로 ❸ 확인을 클릭합니다.

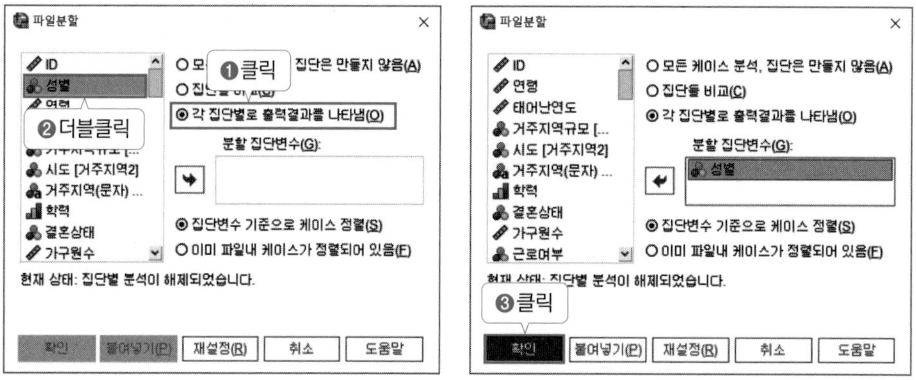


[그림 8-3]

4 근로여부를 빈도분석하기 위해 메뉴에서 ❶ 분석을 클릭하고, ❷ 기술통계량을 클릭한 뒤, ❸ 빈도분석을 선택합니다.

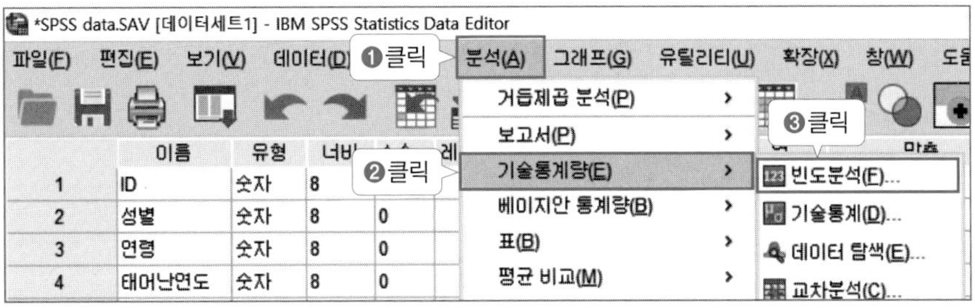


[그림 8-4]

5 빈도분석 창이 열리면 ❶ 근로여부를 더블클릭합니다. 그러면 근로여부가 오른쪽 칸으로 옮겨진 것을 알 수 있습니다. 그런 다음 ❷ 확인을 클릭합니다.

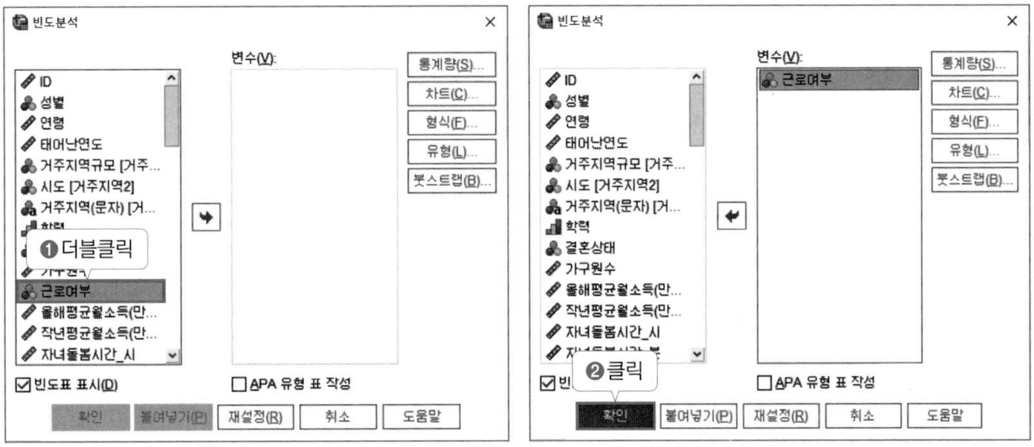


[그림 8-5]

6 출력 결과 창을 확인해 보면, 남성과 여성 각각 근로여부의 빈도분석 결과가 제시되는 것을 알 수 있습니다.

**성별 = 남성**

**근로여부[a]**

| | | 빈도 | 퍼센트 | 유효 퍼센트 | 누적 퍼센트 |
|---|---|---|---|---|---|
| 유효 | 일을 하고 있다 | 1080 | 47.4 | 47.4 | 47.4 |
| | 일을 하고 있지 않다 | 1198 | 52.6 | 52.6 | 100.0 |
| | 전체 | 2278 | 100.0 | 100.0 | |

a. 성별 = 남성

**성별 = 여성**

**근로여부[a]**

| | | 빈도 | 퍼센트 | 유효 퍼센트 | 누적 퍼센트 |
|---|---|---|---|---|---|
| 유효 | 일을 하고 있다 | 1358 | 49.9 | 49.9 | 49.9 |
| | 일을 하고 있지 않다 | 1364 | 50.1 | 50.1 | 100.0 |
| | 전체 | 2722 | 100.0 | 100.0 | |

a. 성별 = 여성

[그림 8-6]

**체크? 체크!** 더 이상 파일분할을 하고 싶지 않을 때

성별 변수로 파일분할을 진행하다가 더 이상 파일분할을 하고 싶지 않다면, 파일분할 창에서 '모든 케이스 분석, 집단은 만들지 않음'을 클릭하면 됩니다.

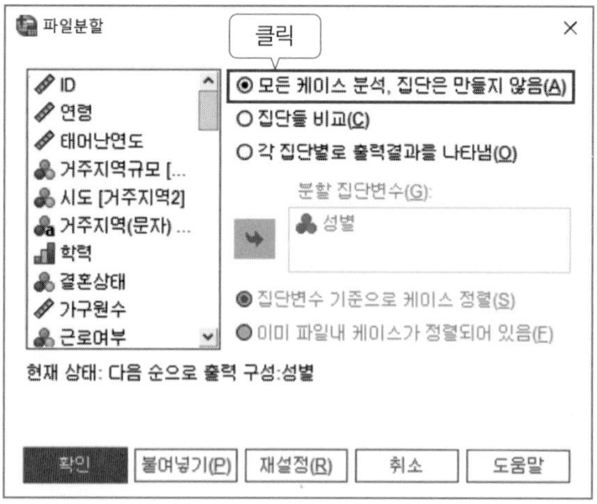


[그림 8-7]

### Know how 지금 파일분할이 된 상태인지 아닌지 모르겠다면?

데이터를 가지고 수많은 작업을 하다 보면 이전에 했던 작업을 종종 잊어버리게 됩니다. 이를테면, 파일분할 같은 것들이 그렇습니다. 지금 파일분할이 된 상태인지 아닌지 파악하기 위해서 메뉴의 '데이터-파일분할'을 직접 들어가도 좋습니다. 하지만 더 간단하게 확인하는 방법이 있는데, 전체 창 오른쪽 하단에 보면 파일분할 여부를 확인할 수 있고, 만약 파일분할이 된 상태라면 어떠한 변수로 파일분할이 되어 있는 상태인지 파악할 수 있습니다.

전체 창 오른쪽 하단에 '분할 기준 성별'이라고 적혀 있다면 현재 성별 변수로 파일분할이 이루어져 있는 상태입니다. 참고로 분할이라는 단어가 없다면 파일분할을 하지 않은 상태입니다.

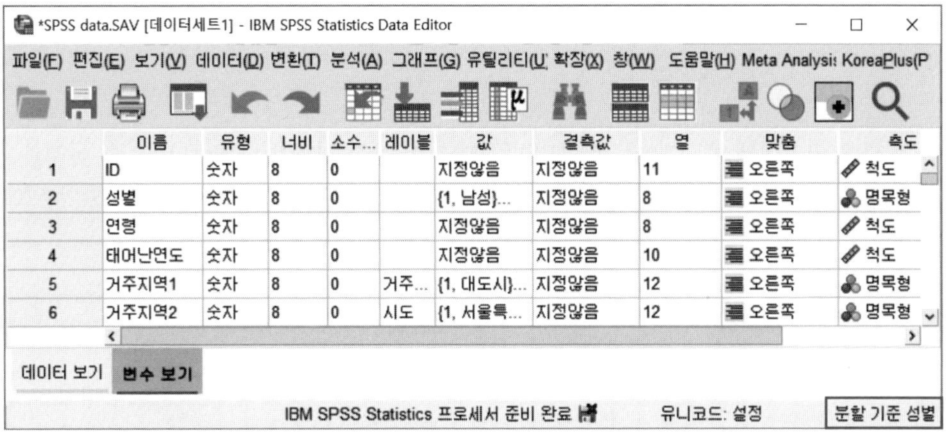


[그림 8-8]

### 체크? 체크! 파일분할을 진행할 집단변수는 2개 이상도 가능합니다

성별 변수뿐만 아니라 거주지역1(1=대도시, 2=중소도시, 3=농어촌) 변수도 함께 활용하여 파일분할을 하고 근로여부를 빈도분석한다면 어떻게 될까요? 일단 파일분할 창에서 분할할 집단변수를 성별과 거주지역1 변수를 넣습니다.

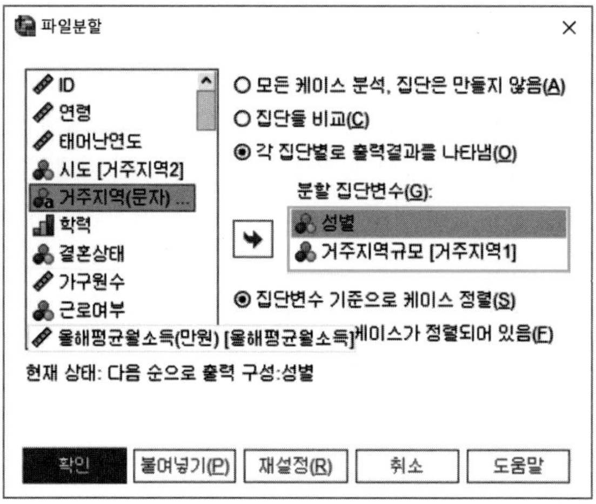


[그림 8-9]

그런 다음 근로여부 빈도분석을 한다면 다음과 같이 분석 결과가 나타납니다. 즉, 남성과 대도시, 남성과 중소도시, 남성과 농어촌, 여성과 대도시, 여성과 중소도시, 여성과 농어촌으로 총 6개의 집단으로 분할하여 분석을 합니다.

성별 = 남성, 거주지역규모 = 대도시

근로여부[a]

| | | 빈도 | 퍼센트 | 유효 퍼센트 | 누적 퍼센트 |
|---|---|---|---|---|---|
| 유효 | 일을 하고 있다 | 400 | 49.7 | 49.7 | 49.7 |
| | 일을 하고 있지 않다 | 405 | 50.3 | 50.3 | 100.0 |
| | 전체 | 805 | 100.0 | 100.0 | |

a. 성별 = 남성, 거주지역규모 = 대도시

성별 = 남성, 거주지역규모 = 중소도시

근로여부[a]

| | | 빈도 | 퍼센트 | 유효 퍼센트 | 누적 퍼센트 |
|---|---|---|---|---|---|
| 유효 | 일을 하고 있다 | 381 | 46.5 | 46.5 | 46.5 |
| | 일을 하고 있지 않다 | 438 | 53.5 | 53.5 | 100.0 |
| | 전체 | 819 | 100.0 | 100.0 | |

a. 성별 = 남성, 거주지역규모 = 중소도시

성별 = 남성, 거주지역규모 = 농어촌

근로여부[a]

| | | 빈도 | 퍼센트 | 유효 퍼센트 | 누적 퍼센트 |
|---|---|---|---|---|---|
| 유효 | 일을 하고 있다 | 299 | 45.7 | 45.7 | 45.7 |
| | 일을 하고 있지 않다 | 355 | 54.3 | 54.3 | 100.0 |
| | 전체 | 654 | 100.0 | 100.0 | |

a. 성별 = 남성, 거주지역규모 = 농어촌

성별 = 여성, 거주지역규모 = 대도시

근로여부[a]

| | | 빈도 | 퍼센트 | 유효 퍼센트 | 누적 퍼센트 |
|---|---|---|---|---|---|
| 유효 | 일을 하고 있다 | 476 | 49.5 | 49.5 | 49.5 |
| | 일을 하고 있지 않다 | 486 | 50.5 | 50.5 | 100.0 |
| | 전체 | 962 | 100.0 | 100.0 | |

a. 성별 = 여성, 거주지역규모 = 대도시

성별 = 여성, 거주지역규모 = 중소도시

근로여부[a]

| | | 빈도 | 퍼센트 | 유효 퍼센트 | 누적 퍼센트 |
|---|---|---|---|---|---|
| 유효 | 일을 하고 있다 | 483 | 49.9 | 49.9 | 49.9 |
| | 일을 하고 있지 않다 | 484 | 50.1 | 50.1 | 100.0 |
| | 전체 | 967 | 100.0 | 100.0 | |

a. 성별 = 여성, 거주지역규모 = 중소도시

성별 = 여성, 거주지역규모 = 농어촌

근로여부[a]

| | | 빈도 | 퍼센트 | 유효 퍼센트 | 누적 퍼센트 |
|---|---|---|---|---|---|
| 유효 | 일을 하고 있다 | 399 | 50.3 | 50.3 | 50.3 |
| | 일을 하고 있지 않다 | 394 | 49.7 | 49.7 | 100.0 |
| | 전체 | 793 | 100.0 | 100.0 | |

a. 성별 = 여성, 거주지역규모 = 농어촌

[그림 8-10]

제9장

# 케이스 선택

## Key Point

케이스 선택의 개념과 이해

- 데이터 파일에서 특정 케이스만 남기고자 할 때 사용
- 케이스 선택을 하기 전에 데이터 원본 파일은 따로 저장

케이스 선택 메뉴

- SPSS 프로그램 메뉴에서 '데이터–케이스 선택'

## 1. 케이스 선택의 개념과 이해

케이스 선택은 데이터 파일에서 특정 케이스만 남기고자 할 때 사용합니다. 예를 들어, 남성만 분석대상자라면, 남성만 남기고 나머지 케이스는 삭제해야 합니다. 이럴 때 케이스 선택을 진행하여 남성만 남길 수 있습니다.

케이스를 남성만 남긴다는 것의 의미는 여성을 지운다는 의미뿐만 아니라 결측값도 삭제한다는 것입니다. 즉, 케이스 선택을 통해 남성을 남기겠다는 것은 남성이라고 응답한 케이스 이외에 나머지는 모두 삭제한다는 것입니다. 예를 들어, 다음 1번 파일에서 성별(1=남성, 2=여성)이 1인 남성만 남기는 것으로 가정하겠습니다. 1번 파일에서 남성만 남기도록 케이스 선택을 진행하면 2번 파일과 같이 됩니다. 즉, ID 2번과 5번은 2(여성)여서 삭제되었고, ID 4번은 결측값이므로 제거되었습니다.

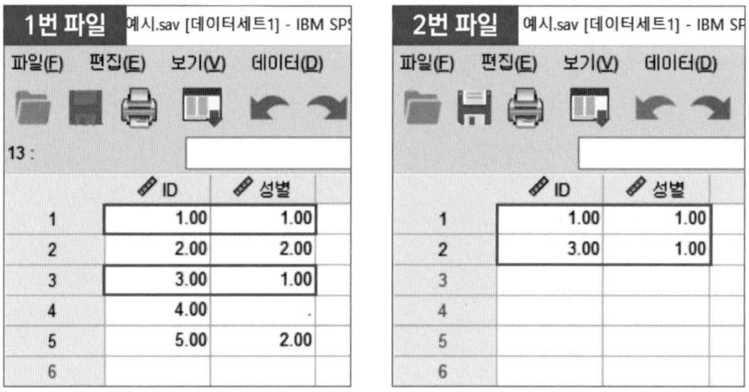


[그림 9-1] **케이스 선택**

케이스 선택을 활용할 수 있는 예시를 들면 다음과 같습니다.

케이스 선택 활용 예시

- 남성과 여성 모두 있는 데이터에서 남성 케이스만 남길 때
- 전 연령이 있는 데이터에서 65세 이상 노인만 남길 때

## 2. 케이스 선택 실습

**실습** 케이스 선택

- 실습내용: 성별 변수를 활용하여 남성 케이스만 남기기
- 실습파일: SPSS data.sav
- 활용변수: 성별

**Know how** **케이스 선택을 하기 전에 무조건 데이터 원본 파일은 따로 저장해 두세요**

케이스 선택 작업을 진행하면 되돌리기를 하더라도 그 전으로 되돌아가지 못합니다. 즉, 케이스 선택을 통해 케이스가 삭제되면, 다시 그 전으로 케이스를 복원할 수 없다는 것입니다. 그러므로 케이스 선택을 진행하기 전에 데이터 원본 파일은 따로 저장하시고 복사본으로 진행하기 바랍니다.

**1** ❶ SPSS data 파일을 클릭하여 복사(Ctrl+C) 붙여넣기(Ctrl+V) 한 후 SPSS data-복사본을 만듭니다. ❷ SPSS data-복사본을 더블클릭하여 실행합니다.

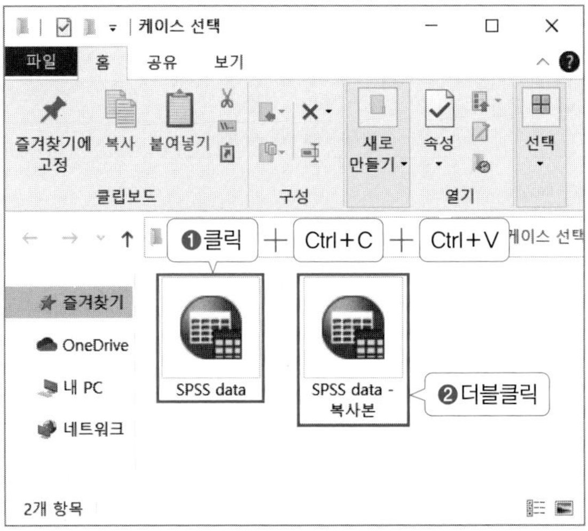


[그림 9-2]

**2** SPSS data−복사본 파일에서 케이스 선택을 진행할 성별 변수의 값을 확인해야 합니다. 먼저, 성별 변수의 값에 ❶ [...] 버튼을 누릅니다. 값 레이블 창에서 '1=남성, 2=여성'으로 설정되어 있는 것을 확인할 수 있습니다.

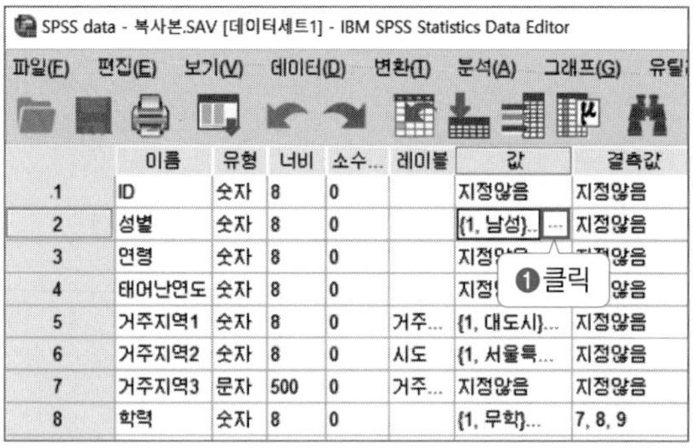


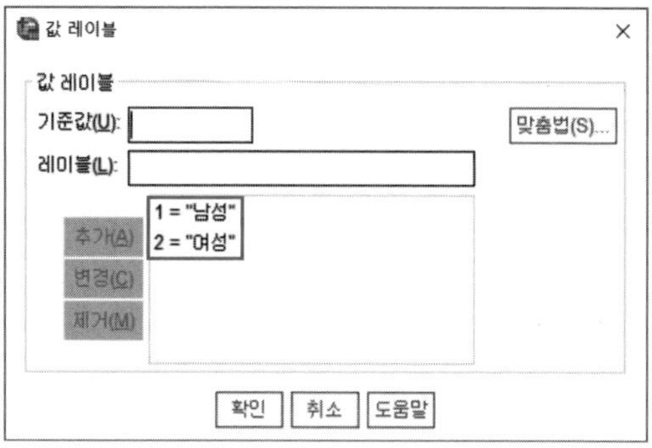


[그림 9-3]

**3** 메뉴에서 ❶ 데이터를 클릭한 후, ❷ 케이스 선택을 클릭합니다.

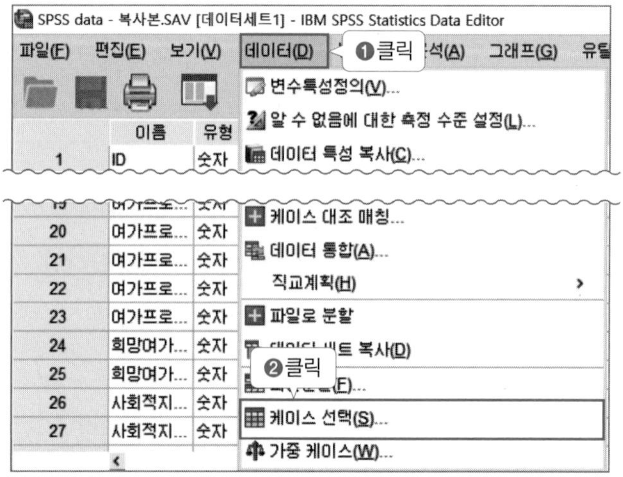


[그림 9-4]

**4** 케이스 선택 창이 열리면, ❶ 조건을 만족하는 케이스를 클릭합니다. 그런 다음 ❷ 조건을 클릭합니다.

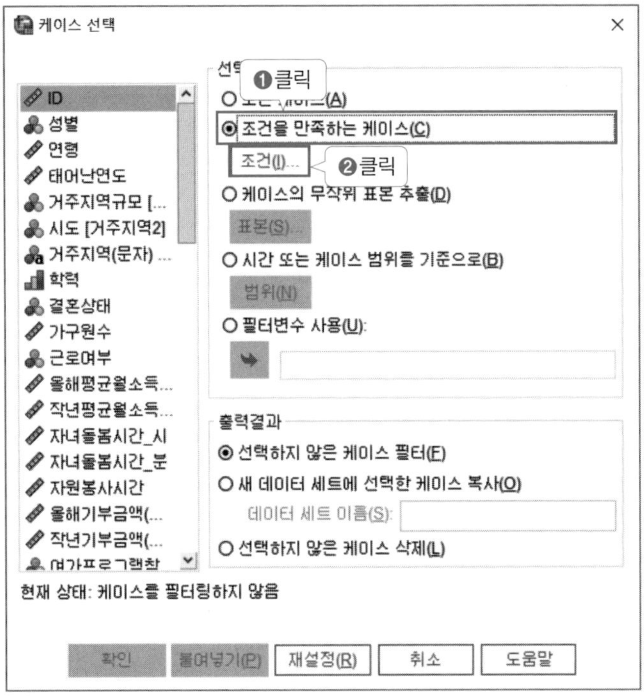


[그림 9-5]

**5** 성별이 1인 남성 케이스만 남기는 것이므로 '성별=1'을 조건으로 설정해야 합니다. 이에 케이스 선택: 조건 창이 열리면 ❶ 성별을 더블클릭합니다.

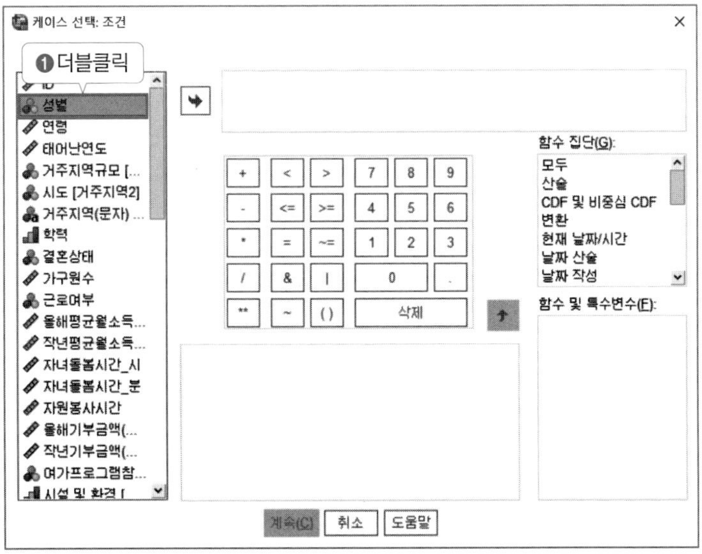


[그림 9-6]

**6** ❶ '='을 클릭한 후, ❷ '1'을 클릭하여 조건문에 '성별=1'이 되도록 합니다. 그런 다음 ❸ 계속을 클릭합니다.

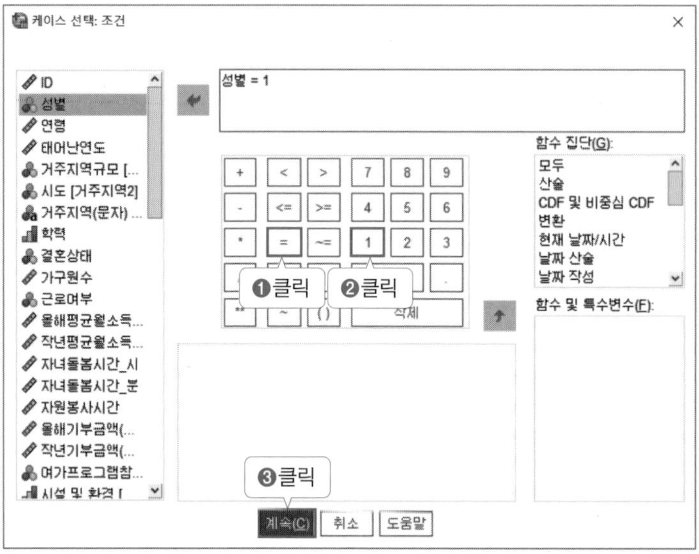


[그림 9-7]

**Know how** **조건문인 성별=1은 직접 키보드로 쳐서 입력해도 됩니다**

조건문인 '성별=1'은 케이스 선택: 조건 창에서 클릭해서 설정해도 되고, 아니면 직접 키보드로 쳐서 입력해도 됩니다.

**체크? 체크!** **평균변수(보기가 없는 변수)를 케이스 선택하기**

현재 성별을 통해 케이스 선택하고 있습니다. 성별은 남성과 여성으로 구분할 수 있는 집단변수(보기가 있는 변수)입니다. 그렇다면 평균을 낼 수 있는 평균변수는 케이스 선택을 어떻게 할까요? 대표적인 평균변수로 연령이 있습니다.

연령이 65세 이상 케이스만 남기기

연령이 65세 이상 케이스만 남긴다고 한다면 케이스 선택: 조건 창에서 '연령>=65'라는 조건을 설정하면 됩니다.

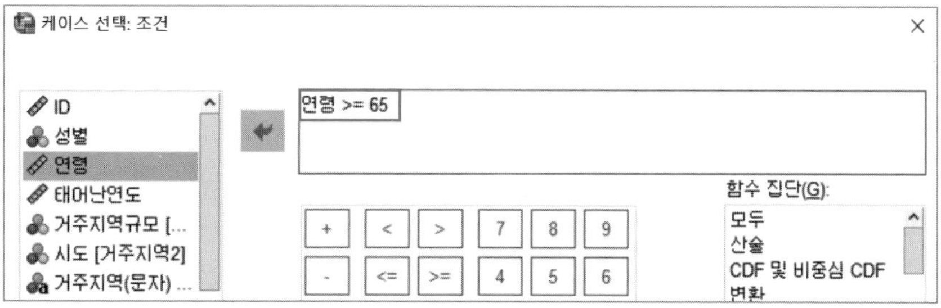


[그림 9-8]

연령이 65세 이하 케이스만 남기기

연령이 65세 이하 케이스만 남긴다고 한다면 ‘연령 < =65’라는 조건을 설정하면 됩니다.

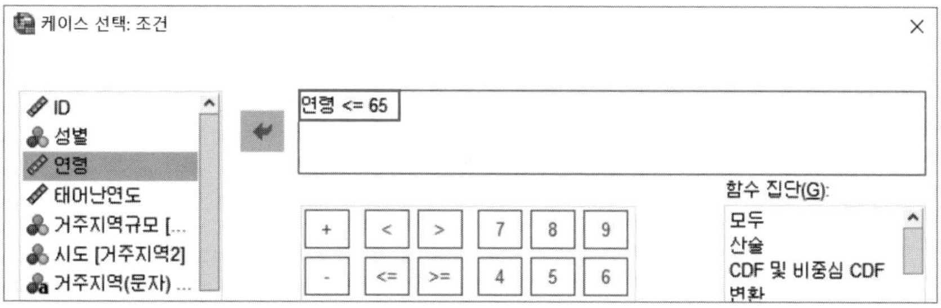


[그림 9-9]

연령이 65세 이상 74세 이하 케이스만 남기기

연령이 65세 이상 74세 이하 케이스만 남긴다고 한다면 어떻게 해야 할까요? 연산자 &을 사용해서 ‘연령 > =65 & 연령 < =74’라는 조건을 설정하면 됩니다만, 연산자 &, |, ~ 등은 최대한 사용하지 않는 것을 추천합니다. 연산자 &, |, ~을 정확하게 알고 사용하는 것이 아니라면 오히려 잘못된 결과만 나오기 때문입니다. 차라리 케이스 선택을 두 번하는 것을 추천합니다. 즉, ‘연령 > =65’으로 케이스 선택을 하고 다시 ‘연령 < =74’로 또 케이스 선택을 한다면 65세 이상 74세 이하 케이스만 남게 됩니다.

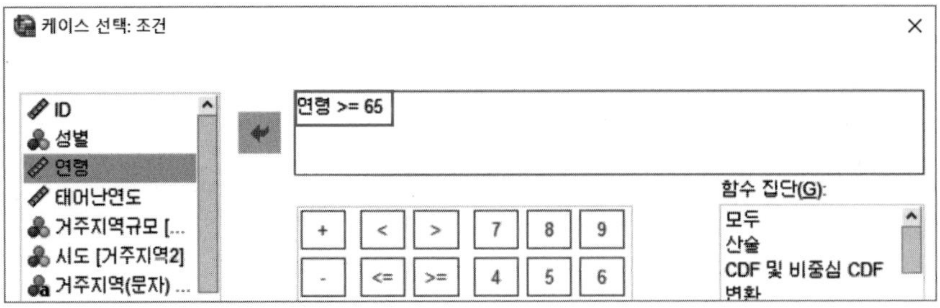


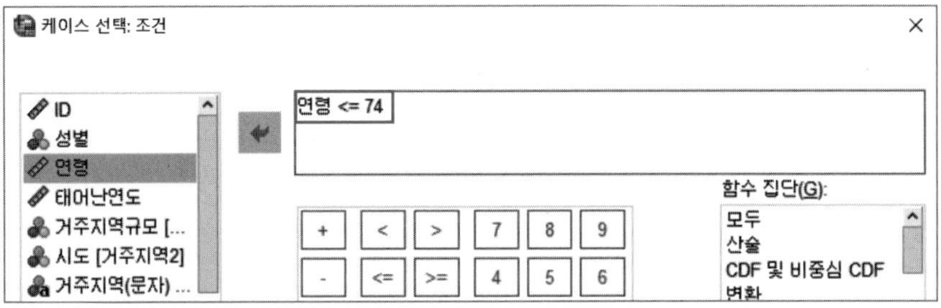


[그림 9-10]

## Know how 주요 연산자 활용

연산자는 여러 가지가 있지만, [ = ] [ <= ] [ < ] [ > ] [ >= ]만 알고 있어도 케이스 선택은 충분히 진행할 수 있습니다. 물론 [ ~ ] [ & ] [ | ] 등을 활용한다면 케이스 선택을 더 효율적으로 할 수 있으나 정확하게 아는 연산자가 아니라면 사용하지 않는 것을 추천합니다. 실제로 [ ~ ] [ & ] [ | ]을 사용하다가 헛갈릴 수 있으며, 잘못된 케이스 선택이 될 수 있습니다.

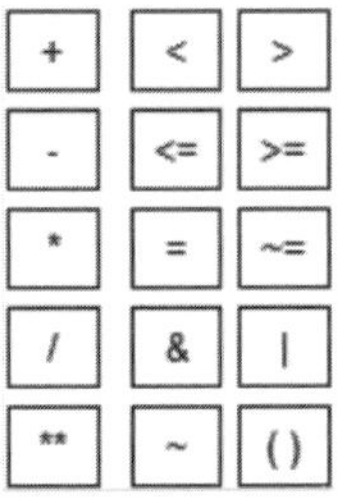


| | | | | | |
|---|---|---|---|---|---|
| + | 더하기 | < | 미만 | > | 초과 |
| - | 빼기 | <= | 이하 | >= | 이상 |
| * | 곱하기 | = | 같다 | ~= | 같지 않다 |
| / | 나누기 | & | 그리고 | \| | 또는 |
| ** | 지수 | ~ | 아니다 | ( ) | 괄호 |

[그림 9-11]

**7** 케이스 선택 창에서 출력 결과를 ❶ '선택하지 않은 케이스 삭제'로 클릭합니다. 그런 다음 ❷ 확인을 클릭합니다.

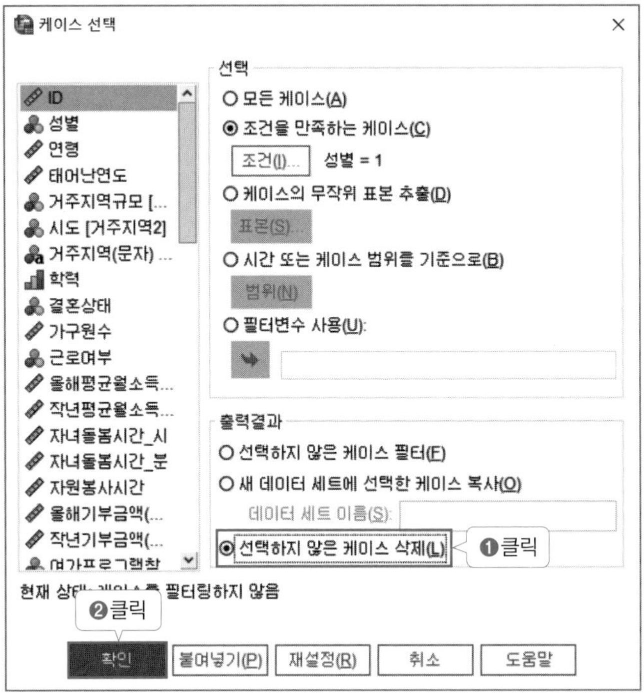


[그림 9-12]

**8** 케이스가 남성만 남았는지 확인하기 위해 성별을 빈도분석 진행합니다. 메뉴에서 ❶ 분석을 클릭하고, ❷ 기술통계량을 클릭한 뒤, ❸ 빈도분석을 선택합니다.

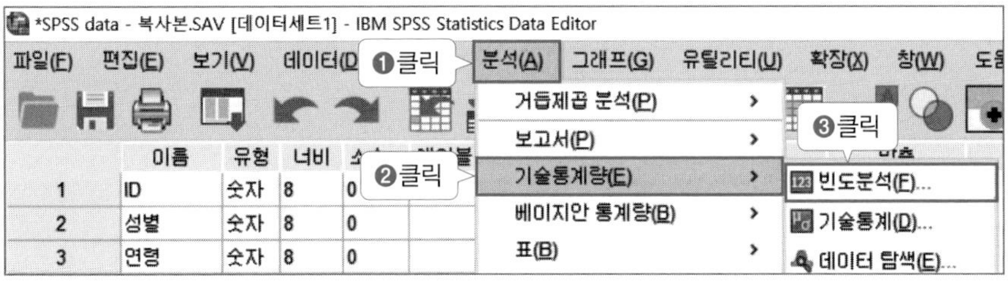


[그림 9-13]

9 빈도분석 창이 열리면 ❶ 성별을 더블클릭합니다. 그러면 성별이 오른쪽 칸으로 옮겨진 것을 알 수 있습니다. 그런 다음 ❷ 확인을 클릭합니다.

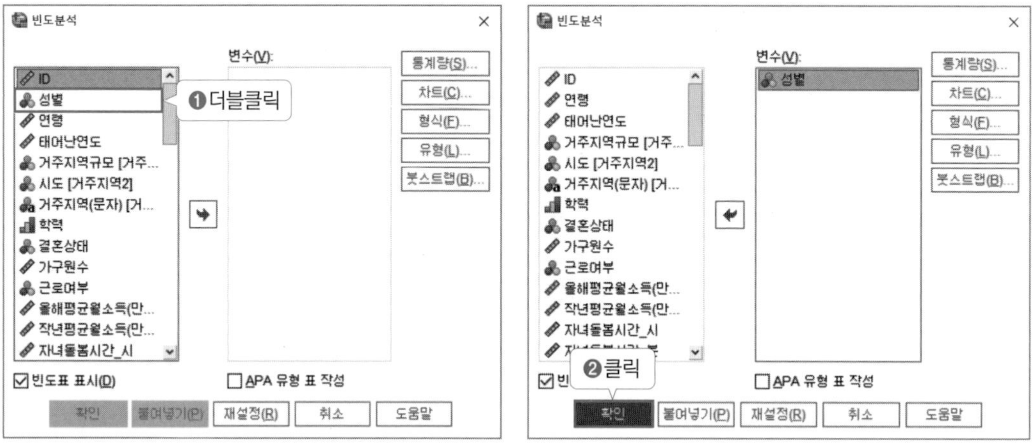


[그림 9-14]

10 출력 결과 창을 확인해 보면, 남성만 있는 것을 확인할 수 있습니다.

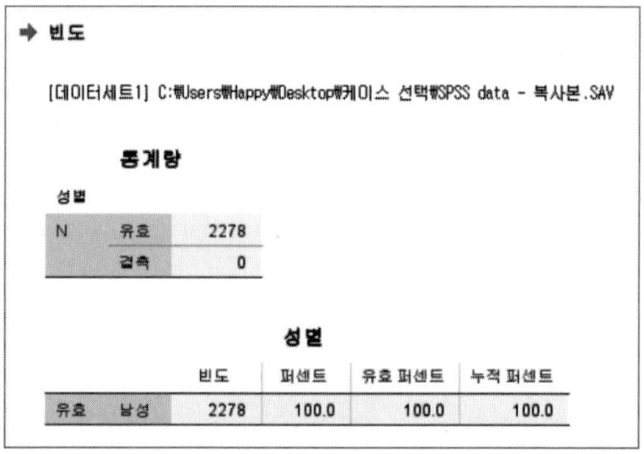
빈도

[데이터세트1] C:₩Users₩Happy₩Desktop₩케이스 선택₩SPSS data - 복사본.SAV

통계량

성별

| | | |
|---|---|---|
| N | 유효 | 2278 |
| | 결측 | 0 |

성별

| | | 빈도 | 퍼센트 | 유효 퍼센트 | 누적 퍼센트 |
|---|---|---|---|---|---|
| 유효 | 남성 | 2278 | 100.0 | 100.0 | 100.0 |

[그림 9-15]

## 체크? 체크! 케이스 선택이 한 번에 안 되는 경우

케이스 선택을 하는 경우는 아래 6가지입니다. 다만, 한 번에 케이스 선택을 하기 어려운 경우가 있습니다. 바로 집단변수 ❷, 평균변수 ❻은 케이스 선택이 한 번에 안 되는 경우입니다.

집단변수에서 케이스 선택이 한 번에 안 되는 경우는 ❷와 같이 케이스 선택해야 할 값이 연속적으로 있는 것이 아니라 1(서울), 3(인천), 4(경기)처럼 띄엄띄엄 있는 경우입니다. 즉, 거주지역이 수도권(서울, 인천, 경기)인 응답자만 남기고자 한다면, 1번(서울), 3번(인천), 4번(경기)만 케이스 선택을 해야 하는데, 일단 1번(서울)만 케이스 선택을 했다면, 인천과 경기는 이미 데이터에서 사라졌을 것입니다.

평균변수에서 케이스 선택이 한 번에 안 되는 경우는 ❻과 같이 65세 이하 74세 이상으로 케이스 선택해야 할 값들이 양쪽 사이드에 있는 경우입니다. 이런 경우에는 65세 이하를 먼저 케이스 선택하는 순간 74세 이상 케이스는 사라집니다.

집단변수 ❷, 평균변수 ❻처럼 선택해야 할 값들이 띄엄띄엄 있거나 양쪽 사이드에 있는 경우 먼저 데이터 핸들링을 한 후에 케이스 선택해야 원하는 케이스만 남길 수 있습니다. 즉, 거주지역이라면 먼저 서울, 인천, 경기를 1로 다시 코딩하고 나머지를 결측값으로 설정한 후 케이스 선택을 통해 '1만 남겨라'라는 수식을 입력하면 됩니다. 이에 대한 구체적인 내용은 '제10장 데이터 핸들링' 중 같은 변수(다른 변수)로 코딩변경에서 보기를 재설정할 때와 평균변수의 보기를 만들 때를 확인해 보기 바랍니다.

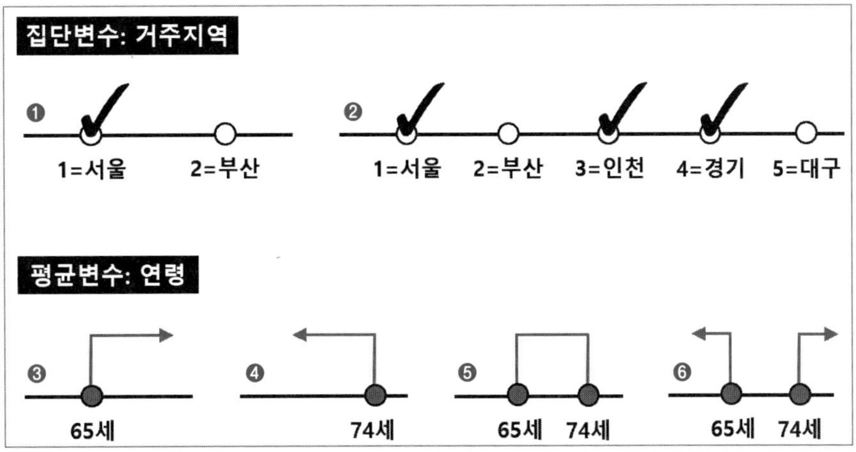


[그림 9-16]

제10장

# 데이터 핸들링

## Key Point

데이터 핸들링의 개념과 이해

- 데이터 통계분석을 진행할 수 있도록 변수를 계산하거나 코딩을 변경하는 등 데이터를 처리하는 것
- 대표적인 데이터 핸들링 종류: 같은 변수로 코딩변경, 다른 변수로 코딩변경, 변수 계산

같은 변수로 코딩변경, 다른 변수로 코딩변경 활용: 기존의 코딩한 값을 변경할 때 사용

- 이상한 값을 결측값으로 처리할 때
- 역코딩할 때
- 보기를 재설정할 때
- 평균변수(보기가 없는 변수)의 보기를 만들 때

같은 변수로 코딩변경, 다른 변수로 코딩변경 메뉴

- 같은 변수로 코딩변경: SPSS 프로그램 메뉴에서 '변환-같은 변수로 코딩변경'
- 다른 변수로 코딩변경: SPSS 프로그램 메뉴에서 '변환-다른 변수로 코딩변경'

변수 계산 활용: 기존 변수를 계산하여 새로운 변수를 만들 때 사용

- 합변수 만들 때
- 평균변수 만들 때
- 결측값이 있는 케이스를 확인할 때
- 로그로 변환할 때
- 사칙연산을 활용하여 기존 변수를 계산할 때

변수 계산 메뉴

- SPSS 프로그램 메뉴에서 '변환-변수 계산'

## 1. 데이터 핸들링의 개념과 이해

데이터 핸들링이란 데이터 통계분석을 진행할 수 있도록 변수를 계산하거나 코딩을 변경하는 등 데이터를 처리하는 것입니다. 즉, 분석 목적에 맞게 기존 변수를 변수 계산해서 새로운 변수를 만들거나 기존의 코딩한 값을 변경하는 작업입니다. 데이터 핸들링은 넓은 의미에서 살펴보면 파일 합치기와 케이스 선택 등도 포함됩니다만, 지금부터 나오는 같은 변수로 코딩변경, 다른 변수로 코딩변경, 그리고 변수 계산이 데이터 핸들링의 핵심입니다. 같은 변수로 코딩변경, 다른 변수로 코딩변경, 그리고 변수 계산은 메뉴에서 변환에 있습니다.

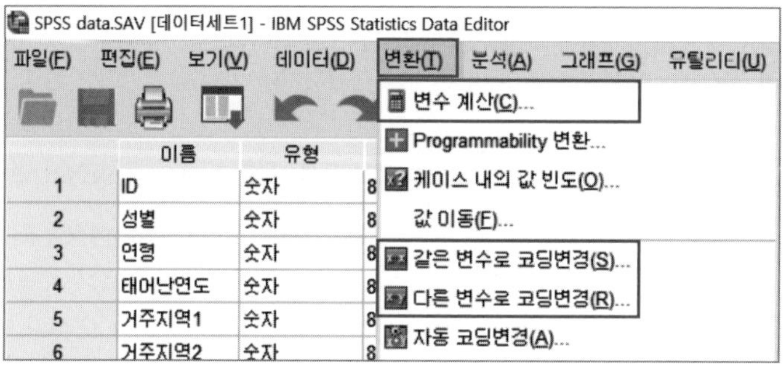


[그림 10-1] **데이터 핸들링**

같은 변수로 코딩변경, 다른 변수로 코딩변경, 그리고 변수 계산에 대해 개괄적으로 살펴보면 다음과 같습니다.

- 같은 변수(다른 변수)로 코딩변경: 기존의 코딩한 값을 변경하고자 할 때 사용
  - 이상한 값을 결측값으로 처리할 때
  - 역코딩할 때
  - 보기를 재설정할 때
  - 평균변수(보기가 없는 변수)의 보기를 만들 때

- 변수 계산: 기존 변수를 계산하여 새로운 변수를 만들 때 사용
  - 합변수 만들 때
  - 평균변수 만들 때

- 결측값이 있는 케이스를 확인할 때
- 로그로 변환할 때
- 사칙연산을 활용하여 기존 변수를 계산할 때

데이터 핸들링은 굉장히 많지만, 그중에서도 앞에 있는 내용을 알고 있다면 거의 대부분 해결할 수 있습니다. 그만큼 중요한 내용이며, 꼭 알고 있어야 합니다.

**Know how** **데이터 핸들링은 통계분석보다 어렵고 중요합니다**

통계분석보다 데이터 핸들링을 잘하는 사람이 진정 통계를 잘하는 사람입니다. 통계프로그램을 공부하다 보면 통계분석은 생각보다 쉽게 익힐 수 있습니다. 만약 진행해야 할 분석에 대해 잘 모른다 해도 관련 서적을 보면 그 분석에 대해서 잘 나와 있으니 살펴보고 진행할 수 있습니다. 하지만 데이터 핸들링은 통계프로그램 책에서도 잘 다루지 않고, 언제 어떠한 데이터 핸들링을 해야 할지 파악하기 어려울 때도 많습니다.

또한 분석에는 오랜 시간이 걸리지 않아 분석 방법만 안다면 금방 끝낼 수 있습니다. 그러나 데이터 핸들링의 경우 분석 하나를 진행하는 데도 많은 시간이 걸립니다. 예를 들어, 단순한 기술통계표 1개를 작성하는 데 분석은 1분도 걸리지 않으나 그 단순한 분석을 하기 위해 데이터 핸들링 작업은 하루가 넘게 걸리기도 합니다. 그만큼 통계분석보다 데이터 핸들링의 난이도가 높습니다. 중요한 점은 데이터 핸들링을 잘못한다면 아무리 분석을 잘한다 해도 제대로 된 분석 결과가 나오지 않는다는 것입니다.

데이터 핸들링을 할 때 가장 어려워하는 점은 '언제 어떤 데이터 핸들링을 해야 하는가'를 판단하는 것입니다. 앞으로 이어지는 내용에서 많이 사용하는 데이터 핸들링을 잘 정리해 두었으니 꼭 외우고 이해하기 바랍니다.

## 2. 같은 변수로 코딩변경, 다른 변수로 코딩변경

코딩변경은 기존의 코딩한 값을 변경한다는 의미입니다. 코딩변경을 하는 방법은 두 가지(같은 변수로 코딩변경, 다른 변수로 코딩변경)가 있습니다.

- 같은 변수로 코딩변경: 새로운 변수를 만들지 않고, 변경하고자 하는 변수 안에서 코딩한 값을 변경하는 것
- 다른 변수로 코딩변경: 기존 변수는 그대로 두고, 새로운 변수를 만들어 기존 변수의 코딩한 값을 변경하는 것

'성별' 변수를 통해 같은 변수로 코딩변경과 다른 변수로 코딩변경을 확인해 보겠습니다. 성별은 남성=1, 여성=2로 코딩되어 있습니다. 이것을 남성=0, 여성=1로 변경하고자 합니다. 즉, 코딩한 값 1을 0으로, 2를 1로 변경할 때 같은 변수로 코딩변경과 다른 변수로 코딩변경이 어떻게 다른지 살펴보겠습니다.

같은 변수로 코딩변경의 경우 새로운 변수를 만들지 않고 성별 변수에서 코딩한 값을 변경합니다. 하지만 다른 변수로 코딩변경의 경우 성별 변수는 그대로 두고 성별re 변수를 새롭게 만들어서 코딩한 값을 변경합니다.

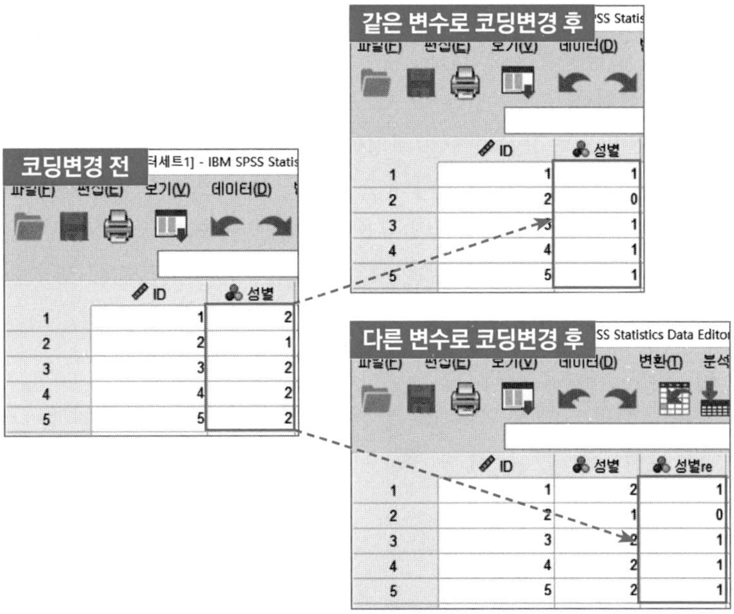


[그림 10-2] **같은 변수로 코딩변경, 다른 변수로 코딩변경**

**Know how** **같은 변수로 코딩변경은 기존값으로 복원이 가능할 때만 사용하기 바랍니다**

다른 변수로 코딩변경은 기존 변수는 그대로 두고, 새롭게 변수를 만들어 코딩한 값을 변경하는 것이기 때문에 문제가 생기더라도 기존 변수를 다시 활용하면 됩니다. 그런데 같은 변수로 코딩변경을 한다면 기존 변수에서 작업하는 것이기 때문에 문제가 생길 경우 기존값으로 되돌아가지 못할 수 있습니다. 이처럼 같은 변수로 코딩변경은 더욱 주의 깊게 사용해야 합니다.

연령 변수를 다음과 같이 코딩변경을 한다고 가정하겠습니다. 40대=1, 50대=2, 60=3으로 코딩하겠습니다. 같은 변수로 코딩변경을 하면 연령 변수에 있던 42, 57, 43, 62, 65는 각각 1, 2, 1, 3, 3으로 변경되는 것을 확인할 수 있습니다. 그런데 다시 42, 57, 43, 62, 65라는 숫자가 필요하게 된다면, 1, 2, 1, 3, 3을 가지고 기존값으로 다시 되돌릴 수 없기 때문에 문제가 생깁니다. 이처럼 되돌아갈 수 없는 변수일 경우에는 무조건 다른 변수로 코딩변경을 해서 만일을 대비해야 합니다.

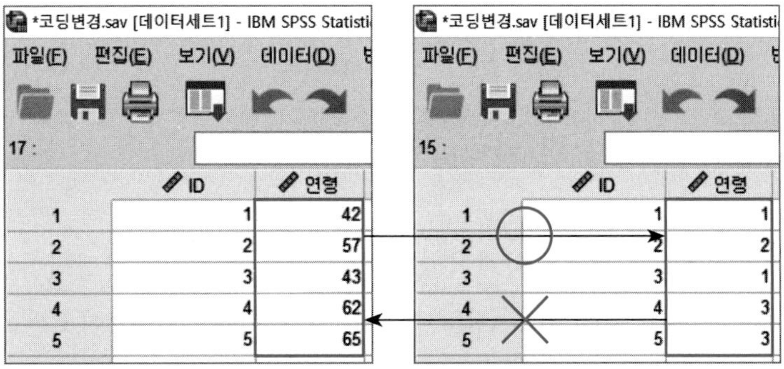

[그림 10-3] **같은 변수로 코딩변경 시 주의할 점 ①**

물론 앞서 살펴본 성별처럼 남성=1, 여성=2로 코딩되어 있는 것을 남성=0, 여성=1로 변경할 때 같은 변수로 코딩변경을 하더라도 남성=0, 여성=1을 다시 남성=1, 여성=2로 복원이 가능하기 때문에 이런 경우에는 같은 변수로 코딩변경을 해도 좋습니다. 만약 지금 이 내용이 이해되지 않는다면 앞으로 같은 변수로 코딩변경은 하지 말고 다른 변수로 코딩변경만 사용하면 됩니다. 즉, 데이터를 잃지 않는 것이 중요합니다. 사실 모든 코딩변경은 다른 변수로 코딩변경을 해도 됩니다. 같은 변수로 코딩변경을 사용하는 이유는 단순히 시간을 절약하는 것 밖에 없습니다. 그러므로 해당 내용이 잘 이해되지 않는다면 무조건 다른 변수로 코딩변경을 하기 바랍니다.

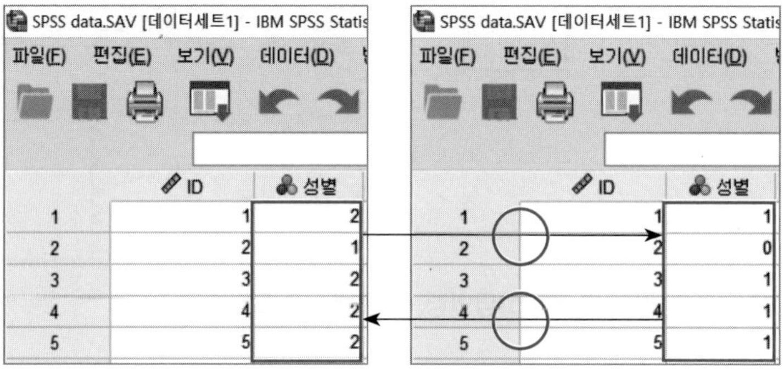


[그림 10-4] 같은 변수로 코딩변경 시 주의할 점 ②

그럼 같은 변수(다른 변수)로 코딩변경을 언제 사용할까요? 대표적으로 가장 많이 활용하는 경우는 다음과 같습니다.

- 이상한 값을 결측값으로 처리할 때
- 역코딩할 때
- 보기를 재설정할 때
- 평균변수(보기가 없는 변수)의 보기를 만들 때

지금부터 이 4가지 경우에 대해 살펴보겠습니다.

## 1) 이상한 값을 결측값으로 처리할 때

성별(남성=1, 여성=2)에 3이 코딩되어 있다거나 연령에 200이 코딩되어 있다면 이것은 이상한 값입니다. 즉, 해당 변수에서 나올 수 없는 값을 의미합니다. 이러한 이상한 값은 결측값으로 처리해야 하는데 이것을 데이터 클리닝(Data Cleaning)이라고 합니다. 결측값으로 처리한다는 것은 이상한 값을 무응답(빈칸)으로 변환한다는 의미입니다. 데이터 클리닝은 각종 데이터 핸들링과 통계분석을 진행하기 전에 해야 할 작업입니다. 이상한 값을 처리하지 않고 데이터 핸들링과 데이터 분석을 하면 제대로 된 결과를 도출할 수 없습니다.

**Know how** **데이터로 작업을 진행하기 전에 가장 먼저 해야 할 작업은 빈도분석입니다**

각종 데이터 핸들링과 통계분석을 진행하기 전에 해야 할 작업은 데이터 클리닝입니다. 데이터 클리닝은 어떻게 할까요? 빈도분석을 통해서 진행할 수 있습니다. 즉, 자신이 활용하고자 하는 변수를 빈도분석하여 이상한 값이 있는지 확인 후 결측값으로 처리해야 합니다. 이 작업이 바로 데이터 클리닝입니다. 실제로 필자의 경우에는 데이터 코딩을 완료한 후 바로 모든 변수를 빈도분석하여 이상한 값을 처리합니다. 그런 다음 데이터 핸들링과 통계분석을 진행합니다.

예를 들어 보겠습니다. 실습파일 SPSS data에서 태어난연도 변수를 확인해 보면 1798이라는 숫자가 있습니다. 1798년에 태어난 사람이 지금 생존해 있을 수 없으니 이상한 숫자임을 확인할 수 있습니다. 또한 학력의 경우 보기는 1번 무학부터 6번 대학원 졸업까지 설정되어 있는데, 코딩된 값에 7, 8, 9가 있습니다. 이 또한 분석에서 활용하지 않으니 이상한 값입니다. 이상한 값은 결측값으로 처리하여 삭제해야 합니다. 이상한 값을 결측값으로 처리하는 방법에 대해 실습해 보겠습니다.

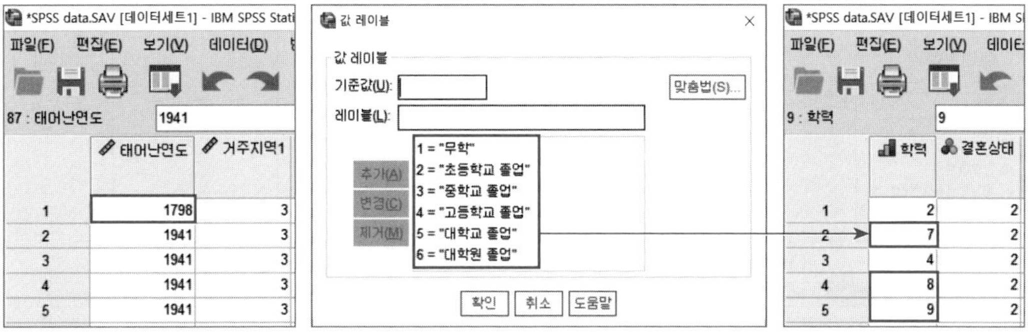


[그림 10-5] 이상한 값

## 실습 이상한 값을 결측값으로 처리하기

- 실습내용: 학력 변수를 활용하여 이상한 값을 결측값으로 처리하기
- 실습파일: SPSS data.sav
- 활용변수: 학력

**1** 학력 변수에 이상한 값이 있는지 확인하기 위해서 빈도분석을 진행합니다. 메뉴에서 ❶ 분석을 클릭하고 ❷ 기술통계량을 클릭한 후 ❸ 빈도분석을 선택합니다.

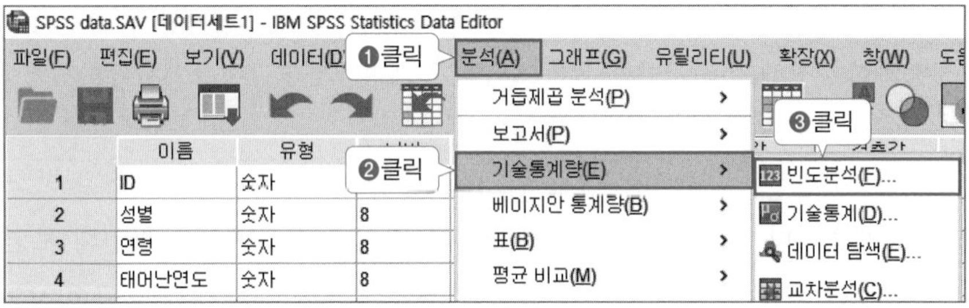


[그림 10-6]

**2** 빈도분석 창이 열리면, ❶ 학력 변수를 더블클릭하고 ❷ 확인을 클릭합니다.

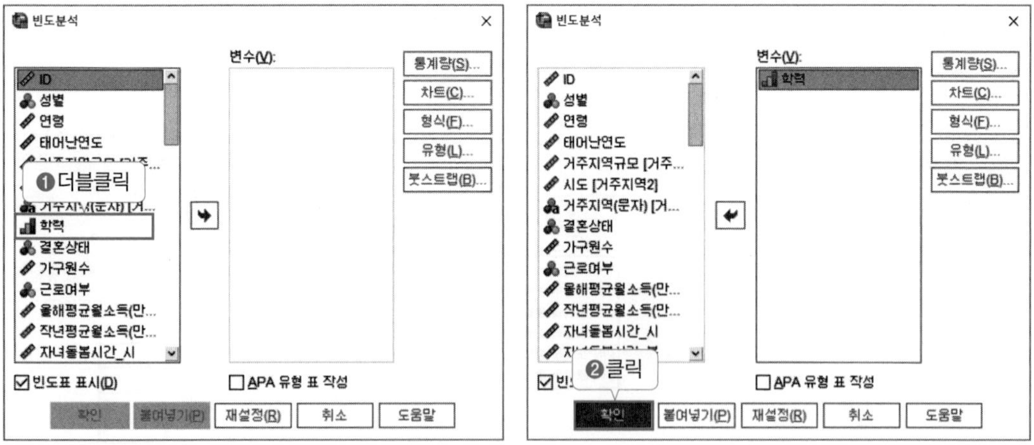


[그림 10-7]

**3** 출력 결과 창에서 학력의 빈도분석 결과를 확인한 결과 7, 8, 9라는 이상한 값이 있다는 것을 파악하였습니다.

**학력**

| | | 빈도 | 퍼센트 | 유효 퍼센트 | 누적 퍼센트 |
|---|---|---|---|---|---|
| 유효 | 무학 | 472 | 9.4 | 9.6 | 9.6 |
| | 초등학교 졸업 | 985 | 19.7 | 20.0 | 29.5 |
| | 중학교 졸업 | 1027 | 20.5 | 20.8 | 50.3 |
| | 고등학교 졸업 | 1026 | 20.5 | 20.8 | 71.1 |
| | 대학교 졸업 | 959 | 19.2 | 19.4 | 90.6 |
| | 대학원 졸업 | 465 | 9.3 | 9.4 | 100.0 |
| | 전체 | 4934 | 98.7 | 100.0 | |
| 결측 | 7 | 29 | .6 | | |
| | 8 | 12 | .2 | | |
| | 9 | 25 | .5 | | |
| | 전체 | 66 | 1.3 | | |
| 전체 | | 5000 | 100.0 | | |

[그림 10-8]

**4** 학력 변수에서 7, 8, 9를 결측값으로 처리하기 위해 같은 변수로 코딩변경을 진행합니다. 메뉴의 ❶ 변환을 클릭하고, ❷ 같은 변수로 코딩변경을 클릭합니다.

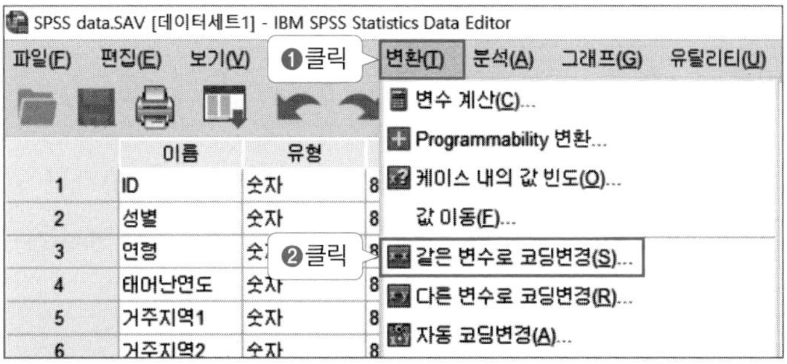


[그림 10-9]

**5** 같은 변수로 코딩변경 창이 열리면, ❶ 학력을 더블클릭한 후 ❷ 기존값 및 새로운 값을 클릭합니다.

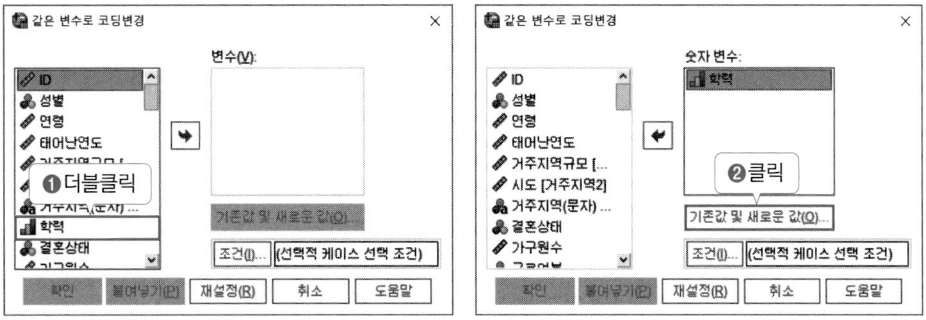


[그림 10-10]

❻ 같은 변수로 코딩변경: 기존값 및 새로운 값 창이 열리면, 이상한 값을 기존값의 값에 입력하고 새로운 값에서는 시스템 결측값을 클릭합니다. 즉, 기존값에서 값을 ❶ 7로 입력하고 새로운 값에서는 ❷ 시스템 결측값을 클릭합니다. 그런 다음 ❸ 추가를 클릭합니다.

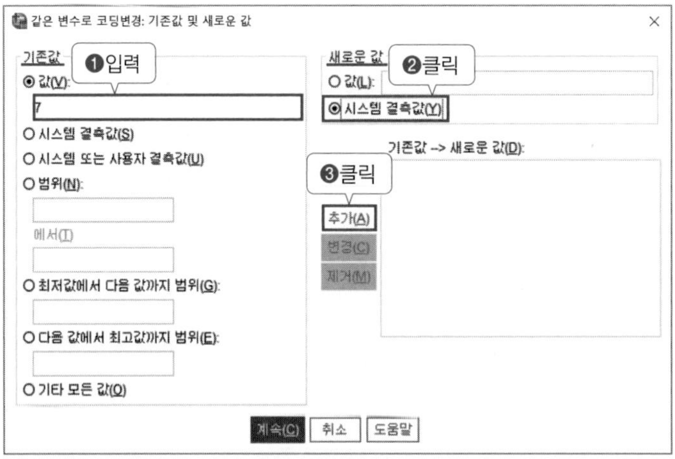


[그림 10-11]

❼ 앞서 진행한 방식대로 기존값에서 값을 ❶ 8로 입력하고 ❷ 추가를 클릭합니다. 그런 다음 기존값에서 값을 ❸ 9로 입력하고 ❹ 추가를 클릭한 후 ❺ 계속을 클릭합니다.

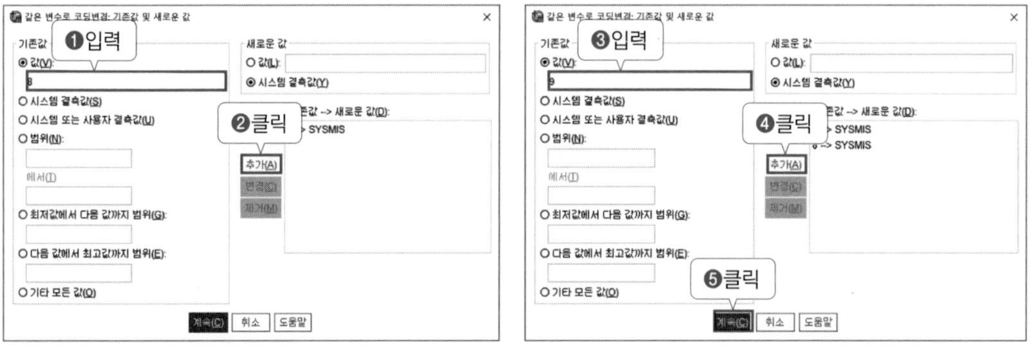


[그림 10-12]

**8** 같은 변수로 코딩변경 창에서 ❶ 확인을 클릭합니다. 그러면 이상한 값 7, 8, 9는 결측값으로 처리된 것입니다.

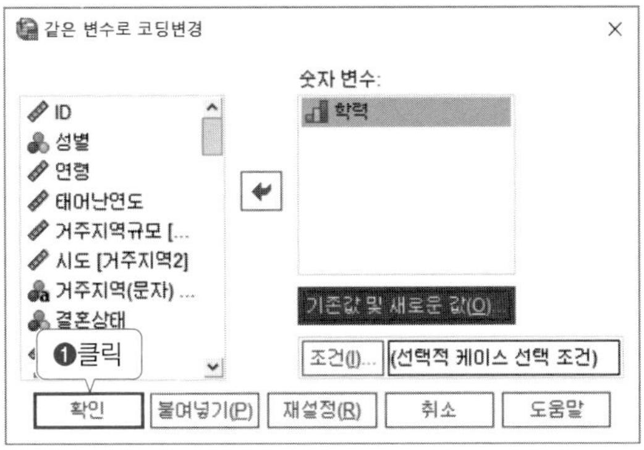


[그림 10-13]

**9** 빈도분석을 통해 이상한 값 7, 8, 9가 결측값으로 처리되었는지 확인합니다. 메뉴의 ❶ 분석을 클릭하고 ❷ 기술통계량을 클릭한 후 ❸ 빈도분석을 선택합니다.

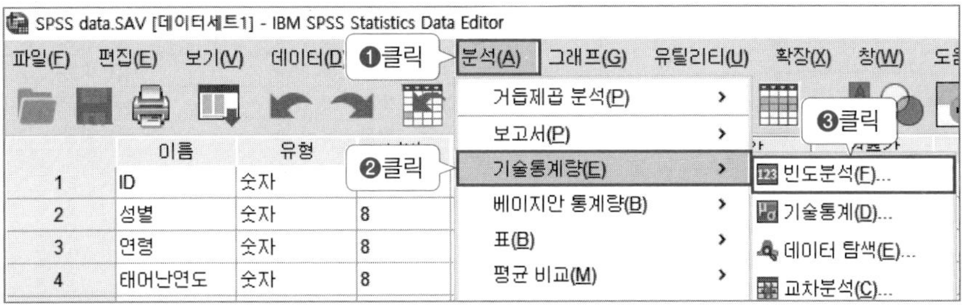


[그림 10-14]

**10** 빈도분석 창이 열리면, ❶ 확인을 클릭합니다. 출력 결과 창을 확인하면 학력에 대한 빈도분석 결과를 확인할 수 있습니다. 7, 8, 9는 결측값으로 처리된 것을 알 수 있습니다.

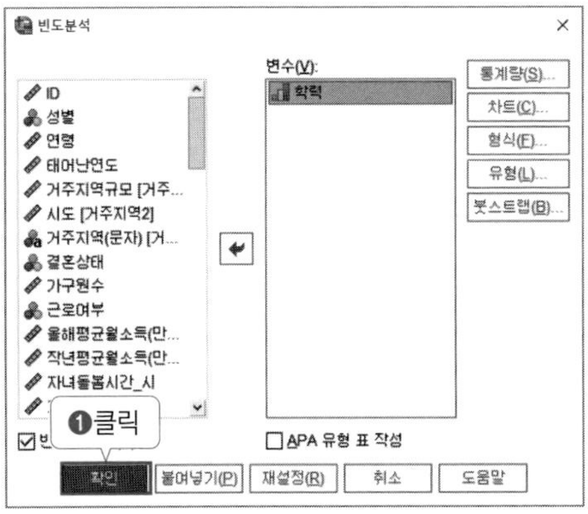


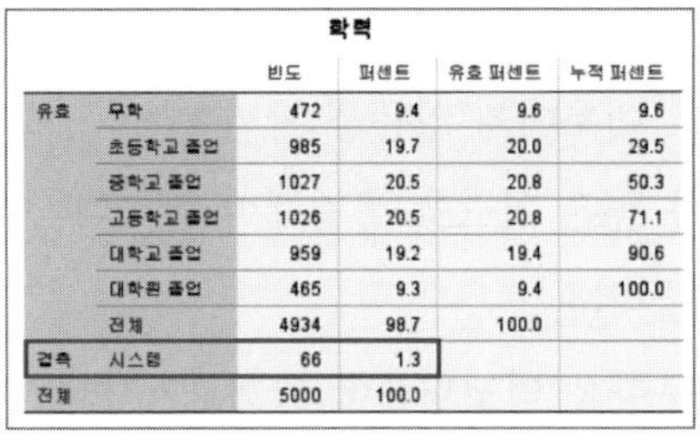

학력

| | | 빈도 | 퍼센트 | 유효 퍼센트 | 누적 퍼센트 |
|---|---|---|---|---|---|
| 유효 | 무학 | 472 | 9.4 | 9.6 | 9.6 |
| | 초등학교 졸업 | 985 | 19.7 | 20.0 | 29.5 |
| | 중학교 졸업 | 1027 | 20.5 | 20.8 | 50.3 |
| | 고등학교 졸업 | 1026 | 20.5 | 20.8 | 71.1 |
| | 대학교 졸업 | 959 | 19.2 | 19.4 | 90.6 |
| | 대학원 졸업 | 465 | 9.3 | 9.4 | 100.0 |
| | 전체 | 4934 | 98.7 | 100.0 | |
| 결측 | 시스템 | 66 | 1.3 | | |
| 전체 | | 5000 | 100.0 | | |

[그림 10-15]

**Know how** **시스템 결측값은 무응답(빈칸)을 말합니다**

이상한 값 7, 8, 9를 결측값으로 처리한다고 했지만, 정확하게는 시스템 결측값으로 처리한 것입니다. 시스템 결측값은 무응답(빈칸)을 말합니다. [그림 10-16] 학력 변수에 있는 빈칸은 본래 7로 코딩되어 있었으나 같은 변수로 코딩변경을 통해 빈칸이 되었습니다. 이렇게 빈칸으로 만들어 놓아야 데이터 핸들링이나 분석을 할 때 포함되지 않습니다.

물론 변수 세팅할 때 결측값을 7, 8, 9로 설정할 수도 있습니다. 하지만 결측값 세팅 자체가 일이 될 수 있고, 데이터 핸들링 등을 할 때 적용되지 않아 오류가 발생할 수도 있으며, 항상 결측값이 있다는 것을 인지하고 있어야 합니다. 활용하지 않을 것이라면 과감하게 삭제할 필요가 있습니다.

[그림 10-16]

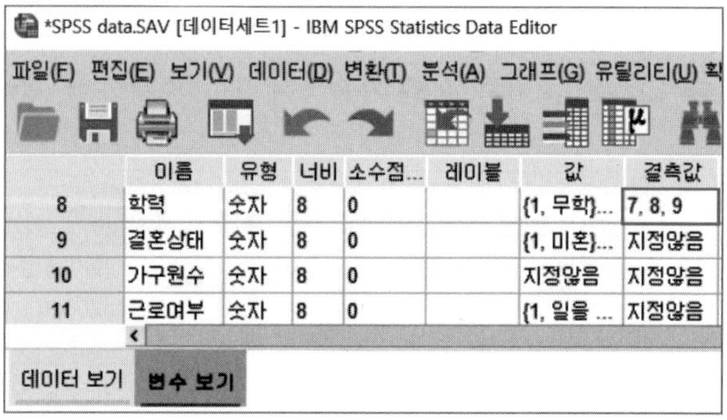


[그림 10-17]

## 2) 역코딩할 때

역코딩은 코딩을 역(반대)으로 한다는 의미이며, 리커트 척도에서 진행합니다. 구체적인 예를 통해서 역코딩을 언제 하는지 확인해 보겠습니다.

다음 설문 문항은 사회적지지에 대한 5점 리커트 척도입니다. 이 사회적지지 척도는 3개 문항으로 이루어져 있음을 확인할 수 있습니다. 이 3개 문항은 모두 점수가 높을수록 사회적지지가 높은 것으로 설정해야 합니다. 만약 그렇지 않은 문항이 있다면, 그 문항을 역코딩해야 합니다.

어떤 문항을 역코딩해야 할까요? 사회적지지의 1번과 3번 문항은 점수가 높을수록 사회적지지가 높은 것으로 해석됩니다. 그러므로 사회적지지의 1번과 3번 문항은 그대로 두면 됩니다. 그러나 '2. 그들은 나의 문제를 들어주지 않았다.' 문항의 경우 점수가 높을수록 사회적지지가 낮은 것으로 해석됩니다. 그러므로 이 문항은 역코딩을 진행해야 합니다.

| 사회적지지 | 전혀 그렇지 않다 | 그렇지 않다 | 보통 이다 | 그렇다 | 매우 그렇다 |
|---|---|---|---|---|---|
| 1. 그들은 항상 나의 일에 관심을 갖고 걱정해 주었다. | ① | ② | ③ | ④ | ⑤ |
| 2. 그들은 나의 문제를 들어주지 않았다. | ① | ② | ③ | ④ | ⑤ |
| 3. 그들과 함께 있으면 친밀감을 느끼게 해 주었다. | ① | ② | ③ | ④ | ⑤ |

사회적지지 2번 문항은 코딩된 값을 반대로 코딩하면 됩니다. 즉, ①점은 ⑤점으로, ②점은 ④점으로, ③점은 ③점으로, ④점은 ②점으로, ⑤점은 ①점으로 변경하면 됩니다. 실제 역코딩을 하면 코딩한 값이 다음과 같이 바뀝니다.

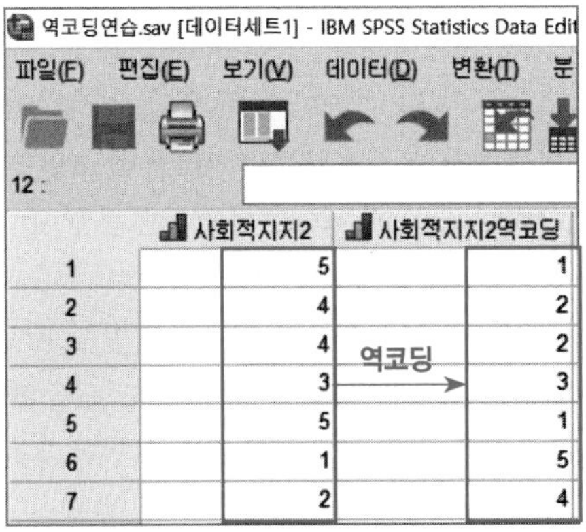


[그림 10-18]

**체크? 체크!** **리커트 척도에서 역코딩 문항 찾기**

리커트 척도에서 역코딩 문항은 본래 원척도를 찾아보면 확인이 가능합니다. 이를테면, 척도 개발 연구 논문 등을 확인해 보면 보통 제시되어 있습니다. 그런데 만약 역코딩 문항이 제시되어 있지 않다거나 원척도를 확인할 수 없는 경우 다음과 같은 방법을 활용하여 역코딩 문항을 찾아보기 바랍니다.

리커트 척도는 점수가 높을수록 변수의 특성이 잘 드러나게 코딩해야 합니다. 예를 들어, 사회적지지라면 점수가 높을수록 사회적지지가 높은 것으로 코딩해야 합니다. 생활만족도라면 점수가 높을수록 생활만족도가 높은 것으로 코딩해야 합니다. 우울이라면 점수가 높을수록 우울한 것(우울이 높은 것)으로 코딩해야 합니다. 즉, 점수가 높을수록 무조건 해당 변수가 높은 것으로 코딩하면 됩니다. 이와 반대로 점수가 높을수록 해당 변수가 낮은 것으로 코딩하게 되면, 통계분석을 한 후 해석할 때 복잡해집니다.

이러한 원리(점수가 높을수록 해당 변수가 높은 것으로 코딩)를 가지고 역코딩 문항을 찾을 수 있습니다. 앞서 살펴본 사회적지지 척도를 확인해 보면 1번 문항은 '그들은 항상 나의 일에 관심을 갖고 걱정해 주었다.'입니다. 그런데 보기가 '① 전혀 그렇지 않다-⑤ 매우 그렇다'로 제시되어 있습니다. 즉, 1번 문항은 점수가 높을수록 누군가가 나의 일에 관심을 갖고 걱정을 해 준다는 의미이므로 사회적지지를 받고 있는 것입니다. 결국 1번 문항은 그대로 두어야 합니다. 2번 문항은 '그들은 나의 문제를 들어주지 않았다.'입니다. 보기는 '① 전혀 그렇지 않다-⑤ 매우 그렇다'이므로 점수가 높을수록 사회적지지를 받고 있지 않는 것입니다. 결국 2번 문항은 역코딩을 해야 점수가 높을수록 사회적지지가 높은 것으로 될 수 있습니다. 3번 문항도 1번 문항과 마찬가지로 그대로 두면 되는 문항입니다. 결국 2번 문항만 역코딩을 진행하면 됩니다.

**Know how** 리커트 척도에서 역코딩을 해야 하는 이유

독립표본 t검정이나 회귀분석 등 각종 분석을 진행할 때 리커트 척도에 있는 문항을 그대로 사용하는 것이 아니라 문항에 대한 '합변수'나 '평균변수'를 활용합니다. 예를 들어, 사회적지지 3개 문항을 그대로 사용하는 것이 아니라 이 3개 문항에 대한 사회적지지합 변수나 사회적지지 평균 변수 등 1개의 변수로 만들어서 분석을 진행합니다. 즉, 1번 케이스가 사회적지지 1번부터 3번 문항까지 모두 '매우 그렇다'(5점)를 체크했다면 3개 문항에 대한 합 15점 혹은 평균 5점을 가지고 분석에 활용하는 것입니다.

이때 사회적지지합 변수나 평균 변수를 만들어 활용하려면 모든 문항이 점수가 높을수록 사회적지지가 높은 것으로 설정되어 있어야 합니다. 만약 역코딩을 해야 할 문항이 있는데도 역코딩을 하지 않고 다른 문항과 함께 합변수나 평균변수를 만든다면 분석에서 사용할 수 없는 변수가 될 것입니다.

## 실습 역코딩하기

- 실습내용: 사회적지지2 변수를 역코딩하기
- 실습파일: SPSS data.sav
- 활용변수: 사회적지지2

**1** 역코딩을 하기 전에 사회적지지2 변수의 보기를 확인해야 합니다. 이에 사회적지지2 변

수의 ❶ 값을 클릭하고 ❷ [...] 버튼을 누릅니다. 값 레이블 창이 열리면, ❸ 보기를 확인합니다.

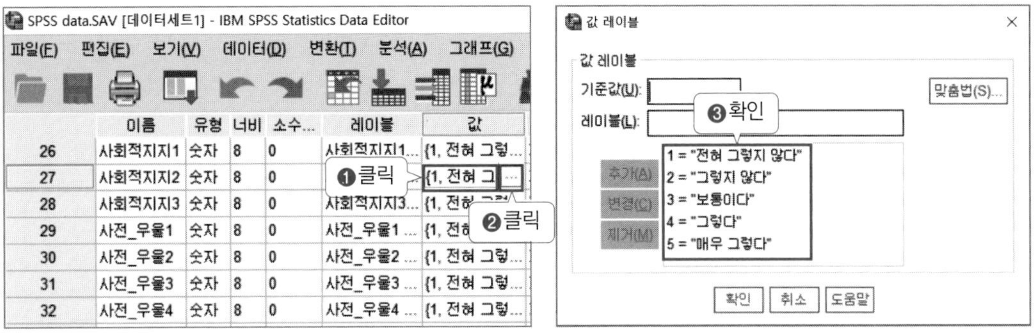


[그림 10-19]

**2** 사회적지지2 변수를 역코딩하기 위해 같은 변수로 코딩변경을 진행합니다. 역코딩의 경우 기존 값으로 복원이 가능하므로 같은 변수로 코딩변경을 해도 문제없습니다. 메뉴의 ❶ 변환을 클릭하고, ❷ 같은 변수로 코딩변경을 클릭합니다.

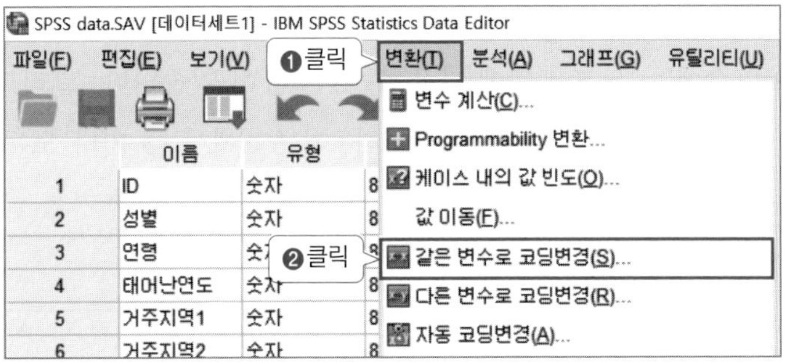


[그림 10-20]

**3** 같은 변수로 코딩변경 창이 열리면, ❶ 사회적지지2 변수를 더블클릭한 후 ❷ 기존값 및 새로운 값을 클릭합니다.

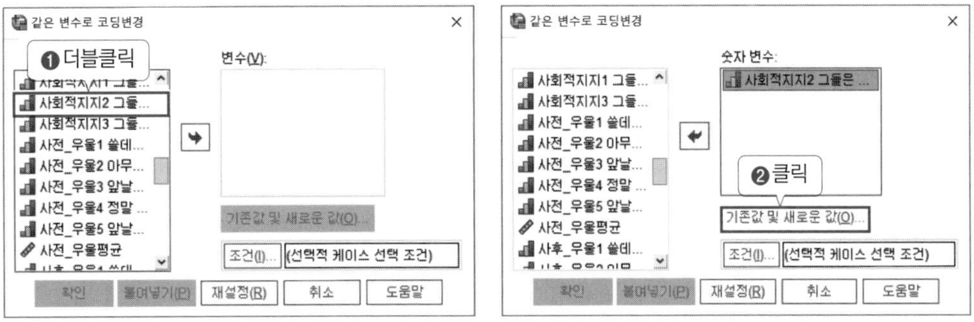


[그림 10-21]

**4** 같은 변수로 코딩변경: 기존값 및 새로운 값 창이 열리면, 기존값에서 값을 ❶ 1로 입력하고 새로운 값에서는 값을 ❷ 5로 입력합니다. 그런 다음 ❸ 추가를 클릭합니다. 같은 방법으로 기존값 '2'-새로운 값 '4', 기존값 '3'-새로운 값 '3', 기존값 '4'-새로운 값 '2', 기존값 '5'-새로운 값 '1'로 입력합니다.

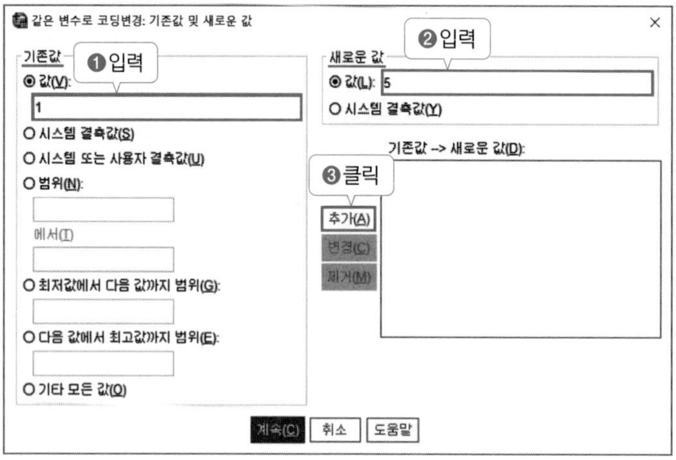


[그림 10-22]

**5** 사회적지지2 변수에는 1~5점 외에 나올 수 있는 값이 없습니다. 그러므로 1~5점 외에 값은 시스템 결측값으로 설정해 주면 됩니다. 기존값에서 ❶ 기타 모든 값을 클릭하고, 새로운 값에서 ❷ 시스템 결측값을 클릭합니다. 그런 다음 ❸ 추가를 클릭한 후 ❹ 계속을 클릭합니다.

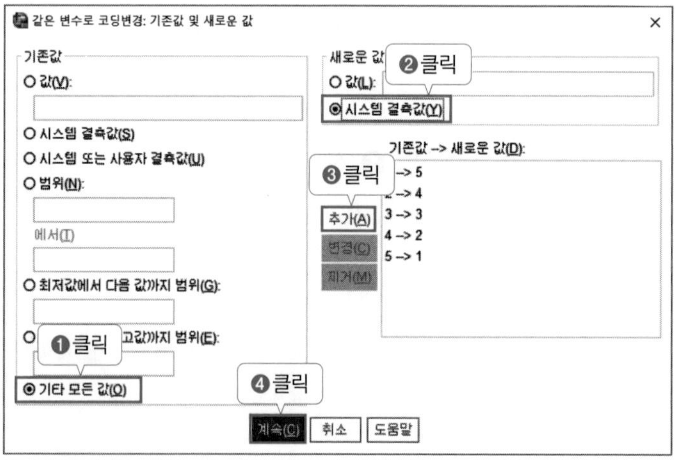


[그림 10-23]

**6** 같은 변수로 코딩변경 창에서 ❶ 확인을 클릭합니다. 그러면 역코딩이 진행된 것입니다.

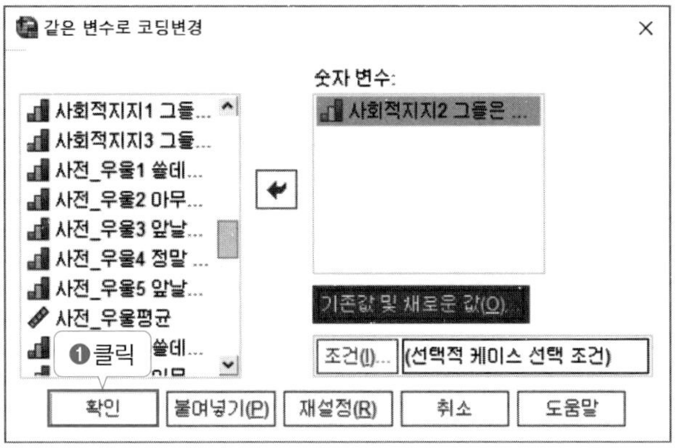


[그림 10-24]

**7** 실제 데이터 보기 창에서 역코딩 전과 역코딩 후를 확인해 보면 다음과 같이 역코딩이 된 것을 알 수 있습니다.

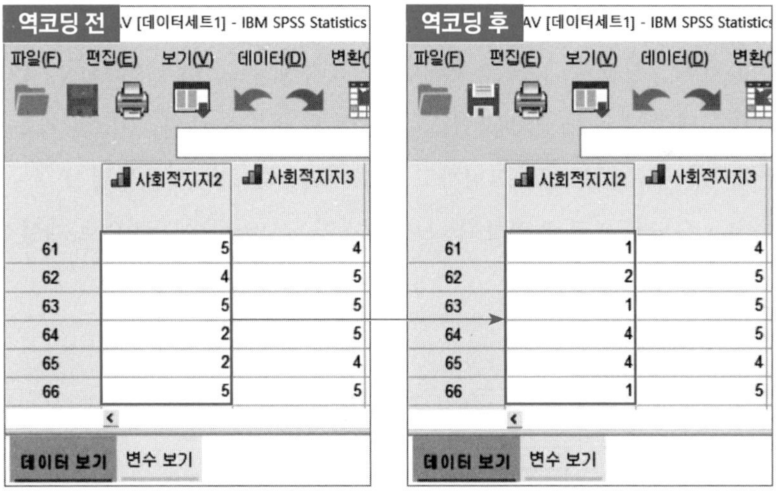


[그림 10-25]

**8** 사회적지지2 변수는 같은 변수로 코딩변경을 했기 때문에 나중에 변수 코딩을 했는지 하지 않았는지 헛갈릴 수 있습니다. 그러므로 사회적지지2 변수는 역코딩했다는 표시를 해 두는 것이 좋습니다. 변수 보기 창에서 '사회적지지2' 변수 이름을 '사회적지지2re'로 변경하면 됩니다. 참고로 re는 reverse(정반대)에서 따온 것입니다.

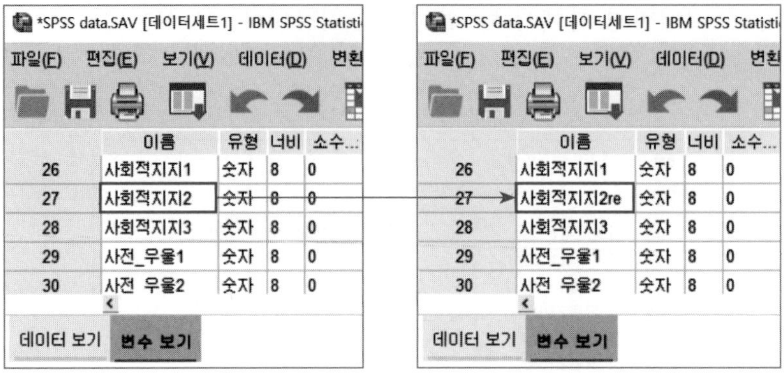


[그림 10-26]

## 3) 보기를 재설정할 때

집단변수인 보기가 있는 변수에서 보기를 재설정할 때가 있습니다. 이를테면, 실습파일 SPSS data에서 거주지역2 변수의 보기는 '1=서울특별시, 2=부산광역시, 3=대구광역시, 4=인천광역시, 5=광주광역시, 6=대전광역시, 7=울산광역시, 8=경기도, 9=강원도, 10=충청북도, 11=충청남도, 12=경상북도, 13=경상남도, 14=전라북도, 15=전라남도, 16=제주도, 17=세종시'로 구성되어 있습니다. 이를 '비수도권'와 '수도권'으로 다시 정리해서 '비수도권'을 0, '수도권'을 1로 코딩하고자 합니다. 즉, '1=서울특별시, 4=인천광역시, 8=경기도'는 '1=수도권'으로 설정하고 나머지 지역은 '0=비수도권'으로 재설정합니다.

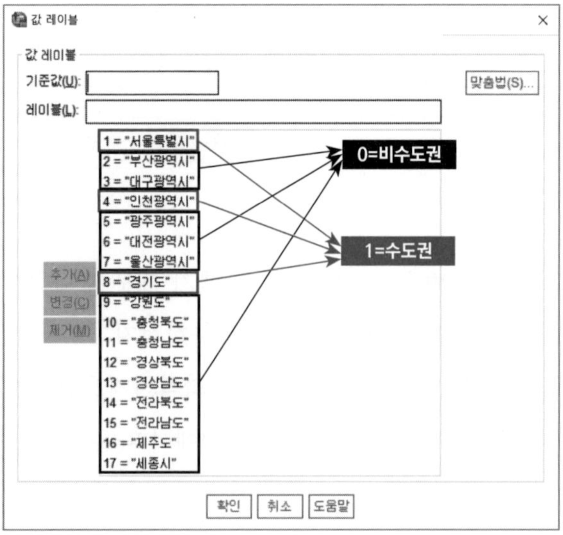


[그림 10-27]

## 실습 보기를 재설정하기

- 실습내용: 거주지역2 변수의 보기를 재설정하기
- 실습파일: SPSS data.sav
- 활용변수: 거주지역2

**1** 보기를 재설정하기 전에 거주지역2 변수의 보기를 확인해야 합니다. 이에 거주지역2 변수의 ❶ 값을 클릭하고 ❷ [...] 버튼을 누릅니다. 값 레이블 창이 열리면, ❸ 보기를 확인합니다.

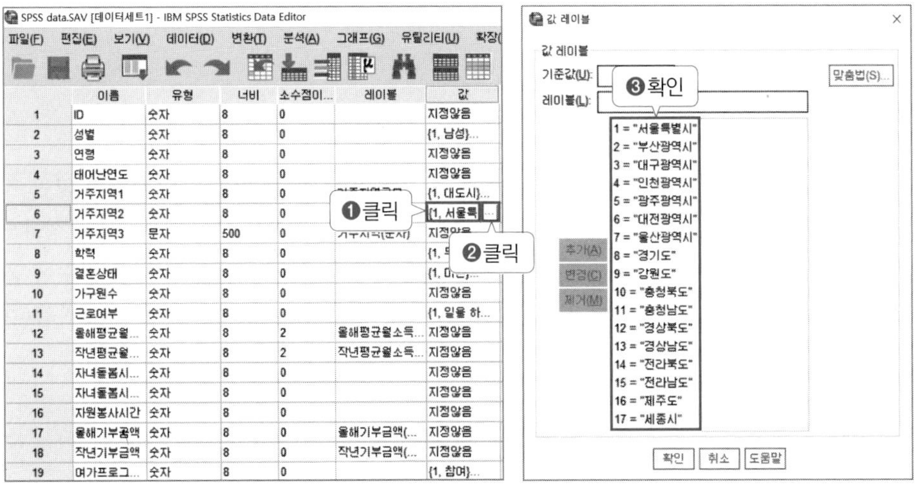


[그림 10-28]

**2** 거주지역2 변수의 보기를 재설정하기 위해 다른 변수로 코딩변경을 진행합니다. 변수의 보기를 재설정하는 것은 기존 값으로 복원이 가능하지 않기 때문에 다른 변수로 코딩변경을 해야 합니다. 메뉴의 ❶ 변환을 클릭하고, ❷ 다른 변수로 코딩변경을 누릅니다.

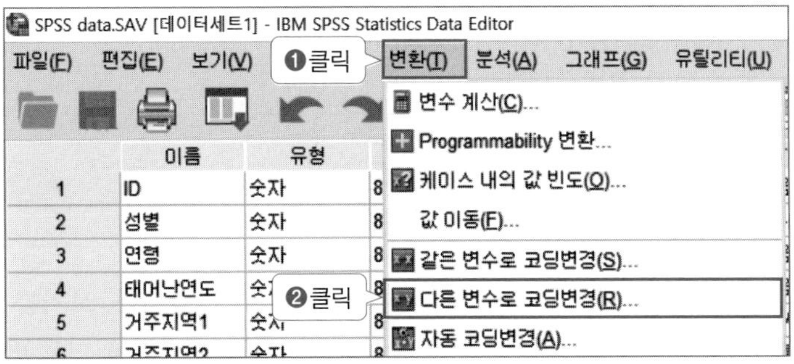


[그림 10-29]

**3** 다른 변수로 코딩변경 창이 열리면, ❶ 거주지역2 변수를 더블클릭합니다. 그런 다음 출력변수에 새롭게 만들어지는 변수의 변수명을 ❷ '거주지역2re'로 입력하고, ❸ 변경을 클릭합니다. ❹ 기존값 및 새로운 값을 클릭합니다.

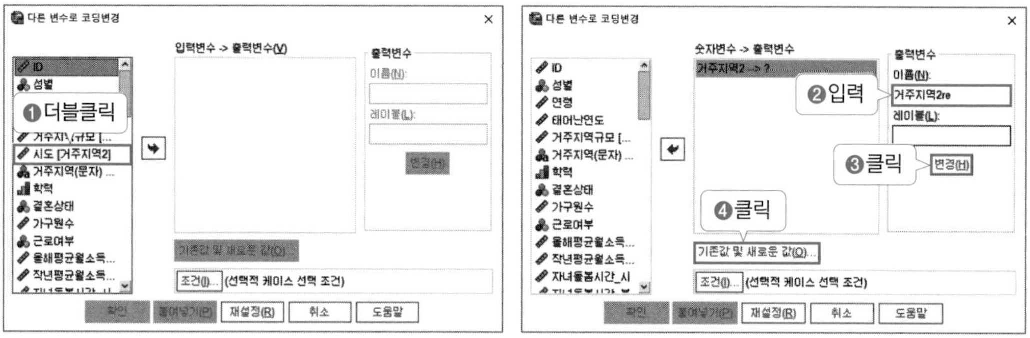


[그림 10-30]

## 체크? 체크! 변경 버튼을 꼭 클릭해야 합니다

다른 변수로 코딩변경을 할 때 많이 실수하는 부분이 바로 변경 버튼을 클릭하지 않는 것입니다. 변경 버튼을 클릭하지 않으면 기존값 및 새로운 값을 설정해도 확인 버튼이 활성화되지 않습니다. 결국 다른 변수로 코딩변경을 할 수가 없습니다. 만약 숫자변수 → 출력변수에 '거주지역2 → ?'와 같이 물음표가 있다면 변경 버튼을 클릭하지 않은 것이니 클릭해 주시기 바랍니다.

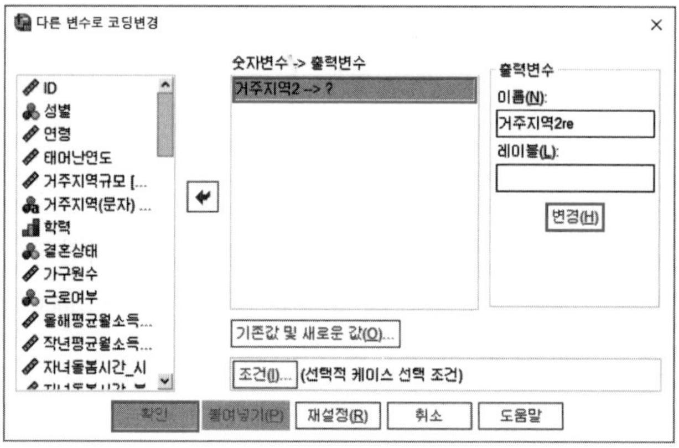


[그림 10-31]

## Know how 보기를 재설정할 때 새로운 변수명에 re는?

코딩을 변경하는 작업 자체를 영어로 리코딩(recoding)이라고 합니다. 보기를 재설정하기 위해 리코딩한 것입니다. 이에 새로운 변수명을 작성할 때 리코딩했다는 의미로 변수명re로 보통 표시를 합니다. 물론 변수명을 어떻게 설정하든 상관없지만, 보통 변수명 뒤에 re를 붙이면, 리코딩한 변수인지 금방 파악할 수 있기 때문에 변수명+re를 추천합니다.

**Know how** **다른 변수로 코딩변경 창에서 출력변수에 작성한 변수명은 다음 사항이 불가능합니다**

종종 다른 변수로 코딩변경 창에서 출력변수에 작성한 내용이 변수명인 것을 잊을 때가 있습니다. 하지만 다른 변수로 코딩변경 창에서 출력변수에 작성한 내용은 변수명이기 때문에 특수문자(!, ?, %, #, *, & 등) 사용이 불가능하고 숫자로 시작하는 것도 불가능합니다. 또한 띄어쓰기 사용도 불가능합니다. 만약 특수문자나 숫자로 시작하거나 띄어쓰기를 사용했다면 '변수 이름에 잘못된 문자가 있습니다.'와 같은 에러 메시지가 뜹니다.

4 거주지역2 변수의 보기는 1부터 17까지 있는데, 그중 수도권은 '1=서울특별시, 4=인천광역시, 8=경기도'이고 이것을 '1=수도권'으로 재설정하는 것입니다. 그러므로 기존값 '1', '4', '8'은 새로운 값 '1'로 설정합니다. 그리고 나머지 지역은 '0=비수도권'으로 설정합니다. 이에 기존값 '2', '3', '5', '6', '7', '9', '10', '11', '12', '13', '14', '15', '16', '17'은 새로운 값 '0'으로 설정하면 됩니다. 다른 변수로 코딩변경: 기존값 및 새로운 값 창이 열리면, 기존값에서 값을 ❶ 1로 입력하고 새로운 값에서는 값을 ❷ 1로 입력합니다. 그런 다음 ❸ 추가를 클릭합니다. 같은 방법으로 기존값 '4', '8'-새로운 값 '1'로 입력합니다. 또한 기존값 '2', '3', '5', '6', '7', '9', '10', '11', '12', '13', '14', '15', '16', '17'-새로운 값 '0'으로 입력합니다.

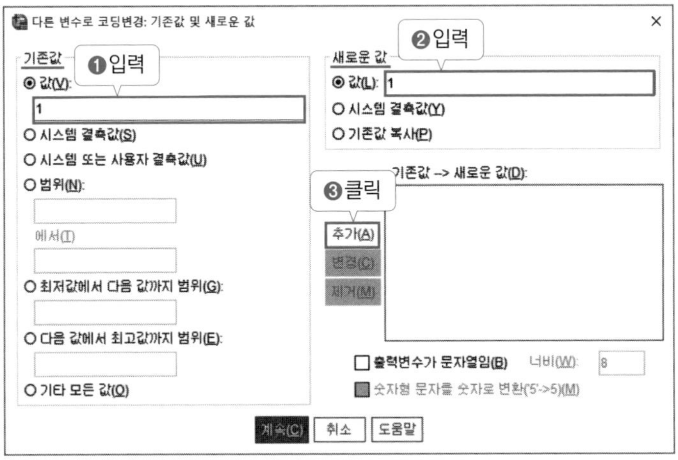


[그림 10-32]

5 거주지역2 변수에는 숫자 1~17 외에 나올 수 있는 값이 없습니다. 그러므로 1~17 외에 값은 시스템 결측값으로 설정해 주면 됩니다. 기존값에서 ❶ 기타 모든 값을 클릭하고, 새로운 값에서 ❷ 시스템 결측값을 클릭합니다. 그런 다음 ❸ 추가를 클릭한 후 ❹ 계속을 클릭합니다.

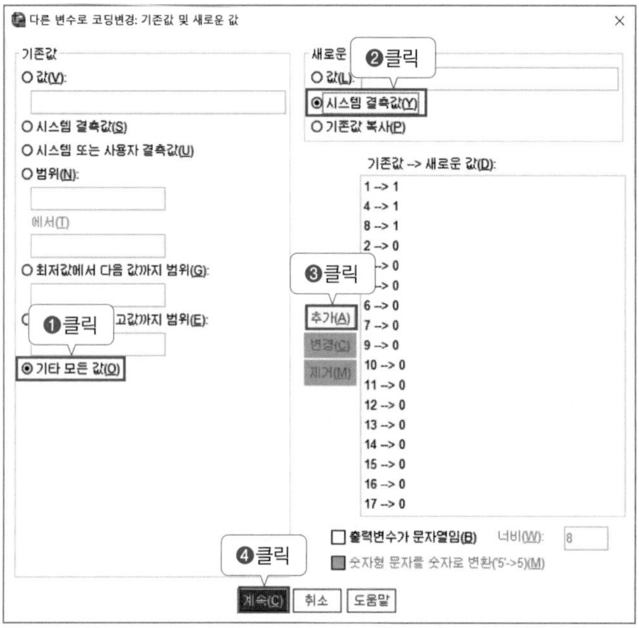


[그림 10-33]

**Know how** **보기가 너무 많다면?**

거주지역2 변수는 보기가 17개나 됩니다. 이런 경우 다른 변수로 코딩변경을 할 때 설정해야 하는 값이 많기 때문에 많은 시간이 걸릴 수 있고 실수도 많이 일어나게 됩니다. 이때 기존값 설정에서 값이 아닌 범위나 최저값에서 다음 값까지 범위, 다음 값에서 최고값까지 범위를 활용할 수 있습니다. 이를테면, 앞서 거주지역2 변수는 기존값 '2', '3', '5', '6', '7', '9', '10', '11', '12', '13', '14', '15', '16', '17'을 새로운 값 '0'으로 설정하기로 했습니다. 이때 기존값에서 범위를 활용하여 9부터 17까지는 새로운 값 0으로 설정할 수 있습니다.

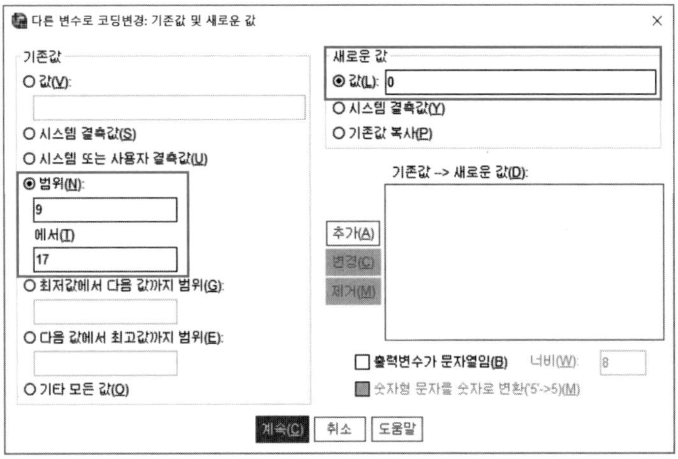


[그림 10-34]

6 다른 변수로 코딩변경 창에서 ❶ 확인을 클릭합니다. 그러면 거주지역2re라는 변수가 새롭게 만들어지고 보기가 '0=비수도권', '1=수도권'으로 재설정된 것입니다.

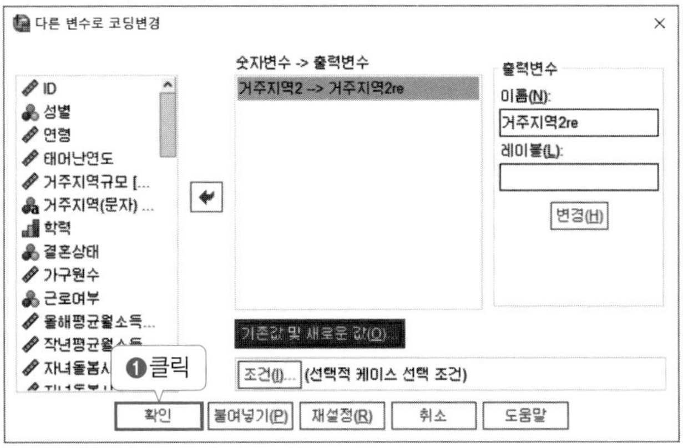


[그림 10-35]

**7** 새롭게 생성된 변수는 변수 보기 창에서 맨 아래에 위치해 있습니다. 먼저, ❶ 거주지역2re 변수를 확인합니다. 그런 다음 거주지역2re의 보기가 변경(0=비수도권, 1=수도권)되었기 때문에 새롭게 보기를 설정하기 위해서 거주지역2re 변수의 ❷ 값을 클릭하고 ❸ [...] 버튼을 누릅니다.

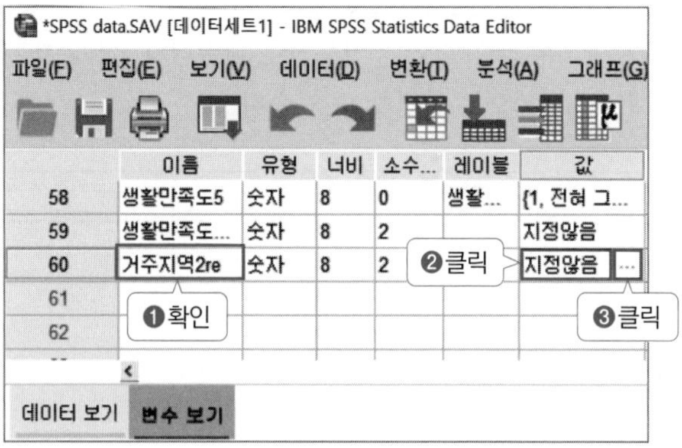


[그림 10-36]

**8** 값 레이블 창이 열리면, ❶ 기준값에 0을 입력하고, ❷ 레이블에 비수도권을 입력합니다. 그리고 ❸ 추가를 클릭합니다. 그런 다음 ❹ 기준값에 1을 입력하고, ❺ 레이블에 수도권을 입력합니다. 그리고 ❻ 추가를 클릭한 후 ❼ 확인을 클릭합니다.

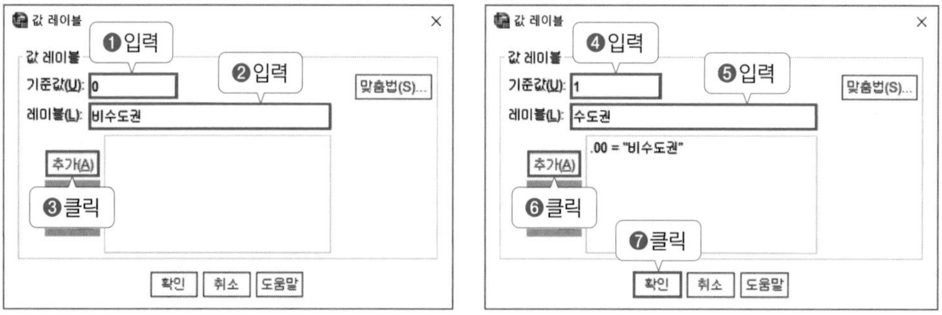


[그림 10-37]

**Know how** **보기를 재설정하기 위해 새롭게 만들어진 변수는 꼭 보기를 설정하세요**

보기를 재설정하여 새롭게 변수가 만들어졌다면, 새로운 변수는 꼭 보기를 설정해 주어야 합니다. 예를 들어, 거주지역2re라는 변수를 만들었는데, 보기(0=비수도권, 1=수도권)를 설정해 놓지 않았다면, 나중에 0이 무엇이었고, 1이 무엇이었는지 헛갈리게 됩니다. 실제로 이런 일들이 비일비재하게 일어나기 때문에 꼭 보기를 설정하는 것이 좋습니다.

## Know how 보기를 재설정했을 때는 혹시 문제가 없는지 빈도분석을 해서 확인해 보세요

보기 재설정이 잘되었는지 확인하기 위해 빈도분석을 추천합니다. 빈도분석은 메뉴에서 분석-기술통계량-빈도분석으로 진행하면 됩니다. 실제 거주지역2와 거주지역2re를 빈도분석해서 결과를 비교해 보면 거주지역2re 변수가 비수도권과 수도권으로 잘 구분되어 있는 것을 확인할 수 있습니다.

**시도**

| | | 빈도 | 퍼센트 | 유효 퍼센트 | 누적 퍼센트 |
|---|---|---|---|---|---|
| 유효 | 서울특별시 | 525 | 10.5 | 10.5 | 10.5 |
| | 부산광역시 | 255 | 5.1 | 5.1 | 15.6 |
| | 대구광역시 | 300 | 6.0 | 6.0 | 21.6 |
| | 인천광역시 | 147 | 2.9 | 2.9 | 24.5 |
| | 광주광역시 | 138 | 2.8 | 2.8 | 27.3 |
| | 대전광역시 | 168 | 3.4 | 3.4 | 30.7 |
| | 울산광역시 | 234 | 4.7 | 4.7 | 35.3 |
| | 경기도 | 1688 | 33.8 | 33.8 | 69.1 |
| | 강원도 | 92 | 1.8 | 1.8 | 70.9 |
| | 충청북도 | 150 | 3.0 | 3.0 | 73.9 |
| | 충청남도 | 303 | 6.1 | 6.1 | 80.0 |
| | 경상북도 | 219 | 4.4 | 4.4 | 84.4 |
| | 경상남도 | 299 | 6.0 | 6.0 | 90.4 |
| | 전라북도 | 143 | 2.9 | 2.9 | 93.2 |
| | 전라남도 | 268 | 5.4 | 5.4 | 98.6 |
| | 제주도 | 24 | .5 | .5 | 99.1 |
| | 세종시 | 47 | .9 | .9 | 100.0 |
| | 전체 | 5000 | 100.0 | 100.0 | |

**거주지역2re**

| | | 빈도 | 퍼센트 | 유효 퍼센트 | 누적 퍼센트 |
|---|---|---|---|---|---|
| 유효 | 비수도권 | 2640 | 52.8 | 52.8 | 52.8 |
| | 수도권 | 2360 | 47.2 | 47.2 | 100.0 |
| | 전체 | 5000 | 100.0 | 100.0 | |

[그림 10-38]

## 체크? 체크! 케이스 선택이 한 번에 안 되는 경우

집단변수에서 선택해야 할 값들이 띄엄띄엄 있는 경우 케이스 선택(케이스 삭제)이 한 번에 안 됩니다. 예를 들어, 거주지역이 수도권(서울, 인천, 경기)인 응답자만 남기고자 할 경우입니다. 이럴 때는 다른 변수로 코딩변경을 하여 서울, 인천, 경기를 1로 코딩하고, 나머지 지역은 0으로 코딩하거나 결측값으로 처리한 후 케이스 선택을 통해 '거주지역2re=1'이라는 수식을 입력하면 됩니다.

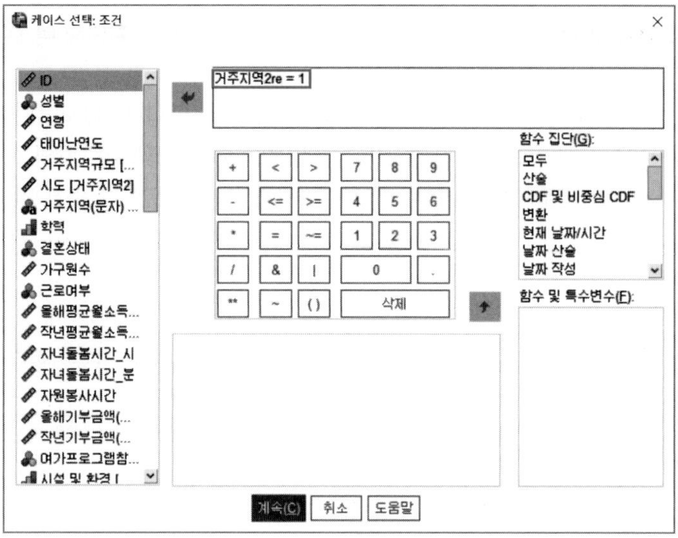


[그림 10-39]

## 4) 평균변수(보기가 없는 변수)의 보기를 만들 때

평균변수인 보기가 없는 변수에서 보기를 만들 때가 있습니다. 보기를 만든다는 것은 그룹을 만든다는 것입니다. 이를테면, 실습파일 SPSS data에서 올해 평균 월소득 변수는 보기가 없습니다. 즉, 올해 평균 월소득 변수의 경우, 아래 설문 문항의 ❶처럼 평균변수입니다. 그런데 이러한 평균변수의 보기를 만든다는 것은 설문 문항의 ❷처럼 바꾸겠다는 것입니다. ❷는 총 4개의 그룹으로 만드는 것입니다.

❶ 자신의 올해 평균 월소득은? (         )만 원

❷ 자신의 올해 평균 월소득은?

① 200만 원 미만
② 200만 원 이상 400만 원 미만
③ 400만 원 이상 600만 원 미만
④ 600만 원 이상

**실습** 평균변수의 보기 만들기

- 실습내용: 올해평균월소득 변수의 보기 만들기(① 200만 원 미만, ② 200만 원 이상 400만 원 미만, ③ 400만 원 이상 600만 원 미만, ④ 600만 원 이상)
- 실습파일: SPSS data.sav
- 활용변수: 올해평균월소득

**1** 올해평균월소득을 빈도분석하여 이상한 값이 있는지 확인합니다. 메뉴의 ❶ 분석을 클릭하고 ❷ 기술통계량을 클릭한 후 ❸ 빈도분석을 선택합니다.

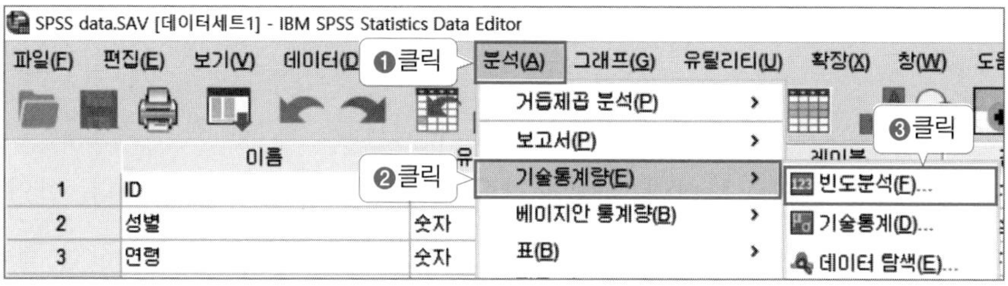


[그림 10-40]

**체크? 체크!** **각종 데이터 핸들링을 하기 전에 가장 먼저 해야 할 작업은 빈도분석입니다**

이 내용은 이미 앞부분에서 살펴봤던 내용입니다만, 다시 한 번 강조하기 위해 반복합니다. 같은 변수(다른 변수)로 코딩변경이나 변수 계산과 같이 데이터 핸들링을 하기 전에 빈도분석을 하여 이상한 값이 있는지 확인해야 합니다. 특히 '평균변수의 보기 만들기'를 할 때는 필수적으로 해야 합니다. 예를 들어, 올해평균월소득 변수를 빈도분석했더니 1,000조 2,000억이라는 숫자가 있다고 가정하겠습니다. 이상한 값이지만 만약 올해평균월소득 변수의 보기를 만들기 전에 빈도분석을 하지 않았다면, '④ 600만 원 이상' 보기에 포함되었을 것입니다. 즉, 이상한 값을 제거하지 않으면 보기에 포함되기 때문에 분석한 값을 신뢰하기가 어렵습니다. 이에 데이터 핸들링을 하기 전에 빈도분석을 하여 이상한 값을 처리해야 합니다.

**2** 빈도분석 창이 열리면, ❶ 올해평균월소득 변수를 더블클릭하고 ❷ 확인을 클릭합니다.

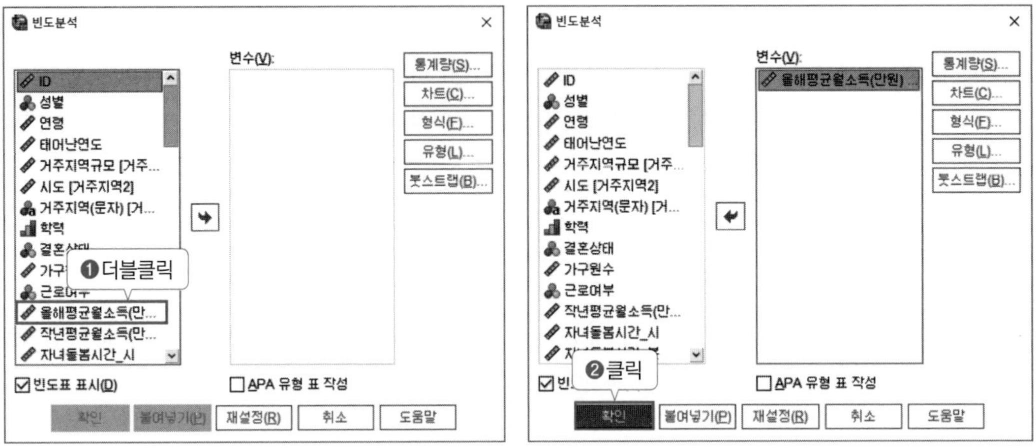


[그림 10-41]

**3** 출력 결과 창에서 올해평균월소득의 빈도분석 결과를 확인한 결과 최소값 1.27만 원, 최대값 699.19만 원으로 나타나 이상한 값이 없다는 것을 알 수 있습니다. 만약 다른 변수로 진행하다가 이상한 값이 있다면 같은 변수로 코딩변경의 '이상한 값을 결측값으로 처리할 때'를 확인하고 처리하기 바랍니다.

**올해평균월소득(만원)**

| | | 빈도 | 퍼센트 | 유효 퍼센트 | 누적 퍼센트 |
|---|---|---|---|---|---|
| 유효 | 1.27 | 1 | .0 | .0 | .0 |
| | 1.59 | 1 | .0 | .0 | .0 |
| | 2.70 | 1 | .0 | .0 | .1 |
| | 2.71 | 1 | .0 | .0 | .1 |
| | 2.83 | 1 | .0 | .0 | .1 |
| | 697.09 | 2 | .0 | .0 | 99.9 |
| | 697.32 | 1 | .0 | .0 | 99.9 |
| | 697.58 | 1 | .0 | .0 | 99.9 |
| | 697.77 | 1 | .0 | .0 | 100.0 |
| | 698.91 | 1 | .0 | .0 | 100.0 |
| | 699.19 | 1 | .0 | .0 | 100.0 |
| | 전체 | 5000 | 100.0 | 100.0 | |

[그림 10-42]

4 올해평균월소득 변수의 보기를 만들기 위해 다른 변수로 코딩변경을 진행합니다. 변수의 보기를 만드는 것은 기존값으로 복원이 가능하지 않기 때문에 다른 변수로 코딩변경을 해야 합니다. 메뉴의 ❶ 변환을 클릭하고, ❷ 다른 변수로 코딩변경을 클릭합니다.

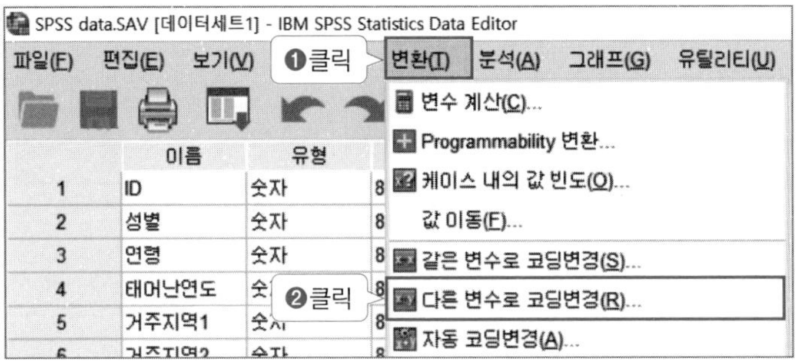


[그림 10-43]

5 다른 변수로 코딩변경 창이 열리면, ❶ 올해평균월소득 변수를 더블클릭합니다. 그런 다음 출력변수에 새롭게 만들어지는 변수의 변수명을 ❷ '올해평균월소득re'로 입력하고, ❸ 변경을 클릭합니다. 그리고 ❹ 기존값 및 새로운 값을 클릭합니다.

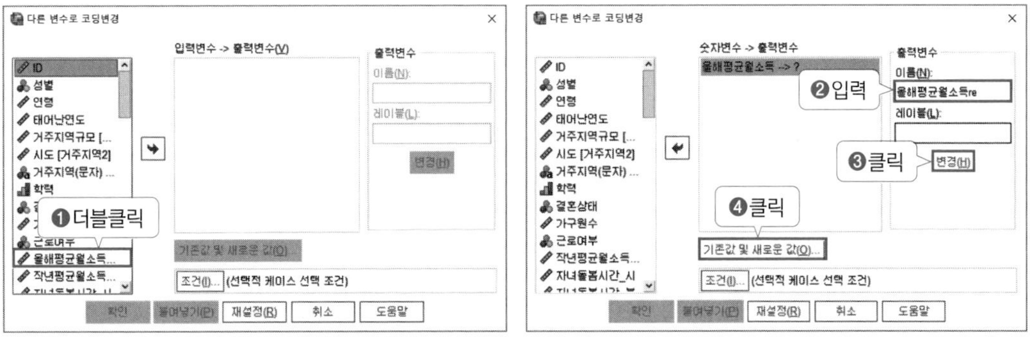


[그림 10-44]

6 200만 원 미만은 1, 200만 원 이상 400만 원 미만은 2, 400만 원 이상 600만 원 미만은 3, 600만 원 이상 4로 설정하겠습니다. 먼저, 200만 원 미만을 1로 설정하려면 다른 변수로 코딩변경: 기존값 및 새로운 값 창이 열린 후, 기존값에서는 '최저값에서 다음 값까지 범위'를 ❶ 199.99로 입력하고 새로운 값에서는 '값'을 ❷ 1로 입력합니다. 그런 다음 ❸ 추가를 클릭합니다.

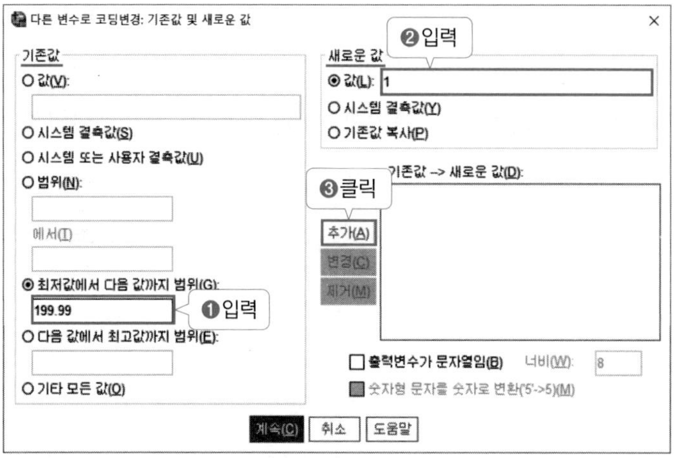


[그림 10-45]

## 체크? 체크! 평균변수의 보기 만들 때 주의할 점

앞서 올해평균월소득 변수를 200만 원 미만은 1로 설정하기로 했습니다. 200 미만이므로 '최저값에서 다음 값까지 범위'를 199로 설정해도 되었을 텐데 왜 199.99로 했을까요?

평균변수의 보기를 만들 때에는 .99를 붙여 주기 바랍니다. 그 이유는 소수점 이하 자리 수 때문입니다. 만약 소수점을 고려하지 않고 '199 이하=1, 200~399=2, 400~599=3, 600 이상=4'로 진행한다면, 199.72이나 599.14와 같은 값은 어느 보기에도 속하지 않게 됩니다. 그러므로 평균변수의 보기를 만들 때에는 .99를 꼭 붙여서 소수점을 놓치지 않기를 바랍니다. 참고로 .99는 예시이고 .999를 붙여도 좋고 .9999를 붙여도 좋습니다.

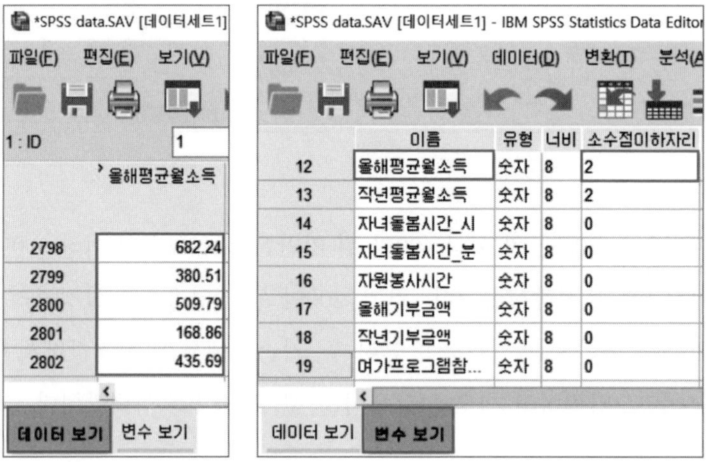


[그림 10-46]

다만, 집단변수 중 연령처럼 소수점 이하 자리가 없는 변수도 있습니다. 이런 경우에는 .99를 붙이지 않아도 문제가 되지 않습니다. 하지만 소수점이 있는 변수든 없는 변수든 모두 .99를 붙여도 문제가 없기에 .99 붙이기를 습관화하여 어떤 경우에도 문제 상황이 발생하지 않도록 하는 게 좋습니다.

7 200만 원 이상 400만 원 미만을 2로 설정하려면, 기존값에서 '범위'를 ❶ 200과 399.99로 입력하고 새로운 값에서는 '값'을 ❷ 2로 입력합니다. 그런 다음 ❸ 추가를 클릭합니다.

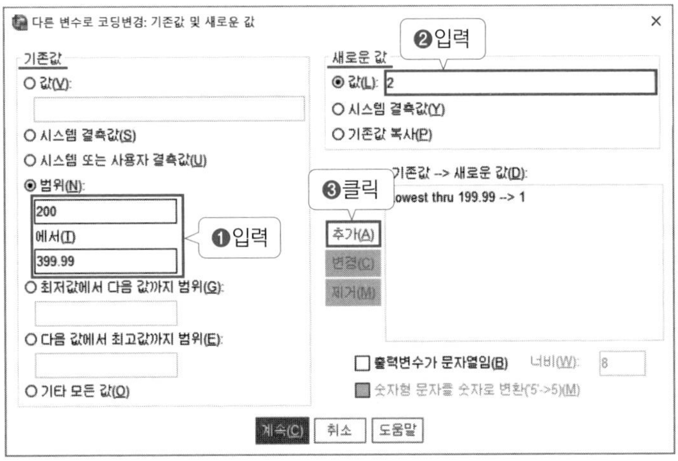


[그림 10-47]

8 400만 원 이상 600만 원 미만을 3으로 설정하려면, 기존값에서 '범위'를 ❶ 400과 599.99로 입력하고 새로운 값에서는 '값'을 ❷ 3으로 입력합니다. 그런 다음 ❸ 추가를 클릭합니다.

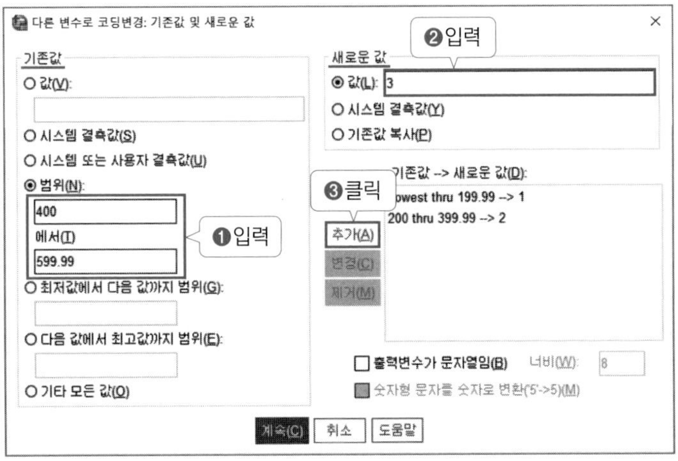


[그림 10-48]

9 600만 원 이상을 4로 설정하려면, 기존값에서 '다음 값에서 최고값까지 범위'를 ❶ 600으로 입력하고 새로운 값에서는 '값'을 ❷ 4로 입력합니다. 그런 다음 ❸ 추가를 클릭한 후 ❹ 계속을 클릭합니다.

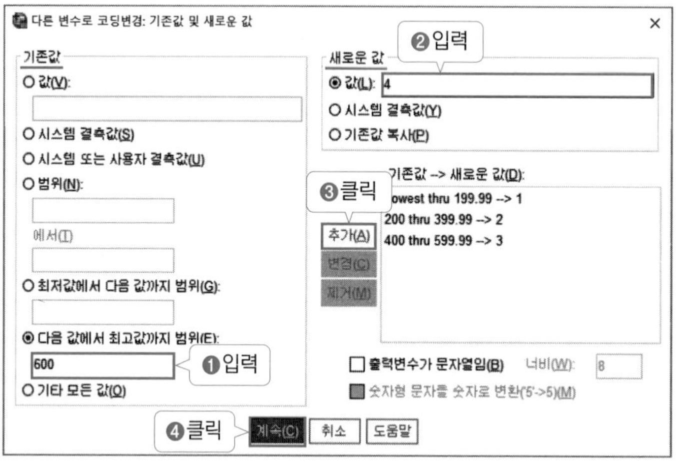

[그림 10-49]

10 다른 변수로 코딩변경 창에서 ❶ 확인을 클릭합니다. 그러면 올해평균월소득re라는 변수가 새롭게 만들어지고 보기가 '200만 원 미만=1, 200만 원 이상 400만 원 미만=2, 400만 원 이상 600만 원 미만=3, 600만 원 이상=4'로 설정된 것입니다.

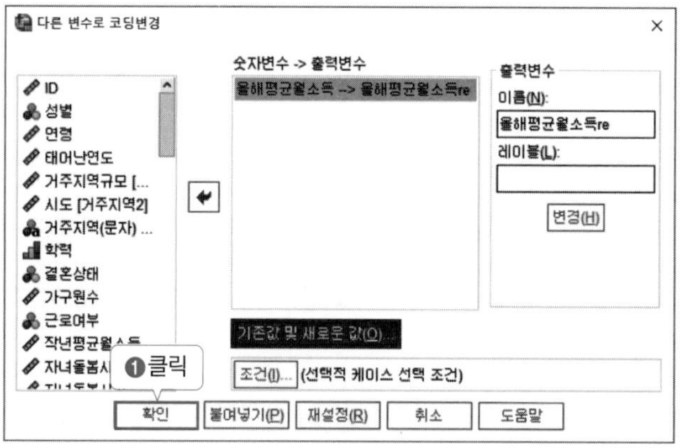

[그림 10-50]

11 새롭게 생성된 변수는 변수 보기 창에서 맨 아래에 위치해 있습니다. 먼저, ❶ 올해평균월소득re 변수를 확인합니다. 그런 다음 올해평균월소득re의 보기가 변경(200만 원 미만=1, 200만 원 이상 400만 원 미만=2, 400만 원 이상 600만 원 미만=3, 600만 원 이상=4)되었기 때문에 새롭게 보기를 설정하기 위해서 올해평균월소득re 변수의 ❷ 값을 클릭하고

❸ [...] 버튼을 누릅니다.

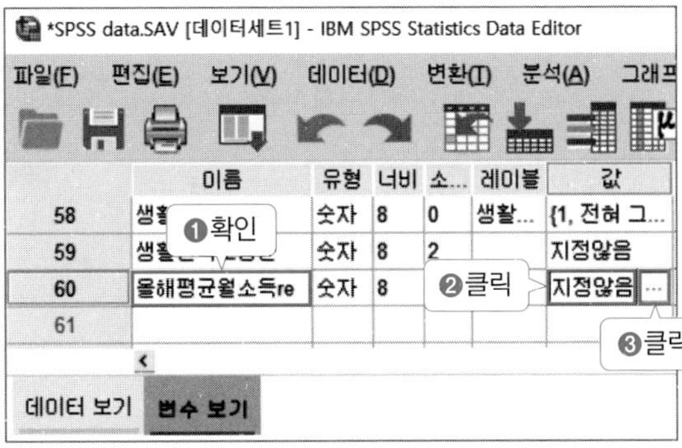


[그림 10-51]

⓬ 값 레이블 창이 열리면, ❶ 기준값에 1을 입력하고, ❷ 레이블에 200만 원 미만을 입력합니다. 그리고 ❸ 추가를 클릭합니다. 그런 다음 같은 방법으로 기준값 '2'–레이블 '200만 원 이상 400만 원 미만', 기준값 '3'–레이블 '400만 원 이상 600만 원 미만', 기준값 '4'–레이블 '600만 원 이상'으로 입력합니다. 그런 다음 ❹ 확인을 클릭합니다.

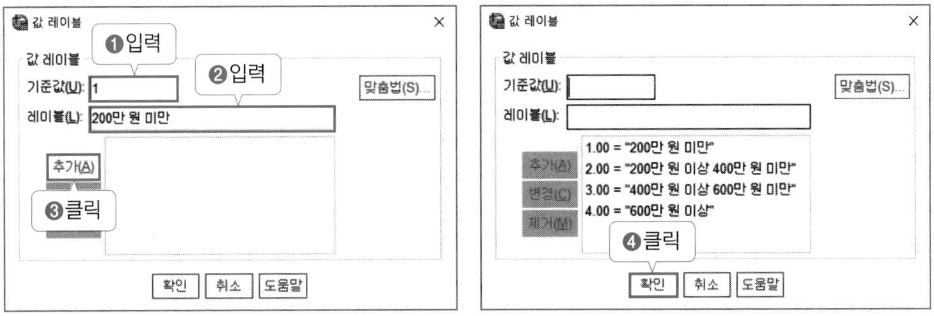


[그림 10-52]

⓭ 보기가 잘 만들어졌는지 확인하기 위해 빈도분석을 진행합니다. 메뉴의 ❶ 분석을 클릭하고 ❷ 기술통계량을 클릭한 후 ❸ 빈도분석을 선택합니다.

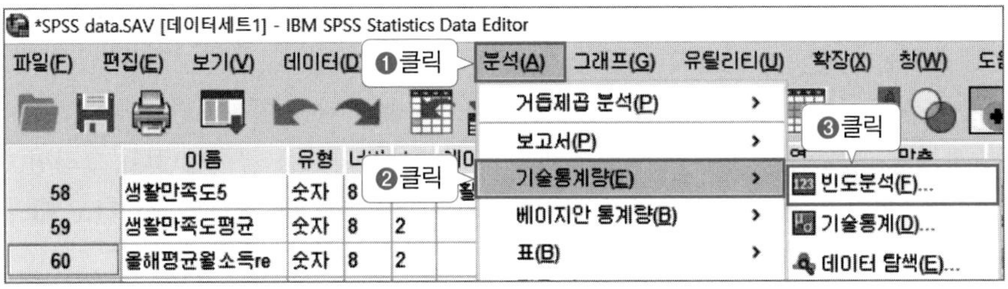


[그림 10-53]

⓮ 빈도분석 창이 열리면, ❶ 올해평균월소득re 변수를 더블클릭하고 ❷ 확인을 클릭합니다. 참고로 올해평균월소득re 변수는 맨 아래에 위치해 있습니다.

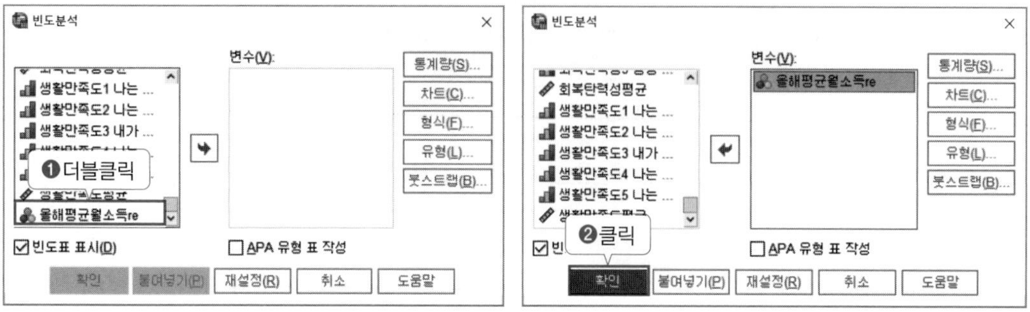


[그림 10-54]

⓯ 출력 결과 창에서 올해평균월소득re의 빈도분석 결과를 확인한 결과, 보기가 잘 만들어져 있는 것을 확인할 수 있습니다.

**올해평균월소득re**

| | | 빈도 | 퍼센트 | 유효 퍼센트 | 누적 퍼센트 |
|---|---|---|---|---|---|
| 유효 | 200만 원 미만 | 820 | 16.4 | 16.4 | 16.4 |
| | 200만 원 이상 400만 원 미만 | 2301 | 46.0 | 46.0 | 62.4 |
| | 400만 원 이상 600만 원 미만 | 1540 | 30.8 | 30.8 | 93.2 |
| | 600만 원 이상 | 339 | 6.8 | 6.8 | 100.0 |
| | 전체 | 5000 | 100.0 | 100.0 | |

[그림 10-55]

**Know how** **평균변수의 보기를 만들기 전에 평균변수의 개괄적인 분포를 확인하세요**

앞서 살펴본 올해평균월소득의 보기는 '200만 원 미만=1, 200만 원 이상 400만 원 미만=2, 400만 원 이상 600만 원 미만=3, 600만 원 이상=4'로 설정하였습니다. 그런데 보기를 '300만 원 미만=1, 300만 원 이상=2'로 설정하면 안 될까요? 가능합니다. 다만, 보기를 만들기 전에 개괄적인 분포를 확인하기 바랍니다.

개괄적인 분포를 확인하기 위해서는 빈도분석에 히스토그램을 이용하면 됩니다. 메뉴의 '분석-기술통계량-빈도분석'을 통해 빈도분석 창을 열고, ❶ 차트를 클릭합니다. 그러면 빈도분석: 차트 창이 열리고, ❷ 히스토그램을 클릭합니다. 그런 다음 ❸ 계속을 클릭하고 ❹ 빈도분석 창에서 확인을 클릭하면 됩니다.

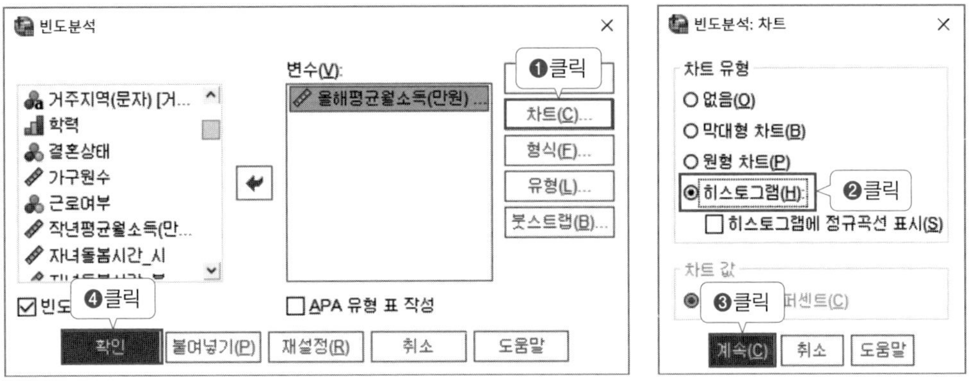

[그림 10-56]

출력 결과 창에서 맨 아래를 확인해 보면, 평균변수의 개괄적인 분포를 확인할 수 있는 히스토그램 결과가 있습니다. 이것을 보면서 어떻게 보기를 나눌지 가늠할 수 있습니다. 다만, 보기를 나눌 때 참고하면 좋을 만한 내용을 공유합니다.

- 보기 수는 2~6개가 적절하다.
- 보기 간 간격은 일정하게 만든다(좋지 않은 예: ① 1−2 ② 3−10 ③ 11−13).
- 보기 간 간격은 5단위, 10단위가 좋다.
- 각각의 보기는 어느 정도의 비중을 차지하는 것이 좋다(빈도분석 결과 후 1~2케이스밖에 없는 보기는 다른 보기와 합치는 것을 추천합니다).

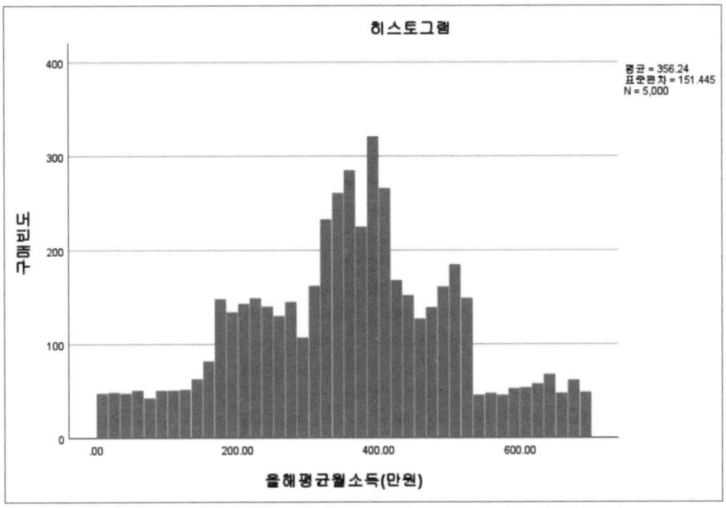

[그림 10-57]

**체크? 체크!** **케이스 선택이 한 번에 안 되는 경우**

케이스 선택을 해야 할 값들이 양쪽 사이드에 있는 경우 케이스 선택(케이스 삭제)이 한 번에 안 됩니다. 예를 들어, 올해평균월소득이 200만 원 미만, 600만 원 이상인 응답자만 남기고자 할 경우입니다. 이럴 때는 다른 변수로 코딩변경을 하여 200만 원 미만과 600만 원 이상을 1로 코딩하고, 나머지는 0으로 코딩하거나 결측값으로 처리한 후 케이스 선택을 통해 '올해평균월소득re=1'이라는 수식을 입력하면 됩니다.

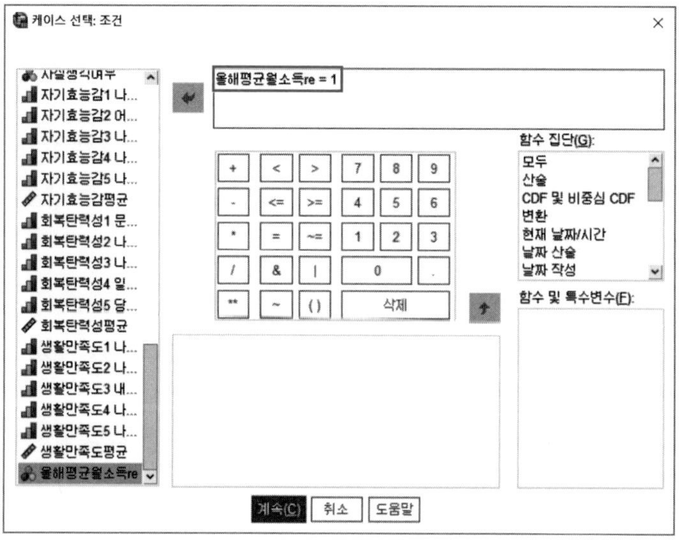


[그림 10-58]

# 3. 변수 계산

변수 계산은 기존 변수를 계산하여 새로운 변수를 만들 때 사용합니다. 그럼 변수 계산은 언제 사용할까요? 대표적으로 가장 많이 활용하는 경우는 다음과 같습니다.

- 합변수 만들 때
- 평균변수 만들 때
- 결측값이 있는 케이스를 확인할 때
- 로그로 변환할 때
- 사칙연산을 활용하여 기존 변수를 계산할 때

지금부터 이 5가지 경우에 대해 살펴보겠습니다.

## 1) 합변수 만들 때

합변수는 2개 이상의 변수를 합한 변수를 의미합니다. 보통 합변수는 리커트 척도를 합하여 1개의 변수로 만들 때 사용합니다. 예를 들어, 사회적지지는 리커트 척도로 총 3개(사회적지지1, 사회적지지2, 사회적지지3)의 문항이 있습니다. 사회적지지 변수인 사회적지지1, 사회적지지2, 사회적지지3 변수를 모두 합하여 '사회적지지합'이라는 변수를 만드는 것입니다.

각종 분석(독립표본 t검정, 일원배치 분산분석, 상관관계분석, 회귀분석 등)에서 사회적지지를 활용하려면 3개 문항을 1개의 변수로 만들어야 합니다. 3개의 변수를 1개의 변수로 만드는 방법에는 합변수를 만들거나 평균변수를 만드는 방법이 있습니다. 먼저, 합변수를 만드는 방법에 대해 실습해 보겠습니다.

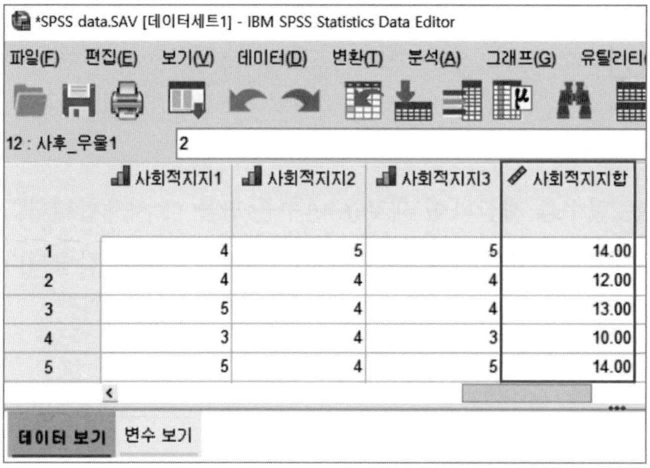


[그림 10-59] 합변수 만들 때

**체크? 체크!** **각종 분석을 할 때 리커트 척도는 왜 1개의 변수로 만들어야 하는가?**

리커트 척도를 가지고 각종 분석을 진행하기 위해서는 사전에 합변수 혹은 평균변수를 만들어 1개 변수로 진행해야 합니다. 예를 들어, 사회적지지를 가지고 분석에서 활용한다고 가정하겠습니다. 사회적지지는 사회적지지1, 사회적지지2, 사회적지지3 변수로 구성되어 있습니다.

성별에 따른 사회적지지의 평균 차이를 확인하기 위해 독립표본 t검정을 한다고 했을 때, 성별에 따른 사회적지지1 변수의 평균 차이, 성별에 따른 사회적지지2 변수의 평균 차이, 성별에 따른 사회적지지3 변수의 평균 차이를 각각 확인하지 않습니다. 사회적지지1, 사회적지지2, 사회적지지3 변수를 묶은 사회적지지합 변수나 평균 변수를 활용하여 1개로 만든 후 성별에 따른 사회적지지합 변수의 평균 차이 혹은 성별에 따른 사회적지지평균 변수의 평균 차이를 확인합니다. 이는 다른 분석에서도 마찬가지입니다. 즉, 우리가 알고 싶은 것은 사회적지지 변수이므로 3문항을 합한 '사회적지지합'이나 평균을 낸 '사회적지지평균'이라는 변수를 활용합니다.

## 실습 합변수 만들기

- 실습내용: 사회적지지 변수를 활용하여 '사회적지지합' 변수 만들기
- 실습파일: SPSS data.sav
- 활용변수: 사회적지지1, 사회적지지2, 사회적지지3

합변수를 만들기 전에 이상한 값과 역문항을 확인 후 처리해야 합니다. ❶부터 ❿까지 이상한 값 처리와 역코딩 과정이 제시되어 있고, ⓫부터 합변수를 만드는 방법에 대해서 설

명되어 있습니다. 합변수 만드는 방법을 바로 확인하고 싶다면 11부터 보기 바랍니다.

1 합변수를 만들기 전에 가장 먼저 해야 할 일은 빈도분석을 통해 이상한 값을 확인합니다. 메뉴의 ❶ 분석을 클릭하고 ❷ 기술통계량을 클릭한 후 ❸ 빈도분석을 선택합니다.

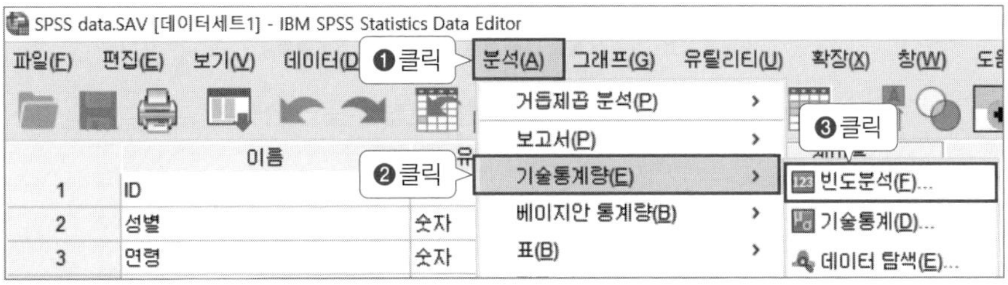


[그림 10-60]

2 빈도분석 창이 열리면, ❶ 사회적지지1 변수를 클릭한 후 ❷ Shift 키를 누르면서 사회적지지3 변수를 클릭합니다. 그렇게 하면 사회적지지1 변수부터 사회적지지3 변수까지 모두 선택됩니다. 만약 어렵다면 변수 한 개씩 옮기는 것을 추천합니다. ❸ ➔ 버튼을 누릅니다. 그런 다음 ❹ 확인을 클릭합니다.

[그림 10-61]

❸ 출력 결과 창에서 사회적지지의 빈도분석 결과를 확인한 결과 사회적지지1, 사회적지지2, 사회적지지3 모두 이상한 값이 없다는 것을 알 수 있습니다. 만약 다른 변수로 진행하다가 이상한 값이 있다면 같은 변수로 코딩변경의 '이상한 값을 결측값으로 처리할 때'를 확인하고 처리하기 바랍니다.

**사회적지지1 그들은 항상 나의 일에 관심을 갖고 걱정해주었다.**

| | | 빈도 | 퍼센트 | 유효 퍼센트 | 누적 퍼센트 |
|---|---|---|---|---|---|
| 유효 | 전혀 그렇지 않다 | 330 | 6.6 | 6.6 | 6.6 |
| | 그렇지 않다 | 127 | 2.5 | 2.5 | 9.1 |
| | 보통이다 | 1121 | 22.4 | 22.4 | 31.6 |
| | 그렇다 | 2385 | 47.7 | 47.7 | 79.3 |
| | 매우 그렇다 | 1037 | 20.7 | 20.7 | 100.0 |
| | 전체 | 5000 | 100.0 | 100.0 | |

**사회적지지2 그들은 나의 문제를 들어주지 않았다.**

| | | 빈도 | 퍼센트 | 유효 퍼센트 | 누적 퍼센트 |
|---|---|---|---|---|---|
| 유효 | 전혀 그렇지 않다 | 314 | 6.3 | 6.3 | 6.3 |
| | 그렇지 않다 | 216 | 4.3 | 4.3 | 10.6 |
| | 보통이다 | 1160 | 23.2 | 23.2 | 33.8 |
| | 그렇다 | 2232 | 44.6 | 44.6 | 78.4 |
| | 매우 그렇다 | 1078 | 21.6 | 21.6 | 100.0 |
| | 전체 | 5000 | 100.0 | 100.0 | |

**사회적지지3 그들과 함께 있으면 친밀감을 느끼게 해주었다.**

| | | 빈도 | 퍼센트 | 유효 퍼센트 | 누적 퍼센트 |
|---|---|---|---|---|---|
| 유효 | 전혀 그렇지 않다 | 303 | 6.1 | 6.1 | 6.1 |
| | 그렇지 않다 | 156 | 3.1 | 3.1 | 9.2 |
| | 보통이다 | 975 | 19.5 | 19.5 | 28.7 |
| | 그렇다 | 2377 | 47.5 | 47.5 | 76.2 |
| | 매우 그렇다 | 1189 | 23.8 | 23.8 | 100.0 |
| | 전체 | 5000 | 100.0 | 100.0 | |

[그림 10-62]

❹ 합변수를 만들기 전에 역코딩해야 할 문항이 있는지 확인합니다. 사회적지지는 점수가 높을수록 사회적지지가 높은 것으로 해석해야 합니다. 사회적지지2 변수의 경우 '그들은 나의 문제를 들어주지 않았다.'인데, 1은 '전혀 그렇지 않다'이고 5는 '매우 그렇다'입니다. 즉, 점수가 높을수록 사회적지지가 낮은 것이므로 역코딩해야 합니다. 그러므로 사회적지지2 변수만 역코딩을 진행하면 됩니다.

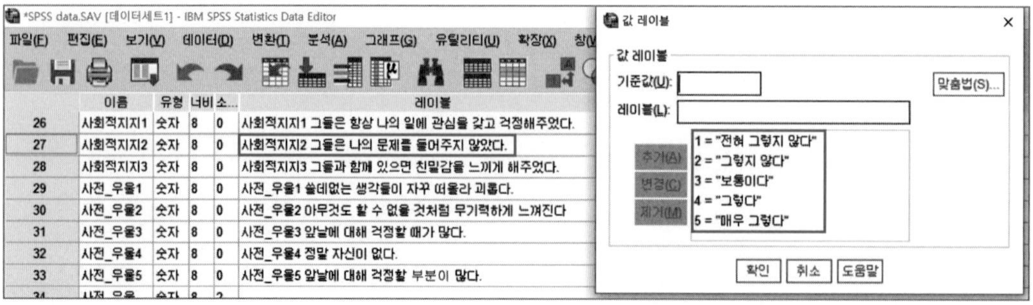


[그림 10-63]

**5** 사회적지지2 변수를 역코딩하기 위해 같은 변수로 코딩변경을 진행합니다. 메뉴의 ❶ 변환을 클릭하고, ❷ 같은 변수로 코딩변경을 클릭합니다.

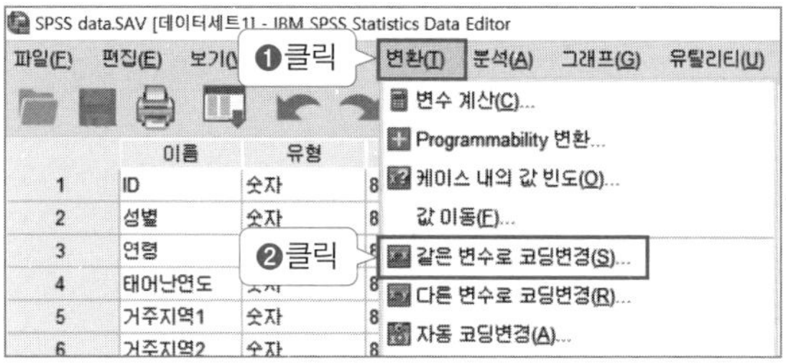


[그림 10-64]

**6** 같은 변수로 코딩변경 창이 열리면, ❶ 사회적지지2 변수를 더블클릭합니다. 그런 다음 ❷ 기존값 및 새로운 값을 클릭합니다.

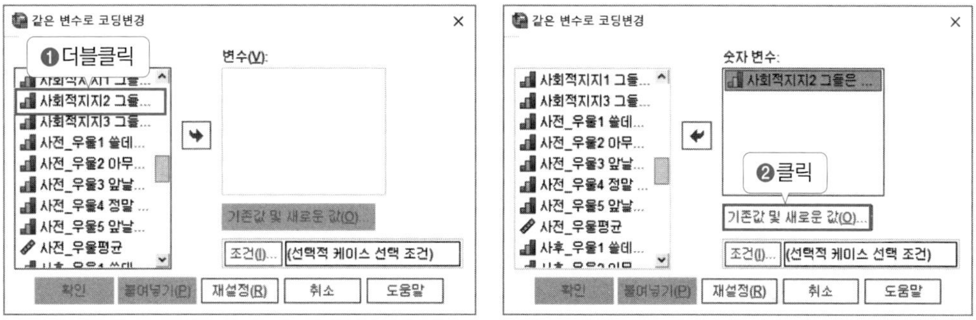


[그림 10-65]

**7** 같은 변수로 코딩변경: 기존값 및 새로운 값 창이 열리면, 기존값에서 값을 ❶ 1로 입력하고 새로운 값에서는 값을 ❷ 5로 입력합니다. 그런 다음 ❸ 추가를 클릭합니다. 같은 방법으로 기존값 '2'−새로운 값 '4', 기존값 '3'−새로운 값 '3', 기존값 '4'−새로운 값 '2', 기존값 '5'−새로운 값 '1'로 입력합니다.

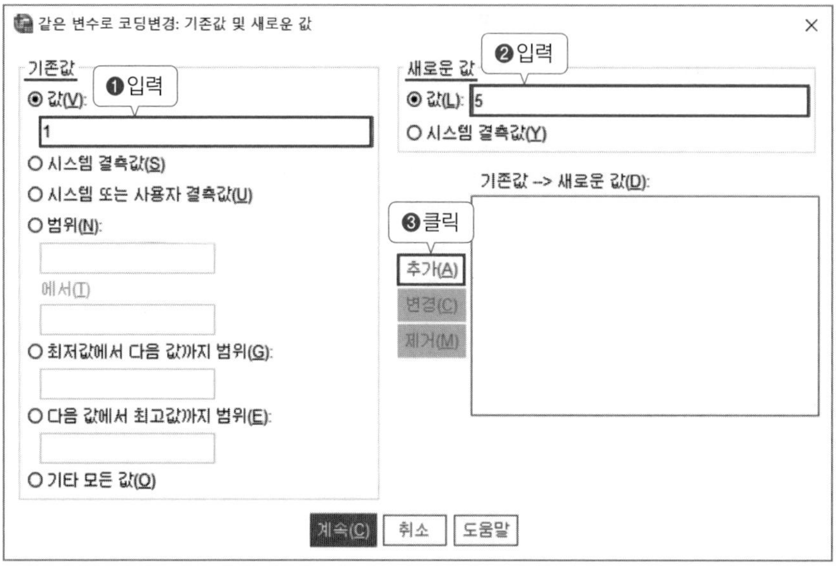


[그림 10-66]

8 사회적지지2 변수에는 1~5점 외에 나올 수 있는 값이 없으므로, 1~5점 외에 값은 시스템 결측값으로 설정해 주면 됩니다. 기존값에서 ❶ 기타 모든 값을 클릭하고, 새로운 값에서 ❷ 시스템 결측값을 클릭합니다. 그런 다음 ❸ 추가를 클릭한 후 ❹ 계속을 클릭합니다.

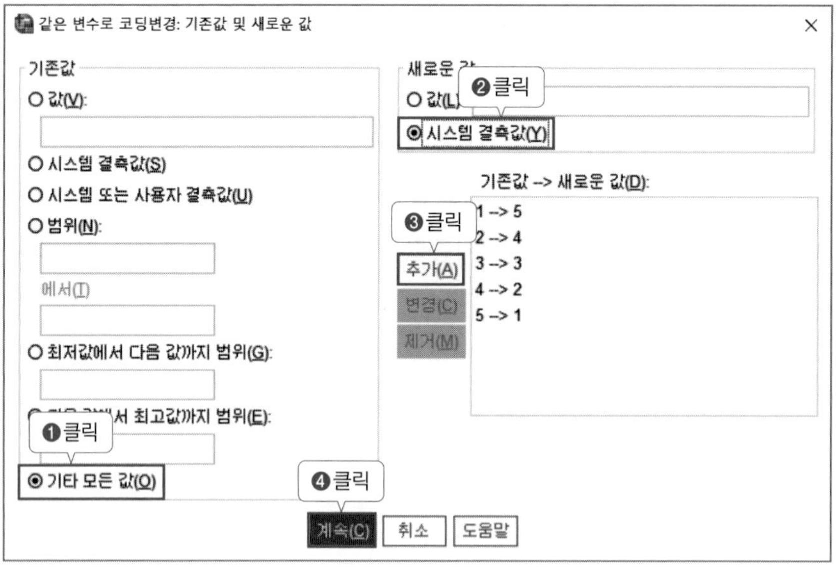


[그림 10-67]

**9** 같은 변수로 코딩변경 창에서 ❶ 확인을 클릭합니다.

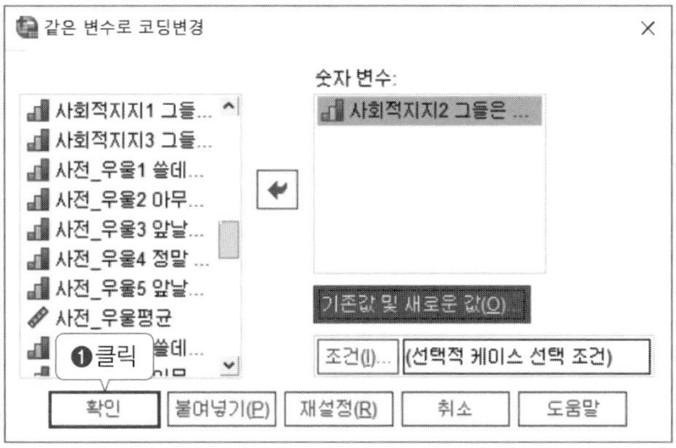


[그림 10-68]

**10** 사회적지지2 변수는 역코딩했다는 표시를 해 두기 위해 변수 보기 창에서 '사회적지지2' 변수 이름을 '사회적지지2re'로 변경합니다.

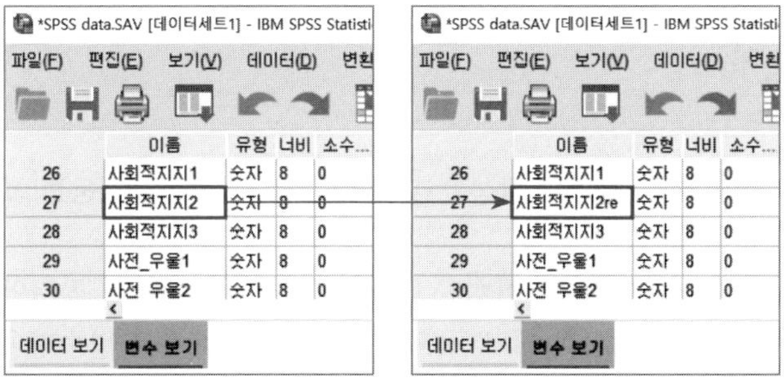


[그림 10-69]

**11** '사회적지지합' 변수를 만들기 위해 메뉴의 ❶ 변환을 클릭한 후 ❷ 변수 계산을 누릅니다.

[그림 10-70]

⑫ 변수 계산 창이 열리면, 목표변수에 ❶ '사회적지지합'이라고 변수명을 작성합니다. 그런 다음 숫자표현식에 ❷ sum( )을 입력합니다.

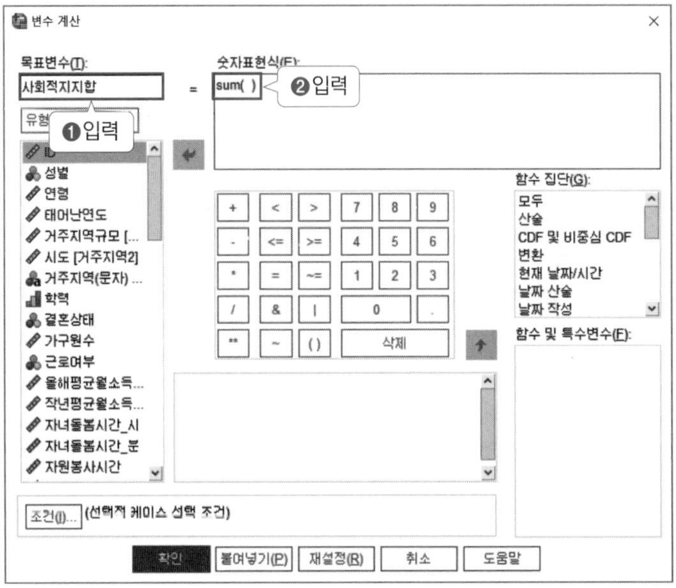


[그림 10-71]

**Know how** **변수 계산 창에서 목표변수에 작성한 변수명은 다음 사항이 불가능합니다**

종종 변수 계산 창에서 목표변수에 작성한 내용이 변수명인 것을 잊고 띄어쓰기 등을 시도할 때가 있습니다. 하지만 변수 계산 창에서 목표변수에 작성한 내용은 변수명이기 때문에 특수문자(!, ?, %, #, *, & 등) 사용이 불가능하고 숫자로 시작하는 것도 불가능합니다. 또한 띄어쓰기 사용도 불가능합니다. 만약 특수문자나 숫자로 시작하거나 띄어쓰기를 사용했다면 '변수 이름에 잘못된 문자가 있습니다.'와 같은 에러 메시지가 뜹니다.

⑬ 숫자표현식에서 작성한 ❶ sum( )의 괄호 안을 클릭합니다. 그런 다음 ❷ 사회적지지1 변수를 더블클릭하고 키보드에서 콤마(,)를 누릅니다. 그러면 숫자표현식에 sum(사회적지지1,) 이렇게 작성되어 있을 것입니다. 마찬가지로 ❸ 사회적지지2re 변수를 더블클릭하고 키보드에서 콤마(,)를 누릅니다. 마지막으로 ❹ 사회적지지3 변수를 더블클릭합니다.

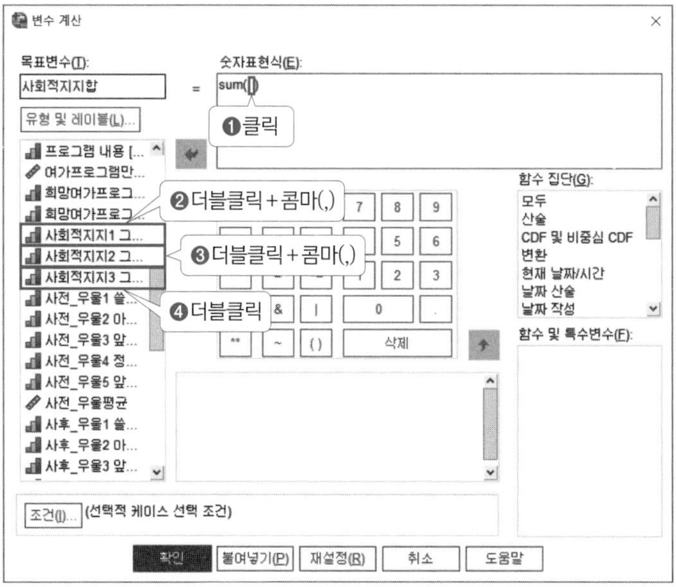


[그림 10-72]

⑭ 숫자표현식에 작성된 ❶ sum(사회적지지1, 사회적지지2re, 사회적지지3)을 확인합니다. 그런 다음 ❷ 확인을 클릭합니다.

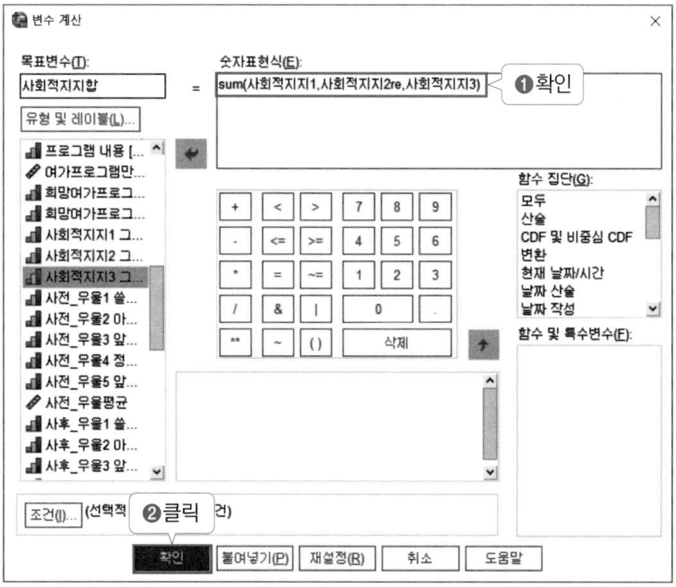


[그림 10-73]

**Know how** **합변수 만들 때 숫자표현식을 더욱 간단하게 하는 to는 비추천합니다**

합변수를 만들 때 숫자표현식에서 sum(변수명1, 변수명2, 변수명3)으로 진행하는 방법을 알려드렸습니다. 그런데 사실 sum(변수명1 to 변수명3)으로 진행할 수도 있습니다. 즉, 첫 번째 변수를 넣고 to를 입력한 다음 마지막 변수를 넣으면 됩니다. 이러한 숫자표현식은 리커트 척도 문항이 굉장히 많을 때 유용합니다. 하지만 추천하지 않습니다. 종종 에러가 발생하는데, 변수명이 한글이거나 (버전이 낮을 경우) 변수들이 순서대로 나열되어 있지 않는 등의 여러 이유로 문제가 생길 수 있습니다. 만약 에러가 발생하면 첫 번째 변수와 마지막 변수만 합쳐질 수도 있습니다. 이에 조금은 힘이 들더라도 각 변수를 더블클릭하면서 콤마(,)를 입력하는 방법을 추천합니다.

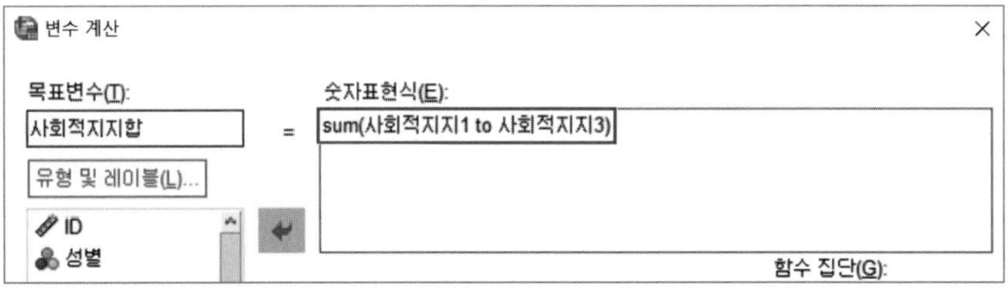


[그림 10-74]

⓯ 새로 만들어진 사회적지지합 변수는 변수 보기 창의 맨 아래에 위치해 있습니다.

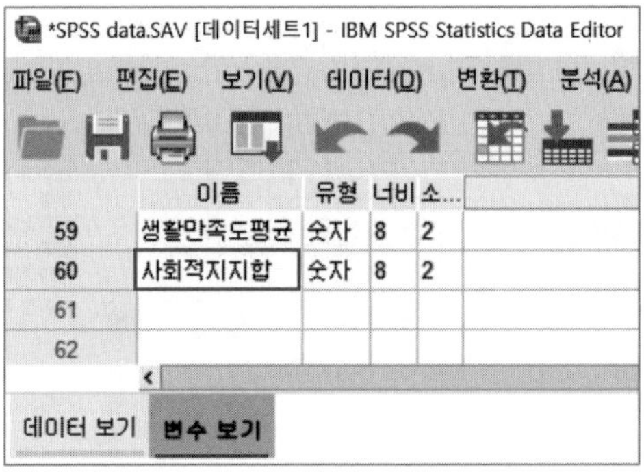


[그림 10-75]

⑯ 데이터 보기 창에서도 사회적지지합 변수가 생성된 것을 확인할 수 있습니다.

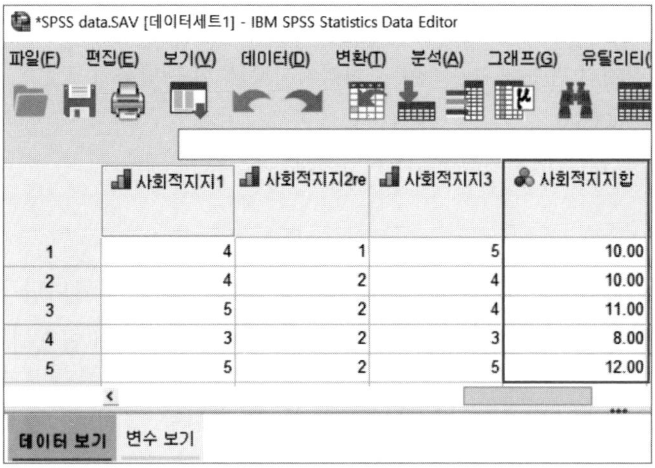


[그림 10-76]

## 2) 평균변수 만들 때

평균변수는 2개 이상의 변수에 대해 평균을 낸 변수를 의미합니다. 예를 들어, 사회적지지 변수인 사회적지지1, 사회적지지2, 사회적지지3 변수를 평균 내어서 '사회적지지평균'이라는 변수를 만드는 것입니다.

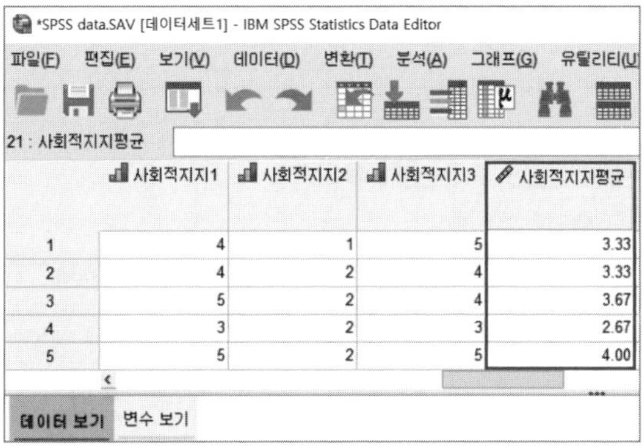


[그림 10-77] 평균변수 만들 때

## 실습 평균변수 만들기

- 실습내용: 사회적지지 변수를 활용하여 '사회적지지평균' 변수 만들기
- 실습파일: SPSS data.sav
- 활용변수: 사회적지지1, 사회적지지2, 사회적지지3

평균변수를 만들기 전에 이상한 값과 역문항을 확인 후 처리해야 합니다. 이 부분은 합변수 만들기 실습 중 1~10에 이상한 값 처리와 역코딩 과정이 제시되어 있으니 생략하겠습니다.

1 '사회적지지평균' 변수를 만들기 위해 메뉴의 ❶ 변환을 클릭 후 ❷ 변수 계산을 클릭합니다.

[그림 10-78]

2 변수 계산 창이 열리면, 목표변수에 ❶ '사회적지지평균'이라고 변수명을 작성합니다. 그런 다음 숫자표현식에 ❷ mean( )을 입력합니다.

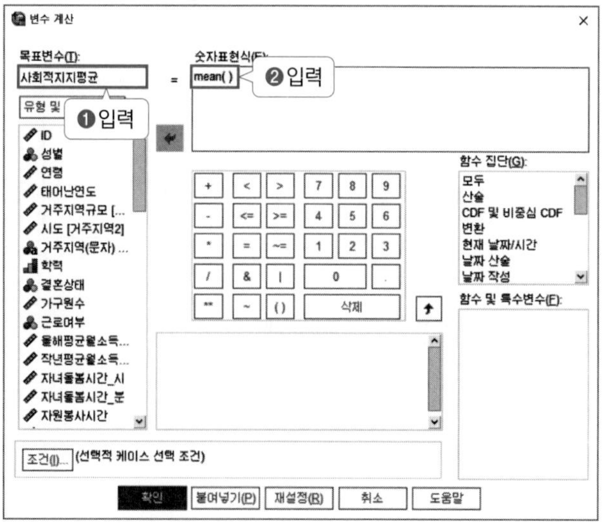


[그림 10-79]

**Know how** **mean=평균, SD=표준편차**

mean은 평균을 의미합니다. mean은 SPSS 통계 프로그램뿐만 아니라 보고서나 논문에서도 자주 사용합니다. 그렇기 때문에 mean이 평균을 의미한다는 사실을 알고 있어야 합니다. 그리고 평균을 mean으로 표시하는 경우도 있지만, 약자로 M만 표시하기도 합니다. 참고로 SD는 standard deviation의 약자로 표준편차를 의미합니다.

**3** 숫자표현식에서 작성한 ❶ mean( )의 괄호 안을 클릭합니다. 그런 다음 ❷ 사회적지지1 변수를 더블클릭하고 키보드에서 콤마(,)를 누릅니다. 그러면 숫자표현식에 mean(사회적지지1,) 이렇게 작성되어 있을 것입니다. 마찬가지로 ❸ 사회적지지2re 변수를 더블클릭하고 키보드에서 콤마(,)를 누릅니다. 마지막으로 ❹ 사회적지지3 변수를 더블클릭합니다.

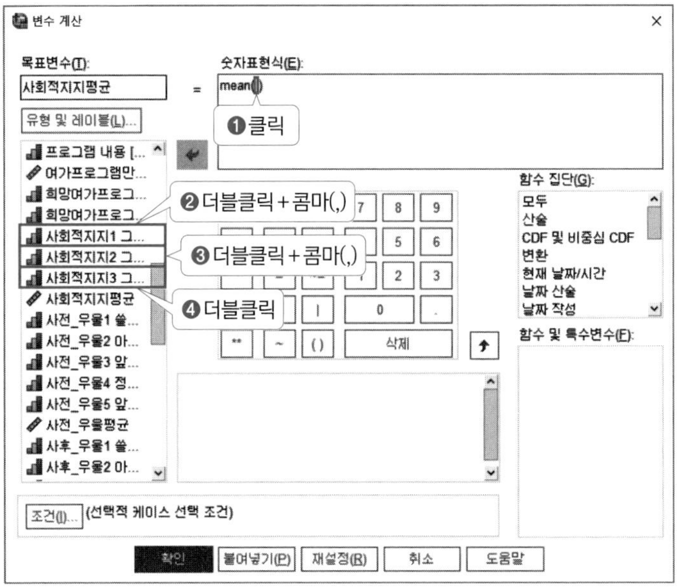


[그림 10-80]

**4** 숫자표현식에 작성된 ❶ mean(사회적지지1, 사회적지지2re, 사회적지지3)을 확인합니다. 그런 다음 ❷ 확인을 클릭합니다.

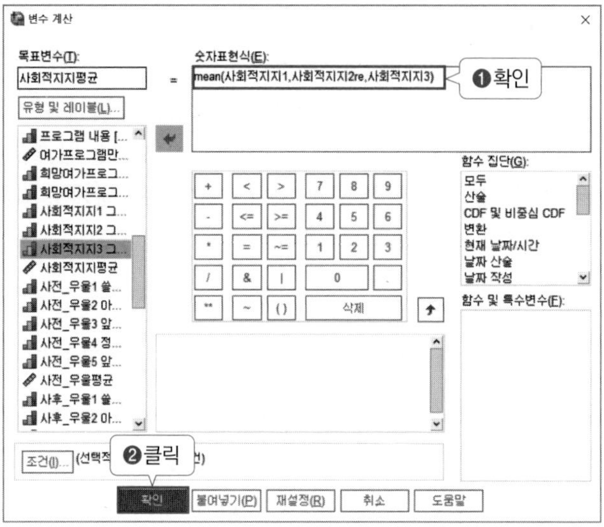


[그림 10-81]

5 새로 만들어진 사회적지지평균 변수는 변수 보기 창의 맨 아래에 위치해 있습니다.

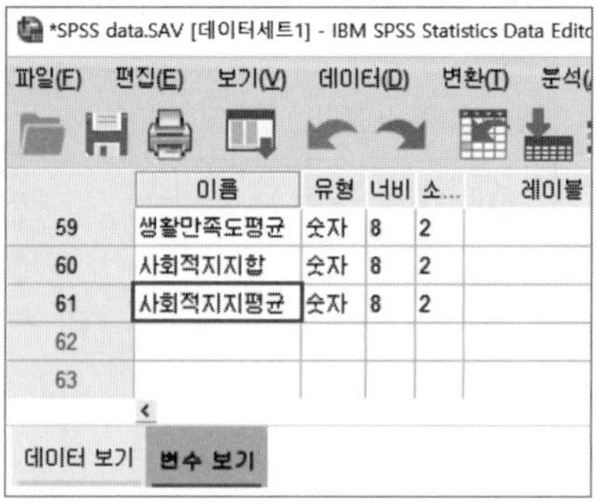


[그림 10-82]

6 데이터 보기 창에서도 사회적지지평균 변수가 생성된 것을 확인할 수 있습니다.

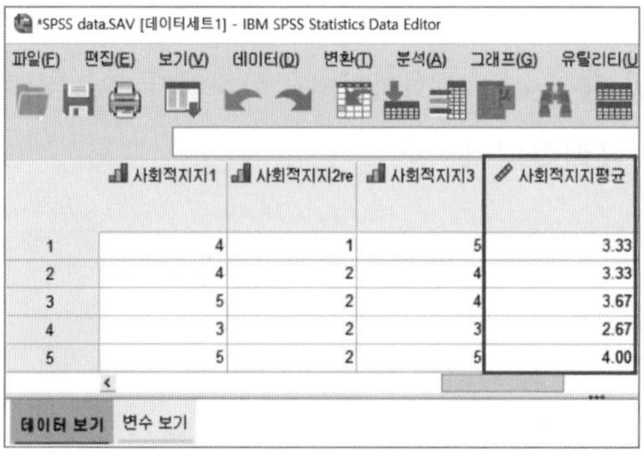


[그림 10-83]

**Know how** **합변수 vs 평균변수**

리커트 척도를 하나의 변수로 만드는 방법은 총 2가지(합변수와 평균변수)입니다. 그런데 합변수로 만들어야 할지, 아니면 평균변수로 만들어야 할지 고민이 됩니다. 사실 합변수로 할지, 평균변수로 할지는 각자 판단하면 됩니다.

다만, 원척도를 확인했을 때 리커트 척도 문항의 합이 의미가 있다면 합변수를 만들어 사용하고, 만약 그러한 내용이 없다면 평균변수를 활용하면 됩니다. 예를 들어, 사회적지지의 원척도에서 사회적지지1, 사회적지지2, 사회적지지3 변수를 모두 합했을 때 15점 이상이면 높은 사회적지지, 14~10점은 보통 사회적지지, 9점 이하는 낮은 사회적지지라는 내용이 있다면 당연히 합변수로 진행하는 것이 좋습니다.

또한 리커트 척도 문항 중 무응답 등 결측값이 있는 문항들이 보인다면 합변수를 만들기 보다는 평균변수를 만드는 것이 좋습니다. 결측값은 빈칸으로 처리를 합니다. 그렇게 된다면 합변수를 만들 때 빈칸은 0으로 처리하고 나머지 응답한 문항만 합하기 때문에 제대로 된 합변수가 아닙니다. 예를 들어, 총 5개의 문항 중 2개의 문항만 응답한 케이스는 응답한 문항 자체가 적기 때문에 합을 하면 작은 값이 나옵니다. 그렇기 때문에 리커트 척도 문항에 결측값이 있다면 평균변수로 만드는 것을 추천합니다.

참고로, 합변수나 평균변수 모두 문제가 없다면 둘 중 어떤 변수를 활용해도 분석 결과는 바뀌지 않습니다. 예를 들어, 성별에 따른 사회적지지의 평균 차이를 확인한다고 가정해 보겠습니다. '사회적지지합'이라는 변수를 넣어 독립표본 t검정 분석을 진행했는데, 만약 성별에 따라 사회적지지의 평균 차이가 나지 않은 것으로 나타났다면, 이런 상황에서 사회적지지합 변수 대신 평균 변수를 넣는다고 해도 차이가 있는 것으로 분석되지 않습니다. 이는 모든 분석에서 마찬가지로 나타납니다. 합변수를 활용했다가 원치 않는 결과가 나타난다고 해서 평균변수를 활용하더라도 분석 결과는 바뀌지 않으니 참고하기 바랍니다.

### 3) 결측값이 있는 케이스를 확인할 때

결측값은 중복응답, 무응답 등 잘못 응답한 값을 말합니다. 보통 이러한 결측값은 이상한 값이라고 판단하여 같은 변수로 코딩변경을 통해 무응답, 즉 빈칸으로 처리합니다. 결측값은 각종 분석을 진행할 때 제외됩니다. 문제는 분석에서 활용하는 변수 중 하나라도 결측값이 있다면 그 케이스는 분석할 때 포함하지 않습니다. 다음 예시를 통해 구체적으로 확인해 보겠습니다.

독립변수를 사회적지지, 자기효능감, 회복탄력성, 종속변수를 생활만족도로 설정하여 회귀분석을 진행한다고 가정해 보겠습니다. 사회적지지, 자기효능감, 회복탄력성, 생활만족도 모두 리커트 척도입니다. 리커트 척도이므로 실제 분석에서 활용하는 변수는 리커트 척도를 평균 낸 변수로 사회적지지평균, 자기효능감평균, 회복탄력성평균, 생활만족도평균입니다.

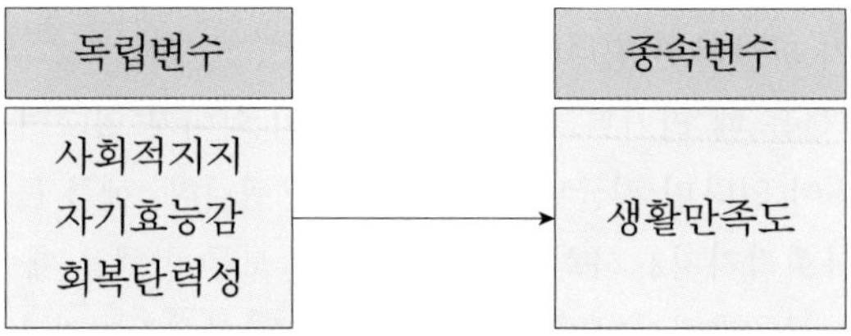


[그림 10-84] **회귀분석 예시**

데이터 보기 창에 제시된 데이터 값을 확인해 보겠습니다. 총 6개의 케이스 중 ID 몇 번이 회귀분석에서 돌아갈까요? ID 1번은 종속변수인 생활만족도와 독립변수인 사회적지지, 자기효능감, 회복탄력성 모두 응답하였습니다. 그러므로 ID 1번은 회귀분석 시 포함되는 케이스입니다. ID 2번은 종속변수와 독립변수들에 대해 전부 응답하지 않았습니다. 이러한 케이스는 회귀분석을 진행할 때 포함하지 않습니다. ID 3번의 경우 독립변수에는 모두 응답했지만 종속변수인 생활만족도에는 응답하지 않았습니다. ID 3번은 독립변수는 있지만 매칭할 종속변수가 없기 때문에 회귀분석에서 제외됩니다. ID 4번은 독립변수 중 사회적지지만 응답하지 않았습니다. 사회적지지를 제외한 나머지 독립변수와 종속변수에는 응답했지만, 사회적지지를 응답하지 않았기 때문에 회귀분석을 진행할 때 포함하지 않습니다. 마찬가지로 ID 5번과 6번도 독립변수 자기효능감과 회복탄력성에 응답하지 않았기 때문에 회귀분석에 포함하지 않습니다. 결국 회귀분석 시 포함하는 케이스는 ID 1번뿐입니다.

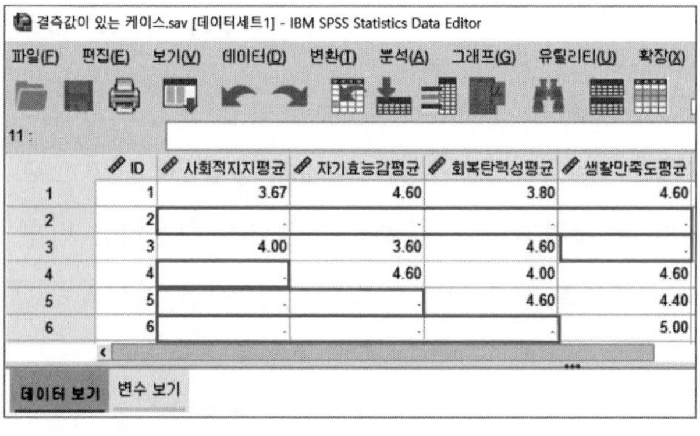


| | ID | 사회적지지평균 | 자기효능감평균 | 회복탄력성평균 | 생활만족도평균 |
|---|---|---|---|---|---|
| 1 | 1 | 3.67 | 4.60 | 3.80 | 4.60 |
| 2 | 2 | . | . | . | . |
| 3 | 3 | 4.00 | 3.60 | 4.60 | . |
| 4 | 4 | . | 4.60 | 4.00 | 4.60 |
| 5 | 5 | . | . | 4.60 | 4.40 |
| 6 | 6 | . | . | . | 5.00 |

[그림 10-85] **결측값이 있는 케이스**

앞서 회귀분석으로 예시를 들었지만 다른 분석에서도 마찬가지입니다. 분석하는 변수 중 하나라도 결측값이 있다면 그 케이스는 분석할 때 포함되지 않습니다. 따라서 결측값이 하나라도 있는 케이스는 제외하고 결측값이 없는 케이스만 남겨야 합니다.

결측값이 하나라도 있는 케이스를 찾는 방법은 변수 계산에서 분석에 활용할 변수들을 더하는 것입니다. 즉, 변수 계산 창에서 숫자표현식에 '사회적지지평균+자기효능감평균+회복탄력성평균+생활만족도평균'으로 작성하는 것입니다. 이것은 마치 sum을 이용하여 합 변수 만드는 것처럼 보일 수 있는 데 차이가 있습니다.

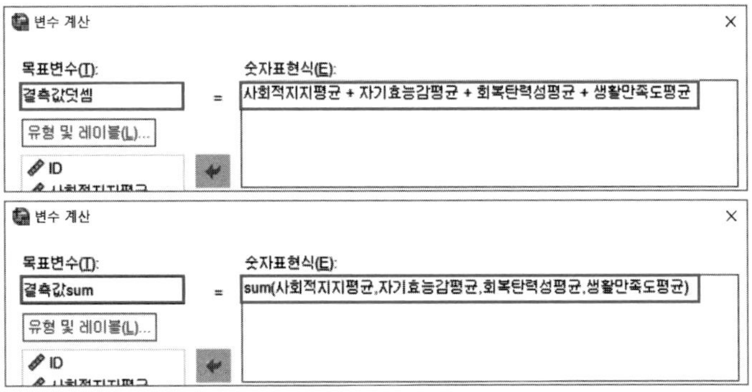


[그림 10-86] 덧셈과 sum의 차이

숫자표현식에 '사회적지지평균+자기효능감평균+회복탄력성평균+생활만족도평균'으로 작성한 결측값덧셈 변수를 보면 덧셈한 변수에 하나라도 결측치가 있는 경우 해당 케이스는 덧셈 자체를 하지 않아 빈칸으로 표시가 됩니다. 반면, 숫자표현식에 'sum(사회적지지평균, 자기효능감평균, 회복탄력성평균, 생활만족도평균)'으로 작성한 결측값sum 변수는 sum을 진행한 변수 중 하나라도 응답을 했다면 그 값들을 더해 줍니다. 이렇듯 '+'과 'sum'의 차이가 크기 때문에 '+'과 'sum'에 대해서 명확하게 알고 있어야 합니다.

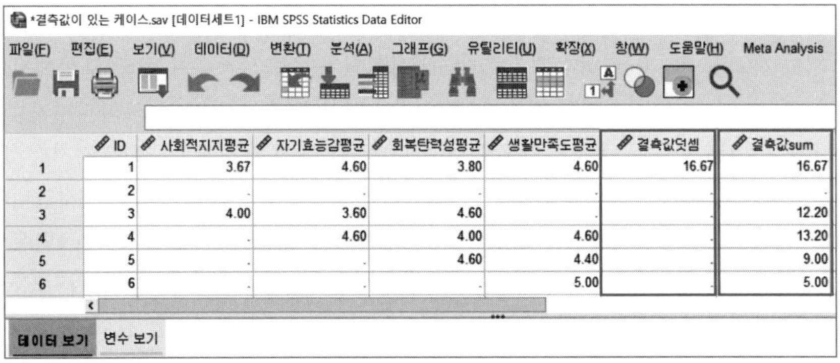


[그림 10-87] 덧셈과 sum의 차이

분석에서 활용하고자 하는 변수 중 결측값이 하나라도 있는 케이스를 찾기 위해서는 변수 계산에서 '+'을 이용하면 됩니다. 결측값이 하나라도 있는 케이스는 빈칸으로 표시가 되고 이 케이스는 분석 대상이 아니기 때문에 삭제해야 합니다. 즉, 결측값이 하나도 없는 케이스만 남겨야 하는데 이는 케이스 선택을 통해서 진행할 수 있습니다. 즉, 메뉴에서 데이터 – 케이스 선택에 들어가서 조건을 '결측값덧셈 > = 0'으로 설정하면 결측값이 없는 케이스만 남길 수 있습니다. 구체적인 방법은 실습을 통해 확인해 보겠습니다.

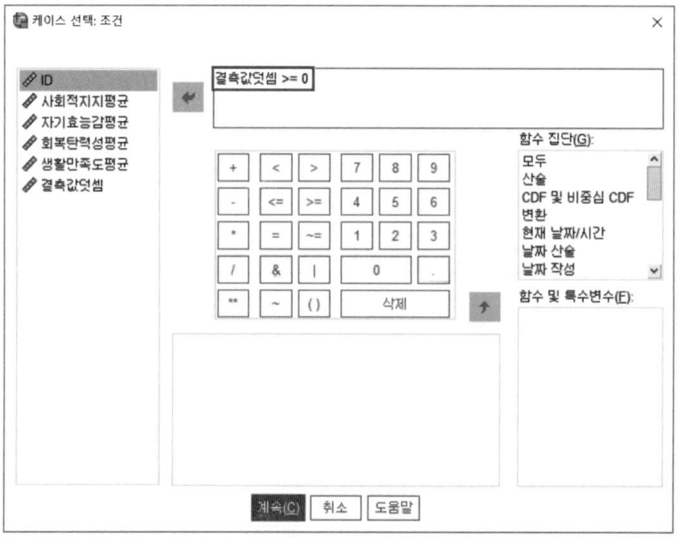


[그림 10-88] **결측값이 없는 케이스만 남길 때**

**체크? 체크!** **결측값에 대한 정보**

결측값이 있는 케이스를 확인할 때 여기서 말하는 결측값은 최종 분석에서 사용할 변수의 결측값을 말하는 것입니다. 예를 들어, 사회적지지는 사회적지지1, 사회적지지2, 사회적지지3 변수를 가지고 사회적지지평균 변수를 만들었고, 사회적지지평균 변수가 최종 분석에서 활용되었습니다. 이러한 사회적지지평균 변수에 결측값이 있다면, 그 케이스는 사회적지지1, 사회적지지2, 사회적지지3 모두 응답을 하지 않아야 합니다. 즉, 사회적지지1, 사회적지지2, 사회적지지3 변수 중 1개 변수만 응답을 해도 사회적지지평균 변수는 결측값이 아니라는 것입니다.

다음 그림을 보면, 사회적지지1, 사회적지지2, 사회적지지3 모두 응답을 한 ID 1번은 사회적지지평균 값이 도출되었습니다. ID 2번과 ID 3번의 경우 사회적지지1과 사회적지지2를 응답하지 않았으나 사회적지지평균 값이 도출되었습니다. 결국 사회적지지평균 값이 도출되지 않은 케이스는 ID 4번으로 사회적지지1, 사회적지지2, 사회적지지3 모두 응답하지 않았을 경우입니다. 이러한 점을 감안하여 설문지 응답을 받을 때 최종 분석에서 사용할 변수의 결측값이 없게 하려면 1개 문항이라도 응답할 수 있도록 해야 할 것입니다.

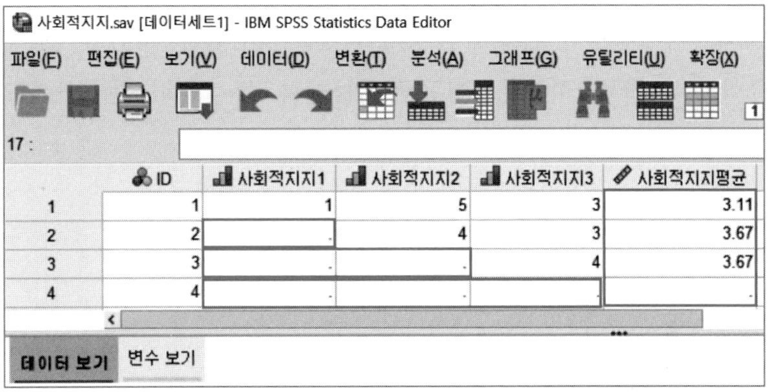


| | ID | 사회적지지1 | 사회적지지2 | 사회적지지3 | 사회적지지평균 |
|---|---|---|---|---|---|
| 1 | 1 | 1 | 5 | 3 | 3.11 |
| 2 | 2 | . | 4 | 3 | 3.67 |
| 3 | 3 | . | . | 4 | 3.67 |
| 4 | 4 | . | . | . | . |

[그림 10-89] **평균변수의 결측값**

그리고 결측값이 있다고 해서 무조건 삭제하는 것이 정답은 아닙니다. 결측값은 삭제하는 방법 외에 결측값을 대체하는 방법도 있습니다. 회귀 대체, 평균 대체, 다중 대체 등 각종 대체 방법들이 있습니다. 결측값 대체와 관련된 내용은 광범위하여 이 책에서는 다루지 않지만, 참고로 알아두면 좋겠습니다.

## 실습 결측값이 있는 케이스를 확인하기

- 실습내용: '결측값덧셈' 변수를 만들어서 결측값이 있는 케이스를 확인하고 삭제하기
- 실습파일: 결측값이 있는 케이스.sav
- 활용변수: 사회적지지평균, 자기효능감평균, 회복탄력성평균, 생활만족도평균

**1** 결측값이 하나라도 있는 케이스를 찾기 위해서 '결측값덧셈' 변수를 만들어야 합니다. 이에 ❶ 변환을 클릭한 후 ❷ 변수 계산을 클릭합니다.

[그림 10-90]

**2** 변수 계산 창이 열리면, 목표변수에 ❶ '결측값덧셈'이라고 변수명을 작성합니다. 그런 다음 ❷ 사회적지지평균 변수를 더블클릭하고 ❸ [+] 버튼을 누릅니다. 그러면 숫자표현식에 '사회적지지평균+' 이렇게 작성되어 있을 것입니다. 마찬가지로 자기효능감평균 더블클릭+[+] 클릭, 회복탄력성평균 더블클릭+[+] 클릭, 생활만족도평균 변수를 더블클릭합니다.

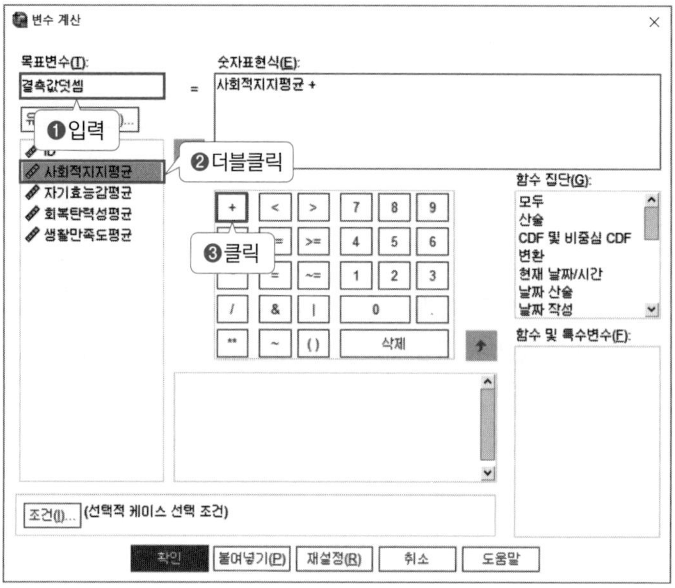


[그림 10-91]

3 숫자표현식에 작성된 ❶ 사회적지지평균+자기효능감평균+회복탄력성평균+생활만족도평균을 확인합니다. 그런 다음 ❷ 확인을 클릭합니다.

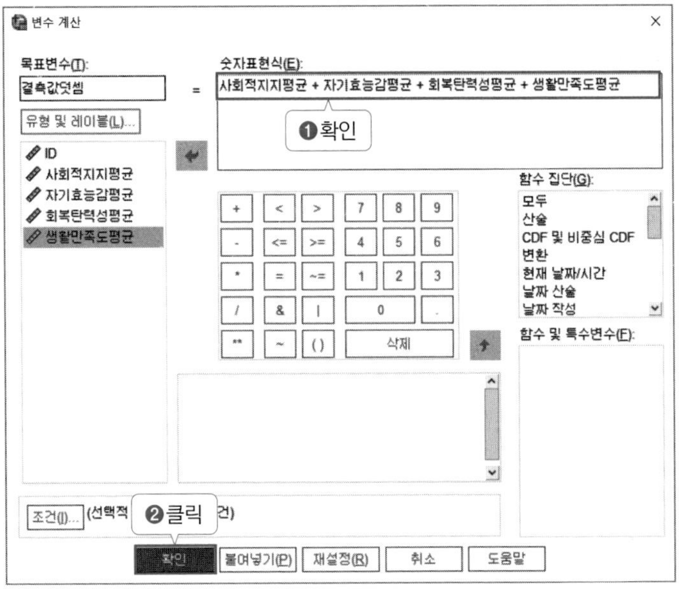


[그림 10-92]

4 데이터 보기 창에서 결측값덧셈 변수를 확인합니다. ID 1번만 값이 있고 나머지는 빈칸으로 되어 있습니다. ID 1번만 분석되기 때문에 ID 1번만 남기고 나머지는 삭제해야 합니다.

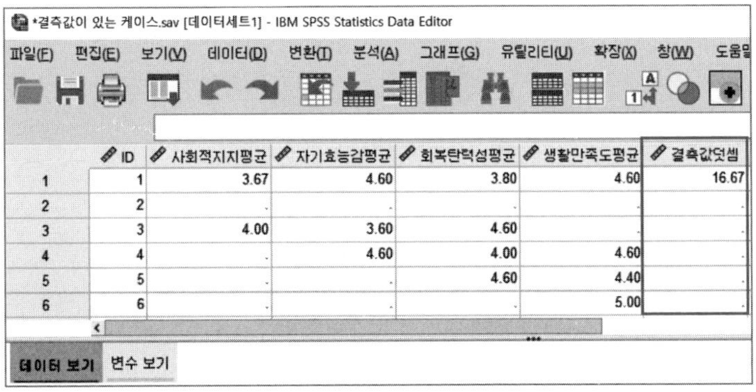


| | ID | 사회적지지평균 | 자기효능감평균 | 회복탄력성평균 | 생활만족도평균 | 결측값덧셈 |
|---|---|---|---|---|---|---|
| 1 | 1 | 3.67 | 4.60 | 3.80 | 4.60 | 16.67 |
| 2 | 2 | . | . | . | . | . |
| 3 | 3 | 4.00 | 3.60 | 4.60 | . | . |
| 4 | 4 | . | 4.60 | 4.00 | 4.60 | . |
| 5 | 5 | . | . | 4.60 | 4.40 | . |
| 6 | 6 | . | . | . | 5.00 | . |

[그림 10-93]

5 결측값이 하나라도 있는 케이스를 삭제하기 위해(결측값이 하나도 없는 케이스만 남기기 위해) 케이스 선택을 진행합니다. 메뉴의 ❶ 데이터를 클릭하고 ❷ 케이스 선택을 클릭합니다.

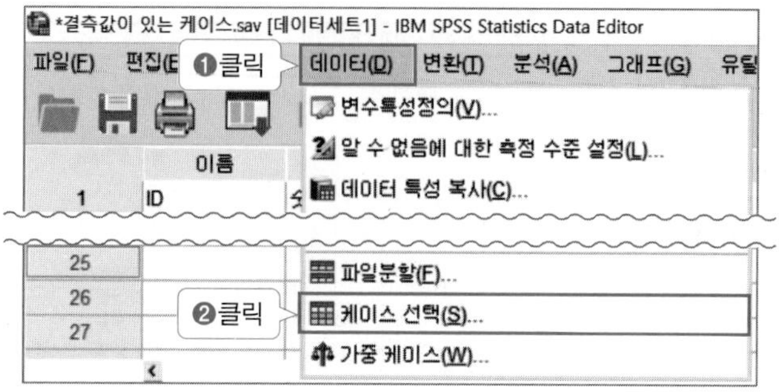


[그림 10-94]

6 케이스 선택 창이 열리면, ❶ 조건을 만족하는 케이스를 클릭합니다. 그런 다음 ❷ 조건을 클릭합니다.

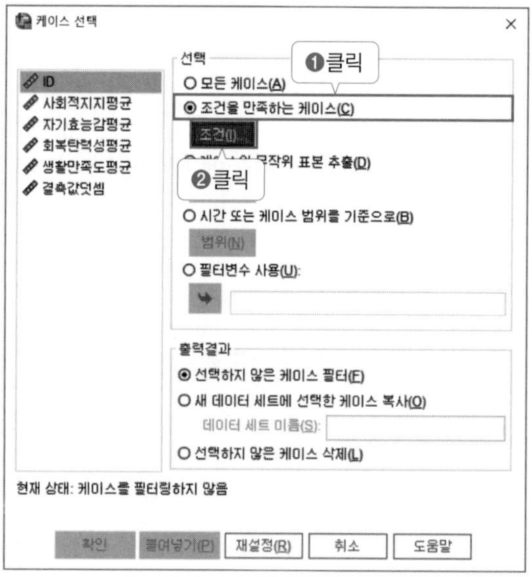


[그림 10-95]

**7** 케이스 선택: 조건 창이 열리면 ❶ 결측값덧셈을 더블클릭합니다. 그런 다음 ❷ [>=]을 클릭한 후 ❸ '0'을 클릭하여 조건문에 '결측값덧셈 > =0'이 되도록 합니다. 그런 다음 ❹ 계속을 클릭합니다.

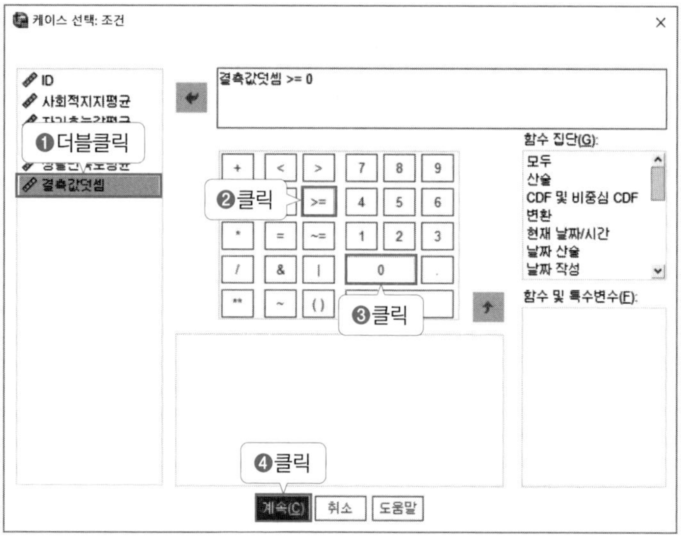


[그림 10-96]

**Know how** **결측값덧셈 > = 0**

결측값이 하나라도 있는 케이스를 삭제하기 위해(결측값이 하나도 없는 케이스만 남기기 위해) 조건문을 '결측값덧셈 > =0'으로 설정합니다. 즉, 결측값덧셈 변수에서 값이 있는 케이스는 남기고 빈칸인 케이스를 삭제해야 합니다. 그런데 조건문으로 '결측값덧셈 > =0'을 설정하는 이유는 보통 분석에서 활용하고자 하는 변수를 더하면 양의 값이 나오기 때문입니다. 빈칸인 케이스를 삭제하는 것이 주된 목적이므로 간단하게 '결측값덧셈 > =0' 조건문을 사용하는 것입니다. 만약 자신의 변수 중 음수가 있다면 '결측값덧셈 > =0'이 적용되지 않을 수 있습니다. 그럴 때에는 빈도분석을 통해 최소값을 확인한 후 '결측값덧셈 > =최소값'으로 설정하면 됩니다.

**8** 케이스 선택 창에서 출력결과를 ❶ 선택하지 않은 케이스 삭제로 클릭합니다. 그런 다음 ❷ 확인을 클릭합니다.

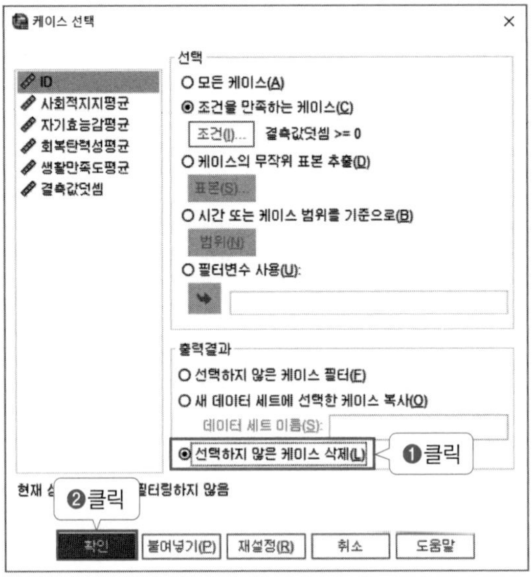


[그림 10-97]

**9** 데이터 보기 창을 확인해 보면, ID 1번만 남은 것을 알 수 있습니다.

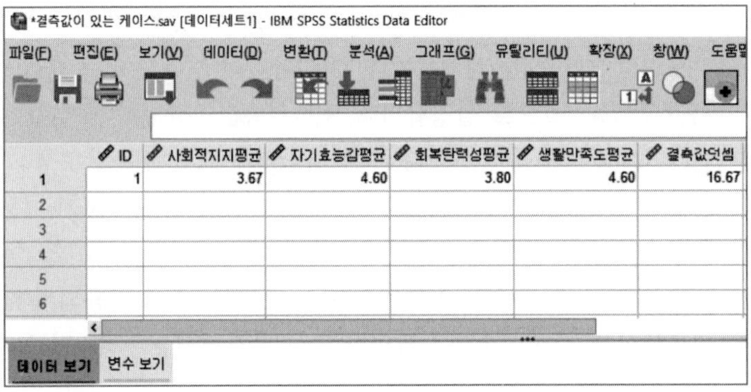


[그림 10-98]

## 4) 로그로 변환할 때

각종 통계분석에서 변수의 정규분포는 중요합니다. 독립표본 t검정, 일원배치 분산분석, 회귀분석 등 모두 정규분포를 이루어야만 가능한 분석입니다. 분석하려는 변수가 정규분포를 이루지 않는다면 분석 결과값을 신뢰하기가 어렵습니다. 이에 분석을 진행하기 전에 변수가 정규분포를 이루는지 검토해야 합니다. 변수가 정규분포를 이루는지 검토하는 대표적인 방법으로 왜도와 첨도를 확인하는 방법이 있습니다.

왜도의 경우, 왜도에 '왜'는 '기울 왜(歪)'입니다. 왜도는 '데이터의 분포가 기울어진 정도'를 말합니다. 데이터의 분포는 정규분포를 이루어야 하지만, 평균을 중심으로 데이터의 분포가 왼쪽이나 오른쪽으로 기울어져 있다면 정규분포를 이루지 않을 가능성이 높습니다.

첨도의 경우, 첨도에서 '첨'은 '뾰족할 첨(尖)'입니다. 첨도는 '데이터의 분포가 평균을 중심으로 뾰족한 정도'를 말합니다. 평균을 중심으로 데이터의 분포가 정규분포보다 뾰족하거나 완만하면 정규분포를 이루지 않을 가능성이 높습니다.

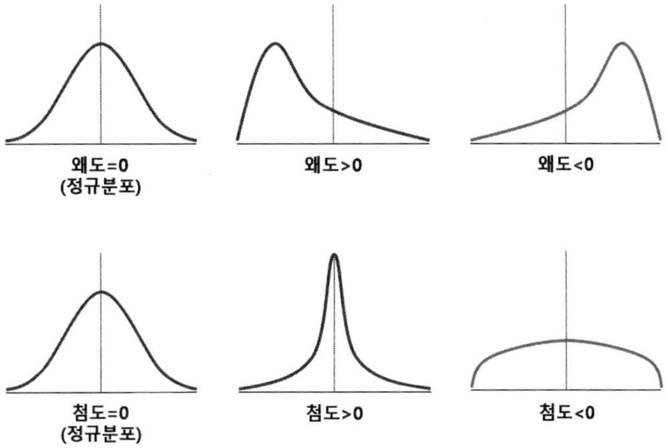


[그림 10-99] **왜도와 첨도**

왜도와 첨도를 통해 변수가 정규분포를 이루는지, 그렇지 않은지를 판단할 수 있습니다. 대표적인 학자들이 제시한 정규분포 기준은 다음과 같습니다.

❶ Hong, Malik, & Lee(2003): |왜도| < 2, |첨도| < 4
❷ West, Finch, & Curran(1995): |왜도| < 2, |첨도| < 7
❸ Kline(2011): |왜도| < 3, |첨도| < 10

학자마다 제시하는 정규분포 기준이 다르기는 하지만 어떤 기준을 사용하든 큰 문제는 없습니다. 참고로 Hong과 Malik, Lee(2003)의 |왜도| < 2, |첨도| < 4는 정규분포 기준을 타이트하게 본 것이고, Kline(2011)이 제시하는 |왜도| < 3, |첨도| < 10는 정규분포 기준을 관대하게 본 것으로 이해하면 됩니다.

**체크? 체크!** **절댓값 | | 복습**

절댓값 | |을 중·고등학교 때 배웠지만 많은 시간이 지나서 잘 기억이 나지 않을 수 있습니다. 절댓값은 수직선에서 설정한 수와 0 사이의 거리를 의미합니다. 더 쉽게 설명하자면 어떤 값을 양수로 만들어 주는 장치라고 보면 됩니다. 아래 예시를 보면 |2|는 2 자체가 양수이므로 2이고, |−3|은 −3이 음수이므로 3이 됩니다.

$$|2| = 2,\ |-3| = 3$$

그렇다면 |왜도| < 3, |첨도| < 10의 의미는 어떻게 되는 것일까요?

$$-3 < \text{왜도} < 3,\ -10 < \text{첨도} < 10$$

즉, 왜도는 −3부터 3 사이의 값이 나오면 정규분포라고 보는 것이고, 첨도는 −10부터 10 사이의 값이 나오면 정규분포라고 봅니다. 만약 왜도가 −4이거나 7이 나왔다면 −3부터 3 사이의 값이 아니므로 정규분포를 이루었다고 보기 어렵습니다. 첨도도 마찬가지로 −14이거나 19가 나왔다면 −10부터 10 사이의 값이 아니기 때문에 정규분포라고 볼 수 없습니다.

만약 분석하려는 변수의 왜도와 첨도가 앞서 살펴본 정규분포 기준을 넘어서 정규분포를 이루지 않는다고 나타난다면 정규분포가 되도록 조치를 취해야 할 것입니다. 정규분포를 이루게 하는 방법은 여러 가지이지만 대표적으로 변수를 로그로 변환하는 방법이 있습니다.

**Know how** **변수를 로그로 변환한다는 것의 의미**

왜도와 첨도를 통해 정규분포를 이루지 않는 변수를 확인할 수 있습니다. 하지만 데이터 보기 창에서도 정규분포를 이루지 않을 것으로 예상되는 변수를 쉽게 찾을 수 있습니다. 정규분포를 이루지 않는 변수들은 공통적인 특성이 있습니다. 바로 큰 숫자들이 있는 변수입니다.

실습파일 SPSS data에서 데이터 보기 창을 확인해 보면, '금융기관대출' 변수의 경우 다른 변수들에 비해 매우 크다는 것을 알 수 있습니다. 예를 들어, '성별', '연령' 등은 100을 넘지 않는 수준입니다. 리커트 척도인 '사회적지지' 등은 보통 10을 넘지 않습니다. 그러나 '금융기관대출'의 경우 22000이라는 숫자도 있을 정도로 숫자 자체가 크다는 것을 확인할 수 있습니다. 이런 변수들은 데이터 간에 간격이 크기 때문에 정규분포를 이루지 않을 가능성이 높습니다. 그러므로 금융기관대출, 연소득 등 숫자가 큰 변수는 왜도와 첨도를 확인하여 로그로 변환해 주어야 합니다.

로그로 변환하는 것의 의미는 큰 숫자를 작게 만든다는 것입니다. 예를 들어, '금융기관대출' 변수를 로그로 변환한 '금융기관대출로그' 변수를 확인해 보면 '금융기관대출' 변수의 값보다 많이 작아진 것을 알 수 있습니다. 실제로 '금융기관대출'에 10000값이 '금융기관대출로그'에서는 9.21값으로 변환되었습니다. 이렇게 숫자를 작게 만든다면 다른 변수 데이터 값의 크기를 유사하게 맞출 수 있고, 데이터 간의 간격을 줄일 수 있게 되어 정규분포를 이룰 가능성이 커집니다.

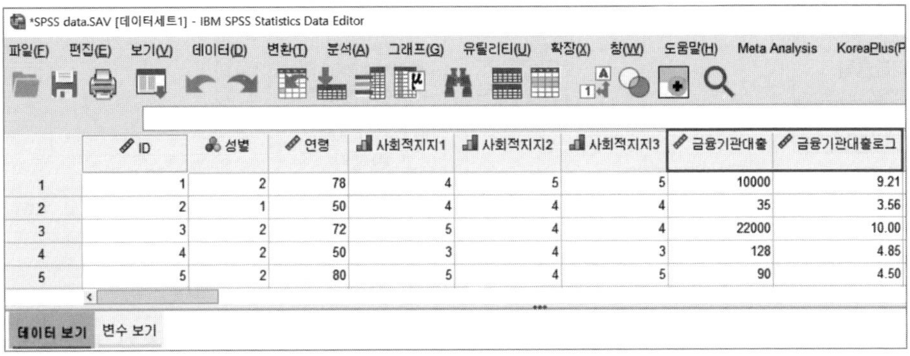


[그림 10-100] **로그 변환 이유**

## 실습 로그로 변환하기

- 실습내용: 금융기관대출 변수를 로그로 변환하기
- 실습파일: SPSS data.sav
- 활용변수: 금융기관대출

**1** 금융기관대출을 빈도분석하여 이상한 값이 있는지 확인합니다. 메뉴의 ❶ 분석을 클릭하고 ❷ 기술통계량을 클릭한 후 ❸ 빈도분석을 선택합니다.

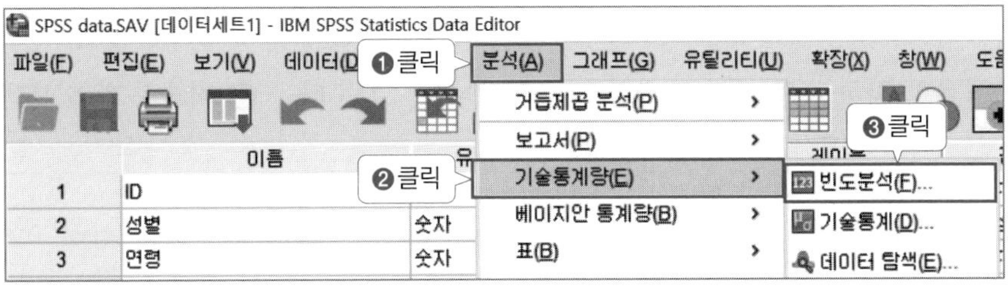


[그림 10-101]

2 빈도분석 창이 열리면, ❶ 금융기관대출 변수를 더블클릭하고 ❷ 확인을 클릭합니다.

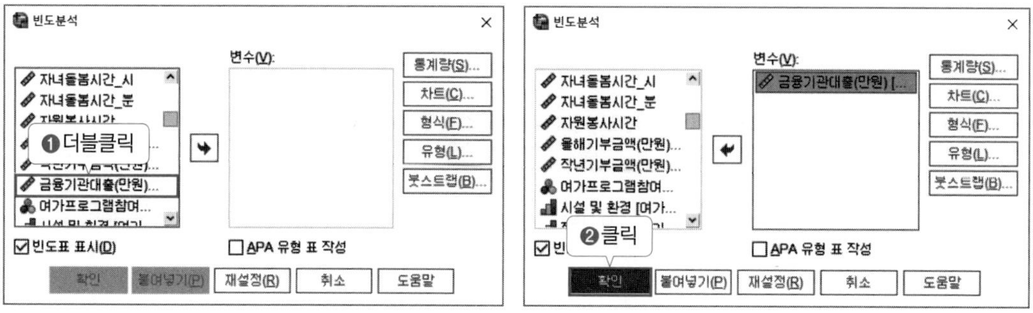


[그림 10-102]

3 출력 결과 창에서 금융기관대출의 빈도분석 결과를 확인한 결과, 최소값 1만 원, 최대값 136000만 원으로 나타나 이상한 값이 없다는 것을 알 수 있습니다.

**금융기관대출(만원)**

| | | 빈도 | 퍼센트 | 유효 퍼센트 | 누적 퍼센트 |
|---|---|---|---|---|---|
| 유효 | 1 | 3 | .1 | .1 | .1 |
| | 2 | 4 | .1 | .1 | .1 |
| | 3 | 3 | .1 | .1 | .2 |
| | 70000 | 3 | .1 | .1 | 99.7 |
| | 85000 | 4 | .1 | .1 | 99.8 |
| | 90000 | 4 | .1 | .1 | 99.9 |
| | 112996 | 2 | .0 | .0 | 99.9 |
| | 136000 | 4 | .1 | .1 | 100.0 |
| | 전체 | 5000 | 100.0 | 100.0 | |

[그림 10-103]

4 금융기관대출 변수가 정규분포를 이루고 있는지 검토하기 위해 왜도와 첨도를 확인해야 합니다. 왜도와 첨도를 확인하는 방법은 기술통계분석을 진행하는 것입니다. 메뉴의 ❶ 분석을 클릭하고 ❷ 기술통계량을 클릭합니다. 그런 다음 ❸ 기술통계를 선택합니다.

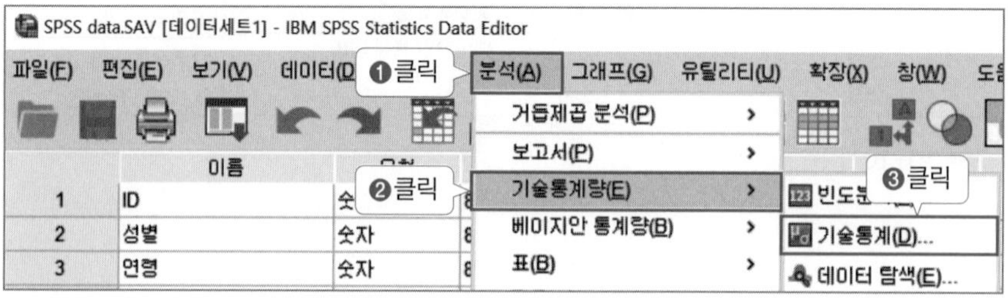


[그림 10-104]

5 기술통계 창이 열리면, ❶ 금융기관대출 변수를 더블클릭한 후 ❷ 옵션을 클릭합니다. 기술통계: 옵션 창이 열리면 ❸ 첨도와 ❹ 왜도를 클릭하고 ❺ 계속을 클릭합니다. 마지막으로 ❻ 확인을 클릭하여 기술통계 창을 닫습니다.

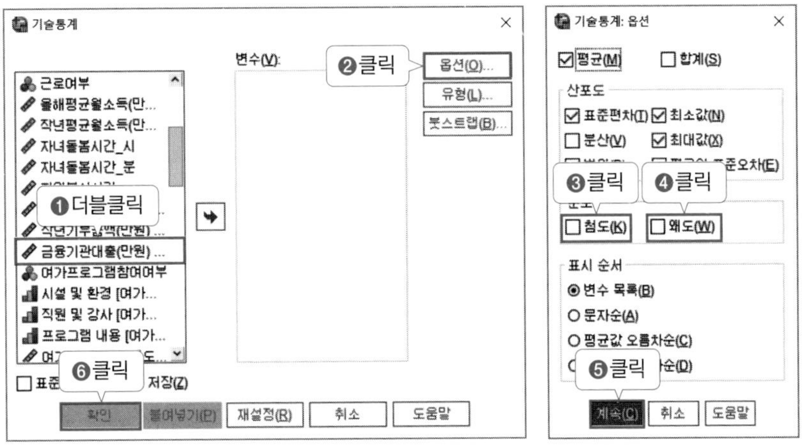


[그림 10-105]

6 출력 결과 창을 확인하면, 왜도는 4.976, 첨도는 43.004로 확인되어 Kline(2011)의 정규분포 기준인 |왜도| <3, |첨도| <10에 맞지 않음을 파악할 수 있습니다. 결국 금융기관대출 변수는 정규분포를 이루고 있지 않은 것으로 나타나 로그로 변환해야 합니다.

**기술통계량**

| | N | 최소값 | 최대값 | 평균 | 표준편차 | 왜도 | | 첨도 | |
|---|---|---|---|---|---|---|---|---|---|
| | 통계량 | 통계량 | 통계량 | 통계량 | 통계량 | 통계량 | 표준오류 | 통계량 | 표준오류 |
| 금융기관대출(만원) | 5000 | 1 | 136000 | 4871.93 | 9822.051 | 4.976 | .035 | 43.004 | .069 |
| 유효 N(목록별) | 5000 | | | | | | | | |

[그림 10-106]

7 금융기관대출 변수를 로그로 변환하기 위해 ❶ 변환을 클릭한 후 ❷ 변수 계산을 클릭합니다.

[그림 10-107]

❽ 변수 계산 창이 열리면, 목표변수에 ❶ '금융기관대출로그'라고 변수명을 작성합니다. 그런 다음 숫자표현식에 ❷ ln( )을 입력합니다.

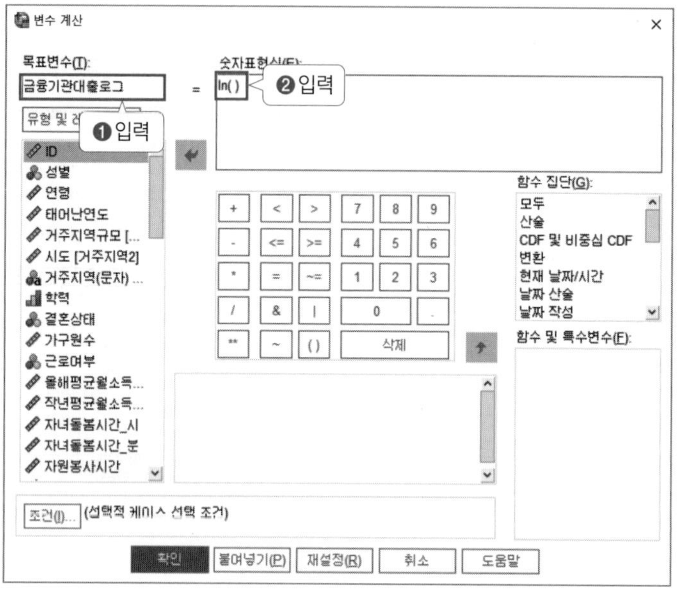


[그림 10-108]

**Know how** ln=로그

ln은 로그를 의미합니다. 종종 논문이나 보고서에서 활용하기 때문에 ln이 무엇인지 알고 있는 것이 좋습니다. 또한 실제로 자신의 변수를 로그로 변환하였다면 약자로 ln을 사용하여 로그로 변환했음을 표시하는 것도 좋습니다. 예를 들어, 회귀분석에서 금융기관대출로그 변수를 활용하였다면 금융기관대출(ln), (ln)금융기관대출, 금융기관대출(로그) 등으로 표시를 해 두는 것이 좋습니다.

<표 10-1> **성별, 금융기관대출이 생활만족도에 미치는 영향**

| 구분 | B | S.E. | β |
|---|---|---|---|
| (상수) | 3.455 | .092 | |
| 성별(ref.=남성) | −.061 | .024 | −2.61** |
| 금융기관대출(ln) | .047 | .020 | 2.41* |
| $R^2$ | | 0.143 | |
| F | | 115.520*** | |

*p < .05, **p < .01, ***p < .001

9 숫자표현식에서 작성한 ❶ ln( )의 괄호 안을 클릭합니다. 그런 다음 ❷ 금융기관대출 변수를 더블클릭합니다. 그러면 숫자표현식에 ln(금융기관대출) 이렇게 작성되어 있을 것입니다. 그런 다음 ❸ 확인을 클릭합니다.

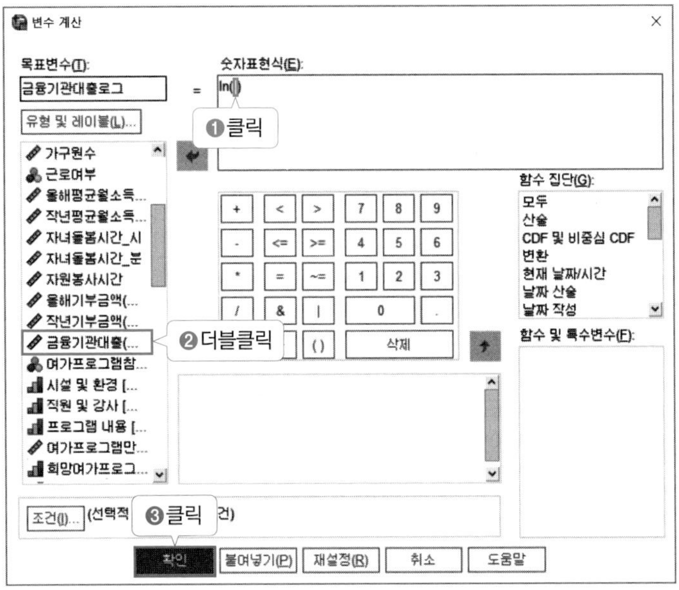


[그림 10-109]

10 새로 만들어진 금융기관대출로그 변수는 변수 보기 창의 맨 아래에 위치해 있습니다.

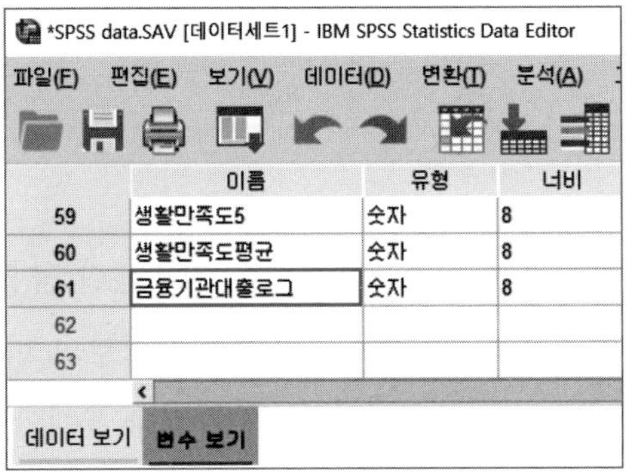


[그림 10-110]

⑪ 데이터 보기 창에서도 금융기관대출로그 변수가 생성된 것을 확인할 수 있습니다.

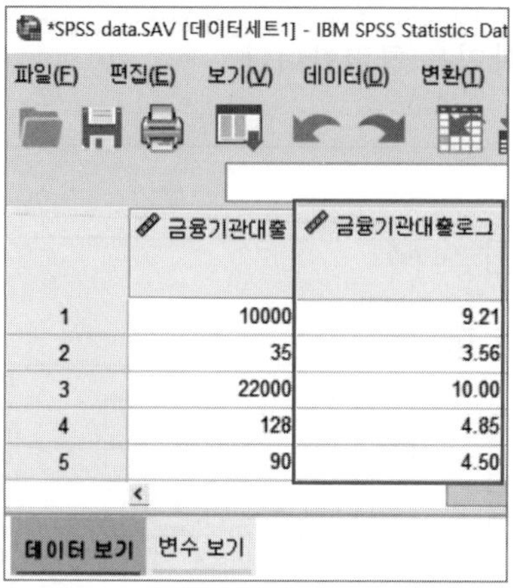


[그림 10-111]

⑫ 금융기관대출로그 변수가 정규분포를 이루고 있는지 검토하기 위해 왜도와 첨도를 확인해야 합니다. 메뉴의 ❶ 분석을 클릭하고 ❷ 기술통계량을 누릅니다. 그런 다음 ❸ 기술통계를 선택합니다.

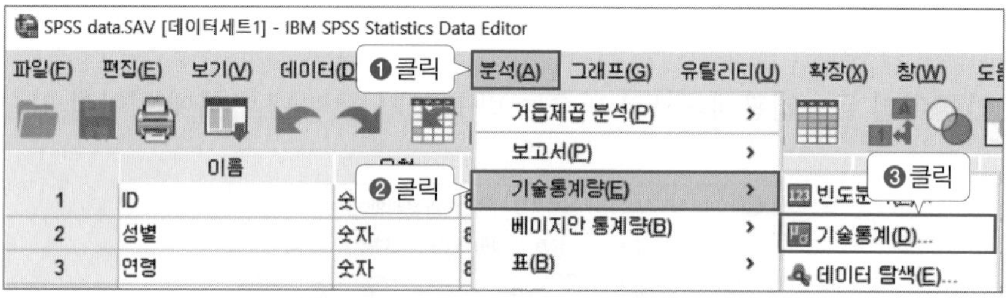


[그림 10-112]

⑬ 기술통계 창이 열리면, 기존에 기술통계분석을 진행했던 금융기관대출 변수가 있습니다. 금융기관대출 변수도 함께 분석하여 금융기관대출로그 변수와 비교해 보겠습니다. ❶ 금융기관대출로그 변수를 더블클릭한 후 ❷ 확인을 클릭합니다. 참고로 옵션에서 왜도와 첨도를 체크하지 않은 이유는 이미 체크되어 있기 때문입니다. 즉, 기존 금융기관대출 변수의 왜도와 첨도를 확인하기 위해 작업했던 내용이 그대로 남아 있기 때문에 다시 체크하지 않아도 됩니다.

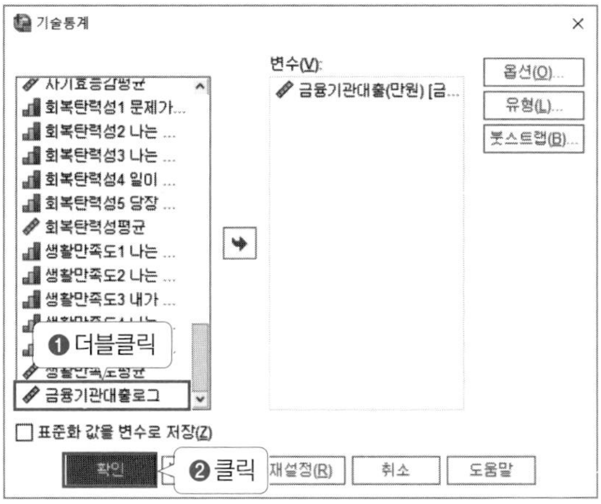


[그림 10-113]

**14** 출력 결과 창을 확인하면, 금융기관대출로그 변수의 왜도는 .332, 첨도는 −1.356으로 확인되어 Kline(2011)의 정규분포 기준인 |왜도| < 3, |첨도| < 10에 적합한 것을 알 수 있습니다. 즉, 금융기관대출로그 변수는 정규분포를 이루고 있는 것으로 확인되었습니다.

**기술통계량**

| | N | 최소값 | 최대값 | 평균 | 표준편차 | 왜도 | | 첨도 | |
|---|---|---|---|---|---|---|---|---|---|
| | 통계량 | 통계량 | 통계량 | 통계량 | 통계량 | 통계량 | 표준오류 | 통계량 | 표준오류 |
| 금융기관대출(만원) | 5000 | 1 | 136000 | 4871.93 | 9822.051 | 4.976 | .035 | 43.004 | .069 |
| 금융기관대출로그 | 5000 | .00 | 11.82 | 6.3299 | 2.36059 | .332 | .035 | -1.356 | .069 |
| 유효 N(목록별) | 5000 | | | | | | | | |

[그림 10-114]

**체크? 체크!**

## 데이터 값에 0이 있을 때는 ln(변수명 + 1)

정규분포를 이루지 않는 변수를 정규분포가 되게 하고 싶을 때 로그를 가장 많이 사용합니다. 그런데 로그의 한계점이 있습니다. 바로 데이터 값에 0이 있을 때입니다. 데이터 값에 0이 있다면 로그로 바로 변환할 수 없습니다.

앞서 예시로 살펴본 금융기관대출 변수도 충분히 0이 나올 수 있는 변수입니다. 만약 0이 있다고 가정하고 로그로 변환한다면 어떠한 결과가 나타날까요?

금융기관대출 변수에서 1은 금융기관대출로그 변수에서 0이 되었습니다. 그리고 금융기관대출 변수에서 0은 금융기관대출로그 변수에서 결측값(빈칸)이 되었습니다. 금융기관에서 대출을 받지 않았다면 0이라고 응답할 수 있습니다. 하지만 0을 로그로 변환하면 정의내릴 수 없는 값이 되기 때문에 결측값으로 표시가 됩니다. 즉, 대출을 받지 않아 0이라고 응답했는데 무응답한 것처럼 처리될 수 있습니다.

[그림 10-115]

이런 경우 다른 방법(루트, 1/변수, Box-Cox 변환 등)을 활용할 수도 있지만 다음과 같은 방법을 사용한다면 로그로 변환이 가능합니다. 변수 계산 창에서 숫자표현식에 ln(변수명+1)이라고 작성하면 됩니다. 이는 여-존슨 변환 방식으로(Yeo & Johnson, 2000), 로그로 변환하려는 변수에 +1을 한 후 로그로 변환하는 것입니다. 만약 0이라는 값이 있다면 +1을 할 경우 1이 되기 때문에 로그로 변환하더라도 결측값이 되지 않고 0이 됩니다. 모든 응답자에게 +1을 하는 것이기 때문에 큰 문제가 되지 않으며, +1은 로그에서 굉장히 작은 숫자이므로 결과에 거의 영향을 미치지 않습니다. 실제로 많은 연구에서 로그로 변환할 때 +1을 활용합니다.

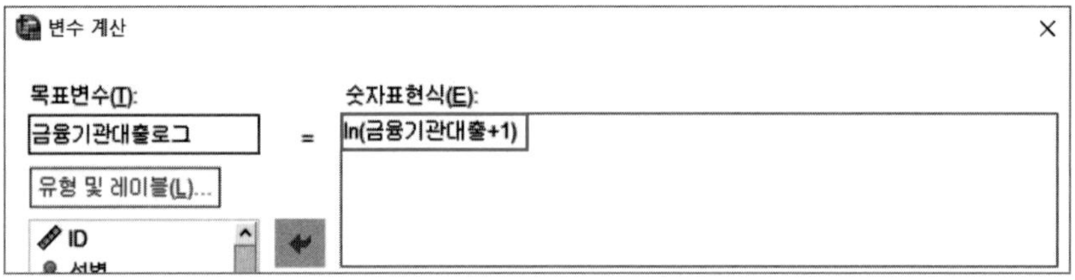


[그림 10-116]

## Know how 로그로 변환했는데도 정규분포를 이루지 않는 경우

만약 로그로 변환했는데 정규분포를 이루지 않는다면 어떻게 하겠습니까? 물론 정규분포를 이루게 하는 방법은 로그 외에도 루트, 1/변수, Box-Cox 변환 등이 있습니다. 하지만 로그로 변환했는데도 정규분포를 이루지 않는다면 다른 방법을 활용해도 큰 차이가 없을 것입니다. 보통 이런 변수의 경우 데이터 값이 몇몇 소수 값으로 집중되어 있는 경우가 많습니다. 결국 로그로 변환했는데도 정규분포를 이루지 않는다면 해당 변수를 활용하지 않는 방향으로 설정하는 것이 좋겠습니다.

## 5) 사칙연산을 활용하여 기존 변수를 계산할 때

사칙연산(+, −, ×, ÷)을 활용하여 기존 변수를 계산하는 상황이 종종 발생합니다. 예를 들어, 실습파일 SPSS data에서 자녀돌봄시간이 '자녀돌봄시간_시'와 '자녀돌봄시간_분'으로 구성되어 있습니다. 따라서 분석에서 자녀돌봄시간으로 활용하기 위해서는 '자녀돌봄시간_시'와 '자녀돌봄시간_분'을 통합해야 할 것입니다. 그렇다면 어떻게 통합할 수 있을까요? 단위를 통일하여 합하면 됩니다. 단위를 '시'로 통일하려면 자녀돌봄시간_분을 '자녀돌봄시간_분/60'으로 계산하여 자녀돌봄시간_시와 합하면 자녀돌봄시간을 만들 수 있습니다.

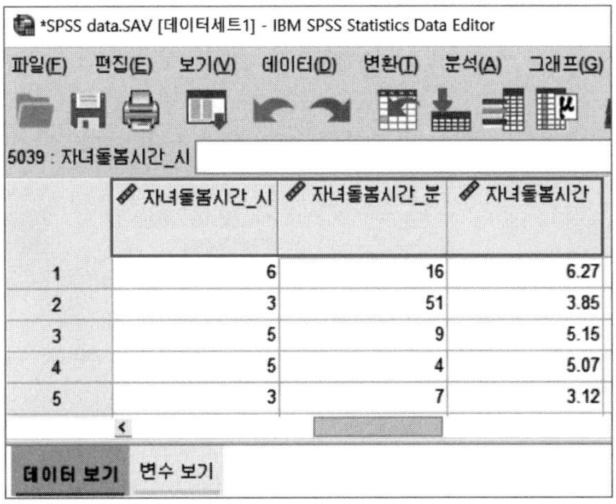


[그림 10-117] **사칙연산을 활용하여 기존 변수를 계산할 때**

**실습** **사칙연산을 활용하여 기존 변수를 계산하기**

- 실습내용: '자녀돌봄시간_시'와 '자녀돌봄시간_분' 변수를 계산해서 '자녀돌봄시간' 변수 만들기
- 실습파일: SPSS data.sav
- 활용변수: 자녀돌봄시간_시, 자녀돌봄시간_분

**1** 자녀돌봄시간_시, 자녀돌봄시간_분을 빈도분석하여 이상한 값이 있는지 확인합니다. 메뉴의 ❶ 분석을 클릭하고 ❷ 기술통계량을 클릭한 후 ❸ 빈도분석을 선택합니다.

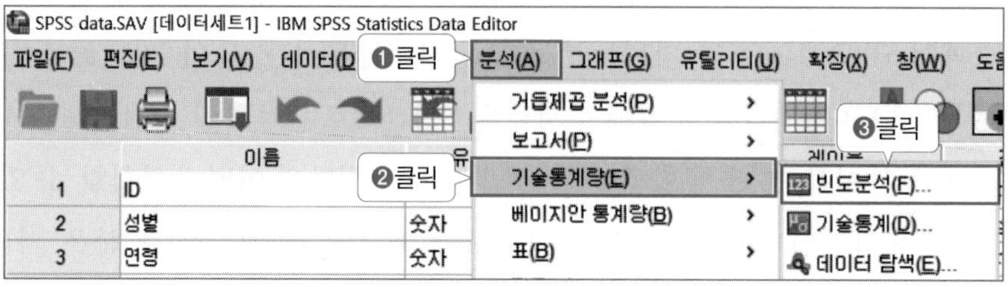


[그림 10-118]

**2** 빈도분석 창이 열리면, ❶ 자녀돌봄시간_시 변수를 더블클릭한 후 ❷ 자녀돌봄시간_분 변수를 더블클릭합니다. 그런 다음 ❸ 확인을 클릭합니다.

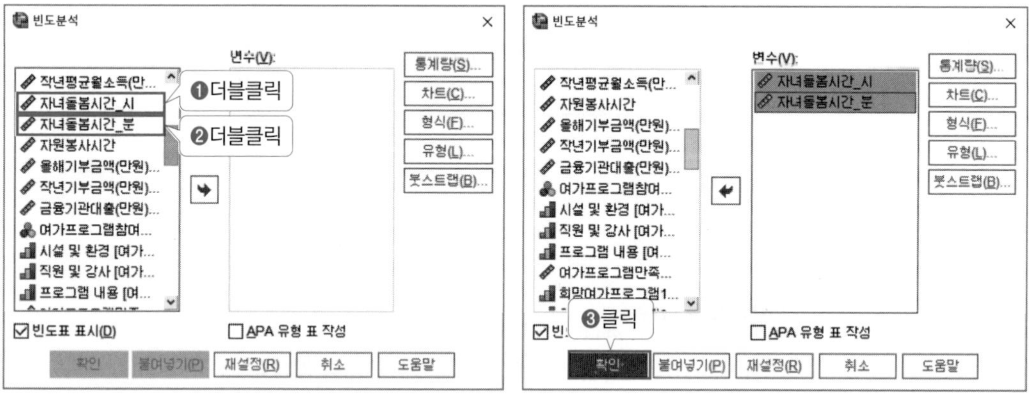


[그림 10-119]

**3** 출력 결과 창에서 자녀돌봄시간_시와 자녀돌봄시간_분의 빈도분석 결과를 확인한 결과, 자녀돌봄시간_시는 최소값 1, 최대값 6으로 나타났고, 자녀돌봄시간_분은 최소값 1, 최대값 59로 나타나 이상한 값이 없다는 것을 알 수 있습니다.

**자녀돌봄시간_시**

| | | 빈도 | 퍼센트 | 유효 퍼센트 | 누적 퍼센트 |
|---|---|---|---|---|---|
| 유효 | 1 | 1613 | 32.3 | 34.6 | 34.6 |
| | 2 | 710 | 14.2 | 15.2 | 49.8 |
| | 3 | 688 | 13.8 | 14.7 | 64.5 |
| | 4 | 628 | 12.6 | 13.5 | 78.0 |
| | 5 | 683 | 13.7 | 14.6 | 92.6 |
| | 6 | 345 | 6.9 | 7.4 | 100.0 |
| | 전체 | 4667 | 93.3 | 100.0 | |
| 결측 | 시스템 | 333 | 6.7 | | |
| 전체 | | 5000 | 100.0 | | |

**자녀돌봄시간_분**

| | | 빈도 | 퍼센트 | 유효 퍼센트 | 누적 퍼센트 |
|---|---|---|---|---|---|
| 유효 | 1 | 45 | .9 | 1.0 | 1.0 |
| | 2 | 69 | 1.4 | 1.5 | 2.4 |
| | 3 | 86 | 1.7 | 1.8 | 4.3 |
| | 58 | 78 | 1.6 | 1.7 | 99.0 |
| | 59 | 49 | 1.0 | 1.0 | 100.0 |
| | 전체 | 4667 | 93.3 | 100.0 | |
| 결측 | 시스템 | 333 | 6.7 | | |
| 전체 | | 5000 | 100.0 | | |

[그림 10-120]

4 자녀돌봄시간_시, 자녀돌봄시간_분 변수를 계산해서 '자녀돌봄시간' 변수를 만들기 위해 ❶ 변환을 클릭한 후 ❷ 변수 계산을 클릭합니다.

[그림 10-121]

5 변수 계산 창이 열리면, 목표변수에 ❶ '자녀돌봄시간'이라고 변수명을 작성합니다. 그런 다음 숫자표현식에 ❷ sum( )을 입력합니다.

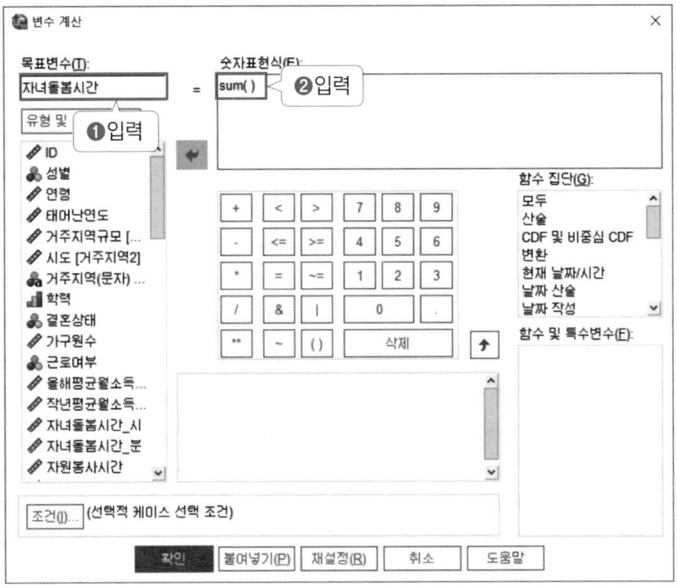


[그림 10-122]

6 숫자표현식에서 작성한 ❶ sum( )의 괄호 안을 클릭합니다. 그런 다음 ❷ 자녀돌봄시간_시 변수를 더블클릭하고 키보드에서 콤마(,)를 누릅니다. 그러면 숫자표현식에 sum(자녀돌봄시간_시,) 이렇게 작성되어 있을 것입니다. 그런 다음 ❸ 자녀돌봄시간_분 변수를 더블클릭합니다. 그러면 sum(자녀돌봄시간_시, 자녀돌봄시간_분)으로 작성되어 있을 겁니다.

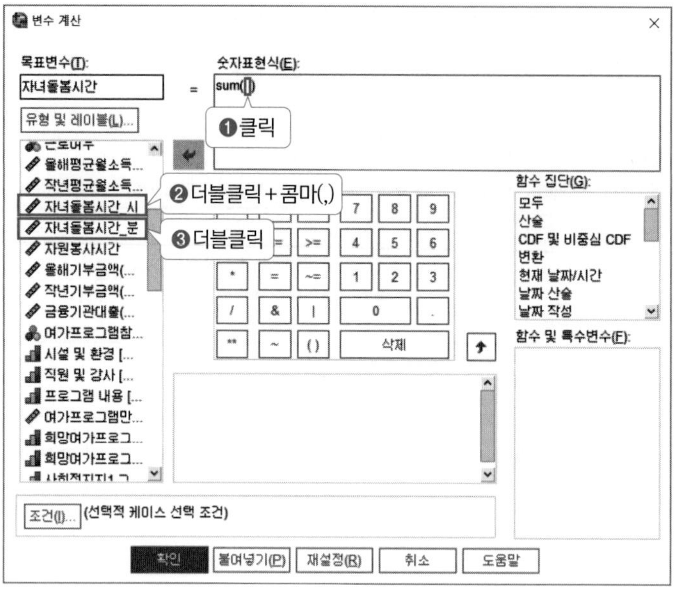


[그림 10-123]

**7** ❶ [/](나누기) 버튼을 누른 후 ❷ 60을 입력합니다. 그러면 숫자표현식에 sum(자녀돌봄시간_시, 자녀돌봄시간_분/60)으로 작성되어 있을 겁니다. 그런 다음 ❸ 확인을 클릭합니다.

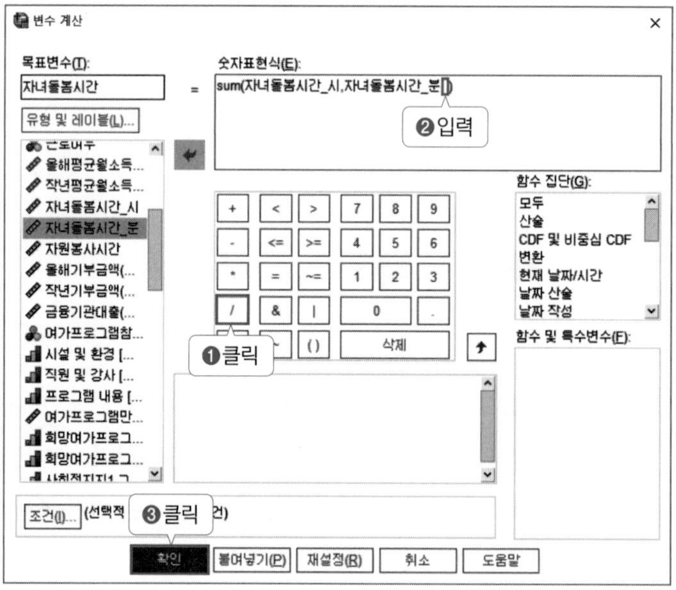


[그림 10-124]

8 새로 만들어진 자녀돌봄시간 변수는 변수 보기 창의 맨 아래에 위치해 있습니다.

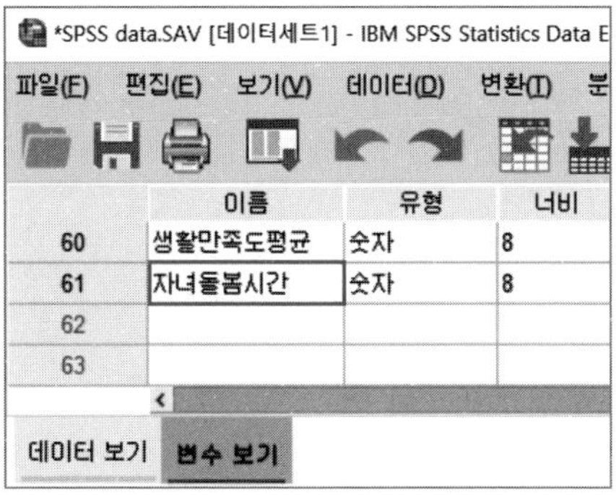


[그림 10-125]

9 데이터 보기 창에서도 자녀돌봄시간 변수가 생성된 것을 확인할 수 있습니다.

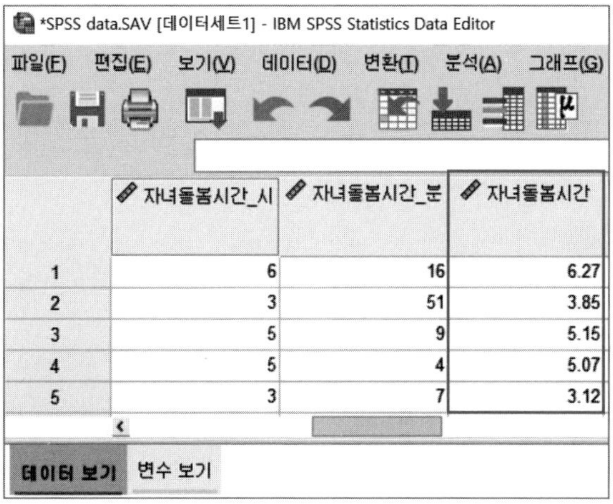


[그림 10-126]

## 제3부

# SPSS 분석

제11장

# 분석 전 알아두면 좋은 정보

## Key Point

**집단변수와 평균변수**

- 집단변수: 집단을 구분할 수 있는 변수로 보기가 있는 변수
- 평균변수: 평균을 낼 수 있는 변수로 보기가 없는 변수

**p값(p-value)**

| 분석 | p<.05 | p>=.05 |
|---|---|---|
| 교차분석, 독립표본 t검정, 대응표본 t검정, 일원배치 분산분석 | 차이가 있다. | 차이가 없다. |
| 상관관계분석 | 관계가 있다. | 관계가 없다. |
| 회귀분석 | 영향을 미친다. | 영향을 미치지 않는다. |

**더미변수**

- 더미변수 개념: 명목척도와 서열척도를 비율척도화한 변수(집단변수 → 평균변수)
- 더미변수 형태: 더미변수는 0과 1로 구성(0이 기준)
- 더미변수 수: 보기 수-1
- 더미변수 메뉴: SPSS 프로그램 메뉴에서 '변환-더미변수 작성'

**붙여넣기 버튼(명령어 활용)**

- SPSS 프로그램에서 명령어 활용의 장점
  - -반복작업을 신속하게 진행할 수 있다.
  - -기존에 작업한 내용을 기록할 수 있다.
  - -작업한 내용을 타인에게 공유할 수 있다.
- 명령어 활용 방법: 데이터 핸들링 창 및 분석 창 하단에 '붙여넣기'

**재설정 버튼**

- 데이터 핸들링 창과 분석 창에서 기존에 작업했던 내용을 없애고 초기 세팅으로 설정
- 재설정 방법: 데이터 핸들링 창 및 분석 창 하단에 '재설정'

**출력 결과를 한글 프로그램에 붙여넣기**

- 출력 결과 창에 제시된 분석 결과 → 엑셀 프로그램 → 한글 프로그램

**자주 활용하는 변수를 변수창 위쪽에 배치하기**

- 작업 시간을 줄이기 위해서 자신이 활용하는 주요 변수들을 변수창에서 가장 위쪽에 배치

**빠르게 빈도분석 및 기술통계분석하기**

- 변수 보기 창: 특정 변수의 변수 번호를 오른쪽 마우스로 클릭(우클릭) → 기술통계량
- 데이터 보기 창: 특정 변수의 변수명을 오른쪽 마우스로 클릭(우클릭) → 기술통계량

**변수 레이블을 변수명으로 표시하기**

- 각종 데이터 핸들링 창과 분석 창에서 가장 위에 있는 변수를 오른쪽 마우스로 클릭(우클릭) → 변수 이름 표시

**데이터 보기 창 ↔ 변수 보기 창**

- 데이터 보기 창: 특정 변수의 변수명을 더블클릭 → 변수 보기 창에서 특정 변수 세팅 확인
- 변수 보기 창: 특정 변수의 변수 번호를 더블클릭 → 데이터 보기 창에서 특정 변수 데이터 확인

**SPSS PROCESS macro**

- SPSS PROCESS macro 장점: 매개효과, 조절효과, 조절된 매개효과 분석을 별도의 추가과정 없이 한 번에 모형검증
- SPSS PROCESS macro 단점: 독립변수와 종속변수는 1개만 가능

# 1. 집단변수와 평균변수

집단변수와 평균변수는 통계에서 공식적으로 사용하는 용어는 아닙니다. 공식적인 용어는 집단변수의 경우 범주형 변수이고, 평균변수의 경우 연속형 변수입니다. 다만, 이 책에서는 집단변수와 평균변수라는 용어를 사용하고 있는데, 그 이유는 쉽게 이해하고 활용할 수 있기 때문입니다.

집단변수와 평균변수의 의미를 아는 것보다 더 중요한 것은 어떤 변수를 보고 집단변수인지 아니면 평균변수인지를 구분하는 것입니다. 어떠한 변수인지 파악함으로써 무슨 분석을 할 수 있을지 가늠할 수 있기 때문입니다. 예를 들어, 집단변수가 1개, 평균변수가 1개 있다면 독립표본 t검정 혹은 일원배치 분산분석을 진행할 수 있습니다. 이렇듯 '이 변수를 가지고 무슨 분석을 할 수 있지?'에 대한 답을 찾고 싶다면 우선적으로 어떠한 변수인지부터 파악해야 합니다.

## 1) 집단변수

집단변수는 집단을 구분할 수 있는 변수로 보기가 있는 변수입니다. 척도 중에서는 명목척도와 서열척도가 집단변수에 해당합니다. 예를 들어, 성별의 경우 ① 남성과 ② 여성으로 보기가 구성되어 있습니다. 보기는 곧 집단으로 활용할 수 있는데, 성별은 남성집단과 여성집단으로 구분할 수 있습니다.

**[집단변수 예시]**

1. 자신의 성별은?
   ① 남성 ② 여성

2. 자신의 종교는?
   ① 천주교 ② 개신교 ③ 불교 ④ 기타( )

## 2) 평균변수

평균변수는 평균을 낼 수 있는 변수로 보기가 없는 변수입니다. 척도 중에서는 등간척도와 비율척도가 집단변수에 해당합니다. 예를 들어, 연령의 경우 보기가 따로 없고 평균 내는 것이 의미가 있는 변수입니다. 이를테면, 집단변수인 종교(1=천주교, 2=개신교, 3=불교, 4=기타)의 경우 평균을 냈을 때, 2.7이 나왔다고 가정한다면 그 값은 아무런 의미가 없습니다. 하지만 평균변수인 연령을 평균 낸 값이 56.4세가 나왔다면 그 값이 무엇을 의미하는지 알 수 있고 활용할 수 있는 값입니다.

**[평균변수 예시]**

1. 자신의 연령은? (    )세

2. 현재 귀하의 키와 몸무게는?
   1) 키 (    )cm
   2) 몸무게 (    )kg

## 3) 집단변수와 평균변수를 통해 진행할 수 있는 주요 분석

활용할 수 있는 집단변수와 평균변수가 있을 때 어떠한 분석을 할 수 있는지 가늠하는 것은 중요합니다. 이에 집단변수와 평균변수가 있을 때 어떠한 분석이 가능한지 주요 분석 위주로 간단하게 제시했습니다. 참고로 분석과 관련하여 예외상황이 많기 때문에 다음 제시한 주요 분석이 무조건 맞지는 않을 수도 있습니다. 또한 집단변수와 평균변수 외에 다른 조건들이 충족되어야 진행할 수 있는 분석들은 혼란을 야기할 수 있어서 제시하지 않았습니다. 기본적인 상황에서 집단변수와 평균변수를 통해 진행할 수 있는 주요 분석만 제시하였습니다.

만약 집단변수만 있다면 빈도분석을 진행할 수 있고, 평균변수만 있다면 기술통계분석을 할 수 있습니다. 그리고 집단변수 중 성별과 같이 집단이 2개인 집단변수와 또 다른 집단변수가 있다면 교차분석을 할 수 있습니다. 그런데 집단이 2개인 집단변수와 평균변수가 있다면 독립표본 t검정을 실시할 수 있습니다. 집단변수 중 집단이 3개인 집단변수와 또 다른 집단변수가 있다면 교차분석을 진행할 수 있고, 집단이 3개인 집단변수와 평균변수가 있다면 일원배치 분산분석을 할 수 있습니다.

독립변수가 집단변수이고 종속변수가 평균변수이면 회귀분석을 진행할 수 있습니다. 반대로 종속변수가 집단변수이고 독립변수가 평균변수이면 회귀분석 중 로지스틱 회귀분석을 진행할 수 있습니다. 평균변수와 평균변수가 있다면 상관관계분석과 회귀분석을 진행할 수 있습니다.

<표 11-1> **집단변수와 평균변수를 통해 진행할 수 있는 주요 분석**

| | 집단변수 | 평균변수 |
|---|---|---|
| 변수 없음 | 빈도분석 | 기술통계분석 |
| 집단변수(집단2개) | 교차분석 | 독립표본 t검정 |
| 집단변수(집단3개 이상) | 교차분석 | 일원배치 분산분석 |
| 평균변수 | 회귀분석, 로지스틱 회귀분석 | 상관관계분석, 회귀분석 |

**Know how** **집단변수와 평균변수를 활용하여 진행할 수 있는 주요 분석은 외우지 마세요**

잘 모르는 상태에서 외우는 것은 오히려 통계 공부에 대한 거부감으로 다가올 수 있습니다. 외우기보다는 먼저 분석하는 방법을 공부하고 실습하다 보면 자연스럽게 알게 될 것입니다.

**Know how** **평균변수를 집단변수로 변환 + 집단변수를 집단변수로 변환**

평균변수를 집단변수로 변환

분석을 위해서 평균변수를 집단변수로 변환해야 할 때가 있습니다. 이를테면, 아래 1번 키 변수의 경우 보기가 없는 평균변수입니다. 이러한 평균변수를 2번 키 변수처럼 집단변수로 변환해야 할 때 다른 변수로 코딩변경을 진행하면 됩니다. 변환 방법은 '제10장 데이터 핸들링' 중 같은 변수(다른 변수)로 코딩변경에서 평균변수(보기가 없는 변수)의 보기를 만들 때를 참고하기 바랍니다.

1. 현재 귀하의 키는? (　　)cm

2. 현재 귀하의 키는?
① 150대 이하　② 160대　③ 170대　④ 180대 이상

집단변수를 집단변수로 변환

분석을 위하여 보기가 3개 있는 집단변수를 보기가 2개 있는 집단변수로 변환해야 할 때가 있습니다. 이를테면, 다음 3번 거주지역 변수의 경우 보기가 3개로 이루어져 있는 집단변수입

니다. 이러한 집단변수를 4번 거주지역 변수처럼 보기가 2개 있는 집단변수로 변환해야 할 때 다른 변수로 코딩변경을 진행하면 됩니다. 변환 방법은 '제10장 데이터 핸들링' 중 같은 변수(다른 변수)로 코딩변경에서 보기를 재설정할 때를 참고하기 바랍니다.

3. 귀하의 거주지역은 어디입니까?
① 대도시 ② 중소도시 ③ 농어촌

4. 귀하의 거주지역은 어디입니까?
① 도시 ② 농어촌

## 2. p값(p-value)

### 1) p값의 의미

교과서적인 p값의 의미는 귀무가설이 참이라고 가정할 때 귀무가설에 반하여 예외적인 사건이 일어날 확률을 의미합니다. 만약 p값이 0.05라면, 이것은 100번의 동일한 실험을 했을 때 95번의 실험은 연구자의 가설대로 분석 결과가 나타났지만, 예외적인 경우가 5번 정도 나타났다는 것을 의미합니다. 예를 들어, 독감 백신을 개발하여 100명이 접종했을 때 95명은 항체가 형성되었지만 5명은 항체가 형성되지 않았다는 것을 말합니다.

통계학적 측면에서 p값의 유의성 기준에 대한 논란, p값에 대한 과도한 의존 문제, p값 오용문제, 해석 문제 등 p값에 대한 다양한 문제가 있지만 이러한 문제를 이 책에서 구체적으로 다루기에는 코드가 다르며 여전히 p값이 통계분석 결과의 유의성을 결정하는 데 가장 많이 사용되는 지표라는 데는 변함이 없습니다. 현실적으로는 통계분석을 한 후 분석 결과를 보면서 연구가설이 유의한지 유의하지 않은지를 p값을 보고 판단하면 됩니다. 이렇듯 p값에 의해 연구가설을 판단할 수 있으므로 유의확률이라고 합니다.

p값은 교차분석, 독립표본 t검정, 대응표본 t검정, 일원배치 분산분석, 상관관계분석, 회귀분석 등에서 필수적으로 알고 있어야 하는 개념입니다. 사실 p값이 어떤 분석에서 활용하는지는 자연스럽게 실습을 하다 보면 알 수 있기 때문에 따로 알 필요는 없습니다. 그것보다 더 중요한 것은 분석에서 제시하는 p값을 보고 어떻게 해석을 해야 할지 아는 것입니다.

### 2) p값 해석 방법

해석 방법은 p값이 0.05 미만이면 연구가설이 유의하다고 해석하고, p값이 0.05 이상이면 연구가설이 유의하지 않은 것으로 해석합니다. 구체적으로 확인해 보면, $p < .05$로 나타나 연구가설이 유의한 경우 '차이가 있다, 관계가 있다, 영향을 미친다'로 해석하면 됩니다. 반대로 $p >= .05$로 나타나면 '차이가 없다, 관계가 없다, 영향을 미치지 않는다'로 해석하면 됩니다. $p < .05$인 경우의 해석 방법을 우선적으로 알고 있어야 $p >= .05$인 경우도 쉽게 해석할 수 있습니다.

어떤 분석에서 '차이가 있다/차이가 없다, 관계가 있다/관계가 없다, 영향을 미친다/영향을 미치지 않는다'로 해석할까요? 기본적으로 어떤 분석에서 p값에 따라 어떻게 해석하는지는 알고 있어야 합니다. 하지만 각종 분석을 실습하다 보면 자연스럽게 해석하게 될 것이니 많은 실습을 통해 익히는 것을 추천합니다.

'차이가 있다/차이가 없다'는 교차분석, 독립표본 t검정, 대응표본 t검정, 일원배치 분산분석에서 활용합니다. 교차분석(카이제곱 검정)에서는 집단변수 간 분포의 차이가 유의한지 확인할 때 진행합니다. 즉, 자연스럽게 '분포의 차이가 있다' 혹은 '분포의 차이가 없다'로 해석됩니다. t검정과 분산분석 또한 두 집단 혹은 세 집단의 평균 차이가 유의한지 확인할 때 진행하므로 '평균 차이가 있다/평균 차이가 없다'로 해석될 것입니다.

'관계가 있다/관계가 없다'는 상관관계분석에서 활용합니다. 이미 분석명 자체가 관계가 있는지 없는지 확인하는 분석임을 말하므로 쉽게 이해할 수 있을 것입니다.

'영향을 미친다/영향을 미치지 않는다'는 회귀분석에서 활용합니다. 회귀분석은 독립변수가 종속변수에 영향을 미치는지 혹은 미치지 않는지 확인하는 분석이므로 해석 또한 '영향을 미친다' 혹은 '영향을 미치지 않는다'로 해석합니다.

다음은 p값과 관련하여 기본적으로 알고 있어야 하는 것을 정리한 것이므로 꼭 분석 전에 인지하고 있어야 합니다.

<표 11-2> **분석별 p값에 따른 해석**

| 분석 | p<.05 | p>=.05 |
|---|---|---|
| 교차분석, 독립표본 t검정,<br>대응표본 t검정, 일원배치 분산분석 | 차이가 있다. | 차이가 없다. |
| 상관관계분석 | 관계가 있다. | 관계가 없다. |
| 회귀분석 | 영향을 미친다. | 영향을 미치지 않는다. |

### 3) 분석 결과표에서 p값 작성 방법

p값을 분석 결과표에서 작성할 때 p값 자체를 적기보다는 보통 별표(*)로 표시합니다. p<.05면 별표 1개(*), p<.01이면 별표 2개(**), p<.001이면 별표 3개(***)로 표시합니다. p값이 나오는 분석의 경우 분석 결과표 아래에 '*p<.05, **p<.01, ***p<.001'을 항상 표시합니다.

**Know how** **별표의 개수보다 별표의 유무가 더 중요합니다**

별표는 p값을 의미합니다. 앞서 p값의 개념을 언급했듯이 p값은 귀무가설이 참이라고 가정할 때 귀무가설에 반하여 예외적인 사건이 일어날 확률을 말합니다. 즉, 확률이기 때문에 별표의 개수가 많다고 해서 더 강하게 차이가 난다, 강하게 관계가 있다, 강하게 영향을 미친다고 해석할 수 없습니다. 게다가 분석 결과를 작성할 때, 별표 개수에 따른 해석을 달리하지도 않습니다.

별표 개수보다 별표의 유무가 더 중요합니다. 별표 유무에 따라 '차이가 있다, 관계가 있다, 영향을 미친다' 혹은 '차이가 없다, 관계가 없다, 영향을 미치지 않는다'로 해석을 다르게 합니다. 그러므로 별표 개수가 더 많이 나와야 한다고 생각하지 않아도 좋습니다.

SPSS 프로그램에서 분석 후 결과로 나온 p값을 보고 별표 개수를 분석 결과표에 작성해야 합니다. 그러므로 p값을 보고 별표 몇 개를 표시해야 하는지 정확하게 알고 있어야 합니다. 간단한 퀴즈를 통해 연습해 보도록 하겠습니다. p값을 보고 별표를 몇 개 표시해야 할지 판단해 보기 바랍니다.

| p값 | 별표 |
|---|---|
| .002 | ** |
| .000 | *** |
| .124 | |
| .001 | ** |

만약 p값이 .002로 나왔다면, 별표가 몇 개인가요? p값이 .01보다는 작지만, .001보다는 크므로 별표 2개입니다. p값이 .000이 나왔다면 .001보다는 작으므로 별표 3개입니다. p값이 .124가 나왔다면 .05 이상이므로 별표는 없습니다. p값이 .001이 나왔다면 별표가 몇 개일까요? 3개는 아닙니다. 왜냐하면 .001 미만일 때 별표가 3개이기 때문에 .001을 포함하지 않습니다. 그러므로 .001은 별표 2개입니다.

〈표 11-3〉은 독립표본 t검정에 대한 결과입니다. 표를 보고 p값이 대략적으로 얼마나 나왔는지 가늠할 수 있나요? 별표가 3개이므로 p값이 .001보다 작다는 것을 알 수 있습니다. p값에 대한 구체적인 내용은 각 분석별로 제시했으니 앞으로 배울 각종 분석에서 확인하면 됩니다.

<표 11-3> **성별에 따른 자원봉사시간 차이**

| 구분 | 남성(n=2,278) | | 여성(n=2,722) | | t |
|---|---|---|---|---|---|
| | 평균 | 표준편차 | 평균 | 표준편차 | |
| 자원봉사시간 | 28.75 | 17.55 | 30.61 | 16.98 | −3.786*** |

*p<.05, **p<.01, ***p<.001

## 3. 더미변수

### 1) 더미변수 개념

더미변수는 명목척도와 서열척도를 비율척도화한 변수를 말합니다. 즉, 성별처럼 보기가 있는 변수인 집단변수를 평균을 낼 수 있는 평균변수로 변환한 것이 바로 더미변수입니다. 더미변수가 필요한 이유는 평균변수만 가능한 분석에 집단변수도 같이 분석해야 하는 상황이 있기 때문입니다. 대표적으로 회귀분석에서는 평균변수인 등간척도와 비율척도만 활용할 수 있습니다. 즉, 성별과 같은 명목척도는 활용할 수 없습니다. 하지만 회귀분석에서도 명목척도와 서열척도를 더미변수로 변환하면 활용할 수 있습니다.

### 2) 더미변수 형태: 0과 1로 구성(0이 기준)

더미변수는 0과 1로 구성되어 있으며, 0이 기준입니다. 예를 들어, 성별이라는 변수가 1=남성, 2=여성으로 설정되어 있는 경우, 0=남성, 1=여성으로 변환한다면 더미변수가 되는 것입니다.

**<표 11-4> 성별 변수와 성별더미변수**

| 변수 | 남성(기준) | 여성 |
|---|---|---|
| 성별 변수 | 1 | 2 |
| 성별더미변수 | 0 | 1 |

다음 그림을 통해 성별 변수의 1과 2라는 값이 성별더미라는 더미변수에서는 0과 1로 변환된 것을 확인할 수 있습니다.

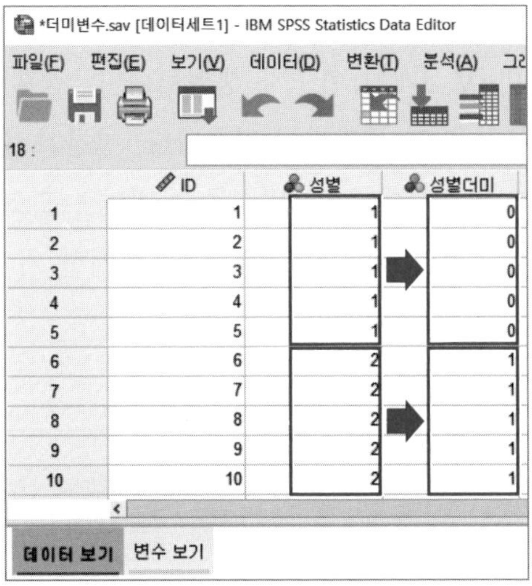


[그림 11-1] 성별더미변수

## 3) 더미변수 수: 보기 수-1

성별의 보기는 남성과 여성으로 2개입니다. 더미변수는 0과 1로 구성된 변수이므로 남성을 0, 여성을 1로 설정할 수 있었습니다. 그렇다면 결혼상태(1=미혼, 2=기혼, 3=이혼, 4=사별, 5=기타)의 경우에는 보기가 5개인데, 더미변수를 어떻게 만들 수 있을까요? 이런 경우에는 더미변수를 4개 만들어야 합니다. 더미변수 수는 '보기 수-1'이라고 보면 되겠습니다. 결혼상태의 보기는 5개이므로 -1을 하여 4개의 더미변수가 만들어지게 됩니다. 기준을 기혼으로 한다면, 첫 번째 더미변수는 기혼을 0, 미혼을 1, 이혼을 0, 사별을 0, 기타를 0으로 설정합니다. 두 번째 더미변수는 기혼을 0, 미혼을 0, 이혼을 1, 사별을 0, 기타를 0으로 설정합니다. 세 번째 더미변수는 기혼을 0, 미혼을 0, 이혼을 0, 사별을 1, 기타를 0으로 설정합니다. 네 번째 더미변수는 기혼을 0, 미혼을 0, 이혼을 0, 사별을 0, 기타를 1로 설정합니다. 즉, 기준은 어느 더미변수든 0으로 설정하면 되고, 기준으로 설정한 보기 외에 다른 보기를 더미변수별로 1로 설정하면 됩니다.

<표 11-5> 결혼상태 변수와 결혼상태더미변수

| 변수 | 미혼 | 기혼(기준) | 이혼 | 사별 | 기타 |
|---|---|---|---|---|---|
| 결혼상태 변수 | 1 | 2 | 3 | 4 | 5 |
| 결혼상태더미변수1 | 1 | 0 | 0 | 0 | 0 |
| 결혼상태더미변수2 | 0 | 0 | 1 | 0 | 0 |
| 결혼상태더미변수3 | 0 | 0 | 0 | 1 | 0 |
| 결혼상태더미변수4 | 0 | 0 | 0 | 0 | 1 |

다음 그림과 같이 결혼상태 변수를 더미변수로 만들면 결혼상태더미1, 결혼상태더미2, 결혼상태더미3, 결혼상태더미4로 4개의 변수가 생성됩니다. 결혼상태더미1 변수는 미혼만 1로 코딩되어 있고 나머지는 0으로 설정되어 있습니다. 마찬가지로 결혼상태더미2 변수는 이혼만 1로 코딩되어 있고, 결혼상태더미3 변수는 사별만 1로 코딩되어 있고, 결혼상태더미4 변수는 기타만 1로 코딩되어 있습니다. 기준으로 설정한 기혼은 모든 변수에서 0으로 처리되어 있는 것을 확인할 수 있습니다.

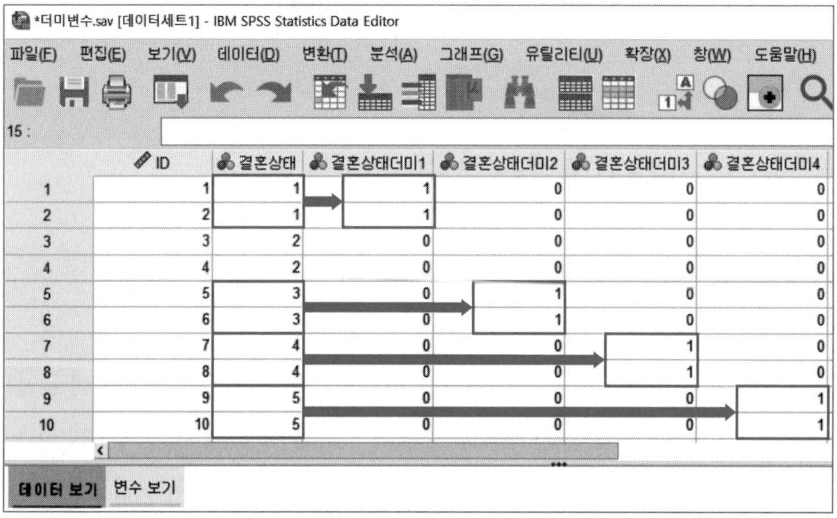


| | ID | 결혼상태 | 결혼상태더미1 | 결혼상태더미2 | 결혼상태더미3 | 결혼상태더미4 |
|---|---|---|---|---|---|---|
| 1 | 1 | 1 | 1 | 0 | 0 | 0 |
| 2 | 2 | 1 | 1 | 0 | 0 | 0 |
| 3 | 3 | 2 | 0 | 0 | 0 | 0 |
| 4 | 4 | 2 | 0 | 0 | 0 | 0 |
| 5 | 5 | 3 | 0 | 1 | 0 | 0 |
| 6 | 6 | 3 | 0 | 1 | 0 | 0 |
| 7 | 7 | 4 | 0 | 0 | 1 | 0 |
| 8 | 8 | 4 | 0 | 0 | 1 | 0 |
| 9 | 9 | 5 | 0 | 0 | 0 | 1 |
| 10 | 10 | 5 | 0 | 0 | 0 | 1 |

[그림 11-2] **결혼상태더미변수**

**Know how** **더미변수를 만들 때 보기 중 기준을 설정하는 방법**

더미변수를 만들 때 보기 중 기준을 설정하는 방법은 3가지입니다. 첫 번째는 0과 의미가 맞닿아 있는 보기를 기준으로 설정하는 것입니다. 더미변수에서 기준은 0입니다. 0과 의미가 맞닿아 있는 보기가 있다면 그 변수를 기준으로 삼는 것이 좋습니다. 이를테면, 배우자여부 변수에서 보기가 '1=배우자 있음, 2=배우자 없음'이라면 2=배우자 없음이 0과 의미가 맞닿아 있으므로 기준으로 설정합니다.

두 번째는 보기 중 대표할 만한 보기를 기준으로 설정하는 것입니다. 이를테면, 희망여가프로그램 변수에서 보기가 '1=노래 교실, 2=댄스 교실, 3=서예 교실, 4=탁구 교실, 5=기타'로 설정되어 있을 때 대표 여가가 노래 교실이라고 가정한다면 1=노래 교실을 기준으로 설정할 수 있습니다.

세 번째는 보기 중 빈도가 가장 많은 보기를 기준으로 설정하는 것입니다. 이를테면, 결혼상태 변수에서 보기가 '1=미혼, 2=기혼, 3=이혼, 4=사별, 5=기타'로 설정되어 있을 때 이 중 기혼이라고 응답한 빈도가 많은 비중을 차지하고 있다면 2=기혼을 기준으로 설정할 수 있습니다.

## 실습 더미변수 만들기

더미변수를 만드는 방법은 2가지입니다. 메뉴에서 '변환-다른 변수로 코딩변경'과 '변환-더미변수 작성'을 활용하는 방법입니다. 이 중 더미변수를 만들 때 쉽고 빠르게 만드는 방법인 '변환-더미변수 작성'으로 실습하고자 합니다.

- 실습내용: 결혼상태 변수를 활용하여 더미변수 만들기(기준=기혼)
- 실습파일: SPSS data.sav
- 활용변수: 결혼상태

**1** 결혼상태더미변수를 만들기 위해 메뉴의 ❶ 변환을 클릭하고 ❷ 더미변수 작성을 클릭합니다.

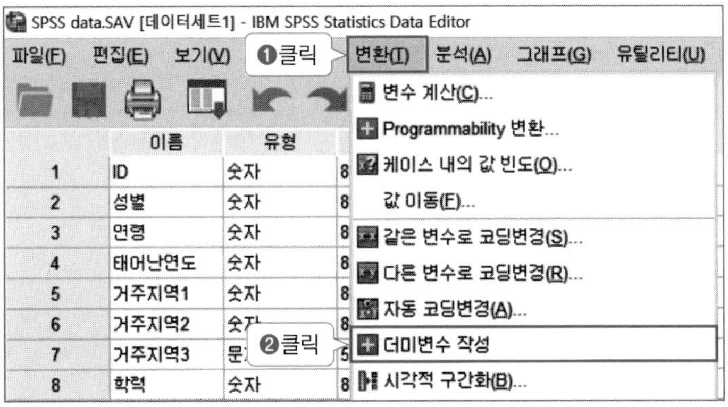


[그림 11-3]

**2** 더미변수 작성 창이 열리면, ❶ 결혼상태 변수를 더블클릭한 후, 주효과 더미변수에서 루트 이름(선택한 변수당 한 개)에 ❷ 결혼상태더미라고 입력합니다.

[그림 11-4]

3 ❶ 확인을 클릭하여 더미변수 작성 창을 닫습니다.

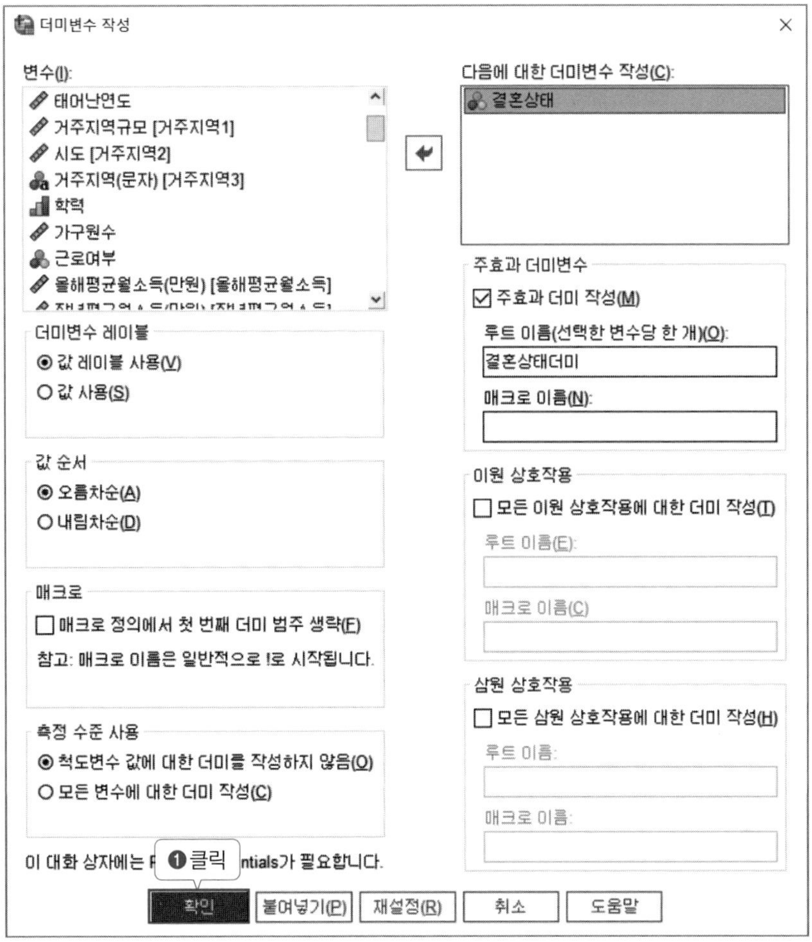


[그림 11-5]

4 새롭게 생성된 더미변수는 변수 보기 창에서 맨 아래에 위치해 있습니다. 먼저, ❶ 레이블을 확인합니다. 레이블에는 어떤 보기가 1로 설정되어 있는지 표시되어 있습니다. 이를테면, 결혼상태더미_1의 경우 레이블에 결혼상태=미혼으로 설정되어 있는데 이는 미혼이 1이고 나머지 보기가 0으로 코딩되어 있다는 의미입니다. 여기서 기준이 되는 보기는 모든 더미변수에서 0이어야 하므로 ❷ 기준으로 설정한 기혼이 1로 설정되어 있는 결혼상태더미_2 변수를 삭제합니다. 참고로 분석에서는 결혼상태더미_2 변수를 제외한 나머지 총 4개의 변수를 활용합니다.

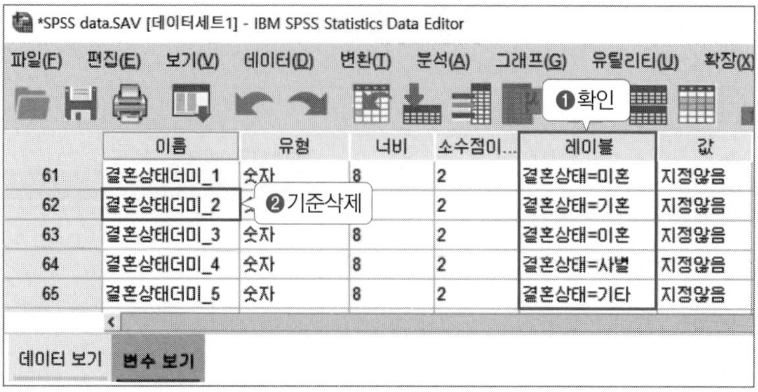


[그림 11-6]

**Know how** **보기 수가 많은 변수를 더미변수할 때는 먼저 보기 수를 줄이는 것도 고민해 보세요**

보기 수가 많은 변수를 더미변수로 만들면 '보기 수−1'만큼 너비변수 수가 만들어지기 때문에 많은 더미변수로 인해 실제 분석을 진행할 때 부담이 될 수 있습니다. 이럴 때는 먼저 해당 변수의 보기 수를 줄이는 것도 고민해 볼 수 있습니다. 이를테면, 결혼상태 변수의 경우 '1=미혼, 2=기혼, 3=이혼, 4=사별, 5=기타'로 보기가 설정되어 있는데 이것을 '0=기혼, 1=기혼 외'로 총 2개의 보기로 줄일 수도 있습니다. 물론 이것은 분석하는 사람의 편의에 의해서 진행하기보다는 보기를 줄여서 분석하는 것이 의미가 있을 때 하기 바랍니다.

**Know how** **비율척도를 더미변수로 만드는 경우도 있습니다**

더미변수는 명목척도와 서열척도를 비율척도화한 변수입니다. 그러므로 비율척도를 굳이 더미변수로 만들 이유가 없습니다. 그러나 비율척도도 더미변수로 만들어야 하는 예외적인 상황이 있습니다. 이를테면, 비율척도로 분석하기보다 데이터 값별로 분석하는 것이 의미 있을 때입니다. '가구원 수는? ( )명'으로 설문지에서 질문했다면 이 변수는 보기가 없는 변수로 비율척도입니다. 그럼에도 가구원 수 1명, 2명, 3명, 4명 등 각각 가구원 수별로 변수를 만들어 분석하는 것이 의미 있을 때가 있습니다. 즉, 비율척도로 분석을 했다면 평균으로 분석하기 때문에 가구원 수별 의미를 파악하기가 어렵습니다. 가구원 수별 의미를 파악해야 할 때에는 가구원 수를 더미변수로 만들어 분석하는 것이 의미가 있습니다.

## 4. 문자변수를 숫자변수로 바꾸기

문자변수는 분석에서 활용하기가 어렵기 때문에 문자변수를 숫자변수로 바꾸는 경우가 있습니다. 예를 들어, 실습파일 SPSS data에서 거주지역3 변수는 문자변수로 강원도, 세종특별자치시, 경기도, 경상남도 등으로 코딩이 되어 있습니다. 이를 강원도=1, 경기도=2, 경상남도=3 등으로 문자를 숫자로 변환하고자 합니다.

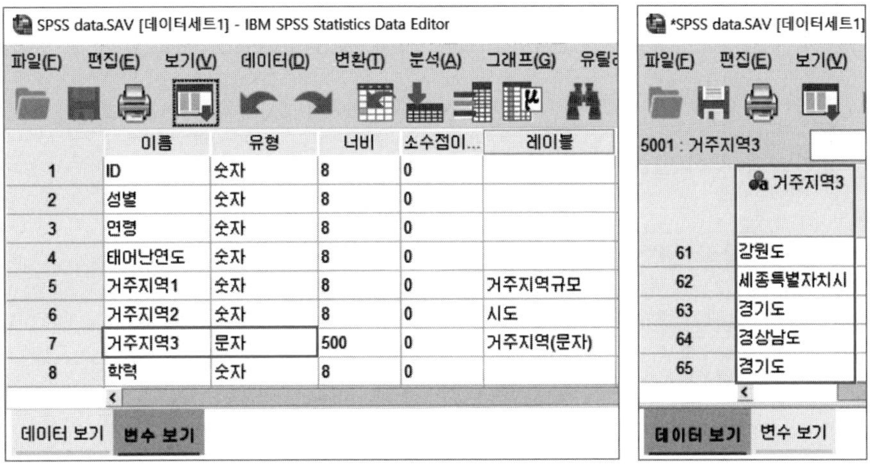


[그림 11-7]

### 실습 문자변수를 숫자변수로 바꾸기

- 실습내용: 거주지역3 변수를 활용하여 문자변수를 숫자변수로 바꾸기
- 실습파일: SPSS data.sav
- 활용변수: 거주지역3

**1** 거주지역3 변수를 숫자변수로 바꾸기 위해 메뉴의 ❶ 변환을 클릭하고 ❷ 자동 코딩변경을 클릭합니다.

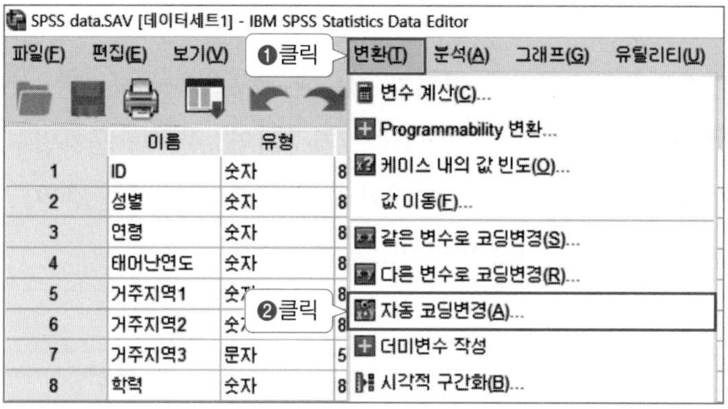


[그림 11-8]

**2** 자동 코딩변경 창이 열리면, ❶ 거주지역3 변수를 더블클릭합니다.

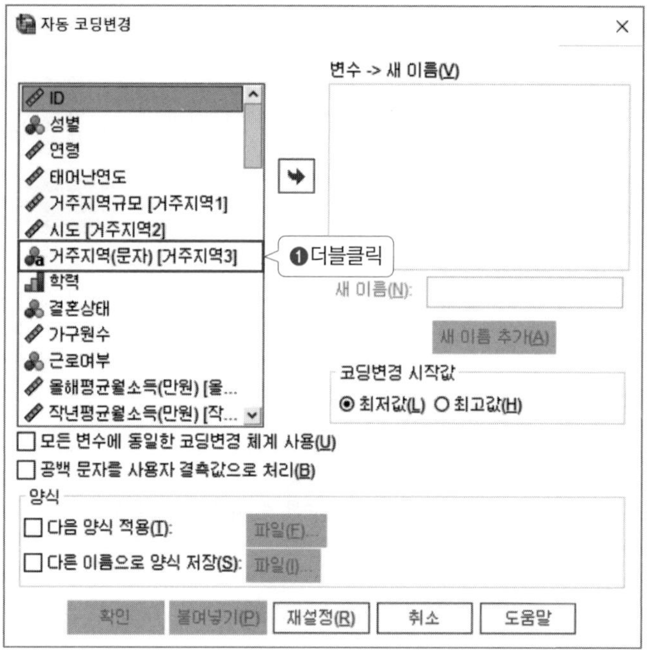


[그림 11-9]

**3** 숫자로 바뀌는 변수의 이름을 거주지역숫자로 설정하고자 합니다. 이에 새 이름에 ❶ 거주지역숫자라고 입력한 후 ❷ 새 이름 추가를 클릭합니다. 그런 다음 ❸ 확인을 클릭합니다.

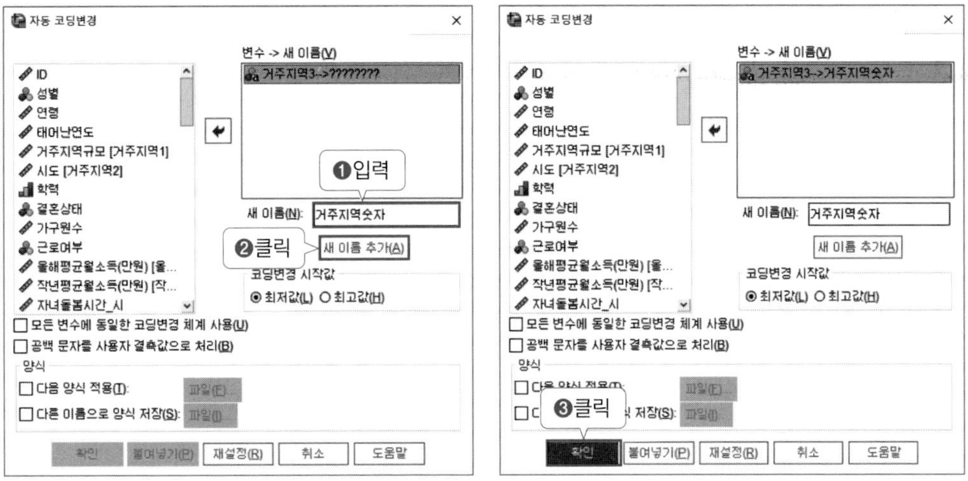


[그림 11-10]

4 출력 결과 창을 확인하면, 문자변수가 어떻게 숫자변수로 변환되었는지 확인할 수 있습니다. 강원도라는 문자는 숫자 1로 변환되었고, 경기도라는 문자는 숫자 2로 변환된 것을 확인할 수 있습니다. 아울러 가나다순으로 숫자가 부여된 것을 파악할 수 있습니다.

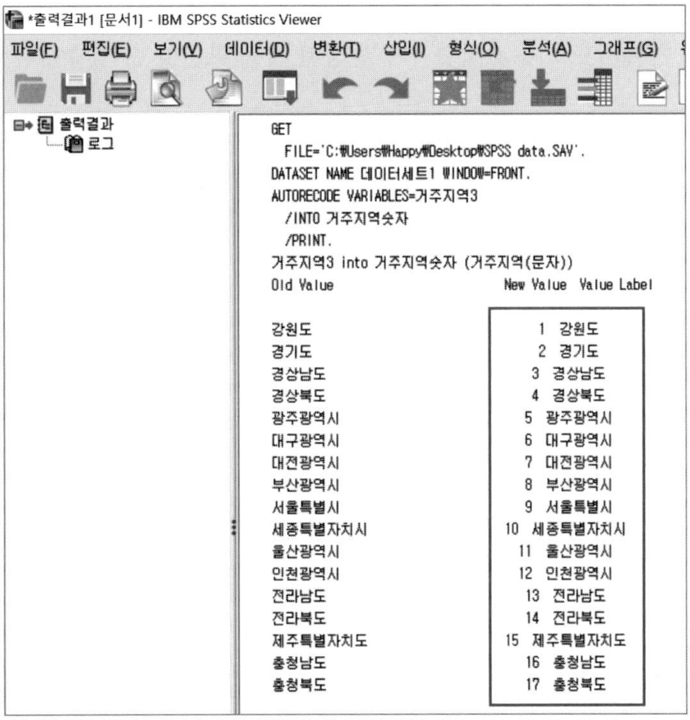


[그림 11-11]

**5** 변수 보기 창의 하단에 새롭게 생긴 거주지역숫자 변수의 ❶ 값을 클릭하고 ❷ [...] 버튼을 누릅니다. 값 레이블 창이 열리면, ❸ 보기를 확인합니다.

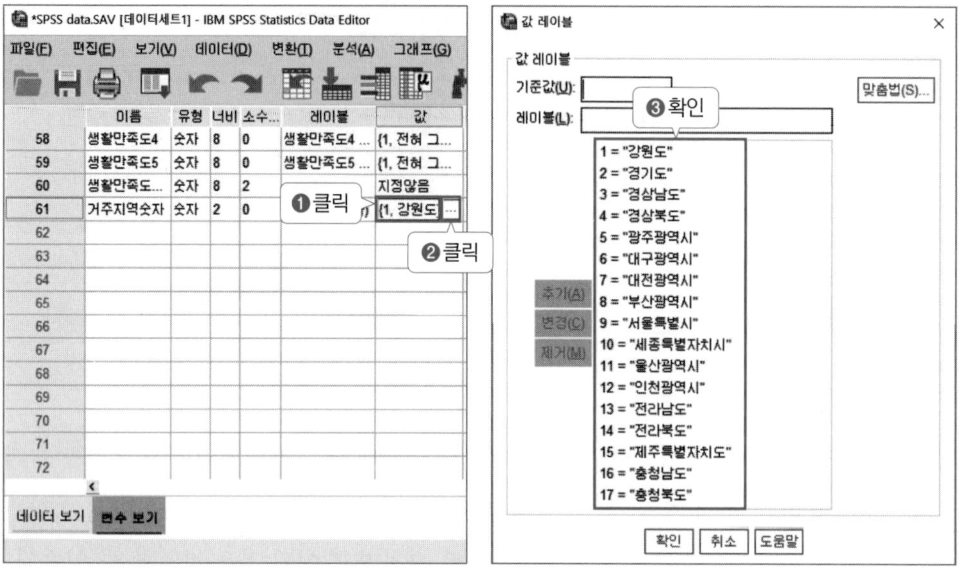


[그림 11-12]

**6** 데이터 보기 창에서도 거주지역숫자가 생성된 것을 확인할 수 있습니다.

[그림 11-13]

## 5. 붙여넣기 버튼(명령어 활용)

SPSS 프로그램도 Stata나 R처럼 명령어를 활용하여 각종 데이터 핸들링 및 분석을 진행할 수 있습니다. 예를 들어, 성별에 대한 빈도분석을 명령어로 하면 다음과 같습니다. 그런데 혹시 다음 명령어를 보고 거부감이 들지는 않았나요?

```
FREQUENCIES VARIABLES=성별
/ORDER=ANALYSIS.
```

명령어에 대한 거부감이 있는 상황에서 이런 고민이 들 수 있습니다. 'SPSS 프로그램에서는 마우스 클릭만으로도 충분히 데이터 핸들링과 분석을 할 수 있는데, 굳이 명령어를 활용해야 할까?' 일단 SPSS 프로그램 초보자라면 마우스를 이용하여 데이터 핸들링 및 분석하는 것을 추천하고 어느 정도 익숙해졌다고 판단했을 때 명령어를 사용하면 좋습니다.

SPSS 프로그램에서 명령어를 활용하는 것은 비교적 쉽습니다. 예를 들어, 빈도분석을 위해 FREQUENCIES VARIABLES=성별/ORDER=ANALYSIS.와 같은 명령어를 작성하지 않고 붙여넣기 버튼을 클릭하는 것만으로도 명령어를 만들 수 있습니다. 붙여넣기 버튼은 각종 데이터 핸들링과 분석 창에 있습니다. 빈도분석 창을 확인해 보면 붙여넣기 버튼이 확인 버튼 옆에 있다는 것을 알 수 있습니다. 실제 이 붙여넣기 버튼을 누르면 명령문 창이 열리고 빈도분석 명령어가 제시됩니다.

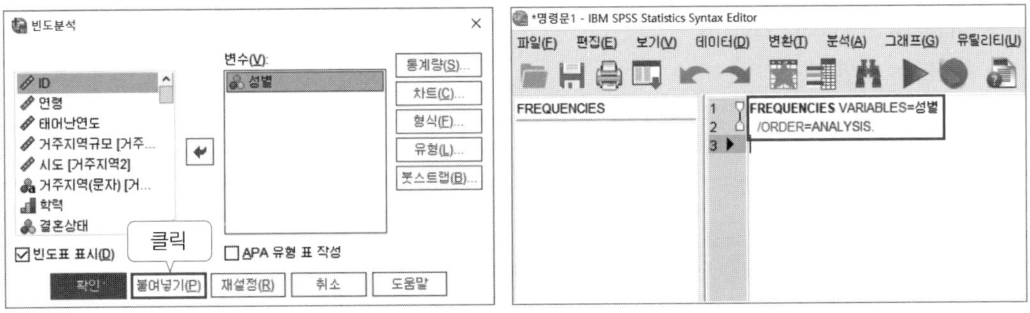


[그림 11-14] 붙여넣기 버튼

명령어를 왜 활용하라고 추천하는 것일까요? 명령어를 활용했을 때 장점은 다음과 같습니다.

- 반복작업을 신속하게 진행할 수 있습니다. 변수는 다르지만 동일한 작업(데이터 핸들링, 분석)인 경우가 있습니다. 마우스로만 한다면 변수가 다를 경우 변수별로 작업을 해야 합니다. 이를테면, 사회적지지 변수를 데이터 핸들링을 한 후 기술통계분석을 진행했다고 가정하겠습니다. 그런데 작업을 하다 보니 생활만족도도 마찬가지로 동일한 작업을 해야 한다면 다시 데이터 핸들링을 한 후 기술통계분석을 진행해야 합니다. 그러나 명령어를 활용한다면 변수명만 바꿔서 동일한 작업을 빠르게 진행할 수 있습니다.
- 기존에 작업한 내용을 기록할 수 있습니다. 명령어를 활용한다면 기존에 작업한 내용을 남길 수 있습니다. 기존에 작업한 내용이 무엇인지 아는 것은 중요합니다. 종종 데이터 핸들링을 하다 보면 이전에 어떤 작업을 했는지 기억하지 못할 때가 있습니다. 명령어를 활용한다면 기존에 어떠한 작업을 했는지 금방 파악할 수 있습니다. 또한 최종 분석 결과가 이상하게 도출되었을 때, 기존 작업에서 오류가 있었는지 확인이 필요합니다. 이때 기존에 작업한 명령어를 보면서 오류를 체크할 수 있습니다.
- 작업한 내용을 타인에게 공유할 수 있습니다. 데이터 핸들링이나 분석 등 기존에 작업한 내용을 공동연구자나 상급자에게 공유해야 할 때가 있습니다. 이때 원본 데이터와 작업했던 명령어를 공유하면 손쉽게 해결할 수 있습니다.

## 실습 붙여넣기 버튼을 활용하여 명령어 만들기

- 실습내용: 성별 변수를 활용하여 붙여넣기 버튼으로 빈도분석 명령어 만들기
- 실습파일: SPSS data.sav
- 활용변수: 성별

**1** 성별 변수의 빈도분석 명령어를 만들기 위해서 빈도분석을 진행합니다. 메뉴의 ❶ 분석을 클릭하고 ❷ 기술통계량을 클릭한 후 ❸ 빈도분석을 선택합니다.

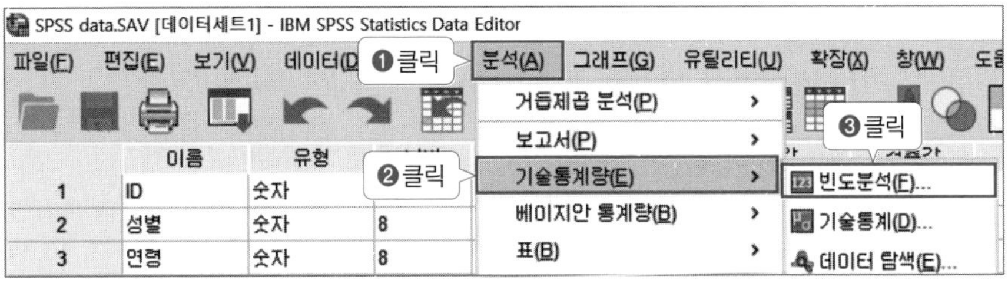


[그림 11-15]

**2** 빈도분석 창이 열리면, ❶ 성별 변수를 더블클릭하고 ❷ 붙여넣기 버튼을 누릅니다.

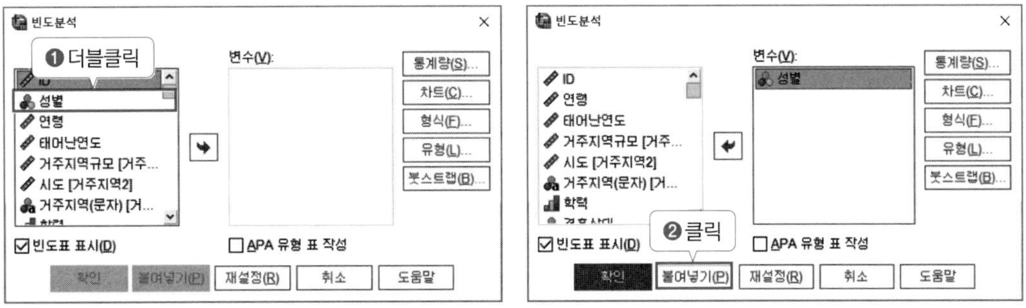


[그림 11-16]

**3** 명령문 창이 열리고 성별에 대한 빈도분석 명령어가 제시된 것을 확인할 수 있습니다.

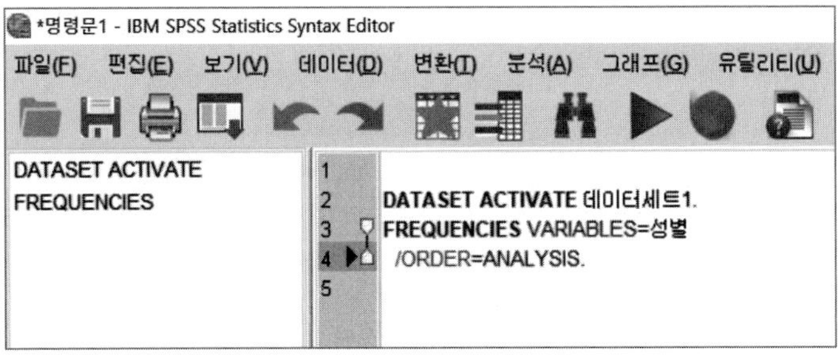


[그림 11-17]

**체크? 체크!** **명령문에 있는 DATASET ACTIVATE 데이터세트1. 의미**

붙여넣기 버튼을 활용하여 명령어를 만들면 항상 'DATASET ACTIVATE 데이터세트1.'이라는 것이 생깁니다. SPSS 프로그램 창에서 파일이름 옆에 데이터세트1이 있습니다. 데이터세트는 몇 번째로 실행한 데이터 파일인지를 알 수 있도록 합니다. 즉, 데이터세트1이 열려 있는 상태에서 두 번째 다른 SPSS 데이터 파일을 열면 그 파일에는 데이터세트2라고 표시됩니다. 즉, 'DATASET ACTIVATE 데이터세트1.'은 데이터세트1에서 만들었기 때문에 생성된 것이라고 볼 수 있습니다.

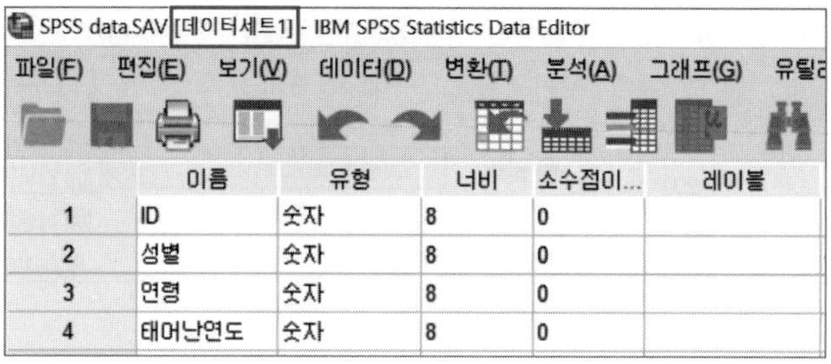

[그림 11-18]

'DATASET ACTIVATE 데이터세트1.'의 의미는 '아래 작성한 명령어는 데이터세트1에서만 활성화하세요.'라는 뜻입니다. 다른 데이터세트에서도 만들어 놓은 데이터 핸들링 및 분석 명령어를 활용하고 싶다면 'DATASET ACTIVATE 데이터세트1.' 명령어를 제거하는 것도 좋습니다.

**4** 명령어를 활용하여 빈도분석을 진행하고 싶다면, ❶ 명령어 'FREQUENCIES VARIABLES =성별/ORDER=ANALYSIS.'를 마우스로 드래그하여 블록을 잡습니다. 그런 다음 ❷ ▶ (선택실행) 버튼을 누릅니다.

[그림 11-19]

**5** 출력 결과 창에서 성별의 빈도분석 결과를 확인할 수 있습니다.

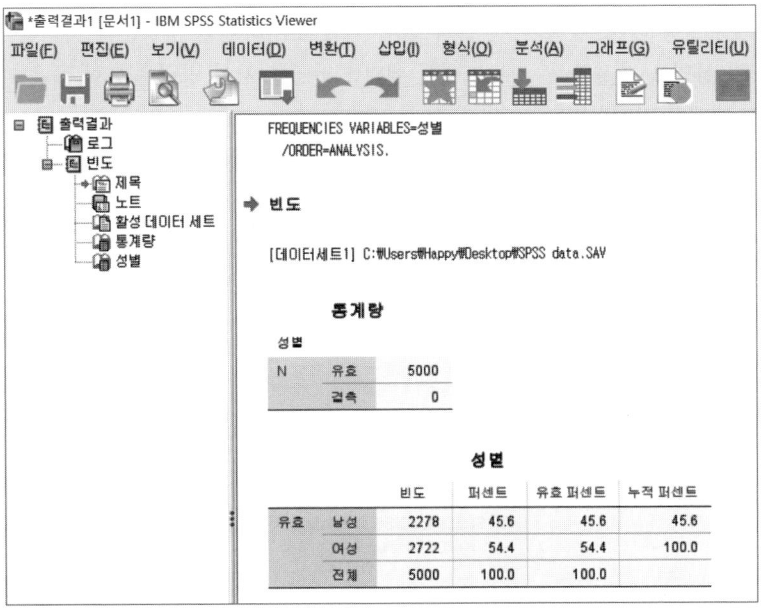


[그림 11-20]

**Know how** 명령어 관련 Tip

각종 데이터 핸들링 및 분석 창에서 붙여넣기 버튼을 활용

붙여넣기 버튼은 각종 분석뿐만 아니라 데이터 핸들링 관련 창에서도 있습니다. 대표적으로 같은 변수로 코딩변경 창을 확인해 보면 붙여넣기 버튼이 있는 것을 확인할 수 있습니다.

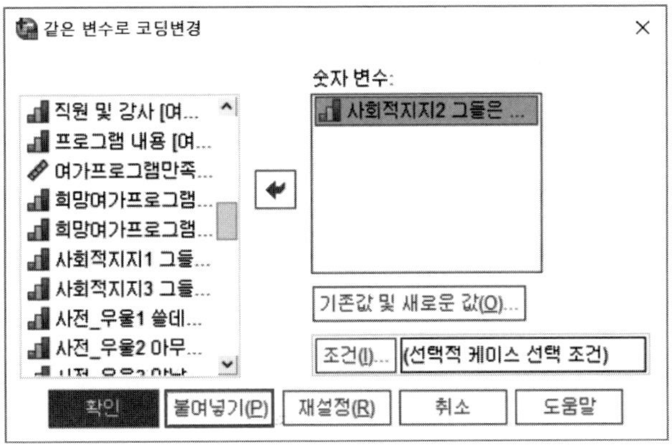


[그림 11-21]

명령문 창 Tip

❶ 명령문 설명 작성: 붙여넣기 버튼을 통해 명령어가 제시되면 이에 대한 설명도 작성 가능합니다. 다만, 설명 앞에 *를 붙이면 글자 색이 회색으로 바뀌어 명령문과 차이를 둘 수 있습니다. 또한 설명을 작성한 후 키보드에서 엔터(Enter)를 쳐서 명령문과 한 줄을 떼어 놓아야 명령문이 제대로 작동합니다.

❷ 변수명 변경: 변수명만 다르고 동일한 작업을 진행할 때 명령어에서 변수명만 변경하면 쉽게 진행할 수 있습니다.

❸ 명령어 저장: 기존 작업한 명령어를 저장하면 다른 사람들에게 해당 명령어를 공유할 수 있습니다. 또한 저장된 명령어는 다른 데이터 파일에서도 활용할 수 있습니다.

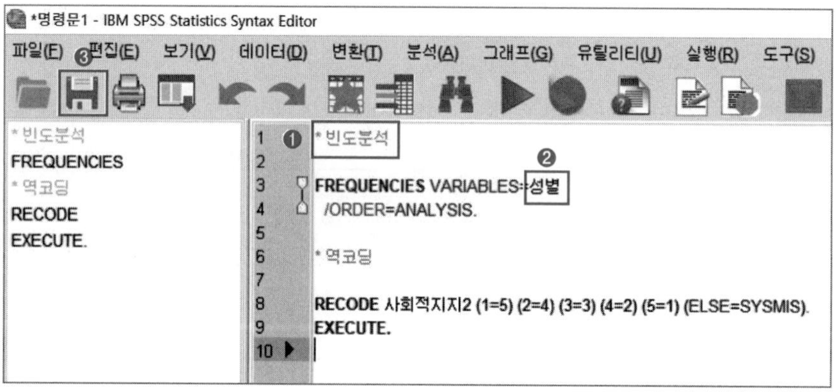
*명령문1 - IBM SPSS Statistics Syntax Editor
파일(F) 편집(E) 보기(V) 데이터(D) 변환(T) 분석(A) 그래프(G) 유틸리티(U) 실행(R) 도구(S)
❸
*빈도분석
FREQUENCIES
*역코딩
RECODE
EXECUTE.
❶
*빈도분석
❷
FREQUENCIES VARIABLES=성별
/ORDER=ANALYSIS.
*역코딩
RECODE 사회적지지2 (1=5) (2=4) (3=3) (4=2) (5=1) (ELSE=SYSMIS).
EXECUTE.

[그림 11-22]

## 6. 재설정 버튼

각종 데이터 핸들링과 분석을 하면 각 해당 창에 기존에 작업했던 내용이 남아 있습니다. 이때 재설정 버튼을 클릭하면 기존 작업했던 내용을 없애고 초기 세팅으로 돌아갑니다. 예를 들어, 성별에 대한 빈도분석을 진행한 후 연령에 대한 빈도분석을 하기 위해 빈도분석 창을 열면 기존에 작업했딘 성별이 남아 있습니다. 이때 재설정 버튼을 누르년 성별에 대한 빈도분석 작업이 없어지고 초기 세팅으로 돌아갑니다.

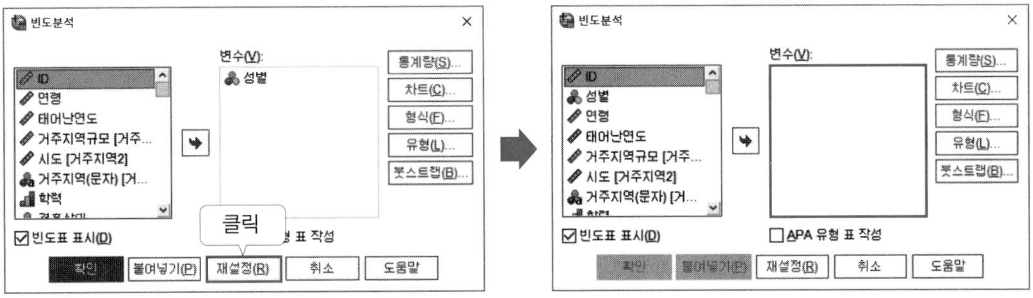


[그림 11-23] **빈도분석 창에서 재설정 버튼**

데이터 핸들링에서도 재설정 버튼을 활용할 수 있습니다. 예를 들어, 같은 변수로 코딩변경을 통해 사회적지지2 변수 역코딩을 진행한 후 다시 같은 변수로 코딩변경을 통해 학력 변수의 이상한 값을 결측값으로 처리하려고 할 때 기존에 작업했던 세팅이 남아 있습니다. 이때 재설정 버튼을 누르면 사회적지지2 변수 역코딩 작업이 없어지고 초기 세팅으로 돌아갑니다.

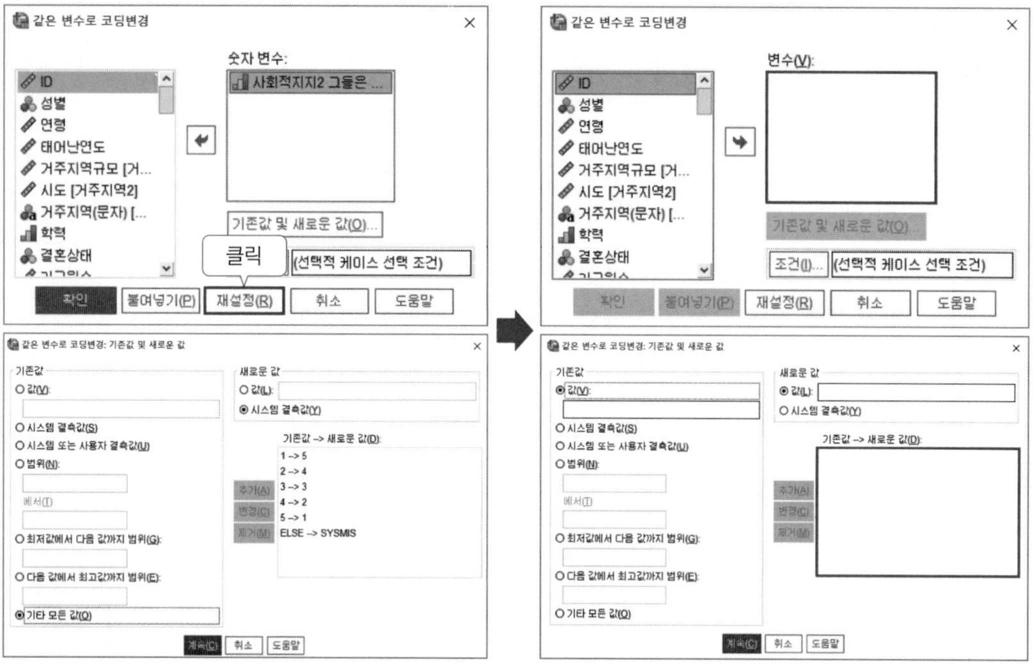


[그림 11-24] 데이터 핸들링 창에서 재설정 버튼

## 7. 출력 결과를 한글 프로그램에 붙여넣기

보고서나 논문을 작성하려면 SPSS 프로그램의 출력 결과 창에 제시된 분석 결과를 한글 프로그램에 옮겨야 합니다. 이때 분석 결과를 한글 프로그램에 바로 옮기지 않고 엑셀 프로그램에 옮겨서 필요한 작업을 한 후 한글 프로그램으로 옮기는 것을 추천합니다. 구체적인 방법은 실습을 통해 확인해 보겠습니다.

### 실습 출력 결과를 한글 프로그램에 붙여넣기

- 실습내용: 성별 빈도분석 결과를 한글 프로그램에 붙여넣기
- 실습파일: SPSS data.sav
- 활용변수: 성별

**1** 성별 변수의 빈도분석 결과를 한글 프로그램에 붙여넣기 위해 빈도분석을 진행합니다. 메뉴의 ❶ 분석을 클릭하고 ❷ 기술통계량을 클릭한 후 ❸ 빈도분석을 선택합니다.

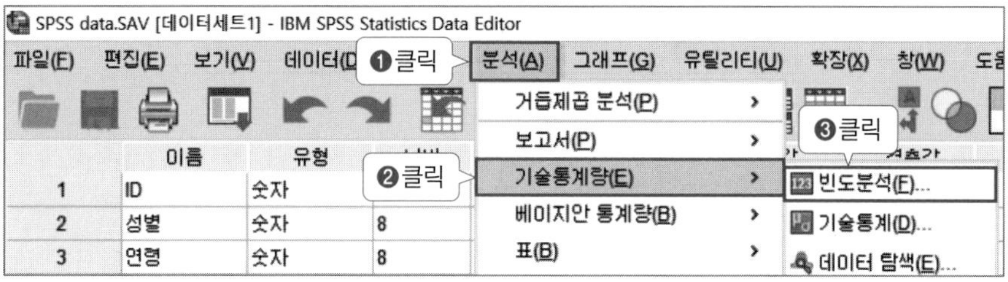


[그림 11-25]

2 빈도분석 창이 열리면, ❶ 성별 변수를 더블클릭하고 ❷ 확인을 클릭합니다.

[그림 11-26]

3 출력 결과 창에서 빈도분석 결과를 클릭하고 Ctrl+C(복사)를 누릅니다.

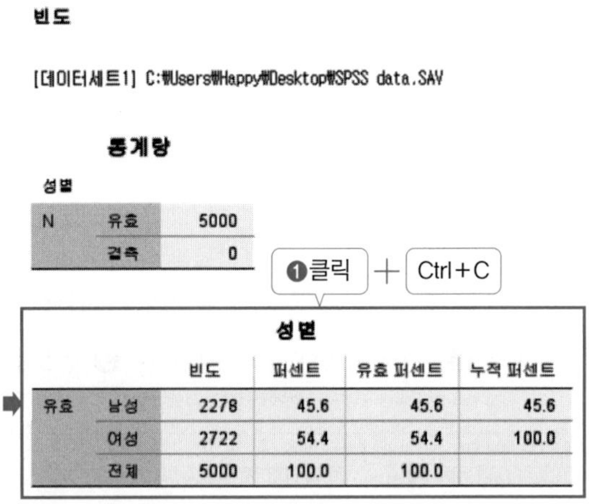


빈도

[데이터세트1] C:₩Users₩Happy₩Desktop₩SPSS data.SAV

통계량

성별

| | | |
|---|---|---|
| N | 유효 | 5000 |
| | 결측 | 0 |

성별

| | | 빈도 | 퍼센트 | 유효 퍼센트 | 누적 퍼센트 |
|---|---|---|---|---|---|
| 유효 | 남성 | 2278 | 45.6 | 45.6 | 45.6 |
| | 여성 | 2722 | 54.4 | 54.4 | 100.0 |
| | 전체 | 5000 | 100.0 | 100.0 | |

[그림 11-27]

**Know how** Ctrl + C로 복사가 안 된다면?

한글이나 워드 프로그램으로 옮기기 위해 분석 결과를 클릭한 후 Ctrl+C(복사)를 많이 합니다. 그런데 종종 복사가 되지 않는 경우가 있습니다. 이럴 때는 분석 결과를 ❶ 오른쪽 마우스로 클릭(우클릭)한 다음 ❷ 복사를 클릭하면 됩니다.

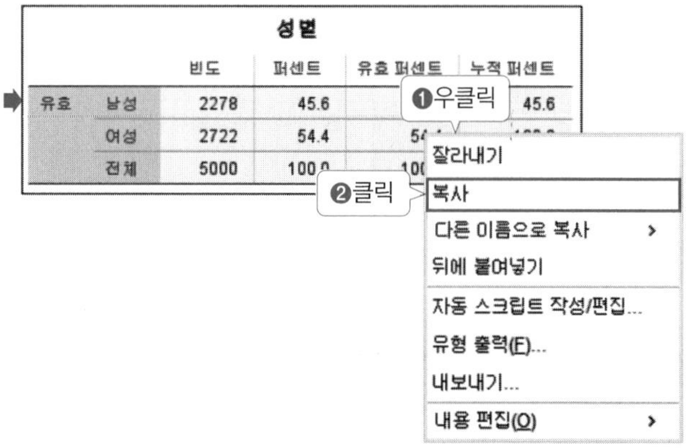


[그림 11-28]

4 엑셀을 열어서 Ctrl+V(붙여넣기)를 누릅니다.

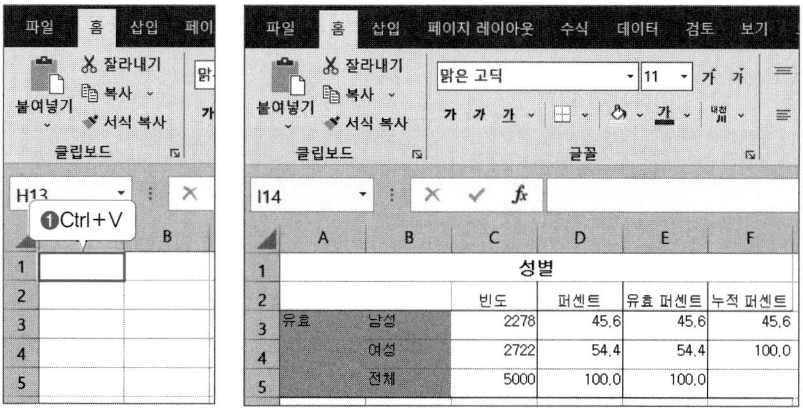


[그림 11-29]

5 엑셀에서 진행할 수 있는 작업을 합니다. 이를테면, 빈도분석의 경우 빈도에 1000단위 구분 기호를 넣거나 퍼센트가 있는 열을 삭제합니다. 먼저, ❶ 빈도 칸에 있는 숫자들을 드래그하여 블록을 잡고 ❷ 쉼표 버튼(1000단위 구분 기호)을 누릅니다.

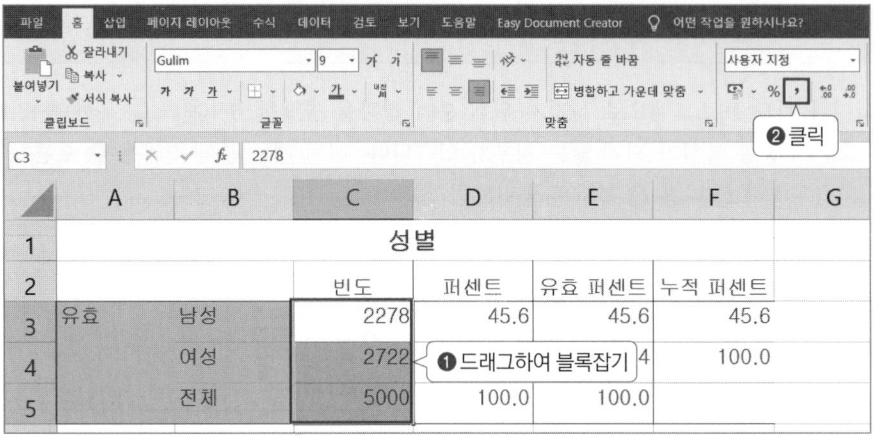


[그림 11-30]

## Know how 엑셀에서 소수점 자릿수 동일하게 하기

엑셀에서는 다양한 표 정리를 진행할 수 있는데, 빈도분석의 경우 빈도에 1000단위 구분 기호를 넣거나 퍼센트가 있는 열을 삭제하는 등의 작업을 진행합니다. 이 외에도 소수점 자릿수를 동일하게 하는데 많이 활용합니다. 예를 들어, 기술통계분석의 경우 소수점 자릿수를 동일하게 해야 하는데, 출력 결과를 확인해 보면 동일하지 않은 것을 확인할 수 있습니다. 이에 소수점 자릿수를 동일하게 하면서 소수점 둘째 자리까지 늘리거나 줄이기 위해서는, ❶ 소수점 자릿수를 동일하게 해야 하는 숫자들을 드래그하여 블록을 잡고, ❷ 자릿수 늘림( ←.0 .00 )이나 자릿수 줄임( .00 →.0 ) 버튼을 누릅니다. 그러면 소수점 자릿수가 동일하게 되면서 소수점 자릿수를 늘리거나 줄일 수 있습니다.

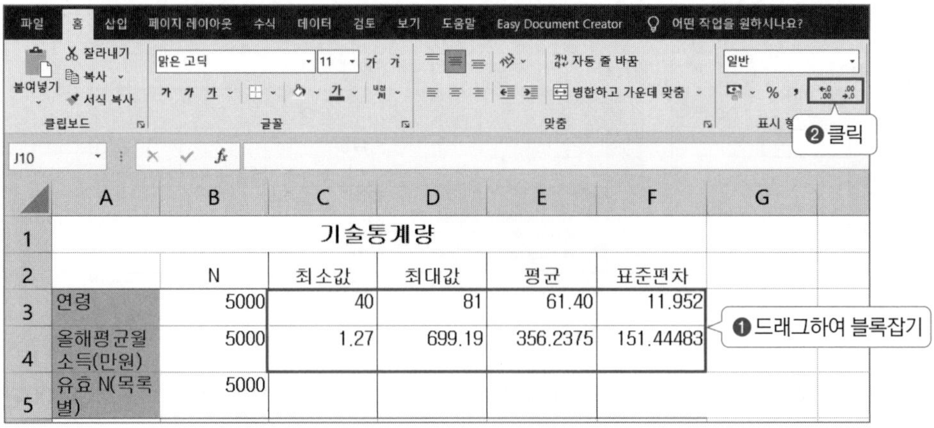


[그림 11-31]

**6** 빈도분석에서는 빈도와 유효 퍼센트를 한글 프로그램에 있는 표에 넣습니다. 이에 불필요한 퍼센트 열을 삭제합니다. 먼저, ❶ D열에 오른쪽 마우스를 클릭(우클릭)하여 ❷ 삭제를 클릭합니다.

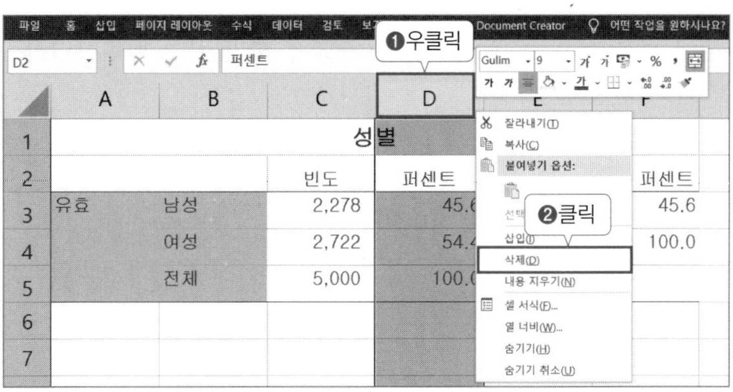


[그림 11-32]

**7** 한글 프로그램에 붙여 넣을 부분을 ❶ 드래그하여 블록을 잡고 Ctrl+C(복사)를 합니다.

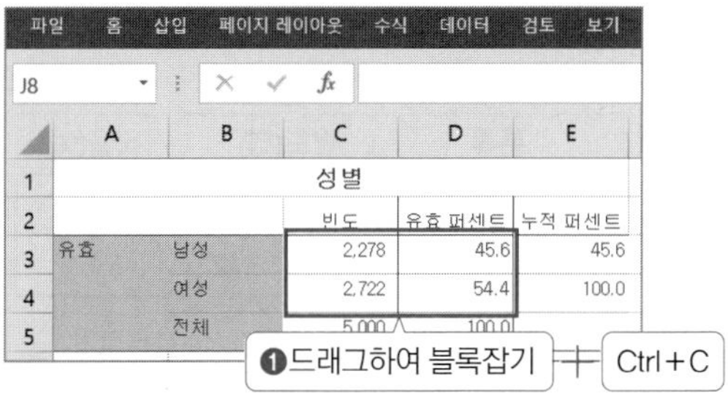


[그림 11-33]

**8** 한글 프로그램에 만들어 놓은 성별 빈도분석 표에서 ❶ 왼쪽 상단 셀을 클릭하고 Ctrl+V(붙여넣기)를 합니다. 그러면 셀 붙이기 창이 뜨는데, 이때 ❷ 내용만 덮어쓰기를 클릭한 후 ❸ 붙이기를 클릭합니다.

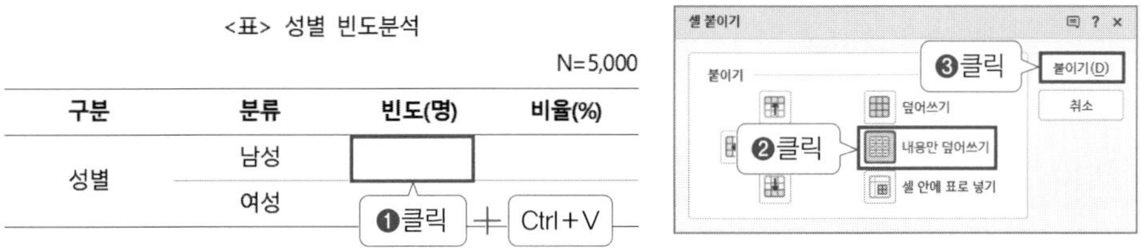


[그림 11-34]

9 붙여넣은 숫자들은 다른 글자와 서식(글꼴, 글씨 크기 등)이 다를 수 있습니다. 이에 붙여넣은 숫자들의 서식을 다른 글자와 맞추기 위해서 맞추고자 하는 서식을 클릭하여 서식을 복사해야 합니다. 예를 들어, 붙여넣은 숫자들을 '남성'이라는 글자의 서식에 맞춘다면, ❶ 남성을 클릭한 후 Alt+C를 누릅니다. 그러면 모양 복사 창이 열리는데, 이때 ❷ 글자 모양과 문단 모양 둘 다 복사를 클릭한 후 ❸ 복사를 클릭합니다.

<표> 성별 빈도분석

N=5,000

| 구분 | 분류 | 빈도(명) | 비율(%) |
|---|---|---|---|
| 성별 | 남성 | 2,278 | 45.6 |
| | | 2,722 | 54.4 |

❶클릭 + Alt+C

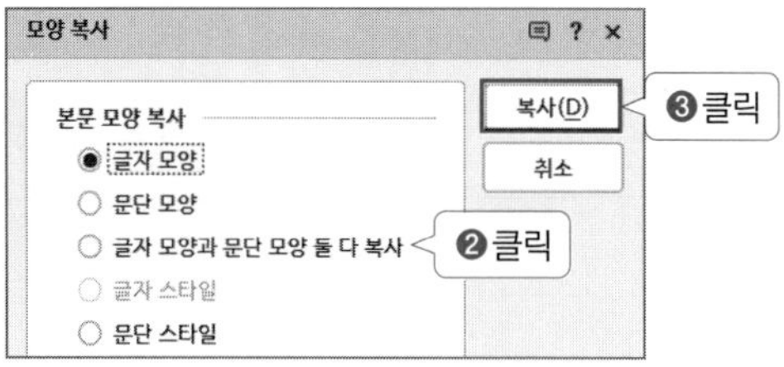


[그림 11-35]

10 '남성'이라는 글자의 서식에 맞춰 바꿀 서식을 드래그하여 블록을 잡습니다. 즉, 엑셀에서 붙여넣은 숫자들을 ❶ 드래그하여 블록을 잡고 Alt+C를 누릅니다.

<표> 성별 빈도분석

N=5,000

| 구분 | 분류 | 빈도(명) | 비율(%) |
|---|---|---|---|
| 성별 | 남성 | 2,278 | 45.6 |
| | 여성 | 2,722 | 54.4 |

❶드래그하여 블록잡기 + Alt+C

[그림 11-36]

11 엑셀에서 붙여넣은 숫자들이 표의 다른 서식과 동일하게 바뀐 것을 확인할 수 있습니다.

<표> 성별 빈도분석

N=5,000

| 구분 | 분류 | 빈도(명) | 비율(%) |
|---|---|---|---|
| 성별 | 남성 | 2,278 | 45.6 |
| | 여성 | 2,722 | 54.4 |

[그림 11-37]

# 8. 자주 활용하는 변수를 변수창 위쪽에 배치하기

데이터 핸들링 및 분석을 진행할 때 자신이 활용할 변수를 찾는 일 때문에 시간을 많이 사용합니다. 이를테면, 실습파일 SPSS data에서 자신이 활용할 변수를 빈도분석할 때 빈도분석 창에서 해당 변수가 어디에 있는지 스크롤을 내리면서 찾아야 합니다.

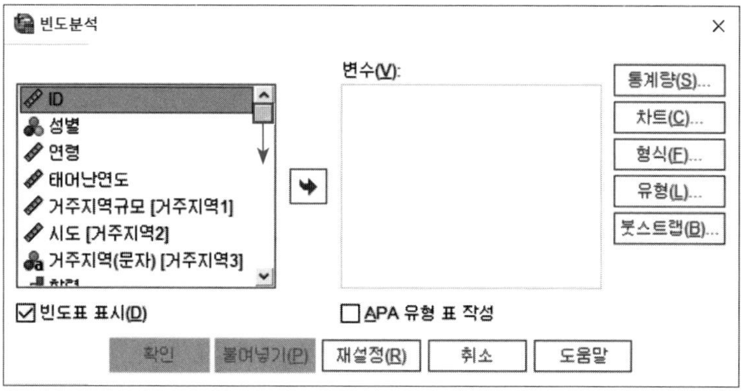


[그림 11-38] **변수찾기**

이러한 작업 시간을 줄이기 위해서 자신이 활용하는 주요 변수들을 변수창에서 가장 위쪽에 배치하면 쉽게 데이터 핸들링과 분석을 진행할 수 있습니다. 변수창 위쪽에 배치하는 방법은 배치할 변수가 1개일 때와 2개 이상일 때로 구분지을 수 있습니다. 이에 2가지 경우(변수가 1개일 때, 변수가 2개 이상일 때)를 모두 실습해 보겠습니다.

## 실습 자주 활용하는 변수 1개를 변수창 위쪽에 배치하기

- 실습내용: 자원봉사시간 변수를 변수창 위쪽에 배치하기
- 실습파일: SPSS data.sav
- 활용변수: 자원봉사시간

**1** 자원봉사시간 변수는 변수 보기 창에서 변수 번호 16번에 위치해 있습니다. 자원봉사시간 변수를 변수창 위쪽에 배치하기 위해서, 먼저 ❶ 자원봉사시간 변수의 변수 번호인 16을 클릭합니다. 그런 다음 ❷ 다시 16을 클릭하되 계속 마우스를 누른 상태로 있습니다. 참고로 지금 한 클릭은 변수를 변수창 위로 옮길 때까지 손가락을 떼지 않습니다.

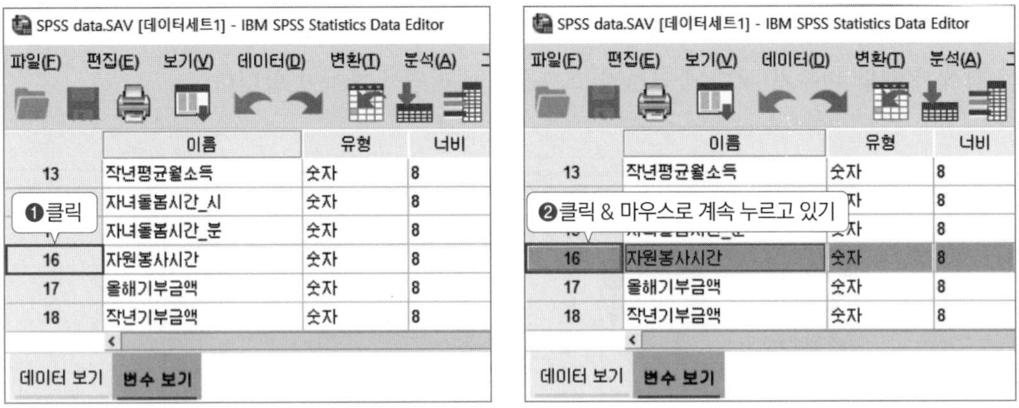


[그림 11-39]

**2** 마우스를 계속 누르고 있는 상태에서 ❶ 커서를 이름으로 끌고 갑니다. 그러면 변수창의 위쪽으로 이동한 것을 알 수 있습니다. 이때, ❷ 커서를 다시 아래쪽으로 내려보면 선이 커서에 맞춰 함께 따라 움직이는 것을 알 수 있습니다.

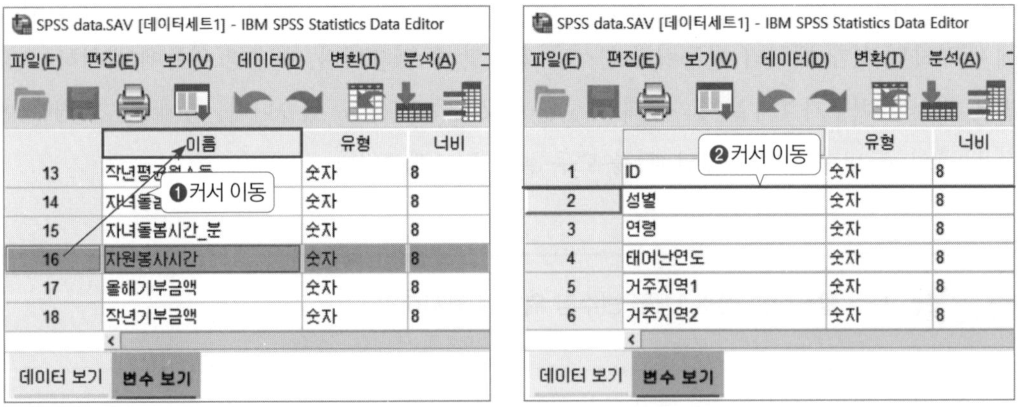


[그림 11-40]

**3** ID 변수 위로 자원봉사시간 변수를 이동시키기 위해 ❶ ID 변수 위로 커서를 옮깁니다. 그러면 선이 ID 변수 위에 위치합니다. 이때, ❷ 누르고 있던 마우스를 뗍니다.

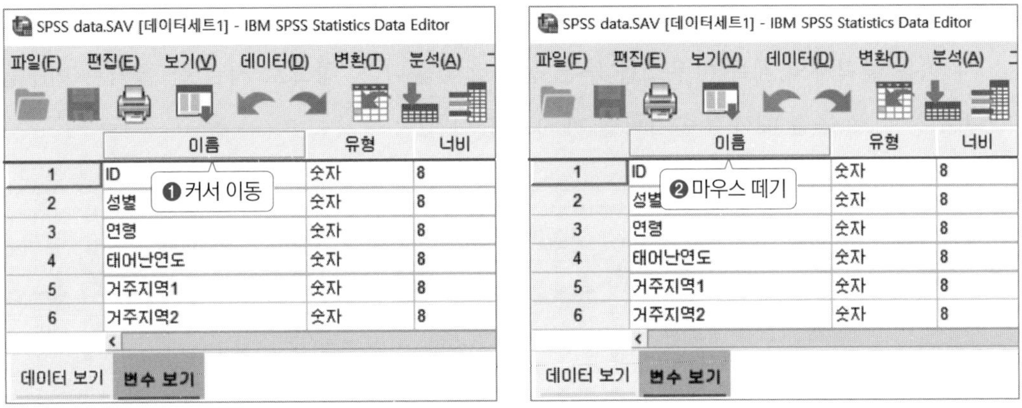


[그림 11-41]

4 자원봉사시간 변수가 변수창 위쪽에 배치한 것을 확인할 수 있습니다.

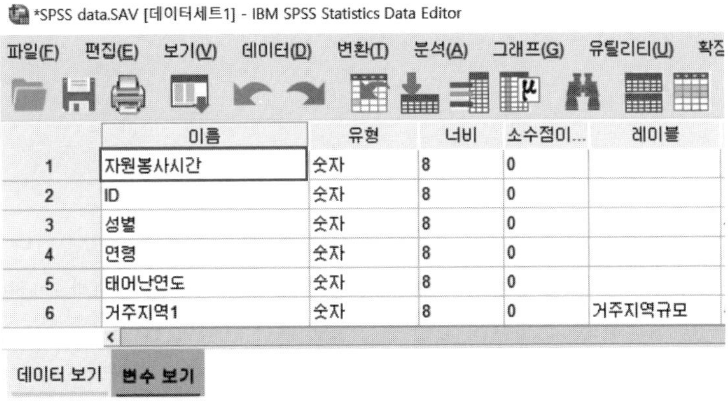


[그림 11-42]

## 실습 자주 활용하는 2개 이상 변수를 변수창 위쪽에 배치하기

- 실습내용: 생활만족도 변수를 변수창 위쪽에 배치하기
- 실습파일: SPSS data.sav
- 활용변수: 생활만족도1, 생활만족도2, 생활만족도3, 생활만족도4, 생활만족도5

1 생활만족도 변수는 변수 보기 창에서 가장 하단에 위치해 있습니다. 생활만족도 변수를 변수창 위쪽에 배치하기 위해서, 먼저 생활만족도 변수 중 가장 위에 있는 ❶ 생활만족도1 변수의 변수 번호인 56을 클릭합니다. 그런 다음 ❷ Shift 키를 누르면서 생활만족

도 변수 중 가장 아래에 있는 생활만족도5 변수의 변수 번호인 60을 클릭합니다. ❸ 다시 60을 클릭하되 계속 마우스를 누른 상태로 있습니다. 참고로 지금 한 클릭은 변수를 변수창 위로 옮길 때까지 손가락을 떼지 않습니다.

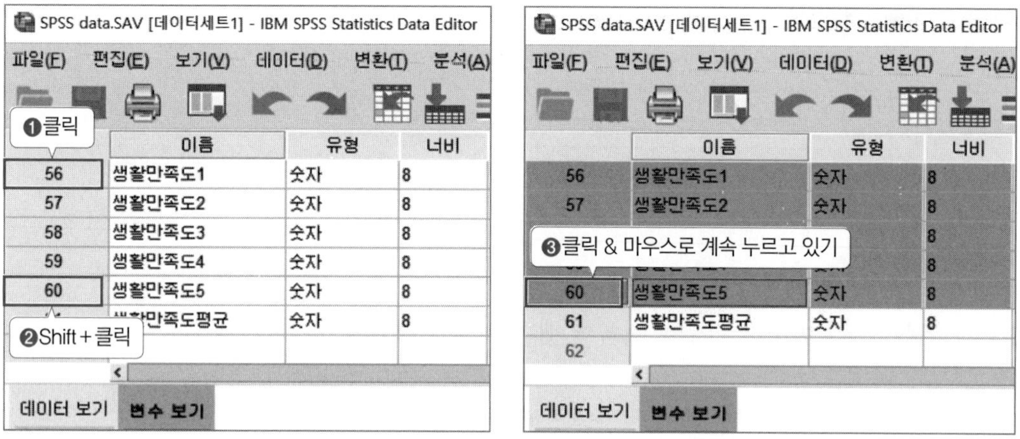


[그림 11-43]

## 체크? 체크! Shift VS Ctrl

변수를 선택할 때 Shift와 Ctrl을 사용한다면 보다 빠르게 선택할 수 있습니다. 그런데 선택해야 하는 변수가 리커트 척도처럼 연속해서 있는 경우 처음 변수를 선택하고 Shift를 누르면서 마지막 변수를 선택하면 그 중간에 있는 변수들도 모두 선택이 됩니다. 한편, 선택해야 하는 변수가 서로 떨어져 있다면 변수 하나를 선택하고 Ctrl를 누르면서 선택해야 하는 변수들을 클릭하면 됩니다.

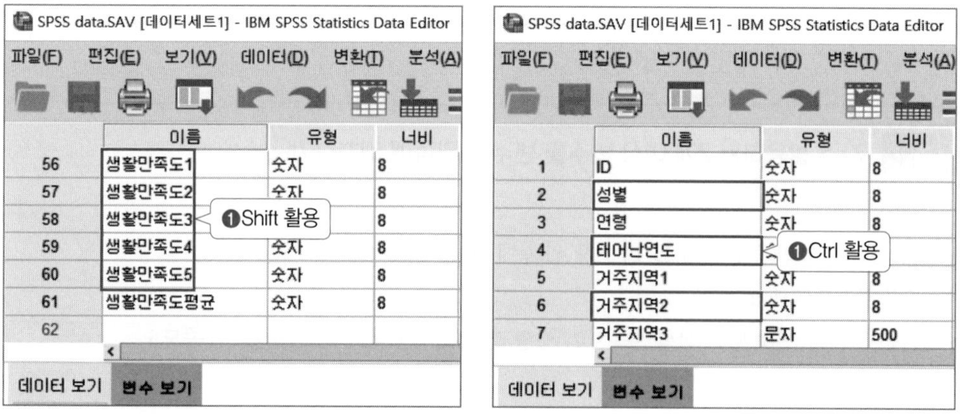


[그림 11-44]

Shift와 Ctrl은 변수 보기 창뿐만 아니라 각종 데이터 핸들링 창과 분석 창에서도 변수를 선택할 때 활용할 수 있습니다.

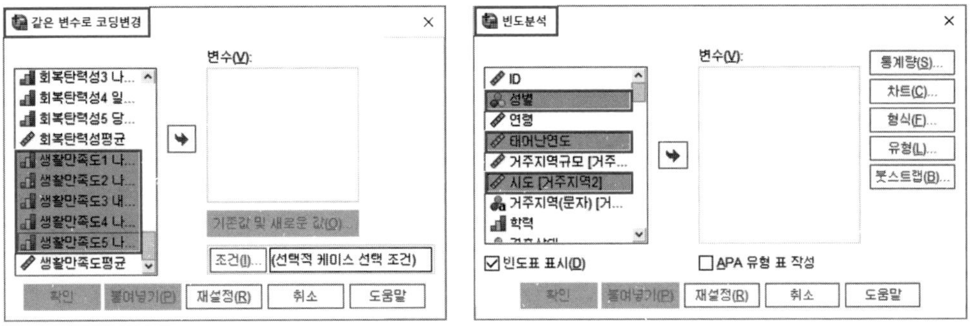

[그림 11-45]

❷ 마우스를 계속 누르고 있는 상태에서 ❶ 커서를 이름으로 끌고 갑니다. 그러면 변수창의 위쪽으로 이동한 것을 알 수 있습니다. 이때, ❷ 커서를 다시 아래쪽으로 내려보면 선이 커서에 맞춰 함께 따라 움직이는 것을 알 수 있습니다.

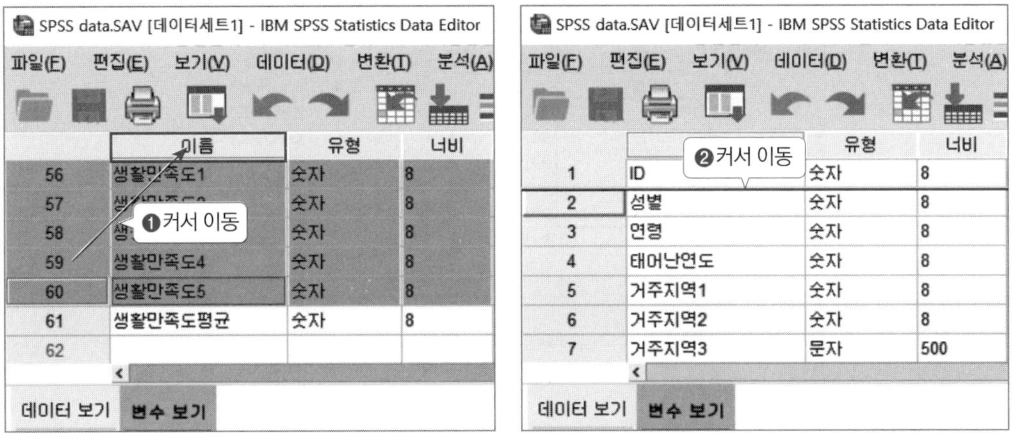

[그림 11-46]

❸ ID 변수 위로 생활만족도 변수들을 이동시키기 위해 ❶ ID 변수 위로 커서를 옮깁니다. 그러면 선이 ID 변수 위에 위치합니다. 이때, ❷ 누르고 있던 마우스를 뗍니다.

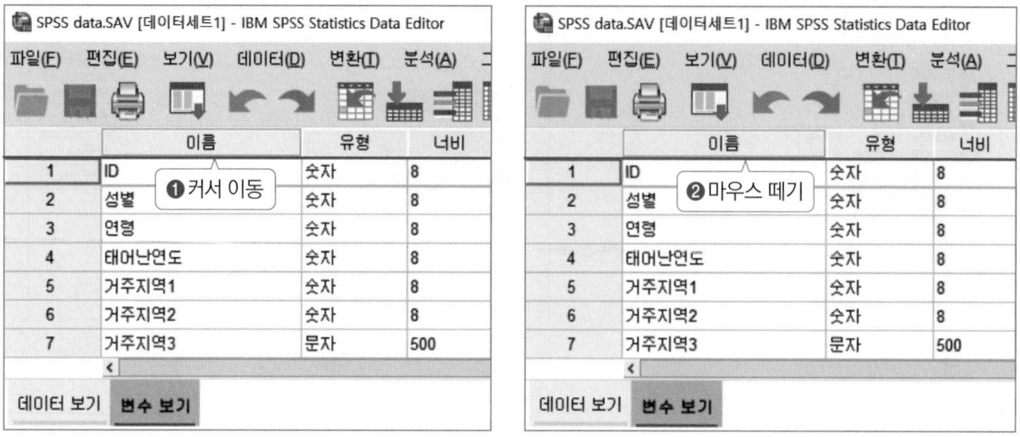


[그림 11-47]

**4** 생활만족도 변수들이 변수창 위쪽에 배치한 것을 확인할 수 있습니다.

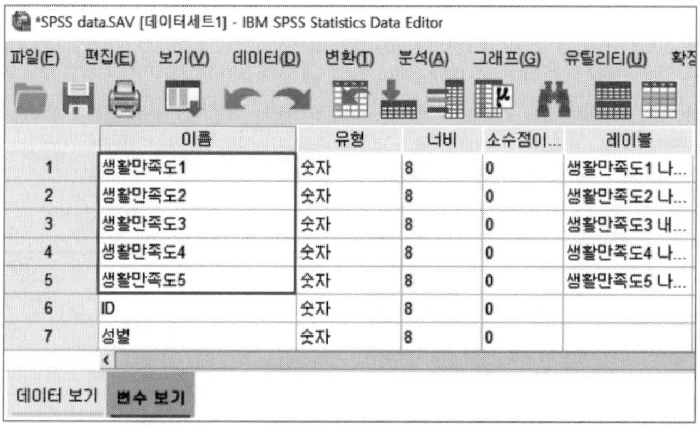


[그림 11-48]

**Know how** 데이터 핸들링을 진행하기 전 변수창

분석을 하기 위해서는 데이터 핸들링을 진행해야 합니다. 이때 다음과 같이 자주 활용하는 변수들을 변수창 위로 올리고 변수를 삽입하여 각각의 변수가 무엇인지 간단하게 작성해 줍니다. 아울러 주요 변수들 사이에 (---------)을 입력하여 쉽게 구분할 수 있도록 합니다. 이러한 작업은 데이터 핸들링과 분석을 진행할 때 큰 도움이 됩니다.

[그림 11-49]

실제 데이터 핸들링 중 하나인 같은 변수로 코딩변경을 진행할 때 같은 변수로 코딩변경 창을 확인해 보면 아래와 같이 깔끔하게 변수들이 정리되어 있어서 데이터 핸들링을 쉽게 할 수 있습니다.

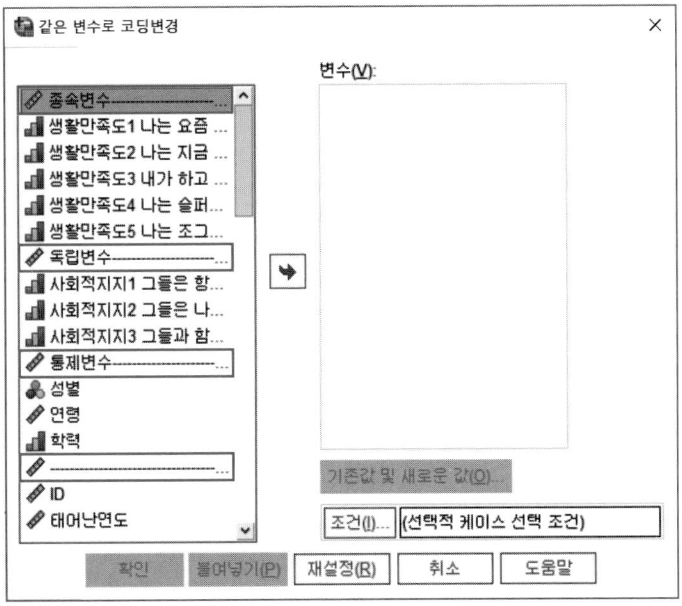


[그림 11-50]

## 9. 빠르게 빈도분석 및 기술통계분석하기

변수 보기 창과 데이터 보기 창에서 변수나 데이터를 보다가 빈도와 평균이 궁금할 때가 종종 있습니다. 이때 변수의 빈도와 평균을 확인하기 위해 빈도분석이나 기술통계분석을 진행할 수 있습니다. 그런데 빈도분석과 기술통계분석을 진행하려면 메뉴의 '분석-기술통계량-빈도분석/기술통계'로 들어간 다음 분석하고자 하는 변수를 찾아야 합니다. 이러한 일련의 과정 없이 변수 보기 창과 데이터 보기 창에서 빠르게 해당 변수의 빈도분석이나 기술통계분석을 실시할 수 있습니다.

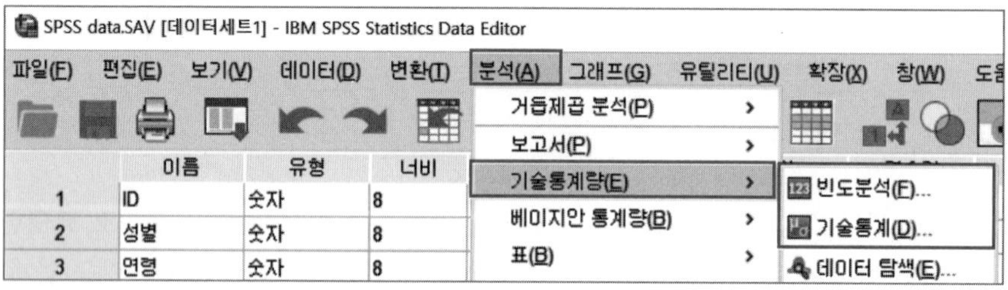


[그림 11-51] 빈도분석과 기술통계분석

### 실습 변수 보기 창에서 빠르게 빈도분석하기

- 실습내용: 변수 보기 창에서 성별 변수를 빈도분석하기
- 실습파일: SPSS data.sav
- 활용변수: 성별

**1** 변수 보기 창에서 성별 변수를 빈도분석하기 위해서, 먼저 ❶ 성별 변수의 변수 번호인 2를 오른쪽 마우스로 클릭(우클릭)합니다. 그런 다음 ❷ 기술통계량을 클릭합니다.

[그림 11-52]

**2** 출력 결과 창에서 성별에 대한 빈도분석 결과를 확인할 수 있습니다.

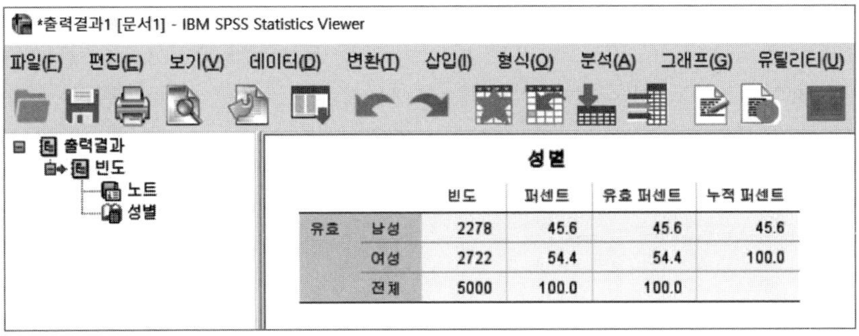


[그림 11-53]

**체크? 체크!** **변수의 측도에 따라 분석 방법이 달라집니다**

빠르게 빈도분석과 기술통계분석을 진행하고 싶다면, 변수 보기 창에서 변수를 오른쪽 마우스로 클릭하여 기술통계량을 클릭하면 됩니다. 다만, 변수의 측도에 따라 빈도분석 결과가 도출될지, 아니면 기술통계분석 결과가 도출될지 달라집니다. 즉, 측도가 명목형으로 설정되어 있다면 빈도분석 결과가 도출되고, 척도로 설정되어 있다면 기술통계분석 결과가 도출됩니다.

성별 변수를 오른쪽 마우스로 클릭하여 기술통계량을 클릭했는데 빈도분석 결과가 아닌 기술통계분석 결과가 나온다면 척도를 명목형으로 바꿔 주시기 바랍니다.

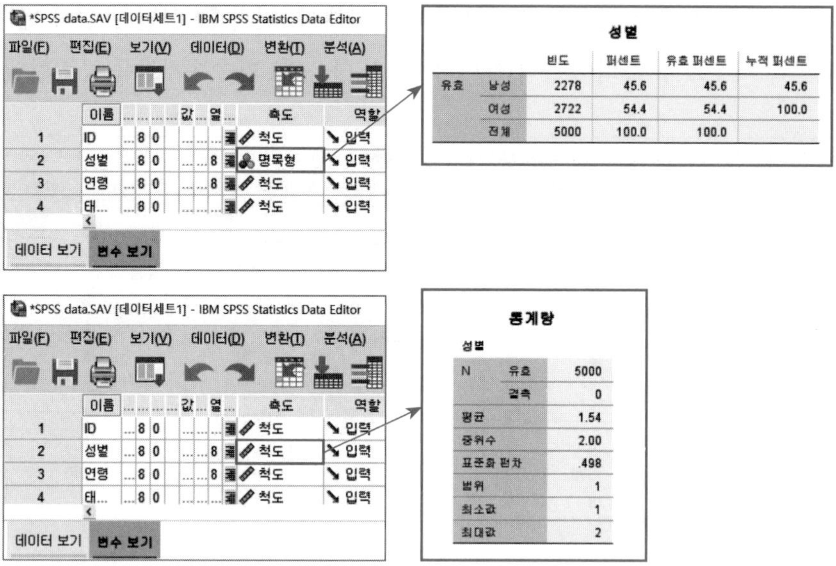

[그림 11-54]

## 실습 변수 보기 창에서 빠르게 기술통계분석하기

- 실습내용: 변수 보기 창에서 연령 변수를 기술통계분석하기
- 실습파일: SPSS data.sav
- 활용변수: 연령

**1** 변수 보기 창에서 연령 변수를 기술통계분석하기 위해서, 먼저 ❶ 연령 변수의 변수 번호인 3을 오른쪽 마우스로 클릭(우클릭)합니다. 그런 다음 ❷ 기술통계량을 클릭합니다.

[그림 11-55]

**2** 출력 결과 창에서 연령에 대한 기술통계분석 결과를 확인할 수 있습니다.

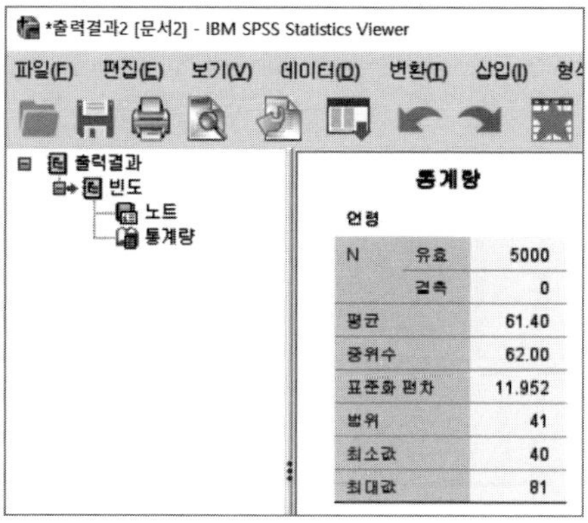


[그림 11-56]

## 실습 데이터 보기 창에서 빠르게 빈도분석하기

- 실습내용: 데이터 보기 창에서 성별 변수를 빈도분석하기
- 실습파일: SPSS data.sav
- 활용변수: 성별

**1** 데이터 보기 창에서 성별 변수를 빈도분석하기 위해서, 먼저 ❶ 성별 변수를 오른쪽 마우스로 클릭(우클릭)합니다. 그런 다음 ❷ 기술통계량을 클릭합니다.

[그림 11-57]

**2** 출력 결과 창에서 성별에 대한 빈도분석 결과를 확인할 수 있습니다.

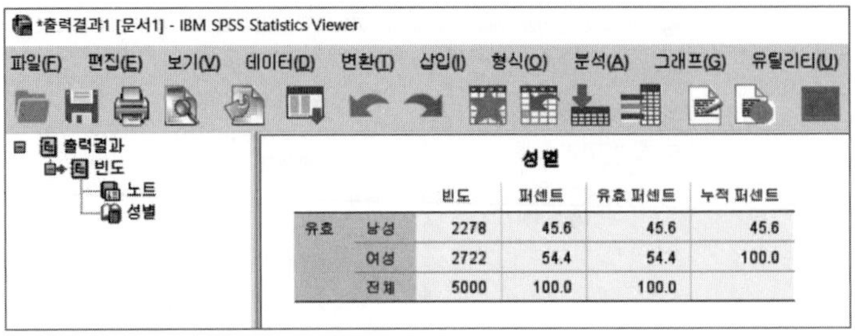


[그림 11-58]

## 실습 데이터 보기 창에서 빠르게 기술통계분석하기

- 실습내용: 데이터 보기 창에서 연령 변수를 기술통계분석하기
- 실습파일: SPSS data.sav
- 활용변수: 연령

**1** 데이터 보기 창에서 연령 변수를 기술통계분석하기 위해서, 먼저 ❶ 연령 변수를 오른쪽 마우스로 클릭(우클릭)합니다. 그런 다음 ❷ 기술통계량을 클릭합니다.

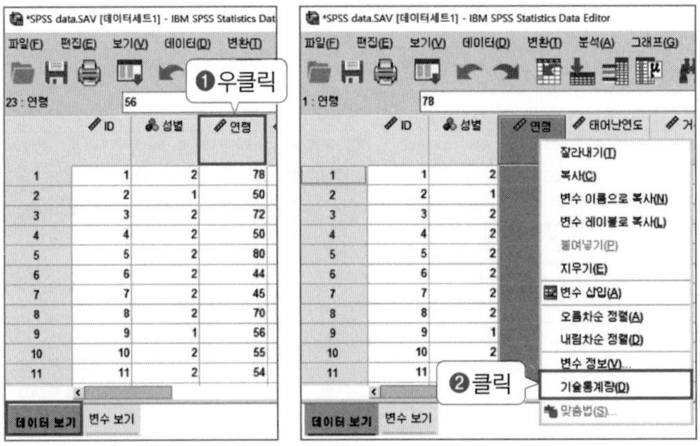


[그림 11-59]

❷ 출력 결과 창에서 연령에 대한 기술통계분석 결과를 확인할 수 있습니다.

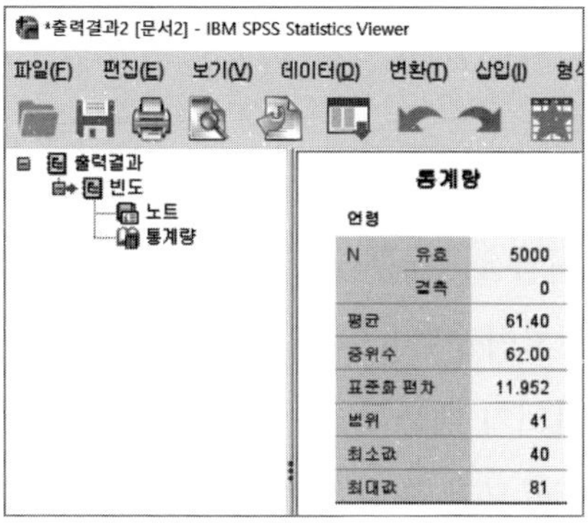


[그림 11-60]

## 10. 변수 레이블을 변수명으로 표시하기

각종 데이터 핸들링 창과 분석 창에서 변수를 선택할 때 변수명이 아니라 변수 레이블[변수명]로 표시되어 있어서 레이블을 보면서 변수를 선택해야 하는 불편함이 있습니다. 이를테면, 거주지역1 변수는 거주지역규모라는 레이블을 가지고 있습니다. 빈도분석 창에서는 레이블[변수명] 형식으로 표시되기 때문에 변수명이 뒤에 제시됩니다. 거주지역1 변수를 확인해 보면 레이블인 거주지역규모가 먼저 표시되고 뒤에 거주지역1이라고 나오는데, 빈도분석 창의 폭이 좁으면 변수명이 잘 안 보일 수 있습니다.

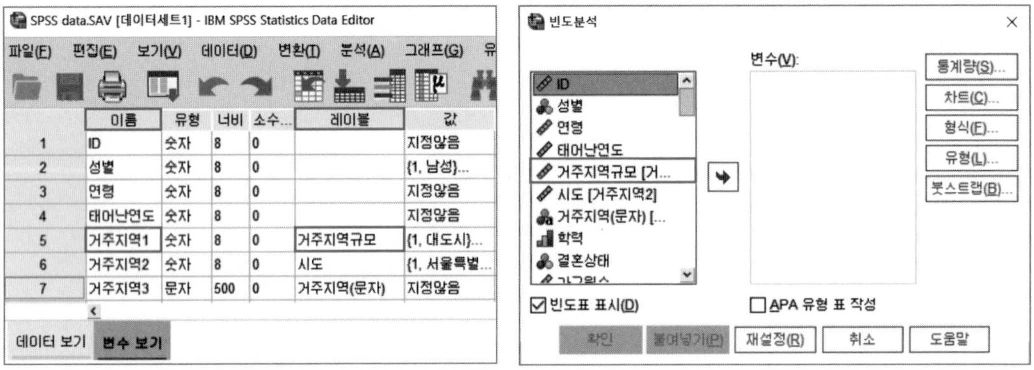


[그림 11-61] **변수명과 레이블 표시**

이에 '제5장 변수 세팅 및 데이터 코딩'에서는 리커트 척도의 경우 레이블에 변수명을 다시 한 번 작성하는 것을 추천하였으나 데이터 핸들링 창과 분석 창에서 변수명만 표시하는 방법도 있습니다.

### 실습 변수 레이블을 변수명으로 표시하기

- 실습내용: 빈도분석 창에서 변수 레이블을 변수명으로 표시하기
- 실습파일: SPSS data.sav

**1** 빈도분석 창에서 변수 레이블을 변수명으로 표시하기 위해 빈도분석을 진행합니다. 메

뉴의 ❶ 분석을 클릭하고 ❷ 기술통계량을 클릭한 후 ❸ 빈도분석을 선택합니다.

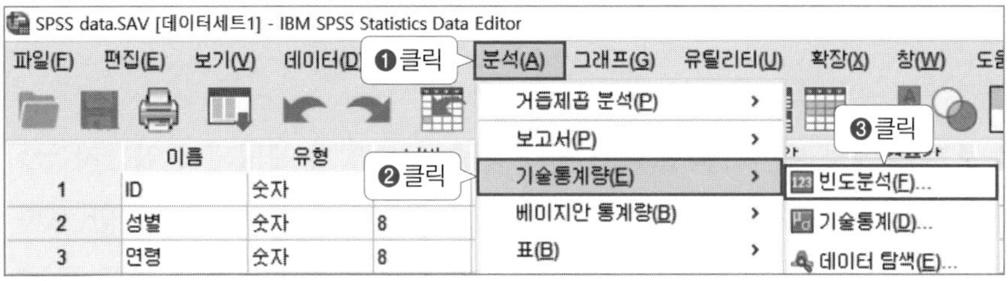


[그림 11-62]

**2** 빈도분석 창이 열리면, ❶ 가장 위에 있는 변수를 오른쪽 마우스로 클릭(우클릭)한 후 ❷ 변수 이름 표시를 클릭합니다. 그러면 ❸ 레이블[변수명]이 변수명으로 표시된 것을 확인할 수 있습니다.

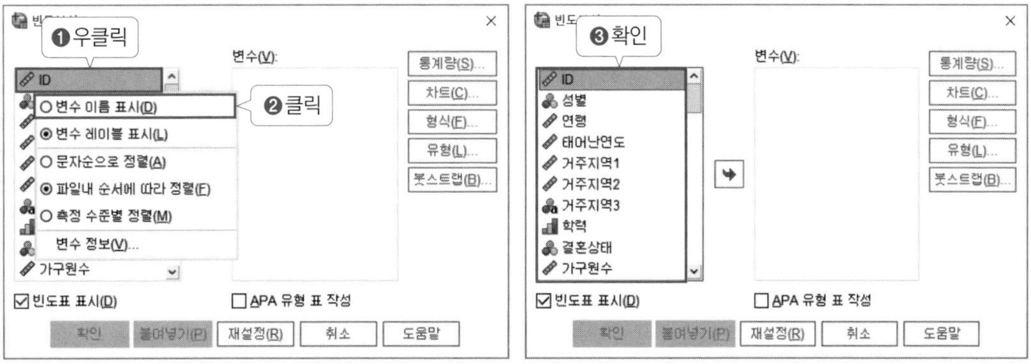


[그림 11-63]

## 11. 데이터 보기 창 ↔ 변수 보기 창

데이터 보기 창에서 데이터를 보다가 특정 변수가 어떻게 세팅되어 있는지 궁금할 때가 있습니다. 이때 변수 보기 창으로 들어가서 특정 변수를 찾아보면 되겠지만 보다 더 쉽게 할 수 있는 방법이 있습니다. 반대로 변수 보기 창에서 변수를 보다가 특정 변수의 데이터가 어떻게 되어 있는지 궁금할 때가 있습니다. 데이터 보기 창으로 들어가서 특정 변수를 찾아봐야겠지만 쉽게 하는 방법이 있습니다.

바로 해당 변수를 데이터 보기 창이나 변수 보기 창에서 더블클릭하면 됩니다. 데이터 보기 창에서 특정 변수의 변수명을 더블클릭하면 변수 보기 창으로 전환되고, 특정 변수의 변수 세팅을 확인할 수 있습니다. 또한 변수 보기 창에서 특정 변수의 변수 번호를 더블클릭하면 데이터 보기 창으로 전환되고, 특정 변수의 데이터를 확인할 수 있습니다.

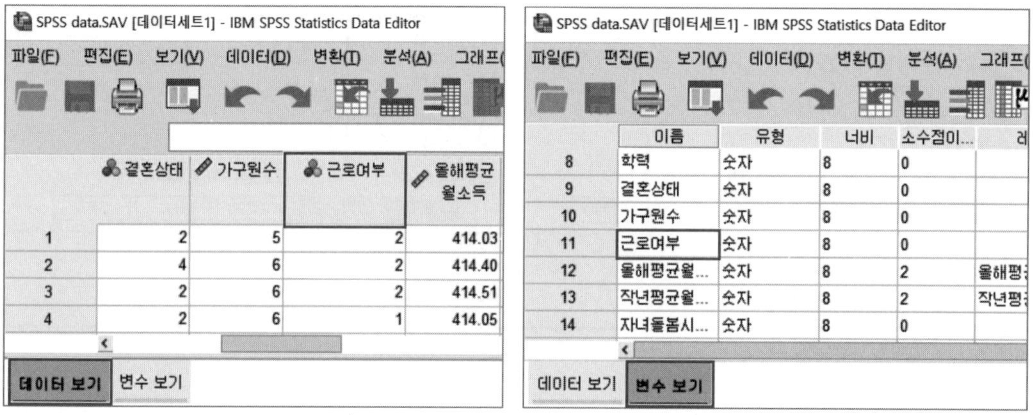


[그림 11-64] 데이터 보기 창 ↔ 변수 보기 창

### 실습 데이터 보기 창에서 특정 변수 확인을 위해 변수 보기 창으로 전환하기

- 실습내용: 데이터 보기 창에서 변수 보기 창으로 전환하기
- 실습파일: SPSS data.sav
- 활용변수: 근로여부

**1** 데이터 보기 창에서 ❶ 근로여부 변수를 찾은 후 더블클릭합니다. 그러면 ❷ 변수 보기

창에 근로여부 변수 세팅을 확인할 수 있습니다.

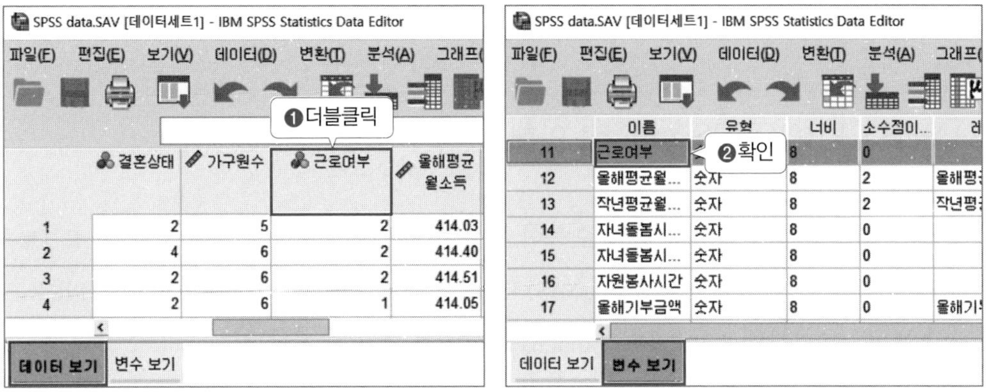


[그림 11-65]

**실습** 변수 보기 창에서 특정 변수 확인을 위해 데이터 보기 창으로 전환하기

- 실습내용: 변수 보기 창에서 데이터 보기 창으로 전환하기
- 실습파일: SPSS data.sav
- 활용변수: 근로여부

**1** 변수 보기 창에서 ❶ 근로여부 변수를 찾은 후 근로여부의 변수 번호인 11을 더블클릭합니다. 그러면 ❷ 데이터 보기 창에 근로여부 변수의 데이터를 확인할 수 있습니다.

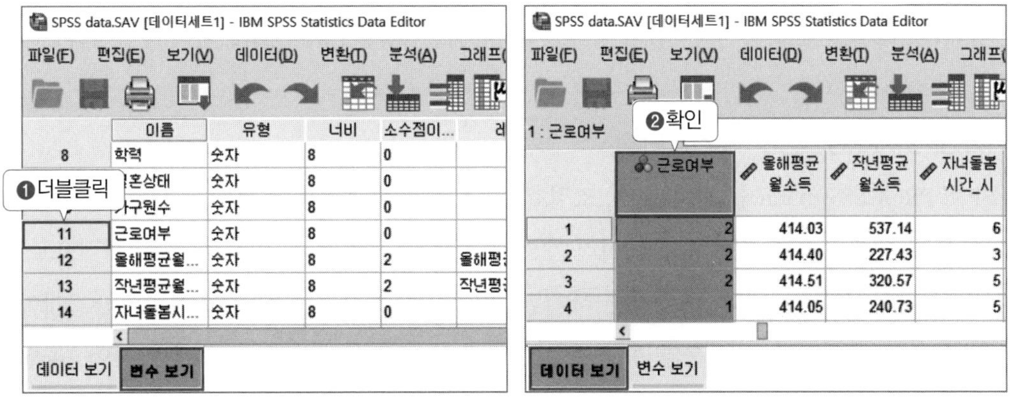


[그림 11-66]

# 12. SPSS PROCESS macro

## 1) SPSS PROCESS macro 이해

PROCESS macro 프로그램은 미국 오하이오 주립대학교 심리학과 교수 Andrew F. Hayes 연구팀이 개발한 프로그램으로 SPSS, SAS, R에 설치하여 활용합니다. 이에 SPSS PROCESS macro는 SPSS 프로그램에 PROCESS macro를 설치한 것을 의미합니다.

SPSS PROCESS macro는 매개효과, 조절효과, 조절된 매개효과 분석에 특화된 프로그램입니다. 매개효과, 조절효과, 조절된 매개효과는 제24장 매개효과분석, 제25장 조절효과분석, 제26장 조절된 매개효과분석에서 자세히 다루겠습니다.

### (1) SPSS PROCESS macro 장점

SPSS PROCESS macro의 첫 번째 장점은 매개효과, 조절효과, 조절된 매개효과 분석을 별도의 추가과정 없이 한 번에 검증할 수 있다는 것입니다. 매개효과, 조절효과, 조절된 매개효과는 SPSS 프로그램만으로 진행하기에는 다소 복잡하고 번거로운 작업들이 많으며, SPSS 프로그램을 활용하는 작업 외에도 따로 계산해야 하는 등의 작업이 있습니다. 하지만 SPSS PROCESS macro는 매개효과, 조절효과, 조절된 매개효과 분석을 진행할 때 한 번에 모형검증이 가능하다는 점에서 최근 활용도가 높습니다.

SPSS PROCESS macro의 두 번째 장점은 무료라는 것입니다. SPSS 프로그램이 설치되어 있다면 SPSS PROCESS macro를 무료로 다운로드해서 SPSS 프로그램에 설치 후 활용할 수 있습니다. 다운로드할 수 있는 인터넷 주소는 https://www.processmacro.org입니다.

### (2) SPSS PROCESS macro 단점

SPSS PROCESS macro는 매개효과, 조절효과, 조절된 매개효과 분석에 특화된 프로그램이기 때문에 매개변수와 조절변수가 여러 개여도 충분히 진행할 수 있습니다. 구체적으로 매개변수는 매개모형에 따라 다르기는 하지만 최대 10개까지 가능하고 조절변수는 2개까지 가능합니다. 하지만 독립변수와 종속변수는 무조건 1개만 가능합니다. 예를 들어, 독립변수가 2개 이상이라면 SPSS PROCESS macro는 활용할 수 없습니다.

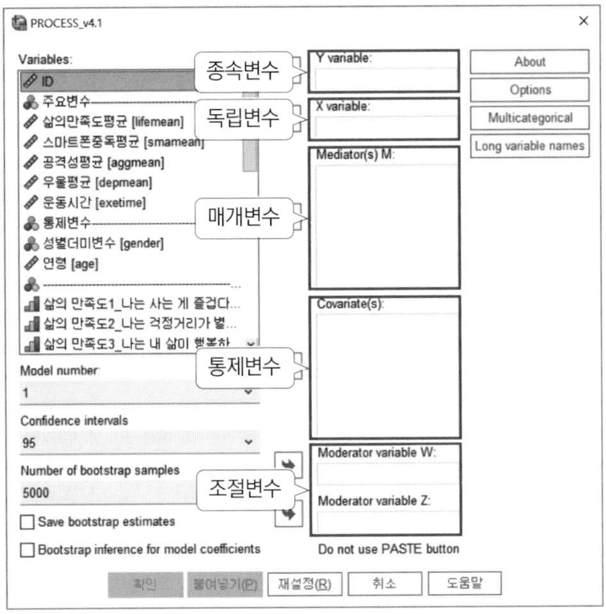


[그림 11-67] SPSS PROCESS macro에서 각 변수를 입력할 수 있는 칸

## 2) SPSS PROCESS macro 분석 전 알아두면 좋은 정보

PROCESS macro 버전 3과 4는 변수명이 한글과 영어 둘 다 사용 가능합니다. 다만, PROCESS macro 버전 1과 2는 변수명이 영어만 가능합니다.

PROCESS macro를 진행하기 위해서는 변수명이 짧아야 합니다. 영어는 8글자를 초과하면 분석이 안 됩니다. 한글은 2글자를 초과하면 분석이 진행되지 않습니다. 만약 변수명이 영어인 경우 8글자를 초과하거나 한글인 경우 2글자를 초과하면 아래와 같은 에러 메시지가 나옵니다.

```
Run MATRIX procedure:

***************** PROCESS Procedure for SPSS Version 4.1 *****************

          Written by Andrew F. Hayes, Ph.D.       www.afhayes.com
    Documentation available in Hayes (2022). www.guilford.com/p/hayes3

*********************** ANALYSIS NOTES AND ERRORS ************************

ERROR: Variable names should be no more than eight characters in length.

------ END MATRIX -----
```

[그림 11-68] 변수명이 길 경우 나타나는 에러 메시지

변수명 및 레이블 작성과 관련하여 다음과 같이 진행하는 것을 추천합니다. 변수명은 영어로 짧게 작성하고, 레이블은 한글로 작성한다면 실제 분석을 진행할 때 에러 메시지가 뜨지 않으면서 실제 어떤 변수인지 한글을 통해 쉽게 확인할 수 있습니다.

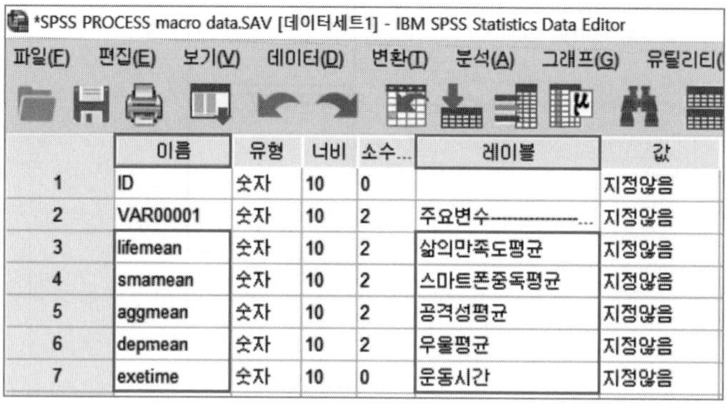


[그림 11-69] **변수명 및 레이블 작성 노하우**

## 실습 SPSS PROCESS macro 설치

**1** ❶ 인터넷 주소창에 https://www.processmacro.org를 입력하여 PROCESS macro 홈페이지에 들어갑니다. ❷ DOWNLOAD를 클릭합니다.

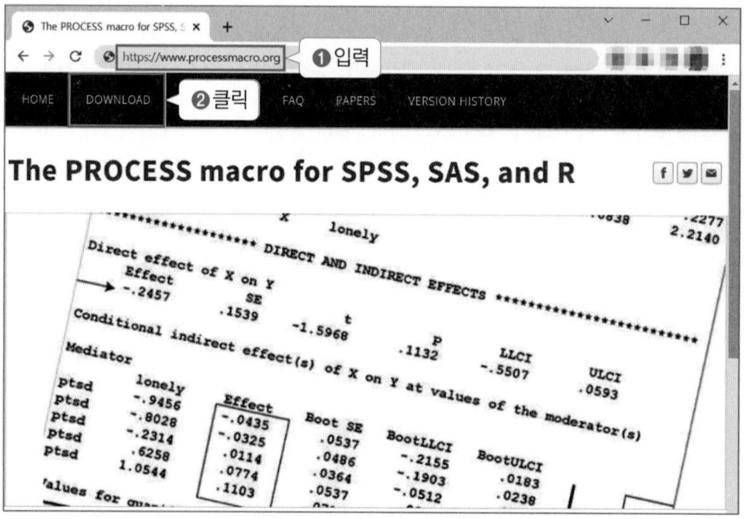


[그림 11-70]

2 스크롤을 내려서 가장 아래에 있는 ❶ Download PROCESS v4.1을 클릭하여 다운로드 합니다.

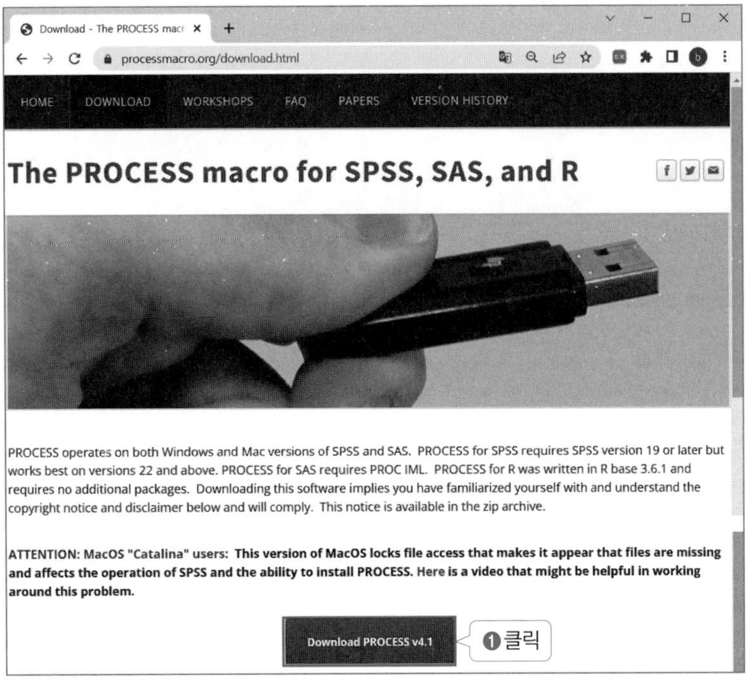


[그림 11-71]

**Know how** **PROCESS v4.1이 최신 버전이 아니라면?**

PROCESS macro 버전 3 이상부터는 큰 차이가 없기 때문에 최신 버전이 출시되더라도 이 책을 활용하는 데 문제는 없습니다. 다만, 2022년 11월 13일에 PROCESS macro v4.2가 출시되었고, 다운로드 위치가 바뀌었습니다. 다운로드 위치는 다음과 같습니다.

❶ Download from the Resource Hub at CCRAM을 클릭합니다.

[그림 11-72]

❷ 새로 열린 홈페이지에서 Resource Hub를 클릭한 후 스크롤을 내려서 ❸ Download PROCESS v4.2를 클릭하여 다운로드합니다.

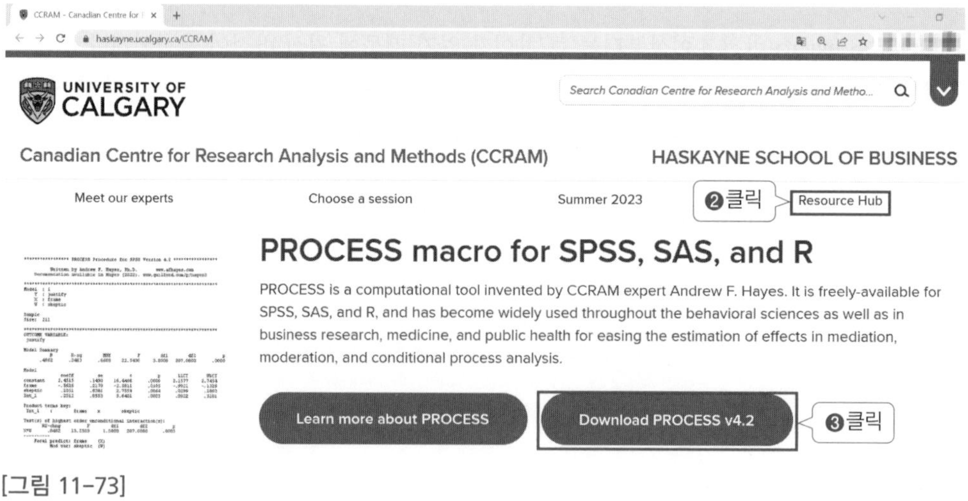


[그림 11-73]

3 processv41 파일을 ❶ 더블클릭하여 압축을 풀어줍니다.

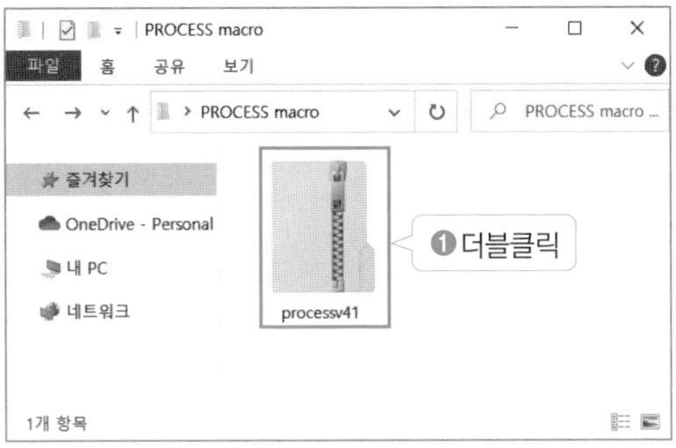


[그림 11-74]

4 SPSS 프로그램을 실행하기 위해 ❶ 윈도우 버튼(⊞)을 누르고, ❷ IBM SPSS Statistics 폴더를 클릭한 후, ❸ IBM SPSS Statistics 프로그램 파일을 클릭합니다.

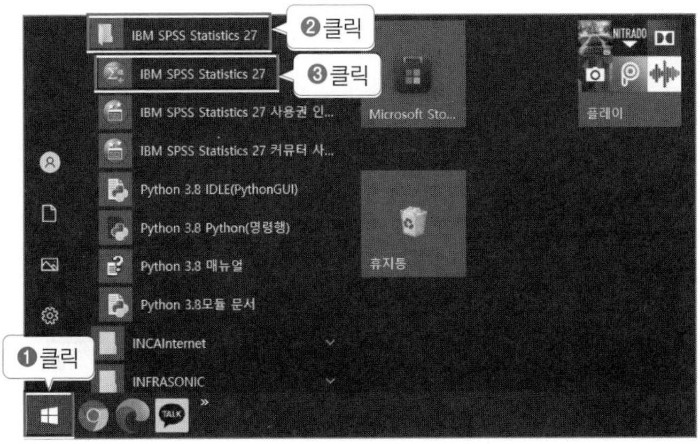


[그림 11-75]

5 SPSS 프로그램에 PROCESS macro를 설치하기 위해 메뉴의 ❶ 확장을 클릭한 후 ❷ 유틸리티를 클릭하고, ❸ 사용자 정의 대화 상자 설치를 선택합니다.

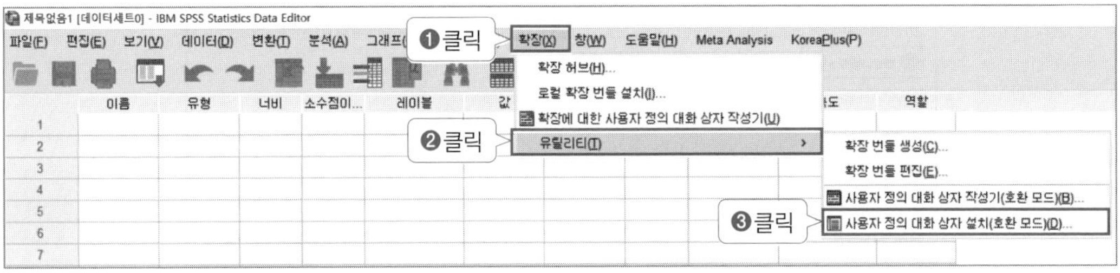


[그림 11-76]

6 압축을 풀어놓은 폴더에 들어가서 ❶ 'PROCESS v4.1 for SPSS'를 더블클릭합니다.

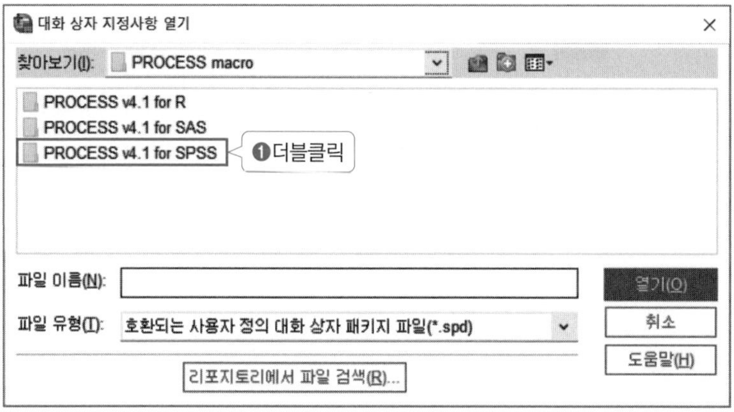


[그림 11-77]

7 ❶ 'Custom dialog builder file'을 더블클릭합니다.

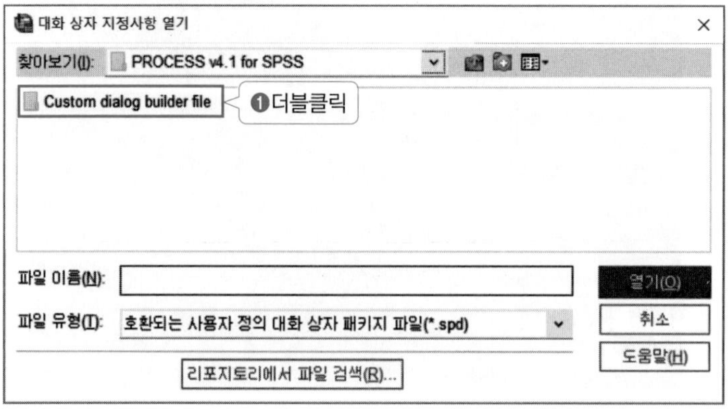


[그림 11-78]

8 ❶ 'process.spd'를 더블클릭합니다.

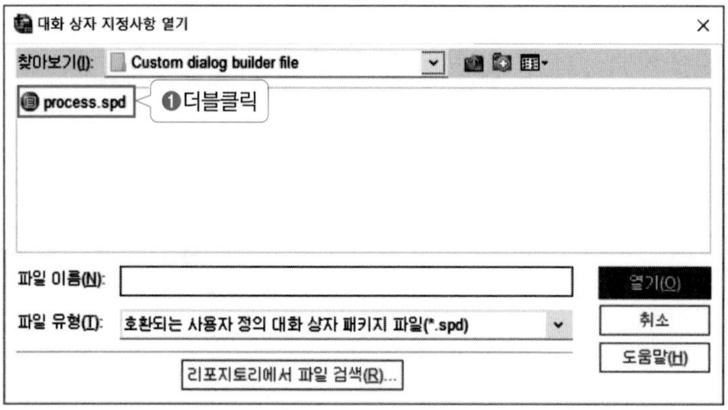


[그림 11-79]

❾ '대화 상자 파일이 다음에 설치되었습니다.'라는 창이 뜨면 정상적으로 설치된 것입니다. ❶ 확인을 클릭하여 창을 닫습니다.

[그림 11-80]

❿ PROCESS macro 설치가 되었는지 확인하기 위해 메뉴의 ❶ 분석에 들어가서 ❷ 회귀분석을 클릭합니다. 그런 다음 ❸ PROCESS v4.1 by Andrew F. Hayes가 있는지 확인합니다. PROCESS v4.1 by Andrew F. Hayes가 있다면 PROCESS macro가 설치된 것이며, 매개효과, 조절효과, 조절된 매개효과를 진행할 수 있습니다.

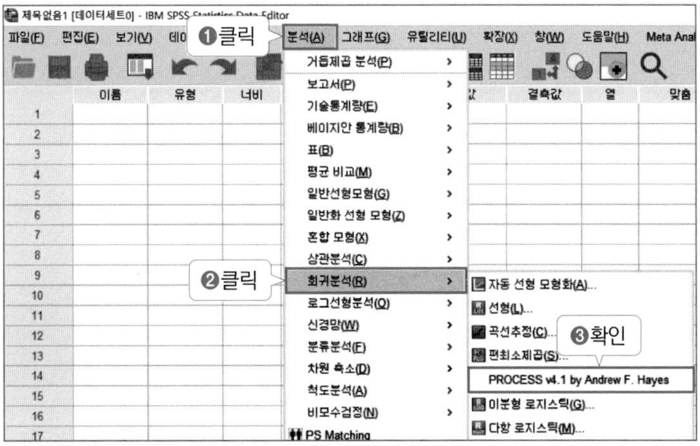


[그림 11-81]

Know how

**PROCESS macro 설치 과정에서 문제가 생긴다면?**

IBM SPSS Statistics를 우클릭하여 '관리자 권한으로 실행'한 후 PROCESS macro를 설치하면 대부분 문제가 해결됩니다.

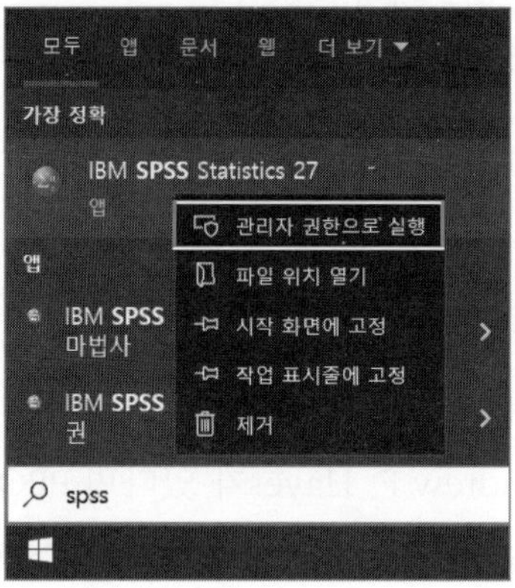


[그림 11-82]

제12장

# 빈도분석

## Key Point

빈도분석 이해: 빈도와 비율을 확인할 때 진행
- 인구사회학적 특성을 확인하고자 할 때 진행
- 이상한 값을 확인하고자 할 때 진행
- 평균변수의 개괄적인 데이터 분포를 확인할 때 진행

빈도분석 변수 구성

| 집단변수 (보기가 있는 변수) | + | X | = | 빈도분석 |
|---|---|---|---|---|

빈도분석 메뉴
- SPSS 프로그램 메뉴에서 '분석–기술통계량–빈도분석'

# 1. 빈도분석 이해

빈도분석은 가장 기본적인 분석으로 빈도와 비율을 확인할 때 사용합니다. 이러한 빈도분석은 다양하게 활용할 수 있습니다. 대표적으로 다음과 같은 경우에 사용합니다.

- 인구사회학적 특성을 확인하고자 할 때
- 이상한 값을 확인하고자 할 때
- 평균변수의 개괄적인 데이터 분포를 확인할 때

## 1) 인구사회학적 특성을 확인하고자 할 때

조사대상자의 인구사회학적 특성(성별, 거주지역, 학력 등)은 보통 분석 결과에서 가장 먼저 제시하는 파트입니다. 인구사회학적 특성을 제시할 때 보통 빈도분석을 통해 제시합니다. 예를 들어, 빈도분석을 통해 조사대상자 중 남성은 몇 명이고 몇 %인지, 여성은 몇 명이고 몇 %인지 등을 제시할 수 있습니다.

## 2) 이상한 값을 확인하고자 할 때

빈도분석은 이상한 값(결측값)도 확인할 수 있습니다. 자신이 활용하고자 하는 변수는 데이터 핸들링과 각종 분석을 하기 전에 이상한 값을 확인하기 위하여 빈도분석을 해야 합니다. 앞서 '제10장 데이터 핸들링'에서 이상한 값을 결측값으로 처리할 때 빈도분석을 활용한다는 내용을 다루었습니다. 즉, 빈도분석을 통해 해당 변수에서 나올 수 없는 값이 있는지를 확인할 수 있습니다. 추후 이루어지는 빈도분석 실습에서 이상한 값을 확인해 보도록 하겠습니다.

## 3) 평균변수의 개괄적인 데이터 분포를 확인할 때

평균변수의 보기를 만들기 전에 평균변수의 개괄적인 데이터 분포를 확인하기 위하여 빈도분석을 활용합니다. 구체적인 내용은 '제10장 데이터 핸들링'에서 평균변수(보기가 없는 변수)의 보기를 만들 때를 확인해 보기 바랍니다. 평균변수의 개괄적인 분포를 확인하기 위해서는 히스토그램을 확인해야 합니다. 히스토그램은 빈도분석 창에서 차트를 클릭하여 히스토그램을 클릭하면 진행할 수 있습니다.

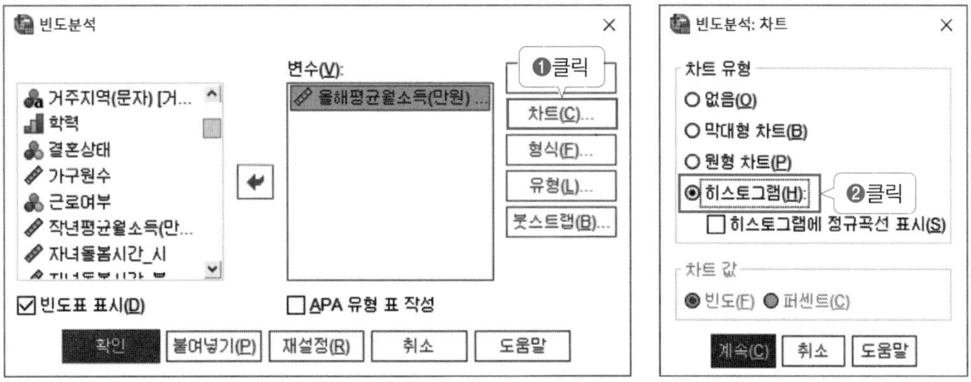

[그림 12-1] **평균변수의 개괄적인 데이터 분포를 확인할 때-히스토그램**

## 2. 빈도분석 변수 구성

빈도분석은 분석하고자 하는 변수가 집단변수일 때 의미가 있습니다. 성별(① 남성 ② 여성)과 학력(① 무학 ② 초등학교 졸업 ③ 중학교 졸업 ④ 고등학교 졸업 ⑤ 대학교 졸업 ⑥ 대학원 졸업)처럼 보기가 있는 변수인 집단변수로 구성되어 있다면 빈도분석이 가능합니다. 아울러 빈도분석은 집단변수와 다른 변수 간의 조합이 필요 없는 분석입니다. 즉, 빈도분석은 집단변수 1개만 있어도 분석이 가능합니다.

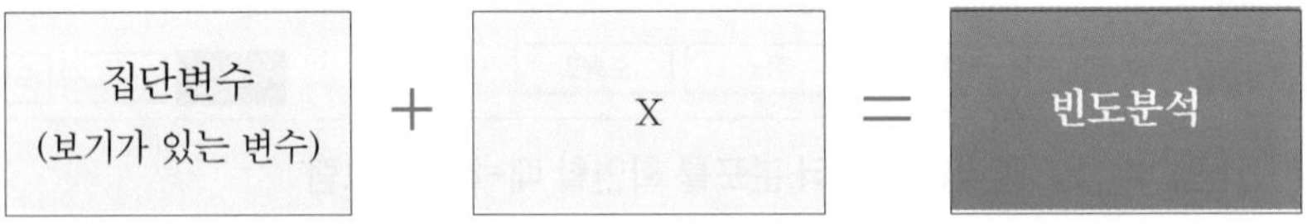


[그림 12-2] **빈도분석 변수 구성**

구체적으로 어떠한 상황에서 빈도분석을 진행하는지 확인해 보겠습니다. 주요 변수는 성별과 학력으로 집단변수입니다. 성별과 학력의 조합을 통해 분석을 진행하는 것이 아니라 성별과 학력을 각각 빈도분석하는 것입니다. 이러한 변수로 구성되어 있다면, 빈도분석을 통해 '성별과 학력의 빈도와 비율'을 확인할 수 있습니다.

**1.** 귀하의 성별은 무엇입니까?

① 남성 ② 여성

**2.** 귀하의 학력은 어떻게 됩니까?

① 무학 ② 초등학교 졸업 ③ 중학교 졸업
④ 고등학교 졸업 ⑤ 대학교 졸업 ⑥ 대학원 졸업

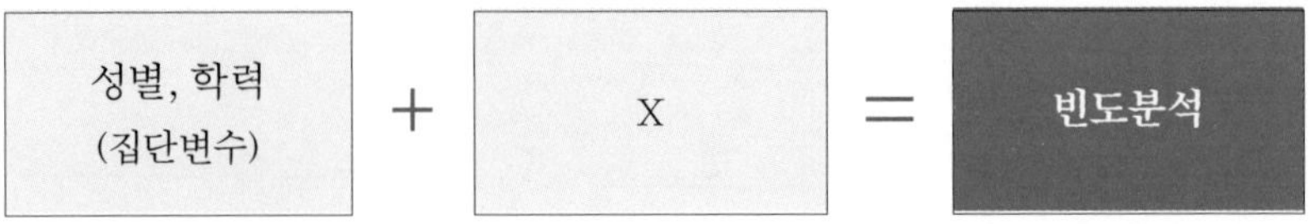


[그림 12-3] **빈도분석 예시**

## 3. 빈도분석 실습

**실습** 빈도분석

- 실습내용: 성별과 학력의 빈도와 비율 확인
- 실습파일: SPSS data.sav
- 활용변수: 성별, 학력

**1** 성별과 학력의 빈도분석을 진행하기 위해 메뉴의 ❶ 분석을 클릭하고 ❷ 기술통계량을 클릭한 후 ❸ 빈도분석을 선택합니다.

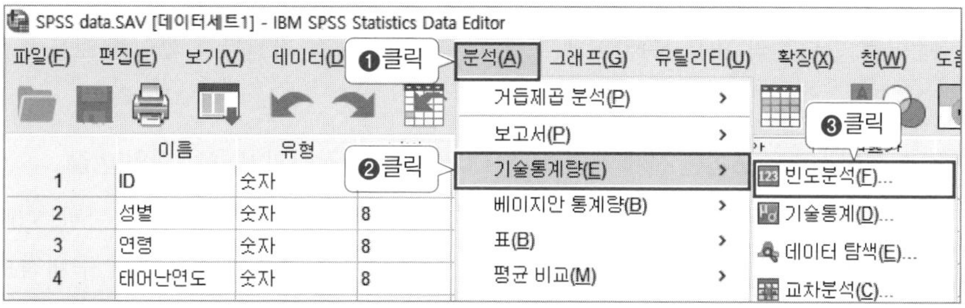


[그림 12-4]

**2** 빈도분석 창이 열리면, ❶ 성별과 ❷ 학력 변수를 더블클릭하고 ❸ 확인을 클릭합니다.

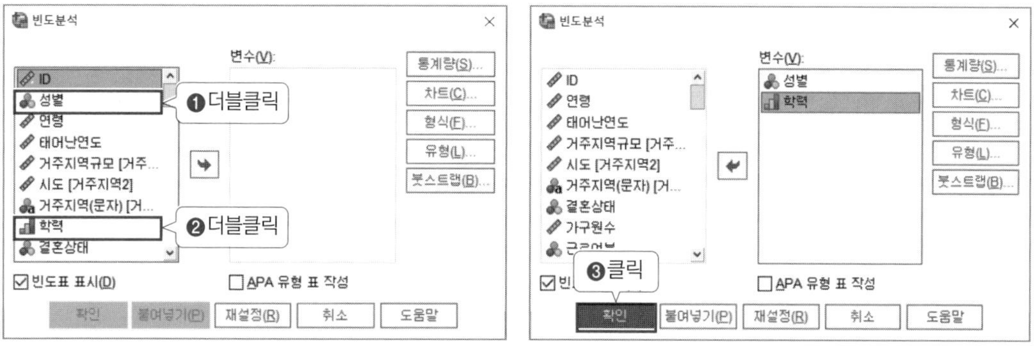


[그림 12-5]

## 4. 출력 결과 해석

### 1) 빈도분석 표에서 빈도와 유효 퍼센트 확인

출력 결과 창을 확인해 보면 성별과 학력의 빈도분석 표를 살펴볼 수 있습니다. 빈도분석 표에는 빈도와 퍼센트로 이루어져 있습니다만, 퍼센트(퍼센트, 유효 퍼센트, 누적 퍼센트)가 3가지로 구분되어 있습니다. 실제 보고서 및 논문에서 활용하는 부분은 빈도와 유효 퍼센트입니다.

**체크? 체크!** **퍼센트 VS 유효 퍼센트 VS 누적 퍼센트**

퍼센트, 유효 퍼센트, 누적 퍼센트에 대한 비교는 학력 빈도분석 표를 보면 쉽게 이해할 수 있습니다. 학력 빈도분석 표를 통해 퍼센트, 유효 퍼센트, 누적 퍼센트를 확인해 보도록 하겠습니다.

퍼센트-결측 케이스까지 포함한 전체 케이스를 100%로 보고 각각의 비율을 확인한 값

퍼센트의 경우, 7, 8, 9라고 응답한 결측 케이스(무응답, 중복응답 등)를 포함한 5,000명을 100%로 보고 비율을 확인한 값입니다. 보고서나 논문에서는 결측 케이스까지 구체적으로 제시하지 않기 때문에 결측 케이스를 포함하고 있는 퍼센트를 잘 활용하지는 않습니다.

유효 퍼센트-결측 케이스를 제외한 케이스를 100%로 보고 각각의 비율을 확인한 값

유효 퍼센트의 경우, 7, 8, 9라고 응답한 결측 케이스를 제외하고 무학, 초등학교 졸업, 중학교 졸업, 고등학교 졸업, 대학교 졸업, 대학원 졸업에 응답한 유효 케이스 4,934명을 100%로 보고 비율을 확인한 값입니다. 보통 보고서나 논문에서는 빈도와 함께 유효 퍼센트를 제시합니다.

누적 퍼센트-유효 퍼센트를 계속 누적하여 합산한 비율 값

누적 퍼센트의 경우, 무학, 초등학교 졸업, 중학교 졸업, 고등학교 졸업, 대학교 졸업, 대학원 졸업의 유효 퍼센트 비율을 계속 누적하여 합산한 값입니다. 누적 퍼센트는 활용도가 낮은 편입니다.

빈도와 유효 퍼센트를 통해 출력 결과를 해석하면 다음과 같습니다. 성별에 대한 빈도분석 결과, 전체 5,000명 중 남성의 빈도는 2,278명이고 남성 비율은 45.6%로 나타났습니다. 여성의 빈도는 2,722명이고 여성 비율은 54.4%로 확인되었습니다. 학력에 대한 빈도분석

결과, 전체 4,934명으로 성별의 전체 케이스 5,000명과 차이가 있습니다. 구체적으로 보면, 무학의 빈도와 비율은 472명, 9.6%, 초등학교 졸업은 985명, 20.0%, 중학교 졸업은 1,027명, 20.8%, 고등학교 졸업은 1,026명, 20.8%, 대학교 졸업은 959명, 19.4%, 대학원 졸업은 465명, 9.4%로 확인되었습니다.

**성별**

| | | 빈도 | 퍼센트 | 유효 퍼센트 | 누적 퍼센트 |
|---|---|---|---|---|---|
| 유효 | 남성 | 2278 | 45.6 | 45.6 | 45.6 |
| | 여성 | 2722 | 54.4 | 54.4 | 100.0 |
| | 전체 | 5000 | 100.0 | 100.0 | |

**학력**

| | | 빈도 | 퍼센트 | 유효 퍼센트 | 누적 퍼센트 |
|---|---|---|---|---|---|
| 유효 | 무학 | 472 | 9.4 | 9.6 | 9.6 |
| | 초등학교 졸업 | 985 | 19.7 | 20.0 | 29.5 |
| | 중학교 졸업 | 1027 | 20.5 | 20.8 | 50.3 |
| | 고등학교 졸업 | 1026 | 20.5 | 20.8 | 71.1 |
| | 대학교 졸업 | 959 | 19.2 | 19.4 | 90.6 |
| | 대학원 졸업 | 465 | 9.3 | 9.4 | 100.0 |
| | 전체 | 4934 | 98.7 | 100.0 | |
| 결측 | 7 | 29 | .6 | | |
| | 8 | 12 | .2 | | |
| | 9 | 25 | .5 | | |
| | 전체 | 66 | 1.3 | | |
| 전체 | | 5000 | 100.0 | | |

[그림 12-6] **빈도분석 출력 결과**

**Know how** **빈도분석 표 결측에 제시된 숫자와 시스템의 차이**

결측 케이스가 있다면 결측에 숫자 혹은 시스템이 제시됩니다. 그렇다면 언제 숫자로 표시되고, 언제 시스템으로 표시될까요?

**학력**

| | | 빈도 | 퍼센트 | 유효 퍼센트 | 누적 퍼센트 |
|---|---|---|---|---|---|
| 유효 | 무학 | 472 | 9.4 | 9.6 | 9.6 |
| | 초등학교 졸업 | 985 | 19.7 | 20.0 | 29.5 |
| | 중학교 졸업 | 1027 | 20.5 | 20.8 | 50.3 |
| | 고등학교 졸업 | 1026 | 20.5 | 20.8 | 71.1 |
| | 대학교 졸업 | 959 | 19.2 | 19.4 | 90.6 |
| | 대학원 졸업 | 465 | 9.3 | 9.4 | 100.0 |
| | 전체 | 4934 | 98.7 | 100.0 | |
| 결측 | 7 | 29 | .6 | | |
| | 8 | 12 | .2 | | |
| | 9 | 25 | .5 | | |
| | 전체 | 66 | 1.3 | | |
| 전체 | | 5000 | 100.0 | | |

**학력**

| | | 빈도 | 퍼센트 | 유효 퍼센트 | 누적 퍼센트 |
|---|---|---|---|---|---|
| 유효 | 무학 | 472 | 9.4 | 9.6 | 9.6 |
| | 초등학교 졸업 | 985 | 19.7 | 20.0 | 29.5 |
| | 중학교 졸업 | 1027 | 20.5 | 20.8 | 50.3 |
| | 고등학교 졸업 | 1026 | 20.5 | 20.8 | 71.1 |
| | 대학교 졸업 | 959 | 19.2 | 19.4 | 90.6 |
| | 대학원 졸업 | 465 | 9.3 | 9.4 | 100.0 |
| | 전체 | 4934 | 98.7 | 100.0 | |
| 결측 | 시스템 | 66 | 1.3 | | |
| 전체 | | 5000 | 100.0 | | |

[그림 12-7] **결측 표시(숫자 VS 시스템)**

예를 들어, 학력의 빈도분석 표를 확인해 보면 결측 7, 8, 9로 숫자가 있는데, 이는 7, 8, 9로 코딩한 값을 결측값으로 설정했을 때 나타납니다.

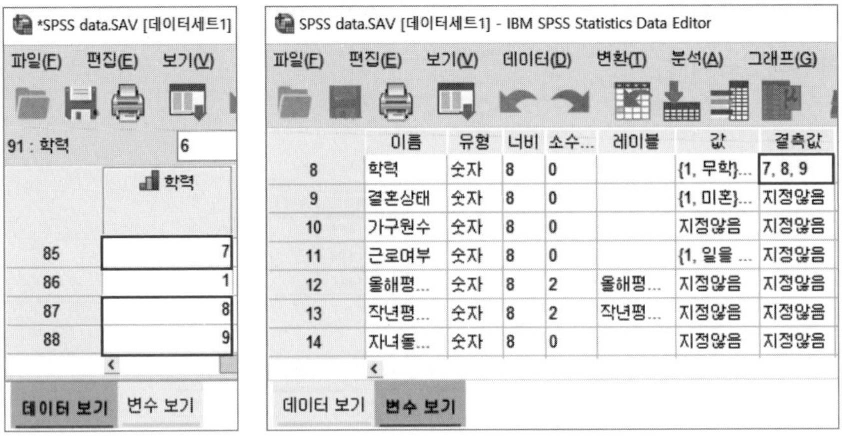


[그림 12-8] 결측 표시: 숫자

그런데 만약 결측이 시스템으로 표시되어 있다면 이것은 어떤 값도 코딩되어 있지 않은 상태(빈칸)를 의미합니다. 보통 결측값을 7, 8, 9로 설정하지 않고 빈칸으로 두기 때문에 결측 케이스가 있다면 시스템으로 표시될 가능성이 높습니다.

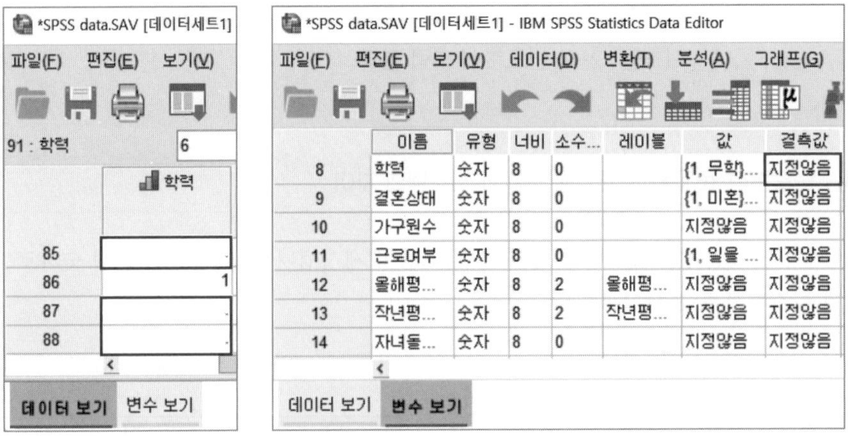


[그림 12-9] 결측 표시: 시스템

## 5. 분석 결과표 작성

성별과 학력에 대한 빈도분석 결과표 작성은 다음과 같습니다. 첫 행에 구분, 분류, 빈도(명), 비율(%)을 입력합니다. 구분에는 변수명을 작성하고, 분류에는 보기명을 입력합니다.

<표> 조사대상자의 인구사회학적 특성

N=

| 구분 | 분류 | 빈도(명) | 비율(%) |
|---|---|---|---|
| 성별 | 남성 | | |
| | 여성 | | |
| 학력 | 무학 | | |
| | 초등학교 졸업 | | |
| | 중학교 졸업 | | |
| | 고등학교 졸업 | | |
| | 대학교 졸업 | | |
| | 대학원 졸업 | | |

출력 결과에서 성별과 학력의 빈도와 유효 퍼센트를 빈도분석 결과표의 빈도(명), 비율(%)에 입력합니다.

**성별**

| | | 빈도 | 퍼센트 | 유효 퍼센트 | 누적 퍼센트 |
|---|---|---|---|---|---|
| 유효 | 남성 | 2278 | 45.6 | 45.6 | 45.6 |
| | 여성 | 2722 | 54.4 | 54.4 | 100.0 |
| | 전체 | 5000 | 100.0 | 100.0 | |

**학력**

| | | 빈도 | 퍼센트 | 유효 퍼센트 | 누적 퍼센트 |
|---|---|---|---|---|---|
| 유효 | 무학 | 472 | 9.4 | 9.6 | 9.6 |
| | 초등학교 졸업 | 985 | 19.7 | 20.0 | 29.5 |
| | 중학교 졸업 | 1027 | 20.5 | 20.8 | 50.3 |
| | 고등학교 졸업 | 1026 | 20.5 | 20.8 | 71.1 |
| | 대학교 졸업 | 959 | 19.2 | 19.4 | 90.6 |
| | 대학원 졸업 | 465 | 9.3 | 9.4 | 100.0 |
| | 전체 | 4934 | 98.7 | 100.0 | |
| 결측 | 7 | 29 | .6 | | |
| | 8 | 12 | .2 | | |
| | 9 | 25 | .5 | | |
| | 전체 | 66 | 1.3 | | |
| 전체 | | 5000 | 100.0 | | |

<표> 조사대상자의 인구사회학적 특성

N=

| 구분 | 분류 | 빈도(명) | 비율(%) |
|---|---|---|---|
| 성별 | 남성 | | |
| | 여성 | | |
| 학력 | 무학 | | |
| | 초등학교 졸업 | | |
| | 중학교 졸업 | | |
| | 고등학교 졸업 | | |
| | 대학교 졸업 | | |
| | 대학원 졸업 | | |

[그림 12-10]

## Know how 비율의 소수점 자릿수

출력 결과를 보면 비율이 45.6, 54.4 등 소수점 첫째 자리까지 제시되어 있습니다. SPSS 버전과 설정에 따라 소수점 둘째 자리, 셋째 자리까지 제시되기도 합니다. 비율의 소수점과 관련된 사항은 보고서나 논문의 편집 양식에 맞춰 진행하면 됩니다. 다만, 보고서나 논문에 보통 소수점 첫째 자리까지 제시하므로 소수점 둘째 자리에서 반올림하여 작성합니다.

전체 케이스 수는 분석 결과표의 오른쪽 상단에 위치한 'N='에 입력하고, 전체 케이스 수보다 적은 케이스는 해당 변수명 아래에 'n='이라는 표시를 넣어 작성합니다. 실습파일인 SPSS data의 전체 케이스 수는 5,000명이므로 N=5,000으로 작성합니다. 성별은 5,000명 모두 응답했지만, 학력의 경우 결측 케이스를 제외한 4,934명이 유효한 응답이었습니다. 즉, 학력의 응답 케이스는 전체 케이스 5,000명보다 적으므로 4,934명을 학력 아래에 n=4,934로 작성하면 됩니다.

**성별**

| | | 빈도 | 퍼센트 | 유효 퍼센트 | 누적 퍼센트 |
|---|---|---|---|---|---|
| 유효 | 남성 | 2278 | 45.6 | 45.6 | 45.6 |
| | 여성 | 2722 | 54.4 | 54.4 | 100.0 |
| | 전체 | 5000 | 100.0 | 100.0 | |

**학력**

| | | 빈도 | 퍼센트 | 유효 퍼센트 | 누적 퍼센트 |
|---|---|---|---|---|---|
| 유효 | 무학 | 472 | 9.4 | 9.6 | 9.6 |
| | 초등학교 졸업 | 985 | 19.7 | 20.0 | 29.5 |
| | 중학교 졸업 | 1027 | 20.5 | 20.8 | 50.3 |
| | 고등학교 졸업 | 1026 | 20.5 | 20.8 | 71.1 |
| | 대학교 졸업 | 959 | 19.2 | 19.4 | 90.6 |
| | 대학원 졸업 | 465 | 9.3 | 9.4 | 100.0 |
| | 전체 | 4934 | 98.7 | 100.0 | |
| 결측 | 7 | 29 | .6 | | |
| | 8 | 12 | .2 | | |
| | 9 | 25 | .5 | | |
| | 전체 | 66 | 1.3 | | |
| 전체 | | 5000 | 100.0 | | |

전체 케이스 수

<표> 조사대상자의 인구사회학적 특성

N=

| 구분 | 분류 | 빈도(명) | 비율(%) |
|---|---|---|---|
| 성별 | 남성 | 2,278 | 45.6 |
| | 여성 | 2,722 | 54.4 |
| 학력 | 무학 | 472 | 9.6 |
| | 초등학교 졸업 | 985 | 20.0 |
| | 중학교 졸업 | 1,027 | 20.8 |
| | 고등학교 졸업 | 1,026 | 20.8 |
| | 대학교 졸업 | 959 | 19.4 |
| | 대학원 졸업 | 465 | 9.4 |

[그림 12-11]

**Know how** **결측 케이스가 있는 변수는 결측 케이스를 제외한 전체 유효 케이스 수를 작성**

변수 중 결측 케이스가 있는 변수는 해당 변수에 응답한 유효 케이스 수를 (n=????) 형식으로 따로 적어 주어야 합니다. 만약 유효 케이스를 따로 적어 주지 않으면, 비율에서 문제가 발생합니다. 예를 들어, 전체 케이스 수가 5,000명이고 학력에 응답한 유효 케이스가 4,934명인데도 따로 4,934명에 대한 내용을 작성하지 않는다면 5,000명이 응답한 것으로 오인하여 학력의 비율이 맞지 않게 됩니다. 학력에 대한 빈도분석 표에서 '무학'의 비율은 9.6%인데, 이는 4,934명을 100%로 했을 때의 비율입니다. 그런데 4,934명이 제시되어 있지 않다면 5,000명을 100%로 했을 때 9.6%인 것으로 오인할 수 있습니다. 그러므로 결측 케이스가 있는 변수라면 그 변수 아래에 몇 케이스가 응답했는지를 꼭 작성하기 바랍니다.

출력 결과의 내용을 분석 결과표에 입력하면 다음과 같이 완성됩니다.

<표> 조사대상자의 인구사회학적 특성

N=5,000

| 구분 | 분류 | 빈도(명) | 비율(%) |
|---|---|---|---|
| 성별 | 남성 | 2,278 | 45.6 |
| | 여성 | 2,722 | 54.4 |
| 학력 (n=4,934) | 무학 | 472 | 9.6 |
| | 초등학교 졸업 | 985 | 20.0 |
| | 중학교 졸업 | 1,027 | 20.8 |
| | 고등학교 졸업 | 1,026 | 20.8 |
| | 대학교 졸업 | 959 | 19.4 |
| | 대학원 졸업 | 465 | 9.4 |

## 6. 분석 결과 해석 작성

빈도분석 결과에 대한 해석 작성은 다음과 같이 2단계로 진행합니다.

❶ 분석 목적과 분석 방법 작성
"조사대상자의 인구사회학적 특성을 확인하고자 빈도분석을 진행하였다."로 작성하거나 "조사대상자의 인구사회학적 특성은 다음과 같다."로 작성해도 좋습니다.

❷ 분석 결과표에 제시된 빈도와 비율 작성
성별과 학력 등 각 변수의 빈도와 비율을 차례대로 기술합니다. 빈도나 비율 중 특이 사항이 있으면 추가로 작성해도 좋습니다. 이를테면, '남성과 여성의 비율 차이가 거의 없는 것으로 나타났다.', '여성의 비율은 남성의 비율보다 약 2배 이상 높은 것으로 나타났다.' 등으로 특이 사항을 작성해 줄 수 있습니다.

이 2단계에 맞춰 빈도분석 결과에 대한 해석을 작성하면 다음과 같습니다.

❶ 조사대상자의 인구사회학적 특성은 다음과 같다. ❷ 성별의 경우, 남성은 2,278명(45.6%), 여성은 2,722명(54.4%)으로 여성이 남성보다 더 많은 것으로 나타났다. 학력의 경우, 중학교 졸업이 1,027명(20.8%)으로 가장 많았고, 그다음으로는 고등학교 졸업 1,026명(20.8%), 초등학교 졸업 985명(20.0%), 대학교 졸업 959명(19.4%), 무학 472명(9.6%), 대학원 졸업 465명(9.4%) 순으로 나타났다.

**[빈도분석 결과표 및 해석 예시]**

조사대상자의 인구사회학적 특성은 다음과 같다. 성별의 경우, 남성은 2,278명(45.6%), 여성은 2,722명(54.4%)으로 여성이 남성보다 더 많은 것으로 나타났다. 학력의 경우, 중학교 졸업이 1,027명(20.8%)으로 가장 많았고, 그다음으로는 고등학교 졸업 1,026명(20.8%), 초등학교 졸업 985명(20.0%), 대학교 졸업 959명(19.4%), 무학 472명(9.6%), 대학원 졸업 465명(9.4%) 순으로 나타났다.

<표> 조사대상자의 인구사회학적 특성

N=5,000

| 구분 | 분류 | 빈도(명) | 비율(%) |
|---|---|---|---|
| 성별 | 남성 | 2,278 | 45.6 |
| | 여성 | 2,722 | 54.4 |
| 학력<br>(n=4,934) | 무학 | 472 | 9.6 |
| | 초등학교 졸업 | 985 | 20.0 |
| | 중학교 졸업 | 1,027 | 20.8 |
| | 고등학교 졸업 | 1,026 | 20.8 |
| | 대학교 졸업 | 959 | 19.4 |
| | 대학원 졸업 | 465 | 9.4 |

제13장

# 기술통계분석

## Key Point

기술통계분석 이해

- 평균변수의 평균과 표준편차를 확인할 때 진행
- 변수의 최소값과 최대값을 확인할 때 진행
- 변수의 정규성을 확인할 때(왜도, 첨도) 진행

기술통계분석 변수 구성

| 평균변수 (보기가 없는 변수) | + | X | = | 기술통계분석 |
|---|---|---|---|---|

기술통계분석 메뉴

- SPSS 프로그램 메뉴에서 '분석–기술통계량–기술통계'

# 1. 기술통계분석 이해

기술통계분석은 대표적으로 평균변수의 평균과 표준편차를 확인할 때 사용합니다. 이 외에도 최소값과 최대값을 확인하거나 정규분포인지를 확인할 때도 기술통계분석을 진행합니다.

- 평균변수의 평균과 표준편차를 확인할 때
- 변수의 최소값과 최대값을 확인할 때
- 변수의 정규성을 확인할 때(왜도, 첨도)

## 1) 평균변수의 평균과 표준편차를 확인할 때/변수의 최소값과 최대값을 확인할 때

평균을 낼 수 있는 평균변수는 평균과 표준편차를 확인할 때 기술통계분석을 진행합니다. 보통 분석 결과를 제시하는 부분에서 인구사회학적 특성(성별, 거주지역, 학력 등) 다음에 주요 변수의 기술통계분석 결과를 작성합니다. 이때 평균변수의 평균과 표준편차 등을 제시합니다. 그리고 기술통계분석에서 평균과 표준편차를 확인할 때 기본적으로 최소값과 최대값까지도 분석 결과로 도출되기 때문에 함께 확인할 수 있습니다.

## 2) 변수의 정규성을 확인할 때(왜도, 첨도)

기술통계분석은 변수의 정규성도 확인할 수 있습니다. 이에 대한 내용은 앞서 '제10장 데이터 핸들링'에서 로그로 변환할 때를 확인해 보기 바랍니다. 변수의 정규성을 확인하기 위해서는 왜도와 첨도를 확인해야 합니다. 왜도와 첨도는 기술통계 창에서 옵션을 클릭하여 첨도와 왜도를 클릭하면 진행할 수 있습니다.

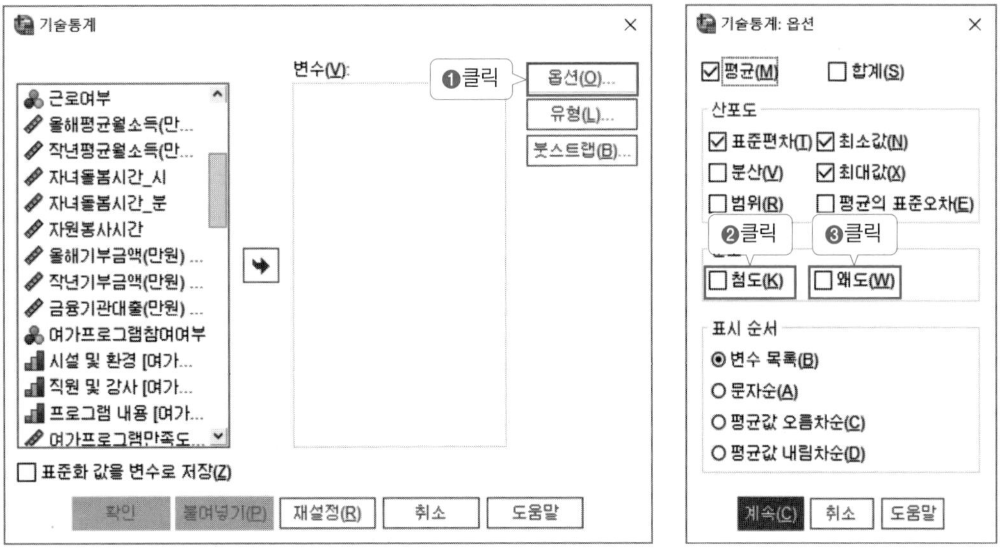


[그림 13-1] 변수의 정규성을 확인할 때–왜도, 첨도

## 2. 기술통계분석 변수 구성

기술통계분석은 분석하고자 하는 변수가 평균변수일 때 의미가 있습니다. 예를 들어, 연령과 가구원수처럼 보기가 없는 변수인 평균변수로 구성되어 있다면 기술통계분석이 가능합니다. 그러나 성별(① 남성 ② 여성)과 같이 보기가 있는 변수, 즉 집단변수라면 기술통계분석을 하는 것은 의미가 없습니다. 아울러 기술통계분석은 평균변수와 다른 변수 간의 조합이 필요 없는 분석입니다. 즉, 기술통계분석은 평균변수 1개만 있어도 분석이 가능합니다.

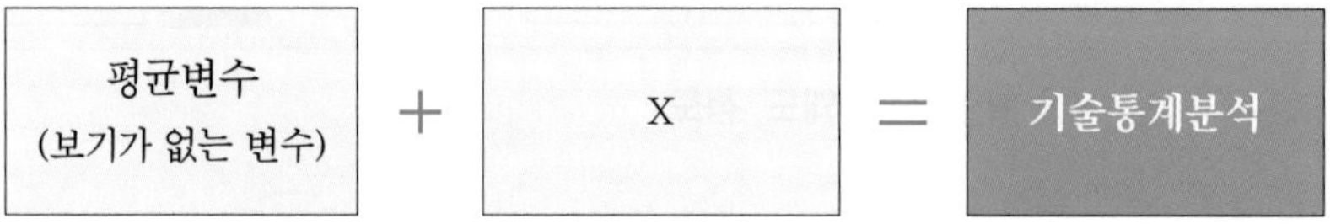


[그림 13-2] **기술통계분석 변수 구성**

**Know how** **집단변수를 평균 내는 것은 의미가 없습니다**

집단변수인 성별(① 남성 ② 여성)을 기술통계분석하여 평균이 1.3으로 나왔다고 한다면, 1.3이 어떤 의미일까요? 그리고 그것을 분석 결과표에 제시하는 것이 어떤 의미가 있을까요? 물론 1.6이 나왔다면 남성보다는 여성이 더 많다는 것을 알 수는 있지만 굳이 평균값을 제시할 필요가 있을까요? 게다가 1.6이라는 숫자를 보고 남성보다 여성이 많다는 것을 생각해 내야 하기 때문에 직관적이지 않습니다.

이해를 돕기 위하여 또 다른 집단변수를 확인해 보겠습니다. 거주지역(① 대도시 ② 중소도시 ③ 농어촌)을 기술통계분석하여 평균이 1.9가 나왔다고 한다면, 1.9는 어떤 의미입니까? 아무런 의미가 없습니다. 이러한 분석은 지양해야 합니다.

구체적으로 어떠한 상황에서 기술통계분석을 진행하는지 확인해 보겠습니다. 주요 변수는 연령과 가구원수로 평균변수입니다. 연령과 가구원수의 조합을 통해 분석을 진행하는 것이 아니라 연령과 가구원수를 각각 기술통계분석하는 것입니다. 이러한 변수로 구성되어 있다면, 기술통계분석을 통해 '연령과 가구원수의 평균과 표준편차'를 확인할 수 있습니다.

1. 현재 귀하의 연령은 어떻게 됩니까? (      )세

2. 현재 귀하의 가구원수는 몇 명입니까? (      )명

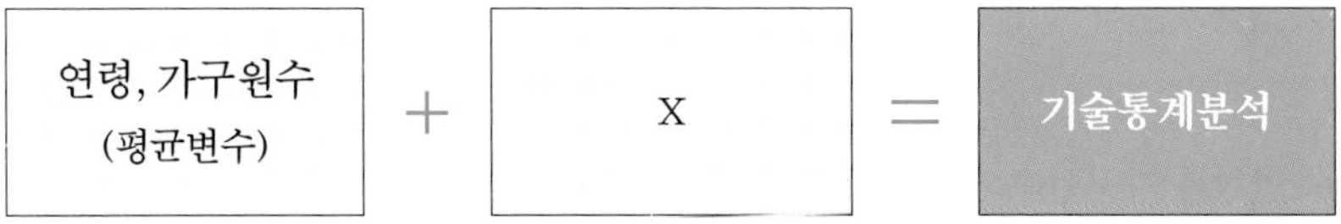


[그림 13-3] **기술통계분석 예시**

# 3. 기술통계분석 실습

## 실습 기술통계분석

- 실습내용: 연령과 가구원수의 평균과 표준편차 확인
- 실습파일: SPSS data.sav
- 활용변수: 연령, 가구원수

**1** 연령과 가구원수의 기술통계분석을 진행하기 위해 메뉴의 ❶ 분석을 클릭하고 ❷ 기술통계량을 클릭한 후 ❸ 기술통계를 선택합니다.

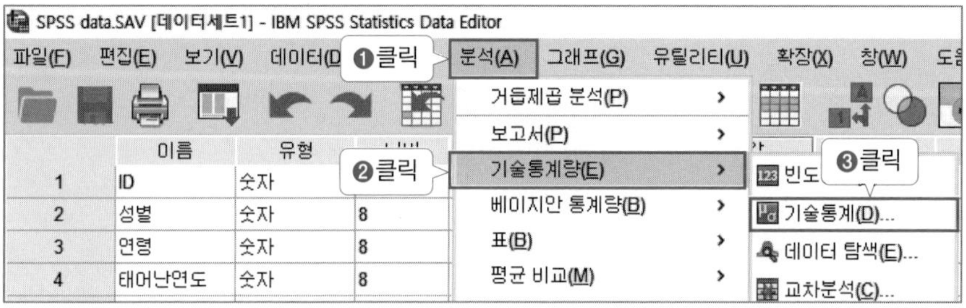


[그림 13-4]

**2** 기술통계 창이 열리면, ❶ 연령과 ❷ 가구원수 변수를 더블클릭하고 ❸ 확인을 누릅니다.

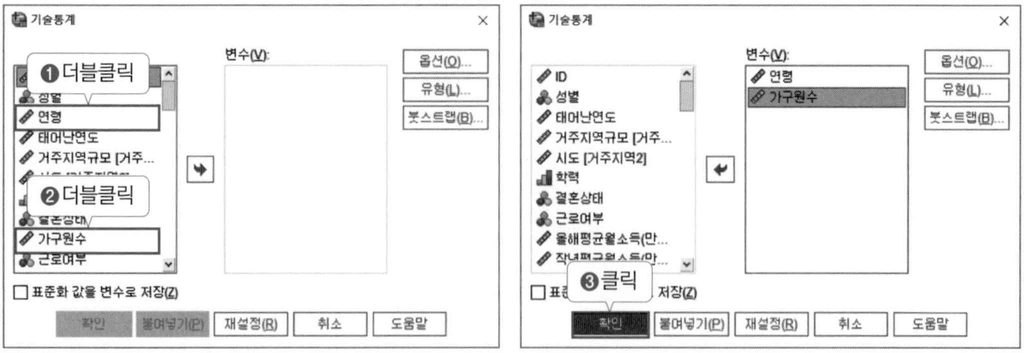


[그림 13-5]

## 4. 출력 결과 해석

### 1) 기술통계량 표에서 평균과 표준편차 확인

출력 결과 창을 확인해 보면 연령과 가구원수의 기술통계량 표를 살펴볼 수 있습니다. 기술통계량 표에는 N, 최소값, 최대값, 평균, 표준편차가 제시됩니다. N은 기술통계분석을 진행한 케이스를 의미합니다. 실제 보고서 및 논문에서 활용하는 부분은 평균과 표준편차입니다. 물론 상황에 따라 최소값과 최대값을 함께 제시하기도 합니다.

평균과 표준편차를 통해 출력 결과를 해석하면 다음과 같습니다. 연령에 대한 기술통계분석 결과, 평균 61.40세, 표준편차 11.952로 나타났고, 가구원수는 평균 3.51명, 표준편차 1.504로 확인되었습니다.

**기술통계량**

| | N | 최소값 | 최대값 | 평균 | 표준편차 |
|---|---|---|---|---|---|
| 연령 | 5000 | 40 | 81 | 61.40 | 11.952 |
| 가구원수 | 5000 | 1 | 6 | 3.51 | 1.504 |
| 유효 N(목록별) | 5000 | | | | |

[그림 13-6] 기술통계분석 출력 결과

## 5. 분석 결과표 작성

연령과 가구원수에 대한 기술통계분석 결과표 작성은 다음과 같습니다. 첫 행에 구분, 최소값, 최대값, 평균, 표준편차를 입력합니다. 참고로 최소값과 최대값은 필요에 따라 결과표에 넣거나 뺄 수 있습니다.

**<표> 주요 변수의 기술통계**

N=

| 구분 | 최소값 | 최대값 | 평균 | 표준편차 |
|---|---|---|---|---|
| 연령 | | | | |
| 가구원수 | | | | |

출력 결과에서 연령과 가구원수의 평균과 표준편차를 기술통계분석 결과표의 평균과 표준편차에 입력합니다. 입력할 때 평균과 표준편차는 보통 소수점 둘째 자리까지 제시하므로, 소수점 셋째 자리에서 반올림하여 입력합니다. Min과 Max는 기술통계분석 결과표의 최소값과 최대값에 입력합니다.

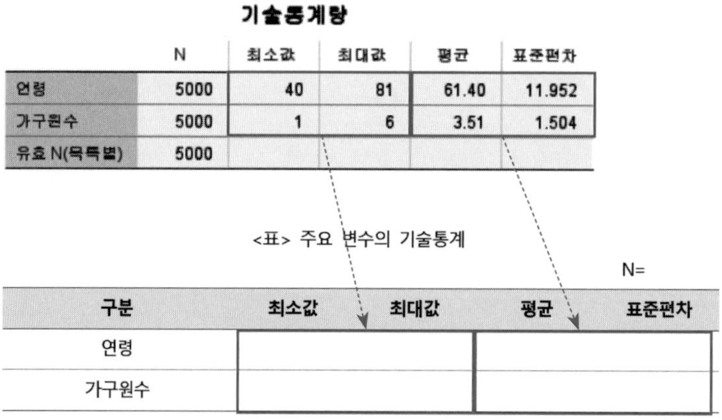

**기술통계량**

| | N | 최소값 | 최대값 | 평균 | 표준편차 |
|---|---|---|---|---|---|
| 연령 | 5000 | 40 | 81 | 61.40 | 11.952 |
| 가구원수 | 5000 | 1 | 6 | 3.51 | 1.504 |
| 유효 N(목록별) | 5000 | | | | |

<표> 주요 변수의 기술통계

N=

| 구분 | 최소값 | 최대값 | 평균 | 표준편차 |
|---|---|---|---|---|
| 연령 | | | | |
| 가구원수 | | | | |

[그림 13-7]

**Know how** **평균과 표준편차의 소수점 자릿수**

출력 결과를 보면 평균은 소수점 둘째 자리, 표준편차는 소수점 셋째 자리까지 제시되어 있습니다. 다만, SPSS 버전과 설정에 따라 변수별로 평균과 표준편차의 소수점 자릿수가 다르게 제시되기도 합니다.

평균과 표준편차의 소수점과 관련된 사항은 보고서나 논문의 편집 양식에 맞춰 진행하면 됩니다. 다만, 보고서나 논문에 보통 소수점 둘째자리까지 제시하므로 소수점 셋째 자리에서 반올림하여 작성합니다.

주의할 점은 평균과 표준편차를 소수점 둘째 자리까지 제시한다고 했을 때 소수점 둘째 자리가 0이라면 0을 생략하지 않고 있는 그대로 0을 제시하면 됩니다. 예를 들어, 연령의 평균이 61.40으로 나타났는데, 소수점 둘째 자리가 0이므로 이를 생략하여 61.4로 표시하려는 분들도 있을 겁니다. 하지만 분석 결과표에서는 일관성이 중요합니다. 즉, 다른 변수들은 모두 소수점 둘째 자리까지 제시하는데 연령만 소수점 둘째 자리에 있는 0을 생략하고 소수점 첫째 자리로 제시한다면 일관성을 깨트릴 수 있습니다. 그러므로 소수점 둘째 자리의 0을 생략하지 않고 제시하기 바랍니다.

전체 케이스 수는 분석 결과표의 오른쪽 상단에 위치한 'N='에 입력합니다. 실습파일인 SPSS data의 전체 케이스 수는 5,000명이므로 N=5,000으로 작성합니다.

전체 케이스 수

<표> 주요 변수의 기술통계

N=

| 구분 | 최소값 | 최대값 | 평균 | 표준편차 |
|---|---|---|---|---|
| 연령 | 40 | 81 | 61.40 | 11.95 |
| 가구원수 | 1 | 6 | 3.51 | 1.50 |

[그림 13-8]

**Know how** **전체 케이스 수가 출력 결과표에 제시된 N과 케이스 수와 같은지 확인합니다**

실습파일인 SPSS data의 전체 케이스 수는 5,000명입니다. 그런데 전체 케이스 수보다 응답한 케이스 수가 적은 변수가 있다면 분석 결과표에서는 해당 변수명 아래나 옆에 'n='이라는 표시를 넣어 작성합니다. 예를 들어, 자녀돌봄시간_시 변수의 경우 출력 결과표의 N을 확인해 보면 4,667명이 응답한 것을 알 수 있습니다. 즉, 자녀돌봄시간_시 변수는 결측 케이스가 있다는 것입니다. 결국 자녀돌봄시간_시의 응답 케이스는 전체 케이스 5,000명보다 적은 4,667명이므로 자녀돌봄시간_시 옆에 n=4,667로 작성하면 됩니다.

**기술통계량**

| | N | 최소값 | 최대값 | 평균 | 표준편차 |
|---|---|---|---|---|---|
| 연령 | 5000 | 40 | 81 | 61.40 | 11.952 |
| 자녀돌봄시간_시 | 4667 | 1 | 6 | 2.81 | 1.698 |
| 유효 N(목록별) | 4667 | | | | |

<표> 주요 변수의 기술통계

N=5,000

| 구분 | 최소값 | 최대값 | 평균 | 표준편차 |
|---|---|---|---|---|
| 연령 | 40 | 81 | 61.40 | 11.95 |
| 자녀돌봄시간_시 (n=4,667) | 1 | 6 | 2.81 | 1.70 |

[그림 13-9]

출력 결과의 내용을 분석 결과표에 입력하면 다음과 같이 완성됩니다.

<표> 주요 변수의 기술통계

N=5,000

| 구분 | 최소값 | 최대값 | 평균 | 표준편차 |
|---|---|---|---|---|
| 연령 | 40 | 81 | 61.40 | 11.95 |
| 가구원수 | 1 | 6 | 3.51 | 1.50 |

**Know how** 평균=M, 표준편차=SD

주요 변수의 기술통계분석 결과표를 제시할 때, 평균과 표준편차를 각각 M과 SD로 표시할 수도 있습니다. 이때 M은 Mean의 약자이고, SD는 Standard Deviation의 약자입니다. 만약 보고서나 논문에 M과 SD가 있다면 각각 평균과 표준편차로 인식하면 됩니다. 참고로 최소값은 Min, 최대값은 Max로 표시하기도 합니다.

<표> 주요 변수의 기술통계

N=5,000

| | Min | Max | M | SD |
|---|---|---|---|---|
| 연령 | 40 | 81 | 61.40 | 11.95 |
| 가구원수 | 1 | 6 | 3.51 | 1.50 |

## 6. 분석 결과 해석 작성

기술통계분석 결과에 대한 해석 작성은 다음과 같이 2단계로 진행합니다.

❶ 분석 목적과 분석 방법 작성
"주요 변수의 특성을 확인하고자 기술통계분석을 진행하였다."로 작성하거나 "주요 변수의 특성은 다음과 같다."로 작성해도 좋습니다.

❷ 분석 결과표에 제시된 평균과 표준편차 작성
연령, 가구원수 등 각 변수의 평균과 표준편차를 차례대로 기술합니다. 이때 표준편차는 (SD=　)로 보통 제시합니다.

이 2단계에 맞춰 기술통계분석 결과에 대한 해석을 작성하면 다음과 같습니다.

❶ 주요 변수의 특성을 확인하고자 기술통계분석을 진행하였다. 분석 결과, ❷ 연령은 평균 61.40세(SD=11.95)로 나타났으며, 가구원수는 평균 3.51명(SD=1.50)으로 확인되었다.

**[기술통계분석 결과표 및 해석 예시]**

주요 변수의 특성을 확인하고자 기술통계분석을 진행하였다. 분석 결과, 연령은 평균 61.40세(SD=11.95)로 나타났으며, 가구원수는 평균 3.51명(SD=1.50)으로 확인되었다.

**<표> 주요 변수의 기술통계**

N=5,000

| 구분 | 최소값 | 최대값 | 평균 | 표준편차 |
|---|---|---|---|---|
| 연령 | 40 | 81 | 61.40 | 11.95 |
| 가구원수 | 1 | 6 | 3.51 | 1.50 |

## Know how 표준편차의 중요성

기술통계분석 결과표 및 해석을 작성할 때 평균과 함께 표준편차도 무조건 제시해야 합니다. 표준편차는 쉽게 개념 정의하면 '평균으로부터 떨어져 있는 정도'를 의미합니다. 즉, 표준편차가 클수록 개별 케이스가 평균으로부터 많이 떨어져 있어서 양극화되어 있거나 비정상적인 극단값이 있다는 것을 알 수 있습니다.

표준편차에 대한 이해를 높이기 위해 아래 그림을 확인해 보겠습니다. A지역_키와 B지역_키 변수를 각각 확인해 보면 A지역_키는 110cm, 140cm, 170cm, 200cm, 230cm로 확인되었고, B지역_키는 170cm로 모두 같습니다. 그런데 A지역_키와 B지역_키를 기술통계분석을 하면 평균은 170cm로 같습니다. 이러한 상황에서 평균만 보고서나 논문에 작성했다면 A지역_키와 B지역_키 차이를 정확하게 파악할 수 있나요? A지역_키의 표준편차는 47.434로 확인되었고, B지역_키의 표준편차는 0으로 나타나 큰 차이가 있음을 알 수 있습니다. 이처럼 논문과 보고서에 평균을 제시한다면 표준편차도 함께 제시해 주어야 정확한 정보를 파악할 수 있습니다.

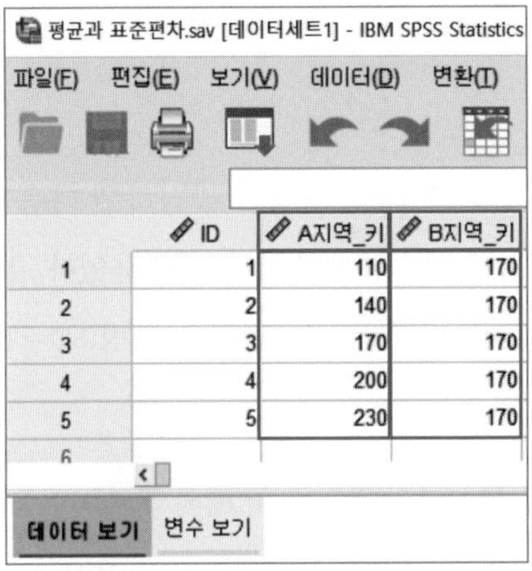


**기술통계량**

| | N | 최소값 | 최대값 | 평균 | 표준편차 |
|---|---|---|---|---|---|
| A지역_키 | 5 | 110 | 230 | 170.00 | 47.434 |
| B지역_키 | 5 | 170 | 170 | 170.00 | .000 |
| 유효 N(목록별) | 5 | | | | |

[그림 13-10]

한편, 다음 표와 같이 표준편차가 평균보다 크다면 케이스들이 양극화되어 있거나 극단값이 있다는 것을 의미하기 때문에 표준편차가 크다는 것에 대해서 작성하는 것이 좋습니다. 예를 들면, 다음과 같이 기술할 수 있습니다.

'조사대상자의 금융기관대출은 최소 1만 원에서 최대 13억 6천만 원으로 나타나 큰 격차가 있음을 파악할 수 있고, 실제 평균 4,871.93만 원(SD=9,822.05)으로 분석되어 표준편차가 매우 큰 것을 확인할 수 있다.'

<표> 주요 변수의 기술통계

N=5,000

| 구분 | 최소값 | 최대값 | 평균 | 표준편차 |
|---|---|---|---|---|
| 금융기관대출(만원) | 1 | 136,000 | 4,871.93 | 9,822.05 |

체크? 체크!

## 왜도와 첨도를 통한 변수의 정규성 검정 결과 작성

변수의 정규성 검정 결과를 제시하기 위해 기술통계분석에서 왜도와 첨도를 확인하였다면 분석 결과표 작성할 때 평균, 표준편차, 왜도, 첨도를 확인하고 입력하면 됩니다. 특히 왜도와 첨도는 통계량을 작성해 주고, Kline(2011) 등의 학자들이 언급한 정규분포 기준에 적합한지 확인합니다.

**기술통계량**

| | N | 최소값 | 최대값 | 평균 | 표준편차 | 왜도 | | 첨도 | |
|---|---|---|---|---|---|---|---|---|---|
| | 통계량 | 통계량 | 통계량 | 통계량 | 통계량 | 통계량 | 표준오류 | 통계량 | 표준오류 |
| 연령 | 5000 | 40 | 81 | 61.40 | 11.952 | -.096 | .035 | -1.207 | .069 |
| 가구원수 | 5000 | 1 | 6 | 3.51 | 1.504 | -.025 | .035 | -1.056 | .069 |
| 유효 N(목록별) | 5000 | | | | | | | | |

[그림 13-11]

### [기술통계분석 결과표 및 해석 예시]

주요 변수의 특성과 정규성을 확인하고자 기술통계분석을 진행하였다. 분석 결과, 연령은 평균 61.40세(SD=11.95)로 나타났으며, 가구원수는 평균 3.51명(SD=1.50)으로 확인되었다. 아울러 주요 변수의 정규성 검정 결과, 연령(왜도=-.10, 첨도=-1.21), 가구원수(왜도=-.03, 첨도=-1.06)로 나타나 Kline(2011)의 정규분포 기준인 |왜도| <3, |첨도| <10에 적합한 것으로 확인되었다. 즉, 연령과 가구원수는 정규분포를 이루고 있는 것으로 나타났다.

<표> 주요 변수의 기술통계

N=5,000

| 구분 | 평균 | 표준편차 | 왜도 | 첨도 |
|---|---|---|---|---|
| 연령 | 61.40 | 11.95 | -.10 | -1.21 |
| 가구원수 | 3.51 | 1.50 | -.03 | -1.06 |

제14장

# 교차분석(카이제곱 검정)

## Key Point

교차분석 이해

- 집단변수 간 분포를 확인할 때(교차분석) 진행
- 집단변수 간 분포의 차이가 유의한지 확인할 때(카이제곱 검정) 진행

교차분석 변수 구성

집단변수 (보기가 있는 변수) + 집단변수 (보기가 있는 변수) = 교차분석

교차분석 메뉴

- SPSS 프로그램 메뉴에서 '분석-기술통계량-교차분석'

## 1. 교차분석 이해

교차분석은 카이제곱 검정이라고도 합니다. 물론 통계적으로 엄격하게 보면, 교차분석은 집단변수 간 분포를 확인할 때 진행하는 분석이고, 카이제곱 검정은 교차분석 결과를 통해 집단변수 간 분포의 차이가 유의한지 확인할 때 진행하기 때문에 차이는 있습니다. 그럼에도 교차분석과 카이제곱 검정의 변수 구성과 분석 방법이 동일하기 때문에 같은 분석으로 보는 경우가 많습니다. 이에 이 책에서는 교차분석과 카이제곱 검정이 혼용되는 것을 방지하고자 교차분석으로 통일하여 진행하겠습니다.

**체크? 체크!** **교차분석 = 카이제곱 검정(Chi-square test) = $\chi^2$ test**

카이제곱은 $\chi^2$으로도 표시합니다. 즉, 카이제곱 검정은 $\chi^2$ test를 말합니다. 보고서나 논문 등을 보면 $\chi^2$을 확인할 수 있는데, 이 표시를 보고 '엑스제곱'으로 읽는 오류를 범하지 말아야 합니다. '엑스제곱'이 아닌 '카이제곱'이라고 읽어야 합니다. 참고로 통계분석 결과에는 '엑스제곱'이 따로 없습니다. 모두 '카이제곱'입니다.

교차분석은 집단변수 간 분포를 확인하고 그 분포의 차이가 유의한지 확인할 때 사용합니다.

- 집단변수 간 분포를 확인할 때(교차분석)
- 집단변수 간 분포의 차이가 유의한지 확인할 때(카이제곱 검정)

교차분석은 집단변수 간 분포의 차이를 살펴보는 데 활용하기도 하지만, 현황을 더욱 구체적으로 확인하는 데 유용한 분석입니다. 빈도분석을 통해 기본적인 현황을 제시할 수 있지만, 다각적인 측면에서 구체적인 현황을 제시해야 한다면 교차분석이 더 적합한 방법일 것입니다. 이에 교차분석은 학술논문이나 학위논문보다는 결과보고서나 연구보고서 등에서 많이 쓰는 분석 중 하나입니다.

**체크? 체크!** **빈도분석 VS 교차분석**

각종 보고서를 확인해 보면 현황을 제시하기 위해 빈도분석과 교차분석을 많이 활용합니다. 빈도분석과 교차분석의 차이는 빈도분석의 경우 한 개의 변수에 대한 현황을 제시하는 반면, 교차분석은 두 개의 변수 조합을 통해 현황을 제시하기 때문에 빈도분석 결과보다는 보다 구체적이고 더 많은 정보를 제시할 수 있습니다. 구체적인 예시를 통해 확인해 보겠습니다.

빈도분석 결과

〈표 14-1〉은 여가프로그램 미참여 이유에 대해서 빈도분석을 진행한 결과입니다. 분석 결과를 통해서 여가프로그램에 왜 참여하지 않는지를 파악할 수 있습니다. 이러한 분석 결과에 의거하여 여가프로그램 개선 방법을 찾을 수 있을 것입니다.

<표 14-1> **여가프로그램 미참여 이유(빈도분석 결과)**

N=3,687

| 구분 | 빈도(명) | 비율(%) |
|---|---|---|
| 이용할 수 있는 서비스가 적어서 | 1,347 | 36.5 |
| 프로그램 질이 낮아서 | 774 | 21.0 |
| 시설 및 장비가 좋지 않아서 | 635 | 17.2 |
| 이용 시간대가 제한적이어서 | 267 | 7.2 |
| 대기 기간이 길어서 | 338 | 9.2 |
| 기타 | 326 | 8.8 |

교차분석 결과

〈표 14-2〉는 성별에 따른 여가프로그램 미참여 이유에 대해서 교차분석을 진행한 결과입니다. 성별에 따라 분석 결과를 도출한 것이기 때문에 빈도분석 결과보다는 더욱 세분화된 정보를 파악할 수 있습니다. 이를테면, 빈도분석한 결과에서는 '이용할 수 있는 서비스가 적어서'가 36.5%로 가장 많았습니다. 그런데 성별로 구분한 결과, 남성은 여가프로그램에 참여하지 않는 이유로 '이용할 수 있는 서비스가 적어서'가 60.4%로 가장 많았고, 여성은 '프로그램 질이 낮아서'가 28.2%로 가장 많았습니다. 이러한 결과를 통해 성별에 따른 서비스 개선 방법을 달리할 수 있습니다. 또한 $\chi^2$과 p값을 통해서 성별에 따른 여가프로그램 미참여 이유의 분포 차이가 통계적으로 유의한지 혹은 유의하지 않은지도 교차분석에서 확인할 수 있습니다. 다음과 같이 유의한 결과가 나왔다면 기관 입장에서는 더욱더 강력하게 성별에 따른 서비스 개선 방법이 달라져야 한다고 인식할 수 있습니다.

<표 14-2> **성별에 따른 여가프로그램 미참여 이유(교차분석 결과)**

| 구분 | | 성별 | | | | $\chi^2$ |
|---|---|---|---|---|---|---|
| | | 남성 | | 여성 | | |
| | | 빈도(명) | 비율(%) | 빈도(명) | 비율(%) | |
| 여가 프로그램 미참여 이유 | 이용할 수 있는 서비스가 적어서 | 953 | 60.4 | 394 | 18.7 | 714.359*** |
| | 프로그램 질이 낮아서 | 179 | 11.3 | 595 | 28.2 | |
| | 시설 및 장비가 좋지 않아서 | 213 | 13.5 | 422 | 20.0 | |
| | 이용 시간대가 제한적이어서 | 73 | 4.6 | 194 | 9.2 | |
| | 대기 기간이 길어서 | 53 | 3.4 | 285 | 13.5 | |
| | 기타 | 108 | 6.8 | 218 | 10.3 | |
| 전체 | | 1,579 | 100.0 | 2,108 | 100.0 | |

***$p < .001$

빈도분석보다는 교차분석으로 하는 것이 더 의미 있는 것처럼 인식할 수 있으나, 여기서 더 고민해야 할 것은 어떤 변수들 간의 관계를 살펴보는 것이 의미가 있는지입니다. 모든 변수를 교차분석할 필요는 없습니다.

## 2. 교차분석 변수 구성

교차분석은 분석하고자 하는 변수가 모두 집단변수일 때 진행할 수 있습니다. 성별과 여가프로그램에 참여하지 않는 이유처럼 집단을 구분할 수 있는 집단변수로 구성되어 있다면 교차분석이 가능합니다. 참고로 성별(① 남성 ② 여성)과 여가프로그램 미참여 이유(① 이용할 수 있는 서비스가 적어서 ② 프로그램 질이 낮아서 ③ 시설 및 장비가 좋지 않아서 ④ 이용 시간대가 제한적이어서 ⑤ 대기 기간이 길어서 ⑥ 기타)는 모두 보기가 있는 변수입니다. 즉, 보기가 있는 변수 2개가 있다면 교차분석이 가능합니다.

집단변수 (보기가 있는 변수) + 집단변수 (보기가 있는 변수) = 교차분석

[그림 14-1] **교차분석 변수 구성**

구체적으로 어떠한 상황에서 교차분석을 진행하는지 확인해 보겠습니다. 주요 변수는 성별과 여가프로그램 미참여 이유입니다. 성별과 여가프로그램 미참여 이유는 집단변수입니다. 이러한 변수들로 구성되어 있다면, 교차분석을 통해 '성별에 따른 여가프로그램 미참여 이유의 분포 차이'를 확인할 수 있습니다.

**1.** 귀하의 성별은 무엇입니까?
① 남성 ② 여성

**2.** 귀하께서는 기관에서 진행하는 여가프로그램에 참여하지 못하는 이유가 무엇입니까?
① 이용할 수 있는 서비스가 적어서 ② 프로그램 질이 낮아서
③ 시설 및 장비가 좋지 않아서 ④ 이용 시간대가 제한적이어서
⑤ 대기 기간이 길어서 ⑥ 기타

성별 (집단변수) + 여가프로그램 미참여 이유 (집단변수) = 교차분석

[그림 14-2] **교차분석 예시**

# 3. 교차분석 실습

**실습** 교차분석

- 실습내용: 성별에 따른 여가프로그램 미참여 이유의 분포 차이
- 실습파일: SPSS data.sav
- 활용변수: 성별, 여가프로그램미참여이유

**1** 성별에 따른 여가프로그램 미참여 이유의 분포 차이를 확인하기 위해 교차분석을 진행합니다. 메뉴의 ❶ 분석을 클릭하고 ❷ 기술통계량을 클릭한 후 ❸ 교차분석을 선택합니다.

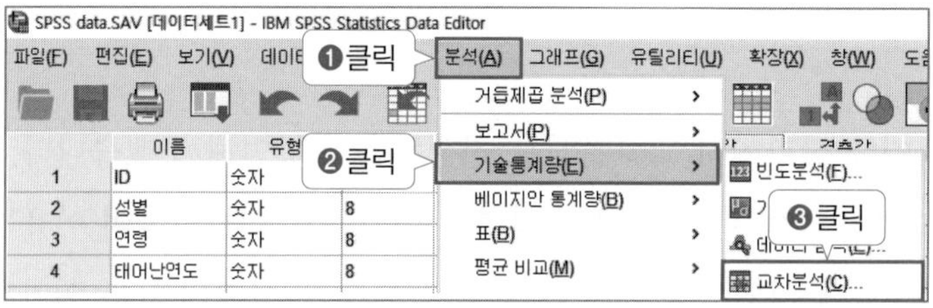


[그림 14-3]

**2** 교차분석 창이 열리면, ❶ 성별 변수를 클릭한 후 ❷ ➡ 버튼을 누릅니다. 그러면 성별이 열 칸으로 이동한 것을 알 수 있습니다.

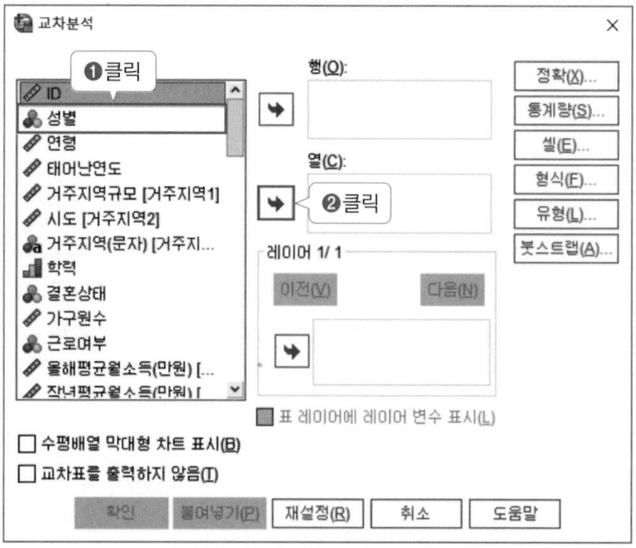


[그림 14-4]

❸ 그런 다음 ❶ 여가프로그램미참여이유 변수를 클릭한 후 ❷ [➡] 버튼을 누릅니다. 그러면 여가프로그램미참여이유가 행 칸으로 이동한 것을 알 수 있습니다.

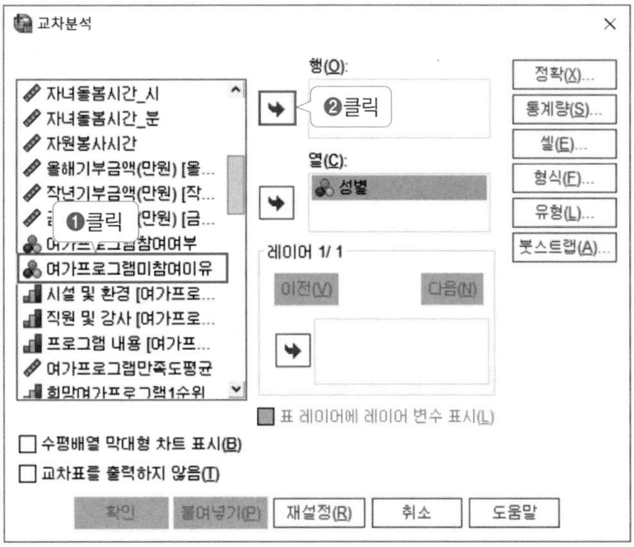


[그림 14-5]

**체크? 체크!** 

## 교차분석 행 VS 열

교차분석 창에는 행과 열이 있습니다. 종종 행과 열에 어떠한 변수를 넣어야 하는지 헛갈릴 때가 많습니다. 만약 '▲▲▲에 따른 ■■■의 분포 차이'를 분석하고 싶다면 일반적으로 ▲▲▲을 열에 넣고, ■■■을 행에 넣어 주면 됩니다. '성별에 따른 여가프로그램 미참여 이유의 분포 차이'를 확인하고 싶다면 성별을 열에 넣고 여가프로그램 미참여 이유를 행에 넣어 주면 됩니다.

성별을 열에 넣고 여가프로그램 미참여 이유를 행에 넣은 경우 다음과 같은 분석 결과표를 작성할 수 있습니다. 보고서와 논문에는 이렇게 제시하는 것이 일반적입니다.

<표 14-3> **성별에 따른 여가프로그램 미참여 이유의 분포 차이**

| 구분 | | 성별 | | | |
|---|---|---|---|---|---|
| | | 남성 | | 여성 | |
| | | 빈도(명) | 비율(%) | 빈도(명) | 비율(%) |
| 여가 프로그램 미참여 이유 | 이용할 수 있는 서비스가 적어서 | 953 | 60.4 | 394 | 18.7 |
| | 프로그램 질이 낮아서 | 179 | 11.3 | 595 | 28.2 |
| | 시설 및 장비가 좋지 않아서 | 213 | 13.5 | 422 | 20.0 |
| | 이용 시간대가 제한적이어서 | 73 | 4.6 | 194 | 9.2 |
| | 대기 기간이 길어서 | 53 | 3.4 | 285 | 13.5 |
| | 기타 | 108 | 6.8 | 218 | 10.3 |
| 전체 | | 1,579 | 100.0 | 2,108 | 100.0 |

만약 반대로 여가프로그램 미참여 이유를 열에 넣고 성별을 행에 넣는다면 분석 결과표는 다음과 같습니다. 어떠한 분석 결과표를 선택할 것인지는 자신이 교차분석을 하는 목적과 가독성 등을 고려하면 됩니다.

<표 14-4> **여가프로그램 미참여 이유에 따른 성별의 분포 차이**

| 구분 | | 여가프로그램 미참여 이유 | | | | | | | | | | | |
|---|---|---|---|---|---|---|---|---|---|---|---|---|---|
| | | 이용할 수 있는 서비스가 적어서 | | 프로그램 질이 낮아서 | | 시설 및 장비가 좋지 않아서 | | 이용 시간대가 제한적이어서 | | 대기 기간이 길어서 | | 기타 | |
| | | 빈도(명) | 비율(%) | 빈도(명) | 비율(%) | 빈도(명) | 비율(%) | 빈도(명) | 비율(%) | 빈도(명) | 비율(%) | 빈도(명) | 비율(%) |
| 성별 | 남성 | 953 | 70.7 | 179 | 23.1 | 213 | 33.5 | 73 | 27.3 | 53 | 15.7 | 108 | 33.1 |
| | 여성 | 394 | 29.3 | 595 | 76.9 | 422 | 66.5 | 194 | 72.7 | 285 | 84.3 | 218 | 66.9 |
| 전체 | | 1,347 | 100.0 | 774 | 100.0 | 635 | 100.0 | 267 | 100.0 | 338 | 100.0 | 326 | 100.0 |

**4** 교차분석 창에서 ❶ 통계량을 클릭합니다. 교차분석: 통계량 창이 열리면, ❷ 카이제곱을 클릭한 후 ❸ 계속을 클릭합니다.

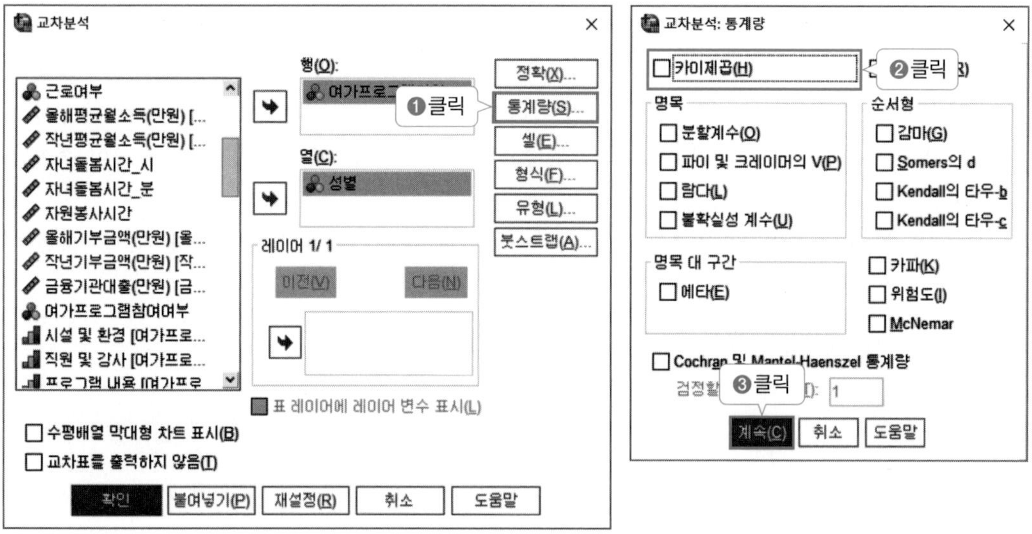


[그림 14-6]

**5** 교차분석 창에서 ❶ 셀을 클릭합니다. 교차분석: 셀 표시 창이 열리면, 퍼센트에서 ❷ 열을 클릭한 후 ❸ 계속을 클릭합니다. 그런 다음 교차분석 창에서 ❹ 확인을 클릭합니다.

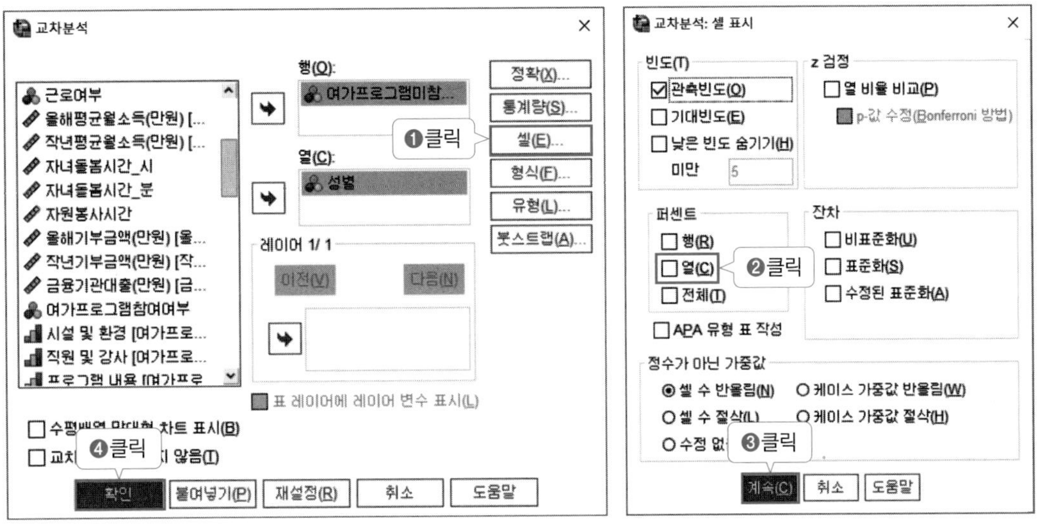


[그림 14-7]

**체크? 체크!** **퍼센트 행 VS 열**

교차분석: 셀 표시 창의 퍼센트를 보면 행과 열, 그리고 전체가 있습니다. 이것은 100%를 어디로 할 것이냐에 대한 파트입니다. 즉, 가로축을 100%로 하고 싶다면 행을 체크하면 되고, 세로축을 100%로 하고 싶다면 열을 체크하면 됩니다. 전체 케이스 대비 각각의 셀의 비율을 확인하고 싶을 때는 전체를 체크하면 됩니다. 보통은 열을 100%로 진행합니다. 이에 열에 체크하면 됩니다. 구체적으로 확인하고자 다음 표를 확인해 보겠습니다.

열을 100%로 했을 때

먼저, 열을 100%로 했을 때는 다음 표처럼 남성과 여성의 케이스를 각각 100%로 진행하는 것입니다. 즉, 남성의 경우 1,579명을 100%로 하고, 여성은 2,108명을 100%로 했을 때 여가프로그램 미참여 이유 6가지의 비율을 알 수 있습니다. 결국 남성과 여성의 여가프로그램 미참여 이유를 각각의 분포로 비교할 수 있습니다. 남성의 경우 이용할 수 있는 서비스가 적어서가 60.4%로 가장 많이 응답했지만, 여성은 프로그램 질이 낮아서에 28.2%가 응답하여 남성과 여성 간에 분포 차이가 있음을 알 수 있습니다.

<표 14-5> 성별에 따른 여가프로그램 미참여 이유의 분포 차이(열을 100%로 했을 때)

| 구분 | | 성별 | | | |
|---|---|---|---|---|---|
| | | 남성 | | 여성 | |
| | | 빈도(명) | 비율(%) | 빈도(명) | 비율(%) |
| 여가 프로그램 미참여 이유 | 이용할 수 있는 서비스가 적어서 | 953 | 60.4 | 394 | 18.7 |
| | 프로그램 질이 낮아서 | 179 | 11.3 | 595 | 28.2 |
| | 시설 및 장비가 좋지 않아서 | 213 | 13.5 | 422 | 20.0 |
| | 이용 시간대가 제한적이어서 | 73 | 4.6 | 194 | 9.2 |
| | 대기 기간이 길어서 | 53 | 3.4 | 285 | 13.5 |
| | 기타 | 108 | 6.8 | 218 | 10.3 |
| 전체 | | 1,579 | 100.0 | 2,108 | 100.0 |

행을 100%로 했을 때

행을 100%로 했을 때는 다음 표처럼 각각의 여가프로그램 미참여 이유를 100%로 진행하는 것입니다. 이러한 결과는 성별에 따른 여가프로그램 미참여 이유의 분포 차이를 확인하는 데 어려움이 있습니다. 물론 여가프로그램 미참여 이유에서 '프로그램 질이 낮아서'에 해당하는 774명을 100%로 했을 때 남성이 23.1%, 여성이 76.9%로 나타났으므로, 여성이 남성보다 프로그램 질이 낮아서 여가프로그램에 참여하지 않았다고 말할 수 있으나 남성과 여성의 전체 수가 같지 않다면 비교가 어렵습니다.

<표 14-6> 성별에 따른 여가프로그램 미참여 이유의 분포 차이(행을 100%로 했을 때)

| 구분 | | 성별 | | | | 전체 | |
|---|---|---|---|---|---|---|---|
| | | 남성 | | 여성 | | | |
| | | 빈도(명) | 비율(%) | 빈도(명) | 비율(%) | 빈도(명) | 비율(%) |
| 여가 프로그램 미참여 이유 | 이용할 수 있는 서비스가 적어서 | 953 | 70.7 | 394 | 29.3 | 1,347 | 100.0 |
| | 프로그램 질이 낮아서 | 179 | 23.1 | 595 | 76.9 | 774 | 100.0 |
| | 시설 및 장비가 좋지 않아서 | 213 | 33.5 | 422 | 66.5 | 635 | 100.0 |
| | 이용 시간대가 제한적이어서 | 73 | 27.3 | 194 | 72.7 | 267 | 100.0 |
| | 대기 기간이 길어서 | 53 | 15.7 | 285 | 84.3 | 338 | 100.0 |
| | 기타 | 108 | 33.1 | 218 | 66.9 | 326 | 100.0 |

예를 들어, 남성과 여성의 전체 수가 각각 100명으로 같다면 남성의 비율과 여성의 비율은 충분히 비교할 수 있습니다. 하지만 다음 표와 같이 전체 남성 수가 100명이고 전체 여성 수가 1,000명이었다면 비교가 가능할까요? 전체 남성 100명 중 100명이 여가프로그램 미참여 이유를 '이용할 수 있는 서비스가 적어서'로 응답한다고 가정하더라도 '이용할 수 있는 서비스가 적어서'에 응답한 여성의 수보다 적다면 낮은 비율이 나오게 될 것입니다. 이러한 이유로 행을 100%로 하기보다는 열을 100%로 해야 제대로 된 비교가 가능합니다.

<표 14-7> 성별에 따른 여가프로그램 미참여 이유의 분포 차이(예시)

| 구분 | | 성별 | | | | 전체 | |
|---|---|---|---|---|---|---|---|
| | | 남성 | | 여성 | | | |
| | | 빈도(명) | 비율(%) | 빈도(명) | 비율(%) | 빈도(명) | 비율(%) |
| 여가 프로그램 미참여 이유 | 이용할 수 있는 서비스가 적어서 | 13 | 11.4 | 101 | 88.6 | 114 | 100.0 |
| | 프로그램 질이 낮아서 | 20 | 8.7 | 209 | 91.3 | 229 | 100.0 |
| | 시설 및 장비가 좋지 않아서 | 16 | 7.5 | 198 | 92.5 | 214 | 100.0 |
| | 이용 시간대가 제한적이어서 | 20 | 8.8 | 206 | 91.2 | 226 | 100.0 |
| | 대기 기간이 길어서 | 19 | 8.6 | 201 | 91.4 | 220 | 100.0 |
| | 기타 | 12 | 12.4 | 85 | 87.6 | 97 | 100.0 |
| 합계 | | 100 | 9.1 | 1,000 | 90.9 | 1,100 | 100.0 |

전체를 100%로 했을 때

참고로 전체를 100%로 했을 때는 다음 표처럼 전체 케이스 3,687명을 100%로 설정한 후 각각의 셀의 케이스를 통해 비율을 확인하는 것입니다.

<표 14-8> 성별에 따른 여가프로그램 미참여 이유의 분포 차이(전체를 100%로 했을 때)

| 구분 | | 성별 | | | | 전체 | |
|---|---|---|---|---|---|---|---|
| | | 남성 | | 여성 | | | |
| | | 빈도(명) | 비율(%) | 빈도(명) | 비율(%) | 빈도(명) | 비율(%) |
| 여가 프로그램 미참여 이유 | 이용할 수 있는 서비스가 적어서 | 953 | 25.8 | 394 | 10.7 | 1347 | 36.5 |
| | 프로그램 질이 낮아서 | 179 | 4.9 | 595 | 16.1 | 774 | 21.0 |
| | 시설 및 장비가 좋지 않아서 | 213 | 5.8 | 422 | 11.4 | 635 | 17.2 |
| | 이용 시간대가 제한적이어서 | 73 | 2.0 | 194 | 5.3 | 267 | 7.2 |
| | 대기 기간이 길어서 | 53 | 1.4 | 285 | 7.7 | 338 | 9.2 |
| | 기타 | 108 | 2.9 | 218 | 5.9 | 326 | 8.8 |
| 합계 | | 1,579 | 42.8 | 2,108 | 57.2 | 3,687 | 100.0 |

# 4. 출력 결과 해석

## 1) 교차표에서 집단변수 간 분포 확인

출력 결과 창을 확인해 보면 먼저 교차표를 살펴볼 수 있습니다. 교차표에는 성별에 따른 여가프로그램 미참여 이유의 빈도와 비율이 제시됩니다.

성별에 따른 여가프로그램 미참여 이유를 확인해 본 결과, 남성의 경우 '이용할 수 있는 서비스가 적어서'가 60.4%로 가장 많았고, 그다음으로는 '시설 및 장비가 좋지 않아서' 13.5%, '프로그램 질이 낮아서' 11.3%, '기타' 6.8%, '이용 시간대가 제한적이어서' 4.6%, '대기 기간이 길어서' 3.4%로 나타났습니다. 여성의 경우 '프로그램 질이 낮아서'가 28.2%로 가장 많았고, '시설 및 장비가 좋지 않아서' 20.0%, '이용할 수 있는 서비스가 적어서' 18.7%, '대기 기간이 길어서' 13.5%, '기타' 10.3%, '이용 시간대가 제한적이어서' 9.2%로 나타났습니다. 성별에 따른 여가프로그램 미참여 이유의 분포 차이가 나는 것 같나요?

**여가프로그램미참여이유 * 성별 교차표**

| | | | 성별 | | |
|---|---|---|---|---|---|
| | | | 남성 | 여성 | 전체 |
| 여가프로그램미참여이유 | 이용할 수 있는 서비스가 적어서 | 빈도 | 953 | 394 | 1347 |
| | | 성별 중 % | 60.4% | 18.7% | 36.5% |
| | 프로그램 질이 낮아서 | 빈도 | 179 | 595 | 774 |
| | | 성별 중 % | 11.3% | 28.2% | 21.0% |
| | 시설 및 장비가 좋지 않아서 | 빈도 | 213 | 422 | 635 |
| | | 성별 중 % | 13.5% | 20.0% | 17.2% |
| | 이용 시간대가 제한적이어서 | 빈도 | 73 | 194 | 267 |
| | | 성별 중 % | 4.6% | 9.2% | 7.2% |
| | 대기 기간이 길어서 | 빈도 | 53 | 285 | 338 |
| | | 성별 중 % | 3.4% | 13.5% | 9.2% |
| | 기타 | 빈도 | 108 | 218 | 326 |
| | | 성별 중 % | 6.8% | 10.3% | 8.8% |
| 전체 | | 빈도 | 1579 | 2108 | 3687 |
| | | 성별 중 % | 100.0% | 100.0% | 100.0% |

[그림 14-8] **교차분석 출력 결과 1**

**Know how** **통계적으로 유의한 차이가 있는지 확인한다는 것의 의미**

성별에 따른 여가프로그램 미참여 이유의 분포 차이를 교차분석 표로 확인했을 때, 차이가 있다고 생각했나요? 아니면 차이가 없다고 생각했나요? 남성과 여성이 각각 여가프로그램 미참여 이유 중 가장 많은 비율을 차지한 이유가 다릅니다. 또한 남성은 '이용할 수 있는 서비스가 적어서'라는 이유에 절반 이상이나 차지하고 있지만, 여성의 경우 6가지의 여가프로그램 미참여 이유가 비슷한 비율을 차지하고 있습니다. 이를 통해 성별에 따른 여가프로그램 미참여 이유의 분포 차이가 있다고 판단할 수 있을까요?

그렇지 않습니다. 몇몇 분들은 성별에 따른 여가프로그램 미참여 이유의 분포 차이가 크지 않다고 판단할 수도 있습니다. 이는 사람들마다 판단하는 기준이 모두 다르고 주관적이기 때문입니다.

만약 기관에서 여가프로그램 개선 방안을 모색하기 위한 근거로 이 교차분석 표를 확인했는데, 몇몇 근무자는 성별에 따른 여가프로그램 미참여 이유가 차이가 있다고 하고, 몇몇 근무자는 차이가 없다고 한다면 어떻게 판단해야 할까요? 이때 생각할 수 있는 것이 바로 통계적 유의성입니다. 즉, 교차분석을 통해 카이제곱 값과 유의확률(p값)을 확인하여 통계적으로 유의한 차이가 있는지 없는지를 판단하는 것입니다. 통계가 만능도 아니고 오류도 많지만 결정에 있어서 좋은 근거가 될 수 있습니다.

이러한 측면에서 통계학과도 아닌 우리가 왜 통계를 배워야 하는지 가늠할 수 있습니다. 즉, 각종 정책 결정이나 사업 전략, 프로그램 방향 등을 고민할 때 주관적인 판단이 아닌 많은 이해당사자가 납득할 만한 통계적인 근거를 제시할 수 있기 때문입니다.

### 2) 카이제곱 검정 표에서 카이제곱 값과 유의확률 확인

통계적으로 유의한 차이가 있는지 파악하려면, 카이제곱 검정 표에서 Pearson 카이제곱 값과 근사 유의확률을 확인해 보면 됩니다. Pearson 카이제곱 값은 714.359로 확인되었습니다. 아울러 근사 유의확률은 p값을 의미하며, .000으로 나타나 0.05 미만이므로 성별에 따른 여가프로그램 미참여 이유의 분포는 유의한 차이가 있는 것으로 확인되었습니다. 만약 근사 유의확률이 0.05 이상이었다면 성별에 따른 여가프로그램 미참여 이유의 분포는 유의한 차이를 보이지 않는다고 해석하면 됩니다.

**카이제곱 검정**

| | 값 | 자유도 | 근사 유의확률 (양측검정) |
|---|---|---|---|
| Pearson 카이제곱 | 714.359[a] | 5 | .000 |
| 우도비 | 738.604 | 5 | .000 |
| 선형 대 선형결합 | 342.931 | 1 | .000 |
| 유효 케이스 수 | 3687 | | |

a. 0 셀 (0.0%)은(는) 5보다 작은 기대 빈도를 가지는 셀입니다. 최소 기대빈도는 114.35입니다.

0.05 미만=차이가 있다.
0.05 이상=차이가 없다.

[그림 14-9] 교차분석 출력 결과 2

**체크? 체크!** 기대빈도 5보다 작은 셀의 비율이 20%이상이라면?

카이제곱 검정 결과표를 보면 기대빈도라는 단어가 있는 것을 알 수 있습니다. 기대빈도는 ▲▲▲에 따른 ■ ■ ■의 분포 차이가 없다고 가정할 때 각 셀에 기대하는 빈도를 말합니다. 실제로 카이제곱 검정은 기대빈도와 관측빈도(각 셀에 실제로 측정된 빈도) 간의 차이를 통해 유의성을 확인하는 것입니다. ▲▲▲에 따른 ■ ■ ■의 분포 차이가 없다고 가정한 기대빈도와 실제로 측정한 관측빈도가 차이 없게 나온다면 ▲▲▲에 따른 ■ ■ ■의 분포 차이가 없다고 보는 것이고, 기대빈도와 관측빈도가 차이 나는 것으로 분석되었다면 ▲▲▲에 따른 ■ ■ ■의 분포 차이가 있다고 보는 원리입니다.

중요한 것은 기대빈도 5보다 작은 셀의 비율이 20% 이상이라면 카이제곱 검정 결과값을 신뢰하기가 어렵습니다. 기대빈도 5보다 작은 셀의 비율이 어느 정도 되는지는 카이제곱 검정 결과표의 하단에 제시되어 있습니다. '성별에 따른 여가프로그램 미참여 이유의 분포 차이'는 0셀(0.0%)이 5보다 작은 기대빈도를 가지는 것으로 나타나 기대빈도 5보다 작은 셀이 없다는 것을 알 수 있습니다. 이런 경우에는 문제없이 카이제곱 검정 결과값을 그대로 활용하면 됩니다.

**카이제곱 검정**

| | 값 | 자유도 | 근사 유의확률 (양측검정) |
|---|---|---|---|
| Pearson 카이제곱 | 714.359[a] | 5 | .000 |
| 우도비 | 738.604 | 5 | .000 |
| 선형 대 선형결합 | 342.931 | 1 | .000 |
| 유효 케이스 수 | 3687 | | |

a. 0 셀 (0.0%)은(는) 5보다 작은 기대 빈도를 가지는 셀입니다. 최소 기대빈도는 114.35입니다.

[그림 14-10] 기대빈도 1

'성별에 따른 결혼상태의 분포 차이'를 확인하기 위해 교차분석을 실시한 결과, 다음과 같습니다. 기대빈도 5보다 작은 셀의 비율이 60.0%로 나타나 20% 이상인 것을 알 수 있습니다. 이런 경우에는 카이제곱 검정 결과를 신뢰할 수 없습니다.

**카이제곱 검정**

| | 값 | 자유도 | 근사 유의확률 (양측검정) |
|---|---|---|---|
| Pearson 카이제곱 | 5.403[a] | 4 | .248 |
| 우도비 | 6.122 | 4 | .190 |
| 선형 대 선형결합 | .454 | 1 | .501 |
| 유효 케이스 수 | 5000 | | |

a. 6 셀 (60.0%)은(는) 5보다 작은 기대 빈도를 가지는 셀입니다. 최소 기대빈도는 1.82입니다.

[그림 14-11] 기대빈도 2

기대빈도 5보다 작은 셀의 비율이 20% 이상일 경우 해결할 수 있는 방법은 2가지입니다. 첫째, 설문지 등을 진행하여 케이스를 추가함으로써 빈도가 적은 셀의 빈도를 높이는 것입니다. 둘째, 빈도가 적은 셀들을 합치는 방법입니다. 보통은 두 번째 방법을 많이 활용합니다. 예를 들어, 성별에 따른 결혼상태의 분포 차이 출력 결과표를 확인해 보면, 이혼, 사별, 기타는 케이스가 많지 않아 각각의 비율이 1%도 되지 않습니다. 결국 문제가 되는 셀은 남성과 여성의 이혼, 사별, 기타 셀인 것을 알 수 있습니다.

이에 이혼, 사별, 기타를 묶어 준다면 기대빈도 문제는 해결할 수 있습니다. 다만, 이혼, 사별, 기타를 묶는다고 하더라도 케이스 자체가 적기 때문에 미혼도 함께 묶는 것을 고려하는 것이 좋습니다. 범주를 다시 묶어 주는 방법은 '제10장 데이터 핸들링' 중 같은 변수(다른 변수)로 코딩변경의 보기를 재설정할 때를 참고하기 바랍니다.

**결혼상태 * 성별 교차표**

| | | | 성별 | | |
|---|---|---|---|---|---|
| | | | 남성 | 여성 | 전체 |
| 결혼상태 | 미혼 | 빈도 | 143 | 190 | 333 |
| | | 성별 중 % | 6.3% | 7.0% | 6.7% |
| | 기혼 | 빈도 | 2130 | 2520 | 4650 |
| | | 성별 중 % | 93.5% | 92.6% | 93.0% |
| | 이혼 | 빈도 | 1 | 8 | 9 |
| | | 성별 중 % | 0.0% | 0.3% | 0.2% |
| | 사별 | 빈도 | 2 | 2 | 4 |
| | | 성별 중 % | 0.1% | 0.1% | 0.1% |
| | 기타 | 빈도 | 2 | 2 | 4 |
| | | 성별 중 % | 0.1% | 0.1% | 0.1% |
| 전체 | | 빈도 | 2278 | 2722 | 5000 |
| | | 성별 중 % | 100.0% | 100.0% | 100.0% |

[그림 14-12] 성별에 따른 결혼상태의 분포 차이

미혼, 이혼, 사별, 기타를 '기혼 외'로 묶어서 결혼상태re 변수를 생성하였습니다. 성별에 따른 결혼상태re의 분포 차이를 확인해 본 결과, 기대빈도 5보다 작은 셀은 0%로 나타나 문제가 없는 것으로 확인되었습니다.

**결혼상태re * 성별 교차표**

| | | | 성별 | | |
|---|---|---|---|---|---|
| | | | 남성 | 여성 | 전체 |
| 결혼상태re | 기혼 | 빈도 | 2130 | 2520 | 4650 |
| | | 성별 중 % | 93.5% | 92.6% | 93.0% |
| | 기혼 외 | 빈도 | 148 | 202 | 350 |
| | | 성별 중 % | 6.5% | 7.4% | 7.0% |
| 전체 | | 빈도 | 2278 | 2722 | 5000 |
| | | 성별 중 % | 100.0% | 100.0% | 100.0% |

**카이제곱 검정**

| | 값 | 자유도 | 근사 유의확률 (양측검정) | 정확 유의확률 (양측검정) | 정확 유의확률 (단측검정) |
|---|---|---|---|---|---|
| Pearson 카이제곱 | 1.627[a] | 1 | .202 | | |
| 연속성 수정[b] | 1.488 | 1 | .223 | | |
| 우도비 | 1.634 | 1 | .201 | | |
| Fisher의 정확검정 | | | | .221 | .111 |
| 선형 대 선형결합 | 1.626 | 1 | .202 | | |
| 유효 케이스 수 | 5000 | | | | |

a. 0 셀 (0.0%)은(는) 5보다 작은 기대 빈도를 가지는 셀입니다. 최소 기대빈도는 159.46입니다.

b. 2x2 표에 대해서만 계산됨

[그림 14-13] 성별에 따른 결혼상태re의 차이

**Know how** 3개의 집단변수로 교차분석하기(근로여부 × 성별 × 여가프로그램 참여 여부)

교차분석은 보통 집단변수 2개로 진행합니다. 하지만 현황을 보다 구체적으로 보여 주는데 목적이 있다면 집단변수를 추가할 수도 있습니다. 이를테면, 성별에 따른 여가프로그램 참여 여부를 확인할 때 근로 여부에 따라 구분지어서 현황을 살펴보고 싶다면, 교차분석 창에서 레이어에 근로여부 변수를 넣어 주면 됩니다.

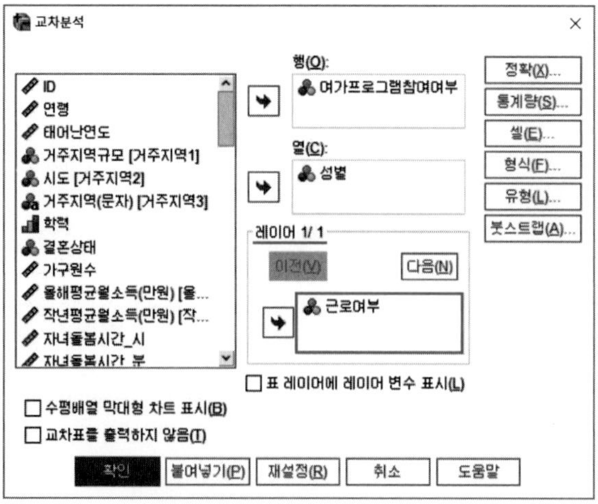

[그림 14-14] 3개의 집단변수로 교차분석

3개의 집단변수로 교차분석을 진행하면 다음과 같이 분석 결과를 도출할 수 있습니다.

**여가프로그램참여여부 * 성별 * 근로여부 교차표**

| 근로여부 | | | | 성별 남성 | 성별 여성 | 전체 |
|---|---|---|---|---|---|---|
| 일을 하고 있다 | 여가프로그램참여여부 | 참여 | 빈도 | 340 | 305 | 645 |
| | | | 성별 중 % | 31.5% | 22.5% | 26.5% |
| | | 미참여 | 빈도 | 740 | 1053 | 1793 |
| | | | 성별 중 % | 68.5% | 77.5% | 73.5% |
| | 전체 | | 빈도 | 1080 | 1358 | 2438 |
| | | | 성별 중 % | 100.0% | 100.0% | 100.0% |
| 일을 하고 있지 않다 | 여가프로그램참여여부 | 참여 | 빈도 | 359 | 309 | 668 |
| | | | 성별 중 % | 30.0% | 22.7% | 26.1% |
| | | 미참여 | 빈도 | 839 | 1055 | 1894 |
| | | | 성별 중 % | 70.0% | 77.3% | 73.9% |
| | 전체 | | 빈도 | 1198 | 1364 | 2562 |
| | | | 성별 중 % | 100.0% | 100.0% | 100.0% |
| 전체 | 여가프로그램참여여부 | 참여 | 빈도 | 699 | 614 | 1313 |
| | | | 성별 중 % | 30.7% | 22.6% | 26.3% |
| | | 미참여 | 빈도 | 1579 | 2108 | 3687 |
| | | | 성별 중 % | 69.3% | 77.4% | 73.7% |
| | 전체 | | 빈도 | 2278 | 2722 | 5000 |
| | | | 성별 중 % | 100.0% | 100.0% | 100.0% |

[그림 14-15] 3개의 집단변수로 교차분석 출력 결과

만약 4개의 집단변수로 교차분석을 진행하고 싶다면, 레이어에 있는 다음 버튼을 클릭하여 또 다른 집단변수를 넣어 주면 됩니다.

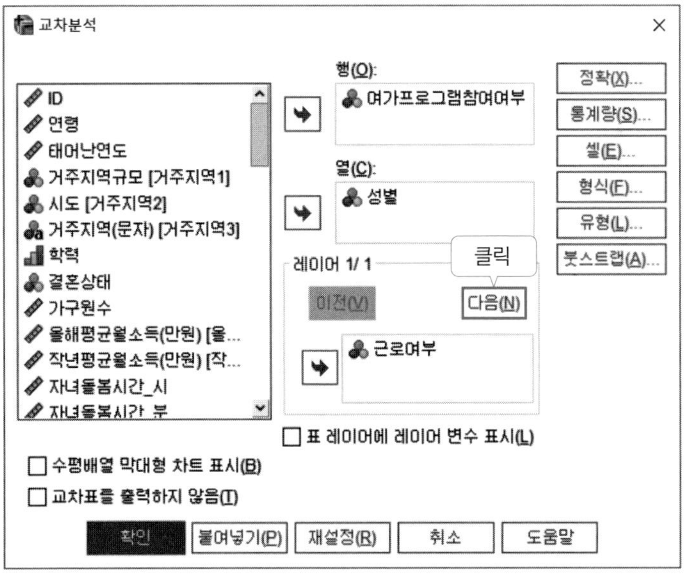


[그림 14-16] 4개의 집단변수로 교차분석

## 5. 분석 결과표 작성

'성별에 따른 여가프로그램 미참여 이유의 분포 차이'에 대한 교차분석 결과표 작성은 다음과 같습니다. 첫 행에 구분, 성별, $\chi^2$(카이제곱)을 입력합니다. 특히 성별은 보기명과 빈도(명), 비율(%)도 입력합니다. 구분에는 여가프로그램 미참여 이유의 보기명을 입력하고 마지막 행에는 전체라고 작성합니다. 또한 p값(유의확률)도 별표로 표시해서 제시하기 때문에 표 아래에 $^{*}p < .05$, $^{**}p < .01$, $^{***}p < .001$도 입력합니다.

<표> 성별에 따른 여가프로그램 미참여 이유

| 구분 | | 성별 | | | | $\chi^2$ |
|---|---|---|---|---|---|---|
| | | 남성 | | 여성 | | |
| | | 빈도(명) | 비율(%) | 빈도(명) | 비율(%) | |
| 여가 프로그램 미참여 이유 | 이용할 수 있는 서비스가 적어서 | | | | | |
| | 프로그램 질이 낮아서 | | | | | |
| | 시설 및 장비가 좋지 않아서 | | | | | |
| | 이용 시간대가 제한적이어서 | | | | | |
| | 대기 기간이 길어서 | | | | | |
| | 기타 | | | | | |
| 전체 | | | | | | |

$^{*}p < .05$, $^{**}p < .01$, $^{***}p < .001$

출력 결과에서 성별에 따른 여가프로그램 미참여 이유 빈도와 비율을 교차분석 결과표에 입력합니다. 입력할 때 비율은 % 표시를 제외합니다.

**여가프로그램미참여이유 * 성별 교차표**

| | | | 성별 | | |
|---|---|---|---|---|---|
| | | | 남성 | 여성 | 전체 |
| 여가프로그램미참여이유 | 이용할 수 있는 서비스가 적어서 | 빈도 | 953 | 394 | 1347 |
| | | 성별 중 % | 60.4% | 18.7% | 36.5% |
| | 프로그램 질이 낮아서 | 빈도 | 179 | 595 | 774 |
| | | 성별 중 % | 11.3% | 28.2% | 21.0% |
| | 시설 및 장비가 좋지 않아서 | 빈도 | 213 | 422 | 635 |
| | | 성별 중 % | 13.5% | 20.0% | 17.2% |
| | 이용 시간대가 제한적이어서 | 빈도 | 73 | 194 | 267 |
| | | 성별 중 % | 4.6% | 9.2% | 7.2% |
| | 대기 기간이 길어서 | 빈도 | 53 | 285 | 338 |
| | | 성별 중 % | 3.4% | 13.5% | 9.2% |
| | 기타 | 빈도 | 108 | 218 | 326 |
| | | 성별 중 % | 6.8% | 10.3% | 8.8% |
| 전체 | | 빈도 | 1579 | 2108 | 3687 |
| | | 성별 중 % | 100.0% | 100.0% | 100.0% |

<표> 성별에 따른 여가프로그램 미참여 이유

| 구분 | | 성별 | | | | $\chi^2$ |
|---|---|---|---|---|---|---|
| | | 남성 | | 여성 | | |
| | | 빈도(명) | 비율(%) | 빈도(명) | 비율(%) | |
| 여가 프로그램 미참여 이유 | 이용할 수 있는 서비스가 적어서 | | | | | |
| | 프로그램 질이 낮아서 | | | | | |
| | 시설 및 장비가 좋지 않아서 | | | | | |
| | 이용 시간대가 제한적이어서 | | | | | |
| | 대기 기간이 길어서 | | | | | |
| | 기타 | | | | | |
| 전체 | | | | | | |

*p<.05, **p<.01, ***p<.001

[그림 14-17]

출력 결과의 Pearson 카이제곱 값은 교차분석 결과표의 $\chi^2$ 칸에 입력합니다. 출력 결과의 근사 유의확률(p값) 값 또한 분석 결과표의 $\chi^2$ 칸에 입력하되, 근사 유의확률 값이 0.05 미만이면 별표 1개(*), 0.01 미만이면 별표 2개(**), 0.001 미만이면 별표 3개(***)로 카이제곱 값 옆에 표시합니다. 만약 근사 유의확률 값이 0.05 이상이면 별표를 붙이지 않습니다.

**카이제곱 검정**

| | 값 | 자유도 | 근사 유의확률 (양측검정) |
|---|---|---|---|
| Pearson 카이제곱 | 714.359[a] | 5 | .000 |
| 우도비 | 738.604 | 5 | .000 |
| 선형 대 선형결합 | 342.931 | 1 | .000 |
| 유효 케이스 수 | 3687 | | |

a. 0 셀 (0.0%)은(는) 5보다 작은 기대 빈도를 가지는 셀입니다. 최소 기대빈도는 114.35입니다.

<표> 성별에 따른 여가프로그램 미참여 이유

| 구분 | | 성별 | | | | $\chi^2$ |
|---|---|---|---|---|---|---|
| | | 남성 | | 여성 | | |
| | | 빈도(명) | 비율(%) | 빈도(명) | 비율(%) | |
| 여가 프로그램 미참여 이유 | 이용할 수 있는 서비스가 적어서 | 953 | 60.4 | 394 | 18.7 | |
| | 프로그램 질이 낮아서 | 179 | 11.3 | 595 | 28.2 | |
| | 시설 및 장비가 좋지 않아서 | 213 | 13.5 | 422 | 20.0 | |
| | 이용 시간대가 제한적이어서 | 73 | 4.6 | 194 | 9.2 | |
| | 대기 기간이 길어서 | 53 | 3.4 | 285 | 13.5 | |
| | 기타 | 108 | 6.8 | 218 | 10.3 | |
| 전체 | | 1,579 | 100.0 | 2,108 | 100.0 | |

*p<.05, **p<.01, ***p<.001

[그림 14-18]

출력 결과의 내용을 분석 결과표에 입력하면 다음과 같이 완성됩니다.

**<표> 성별에 따른 여가프로그램 미참여 이유**

| 구분 | | 성별 | | | | $\chi^2$ |
|---|---|---|---|---|---|---|
| | | 남성 | | 여성 | | |
| | | 빈도(명) | 비율(%) | 빈도(명) | 비율(%) | |
| 여가 프로그램 미참여 이유 | 이용할 수 있는 서비스가 적어서 | 953 | 60.4 | 394 | 18.7 | 714.359*** |
| | 프로그램 질이 낮아서 | 179 | 11.3 | 595 | 28.2 | |
| | 시설 및 장비가 좋지 않아서 | 213 | 13.5 | 422 | 20.0 | |
| | 이용 시간대가 제한적이어서 | 73 | 4.6 | 194 | 9.2 | |
| | 대기 기간이 길어서 | 53 | 3.4 | 285 | 13.5 | |
| | 기타 | 108 | 6.8 | 218 | 10.3 | |
| 전체 | | 1,579 | 100.0 | 2,108 | 100.0 | |

*p < .05, **p < .01, ***p < .001

## 6. 분석 결과 해석 작성

교차분석 결과에 대한 해석 작성은 다음과 같이 3단계로 진행합니다.

❶ 분석 목적과 분석 방법 작성
"성별에 따른 여가프로그램 미참여 이유의 차이를 확인하고자 교차분석을 진행하였다."고 작성합니다.

❷ 분석 결과표에 제시된 빈도와 비율 작성
성별에 따른 여가프로그램 미참여 이유의 빈도와 비율을 차례대로 기술합니다.

❸ $\chi^2$과 p값을 통한 결과 작성

- p값이 0.05 미만이면, "이러한 차이가 유의한지 확인하기 위해서 카이제곱 검정을 실시한 결과, $\chi^2$=714.359(p<.001)로 나타나 성별에 따른 여가프로그램 미참여 이유는 차이가 있는 것으로 확인되었다."고 적고, 어떻게 차이를 보이는지 구체적으로 설명합니다. "즉, 남성은 여성에 비해 '이용할 수 있는 서비스가 적어서'에 응답한 비율은 높았으나 여가프로그램에 참여하지 않는 다른 이유들은 모두 여성보다 비율이 낮은 것으로 분석되었다."고 작성합니다.
- p값이 0.05 이상이면, "이러한 차이가 유의한지 확인하기 위해서 카이제곱 검정을 실시한 결과, 성별에 따른 여가프로그램 미참여 이유의 차이는 유의하지 않은 것으로 나타났다."고 작성합니다.

이 3단계에 맞춰 교차분석 결과에 대한 해석을 작성하면 다음과 같습니다.

❶ 성별에 따른 여가프로그램 미참여 이유의 차이를 확인하고자 교차분석을 진행하였다. ❷ 남성의 경우 '이용할 수 있는 서비스가 적어서'가 953명(60.4%)으로 가장 많았고, 그다음으로는 '시설 및 장비가 좋지 않아서' 213명(13.5%), '프로그램 질이 낮아서' 179명(11.3%), '기타' 108명(6.8%), '이용 시간대가 제한적이어서' 73명(4.6%), '대기 기간이 길어서' 53명(3.4%) 순으로 나타났다. 여성의 경우 '프로그램 질이 낮아서'가 595명(28.2%)으로 가장 많았고, 그다음으로는 '시설 및 장비가 좋지 않아서' 422명(20.0%), '이용할 수 있는 서비스가 적어서' 394명(18.7%), '대기 기간이 길어서' 285명(13.5%), '기타' 218명(10.3%), '이용 시간대가 제한적이어서' 194명(9.2%)으로 확인되었다. ❸ 이러한 차이가 유의한지 확인하기 위해서 카이제곱 검정을 실시한 결과, $\chi^2$=714.359(p<.001)로 나타나 성별에 따른 여가프로그램

미참여 이유는 차이가 있는 것으로 확인되었다. 즉, 남성은 여성에 비해 '이용할 수 있는 서비스가 적어서'에 응답한 비율은 높았으나 여가프로그램에 참여하지 않는 다른 이유들은 모두 여성보다 비율이 낮은 것으로 분석되었다.

**[교차분석 결과표 및 해석 예시]**

성별에 따른 여가프로그램 미참여 이유의 차이를 확인하고자 교차분석을 진행하였다. 남성의 경우 '이용할 수 있는 서비스가 적어서'가 953명(60.4%)으로 가장 많았고, 그다음으로는 '시설 및 장비가 좋지 않아서' 213명(13.5%), '프로그램 질이 낮아서' 179명(11.3%), '기타' 108명(6.8%), '이용 시간대가 제한적이어서' 73명(4.6%), '대기 기간이 길어서' 53명(3.4%) 순으로 나타났다. 여성의 경우 '프로그램 질이 낮아서'가 595명(28.2%)으로 가장 많았고, 그다음으로는 '시설 및 장비가 좋지 않아서' 422명(20.0%), '이용할 수 있는 서비스가 적어서' 394명(18.7%), '대기 기간이 길어서' 285명(13.5%), '기타' 218명(10.3%), '이용 시간대가 제한적이어서' 194명(9.2%)으로 확인되었다. 이러한 차이가 유의한지 확인하기 위해서 카이제곱 검정을 실시한 결과, $\chi^2=714.359(p<.001)$로 나타나 성별에 따른 여가프로그램 미참여 이유는 차이가 있는 것으로 확인되었다. 즉, 남성은 여성에 비해 '이용할 수 있는 서비스가 적어서'에 응답한 비율은 높았으나 여가프로그램에 참여하지 않는 다른 이유들은 모두 여성보다 비율이 낮은 것으로 분석되었다.

**<표> 성별에 따른 여가프로그램 미참여 이유**

| 구분 | | 성별 | | | | $\chi^2$ |
|---|---|---|---|---|---|---|
| | | 남성 | | 여성 | | |
| | | 빈도(명) | 비율(%) | 빈도(명) | 비율(%) | |
| 여가 프로그램 미참여 이유 | 이용할 수 있는 서비스가 적어서 | 953 | 60.4 | 394 | 18.7 | 714.359*** |
| | 프로그램 질이 낮아서 | 179 | 11.3 | 595 | 28.2 | |
| | 시설 및 장비가 좋지 않아서 | 213 | 13.5 | 422 | 20.0 | |
| | 이용 시간대가 제한적이어서 | 73 | 4.6 | 194 | 9.2 | |
| | 대기 기간이 길어서 | 53 | 3.4 | 285 | 13.5 | |
| | 기타 | 108 | 6.8 | 218 | 10.3 | |
| 전체 | | 1,579 | 100.0 | 2,108 | 100.0 | |

*p<.05, **p<.01, ***p<.001

제15장

# 다중반응분석

## Key Point

다중반응분석 이해: 응답자가 복수선택(예: 모두 선택하시오)하도록 구성된 문항을 분석할 때 진행

- 다중응답을 빈도분석할 때 진행
- 다중응답과 집단변수를 활용하여 교차분석할 때 진행

다중반응분석 변수 구성

| | | | | |
|---|---|---|---|---|
| 집단변수 (다중반응 변수) | + | X | = | **다중반응분석 (빈도분석)** |
| 집단변수 (다중반응 변수) | + | 집단변수 (보기가 있는 변수) | = | **다중반응분석 (교차분석)** |

교차분석 메뉴

- 다중반응 변수군 정의: SPSS 프로그램 메뉴에서 '분석-다중반응-변수군 정의'
- 다중반응 빈도분석: SPSS 프로그램 메뉴에서 '분석-다중반응-빈도분석'
- 다중반응 교차분석: SPSS 프로그램 메뉴에서 '분석-다중반응-교차분석'

# 1. 다중반응분석 이해

다중반응분석은 다중응답인 '2개 선택하시오', '모두 선택하시오'와 같이 여러 보기 중 응답자가 복수선택하도록 구성된 문항을 분석할 때 진행합니다.

**1.** 아래 보기 중 귀하께서 참여하고 싶은 여가프로그램을 모두 선택해 주십시오.
① 노래 교실 ② 댄스 교실 ③ 서예 교실
④ 탁구 교실 ⑤ 기타

**2.** 아래 보기 중 귀하께서 참여하고 싶은 여가프로그램을 2개 선택해 주십시오.
① 노래 교실 ② 댄스 교실 ③ 서예 교실
④ 탁구 교실 ⑤ 기타

다중반응분석은 SPSS 프로그램의 메뉴에서 '분석-다중반응-빈도분석, 교차분석'을 통해 진행할 수 있습니다. 메뉴에서 알 수 있듯이 다중반응분석은 빈도분석과 교차분석만 진행할 수 있습니다.

[그림 15-1] **다중반응분석: 빈도분석, 교차분석**

다중반응분석은 다중응답을 빈도분석하거나 다중응답과 집단변수를 활용하여 교차분석할 때 진행합니다.

- 다중응답을 빈도분석할 때
- 다중응답과 집단변수를 활용하여 교차분석할 때

**Know how** **'1순위와 2순위를 선택하시오'는 다중반응분석을 진행하지 않아도 됩니다**

다음과 같이 '1순위와 2순위를 선택하시오'도 '2개 선택하시오', '모두 선택하시오'와 같이 다중응답 문항이기는 하지만 다중반응분석을 진행할 필요는 없습니다. 다중반응분석은 복수의 응답을 하나로 합쳐서 분석을 진행하는데 의미가 있는 분석이기 때문입니다. 즉, '1순위와 2순위를 선택하시오' 질문은 1순위와 2순위에 응답한 것을 하나로 합쳐서 분석하기보다 1순위와 2순위 각각 따로 빈도분석과 교차분석을 하여 분석 결과를 보여 주는 것이 의미 있으므로 굳이 다중반응분석을 할 필요가 없는 것입니다.

**1.** 아래 보기 중 귀하께서 참여하고 싶은 여가프로그램을 1순위와 2순위 선택해 주십시오.
1순위(　　), 2순위(　　)
① 노래 교실　② 댄스 교실　③ 서예 교실
④ 탁구 교실　⑤ 기타

'1순위와 2순위를 선택하시오' 질문에 대한 분석은 다중반응분석이 아닌 일반적으로 진행하는 빈도분석과 교차분석을 하면 됩니다.

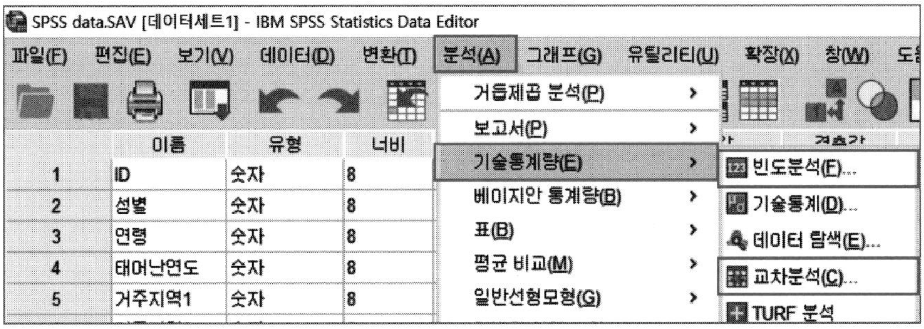

[그림 15-2] '1순위와 2순위를 선택하시오' 분석 방법

## 2. 다중반응분석 변수 구성

다중반응분석을 진행할 수 있는 다중반응(다중응답) 변수는 이분형과 범주형으로 구분하여 변수 세팅합니다. 예를 들어, 다음과 같이 참여하고 싶은 여가프로그램을 모두 선택하는 다중반응(다중응답) 변수가 있을 때 이분형 세팅과 범주형 세팅을 확인해 보겠습니다.

**1.** 아래 보기 중 귀하께서 참여하고 싶은 여가프로그램을 모두 선택해 주십시오.
① 노래 교실 ② 댄스 교실 ③ 서예 교실
④ 탁구 교실 ⑤ 기타

이분형 세팅은 일단 보기 수대로 변수를 만들어야 합니다. '모두 선택하시오'와 '2개 선택하시오' 질문 모두 변수의 개수는 보기 수대로 만들어야 합니다. 예를 들어, 여가프로그램 질문은 5개의 보기로 이루어져 있으므로 변수의 개수는 5개여야 합니다. 그런 다음 각 변수의 값을 클릭하여 값 레이블 창에서 기준값 '1', 레이블 '예'로 설정합니다. 즉, 여가프로그램 중 체크한 프로그램만 1로 코딩할 수 있도록 하는 것입니다.

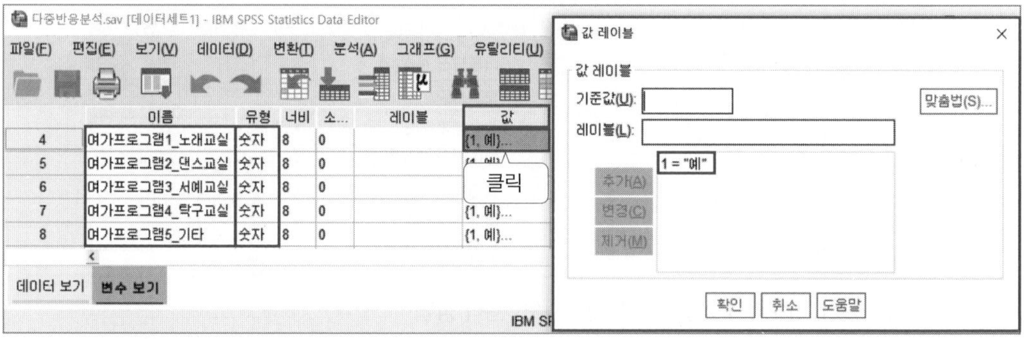

[그림 15-3] 이분형 세팅: 변수 세팅 값을 '1＝예'로 설정

범주형 세팅의 경우 '모두 선택하시오'일 때 보기 수대로 변수를 만듭니다. 참고로 '2개 선택하시오' 질문은 모두 2개의 보기를 선택하는 것이기 때문에 2개의 변수를 만들면 됩니다. 변수를 만들었다면, 각 변수의 값을 클릭하여 값 레이블 창에서 1＝노래 교실, 2＝댄스 교실, 3＝서예 교실, 4＝탁구 교실, 5＝기타로 설정합니다. 즉, 여가프로그램 중 체크한 프로

그램의 보기 번호를 코딩할 수 있도록 하는 것입니다.

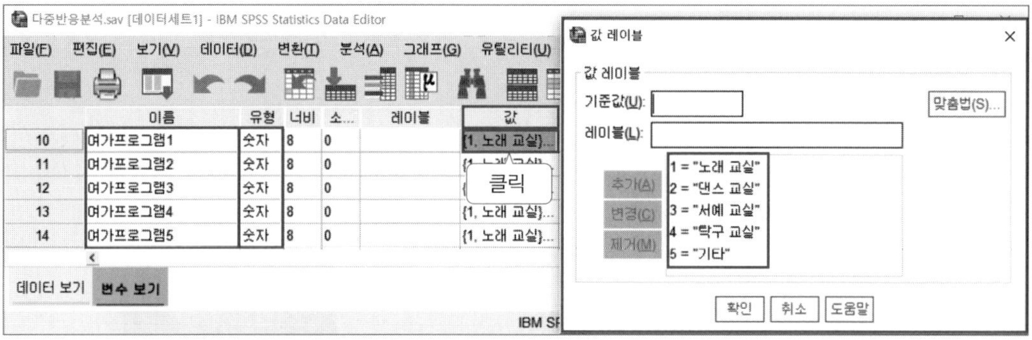

[그림 15-4] **범주형 세팅: 변수 세팅 값을 각 보기로 설정**

다중반응분석은 기본적으로 다중반응 변수를 가지고 진행합니다. 다중반응 변수가 이분형으로 세팅되어 있든 범주형으로 세팅되어 있든 모두 보기가 있는 집단변수입니다.

다중반응 변수인 집단변수가 1개 있다면 빈도분석을 진행할 수 있습니다. 만약 다중반응 변수인 집단변수 1개와 다중반응 변수가 아닌 집단변수 1개가 있다면 교차분석을 진행할 수 있습니다.

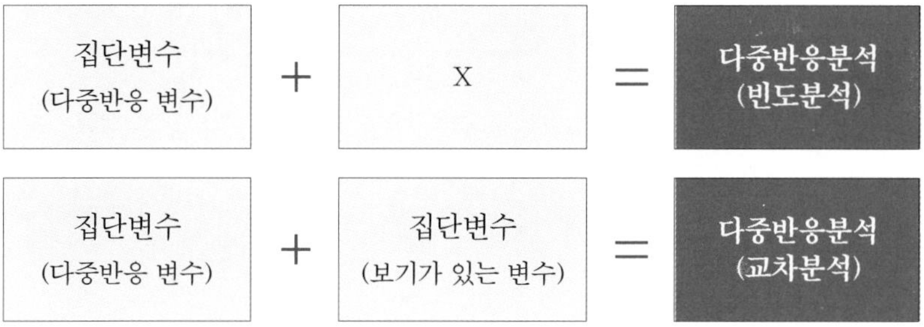

[그림 15-5] **다중반응분석 변수 구성**

구체적으로 어떠한 상황에서 다중반응분석을 진행하는지 확인해 보겠습니다. 먼저, 다중반응분석 중 빈도분석의 경우 주요 변수는 여가프로그램이라는 다중반응 변수입니다. 빈도분석을 통해 '희망하는 여가프로그램의 빈도와 비율'을 확인할 수 있습니다. 다중반응분석 중 교차분석의 경우 주요 변수는 여가프로그램이라는 다중반응 변수와 성별입니다. 이러한 변수들로 구성되어 있다면, 교차분석을 통해 '성별에 따른 여가프로그램의 분포'를 확인할 수 있습니다.

**1.** 아래 보기 중 귀하께서 참여하고 싶은 여가프로그램을 모두 선택해 주십시오.

① 노래 교실 ② 댄스 교실 ③ 서예 교실
④ 탁구 교실 ⑤ 기타

**2.** 귀하의 성별은 무엇입니까?

① 남성 ② 여성

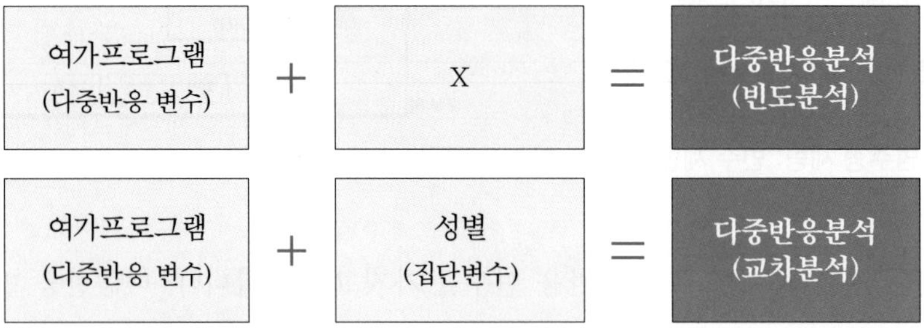


[그림 15-6] **다중반응분석 예시**

## 3. 다중반응분석 실습

다중반응분석은 빈도분석과 교차분석을 진행할 수 있습니다. 다만, 다중반응분석은 다중반응 변수의 변수 세팅(이분형, 범주형)에 따라 분석 방법이 조금 다릅니다. 이에 이분형(빈도분석, 교차분석)과 범주형(빈도분석, 교차분석)으로 구분하여 실습하겠습니다.

### 1) 이분형

**실습** 이분형-다중반응분석(빈도분석)

- 실습내용: 여가프로그램 변수의 빈도와 비율 확인
- 실습파일: 다중반응분석.sav
- 활용변수: 여가프로그램1_노래교실, 여가프로그램2_댄스교실, 여가프로그램3_서예교실, 여가프로그램4_탁구교실, 여가프로그램5_기타

**1** 다중반응분석 중 빈도분석을 하기 전에 다중반응 변수군 정의를 해야 합니다. 이에 메뉴의 ❶ 분석을 클릭하고 ❷ 다중반응을 클릭한 후 ❸ 변수군 정의를 선택합니다.

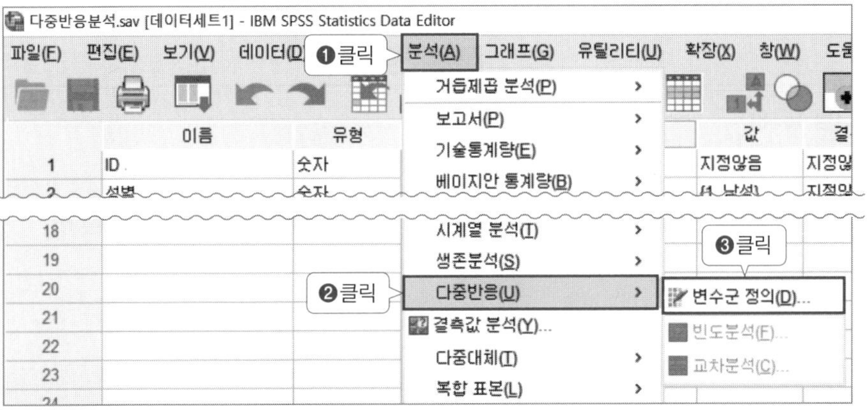


[그림 15-7]

**체크? 체크!** **다중반응 변수군 정의**

다중반응 빈도분석과 교차분석을 진행하기 전에 변수군을 정의해야 합니다. 다중반응 변수군 정의는 다중반응 변수에 대한 정보(변수 세팅-이분형, 범주형)를 입력하고 어떤 변수가 다중반응 변수인지를 SPSS 프로그램에 인식시키는 것입니다.

**2** 다중반응 변수군 정의 창이 열리면, ❶ 여가프로그램1_노래교실을 클릭한 후 ❷ [Shift] 키를 누르면서 여가프로그램5_기타를 클릭합니다. 그런 다음 ❸ [➔] 버튼을 눌러 여가프로그램1_노래교실, 여가프로그램2_댄스교실, 여가프로그램3_서예교실, 여가프로그램4_탁구교실, 여가프로그램5_기타 변수를 변수군에 포함된 변수 칸으로 옮깁니다.

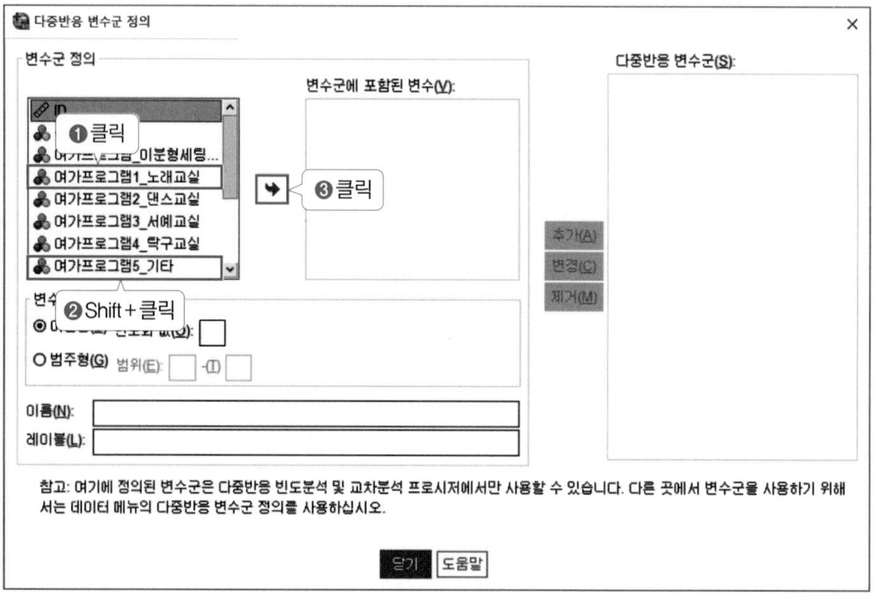


[그림 15-8]

3 이분형 빈도화 값에 ❶ 1을 입력합니다. 그런 다음 이름에 ❷ 여가프로그램_이분형으로 입력합니다. ❸ 추가를 클릭한 후 ❹ 닫기를 클릭하면 여가프로그램_이분형이라는 다중반응 변수군이 생성되어 다중반응분석을 진행할 수 있습니다.

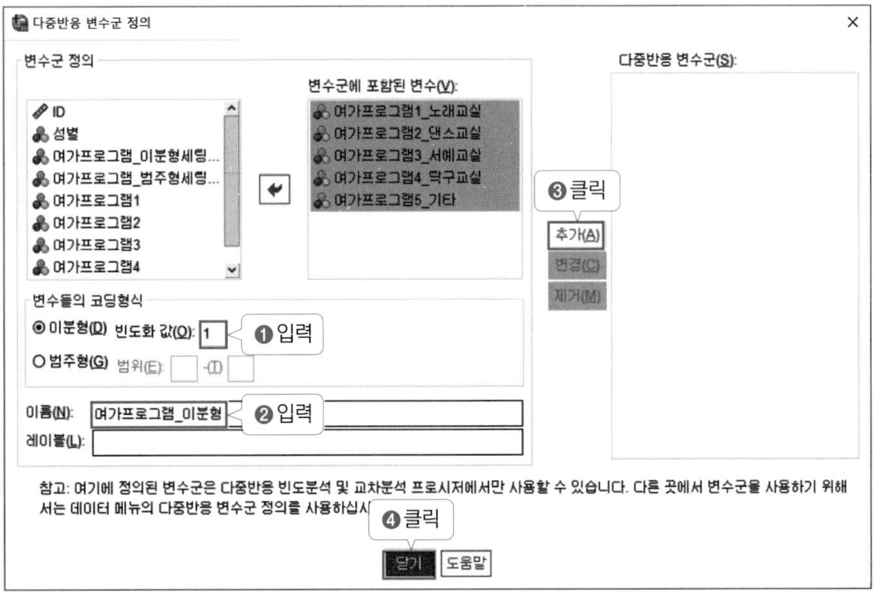


[그림 15-9]

4 여가프로그램을 빈도분석하기 위해 메뉴의 ❶ 분석을 클릭하고 ❷ 다중반응을 클릭한 후 ❸ 빈도분석을 선택합니다.

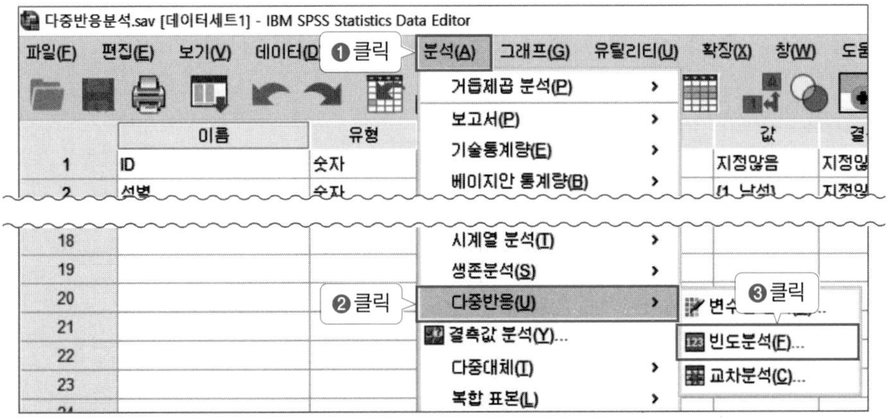


[그림 15-10]

5 다중반응 빈도분석 창이 열리면, ❶ 여가프로그램_이분형 변수를 더블클릭하고 ❷ 확인을 클릭합니다.

[그림 15-11]

## 실습 이분형-다중반응분석(교차분석)

- 실습내용: 성별에 따른 여가프로그램의 분포
- 실습파일: 다중반응분석.sav
- 활용변수: 여가프로그램1_노래교실, 여가프로그램2_댄스교실, 여가프로그램3_서예교실, 여가프로그램4_탁구교실, 여가프로그램5_기타

**1** 다중반응분석 중 교차분석을 하기 전에 변수군 정의를 해야 합니다. 이에 메뉴의 ❶ 분석을 클릭하고 ❷ 다중반응을 클릭한 후 ❸ 변수군 정의를 선택합니다.

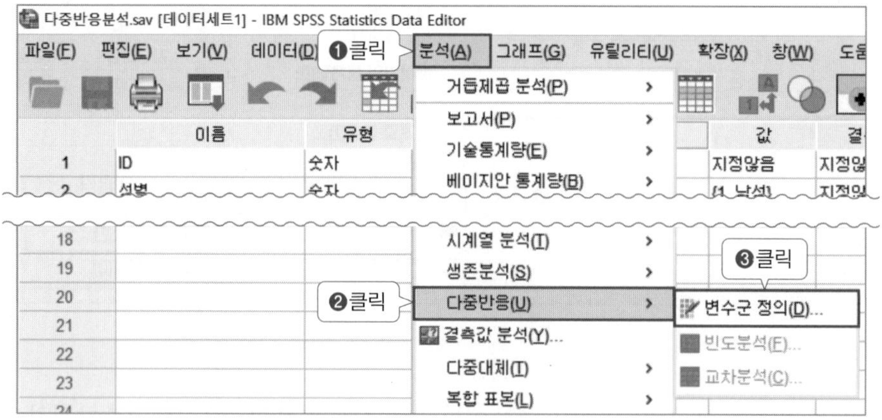


[그림 15-12]

2 다중반응 변수군 정의 창이 열리면, ❶ 여가프로그램1_노래교실을 클릭한 후 ❷ Shift 키를 누르면서 여가프로그램5_기타를 클릭합니다. 그런 다음 ❸ ➔ 버튼을 눌러 여가프로그램1_노래교실, 여가프로그램2_댄스교실, 여가프로그램3_서예교실, 여가프로그램4_탁구교실, 여가프로그램5_기타 변수를 변수군에 포함된 변수 칸으로 옮깁니다.

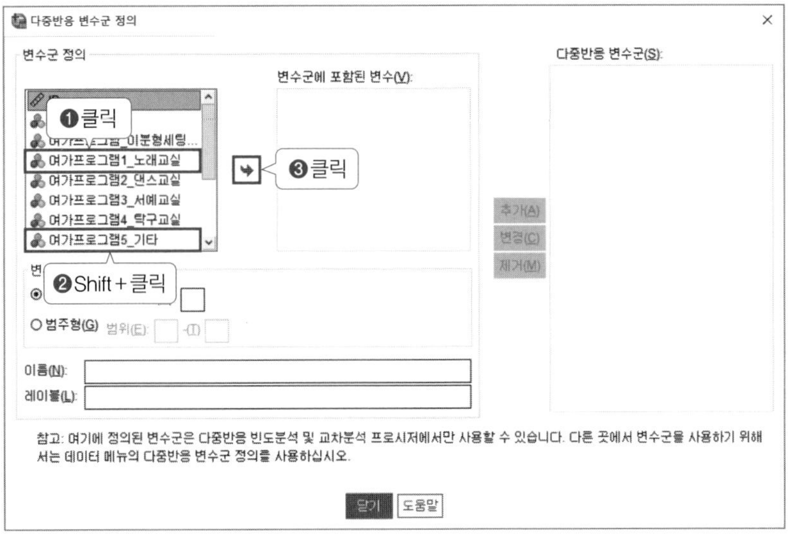


[그림 15-13]

3 이분형 빈도화 값에 ❶ 1을 입력합니다. 그런 다음 이름에 ❷ 여가프로그램_이분형으로 입력합니다. ❸ 추가를 클릭한 후 ❹ 닫기를 클릭하면 여가프로그램_이분형이라는 다중반응 변수군이 생성되어 다중반응분석을 진행할 수 있습니다.

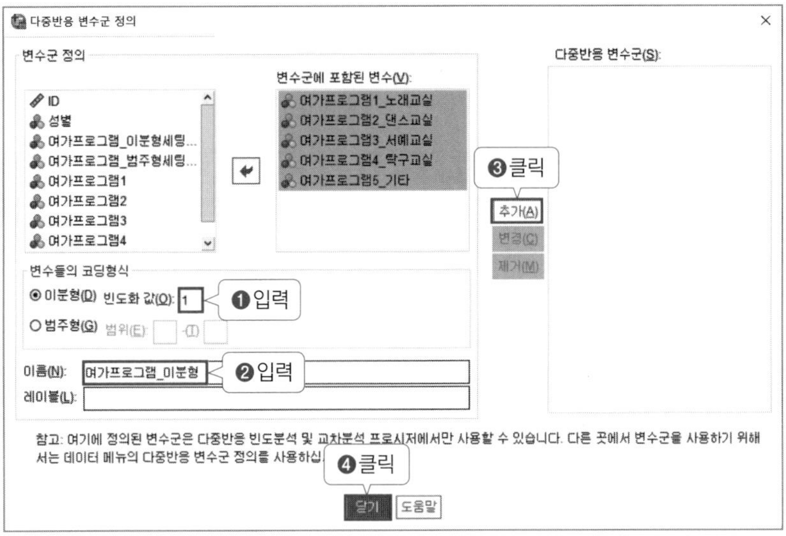


[그림 15-14]

4 성별에 따른 여가프로그램의 분포를 확인하기 위해 교차분석을 진행합니다. 메뉴의 ❶ 분석을 클릭하고 ❷ 다중반응을 클릭한 후 ❸ 교차분석을 선택합니다.

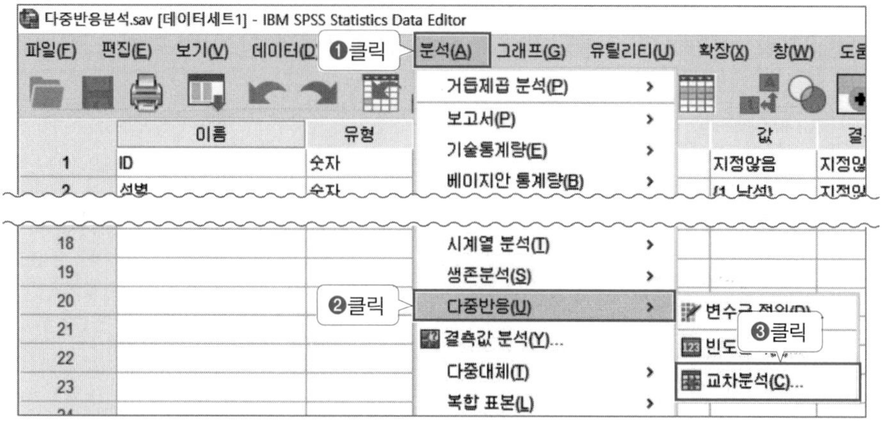


[그림 15-15]

5 다중반응 교차분석 창이 열리면, ❶ 성별 변수를 클릭한 후 ❷ ➡ 버튼을 누릅니다. 그러면 성별이 열 칸으로 이동한 것을 알 수 있습니다.

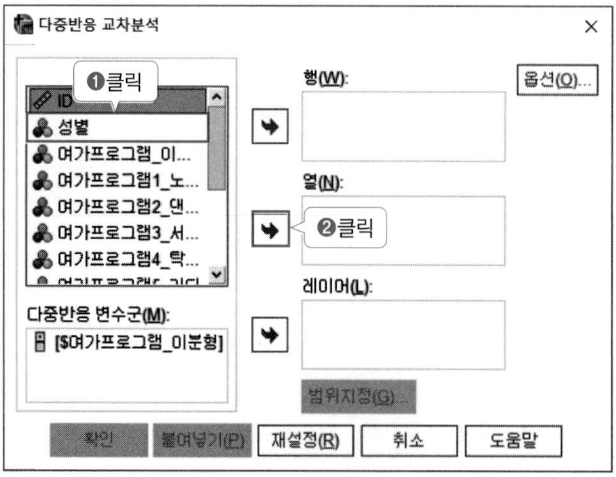


[그림 15-16]

❻ 성별의 범위를 지정하기 위해 ❶ 범위지정을 클릭합니다. 성별은 1=남성, 2=여성으로 설정되어 있습니다. ❷ 최소값을 1, ❸ 최대값을 2로 입력한 후 ❹ 계속을 클릭합니다.

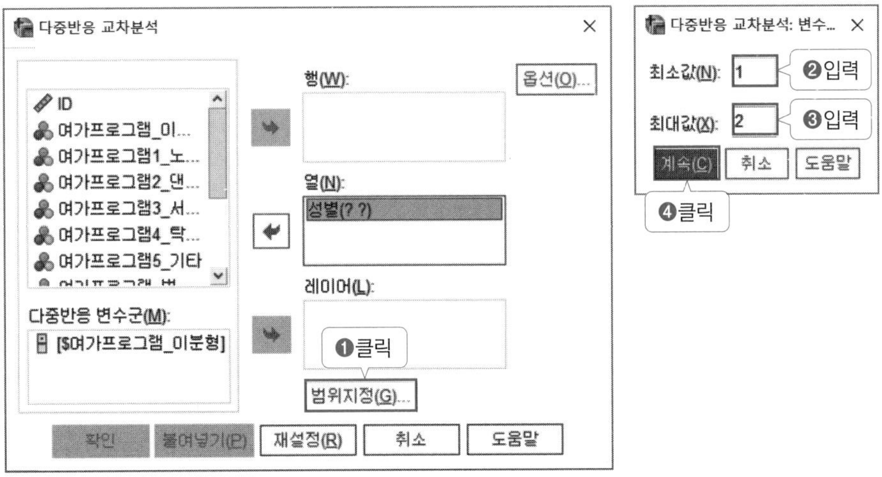


[그림 15-17]

❼ ❶ 여가프로그램_이분형을 클릭한 후 ❷ ➡ 버튼을 누릅니다. 그러면 여가프로그램_이분형이 행 칸으로 이동한 것을 알 수 있습니다.

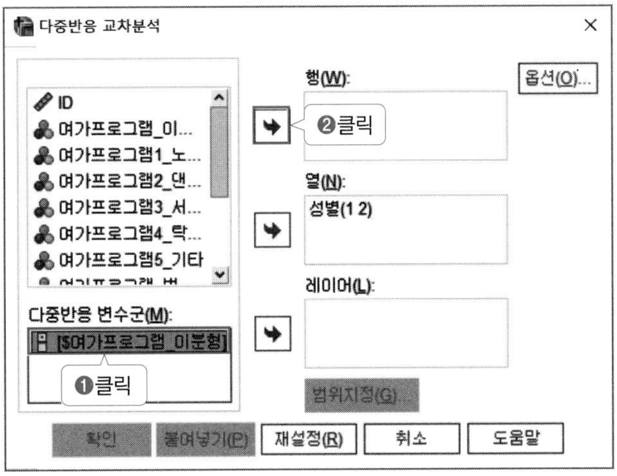


[그림 15-18]

**8** 다중반응 교차분석 창에서 ❶ 옵션을 클릭합니다. 다중반응 교차분석: 옵션 창이 열리면, 셀 퍼센트에서 ❷ 열을 클릭한 후, 퍼센트 계산 기준에서 ❸ 반응을 클릭합니다. 그런 다음 ❹ 계속을 클릭하여 다중반응 교차분석: 옵션 창을 닫고 다중반응 교차분석 창에서 ❺ 확인을 클릭합니다.

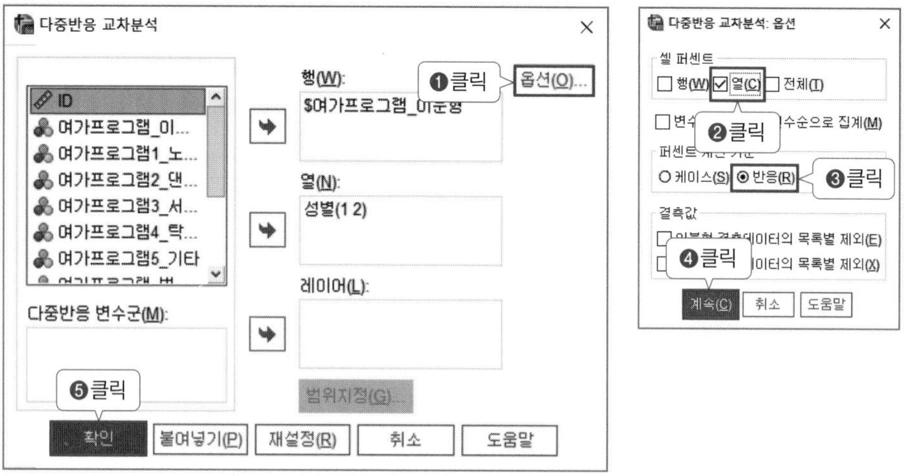


[그림 15-19]

**체크? 체크!** **퍼센트 계산 기준 반응**

다중반응 교차분석: 옵션 창에서 퍼센트 계산 기준을 보면 케이스와 반응이 있습니다. 케이스는 응답한 전체 케이스를 100%로 본다는 것이고, 반응은 전체 케이스가 응답한 수를 100%로 본다는 것입니다. 예를 들어, 5,000명이 전체 케이스 수라면 퍼센트 계산 기준을 케이스로 선택했을 때 5,000명을 100%로 보고 각각의 비율을 계산한다는 것입니다. 퍼센트 계산 기준을 반응으로 선택한다면 5,000명이 중복응답한 여러 개의 여가프로그램 수를 100%로 보고 각각의 비율을 계산한다는 것입니다.

**체크? 체크!** **다중반응분석에서는 카이제곱 검정을 진행하지 못합니다**

다중반응분석을 통해 교차분석을 진행할 수는 있으나 p값을 통해 카이제곱을 검정하지는 못합니다. 그렇기 때문에 통계적으로 유의하게 분포 차이가 나는지는 확인할 수 없습니다.

## 2) 범주형

**실습 범주형-다중반응분석(빈도분석)**

- 실습내용: 여가프로그램 변수의 빈도와 비율 확인
- 실습파일: 다중반응분석.sav
- 활용변수: 여가프로그램1, 여가프로그램2, 여가프로그램3, 여가프로그램4, 여가프로그램5

**1** 다중반응분석 중 빈도분석을 하기 전에 변수군 정의를 해야 합니다. 이에 메뉴의 ❶ 분석을 클릭하고 ❷ 다중반응을 클릭한 후 ❸ 변수군 정의를 선택합니다.

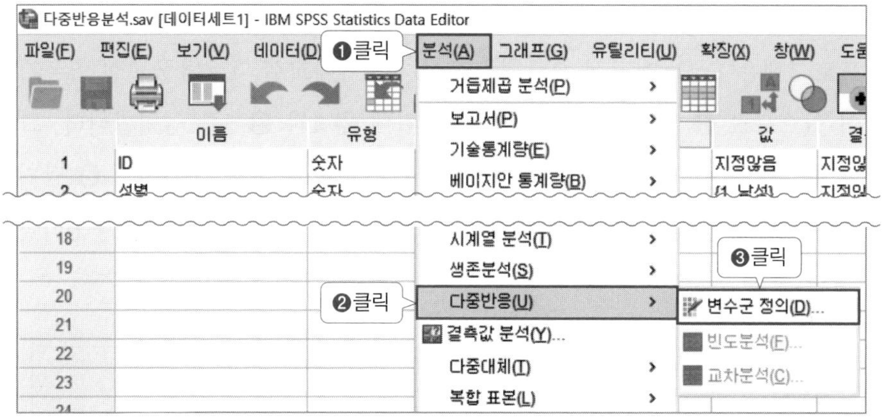

[그림 15-20]

**2** 다중반응 변수군 정의 창이 열리면, ❶ 여가프로그램1을 클릭한 후 ❷ Shift 키를 누르면서 여가프로그램5를 클릭합니다. 그런 다음 ❸ ➡ 버튼을 눌러 여가프로그램1, 여가프로그램2, 여가프로그램3, 여가프로그램4, 여가프로그램5 변수를 변수군에 포함된 변수 칸으로 옮깁니다.

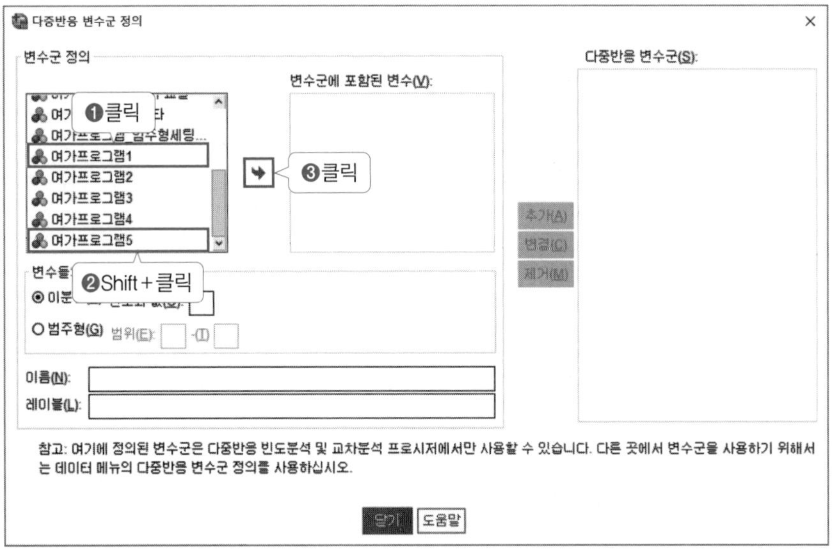


[그림 15-21]

❸ 여가프로그램은 1=노래교실, 2=댄스교실, 3=서예교실, 4=탁구교실, 5=기타로 설정되어 있으므로 ❶ 범주형을 클릭한 후 범위에 ❷ 1과 ❸ 5를 입력합니다. 그런 다음 이름에 ❹ 여가프로그램_범주형으로 입력합니다. ❺ 추가를 클릭한 후 ❻ 닫기를 클릭하면 여가프로그램_범주형이라는 다중반응 변수군이 생성되어 다중반응분석을 진행할 수 있습니다.

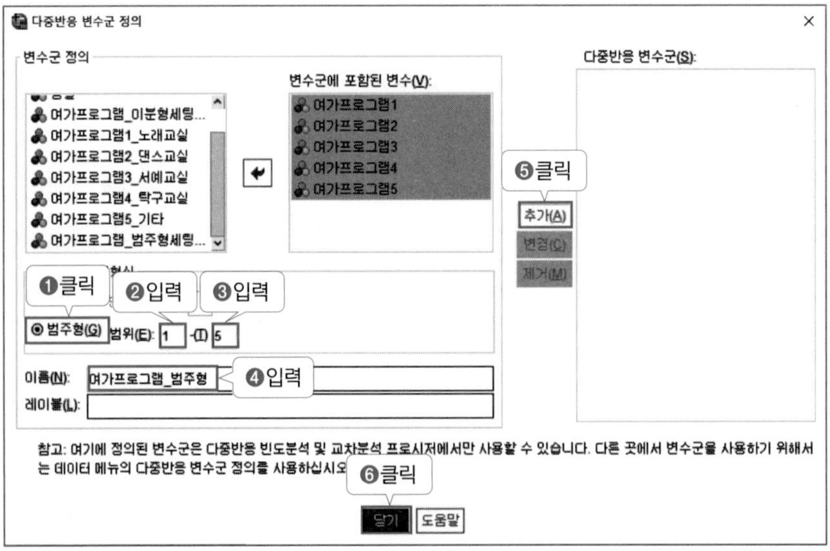


[그림 15-22]

4 여가프로그램을 빈도분석하기 위해 메뉴의 ❶ 분석을 클릭하고 ❷ 다중반응을 클릭한 후 ❸ 빈도분석을 선택합니다.

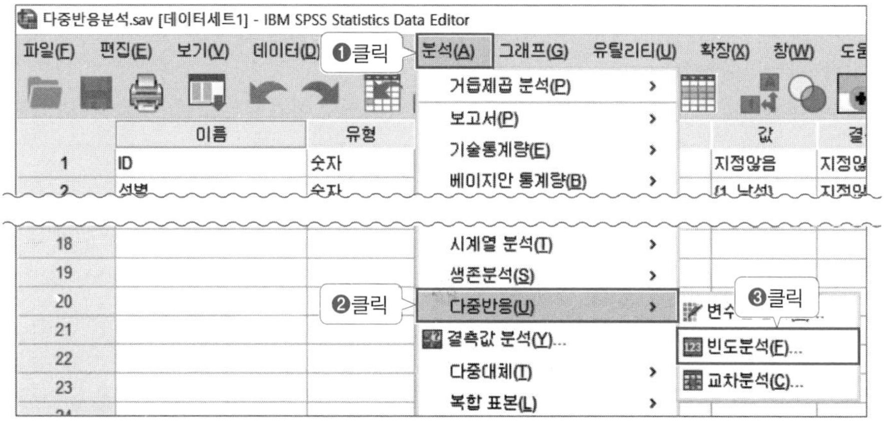


[그림 15-23]

5 다중반응 빈도분석 창이 열리면, ❶ 여가프로그램_범주형 변수를 더블클릭하고 ❷ 확인을 클릭합니다.

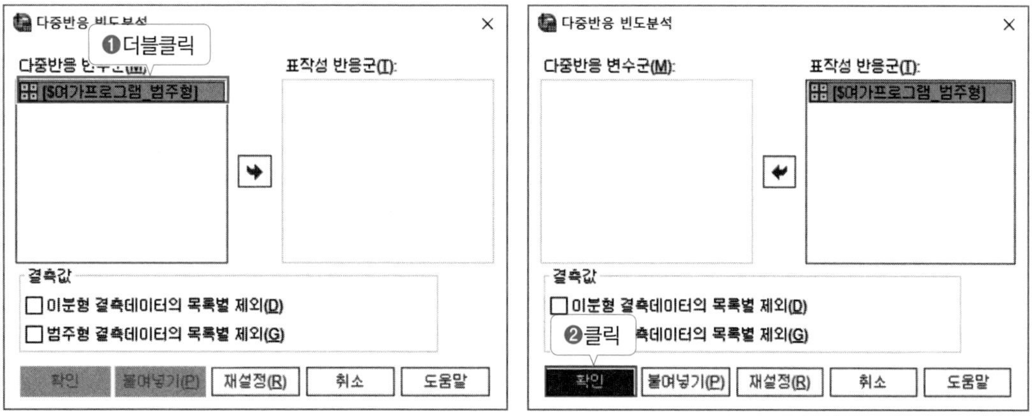


[그림 15-24]

## 실습 범주형-다중반응분석(교차분석)

- 실습내용: 성별에 따른 여가프로그램의 분포
- 실습파일: 다중반응분석.sav
- 활용변수: 여가프로그램1, 여가프로그램2, 여가프로그램3, 여가프로그램4, 여가프로그램5

**1** 다중반응분석 중 교차분석을 하기 전에 변수군 정의를 해야 합니다. 이에 메뉴의 ❶ 분석을 클릭하고 ❷ 다중반응을 클릭한 후 ❸ 변수군 정의를 선택합니다.

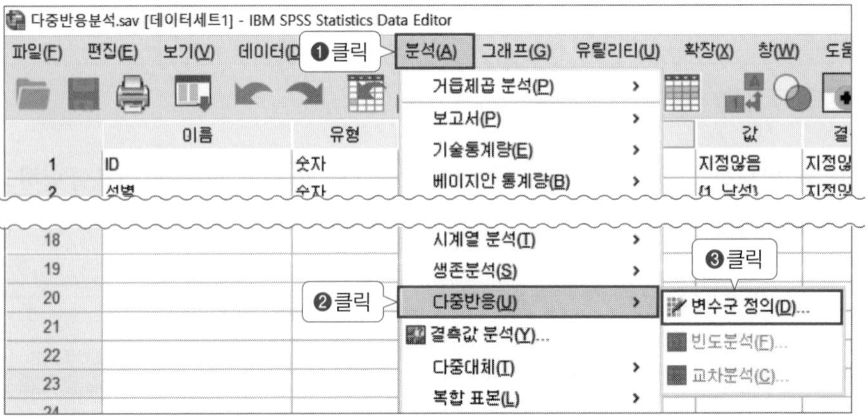

[그림 15-25]

**2** 다중반응 변수군 정의 창이 열리면, ❶ 여가프로그램1을 클릭한 후 ❷ Shift 키를 누르면서 여가프로그램5를 클릭합니다. 그런 다음 ❸ ➡ 버튼을 눌러 여가프로그램1, 여가프로그램2, 여가프로그램3, 여가프로그램4, 여가프로그램5 변수를 변수군에 포함된 변수 칸으로 옮깁니다.

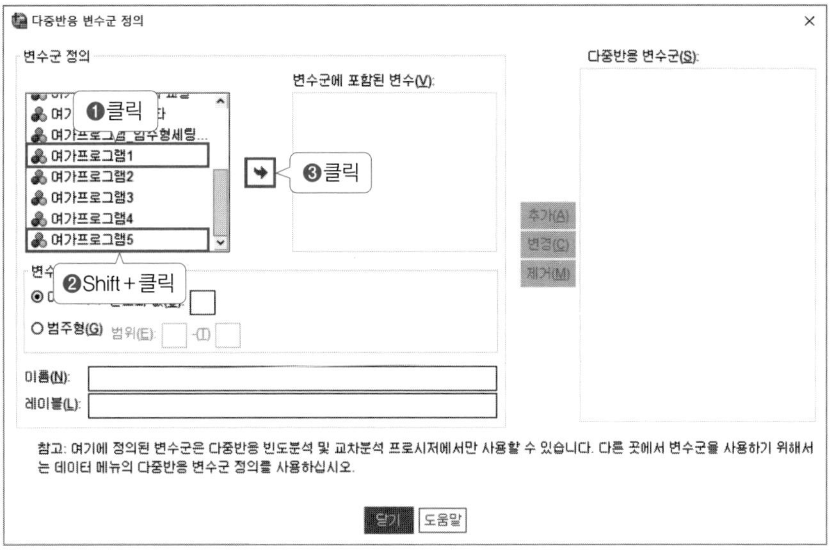


[그림 15-26]

❸ 여가프로그램은 1=노래교실, 2=댄스교실, 3=서예교실, 4=탁구교실, 5=기타로 설정되어 있으므로 ❶ 범주형을 클릭한 후 범위에 ❷ 1과 ❸ 5를 입력합니다. 그런 다음 이름에 ❹ 여가프로그램_범주형으로 입력합니다. ❺ 추가를 클릭한 후 ❻ 닫기를 클릭하면 여가프로그램_범주형이라는 다중반응 변수군이 생성되어 다중반응분석을 진행할 수 있습니다.

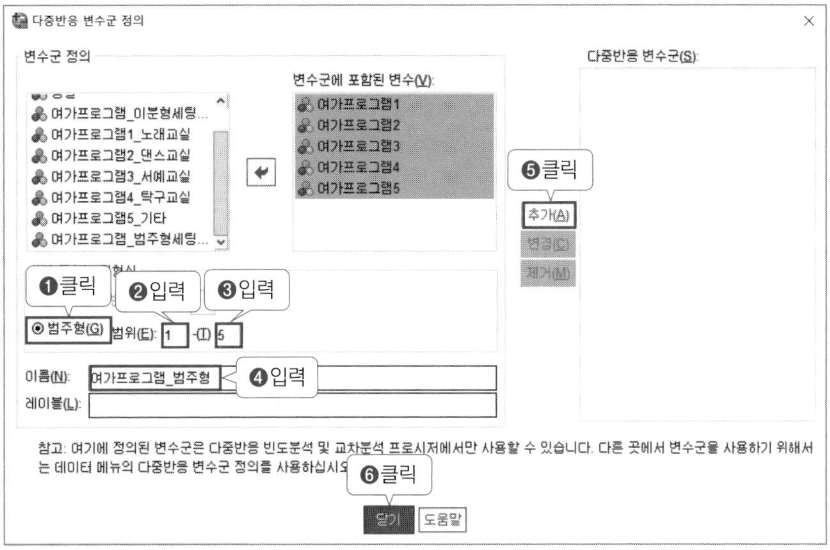


[그림 15-27]

4 성별에 따른 여가프로그램의 분포를 확인하기 위해 교차분석을 진행합니다. 메뉴의 ❶ 분석을 클릭하고 ❷ 다중반응을 클릭한 후 ❸ 교차분석을 선택합니다.

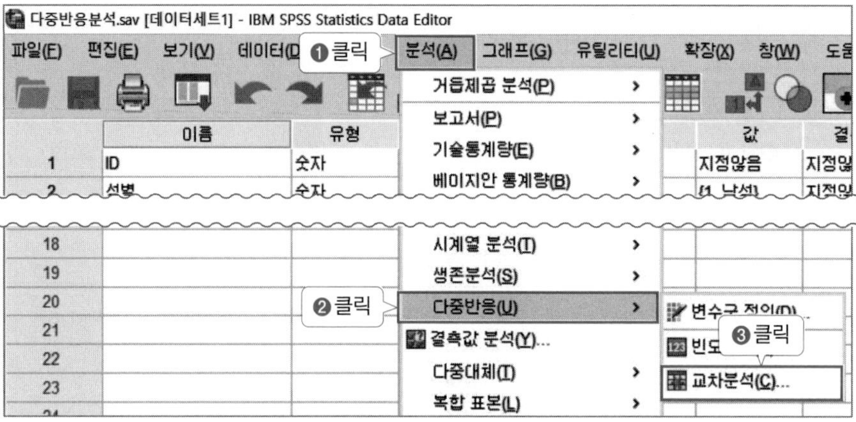


[그림 15-28]

5 다중반응 교차분석 창이 열리면, ❶ 성별 변수를 클릭한 후 ❷ [→] 버튼을 누릅니다. 그러면 성별이 열 칸으로 이동한 것을 알 수 있습니다.

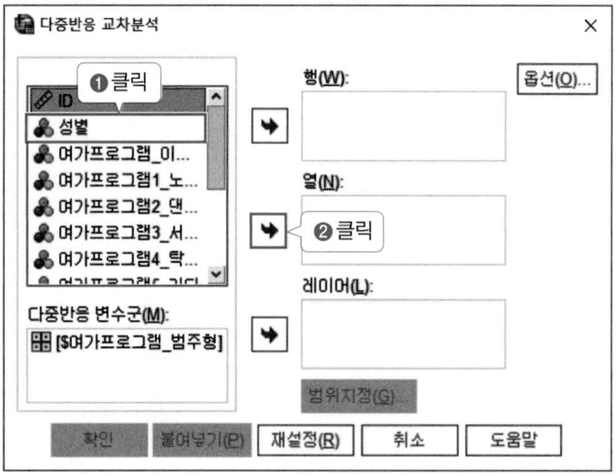


[그림 15-29]

6 성별의 범위를 지정하기 위해 ❶ 범위지정을 클릭합니다. 성별은 1=남성, 2=여성으로 설정되어 있습니다. ❷ 최소값을 1, ❸ 최대값을 2로 입력한 후 ❹ 계속을 클릭합니다.

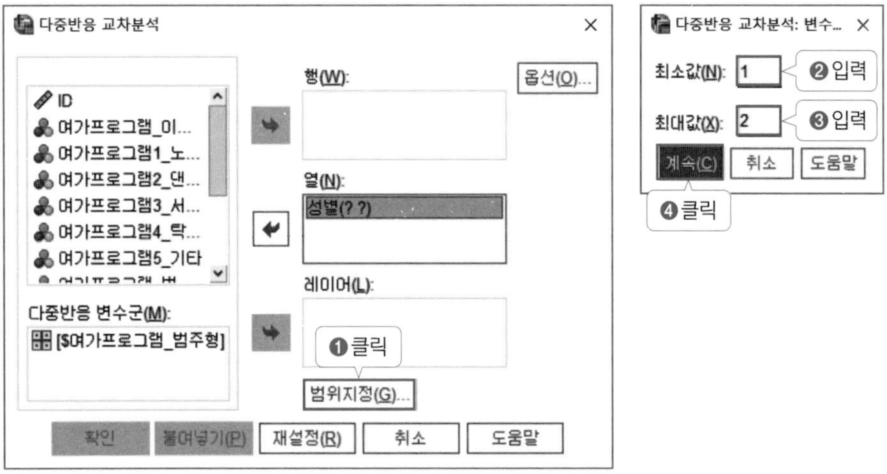


[그림 15-30]

7 ❶ 여가프로그램_범주형을 클릭한 후 ❷ [➡] 버튼을 누릅니다. 그러면 여가프로그램_범주형이 행 칸으로 이동한 것을 알 수 있습니다.

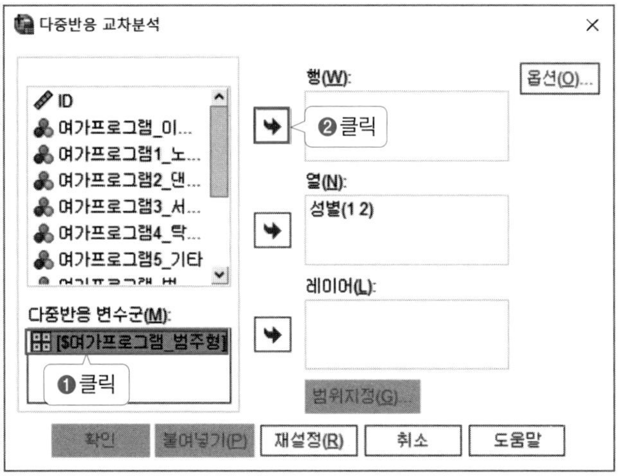


[그림 15-31]

8 다중반응 교차분석 창에서 ❶ 옵션을 클릭합니다. 다중반응 교차분석: 옵션 창이 열리면, 셀 퍼센트에서 ❷ 열을 클릭한 후, 퍼센트 계산 기준에서 ❸ 반응을 클릭합니다. 그런 다음 ❹ 계속을 클릭하여 다중반응 교차분석: 옵션 창을 닫고 다중반응 교차분석 창에서 ❺ 확인을 클릭합니다.

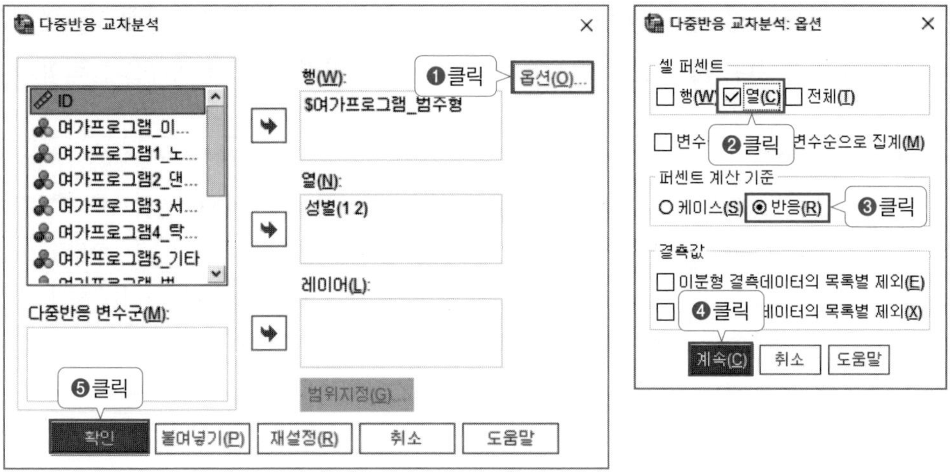
다중반응 교차분석
ID
여가프로그램_이...
여가프로그램1_노...
여가프로그램2_댄...
여가프로그램3_서...
여가프로그램4_탁...
여가프로그램5_기타
다중반응 변수군(M):
행(W):
$여가프로그램_범주형
❶클릭
옵션(O)...
열(N):
성별(1 2)
레이어(L):
범위지정(G)...
❺클릭
확인
붙여넣기(P)
재설정(R)
취소
도움말
다중반응 교차분석: 옵션
셀 퍼센트
행(W)
열(C)
전체(T)
❷클릭
변수
변수순으로 집계(M)
퍼센트 계산 기준
케이스(S)
반응(R)
❸클릭
결측값
이분형 결측데이터의 목록별 제외(E)
❹클릭
데이터의 목록별 제외(X)
계속(C)
취소
도움말

[그림 15-32]

## 4. 출력 결과 해석

여가프로그램 변수를 통해 다중반응 변수의 변수 세팅(이분형, 범주형)에 따라 빈도분석과 교차분석을 진행하였습니다. 출력 결과는 다중반응 변수의 변수 세팅(이분형, 범주형)에 따라 다르지 않습니다. 즉, 이분형 세팅이든 범주형 세팅이든 출력 결과는 동일합니다. 구체적으로 확인해 보겠습니다.

### 1) 다중반응 빈도분석 출력 결과 해석

출력 결과 창을 확인해 보면 여가프로그램의 다중반응 빈도분석 표를 확인할 수 있습니다. 이분형과 범주형 모두 동일한 분석 결과표인 것을 알 수 있습니다. 다중반응 빈도분석 표에는 N(빈도), 퍼센트, 케이스 중 %로 이루어져 있습니다. 실제 보고서 및 논문에서 활용하는 부분은 N, 퍼센트입니다.

N과 퍼센트를 통해 출력 결과를 해석하면 다음과 같습니다. 참여하고 싶은 여가프로그램에 대한 다중반응 빈도분석 결과, 전체 12,089개의 응답 중 노래 교실은 21.6%, 댄스 교실은 22.2%, 서예 교실은 20.8%, 탁구 교실은 24.0%, 기타는 11.4%로 나타났습니다.

**이분형**

**$여가프로그램_이분형 빈도**

| | | 반응 | | |
|---|---|---|---|---|
| | | N | 퍼센트 | 케이스 중 % |
| $여가프로그램_이분형[a] | 여가프로그램1_노래교실 | 2612 | 21.6% | 52.2% |
| | 여가프로그램2_댄스교실 | 2680 | 22.2% | 53.6% |
| | 여가프로그램3_서예교실 | 2520 | 20.8% | 50.4% |
| | 여가프로그램4_탁구교실 | 2896 | 24.0% | 57.9% |
| | 여가프로그램5_기타 | 1381 | 11.4% | 27.6% |
| 전체 | | 12089 | 100.0% | 241.8% |

a. 값 1을(를) 가지는 이분형 변수 집단입니다.

**범주형**

**$여가프로그램_범주형 빈도**

| | | 반응 | | |
|---|---|---|---|---|
| | | N | 퍼센트 | 케이스 중 % |
| $여가프로그램_범주형[a] | 노래 교실 | 2612 | 21.6% | 52.2% |
| | 댄스 교실 | 2680 | 22.2% | 53.6% |
| | 서예 교실 | 2520 | 20.8% | 50.4% |
| | 탁구 교실 | 2896 | 24.0% | 57.9% |
| | 기타 | 1381 | 11.4% | 27.6% |
| 전체 | | 12089 | 100.0% | 241.8% |

a. 범주형 변수 집단

[그림 15-33] 다중반응 빈도분석 출력 결과

**체크? 체크!** **퍼센트 VS 케이스 중 %**

퍼센트와 케이스 중 %의 차이는 여가프로그램 다중반응 빈도분석 표를 보면 쉽게 이해할 수 있습니다. 여가프로그램 다중반응 빈도분석 표를 통해 아래 퍼센트, 케이스 중 %를 확인해 보겠습니다.

퍼센트-다중응답을 통해 전체 응답한 수를 100%로 보고 각각의 비율을 확인한 값

실습파일인 다중반응분석 데이터의 전체 케이스는 5,000명입니다. 5,000명이 참여하고 싶은 여가프로그램을 모두 선택하는 것이었기 때문에 최소 1개에서 최대 5개의 여가프로그램에 응답했을 것입니다. 다중반응 빈도분석 표에서 말하는 '퍼센트'는 5,000명이 응답한 수를 말하는 것입니다. 즉, '퍼센트'는 5,000명이 다중응답한 여가프로그램 수를 의미하며, 다중응답이기 때문에 최소 5,000케이스 이상 되어야 합니다. 실제로 다중반응 빈도분석 표에 전체 응답은 12,089개입니다. '퍼센트'는 전체 응답 12,089개를 100%로 보고 각각의 비율을 확인한 값입니다.

케이스 중 %-전체 케이스를 100%로 보고 각각의 비율을 확인한 값

실습파일인 다중반응분석 데이터의 전체 케이스는 5,000명입니다. 5,000명을 100%로 보고 각각의 비율을 확인한 값입니다. 케이스 중 %의 전체를 확인해 보면 241.8%로 나타나는데, 이는 전체 케이스 5,000명을 100%로 했을 때 12,089개의 응답을 퍼센트로 계산하면 241.8%가 나옵니다.

### 2) 다중반응 교차분석 출력 결과 해석

출력 결과 창을 확인해 보면 다중반응 교차분석 표를 살펴볼 수 있습니다. 이분형과 범주형 모두 동일한 분석 결과표인 것을 알 수 있습니다. 다중반응 교차분석 표에는 성별에 따른 여가프로그램의 빈도와 퍼센트가 제시됩니다. 다만, 다중반응 교차분석 표에서 제시되는 퍼센트는 성별 중 %로 남성과 여성의 다중응답한 여가프로그램 수를 100%로 보고 각각의 비율을 확인한 값입니다. 즉, 남성은 전체 응답 5,504개, 여성은 전체 응답 6,585개를 100%로 보고 노래 교실, 댄스 교실 등등의 비율을 확인한 것입니다.

성별에 따라 참여하고 싶은 여가프로그램에 대한 다중반응 교차분석 결과, 남성의 경우 전체 5,504개의 응답 중 노래 교실은 21.4%, 댄스 교실은 21.9%, 서예 교실은 21.0%, 탁구 교실은 24.1%, 기타는 11.7%가 응답한 것으로 나타났습니다. 여성의 경우 전체 6,585개의 응답 중 노래 교실은 21.8%, 댄스 교실은 22.4%, 서예 교실은 20.7%, 탁구 교실은 23.8%, 기타는 11.2%가 응답한 것으로 나타났습니다.

이분형

**$여가프로그램_이분형*성별 교차표**

| | | | 성별 남성 | 성별 여성 | 전체 |
|---|---|---|---|---|---|
| $여가프로그램_이분형[a] | 여가프로그램1_노래교실 | 빈도 | 1176 | 1436 | 2612 |
| | | 성별 중 % | 21.4% | 21.8% | |
| | 여가프로그램2_댄스교실 | 빈도 | 1203 | 1477 | 2680 |
| | | 성별 중 % | 21.9% | 22.4% | |
| | 여가프로그램3_서예교실 | 빈도 | 1155 | 1365 | 2520 |
| | | 성별 중 % | 21.0% | 20.7% | |
| | 여가프로그램4_탁구교실 | 빈도 | 1328 | 1568 | 2896 |
| | | 성별 중 % | 24.1% | 23.8% | |
| | 여가프로그램5_기타 | 빈도 | 642 | 739 | 1381 |
| | | 성별 중 % | 11.7% | 11.2% | |
| 전체 | | 빈도 | 5504 | 6585 | 12089 |

퍼센트 및 합계는 반응을 기준으로 합니다.

a. 값 1을(를) 가지는 이분형 변수 집단입니다.

범주형

**$여가프로그램_범주형*성별 교차표**

| | | | 성별 남성 | 성별 여성 | 전체 |
|---|---|---|---|---|---|
| $여가프로그램_범주형[a] | 노래 교실 | 빈도 | 1176 | 1436 | 2612 |
| | | 성별 중 % | 21.4% | 21.8% | |
| | 댄스 교실 | 빈도 | 1203 | 1477 | 2680 |
| | | 성별 중 % | 21.9% | 22.4% | |
| | 서예 교실 | 빈도 | 1155 | 1365 | 2520 |
| | | 성별 중 % | 21.0% | 20.7% | |
| | 탁구 교실 | 빈도 | 1328 | 1568 | 2896 |
| | | 성별 중 % | 24.1% | 23.8% | |
| | 기타 | 빈도 | 642 | 739 | 1381 |
| | | 성별 중 % | 11.7% | 11.2% | |
| 전체 | | 빈도 | 5504 | 6585 | 12089 |

퍼센트 및 합계는 반응을 기준으로 합니다.

a. 범주형 변수 집단

[그림 15-34] 다중반응 교차분석 출력 결과

# 5. 분석 결과표 작성

## 1) 다중반응 빈도분석 결과표 작성

여가프로그램에 대한 다중반응 빈도분석 결과표 작성은 다음과 같습니다. 첫 행에 구분, 빈도(명), 비율(%)을 입력합니다. 구분에는 여가프로그램의 보기명을 입력하고 마지막 행에는 전체라고 작성합니다.

<표> 참여하고 싶은 여가프로그램(다중응답)

| 구분 | 빈도(명) | 비율(%) |
|---|---|---|
| 노래 교실 | | |
| 댄스 교실 | | |
| 서예 교실 | | |
| 탁구 교실 | | |
| 기타 | | |
| 전체 | | |

출력 결과에서 여가프로그램의 N과 퍼센트를 다중반응 빈도분석 결과표의 빈도(명), 비율(%)에 입력합니다.

**$여가프로그램_범주형 빈도**

| | | 반응 N | 반응 퍼센트 | 케이스 중 % |
|---|---|---|---|---|
| $여가프로그램_범주형[a] | 노래 교실 | 2612 | 21.6% | 52.2% |
| | 댄스 교실 | 2680 | 22.2% | 53.6% |
| | 서예 교실 | 2520 | 20.8% | 50.4% |
| | 탁구 교실 | 2896 | 24.0% | 57.9% |
| | 기타 | 1381 | 11.4% | 27.6% |
| 전체 | | 12089 | 100.0% | 241.8% |

a. 범주형 변수 집단

<표> 참여하고 싶은 여가프로그램(다중응답)

| 구분 | 빈도(명) | 비율(%) |
|---|---|---|
| 노래 교실 | | |
| 댄스 교실 | | |
| 서예 교실 | | |
| 탁구 교실 | | |
| 기타 | | |
| 전체 | | |

[그림 15-35]

출력 결과의 내용을 분석 결과표에 입력하면 다음과 같이 완성됩니다.

<표> 참여하고 싶은 여가프로그램(다중응답)

| 구분 | 빈도(명) | 비율(%) |
|---|---|---|
| 노래 교실 | 2,612 | 21.6 |
| 댄스 교실 | 2,680 | 22.2 |
| 서예 교실 | 2,520 | 20.8 |
| 탁구 교실 | 2,896 | 24.0 |
| 기타 | 1,381 | 11.4 |
| 전체 | 12,089 | 100.0 |

## 2) 다중반응 교차분석 결과표 작성

'성별에 따른 여가프로그램의 분포'에 대한 다중반응 교차분석 결과표 작성은 다음과 같습니다. 첫 행에 구분, 성별, 성별 보기명, 빈도(명), 비율(%)을 입력합니다. 구분에는 여가프로그램의 보기명을 입력하고 마지막 행에는 전체라고 작성합니다.

<표> 성별에 따른 여가프로그램(다중응답)

| 구분 | | 성별 | | | |
|---|---|---|---|---|---|
| | | 남성 | | 여성 | |
| | | 빈도(명) | 비율(%) | 빈도(명) | 비율(%) |
| 여가프로그램 | 노래 교실 | | | | |
| | 댄스 교실 | | | | |
| | 서예 교실 | | | | |
| | 탁구 교실 | | | | |
| | 기타 | | | | |
| 전체 | | | | | |

출력 결과에서 성별에 따른 여가프로그램 빈도와 비율을 교차분석 결과표에 입력합니다. 입력할 때 비율은 % 표시를 제외합니다.

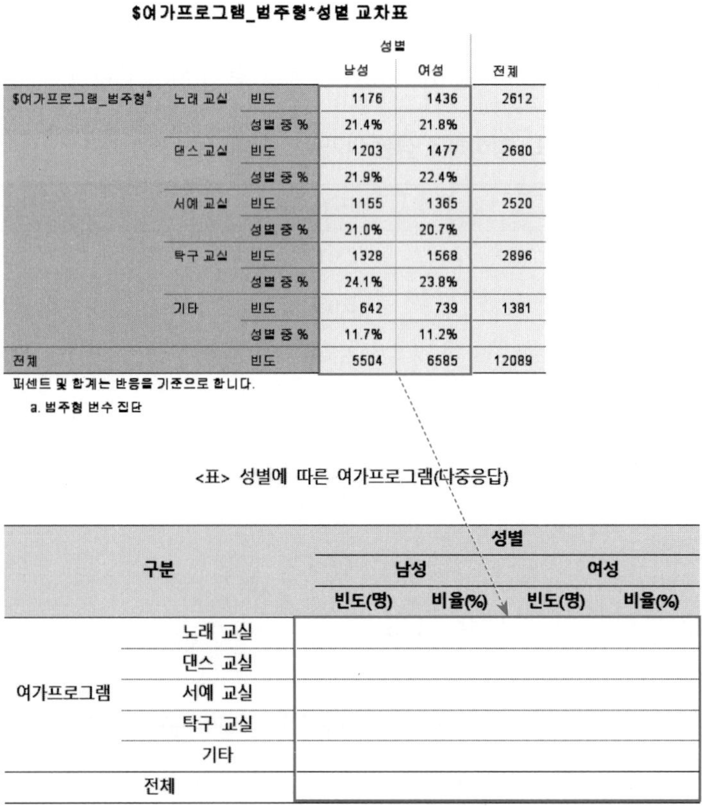

**$여가프로그램_범주형*성별 교차표**

| | | | 성별 남성 | 성별 여성 | 전체 |
|---|---|---|---|---|---|
| $여가프로그램_범주형[a] | 노래 교실 | 빈도 | 1176 | 1436 | 2612 |
| | | 성별 중 % | 21.4% | 21.8% | |
| | 댄스 교실 | 빈도 | 1203 | 1477 | 2680 |
| | | 성별 중 % | 21.9% | 22.4% | |
| | 서예 교실 | 빈도 | 1155 | 1365 | 2520 |
| | | 성별 중 % | 21.0% | 20.7% | |
| | 탁구 교실 | 빈도 | 1328 | 1568 | 2896 |
| | | 성별 중 % | 24.1% | 23.8% | |
| | 기타 | 빈도 | 642 | 739 | 1381 |
| | | 성별 중 % | 11.7% | 11.2% | |
| 전체 | | 빈도 | 5504 | 6585 | 12089 |

퍼센트 및 합계는 반응을 기준으로 합니다.

a. 범주형 변수 집단

<표> 성별에 따른 여가프로그램(다중응답)

| 구분 | | 성별 | | | |
|---|---|---|---|---|---|
| | | 남성 | | 여성 | |
| | | 빈도(명) | 비율(%) | 빈도(명) | 비율(%) |
| 여가프로그램 | 노래 교실 | | | | |
| | 댄스 교실 | | | | |
| | 서예 교실 | | | | |
| | 탁구 교실 | | | | |
| | 기타 | | | | |
| 전체 | | | | | |

[그림 15-36]

출력 결과의 내용을 분석 결과표에 입력하면 다음과 같이 완성됩니다.

<표> **성별에 따른 여가프로그램(다중응답)**

| 구분 | | 성별 | | | |
|---|---|---|---|---|---|
| | | 남성 | | 여성 | |
| | | 빈도(명) | 비율(%) | 빈도(명) | 비율(%) |
| 여가프로그램 | 노래 교실 | 1,176 | 21.4 | 1,436 | 21.8 |
| | 댄스 교실 | 1,203 | 21.9 | 1,477 | 22.4 |
| | 서예 교실 | 1,155 | 21.0 | 1,365 | 20.7 |
| | 탁구 교실 | 1,328 | 24.1 | 1,568 | 23.8 |
| | 기타 | 642 | 11.7 | 739 | 11.2 |
| 전체 | | 5,504 | 100.0 | 6,585 | 100.0 |

# 6. 분석 결과 해석 작성

## 1) 다중반응 빈도분석 결과 해석 작성

다중반응 빈도분석 결과에 대한 해석 작성은 다음과 같이 2단계로 진행합니다.

❶ 분석 목적과 분석 방법 작성
"조사대상자의 참여하고 싶은 여가프로그램을 확인하고자 다중응답에 대한 빈도분석을 진행하였다."로 작성하거나 "조사대상자의 참여하고 싶은 여가프로그램 다중응답 빈도분석 결과는 다음과 같다."로 작성해도 좋습니다.

❷ 분석 결과표에 제시된 빈도와 비율 작성
먼저, 전체 응답이 몇 개인지 작성합니다(전체 0000개의 응답 중~). 그런 다음, 여가프로그램 등 각 변수의 빈도와 비율을 차례대로 기술합니다. 빈도나 비율 중 특이 사항이 있으면 추가로 작성해도 좋습니다. 이를테면, '여가프로그램 중 탁구 교실에 대한 응답이 가장 많은 것으로 확인되었다.' 등으로 특이 사항을 작성해 줄 수 있습니다.

이 2단계에 맞춰 다중반응 빈도분석 결과에 대한 해석을 작성하면 다음과 같습니다.

❶ 조사대상자의 참여하고 싶은 여가프로그램을 확인하고자 다중응답에 대한 빈도분석을 진행하였다. ❷ 전체 12,089개의 응답 중 노래 교실은 2,612명(21.6%), 댄스 교실은 2,680명(22.2%), 서예 교실은 2,520명(20.8%), 탁구 교실은 2,896명(24.0%), 기타는 1,381명(11.4%)으로 나타나 여가프로그램 중 탁구 교실에 가장 많이 참여하고 싶은 것으로 확인되었다.

**[다중반응 빈도분석 결과표 및 해석 예시]**

조사대상자의 참여하고 싶은 여가프로그램을 확인하고자 다중응답에 대한 빈도분석을 진행하였다. 전체 12,089개의 응답 중 노래 교실은 2,612명(21.6%), 댄스 교실은 2,680명(22.2%), 서예 교실은 2,520명(20.8%), 탁구 교실은 2,896명(24.0%), 기타는 1,381명(11.4%)으로 나타나 여가프로그램 중 탁구 교실에 가장 많이 참여하고 싶은 것으로 확인되었다.

<표> 참여하고 싶은 여가프로그램(다중응답)

| 구분 | 빈도(명) | 비율(%) |
|---|---|---|
| 노래 교실 | 2,612 | 21.6 |
| 댄스 교실 | 2,680 | 22.2 |
| 서예 교실 | 2,520 | 20.8 |
| 탁구 교실 | 2,896 | 24.0 |
| 기타 | 1,381 | 11.4 |
| 전체 | 12,089 | 100.0 |

Know how

**다중반응? 다중응답?**

다중반응과 다중응답 등은 모두 Multiple Response를 번역한 단어입니다. 즉, 다중반응과 다중응답은 실제로 같은 의미를 뜻합니다. 다만, SPSS 프로그램에서 Multiple Response를 다중반응으로 번역하여 활용하고 있기 때문에 다중반응이라는 용어를 사용했을 뿐 실제 독자들에게는 다중응답과 같은 용어가 더 친숙할 것입니다. 그러므로 보고서나 논문을 작성할 때는 독자를 고려해서 다중반응이라는 조금 생소한 단어를 사용하기보다는 다중응답(복수응답, 중복응답)이라는 용어를 활용하는 것이 좋습니다.

### 2) 다중반응 교차분석 결과 해석 작성

다중반응 교차분석 결과에 대한 해석 작성은 다음과 같이 3단계로 진행합니다.

❶ 분석 목적과 분석 방법 작성

"성별에 따라 참여하고 싶은 여가프로그램에 대한 다중응답을 확인하고자 교차분석을 진행하였다."고 작성합니다.

❷ 분석 결과표에 제시된 빈도와 비율 작성

먼저, 성별 전체 응답이 몇 개인지 작성합니다(전체 0000개의 응답 중~). 그런 다음, 성별에 따른 여가프로그램의 빈도와 비율을 차례대로 기술합니다.

❸ 비교를 통한 특이 사항 작성

성별에 따른 여가프로그램의 비율을 비교하여 특이 사항이 있다면 작성하는 것도 좋습니다. 이를테면, '남성과 여성 모두 여가프로그램 중 탁구 교실에 대한 응답이 가장 많은 것으로 확인되었다.' 등으로 특이 사항을 작성해 줄 수 있습니다.

이 3단계에 맞춰 교차분석 결과에 대한 해석을 작성하면 다음과 같습니다.

❶ 성별에 따라 참여하고 싶은 여가프로그램에 대한 다중응답을 확인하고자 교차분석을 진행하였다. ❷ 남성의 경우, 전체 5,504개의 응답 중 탁구 교실은 1,328명(24.1%)으로 가장 많았고, 그다음으로는 댄스 교실 1,203명(21.9%), 노래 교실 1,176명(21.4%), 서예 교실 1,155명(21.0%), 기타 642명(11.7%) 순으로 나타났다. 여성의 경우, 전체 6,585개의 응답 중 탁구 교실은 1,568명(23.8%)으로 가장 많았고, 그다음으로는 댄스 교실 1,477명(22.4%), 노래 교실 1,436명(21.8%), 서예 교실 1,365명(20.7%), 기타 739명(11.2%) 순으로 나타났다. ❸ 이를 통해 남성과 여성 모두 여가프로그램 중 탁구 교실에 대한 응답이 가장 많은 것으로 확인되었다.

**[다중반응 교차분석 결과표 및 해석 예시]**

성별에 따라 참여하고 싶은 여가프로그램에 대한 다중응답을 확인하고자 교차분석을 진행하였다. 남성의 경우, 전체 5,504개의 응답 중 탁구 교실은 1,328명(24.1%)으로 가장 많았고, 그다음으로는 댄스 교실 1,203명(21.9%), 노래 교실 1,176명(21.4%), 서예 교실 1,155명(21.0%), 기타 642명(11.7%) 순으로 나타났다. 여성의 경우, 전체 6,585개의 응답 중 탁구 교실은 1,568명(23.8%)으로 가장 많았고, 그다음으로는 댄스 교실 1,477명(22.4%), 노래 교실 1,436명(21.8%), 서예 교실 1,365명(20.7%), 기타 739명(11.2%) 순으로 나타났다. 이를 통해 남성과 여성 모두 여가프로그램 중 탁구 교실에 대한 응답이 가장 많은 것으로 확인되었다.

**<표> 성별에 따른 여가프로그램(다중응답)**

| 구분 | | 성별 | | | |
|---|---|---|---|---|---|
| | | 남성 | | 여성 | |
| | | 빈도(명) | 비율(%) | 빈도(명) | 비율(%) |
| 여가프로그램 | 노래 교실 | 1,176 | 21.4 | 1,436 | 21.8 |
| | 댄스 교실 | 1,203 | 21.9 | 1,477 | 22.4 |
| | 서예 교실 | 1,155 | 21.0 | 1,365 | 20.7 |
| | 탁구 교실 | 1,328 | 24.1 | 1,568 | 23.8 |
| | 기타 | 642 | 11.7 | 739 | 11.2 |
| 전체 | | 5,504 | 100.0 | 6,585 | 100.0 |

제 16 장

# 독립표본 t검정

## Key Point

독립표본 t검정 이해

- 서로 다른 두 집단(집단변수)의 평균 차이(평균변수)를 확인할 때 진행
- 서로 다른 두 집단의 평균 차이가 유의한지 확인할 때 진행

독립표본 t검정 분석 과정

- 1단계: Levene 등분산 검정
- 2단계: 독립표본 t검정

독립표본 t검정 변수 구성

집단변수 (보기가 있는 변수) + 평균변수 (보기가 없는 변수) = 독립표본 t검정

독립표본 t검정 메뉴

- SPSS 프로그램 메뉴에서 '분석-평균 비교-독립표본 T검정'

# 1. 독립표본 t검정 이해

## 1) 독립표본 t검정 개념과 활용

t검정은 두 집단의 평균 차이가 유의한지 확인할 때 사용합니다. t검정에는 독립표본 t검정과 대응표본 t검정이 있습니다. 둘 다 t검정이기 때문에 두 집단의 평균 차이를 확인할 때 진행하지만, 독립표본 t검정의 경우 서로 다른 두 집단의 평균 차이가 유의한지 확인할 때 사용합니다. 예를 들어, 남성과 여성의 자원봉사시간 평균 차이를 확인할 때 독립표본 t검정을 진행합니다.

대응표본 t검정은 같은 집단이지만 시간상 전(前)집단과 후(後)집단으로 구분하여 전집단과 후집단의 평균 차이가 유의한지 확인할 때 사용합니다. 예를 들어, 우울 예방 프로그램에 참여하기 전의 우울 평균과 우울 예방 프로그램에 참여한 후 우울 평균 차이를 확인할 때 대응표본 t검정을 진행합니다. 대응표본 t검정은 제17장에서 구체적으로 다루도록 하겠습니다.

[그림 16-1] **독립표본 t검정**

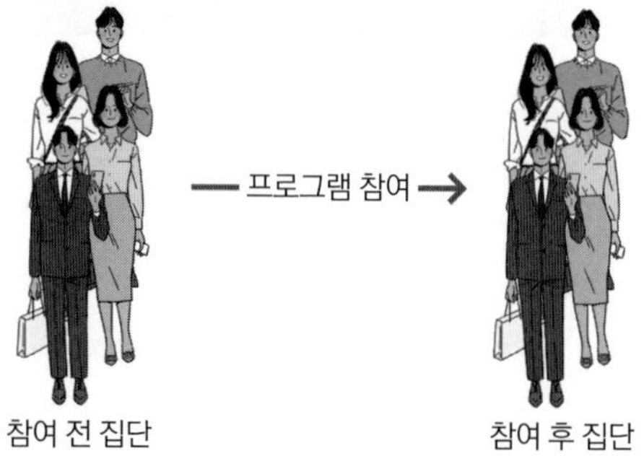

[그림 16-2] **대응표본 t검정**

**체크? 체크!** **독립표본 t검정=독립표본 t-test**

독립표본 t검정을 독립표본 t-test라고도 합니다. 즉, 검정이라는 용어는 영어로 test입니다.

독립표본 t검정은 '서로 다른 두 집단의 평균 차이를 확인하고, 서로 다른 두 집단의 평균 차이가 유의한지 확인할 때' 진행합니다.

- 서로 다른 두 집단(집단변수)의 평균 차이(평균변수)를 확인할 때
- 서로 다른 두 집단의 평균 차이가 유의한지 확인할 때

## 2) 독립표본 t검정 분석 과정

독립표본 t검정은 2단계의 분석 과정을 거칩니다. 2단계의 분석 과정이기는 하지만, SPSS 프로그램에서는 Levene 등분산 검정 결과와 독립표본 t검정 결과를 하나의 표로 제시해 줍니다.

- 1단계: Levene 등분산 검정
- 2단계: 독립표본 t검정

등분산의 등은 '같을 등(等)'입니다. 즉, 두 집단 간 평균변수의 분산이 같은지 검정하는 것이 바로 Levene 등분산 검정입니다. 분산이 같다면 등분산을 가정할 때 도출된 t값과 p값을 확인하고, 분산이 다르다면 등분산을 가정하지 않을 때 도출된 t값과 p값을 확인합니다.

## 2. 독립표본 t검정 변수 구성

독립표본 t검정은 두 집단이 있는 집단변수와 평균을 낼 수 있는 평균변수가 있을 때 진행할 수 있습니다. 즉, 성별과 같이 2개의 보기가 있는 변수 1개와 자원봉사시간처럼 보기가 없고 평균을 내는 것이 의미가 있는 평균변수 1개가 있다면 독립표본 t검정이 가능합니다.

| 집단변수<br>(보기가 있는 변수) | + | 평균변수<br>(보기가 없는 변수) | = | 독립표본 t검정 |
|---|---|---|---|---|

[그림 16-3] **독립표본 t검정 변수 구성**

구체적으로 어떠한 상황에서 독립표본 t검정을 진행하는지 확인해 보겠습니다. 주요 변수는 성별과 자원봉사시간입니다. 성별은 집단변수이고, 자원봉사시간은 평균변수입니다. 이러한 변수들로 구성되어 있다면, 독립표본 t검정을 통해 '성별에 따른 자원봉사시간 차이'를 확인할 수 있습니다.

**1.** 귀하의 성별은 무엇입니까?
① 남성 ② 여성

**2.** 지난 한 달간 귀하의 자원봉사시간은 얼마나 됩니까? (  )시간

| 성별<br>(집단변수) | + | 자원봉사시간<br>(평균변수) | = | 독립표본 t검정 |
|---|---|---|---|---|

[그림 16-4] **독립표본 t검정 예시**

**Know how** **독립표본 t검정에서 활용할 수 있는 집단변수=2개의 집단으로 구성된 변수**

2개의 집단이라는 의미는 보기 자체가 2개로 구성되어 있는 경우를 말합니다. 이를테면, 다음 1번 성별 변수와 같이 남성과 여성이라는 2개의 보기로 이루어져 있다면 독립표본 t검정에서 활용할 수 있습니다.

**1.** 귀하의 성별은 무엇입니까?
① 남성 ② 여성

다음 2번 거주지역 변수의 경우 보기가 3개로 이루어져 있기 때문에 독립표본 t검정에서 활용할 수 없습니다. 그러나 다른 변수로 코딩변경을 통해 보기를 재설정한다면 3번 거주지역 변수와 같이 2개의 보기로 만들어 독립표본 t검정에서 활용할 수 있습니다.

**2.** 귀하의 거주지역은 어디입니까?
① 대도시 ② 중소도시 ③ 농어촌

**3.** 귀하의 거주지역은 어디입니까?
① 도시 ② 농어촌

다음 4번 연령 변수의 경우 보기가 없는 평균변수입니다. 평균변수도 다른 변수로 코딩변경을 통해 5번 연령 변수와 같이 2개의 보기로 만들어 독립표본 t검정에서 활용할 수 있습니다.

**4.** 현재 귀하의 연령은 어떻게 됩니까? (  )세

**5.** 현재 귀하의 연령은 어떻게 됩니까?
① 65세 미만 ② 65세 이상

# 3. 독립표본 t검정 실습

## 실습 독립표본 t검정

- 실습내용: 성별에 따른 자원봉사시간 차이
- 실습파일: SPSS data.sav
- 활용변수: 성별, 자원봉사시간

**1** 성별에 따른 자원봉사시간 차이를 확인하기 위해 독립표본 t검정을 진행합니다. 메뉴의 ❶ 분석을 클릭하고 ❷ 평균 비교를 클릭한 후 ❸ 독립표본 T검정을 선택합니다.

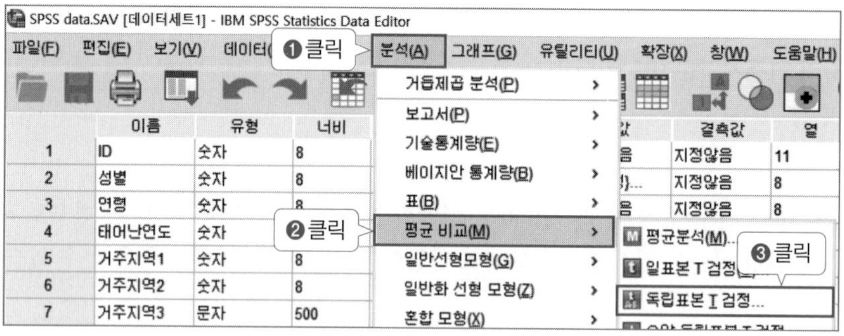


[그림 16-5]

**2** 독립표본 T검정 창이 열리면, ❶ 성별 변수를 클릭한 후 ❷ ➡ 버튼을 눌러 집단변수 칸으로 옮깁니다.

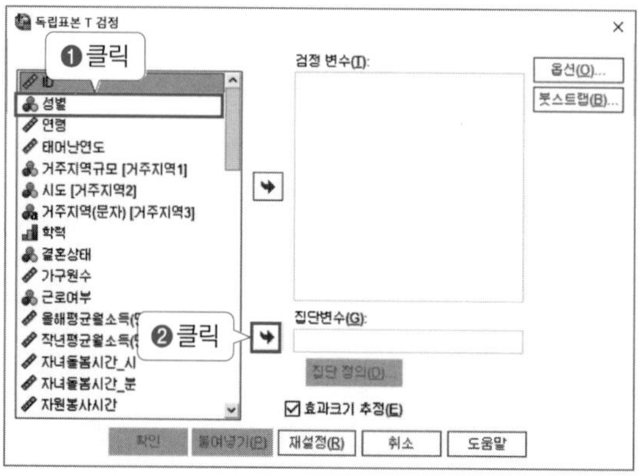


[그림 16-6]

**3** 성별의 집단을 정의하기 위해 ❶ 집단 정의를 클릭합니다. 성별은 1=남성, 2=여성으로 설정되어 있으므로, 집단 정의 창이 열리면 ❷ 집단1에 1을 입력하고, ❸ 집단2에 2를 입력합니다. 그리고 ❹ 계속을 클릭합니다.

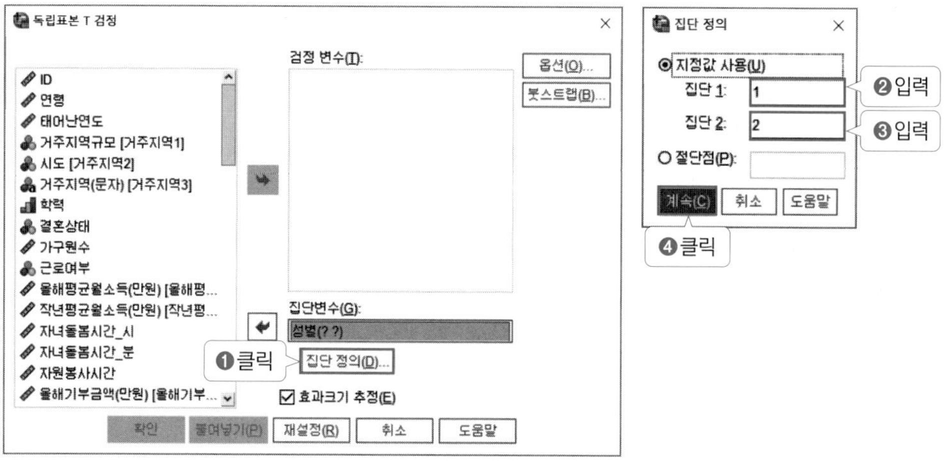


[그림 16-7]

**4** 독립표본 T검정 창에서 ❶ 자원봉사시간을 클릭한 후 ❷ ➡ 버튼을 눌러 검정 변수 칸으로 옮깁니다. 그런 다음 ❸ 확인을 클릭합니다.

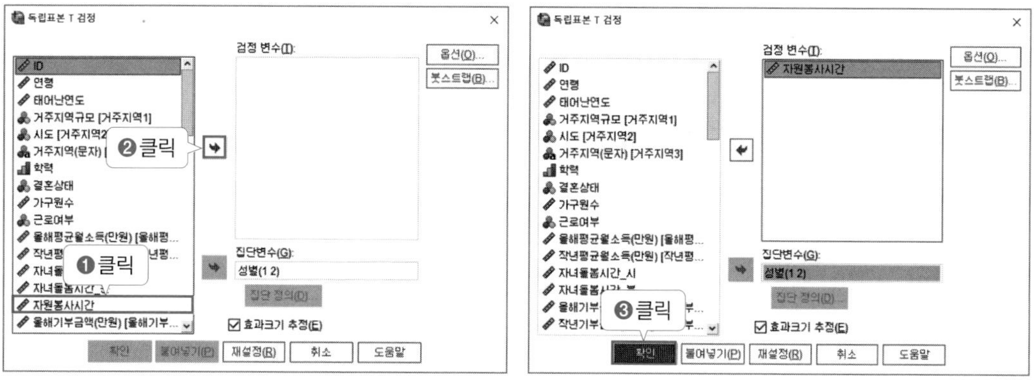


[그림 16-8]

## 4. 출력 결과 해석

### 1) 집단통계량 표에서 집단별 평균과 표준편차 확인

출력 결과 창을 확인해 보면 먼저 집단통계량 표를 살펴볼 수 있습니다. 집단통계량 표에는 성별에 따른 자원봉사시간의 평균과 표준편차가 제시됩니다. 구체적으로 확인해 보면 남성의 자원봉사시간 평균은 28.75시간(표준편차=17.553), 여성의 자원봉사시간 평균은 30.61시간(표준편차=16.978)으로 여성이 남성보다 약 2시간 정도 더 많은 것으로 나타났습니다.

**집단통계량**

| | 성별 | N | 평균 | 표준편차 | 평균의 표준오차 |
|---|---|---|---|---|---|
| 자원봉사시간 | 남성 | 2278 | 28.75 | 17.553 | .368 |
| | 여성 | 2722 | 30.61 | 16.978 | .325 |

[그림 16-9] 독립표본 t검정 출력 결과 1

### 2) 독립표본 검정 표에서 Levene의 등분산 검정 결과 확인

이러한 차이가 통계적으로 유의한지 파악하기 위해 독립표본 검정 표를 확인합니다. 독립표본 검정 표는 1개의 표처럼 보이지만 ❶ Levene의 등분산 검정 표와 ❷ 평균의 동일성에 대한 T검정 표가 합쳐진 표입니다.

**독립표본 검정**

| | | ❶ Levene의 등분산 검정 | | ❷ 평균의 동일성에 대한 T검정 | | | | | | |
|---|---|---|---|---|---|---|---|---|---|---|
| | | | | | | | | | 차이의 95% 신뢰구간 | |
| | | F | 유의확률 | t | 자유도 | 유의확률 (양측) | 평균차이 | 표준오차 차이 | 하한 | 상한 |
| 자원봉사시간 | 등분산을 가정함 | 3.229 | .072 | -3.786 | 4998 | .000 | -1.854 | .490 | -2.814 | -.894 |
| | 등분산을 가정하지 않음 | | | -3.775 | 4784.209 | .000 | -1.854 | .491 | -2.817 | -.891 |

[그림 16-10] 독립표본 t검정 출력 결과 2

먼저, Levene의 등분산 검정 표를 통해 두 집단 간 평균변수의 분산이 같은지 검정합니다. 유의확률인 p값이 0.05 미만이면 등분산을 가정하지 않음을 채택하고, 0.05 이상이면 등분산을 가정함을 채택합니다. Levene의 등분산 검정의 유의확률은 .072로 나타나 0.05 이상이므로 등분산을 가정하는 것으로 확인되었습니다.

| | | Levene의 등분산 검정 | |
|---|---|---|---|
| | | F | 유의확률 |
| 자원봉사시간 | 등분산을 가정함 | 3.229 | .072 |
| | 등분산을 가정하지 않음 | | |

0.05 미만=등분산을 가정하지 않음
0.05 이상=등분산을 가정함

[그림 16-11] 독립표본 t검정 출력 결과 3

## 체크? 체크! Levene 등분산 검정에 대한 이해

### Levene 등분산 검정을 하는 이유

Levene 등분산 검정을 통해 집단의 분산이 동일한지 아니면 동일하지 않은지를 확인할 수 있습니다. 집단의 분산이 동일한지 혹은 동일하지 않은지에 따라 독립표본 t검정을 하는 방법이 달라지고 실제 도출되는 t값과 p값도 다릅니다.

### Levene 등분산 검정 결과 제시

Levene 등분산 검정 결과는 보고서나 논문에 잘 제시하지 않습니다. 보고서나 논문에는 집단변수별 평균변수의 평균과 표준편차, 독립표본 t검정 결과(t값과 p값)를 주로 제시합니다.

Levene의 등분산 검정을 한 다음 평균의 동일성에 대한 T검정 표에서 t값과 유의확률(p값)을 확인합니다. Levene의 등분산 검정 결과로 등분산을 가정함으로 채택되었다면 위 칸에 제시된 t값과 유의확률(p값)을 확인하면 되고, 등분산을 가정하지 않음으로 채택되었다면 아래 칸에 제시된 t값과 유의확률(p값)을 확인하면 됩니다.

이 분석에서는 Levene의 등분산 검정 결과 등분산을 가정하는 것으로 나타났으므로 위 칸에 제시된 t값과 유의확률을 확인합니다.

**독립표본 검정**

| | | Levene의 등분산 검정 | | 평균의 동일성에 대한 T 검정 | | | | | | |
|---|---|---|---|---|---|---|---|---|---|---|
| | | | | | | | | | 차이의 95% 신뢰구간 | |
| | | F | 유의확률 | t | 자유도 | 유의확률 (양측) | 평균차이 | 표준오차 차이 | 하한 | 상한 |
| 자원봉사시간 | 등분산을 가정함 | 3.229 | .072 | -3.786 | 4998 | .000 | -1.854 | .490 | -2.814 | -.894 |
| | 등분산을 가정하지 않음 | | | -3.775 | 4784.209 | .000 | -1.854 | .491 | -2.817 | -.891 |

[그림 16-12] 독립표본 t검정 출력 결과 4

### 3) 독립표본 검정 표에서 t값과 유의확률 확인

위 칸에 제시된 t값과 유의확률을 확인해 보면, t값은 −3.786으로 나타났고 p값은 .000으로 나타나 0.05 미만이므로, 성별에 따른 자원봉사시간이 유의하게 차이 나는 것으로 분석되었습니다. 즉, 여성이 남성보다 약 2시간 정도 자원봉사시간이 더 많았는데, 이러한 차이가 통계적으로 유의한 차이라는 것을 확인할 수 있습니다.

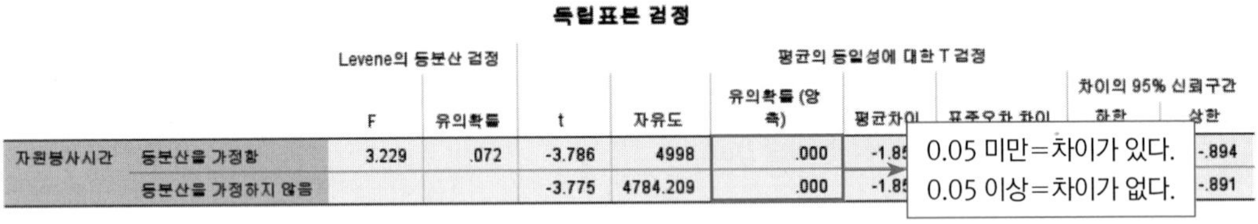


[그림 16-13] **독립표본 t검정 출력 결과 5**

**Know how** **Levene 등분산 검정을 통한 t값과 유의확률을 선택하는 노하우**

Levene 등분산 검정의 유의확률을 통해 등분산을 가정하는지 혹은 가정하지 않은지를 채택하고 그것에 따라 t값과 유의확률을 선택합니다. 다만, 독립표본 t검정을 할 때마다 언제 등분산을 가정하고 또 등분산을 가정할 때는 어디에 있는 t를 봐야 하는지 헛갈릴 때가 많습니다. 이러한 작업을 보다 쉽게 할 수 있는 방법이 있어서 소개하고자 합니다.

Levene 등분산 검정 표의 유의확률이 0.05보다 크다면(↑), 위(↑)에 있는 t값과 유의확률을 확인하고, 0.05보다 작다면(↓), 아래(↓)에 있는 t값과 유의확률을 확인하면 됩니다.

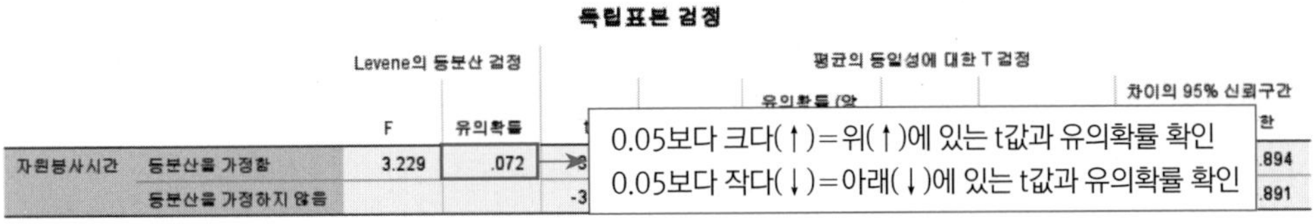


[그림 16-14] **t값과 유의확률 선택 노하우**

**체크? 체크!** **효과크기**

통계에 대한 한계로 통계적 유의성에 대한 지적이 많습니다. 사실 통계적 유의성은 케이스 수가 많으면 잘 나옵니다. 그래서 이에 대한 논의도 많이 이루어지고 있으며, 유의확률에 너무 의존하지 말자는 이야기도 있습니다. 실제로 독립표본 t검정을 진행할 때 두 집단 간 평균의 차이가 작더라도 케이스 수가 많다면 유의하게 나옵니다. 이러한 상황을 고려하여 케이스 수에 크게 민감하지 않고 집단 간 차이가 얼마나 큰지를 확인할 수 있는 '효과크기'를 활용하고 있습니다.

효과크기를 확인하는 방법에는 Cohen's d가 대표적입니다. 보통 Cohen's d의 값이 0.2 정도면 작은 효과, 0.5 정도면 중간 효과, 0.8 이상이면 큰 효과로 보고 있습니다(Cohen, 1988). 실제 이 분석 결과, 독립표본 효과크기 표를 확인해 보면 Cohen's d의 포인트 추정값이 −.108인 것으로 확인되었습니다. Cohen's d 값은 절댓값으로 확인하면 되기 때문에 최종적으로 .108로 나타났습니다. 이를 통해 성별에 따른 자원봉사시간 차이는 통계적으로 유의하지만 효과크기는 작은 수준인 것으로 나타났습니다(Cohen's d=.108).

**독립표본 효과크기**

| | | Standardizer[a] | 포인트 추정값 | 95% 신뢰구간 하한 | 95% 신뢰구간 상한 |
|---|---|---|---|---|---|
| 자원봉사시간 | Cohen's d | 17.242 | -.108 | -.163 | -.052 |
| | Hedges 수정 | 17.245 | -.108 | -.163 | -.052 |
| | Glass 델타 | 16.978 | -.109 | -.165 | -.053 |

a. 효과크기를 추정하는 데 사용되는 분모입니다.
Cohen's d는 통합 표준편차를 사용합니다.
Hedges 수정은 통합 표준편차와 수정 요인을 사용합니다.
Glass 델타는 대조집단의 표본 표준편차를 사용합니다.

[그림 16-15] **효과크기**

효과크기는 보고서나 논문에 필수적으로 제시해야 하는 사항은 아니며, 실제로 보고서나 논문에서 많이 제시하고 있는 상황도 아닙니다. 그러므로 보고서나 논문 작성 시 크게 주의할 점은 아닙니다. 그럼에도 효과크기를 제시하고 싶다면, 보통 분석 결과표에서는 제시하지 않고 분석 결과 해석을 작성하는 부분에서 간단하게 '효과크기는 작은 수준인 것으로 나타났다(Cohen's d=.108).' 정도로 제시합니다.

참고로 효과크기는 SPSS 프로그램 27 버전에서는 독립표본 t검정 등의 분석 결과를 제시될 때 함께 제시해 주고 있기 때문에 문제는 없으나 이전 버전에서는 직접 계산을 해야 합니다. 효과크기를 계산해 주는 사이트를 활용하면 쉽게 효과크기를 구할 수 있습니다. (https://lbecker.uccs.edu)

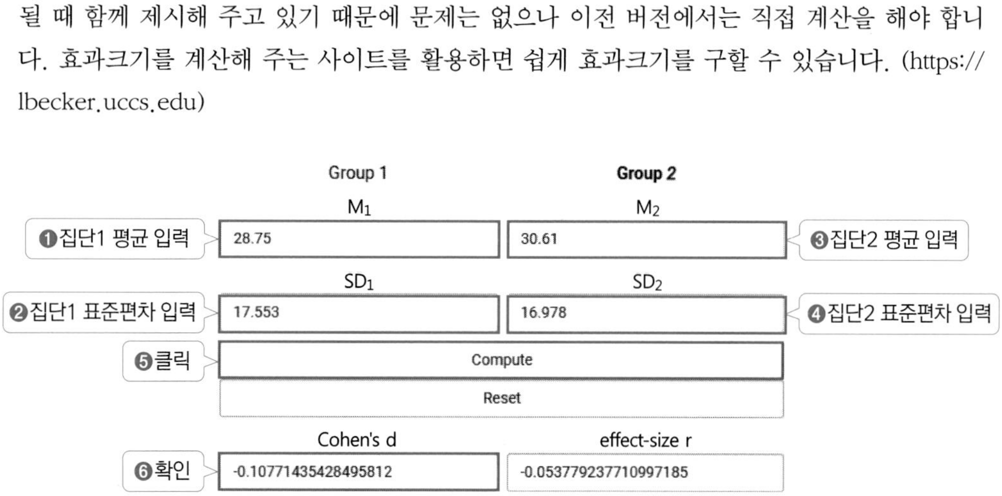


[그림 16-16] **효과크기 계산 사이트**

체크? 체크!

## t값의 부호

간혹 t값의 부호에 대해 궁금해하는 분들이 있습니다. 앞서 분석한 '성별에 따른 자원봉사시간 차이'에 대한 t값은 −3.786으로 마이너스(−)였습니다. 그런데 같은 분석이라 해도 다음 출력 결과와 같이 t값이 플러스(+)로 나올 수 있습니다.

**독립표본 검정**

| | | Levene의 등분산 검정 | | 평균의 동일성에 대한 T 검정 | | | | | | |
|---|---|---|---|---|---|---|---|---|---|---|
| | | | | | | | | | 차이의 95% 신뢰구간 | |
| | | F | 유의확률 | t | 자유도 | 유의확률 (양측) | 평균차이 | 표준오차 차이 | 하한 | 상한 |
| 자원봉사시간 | 등분산을 가정함 | 3.229 | .072 | 3.786 | 4998 | .000 | 1.854 | .490 | .894 | 2.814 |
| | 등분산을 가정하지 않음 | | | 3.775 | 4784.209 | .000 | 1.854 | .491 | .891 | 2.817 |

[그림 16-17] t값의 부호

t값은 같지만 부호만 다르게 나오는 이유는 무엇일까요? 집단 정의를 할 때 남성-여성 순으로 할지, 아니면 여성-남성 순으로 할지에 따라 부호가 달라집니다. 독립표본 T검정 창에서 집단 정의를 클릭하면 집단 정의 창이 열립니다. 이 창에서 집단 1을 1, 집단 2를 2로 설정했었는데, 집단 1을 2, 집단 2를 1로 바꾸어 설정하면 t값의 부호가 달라집니다. 단순히 집단 정의 순서를 어떻게 하냐에 따라 t값의 부호가 달라지는 것이므로 t값의 부호에 크게 신경 쓰지 않아도 됩니다.

[그림 16-18] 집단 정의 변경

## 5. 분석 결과표 작성

'성별에 따른 자원봉사시간 차이'에 대한 독립표본 t검정 결과표 작성은 다음과 같습니다. 첫 행에 집단변수의 보기명을 각각 입력하고 그 아래 행에 평균과 표준편차를 입력합니다. 표의 가장 왼쪽 첫 행에는 구분을 넣고 구분 아래에는 평균변수명을 넣습니다. 표의 가장 오른쪽 첫 행에는 t를 입력합니다. 또한 p값(유의확률)과 관련하여 표 아래에 *p < .05, **p < .01, ***p < .001도 입력합니다.

<표> 성별에 따른 자원봉사시간 차이

| 구분 | 남성(n= ) | | 여성(n= ) | | t |
|---|---|---|---|---|---|
| | 평균 | 표준편차 | 평균 | 표준편차 | |
| 자원봉사시간 | | | | | |

*p < .05, **p < .01, ***p < .001

출력 결과에서 N에 있는 각 집단별 케이스 수를 분석 결과표의 'n='에 입력합니다. 또한 성별에 따른 자원봉사시간 평균과 표준편차를 분석 결과표에 입력합니다. 평균과 표준편차는 보통 소수점 둘째 자리까지 제시합니다. 표준편차의 경우 출력 결과에서는 소수점 셋째 자리까지 제시되어 있으므로 소수점 셋째 자리에서 반올림하여 소수점 둘째 자리까지 입력합니다.

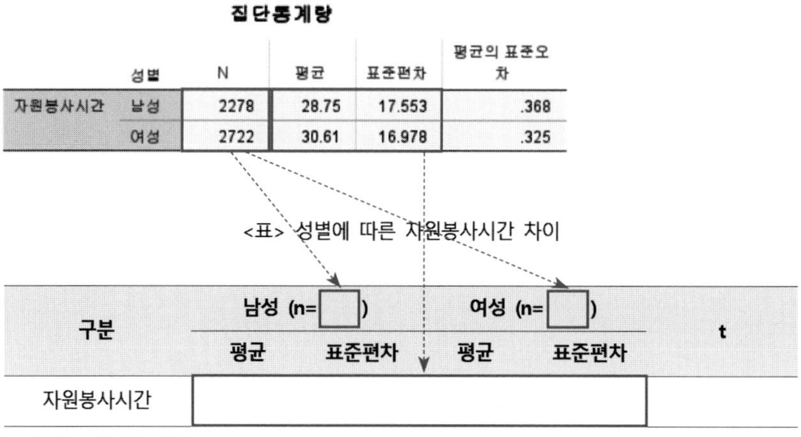

[그림 16-19]

출력 결과의 t값은 분석 결과표의 t 칸에 입력합니다. 출력 결과의 유의확률(p값) 값 또한 분석 결과표의 t 칸에 입력하되, 유의확률 값이 0.05 미만이면 별표 1개(*), 0.01 미만이면 별표 2개(**), 0.001 미만이면 별표 3개(***)로 t값 옆에 표시합니다. 만약 유의확률 값이 0.05 이상이면 별표를 붙이지 않습니다. 다만, t값과 유의확률 값이 2개가 있으므로 Levene의 등분산 검정의 유의확률 값을 보고 0.05보다 크다면 위에 있는 t값과 유의확률을 입력하고, 0.05보다 작다면 아래에 있는 t값과 유의확률을 입력하면 됩니다.

**독립표본 검정**

| | | Levene의 등분산 검정 | | 평균의 동일성에 대한 T 검정 | | | | | | |
|---|---|---|---|---|---|---|---|---|---|---|
| | | F | 유의확률 | t | 자유도 | 유의확률 (양측) | 평균차이 | 표준오차 차이 | 차이의 95% 신뢰구간 하한 | 차이의 95% 신뢰구간 상한 |
| 자원봉사시간 | 등분산을 가정함 | 3.229 | .072 | -3.786 | 4998 | .000 | -1.854 | .490 | -2.814 | -.894 |
| | 등분산을 가정하지 않음 | | | -3.775 | 4784.209 | .000 | -1.854 | .491 | -2.817 | -.891 |

<표> 성별에 따른 자원봉사시간 차이

| 구분 | 남성 (n=2,278) | | 여성 (n=2,722) | | t |
|---|---|---|---|---|---|
| | 평균 | 표준편차 | 평균 | 표준편차 | |
| 자원봉사시간 | 28.75 | 17.55 | 30.61 | 16.98 | |

*p<.05, **p<.01, ***p<.001

[그림 16-20]

출력 결과의 내용을 분석 결과표에 입력하면 다음과 같이 완성됩니다.

<표> 성별에 따른 자원봉사시간 차이

| 구분 | 남성(n=2,278) | | 여성(n=2,722) | | t |
|---|---|---|---|---|---|
| | 평균 | 표준편차 | 평균 | 표준편차 | |
| 자원봉사시간 | 28.75 | 17.55 | 30.61 | 16.98 | −3.786*** |

*p < .05, **p < .01, ***p < .001

## 6. 분석 결과 해석 작성

독립표본 t검정 결과에 대한 해석 작성은 다음과 같이 3단계로 진행합니다.

❶ 분석 목적과 분석 방법 작성

"성별에 따른 자원봉사시간 차이를 확인하고자 독립표본 t검정을 진행하였다."고 작성합니다.

❷ 분석 결과표에 제시된 빈도와 비율 작성

성별에 따른 자원봉사시간의 평균과 표준편차를 차례대로 기술합니다.

❸ t값과 p값을 통한 결과 작성

- p값이 0.05 미만이면, "이러한 차이가 유의한지 확인하기 위해 독립표본 t검정을 실시한 결과, t=−3.786(p<.001)으로 나타나 성별에 따른 자원봉사시간 차이가 있는 것으로 확인되었다." 고 적고, 어떻게 유의한 차이를 보이는지 설명합니다. "즉, 여성은 남성보다 자원봉사시간이 통계적으로 유의하게 많은 것으로 분석되었다."고 작성합니다.
- p값이 0.05 이상이면, "이러한 차이가 유의한지 확인하기 위해 독립표본 t검정을 실시한 결과, 성별에 따른 자원봉사시간 차이는 유의하지 않은 것으로 나타났다."고 작성합니다.

이 3단계에 맞춰 독립표본 t검정 결과에 대한 해석을 작성하면 다음과 같습니다.

❶ 성별에 따른 자원봉사시간 차이를 확인하고자 독립표본 t검정을 진행하였다. ❷ 남성의 자원봉사시간은 평균 28.75시간(SD=17.55)으로 나타났고, 여성의 자원봉사시간은 평균 30.61시간(SD=16.98)으로 분석되어 차이를 드러냈다. ❸ 이러한 차이가 유의한지 확인하기 위해 독립표본 t검정을 실시한 결과, t=−3.786(p<.001)으로 나타나 성별에 따른 자원봉사시간 차이가 있는 것으로 확인되었다. 즉, 여성은 남성보다 자원봉사시간이 통계적으로 유의하게 많은 것으로 분석되었다.

**[독립표본 t검정 결과표 및 해석 예시]**

성별에 따른 자원봉사시간 차이를 확인하고자 독립표본 t검정을 진행하였다. 남성의 자원봉사시간은 평균 28.75시간(SD=17.55)으로 나타났고, 여성의 자원봉사시간은 평균 30.61시간(SD=16.98)으로 분석되어 차이를 드러냈다. 이러한 차이가 유의한지 확인하기 위해 독립표본 t검정을 실시한 결과, t=−3.786(p<.001)으로 나타나 성별에 따른 자원봉사시간 차이가 있는 것으로 확인되었다. 즉, 여성은 남성보다 자원봉사시간이 통계적으로 유의하게 많은 것으로 분석되었다.

<표> **성별에 따른 자원봉사시간 차이**

| 구분 | 남성(n=2,278) | | 여성(n=2,722) | | t |
|---|---|---|---|---|---|
| | 평균 | 표준편차 | 평균 | 표준편차 | |
| 자원봉사시간 | 28.75 | 17.55 | 30.61 | 16.98 | −3.786*** |

*p<.05, **p<.01, ***p<.001

제17장

# 대응표본 t검정

## Key Point

### 대응표본 t검정 이해

- 전집단과 후집단의 평균 차이(평균변수)를 확인할 때 진행
- 전집단과 후집단의 평균 차이가 유의한지 확인할 때 진행

### 대응표본 t검정 변수 구성

| | | | | |
|---|---|---|---|---|
| 전(前)집단<br>평균변수<br>(보기가 없는 변수) | + | 후(後)집단<br>평균변수<br>(보기가 없는 변수) | = | 대응표본 t검정 |

### 대응표본 t검정 메뉴

- SPSS 프로그램 메뉴에서 '분석-평균 비교-대응표본 T검정'

## 1. 대응표본 t검정 이해

t검정은 두 집단의 평균 차이가 유의한지 확인할 때 사용합니다. 독립표본 t검정이 서로 다른 두 집단의 평균 차이를 검증하는 것이라면, 대응표본 t검정은 같은 집단에 대해 시간상 전(前)집단과 후(後)집단으로 구분하여 전집단과 후집단의 평균 차이가 유의한지 확인할 때 진행합니다.

보통 대응표본 t검정은 프로그램 등의 효과성을 살펴볼 때 진행합니다. 예를 들어, 우울 예방 프로그램의 효과성을 확인하기 위해서 우울 예방 프로그램에 참여하기 전 우울 평균과 우울 예방 프로그램에 참여한 후 우울 평균 차이를 살펴볼 때 대응표본 t검정을 진행할 수 있습니다. 대응표본 t검정은 구체적으로 다음과 같은 경우에 사용합니다.

대응표본 t검정은 '전집단과 후집단의 평균 차이를 확인하고, 전집단과 후집단의 평균 차이가 유의한지 확인할 때' 진행합니다.

- 전집단과 후집단의 평균 차이(평균변수)를 확인할 때
- 전집단과 후집단의 평균 차이가 유의한지 확인할 때

## 2. 대응표본 t검정 변수 구성

대응표본 t검정은 전집단의 평균변수와 후집단의 평균변수가 있을 때 활용할 수 있습니다. 즉, 시간상 전에 측정한 평균변수 1개와 후에 측정한 평균변수 1개가 있다면 대응표본 t검정이 가능합니다. 대응표본 t검정은 성별처럼 집단을 구분할 수 있는 집단변수가 필요 없는 분석입니다.

전(前)집단<br>평균변수<br>(보기가 없는 변수) + 후(後)집단<br>평균변수<br>(보기가 없는 변수) = 대응표본 t검정

[그림 17-1] **대응표본 t검정 변수 구성**

구체적으로 어떠한 상황에서 대응표본 t검정을 진행하는지 확인해 보겠습니다. 주요 변수는 우울 예방 프로그램 진행 전에 측정한 사전 우울과 우울 예방 프로그램 종료 후에 측정한 사후 우울입니다. 사전 우울과 사후 우울은 같은 변수여야 합니다. 단지 시간상 전에 측정했는지, 후에 측정했는지만 다른 것입니다.

[우울 예방 프로그램 진행 전 우울 측정: 사전 우울]

**1.** 다음은 우울에 대한 질문입니다. 각 문항을 읽고 해당 사항에 체크하여 주십시오.

| 우울 | 전혀 그렇지 않다 | 그렇지 않다 | 보통이다 | 그렇다 | 매우 그렇다 |
|---|---|---|---|---|---|
| 1. 쓸데없는 생각들이 자꾸 떠올라 괴롭다. | ① | ② | ③ | ④ | ⑤ |
| 2. 아무것도 할 수 없을 것처럼 무기력하게 느껴진다. | ① | ② | ③ | ④ | ⑤ |
| 3. 앞날에 대해 걱정할 때가 많다. | ① | ② | ③ | ④ | ⑤ |
| 4. 정말 자신이 없다. | ① | ② | ③ | ④ | ⑤ |
| 5. 앞날에 대해 걱정할 부분이 많다. | ① | ② | ③ | ④ | ⑤ |

[우울 예방 프로그램 종료 후 우울 측정: 사후 우울]

**1.** 다음은 우울에 대한 질문입니다. 각 문항을 읽고 해당 사항에 체크하여 주십시오.

| 우울 | 전혀 그렇지 않다 | 그렇지 않다 | 보통 이다 | 그렇다 | 매우 그렇다 |
|---|---|---|---|---|---|
| 1. 쓸데없는 생각들이 자꾸 떠올라 괴롭다. | ① | ② | ③ | ④ | ⑤ |
| 2. 아무것도 할 수 없을 것처럼 무기력하게 느껴진다. | ① | ② | ③ | ④ | ⑤ |
| 3. 앞날에 대해 걱정할 때가 많다. | ① | ② | ③ | ④ | ⑤ |
| 4. 정말 자신이 없다. | ① | ② | ③ | ④ | ⑤ |
| 5. 앞날에 대해 걱정할 부분이 많다. | ① | ② | ③ | ④ | ⑤ |

사전 우울과 사후 우울 모두 평균변수입니다. 이러한 변수들로 구성되어 있다면, 대응표본 t검정을 통해 '사전 우울과 사후 우울의 차이'를 확인할 수 있습니다.

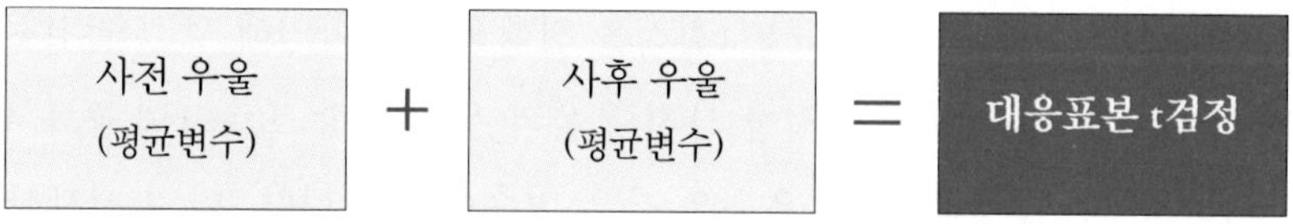


[그림 17-2] **대응표본 t검정 예시**

**체크? 체크!** **리커트 척도가 평균변수?**

앞서 살펴본 우울 척도는 리커트 척도입니다. 리커트 척도는 서열척도로 보기가 있는 변수입니다. 즉, 리커트 척도는 보기가 있는 변수 여러 개를 한 번에 물어보는 것입니다. 보기가 있는 변수의 경우 집단변수이기 때문에 평균변수가 아닙니다.

하지만 실제 분석에서 활용하는 변수는 여러 개 변수를 합하거나 평균을 낸 합변수 혹은 평균변수입니다. 예를 들어, 우울 변수의 경우 우울1, 우울2, 우울3, 우울4, 우울5 변수를 평균 내서 '우울평균'이라는 변수를 만들고 실제 분석 때 사용합니다. '우울평균' 변수는 보기가 없는 변수로 평균변수입니다. 결국 리커트 척도의 경우 분석을 위하여 평균을 낸 변수를 활용하기 때문에 평균변수가 되는 것입니다.

# 3. 대응표본 t검정 실습

## 실습 대응표본 t검정

- 실습내용: 사전 우울과 사후 우울의 차이
- 실습파일: SPSS data.sav
- 활용변수: 사전_우울평균, 사후_우울평균

**1** 사전 우울과 사후 우울의 차이를 확인하기 위해 대응표본 t검정을 진행합니다. 메뉴의 ❶ 분석을 클릭하고 ❷ 평균 비교를 클릭한 후 ❸ 대응표본 T검정을 선택합니다.

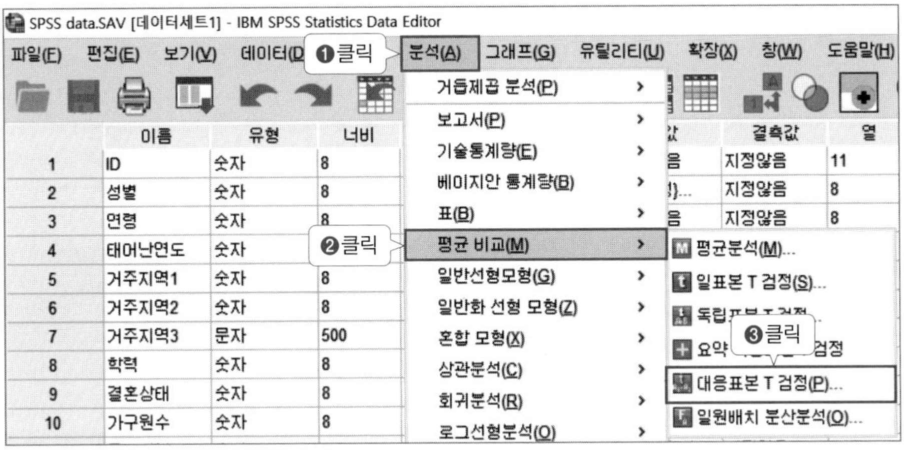

[그림 17-3]

**2** 대응표본 T검정 창이 열리면, ❶ 사전_우울평균 변수를 클릭한 후 ❷ [➜] 버튼을 눌러 대응 변수 칸에 넣습니다.

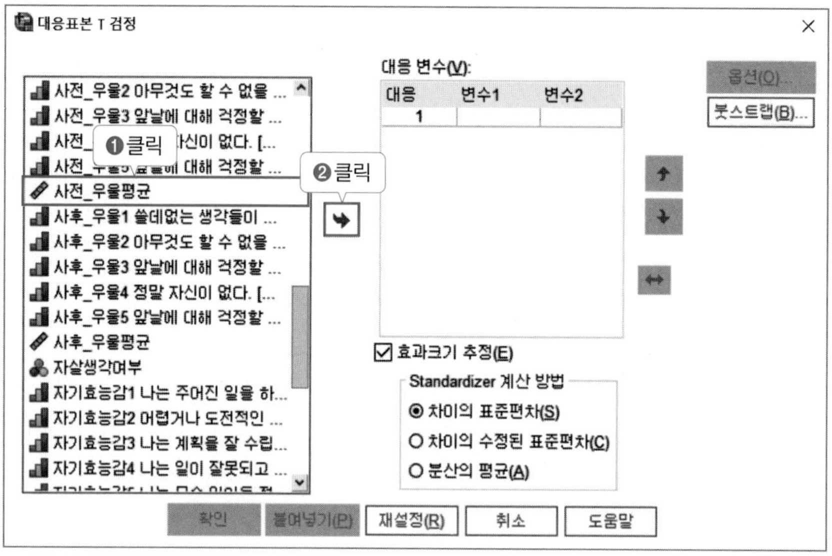


[그림 17-4]

**3** ❶ 사후_우울평균 변수를 클릭한 후 ❷ [➜] 버튼을 눌러 대응 변수 칸에 넣습니다.

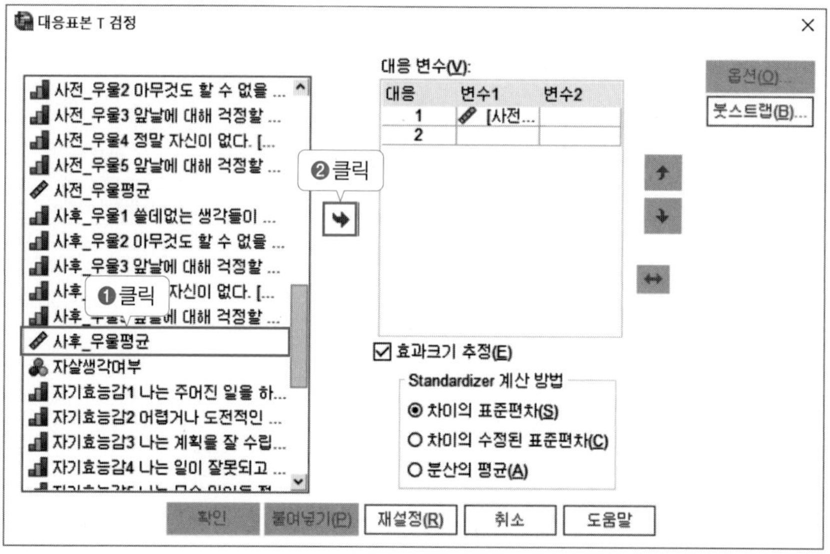


[그림 17-5]

4 ❶ 확인을 클릭하여 대응표본 T검정 창을 닫습니다.

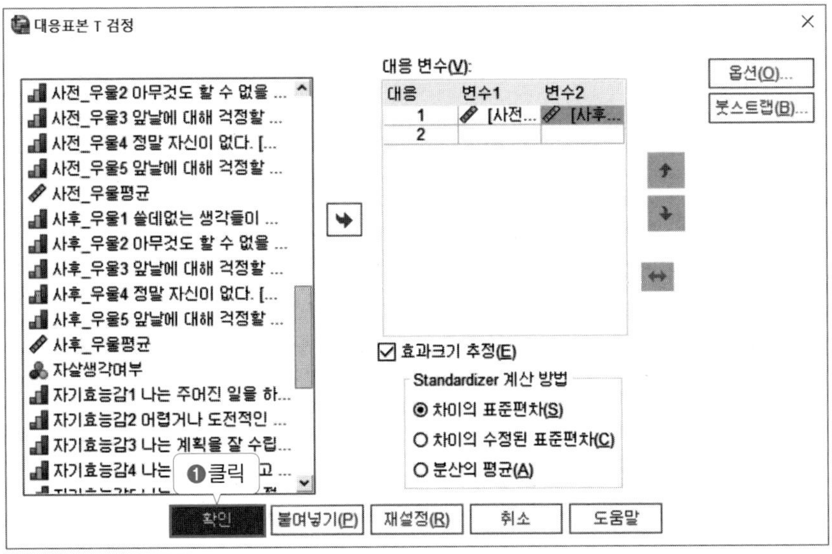


[그림 17-6]

# 4. 출력 결과 해석

## 1) 대응표본 통계량 표에서 전집단과 후집단의 평균과 표준편차 확인

출력 결과 창을 확인해 보면 대응표본 통계량 표를 살펴볼 수 있습니다. 대응표본 통계량 표에는 사전 우울과 사후 우울의 평균과 표준편차가 제시됩니다. 구체적으로 확인해 보면 사전 우울 평균은 2.9986점(표준편차=.55060), 사후 우울 평균은 2.3580점(표준편차=.93636)으로 사후 우울이 사전 우울보다 낮은 것으로 나타났습니다.

**대응표본 통계량**

| | | 평균 | N | 표준편차 | 평균의 표준오차 |
|---|---|---|---|---|---|
| 대응 1 | 사전_우울평균 | 2.9986 | 5000 | .55060 | .00779 |
| | 사후_우울평균 | 2.3580 | 5000 | .93636 | .01324 |

[그림 17-7] 대응표본 t검정 출력 결과 1

## 2) 대응표본 검정 표에서 t값과 유의확률 확인

사전 우울과 사후 우울의 차이가 통계적으로 유의한지 파악하기 위해 대응표본 검정 표에서 t값과 유의확률(p값)을 확인합니다. 대응표본 검정 표에 제시된 t값과 유의확률을 확인해 보면, t값은 41.631로 나타났고 유의확률은 .000으로 나타나 0.05 미만이므로, 사전 우울과 사후 우울이 유의하게 차이 나는 것으로 분석되었습니다. 즉, 사후 우울이 사전 우울보다 약 0.6점 정도 낮았는데, 이러한 차이가 통계적으로 유의한 차이라는 것을 확인할 수 있습니다.

**대응표본 검정**

| | | 대응차 | | | | | t | 자유도 | 유의확률 (양측) |
|---|---|---|---|---|---|---|---|---|---|
| | | 평균 | 표준편차 | 평균의 표준오차 | 차이의 95% 신뢰구간 | | | | |
| | | | | | 하한 | 상한 | | | |
| 대응 1 | 사전_우울평균 - 사후_우울평균 | .64068 | 1.08820 | .01539 | .61051 | .67085 | 41.631 | 4999 | .000 |

0.05 미만=차이가 있다.
0.05 이상=차이가 없다.

[그림 17-8] 대응표본 t검정 출력 결과 2

체크? 체크!

## t값의 부호

독립표본 t검정에서 t값의 부호에 크게 신경 쓰지 않아도 된다고 하였습니다. 대응표본 t검정에서도 t값의 부호는 신경 쓰지 않아도 됩니다. 앞서 분석한 '사전 우울과 사후 우울의 차이'에 대한 t값은 41.631로 플러스(+)였습니다.

**대응표본 검정**

| | 대응차 평균 | 대응차 표준편차 | 대응차 평균의 표준오차 | 차이의 95% 신뢰구간 하한 | 차이의 95% 신뢰구간 상한 | t | 자유도 | 유의확률 (양측) |
|---|---|---|---|---|---|---|---|---|
| 대응 1 사후_우울평균 - 사전_우울평균 | -.64068 | 1.08820 | .01539 | -.67085 | -.61051 | -41.631 | 4999 | .000 |

[그림 17-9] t값의 부호

하지만 대응표본 T검정 창에서 대응 변수를 설정할 때 사전 우울-사후 우울 변수 순서가 아니라 사후 우울-사전 우울 변수 순서로 입력한다면 t값의 부호가 반대로 분석될 것입니다. 단순히 대응 변수 순서를 어떻게 하냐에 따라 t값의 부호가 달라지는 것이므로 t값의 부호에 크게 신경 쓰지 않아도 됩니다.

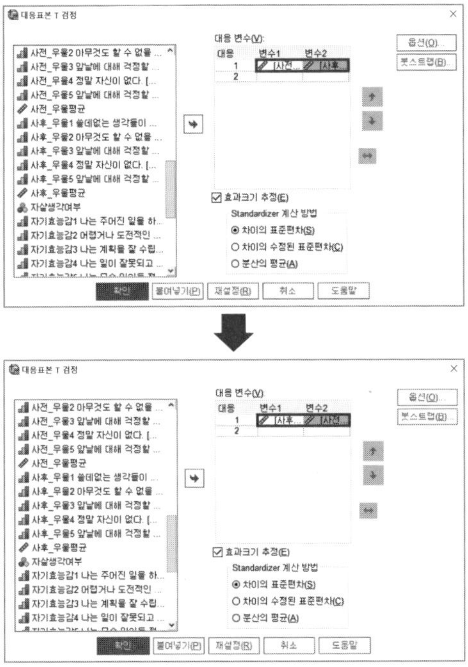


[그림 17-10] 변수 순서 변경

체크?
체크!

## 효과크기

대응표본 t검정에서도 효과크기를 확인할 수 있습니다. 대응표본 효과크기 표를 확인해 보면, Cohen's d의 포인트 추정값이 .589인 것으로 확인되었습니다. 이를 통해 사전 우울과 사후 우울의 차이는 통계적으로 유의하고 효과크기는 중간 수준인 것으로 나타났습니다(Cohen's d =.589). 참고로 Cohen's d의 값이 0.2 정도면 작은 효과, 0.5 정도면 중간 효과, 0.8 이상이면 큰 효과로 보고 있습니다(Cohen, 1988).

**대응표본 효과크기**

| | | | Standardizer[a] | 포인트 추정값 | 95% 신뢰구간 하한 | 95% 신뢰구간 상한 |
|---|---|---|---|---|---|---|
| 대응 1 | 사전_우울평균 - 사후_우울평균 | Cohen's d | 1.08820 | .589 | .559 | .619 |
| | | Hedges 수정 | 1.08829 | .589 | .559 | .619 |

a. 효과크기를 추정하는 데 사용되는 분모입니다.
Cohen's d는 평균차이의 표본 표준편차를 사용합니다.
Hedges 수정은 평균차이의 표본 표준편차와 수정 요인을 사용합니다.

[그림 17-11] **효과크기**

# 5. 분석 결과표 작성

'사전 우울과 사후 우울의 차이'에 대한 대응표본 t검정 결과표 작성은 다음과 같습니다. 첫 행에 전과 후를 나타낼 수 있는 내용을 각각 입력합니다. 보통 '사전', '사후'로 작성하는 경우가 많습니다. 그 아래 행에는 평균과 표준편차를 입력합니다. 표의 가장 왼쪽 첫 행에는 구분을 넣고 그 아래에는 평균변수명을 넣습니다. 표의 가장 오른쪽 첫 행에는 t를 입력합니다. 또한 p값(유의확률)과 관련해 표 아래에 *p < .05, **p < .01, ***p < .001도 입력합니다.

<표> 사전 우울과 사후 우울의 차이

N=

| 구분 | 사전 | | 사후 | | t |
|---|---|---|---|---|---|
| | 평균 | 표준편차 | 평균 | 표준편차 | |
| 우울 | | | | | |

*p < .05, **p < .01, ***p < .001

출력 결과에서 N에 있는 케이스 수를 분석 결과표 'N='에 입력합니다. 또한 사전 우울과 사후 우울의 평균과 표준편차를 분석 결과표에 입력합니다. 평균과 표준편차는 보통 소수점 둘째 자리까지 제시합니다. 평균과 표준편차 모두 출력 결과에서는 소수점 넷째 자리까지 제시되어 있으므로 소수점 셋째 자리에서 반올림하여 소수점 둘째 자리까지 입력합니다.

[그림 17-12]

출력 결과의 t값은 분석 결과표의 t 칸에 입력합니다. 출력 결과의 유의확률(p값) 값 또한 분석 결과표의 t 칸에 입력하되, 유의확률 값이 0.05 미만이면 별표 1개(*), 0.01 미만이면 별표 2개(**), 0.001 미만이면 별표 3개(***)로 t값 열에 표시합니다. 만약 유의확률 값이 0.05 이상이면 별표를 붙이지 않습니다.

**대응표본 검정**

| | | 대응차 | | | | | t | 자유도 | 유의확률 (양측) |
|---|---|---|---|---|---|---|---|---|---|
| | | 평균 | 표준편차 | 평균의 표준오차 | 차이의 95% 신뢰구간 하한 | 상한 | | | |
| 대응 1 | 사전_우울평균 - 사후_우울평균 | .64068 | 1.08820 | .01539 | .61051 | .67085 | 41.631 | 4999 | .000 |

<표> 사전 우울과 사후 우울의 차이

N=5,000

| 구분 | 사전 | | 사후 | | t |
|---|---|---|---|---|---|
| | 평균 | 표준편차 | 평균 | 표준편차 | |
| 우울 | 3.00 | .55 | 2.36 | .94 | |

*p<.05, **p<.01, ***p<.001

[그림 17-13]

출력 결과의 내용을 분석 결과표에 입력하면 다음과 같이 완성됩니다.

<표> 사전 우울과 사후 우울의 차이

N=5,000

| 구분 | 사전 | | 사후 | | t |
|---|---|---|---|---|---|
| | 평균 | 표준편차 | 평균 | 표준편차 | |
| 우울 | 3.00 | .55 | 2.36 | .94 | 41.631*** |

*p < .05, **p < .01, ***p < .001

## 6. 분석 결과 해석 작성

대응표본 t검정 결과에 대한 해석 작성은 다음과 같이 3단계로 진행합니다.

❶ 분석 목적과 분석 방법 작성
"사전 우울과 사후 우울의 차이를 확인하고자 대응표본 t검정을 진행하였다."고 작성합니다.

❷ 분석 결과표에 제시된 빈도와 비율 작성
사전 우울과 사후 우울의 평균과 표준편차를 차례대로 기술합니다.

❸ t값과 p값을 통한 결과 작성
- p값이 0.05 미만이면, "이러한 차이가 유의한지 확인하기 위해 대응표본 t검정을 실시한 결과, $t=41.631(p<.001)$로 나타나 사전 우울과 사후 우울의 차이가 있는 것으로 확인되었다."고 적고, 어떻게 유의한 차이를 보이는지 설명합니다. "즉, 우울 예방 프로그램에 참여하기 전보다 참여한 후의 우울은 통계적으로 유의하게 낮은 것으로 분석되었다."고 작성합니다.
- p값이 0.05 이상이면, "이러한 차이가 유의한지 확인하기 위해 대응표본 t검정을 실시한 결과, 사전 우울과 사후 우울의 차이는 유의하지 않은 것으로 나타났다."고 작성합니다.

이 3단계에 맞춰 대응표본 t검정 결과에 대한 해석을 작성하면 다음과 같습니다.

❶ 사전 우울과 사후 우울의 차이를 확인하고자 대응표본 t검정을 진행하였다. ❷ 우울 예방 프로그램에 참여하기 전의 우울은 평균 3.00점($SD=.55$)으로 나타났고, 우울 예방 프로그램에 참여한 후의 우울은 평균 2.36점($SD=.94$)으로 분석되었다. ❸ 이러한 차이가 유의한지 확인하기 위해 대응표본 t검정을 실시한 결과, $t=41.631(p<.001)$로 나타나 사전 우울과 사후 우울의 차이가 있는 것으로 확인되었다. 즉, 우울 예방 프로그램에 참여하기 전보다 참여한 후의 우울은 통계적으로 유의하게 낮은 것으로 분석되었다.

**[대응표본 t검정 결과표 및 해석 예시]**

사전 우울과 사후 우울의 차이를 확인하고자 대응표본 t검정을 진행하였다. 우울 예방 프로그램에 참여하기 전의 우울은 평균 3.00점(SD=.55)으로 나타났고, 우울 예방 프로그램에 참여한 후의 우울은 평균 2.36점(SD=.94)으로 분석되었다. 이러한 차이가 유의한지 확인하기 위해 대응표본 t검정을 실시한 결과, t=41.631(p<.001)로 나타나 사전 우울과 사후 우울의 차이가 있는 것으로 확인되었다. 즉, 우울 예방 프로그램에 참여하기 전보다 참여한 후의 우울은 통계적으로 유의하게 낮은 것으로 분석되었다.

<표> **사전 우울과 사후 우울의 차이**

N=5,000

| 구분 | 사전 | | 사후 | | t |
|---|---|---|---|---|---|
| | 평균 | 표준편차 | 평균 | 표준편차 | |
| 우울 | 3.00 | .55 | 2.36 | .94 | 41.631*** |

*p<.05, **p<.01, ***p<.001

제18장

# 일원배치 분산분석

## Key Point

일원배치 분산분석 이해: 일원분산분석, one-way ANOVA

- 세 집단(집단변수) 이상의 평균 차이(평균변수)를 확인할 때 진행
- 세 집단 이상의 평균 차이가 유의한지 확인할 때 진행

일원배치 분산분석 과정

- 1단계: 일원배치 분산분석
- 2단계: 사후분석

일원배치 분산분석 변수 구성

집단변수 (보기가 있는 변수) + 평균변수 (보기가 없는 변수) = 일원배치 분산분석

일원배치 분산분석 메뉴

- SPSS 프로그램 메뉴에서 '분석-평균 비교-일원배치 분산분석'

# 1. 일원배치 분산분석 이해

## 1) 일원배치 분산분석 개념과 활용

t검정과 일원배치 분산분석은 집단의 평균 차이가 유의한지 확인할 때 사용한다는 공통점이 있습니다. t검정과 일원배치 분산분석의 큰 차이점은 집단 수입니다. 즉, t검정은 두 집단의 평균 차이가 유의한지 확인할 때 활용하고, 일원배치 분산분석은 세 집단 이상의 평균 차이가 유의한지 확인할 때 사용한다는 점이 다릅니다. 즉, 집단변수가 두 집단인 경우에는 t검정을 진행하고, 세 집단 이상인 경우에는 일원배치 분산분석을 진행합니다. 예를 들어, t검정은 두 집단(남성과 여성)의 올해 기부 금액 평균 차이를 확인할 때 진행하고, 일원배치 분산분석은 세 집단(대도시, 중소도시, 농어촌) 이상의 올해 기부 금액 평균 차이를 확인할 때 진행할 수 있습니다.

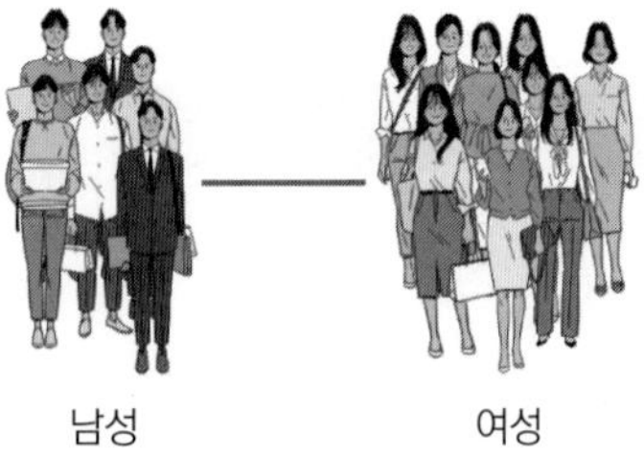


[그림 18-1] 독립표본 t검정

[그림 18-2] 일원배치 분산분석

**체크? 체크!** **일원배치 분산분석=일원분산분석=one-way ANOVA**

일원배치 분산분석은 일원분산분석과 one-way ANOVA라고도 합니다. 각종 논문과 보고서, 그리고 통계 관련 책에서 일원배치 분산분석, 일원분산분석, one-way ANOVA를 혼용해서 사용하기 때문에 모두 동일한 분석임을 인지하고 있어야 합니다.

일원배치 분산분석은 '세 집단 이상의 평균 차이를 확인하고, 세 집단 이상의 평균 차이가 유의한지 확인할 때' 진행합니다.

- 세 집단(집단변수) 이상의 평균 차이(평균변수)를 확인할 때 진행
- 세 집단 이상의 평균 차이가 유의한지 확인할 때 진행

## 2) 일원배치 분산분석 과정

일원배치 분산분석은 2단계의 분석 과정을 거칩니다.

- 1단계: 일원배치 분산분석
- 2단계: 사후분석

1단계에서는 일원배치 분산분석을 하여 p값을 통해 세 집단의 평균 차이가 있는지 확인합니다. 만약 세 집단 간 차이가 있다고 검증되면 2단계인 사후분석을 진행합니다. 반면, 세 집단 간 차이가 없는 것으로 검증되면 사후분석을 할 필요가 없습니다.

사후분석은 일원배치 분산분석을 한 후에 분석한다는 의미입니다. 즉, F값과 p값을 통해 세 집단 간 차이가 있음을 검증했다면 구체적으로 어떤 집단 간에 차이가 있는지 확인하는 것입니다. 다음과 같이 올해 기부 금액이 대도시는 평균 77.67만 원, 중소도시는 75.41만 원, 농어촌은 68.94만 원으로 분석되었다고 가정하겠습니다. 일원배치 분산분석 분석 결과, p값이 .000으로 확인되어 0.05 미만으로 나타나 차이가 있는 것으로 확인되었습니다. 하지만 이 결과만으로는 어떤 지역 간에 차이가 있는지 알 수 없습니다. 즉, 대도시와 중소도시 간에 차이가 있는지(❶), 중소도시와 농어촌 간에 차이가 있는지(❷), 대도시와 농어촌 간에 차이가 있는지(❸)를 파악할 수 없습니다. 따라서 어떤 지역 간에 차이가 있는지 구체적으로 확인하려면 사후분석을 진행해야 합니다.

| | 거주지역 | | | |
|---|---|---|---|---|
| | 대도시 | 중소도시 | 농어촌 | |
| 올해 기부 금액(만원) | 평균 77.67 | 평균 75.41 | 평균 68.94 | ➡ 1단계: F값, p값 |

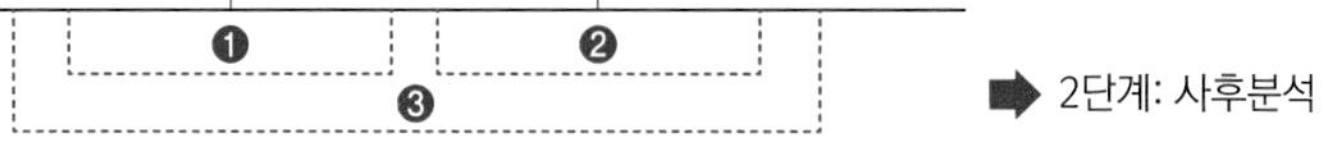


[그림 18-3] 일원배치 분산분석의 분석 과정

사후분석에는 Scheffe, Bonferroni, Tukey, Games-Howell 등 여러 가지가 있습니다. 어떠한 사후분석을 선택할 것인지는 등분산 가정 여부와 집단 간 케이스 수 동일 여부에 따라 다릅니다.

일원배치 분산분석에서도 독립표본 t검정에서 진행했던 것처럼 등분산 검정을 진행합니다. 즉, 등분산 검정을 통해 세 집단 (이상) 간 평균변수의 분산이 같은지 검정하고 등분산 가정 여부를 확인합니다.

등분산 가정 여부와 집단 간 케이스 수 동일 여부를 통해 진행하는 주요 사후분석을 정리하면 다음과 같습니다. 등분산이 가정되고 세 집단 (이상) 간 케이스 수가 동일하다면, Tukey를 통해 사후분석을 보면 됩니다. 등분산은 가정되었으나 세 집단 (이상) 간 케이스 수가 동일하지 않다면 Scheffe나 Bonferroni를 통해 사후분석을 확인합니다. 등분산이 가정되지 않고 집단 간 케이스 수가 동일하지 않다면 Games-Howell을 통해 사후분석을 확인합니다.

<표 18-1> **등분산 가정 여부와 집단 간 케이스 수 동일 여부를 통한 사후분석 선택**

| | | 등분산 가정 여부 | |
|---|---|---|---|
| | | 등분산 ○ | 등분산 × |
| 집단 간 케이스 수 동일 여부 | 동일 ○ | Tukey | – |
| | 동일 × | Scheffe, Bonferroni | Games-Howell |

자료: Shingala, M. C., & Rajyaguru, A. (2015). Comparison of post hoc tests for unequal variance. *International Journal of New Technologies in Science and Engineering, 2*(5), 22–33. 재정리

**Know how** Scheffe VS Bonferroni

등분산 가정 여부와 집단 간 케이스 수 동일 여부를 통해 어떤 사후분석을 진행할지 결정합니다. 그런데 등분산은 가정되었으나 세 집단 (이상) 간 케이스 수가 동일하지 않을 때는 Scheffe와 Bonferroni 둘 중 하나를 선택해야 합니다.

Scheffe는 Bonferroni에 비해 보수적이고 엄격하게 사후검정을 합니다. 즉, Scheffe는 집단 간 차이가 확실하게 있어야 유의한 차이가 있다는 결과를 도출합니다. 그만큼 통계적으로 유의한 차이를 도출하기가 쉽지 않다는 특징이 있습니다. 반면, Bonferroni는 Scheffe에 비해 비교적 관대하게 사후검정을 합니다. 그렇다고 Scheffe, Bonferroni 중에 어떤 사후분석이 좋다 혹은 나쁘다고 판단할 수 없습니다. 보통 사회과학에서는 Scheffe를 많이 활용하고, 의학에서는 Bonferroni를 주로 활용합니다. 그러므로 자신의 전공에서 자주 사용하는 사후분석을 확인하여 활용하기 바랍니다.

## 2. 일원배치 분산분석 변수 구성

일원배치 분산분석은 세 집단 이상이 있는 집단변수와 평균을 낼 수 있는 평균변수가 있을 때 진행할 수 있습니다. 즉, 거주지역(대도시, 중소도시, 농어촌)과 같이 3개의 보기가 있는 변수 1개와 올해 기부 금액처럼 보기가 없고 평균을 내는 것이 의미가 있는 평균변수 1개가 있다면 일원배치 분산분석이 가능합니다.

집단변수 (보기가 있는 변수) + 평균변수 (보기가 없는 변수) = 일원배치 분산분석

[그림 18-4] **일원배치 분산분석 변수 구성**

구체적으로 어떠한 상황에서 일원배치 분산분석을 진행하는지 확인해 보겠습니다. 주요 변수는 거주지역과 올해 기부 금액입니다. 거주지역은 집단변수이고, 올해 기부 금액은 평균변수입니다. 이러한 변수들로 구성되어 있다면, 일원배치 분산분석을 통해 '거주지역에 따른 올해 기부 금액 차이'를 확인할 수 있습니다.

**1.** 귀하의 거주지역은 어디입니까?
① 대도시 ② 중소도시 ③ 농어촌

**2.** 귀하의 올해 기부 금액은 얼마입니까? ( )만 원

거주지역 (집단변수) + 올해 기부 금액 (평균변수) = 일원배치 분산분석

[그림 18-5] **일원배치 분산분석 예시**

### 체크? 체크! 일원(one-way)의 의미

일원배치 분산분석의 '일원'은 무슨 뜻일까요? 영어로 'one-way'인 것으로 보아 무엇인가가 1개라고 추정할 수 있습니다. '일원'과 'one-way'에서 말하는 1개는 집단변수 수를 말합니다. 거주지역(대도시, 중소도시, 농어촌)에 따른 올해 기부 금액 차이를 검증한다고 할 때, 집단변수는 거주지역으로 1개입니다. 이런 경우 일원배치 분산분석을 진행하면 됩니다.

집단변수가 2개일 때는 이원배치 분산분석(이원분산분석, two-way ANOVA)을 활용합니다. 예를 들어, 성별과 거주지역에 따른 올해 기부 금액 차이를 검증할 때는 집단변수가 2개이므로 이원배치 분산분석을 진행합니다. 이원배치 분산분석은 보통 집단변수 간 상호작용에 따른 평균변수의 차이를 확인할 때 사용합니다.

# 3. 일원배치 분산분석 실습

**실습** 일원배치 분산분석

- 실습내용: 거주지역에 따른 올해 기부 금액 차이
- 실습파일: SPSS data.sav
- 활용변수: 거주지역1, 올해기부금액

**1** 거주지역에 따른 올해 기부 금액 차이를 확인하기 위해 일원배치 분산분석을 진행합니다. 메뉴의 ❶ 분석을 클릭하고 ❷ 평균 비교를 클릭한 후 ❸ 일원배치 분산분석을 선택합니다.

[그림 18-6]

**2** 일원배치 분산분석 창이 열리면, ❶ 거주지역1 변수를 클릭한 후 ❷ [→] 버튼을 눌러 요인 칸으로 옮깁니다.

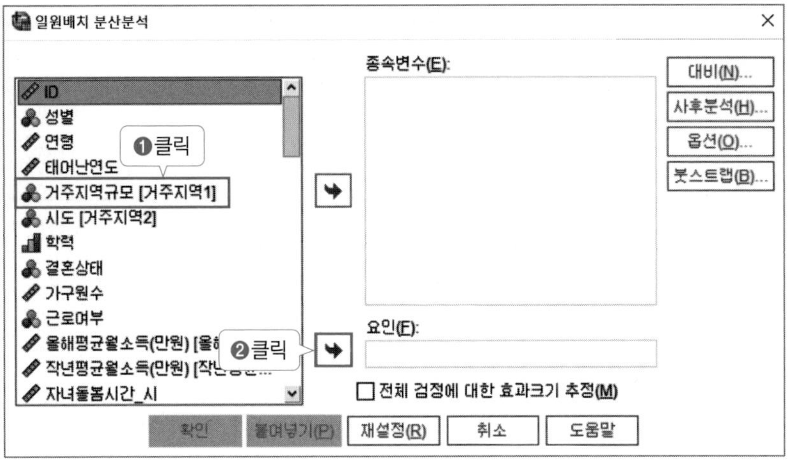


[그림 18-7]

❸ 올해기부금액 변수를 클릭한 후 ❷ [➔] 버튼을 눌러 종속변수 칸으로 옮깁니다. 그런 다음 ❸ 사후분석을 클릭합니다.

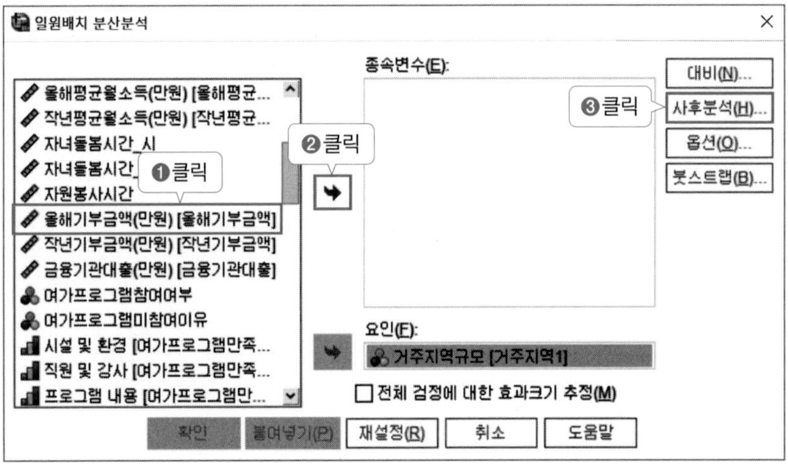


[그림 18-8]

❹ 일원배치 분산분석: 사후분석-다중비교 창에서는 각종 사후분석을 체크하여 출력 결과에서 등분산 가정 여부와 집단 간 케이스 수 동일 여부를 확인한 다음 그에 맞는 사후분석 결과만 살펴보는 것입니다.

먼저, 등분산이 가정되고 집단 간 케이스가 동일하면 Tukey, 등분산이 가정되고 집단 간 케이스가 동일하지 않으면 Scheffe와 Bonferroni, 등분산이 가정되지 않고 집단 간 케이스도 동일하지 않으면 Games-Howell로 사후분석을 진행합니다. 일원배치 분산분석: 사후분석-다중비교 창이 열리면, 등분산을 가정함에서는 ❶ Tukey 방법과

❷ Scheffe(또는 Bonferroni)를 클릭합니다. 등분산을 가정하지 않음에서는 ❸ Games-Howell을 클릭합니다. 그런 다음, ❹ 계속을 클릭하여 일원배치 분산분석: 사후분석-다중비교 창을 닫습니다.

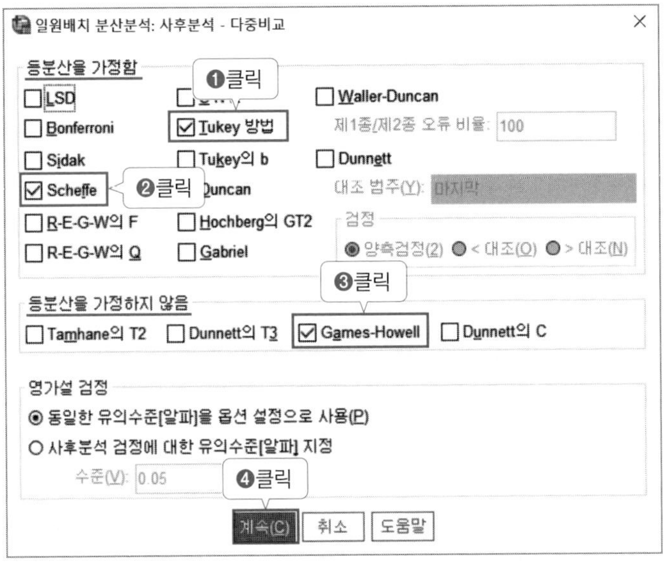


[그림 18-9]

5 일원배치 분산분석 창에서 ❶ 옵션을 클릭합니다. 일원배치 분산분석: 옵션 창이 열리면, 각 집단별로 기술통계분석 결과를 도출하기 위해 ❷ 기술통계를 클릭합니다. 또한 집단 간 분산이 같은지 확인하기 위해 ❸ 분산 동질성 검정을 클릭합니다. 그런 다음 ❹ 계속을 클릭하고 일원배치 분산분석 창에서 ❺ 확인을 누릅니다.

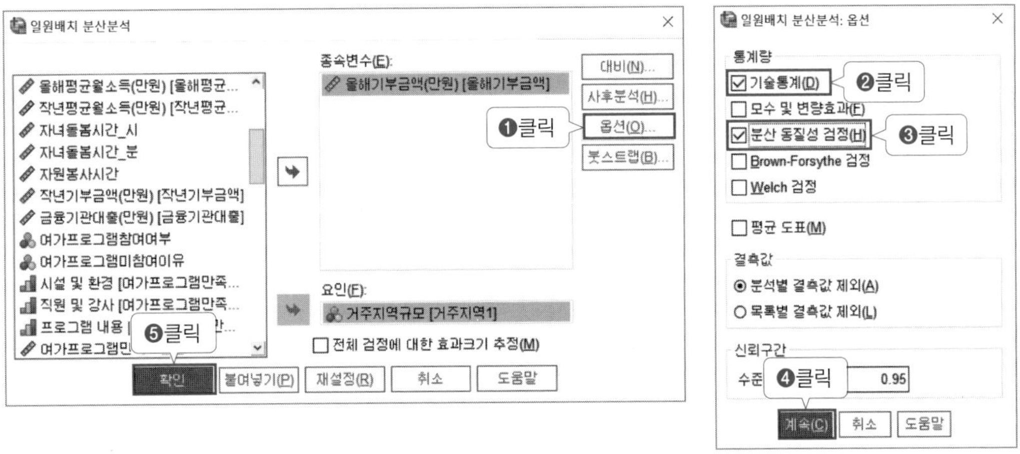


[그림 18-10]

## 4. 출력 결과 해석

### 1) 기술통계 표에서 집단별 평균과 표준편차 확인

출력 결과 창을 확인해 보면 기술통계 표를 살펴볼 수 있습니다. 기술통계 표에는 거주지역에 따른 올해 기부 금액의 평균과 표준편차가 제시됩니다. 구체적으로 확인해 보면 대도시의 올해 기부 금액 평균은 77.67만 원(표준편차=57.570), 중소도시의 올해 기부 금액 평균은 75.41만 원(표준편차=56.271), 농어촌의 올해 기부 금액 평균은 68.94만 원(표준편차=58.293)으로 대도시가 가장 많았고 농어촌이 가장 적은 것으로 나타났습니다.

**기술통계**

올해기부금액(만원)

| | N | 평균 | 표준편차 | 표준오차 | 평균의 95% 신뢰구간 하한 | 평균의 95% 신뢰구간 상한 | 최소값 | 최대값 |
|---|---|---|---|---|---|---|---|---|
| 대도시 | 1767 | 77.67 | 57.570 | 1.370 | 74.98 | 80.36 | 0 | 178 |
| 중소도시 | 1786 | 75.41 | 56.271 | 1.332 | 72.80 | 78.03 | 0 | 178 |
| 농어촌 | 1447 | 68.94 | 58.293 | 1.532 | 65.94 | 71.95 | 0 | 178 |
| 전체 | 5000 | 74.34 | 57.421 | .812 | 72.75 | 75.93 | 0 | 178 |

[그림 18-11] **일원배치 분산분석 출력 결과 1**

### 2) ANOVA 표에서 F값과 유의확률 확인

집단 간 차이가 통계적으로 유의한지 파악하려면, ANOVA 표에서 F값과 CTT 유의확률(또는 유의확률)을 확인해 보면 됩니다. F값은 9.705로 확인되었습니다. 아울러 CTT 유의확률은 p값을 의미하며, .000으로 나타나 0.05 미만이므로 거주지역에 따른 올해 기부 금액은 유의한 차이가 있는 것으로 확인되었습니다. 만약 CTT 유의확률이 0.05 이상이었다면 거주지역에 따른 올해 기부 금액은 유의한 차이를 보이지 않는다고 해석하면 됩니다.

**ANOVA**

올해기부금액(만원)

| | 제곱합 | 자유도 | 평균제곱 | F | CTT 유의확률 |
|---|---|---|---|---|---|
| 집단-간 | 63774.567 | 2 | 31887.284 | 9.705 | .000 |
| 집단-내 | 16418621.18 | 4997 | 3285.696 | | |
| 전체 | 16482395.75 | 4999 | | | |

0.05 미만=차이가 있다.
0.05 이상=차이가 없다.

[그림 18-12] 일원배치 분산분석 출력 결과 2

**Know how** 제 SPSS 프로그램에서는 CTT 유의확률이 아니라 유의확률로 나옵니다. 문제 있나요?

CTT 유의확률은 유의확률입니다. SPSS 프로그램 버전별로 조금씩 표시되는 내용이 다릅니다. 27버전에서는 CTT 유의확률로 표시되고, 25버전에서는 유의확률, 22버전에서는 유의수준으로 표시됩니다. 이는 버전별로 번역이 조금씩 차이가 있기 때문에 다른 것이며, 모두 유의확률인 p값을 의미하므로 같은 것입니다.

### 3) 사후분석 결과 확인

거주지역에 따른 올해 기부 금액은 유의한 차이가 있는 것으로 확인했습니다. 이에 사후분석을 통해 구체적으로 어떤 거주지역 간 올해 기부 금액이 차이 나는지 확인합니다. 만약 거주지역에 따른 올해 기부 금액에 유의한 차이가 없었다면 사후분석 결과는 확인하지 않아도 좋습니다.

사후분석 결과를 확인하기 전에 등분산 가정 여부와 집단 간 케이스 수 동일 여부를 확인하여 Tukey, Scheffe, Bonferroni, Games-Howell 중 어떤 사후분석 결과를 확인할지 판단합니다. 먼저, 분산의 동질성 검정 표를 통해 세 집단 (이상) 간 평균변수의 분산이 같은지 검정합니다. '평균을 기준으로 합니다.'에 있는 CTT 유의확률인 p값이 0.05미만이면 등분산을 가정하지 않는 것으로 판단하고 사후분석으로 Games-Howell을 확인합니다. p값이 0.05 이상이면 등분산을 가정하는 것으로 판단하고 사후분석으로 Tukey, Scheffe, Bonferroni를 확인합니다. 분석 결과, CTT 유의확률은 .038로 나타나 0.05미만이므로 등분산을 가정하지 않는 것으로 판단하고 사후분석으로 Games-Howell을 확인합니다.

**분산의 동질성 검정**

| | | Levene 통계량 | df1 | df2 | CTT 유의확률 |
|---|---|---|---|---|---|
| 올해기부금액(만원) | 평균을 기준으로 합니다. | 3.262 | 2 | 4997 | .038 |
| | 중위수를 기준으로 합니다. | 2.543 | 2 | 4997 | .079 |
| | 자유도를 수정한 상태에서 중위수를 | 2.543 | 2 | 4985.497 | .079 |
| | 절삭평균... 다. | | | | |

0.05 미만=등분산을 가정하지 않음(Games-Howell)
0.05 이상=등분산을 가정함(Tukey, Scheffe, Bonferroni)

[그림 18-13] **일원배치 분산분석 출력 결과 3**

**Know how** **제 SPSS 프로그램에서는 분산의 동질성 검정 표에서 '평균을 기준으로 합니다.'가 없습니다. 문제 있나요?**

SPSS 프로그램 최신 버전에서는 분산의 동질성 검정을 평균, 중위수 등을 기준으로 다양하게 검정합니다. 만약 평균, 중위수 등 다양한 기준에 의한 분산의 동질성 검정이 제시되어 있지 않다면 한 개의 유의확률만 확인할 수 있을 것입니다. 그 값이 곧 '평균을 기준으로 합니다.'의 CTT 유의확률과 동일한 것이므로 그 분석 결과를 통해 등분산 가정 여부를 판단하면 됩니다.

집단 간 케이스 수 동일 여부를 확인하기 위해 기술통계 표를 살펴봅니다. N에 있는 각 집단별 케이스 수를 보고 케이스 수가 동일하면 사후분석으로 Tukey를 확인합니다. 만약 집단별 케이스 수가 동일하지 않다면 사후분석으로 Scheffe, Bonferroni, Games-Howell을 확인합니다. 분석 결과, 대도시 1,767명, 중소도시 1,786명, 농어촌 1,447명으로 확인되어 집단 간 케이스 수가 동일하지 않으므로 사후분석으로 Scheffe, Bonferroni, Games-Howell을 확인합니다.0

종합적으로 등분산이 가정되지 않았고 집단 간 케이스 수도 동일하지 않으므로 Games-Howell로 사후분석 결과를 확인합니다.

**기술통계**

올해기부금액(만원)

| | N | 평균 | 표준편차 | 표준오차 | 평균의 95% 신뢰구간 하한 | 평균의 95% 신뢰구간 상한 | 최소값 | 최대값 |
|---|---|---|---|---|---|---|---|---|
| 대도시 | 1767 | | | | | | | |
| 중소도시 | 1786 | 75 | | | | | | |
| 농어촌 | 1447 | 68 | | | | | | |
| 전체 | 5000 | 74.34 | 57.421 | .812 | 72.75 | 75.93 | 0 | 178 |

집단 간 케이스 수 동일=Tukey
집단 간 케이스 수 비동일=Scheffe, Bonferroni, Games-Howell

[그림 18-14] **일원배치 분산분석 출력 결과 4**

다중비교 표에서 Tukey, Scheffe, Bonferroni, Games-Howell 사후분석 결과 중 등분산 가정 여부와 집단 간 케이스 수 동일 여부에 맞춰 결과를 확인합니다. 이 분석에서는 Games-

Howell을 통해 사후분석 결과를 확인고자 합니다. 다중비교 표에서 중요한 것은 평균 차이에 별표가 있는지입니다. 즉, 평균 차이에 별표가 있다면 해당 집단 간 차이가 있다는 것을 의미하고, 별표가 없다면 차이가 없음을 뜻합니다.

분석 결과를 확인해 보면, 별표가 있는 집단 조합은 대도시-농어촌, 중소도시-농어촌입니다. 즉, 대도시와 농어촌, 중소도시와 농어촌 간에는 올해 기부 금액이 통계적으로 유의하게 차이 난다는 것입니다. 별표가 없는 대도시와 중소도시의 경우 올해 기부 금액이 통계적으로 유의하게 차이가 나지 않는다는 것을 의미합니다.

**다중비교**

종속변수: 올해기부금액(만원)

| | (I) 거주지역규모 | (J) 거주지역규모 | 평균차이(I-J) | 표준오차 | CTT 유의확률 | 95% 신뢰구간 하한 | 95% 신뢰구간 상한 |
|---|---|---|---|---|---|---|---|
| Tukey HSD | 대도시 | 중소도시 | 2.255 | 1.923 | .470 | -2.25 | 6.76 |
| | | 농어촌 | 8.725* | 2.032 | .000 | 3.96 | 13.49 |
| | 중소도시 | 대도시 | -2.255 | 1.923 | .470 | -6.76 | 2.25 |
| | | 농어촌 | 6.470* | 2.027 | .004 | 1.72 | 11.22 |
| | 농어촌 | 대도시 | -8.725* | 2.032 | .000 | -13.49 | -3.96 |
| | | 중소도시 | -6.470* | 2.027 | .004 | -11.22 | -1.72 |
| Scheffe | 대도시 | 중소도시 | 2.255 | 1.923 | .503 | -2.45 | 6.96 |
| | | 농어촌 | 8.725* | 2.032 | .000 | 3.75 | 13.70 |
| | 중소도시 | 대도시 | -2.255 | 1.923 | .503 | -6.96 | 2.45 |
| | | 농어촌 | 6.470* | 2.027 | .006 | 1.51 | 11.43 |
| | 농어촌 | 대도시 | -8.725* | 2.032 | .000 | -13.70 | -3.75 |
| | | 중소도시 | -6.470* | 2.027 | .006 | -11.43 | -1.51 |
| Games-Howell | 대도시 | 중소도시 | 2.255 | 1.910 | .465 | -2.22 | 6.73 |
| | | 농어촌 | 8.725* | 2.055 | .000 | 3.91 | 13.54 |
| | 중소도시 | 대도시 | -2.255 | [illegible] | [illegible] | [illegible] | 2.22 |
| | | 농어촌 | 6.470* | [illegible] | [illegible] | [illegible] | 11.23 |
| | 농어촌 | 대도시 | -8.725* | 2.055 | .000 | -13.54 | -3.91 |
| | | 중소도시 | -6.470* | 2.030 | .004 | -11.23 | -1.71 |

*. 평균차이는 0.05 수준에서 유의합니다.

별표○ =집단 간 차이○
별표× =집단 간 차이×

[그림 18-15] 일원배치 분산분석 출력 결과 5

**Know how** **ANOVA 표에서는 유의한 것으로 나타났는데, 사후분석에서는 유의하지 않았다?**

ANOVA 표에서 F값과 유의확률을 확인했을 때에는 유의확률이 0.05 미만으로 나타나 집단 간 차이가 있는 것으로 나타났는데, 실제 사후분석 결과에서는 유의하게 차이를 보인 집단이 하나도 없을 때가 있습니다. 이런 경우 실제 분석 결과를 작성할 때 집단 간 차이가 있다고 기술하겠지만 사후분석에서는 어떤 집단도 유의한 차이를 보이지 않았다고 작성해야 하기 때문에 난감할 수 있습니다.

해당 문제가 발생하는 이유는 통계적으로 유의하기는 했지만 유의확률이 0.05에 근사치여서 아슬하게 유의한 상황이라고 보면 됩니다. 또한 각 집단별 케이스 수는 작고 편차는 클 때 발생할 수 있습니다.

이러한 문제를 해결하기 위해 현실적으로 많이 활용하는 방법은 다른 사후분석 방법을 확인하는 것입니다. 이를테면, Scheffe를 통해 사후분석을 진행했는데 유의하지 않다면 Scheffe보다는 조금 더 관대한 Bonferroni를 활용할 수도 있습니다. 이 외에 또 다른 해결 방법은 집단별 케이스 수를 늘리는 것입니다.

만약 어떠한 해결 방법도 활용하기 어렵다면 분석 결과 그대로 작성하는 것을 추천합니다. 즉, ANOVA 표에서 F값과 유의확률을 제시하면서 집단 간 차이가 있음을 밝히고 사후분석 결과에서는 유의한 차이를 보이는 집단은 없었다고 제시합니다.

## 5. 분석 결과표 작성

'거주지역에 따른 올해 기부 금액 차이'에 대한 일원배치 분산분석 결과표 작성은 다음과 같습니다. 첫 행에 집단변수의 보기명을 각각 입력하고 그 아래 행에 평균과 표준편차를 입력합니다. 표의 가장 왼쪽 첫 행에는 구분을 넣고 구분 아래에는 평균변수명을 입력합니다. 표의 가장 오른쪽 첫 행에는 F와 사후분석을 입력합니다. 또한 p값(유의확률)과 관련하여 표 아래에 *p < .05, **p < .01, ***p < .001도 입력합니다.

<표> 거주지역에 따른 올해 기부 금액 차이

| 구분 | 대도시 (n= ) | | 중소도시 (n= ) | | 농어촌 (n= ) | | F | 사후분석 ( ) |
|---|---|---|---|---|---|---|---|---|
| | 평균 | 표준편차 | 평균 | 표준편차 | 평균 | 표준편차 | | |
| 올해 기부 금액 | | | | | | | | |

*p < .05, **p < .01, ***p < .001

**Know how** 집단변수 1개-평균변수 2개 이상 VS 집단변수 2개 이상-평균변수 1개

일원배치 분산분석 결과표 형식은 집단변수와 평균변수가 몇 개인지에 따라 차이가 있습니다. 집단변수는 1개인데 평균변수가 2개 이상일 때 다음 표처럼 진행하는 것을 추천합니다.

<표 18-2> 거주지역에 따른 생활비 차이

| 구분 | 대도시 (n= ) | | 중소도시 (n= ) | | 농어촌 (n= ) | | F | 사후분석 ( ) |
|---|---|---|---|---|---|---|---|---|
| | 평균 | 표준편차 | 평균 | 표준편차 | 평균 | 표준편차 | | |
| 식비 | | | | | | | | |
| 교육비 | | | | | | | | |
| 주거비 | | | | | | | | |

*p < .05, **p < .01, ***p < .001

평균변수는 1개인데 집단변수가 2개 이상일 때 〈표 18-3〉처럼 진행하는 것을 추천합니다.

<표 18-3> 결혼상태 및 거주지역에 따른 올해 기부 금액 차이

| 구분 | 분류 | 빈도 | 평균 | 표준편차 | F | 사후분석 ( ) |
|---|---|---|---|---|---|---|
| 결혼상태 | 미혼 | | | | | |
| | 기혼 | | | | | |
| | 기타 | | | | | |
| 거주지역 | 대도시 | | | | | |
| | 중소도시 | | | | | |
| | 농어촌 | | | | | |

*p < .05, **p < .01, ***p < .001

출력 결과에서 N에 있는 각 집단별 케이스 수를 분석 결과표의 'n='에 입력합니다. 또한 각 집단별 평균과 표준편차를 분석 결과표에 입력합니다. 평균과 표준편차는 보통 소수점 둘째 자리까지 제시합니다. 표준편차의 경우 출력 결과에서는 소수점 셋째 자리까지 제시되어 있으므로 소수점 셋째 자리에서 반올림하여 소수점 둘째 자리까지 입력합니다.

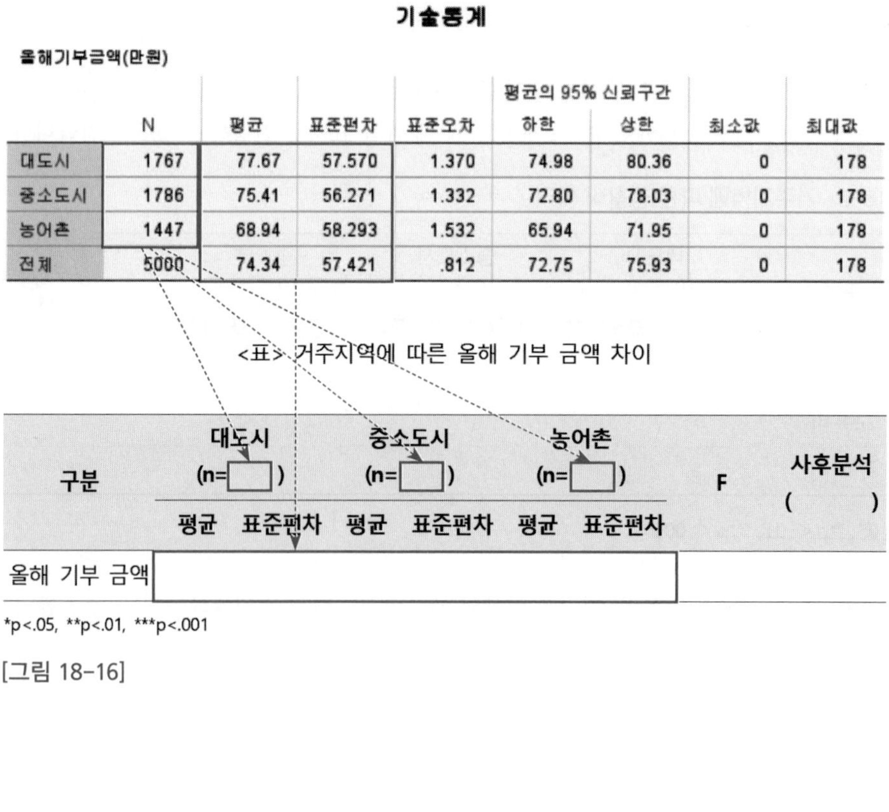

[그림 18-16]

출력 결과의 F값은 분석 결과표의 F 칸에 입력합니다. 출력 결과의 CTT 유의확률(유의확률) 값 또한 분석 결과표의 F 칸에 입력하되, 유의확률 값이 0.05 미만이면 별표 1개(*), 0.01 미만이면 별표 2개(**), 0.001 미만이면 별표 3개(***)로 F값 옆에 표시합니다. 만약 유의확률 값이 0.05 이상이면 별표를 표시하지 않습니다.

**ANOVA**

올해기부금액(만원)

| | 제곱합 | 자유도 | 평균제곱 | F | CTT 유의확률 |
|---|---|---|---|---|---|
| 집단-간 | 63774.567 | 2 | 31887.284 | 9.705 | .000 |
| 집단-내 | 16418621.18 | 4997 | 3285.696 | | |
| 전체 | 16482395.75 | 4999 | | | |

<표> 거주지역에 따른 올해 기부 금액 차이

| 구분 | 대도시 (n=1,767) | | 중소도시 (n=1,786) | | 농어촌 (n=1,447) | | F | 사후분석 ( ) |
|---|---|---|---|---|---|---|---|---|
| | 평균 | 표준편차 | 평균 | 표준편차 | 평균 | 표준편차 | | |
| 올해 기부 금액 | 77.67 | 57.57 | 75.41 | 56.27 | 68.94 | 58.29 | | |

*p<.05, **p<.01, ***p<.001

[그림 18-17]

사후분석 결과도 분석 결과표에 작성해야 합니다. 일원배치 분산분석에서 활용한 사후분석 방법(Tukey, Scheffe, Bonferroni, Games-Howell)이 출력 결과에 표시되는데, 활용한 사후분석 방법을 분석 결과표의 사후분석 괄호 안에 입력합니다. 아울러 분석 결과표에서 각 집단명 옆에 (a), (b), (c)를 작성합니다. 즉, 대도시(a), 중소도시(b), 농어촌(c)으로 작성합니다. 이는 대도시를 a로, 중소도시를 b로, 농어촌을 c로 임의 설정한다는 의미입니다. 분석 결과표에서는 사후분석 결과를 '대도시 > 농어촌'처럼 표시하지 않고 'a > c'로 보다 심플하게 표시하기 위해서 집단명을 (a), (b), (c)로 임의 설정하는 것입니다.

다중비교 표에서 평균 차이에 별표가 있는 집단을 확인합니다. 먼저, '대도시-농어촌'은 별표가 있으므로 대도시와 농어촌 간에 올해 기부 금액은 차이 난다는 것입니다. 대도시 평균 올해 기부 금액은 77.67만 원(SD=57.57), 농어촌은 68.94만 원(SD=58.29)으로 대도시가 농어촌보다 올해 기부 금액이 많습니다. 그러므로 '대도시 > 농어촌'으로 볼 수 있고 대도시는 a, 농어촌은 c로 임의 설정하였으므로 'a > c'로 사후분석 칸에 넣을 수 있습니다.

'중소도시-농어촌'도 별표가 있으므로 중소도시와 농어촌 간에 올해 기부 금액은 차이 난다는 것입니다. 중소도시 평균 올해 기부 금액은 75.41만 원(SD=56.27), 농어촌은 68.94만

원(SD=58.29)으로 중소도시가 농어촌보다 올해 기부 금액이 많습니다. 그러므로 '중소도시 > 농어촌'으로 볼 수 있고 중소도시는 b, 농어촌은 c로 임의 설정하였으므로 'b > c'로 사후분석 칸에 넣을 수 있습니다.

대도시와 중소도시 간 평균 차이에는 별표가 없으므로 대도시와 중소도시 간에 올해 기부 금액은 유의한 차이가 나지 않는다는 것입니다. 대도시 평균 올해 기부 금액은 77.67만 원(SD=57.57), 중소도시는 75.41만 원(SD=56.27)으로 큰 차이가 나지 않음을 확인할 수 있습니다. 대도시와 중소도시 간의 차이는 유의하지 않으므로 사후분석 칸에는 제시하지 않습니다.

사후분석 칸에 넣을 내용은 'a > c'와 'b > c'입니다. 그런데 'a > c'와 'b > c'에서 c가 공통으로 들어가 있으므로 'a, b > c'로 정리할 수 있습니다. 최종적으로 'a, b > c'를 사후분석 칸에 넣어 주면 됩니다.

**다중비교**

종속변수: 올해기부금액(만원)

| | (I) 거주지역규모 | (J) 거주지역규모 | 평균차이(I-J) | 표준오차 | CTT 유의확률 | 95% 신뢰구간 하한 | 95% 신뢰구간 상한 |
|---|---|---|---|---|---|---|---|
| Tukey HSD | 대도시 | 중소도시 | 2.255 | 1.923 | .470 | -2.25 | 6.76 |
| | | 농어촌 | 8.725* | 2.032 | .000 | 3.96 | 13.49 |
| | 중소도시 | 대도시 | -2.255 | 1.923 | .470 | -6.76 | 2.25 |
| | | 농어촌 | 6.470* | 2.027 | .004 | 1.72 | 11.22 |
| | 농어촌 | 대도시 | -8.725* | 2.032 | .000 | -13.49 | -3.96 |
| | | 중소도시 | -6.470* | 2.027 | .004 | -11.22 | -1.72 |
| Scheffe | 대도시 | 중소도시 | 2.255 | 1.923 | .503 | -2.45 | 6.96 |
| | | 농어촌 | 8.725* | 2.032 | .000 | 3.75 | 13.70 |
| | 중소도시 | 대도시 | -2.255 | 1.923 | .503 | -6.96 | 2.45 |
| | | 농어촌 | 6.470* | 2.027 | .006 | 1.51 | 11.43 |
| | 농어촌 | 대도시 | -8.725* | 2.032 | .000 | -13.70 | -3.75 |
| | | 중소도시 | -6.470* | 2.027 | .006 | -11.43 | -1.51 |
| Games-Howell | 대도시 | 중소도시 | 2.255 | 1.910 | .465 | -2.22 | 6.73 |
| | | 농어촌 | 8.725* | 2.055 | .000 | 3.91 | 13.54 |
| | 중소도시 | 대도시 | -2.255 | 1.910 | .465 | -6.73 | 2.22 |
| | | 농어촌 | 6.470* | 2.030 | .004 | 1.71 | 11.23 |
| | 농어촌 | 대도시 | -8.725* | 2.055 | .000 | -13.54 | -3.91 |
| | | 중소도시 | -6.470* | 2.030 | .004 | -11.23 | -1.71 |

*. 평균차이는 0.05 수준에서 유의합니다.

<표> 거주지역에 따른 올해 기부 금액 차이

| 구분 | 대도시 (a) (n=1,767) | | 중소도시 (b) (n=1,786) | | 농어촌 (c) (n=1,447) | | F | 사후분석 ( ) |
|---|---|---|---|---|---|---|---|---|
| | 평균 | 표준편차 | 평균 | 표준편차 | 평균 | 표준편차 | | |
| 올해 기부 금액 | 77.67 | 57.57 | 75.41 | 56.27 | 68.94 | 58.29 | 9.705*** | |

*p<.05, **p<.01, ***p<.001

[그림 18-18]

**체크? 체크!** **ANOVA 표에서 유의확률(p값)이 유의하지 않은 경우 사후분석 결과 작성 방법**

ANOVA 표에서 유의확률(p값)이 유의하지 않은 것으로 확인되었다면, 집단 간 차이가 없다는 의미이므로 이 경우에는 집단을 (a), (b), (c)로 임의 설정하지 않아도 되며, 분석 결과표에 사후분석 칸 자체를 제외해도 됩니다.

출력 결과의 내용을 분석 결과표에 입력하면 다음과 같이 완성됩니다.

<표> 거주지역에 따른 올해 기부 금액 차이

| 구분 | 대도시(a) (n=1,767) | | 중소도시(b) (n=1,786) | | 농어촌(c) (n=1,447) | | F | 사후분석 (Games-Howell) |
|---|---|---|---|---|---|---|---|---|
| | 평균 | 표준편차 | 평균 | 표준편차 | 평균 | 표준편차 | | |
| 올해 기부 금액 | 77.67 | 57.57 | 75.41 | 56.27 | 68.94 | 58.29 | 9.705*** | a, b > c |

*p < .05, **p < .01, ***p < .001

## 6. 분석 결과 해석 작성

일원배치 분산분석 결과에 대한 해석 작성은 다음과 같이 3단계로 진행합니다.

❶ 분석 목적과 분석 방법 작성
"거주지역에 따른 올해 기부 금액 차이를 확인하고자 일원배치 분산분석을 진행하였다."고 작성합니다.

❷ 분석 결과표에 제시된 빈도와 비율 작성
거주지역에 따른 올해 기부 금액의 평균과 표준편차를 차례대로 기술합니다.

❸ F값과 p값을 통한 결과와 사후분석 결과 작성
- p값이 0.05 미만이면, "이러한 차이가 유의한지 확인하기 위해 일원배치 분산분석을 실시한 결과, F=9.705(p<.001)로 나타나 거주지역에 따른 올해 기부 금액 차이가 있는 것으로 확인되었다."고 적고, 사후분석 결과를 작성합니다. "즉, 대도시와 중소도시는 농어촌보다 올해 기부 금액이 통계적으로 유의하게 많은 것으로 분석되었다."
- p값이 0.05 이상이면, "이러한 차이가 유의한지 확인하기 위해 일원배치 분산분석을 실시한 결과, 거주지역에 따른 올해 기부 금액 차이는 유의하지 않은 것으로 나타났다."고 작성합니다.

이 3단계에 맞춰 일원배치 분산분석 결과에 대한 해석을 작성하면 다음과 같습니다.

❶ 거주지역에 따른 올해 기부 금액 차이를 확인하고자 일원배치 분산분석을 진행하였다. ❷ 대도시의 평균 올해 기부 금액은 77.67만 원(SD=57.57), 중소도시는 75.41만 원(SD=56.27), 농어촌은 68.94만 원(SD=58.29)으로 분석되어 차이를 드러냈다. ❸ 이러한 차이가 유의한지 확인하기 위해 일원배치 분산분석을 실시한 결과, F=9.705(p<.001)로 나타나 거주지역에 따른 올해 기부 금액 차이가 있는 것으로 확인되었다. 즉, 대도시와 중소도시는 농어촌보다 올해 기부 금액이 통계적으로 유의하게 많은 것으로 분석되었다.

**[일원배치 분산분석 결과표 및 해석 예시]**

거주지역에 따른 올해 기부 금액 차이를 확인하고자 일원배치 분산분석을 진행하였다. 대도시의 평균 올해 기부 금액은 77.67만 원(SD=57.57), 중소도시는 75.41만 원(SD=56.27), 농어촌은 68.94만 원(SD=58.29)으로 분석되어 차이를 드러냈다. 이러한 차이가 유의한지 확인하기 위해 일원배치 분산분석을 실시한 결과, F=9.705(p<.001)로 나타나 거주지역에 따른 올해 기부 금액 차이가 있는 것으로 확인되었다. 즉, 대도시와 중소도시는 농어촌보다 올해 기부 금액이 통계적으로 유의하게 많은 것으로 분석되었다.

<표> 거주지역에 따른 올해 기부 금액 차이

| 구분 | 대도시(a) (n=1,767) | | 중소도시(b) (n=1,786) | | 농어촌(c) (n=1,447) | | F | 사후분석 (Games-Howell) |
|---|---|---|---|---|---|---|---|---|
| | 평균 | 표준편차 | 평균 | 표준편차 | 평균 | 표준편차 | | |
| 올해 기부 금액 | 77.67 | 57.57 | 75.41 | 56.27 | 68.94 | 58.29 | 9.705*** | a, b>c |

*p<.05, **p<.01, ***p<.001

제19장

# 요인분석

## Key Point

요인분석 이해

- 리커트 척도의 타당도를 검증할 때 진행

요인분석 변수 구성

리커트 척도 + X = 요인분석

요인분석 관련 각종 기준

- KMO 측도값: 0.5 이상
- Bartlett의 구형성 검정 유의확률: 0.05 미만
- 공통성: 0.4 미만
- 고유값: 1 이상
- 누적분산: 50% 이상
- 적합도 검정 유의확률: 0.05 미만
- 요인적재량: 0.4 이상(엄격하게는 0.5 이상)

요인분석 메뉴

- SPSS 프로그램 메뉴에서 '분석-차원 축소-요인분석'

# 1. 요인분석 이해

요인분석은 보통 리커트 척도의 타당도를 검증할 때 진행합니다. 즉, 요인분석은 리커트 척도가 측정하고자 하는 개념을 정확히 측정하고 있는지 확인할 때 활용합니다.

• 리커트 척도의 타당도를 검증할 때

다만, SPSS 프로그램은 통계프로그램이기 때문에 척도의 측정하고자 하는 개념이 무엇인지 알 수 없고, 또 A 문항이 측정하고자 하는 개념을 정확히 측정하고 있는지도 판단할 수 없습니다. 이에 요인분석은 같은 개념을 측정하는 변수들의 상관관계를 확인하여 동일한 요인으로 묶이는지 살펴봄으로써 측정하고자 하는 개념을 정확히 측정하고 있는지 확인합니다. 예를 들어, 아래 5개의 문항이 있는 리커트 척도에서 요인분석 결과, 변수 1번과 2번은 요인1로 묶이고, 변수 3번, 4번, 5번은 요인2로 묶였습니다. 즉, 변수 1번과 변수 2번 간 상관관계가 높았고, 변수 3번, 4번, 5번 간 상관관계가 높았기 때문에 각각 요인1과 요인2로 묶인 것입니다.

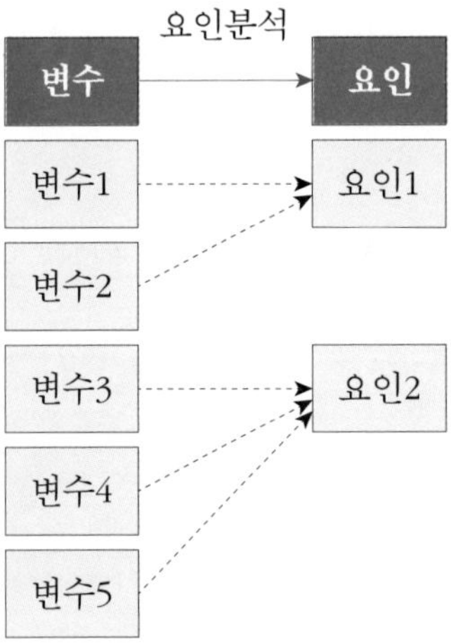


[그림 19-1] 요인분석의 개념 1

만약 다음과 같이 요인분석을 진행한 결과, 변수 3번이 요인1과 요인2로 모두 묶이거나 요인1과 요인2 어디에도 묶이지 않는다면 변수 3번을 삭제할 수 있습니다. 또한 변수 3번이 본래 요인2에 묶여야 하는데, 반대로 요인1에 묶인다면 제대로 측정하고 있지 못한다고 판단하고 변수 3번을 삭제할 수 있습니다. 요인분석을 통해 문제가 있는 변수를 삭제함으로써 측정하고자 하는 개념을 동일하게 측정한 변수만 남기는 것입니다. 즉, 요인분석은 제대로 묶이지 않는 변수를 삭제하여 척도의 타당도를 높일 수 있습니다.

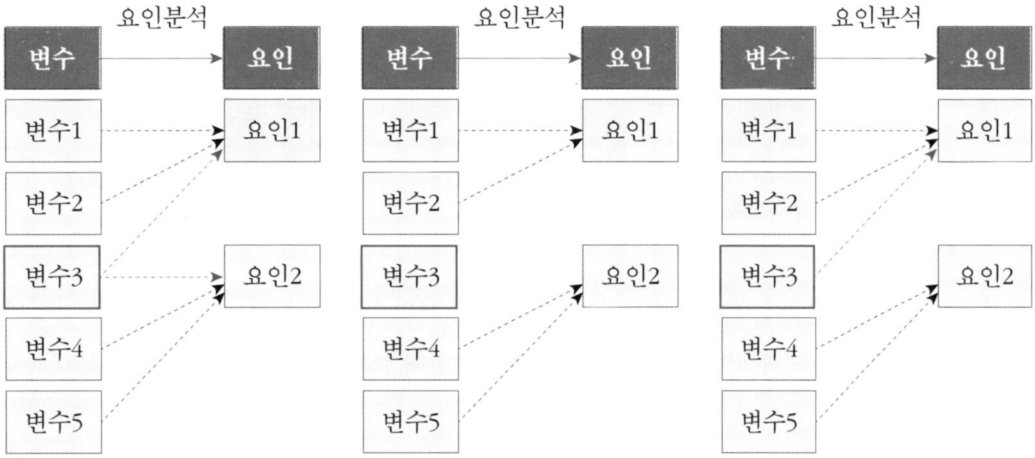


[그림 19-2] 요인분석의 개념 2

SPSS 프로그램에서 진행하는 요인분석은 탐색적 요인분석으로 척도에 대한 이론적 백업이 없을 때 진행합니다. 탐색적 요인분석은 주로 척도 개발할 때 척도의 타당도를 검증하기 위해 활용합니다. 즉, 새로운 척도를 개발하거나 해외에서 개발한 척도를 번안하여 한국판 척도로 개발할 때 탐색적 요인분석을 진행합니다.

**Know how** **척도 개발이 아니라 기존에 개발된 척도를 사용할 때 하는 요인분석은?**

만약 기존에 개발된 척도의 타당도를 확인해야 한다면, 그때는 요인분석 중에서도 확인적 요인분석을 진행해야 합니다. 즉, 기존 척도에서 나눈 요인대로 자신의 데이터에서도 동일하게 나누어지는지 확인할 때 확인적 요인분석을 합니다. 확인적 요인분석은 Amos나 Mplus 등의 통계프로그램을 이용하여 진행할 수 있습니다.

여기서 중요한 것은 이미 기존에 만들어진 척도를 요인분석할 때는 탐색적 요인분석이 아닌 확인적 요인분석을 해야 한다는 것입니다. 그럼에도 불구하고 이미 만들어진 척도를 가지고 요인분석을 할 때, 탐색적 요인분석으로 진행하는 경우가 많은데 이는 잘못된 관습일 가능성이 높습니다.

## 2. 요인분석 변수 구성

요인분석은 리커트 척도가 있을 때 진행할 수 있습니다.

리커트 척도 + X = 요인분석

[그림 19-3] **요인분석 변수 구성**

리커트 척도는 하나의 개념을 측정하기 위해 여러 개의 문항으로 질문하는 척도를 말합니다. 예를 들어, 회복탄력성이라는 리커트 척도를 확인해 보면, 회복탄력성이라는 개념을 측정하기 위해서 총 5개의 문항으로 질문하고 있습니다. 이러한 변수들로 구성되어 있다면, 요인분석을 통해 '회복탄력성의 타당도 검증'을 진행할 수 있습니다.

**1.** 다음은 회복탄력성에 대한 질문입니다. 각 문항을 읽고 해당 사항에 체크하여 주십시오.

| 회복탄력성 | 전혀 그렇지 않다 | 그렇지 않다 | 보통 이다 | 그렇다 | 매우 그렇다 |
|---|---|---|---|---|---|
| 1. 문제가 생기면 해결 방안에 대해 생각한 후 해결하려고 노력한다. | ① | ② | ③ | ④ | ⑤ |
| 2. 나는 대부분 상황에서 문제의 원인을 잘 알고 있다고 믿는다. | ① | ② | ③ | ④ | ⑤ |
| 3. 누군가가 나에게 화를 낼 경우 나는 우선 그 사람의 의견을 잘 듣는다. | ① | ② | ③ | ④ | ⑤ |
| 4. 일이 생각대로 안 풀려도 쉽게 포기하지 않는다. | ① | ② | ③ | ④ | ⑤ |
| 5. 당장 해야 할 일이 있으면 나는 어떠한 유혹이나 방해도 잘 이겨 낼 수 있다. | ① | ② | ③ | ④ | ⑤ |

회복탄력성 (리커트 척도) + X = 요인분석

[그림 19-4] **요인분석 예시**

## 3. 요인분석 실습

### 실습 요인분석

- 실습내용: 회복탄력성의 타당도 검증
- 실습파일: SPSS data.sav
- 활용변수: 회복탄력성1, 회복탄력성2, 회복탄력성3, 회복탄력성4, 회복탄력성5

**1** 회복탄력성의 타당도를 검증하기 위해 요인분석을 진행합니다. 메뉴의 ❶ 분석을 클릭하고 ❷ 차원 축소를 클릭한 후 ❸ 요인분석을 선택합니다.

[그림 19-5]

2 요인분석 창이 열리면, ❶ 회복탄력성1 변수를 클릭한 후 ❷ Shift 키를 누르면서 회복탄력성5 변수를 클릭합니다. 그렇게 하면 회복탄력성1 변수부터 회복탄력성5 변수까지 모두 선택됩니다. 만약 어렵다면 변수 한 개씩 옮기는 것을 추천합니다. 그런 다음 ❸ ➔ 버튼을 누릅니다.

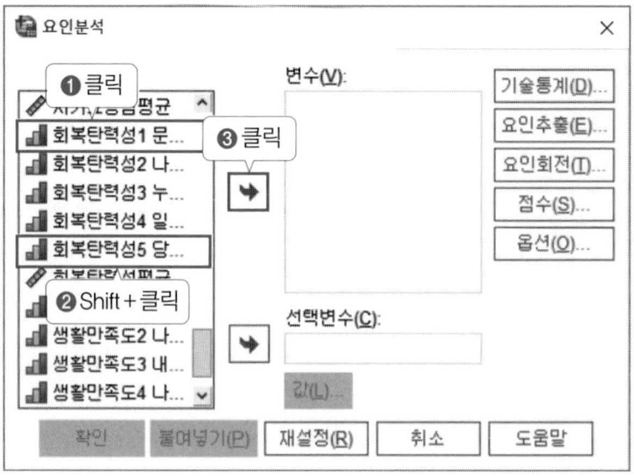


[그림 19-6]

3 ❶ 기술통계를 클릭한 후 요인분석: 기술통계 창이 열리면, ❷ KMO와 Bartlett의 구형성 검정을 클릭합니다. KMO와 Bartlett의 구형성 검정은 데이터가 요인분석을 하기에 적합한지 판단하는 검정입니다. ❸ 계속을 클릭하여 요인분석: 기술통계 창을 닫습니다.

[그림 19-7]

**4** 요인분석 창에서 ❶ 요인추출을 클릭하면 요인분석: 요인추출 창이 열립니다. 방법에서 ❷ 주성분을 클릭한 후 ❸ 최대우도를 클릭합니다. 그런 다음 ❹ 계속을 클릭하여 요인분석: 요인추출 창을 닫습니다.

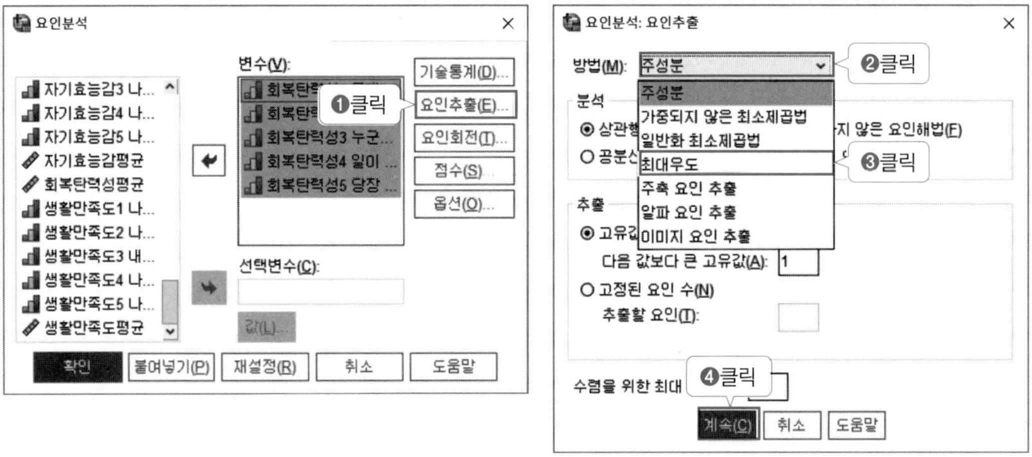


[그림 19-8]

**Know how** **주성분분석 VS 공통요인분석(최대우도)**

주성분분석과 공통요인분석의 차이점은 요인을 추출할 때 활용하는 자료입니다. 즉, 주성분분석은 요인을 추출할 때 변수들의 총분산을 활용하고, 공통요인분석(최대우도)은 변수 간 공통분산을 활용합니다.

보통 요인분석을 할 때 주성분분석을 선택하는 분들이 많습니다. 다만, 학계에서는 주성분분석으로 요인분석을 하기에는 적합하지 않다는 논의가 많이 이루어지고 있고, 공통요인분석 중 최대우도를 통해 요인을 추정하는 방식이 더 정확하기 때문에 추천되고 있습니다.

## Know how 요인 수 지정하기

요인분석을 진행하면 몇 개의 요인이 추출될지 모릅니다. 그런데 만약 사전에 리커트 척도의 하위요인이 몇 개인지 알고 있거나 추출되어야 할 요인 수가 정해져 있다면, 요인분석: 요인추출 창에서 고정된 요인 수에 하위요인 또는 요인 수를 입력하는 것도 좋습니다. 참고로 고정된 요인 수에 3을 입력하면 무조건 3개의 요인이 추출됩니다.

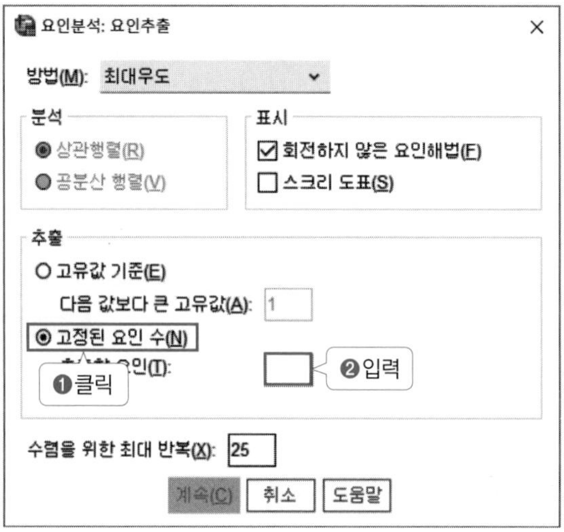


[그림 19-9]

5 요인분석 창에서 ❶ 요인회전을 클릭하면 요인분석: 요인회전 창이 열립니다. 방법에서 ❷ 직접 오블리민을 클릭한 후 ❸ 계속을 클릭하여 요인분석: 요인회전 창을 닫습니다.

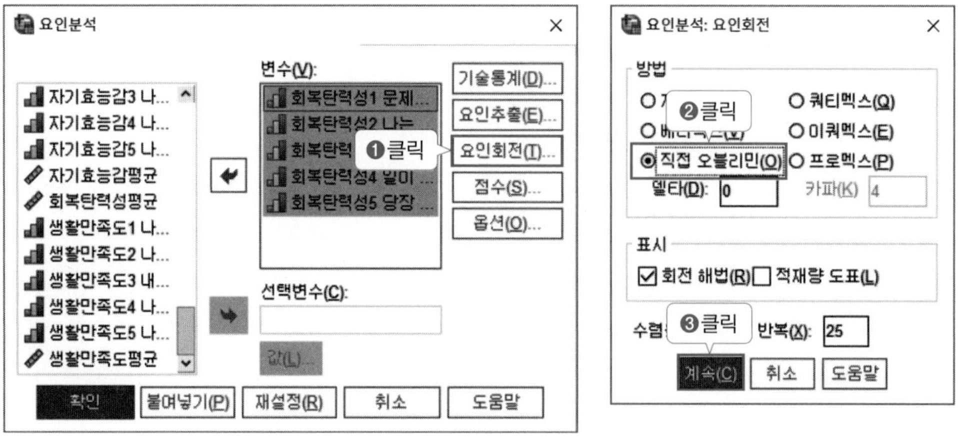


[그림 19-10]

**Know how** 직각회전 VS 사각회전

직각회전은 요인들이 서로 독립적이라고 가정할 때(요인들 간에 상관관계가 없다) 진행하는 회전 방식이고, 사각회전은 요인들이 비독립적이라고 가정할 때(요인들 간에 상관관계가 있다) 진행하는 회전 방식입니다.

리커트 척도인 경우 변수들을 통해 추출된 요인들이 서로 관계가 없다고 볼 수 없습니다. 보다 쉽게 생각해 보면 리커트 척도 안에 있는 각 문항이 전혀 관계가 없을까요? 애초에 리커트 척도 자체가 하나의 개념을 측정하기 위해 여러 문항으로 질문한 것이기 때문에 리커트 척도 안에 변수들은 유사할 수밖에 없습니다. 이렇듯 유사한 변수들로 추출한 요인은 관계가 없을 수 없으므로 요인들 간 관계가 있다고 가정하는 사각회전을 진행해야 합니다.

직각회전에는 베리맥스, 쿼티맥스, 이쿼맥스가 있고, 이중 베리맥스를 가장 많이 활용합니다. 사각회전에는 직접 오블리민, 프로맥스가 있고, 직접 오블리민을 많이 활용합니다.

참고로 요인추출 방법으로 주성분분석을 선택했다면 직각회전인 베리맥스, 쿼티맥스, 이쿼맥스를 진행하면 되고, 공통요인분석인 최대우도를 선택했다면 사각회전인 직접 오블리민, 프로맥스를 진행하면 됩니다.

**6** ❶ 확인을 클릭하여 요인분석 창을 닫습니다.

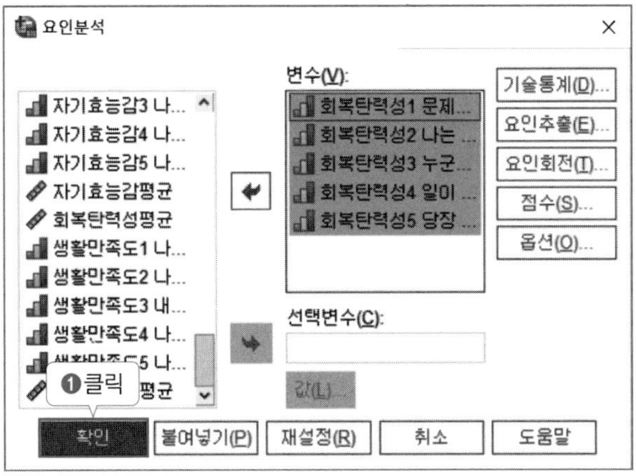

[그림 19-11]

## 4. 출력 결과 해석

### 1) KMO와 Bartlett의 검정 표에서 KMO 측도값과 Bartlett의 구형성 검정 유의확률 확인

출력 결과 창을 확인해 보면 먼저 KMO와 Bartlett의 검정 표를 살펴볼 수 있습니다. 표본 적절성의 Kaiser-Meyer-Olkin 측도는 약자로 KMO 측도라고 불립니다. KMO 측도를 확인해 보면 .761로 나타나 요인분석을 진행하기에 표본이 적절한 것으로 나타났습니다. KMO 측도는 1에 가까울수록 좋고, 적어도 0.5 이상은 되어야 요인분석을 진행할 수 있습니다.

Bartlett의 구형성 검정에서 유의확률은 0.05 미만으로 나타나면 데이터가 요인분석을 하기에 적합하다고 판단할 수 있습니다. 그러나 0.05 이상으로 나타나면 요인분석을 진행할 수 없습니다. 분석 결과, Bartlett의 구형성 검정에서 유의확률은 .000으로 나타나 데이터가 요인분석을 하기에 적합한 것으로 확인되었습니다.

종합하면 KMO 측도와 Bartlett의 구형성 검정 모두 요인분석을 하기에 데이터가 적합한 것으로 확인되어 요인분석을 진행할 수 있습니다. 만약 KMO 측도와 Bartlett의 구형성 검정 중 하나라도 기준에 적합하지 않다면 요인분석을 진행할 수 없습니다.

**KMO와 Bartlett의 검정**

| | | |
|---|---|---|
| 표본 적절성의 Kaiser-Meyer-Olkin 측도. | | .761 |
| Bartlett의 구형성 검정 | 근사 카이제곱 | 35666.555 |
| | 자유도 | 10 |
| | 유의확률 | .000 |

0.5 미만=요인분석×
0.5 이상=요인분석○

0.05 미만=요인분석○
0.05 이상=요인분석×

[그림 19-12] **요인분석 출력 결과 1**

### 2) 공통성 표에서 추출값 확인

공통성은 추출된 요인들에 의해 각 변수가 얼마나 설명되는지를 나타내는 값입니다. 예를 들어, 회복탄력성1 변수의 경우 추출값이 .801로 추출된 요인에 의해 80.1% 설명되는 것으로 확인되었습니다. 공통성에서는 변수들 중 추출된 값이 0.4 미만이라면 추출된 요인으로 40%도 설명되지 못하는 것이기 때문에 해당 변수는 삭제한 후 다시 요인분석을 진행해야 합니다. 이 분석 결과에서는 0.4 미만이 없으므로 삭제할 변수는 없습니다. 다만, 0.4 미만이라고 해서 무조건 삭제해야 하는 것은 아닙니다. 추후 제시되는 '패턴 행렬' 값들을 보면서 공통성에서 0.4 미만으로 나온 변수가 요인으로 구분되지 않을 경우 삭제합니다.

**공통성[a]**

| | 초기 | 추출 |
|---|---|---|
| 회복탄력성1 문제가 생기면 해결 방안에 대해 생각한 후 해결하려고 노력한다. | .756 | .801 |
| 회복탄력성2 나는 대부분 상황에서 문제의 원인을 잘 알고 있다고 믿는다. | .752 | .939 |
| 회복탄력성3 누군가가 나에게 화를 낼 경우 나는 우선 그 사람의 의견을 잘 듣는다. | .950 | .964 |
| 회복탄력성4 일이 생각대로 안 풀려도 쉽게 포기하지 않는다. | .958 | .980 |
| 회복탄력성5 당장 해야 할 일이 있으면 나는 어떠한 유혹이나 방해도 잘 이겨낼 수 있다. | .926 | .938 |

추출 방법: 최대우도.

a. 반복계산 중 1보다 큰 하나 이상의 공통성 추정량이 나타났습니다. 결과해법은 주의하여 해석해야 합니다.

0.4 미만=해당 변수 삭제

[그림 19-13] 요인분석 출력 결과 2

## 3) 설명된 총분산 표에서 고유값과 누적분산 확인

설명된 총분산 표에서는 몇 개의 요인이 추출되었고, 또 요인이 변수들을 얼마나 설명하는지 확인할 수 있습니다. 설명된 총분산 표는 총 3개의 표(초기 고유값, 추출 제곱합 적재량, 회전 제곱합 적재량)로 구성되어 있습니다. 초기 고유값과 추출 제곱합 적재량, 그리고 회전 제곱합 적재량에 있는 '전체'는 고유값을 의미하고 '% 분산'은 설명분산, '누적 %'는 누적분산을 의미합니다.

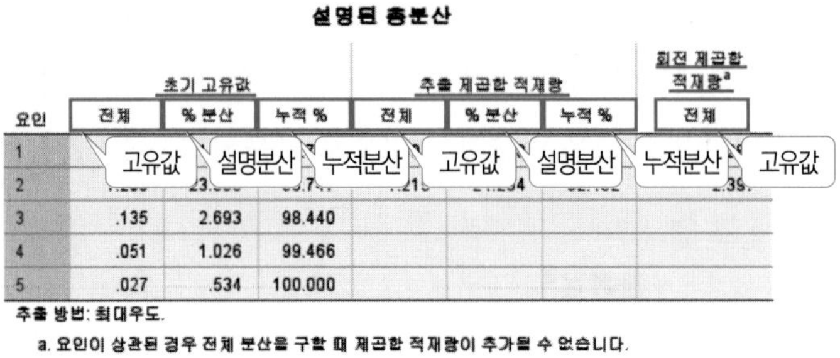


설명된 총분산

| 요인 | 초기 고유값 | | | 추출 제곱합 적재량 | | | 회전 제곱합 적재량[a] |
|---|---|---|---|---|---|---|---|
| | 전체 | % 분산 | 누적 % | 전체 | % 분산 | 누적 % | 전체 |
| 1 | [illegible] | [illegible] | [illegible] | [illegible] | [illegible] | [illegible] | [illegible] |
| 2 | [illegible] | [illegible] | [illegible] | [illegible] | [illegible] | [illegible] | [illegible] |
| 3 | .135 | 2.693 | 98.440 | | | | |
| 4 | .051 | 1.026 | 99.466 | | | | |
| 5 | .027 | .534 | 100.000 | | | | |

추출 방법: 최대우도.

a. 요인이 상관된 경우 전체 분산을 구할 때 제곱합 적재량이 추가될 수 없습니다.

[그림 19-14] **요인분석 출력 결과 3**

## 체크? 체크! 초기 고유값 VS 추출 제곱합 적재량 VS 회전 제곱합 적재량

초기 고유값에서는 리커트 척도의 변수 개수대로 요인이 추출된 경우에 각 요인의 고유값과 각 요인의 설명력을 제시합니다. 추출 제곱합 적재량은 공통요인분석(최대우도)으로 추출된 요인 중 고유값이 1이 넘는 요인들의 고유값과 각 요인의 설명력을 제시합니다. 회전 제곱합 적재량은 추출 제곱합 적재량을 기준으로 사각회전(직접 오블리민)한 결과로 얻어진 각 요인별 고유값을 제시합니다.

설명된 총분산 표에서는 초기 고유값에서 고유값(전체)이 1을 넘는 요인 수가 몇 개인지 확인합니다. 요인1은 3.587, 요인2는 1.200으로 확인되어 고유값이 1을 넘는 요인 수는 총 2개입니다. 추출 제곱합 적재량의 누적분산(누적 %)을 통해 추출된 요인이 전체 변수를 얼마나 설명하는지 파악할 수 있습니다. 추출 제곱합 적재량의 누적분산은 적어도 50% 이상 되어야 요인분석 결과를 제시하는 데 의미가 있습니다. 이 분석 결과에서는 추출된 2개의 요인이 전체 변수의 92.452% 설명하는 것으로 확인되었습니다.

설명된 총분산

| 요인 | 초기 고유값 | | | 추출 제곱합 적재량 | | | 회전 제곱합 적재량[a] |
|---|---|---|---|---|---|---|---|
| | 전체 | % 분산 | 누적 % | 전체 | % 분산 | 누적 % | 전체 |
| 1 | 3.587 | 71.749 | 71.749 | 3.408 | 68.158 | 68.158 | 3.280 |
| 2 | 1.200 | 23.998 | 95.747 | 1.215 | 24.294 | 92.452 | 2.397 |
| 3 | .135 | 2.693 | 98.440 | | | | |
| 4 | .051 | 1.026 | 99.466 | | | | |
| 5 | .027 | .534 | 100.000 | | | | |

추출 방법: 최대우도.

a. 요인이 상관된 경우 전체 분산을 구할 때 제곱합 적재량이 추가될 수 없습니다.

[그림 19-15] **요인분석 출력 결과 4**

## 체크? 체크! 고유값, 설명분산, 누적분산의 의미

❶ 고유값

고유값은 각 요인이 설명할 수 있는 정보의 양(변수들의 분산)을 말합니다. 예를 들어, 회복탄력성 리커트 척도는 총 5개의 변수로 이루어져 있습니다. 1개 변수당 1의 정보를 가지고 있으므로 전체 정보의 양은 5입니다. 이때 1번 요인의 고유값이 3.408, 2번 요인이 1.215로 나왔다면 전체 정보 5 중 요인1과 요인2에 의해서 4.623(3.408+1.215)만큼이나 설명되는 것입니다. 요인1과 요인2에 의해 설명하는 정보의 양을 %로 확인하면 (3.408+1.215)/5×100=92.46%입니다. 참고로 고유값이 1을 넘을 때 요인으로 인정하는 이유는 1개 변수당 1의 정보를 가지고 있는데 요인이 1 미만의 정보를 갖는다면 제대로 된 정보를 가지고 있지 못하다고 판단하기 때문입니다.

❷ 설명분산

설명분산은 각 요인이 설명할 수 있는 정보의 양(변수들의 분산)을 %로 나타낸 것입니다. 즉, 요인1의 고유값은 3.408입니다. 전체 정보는 5이므로 전체 정보 대비 요인1의 고유값을 %로 나타내면 (3.408÷5)×100=68.16%입니다. 요인2의 고유값은 1.215이므로 (1.215÷5)×100=24.30%입니다.

❸ 누적분산

누적분산은 설명분산을 계속 누적하여 합산한 값입니다. 요인1과 요인2의 설명분산을 합산하면 68.16%+24.30%=92.46%입니다.

**설명된 총분산**

| 요인 | 초기 고유값 | | | 추출 제곱한 적재량 | | | 회전 제곱한 적재량[a] |
|---|---|---|---|---|---|---|---|
| | 전체 | % 분산 | 누적 % | ❶ 전체 | ❷ % 분산 | ❸ 누적 % | 전체 |
| 1 | 3.587 | 71.749 | 71.749 | 3.408 | 68.158 | 68.158 | 3.280 |
| 2 | 1.200 | 23.998 | 95.747 | 1.215 | 24.294 | 92.452 | 2.397 |
| 3 | .135 | 2.693 | 98.440 | | | | |
| 4 | .051 | 1.026 | 99.466 | | | | |
| 5 | .027 | .534 | 100.000 | | | | |

추출 방법: 최대우도.

a. 요인이 상관된 경우 전체 분산을 구할 때 제곱한 적재량이 추가될 수 없습니다.

[그림 19-16] 고유값, 설명분산, 누적분산의 의미

적합도 검정은 주성분분석에서는 제시되지 않고 공통요인분석(최대우도)을 진행했을 때만 나타납니다. 적합도 검정 표의 유의확률 값이 0.05 미만으로 나타나면 요인분석 결과가 적합하다고 판단하는 것입니다. 만약 0.05 이상으로 나타나면 요인분석 결과가 적합하지 않다고 판단하고 분석 결과를 신뢰할 수 없습니다.

**적합도 검정**

| 카이제곱 | 자유도 | 유의확률 |
|---|---|---|
| 6.698 | 1 | .010 |

0.05 미만=요인분석 결과 적합○
0.05 이상=요인분석 결과 적합×

[그림 19-17] **요인분석 출력 결과 5**

## 4) 패턴 행렬 표에서 요인별 분산 확인

패턴 행렬 표는 직접 오블리민으로 사각회전을 한 후의 값으로 패턴 행렬 표를 통해 요인별 변수를 확인할 수 있습니다. 패턴 행렬 표에서는 먼저 요인번호와 요인적재량을 확인합니다. 보통 변수의 요인적재량이 0.4 이상(엄격하게는 0.5 이상)이면 해당 요인에 묶이는 것으로 판단합니다. 이를테면, 회복탄력성1의 경우 요인1은 .036, 요인2는 .877로 나타나 0.4 이상으로 나타난 요인2에 묶이는 것으로 판단합니다. 최종적으로 요인1에는 회복탄력성3, 회복탄력성4, 회복탄력성5가 묶이는 것으로 나타났고, 요인2에는 회복탄력성1, 회복탄력성2가 묶이는 것으로 분석되었습니다.

**패턴 행렬[a]**

| | 요인 1 | 요인 2 |
|---|---|---|
| 회복탄력성1 문제가 생기면 해결 방안에 대해 생각한 후 해결하려고 노력한다. | .036 | .877 |
| 회복탄력성2 나는 대부분 상황에서 문제의 원인을 잘 알고 있다고 믿는다. | -.034 | .985 |
| 회복탄력성3 누군가가 나에게 화를 낼 경우 나는 우선 그 사람의 의견을 잘 듣는다. | .984 | -.005 |
| 회복탄력성4 일이 생각대로 안 풀려도 쉽게 포기하지 않는다. | .982 | .017 |
| 회복탄력성5 당장 해야할 일이 있으면 나는 어떠한 유혹이나 방해도 잘 이겨낼 수 있다. | .973 | -.009 |

추출 방법: 최대우도.
회전 방법: 카이저 정규화가 있는 오블리민.
a. 3 반복계산에서 요인회전이 수렴되었습니다.

요인번호
요인적재량

**패턴 행렬[a]**

| | 요인 1 | 요인 2 |
|---|---|---|
| 회복탄력성1 문제가 생기면 해결 방안에 대해 생각한 후 해결하려고 노력한다. | .036 | .877 |
| 회복탄력성2 나는 대부분 상황에서 문제의 원인을 잘 알고 있다고 믿는다. | -.034 | .985 |
| 회복탄력성3 누군가가 나에게 화를 낼 경우 나는 우선 그 사람의 의견을 잘 듣는다. | .984 | -.005 |
| 회복탄력성4 일이 생각대로 안 풀려도 쉽게 포기하지 않는다. | .982 | .017 |
| 회복탄력성5 당장 해야할 일이 있으면 나는 어떠한 유혹이나 방해도 잘 이겨낼 수 있다. | .973 | -.009 |

추출 방법: 최대우도.
회전 방법: 카이저 정규화가 있는 오블리민.
a. 3 반복계산에서 요인회전이 수렴되었습니다.

0.4 이상인 변수 묶기

[그림 19-18] **요인분석 출력 결과 6**

**체크? 체크!** **요인적재량=요인적재값=요인적재치=요인부하량=factor loading**

요인적재량은 요인적재값, 요인적재치, 요인부하량, factor loading이라고도 합니다. 요인적재량은 각 변수와 해당 요인 간의 상관관계 정도를 의미합니다. 즉, 요인적재량이 높으면 해당 변수와 요인 간의 관계가 높음을 의미합니다.

다만, 패턴 행렬 표에서 변수들이 요인으로 문제없이 잘 묶이는 경우는 많지 않습니다. 즉, 다음과 같은 문제가 발생할 수 있습니다.

❶ 묶이는 요인이 2개 이상일 수 있습니다. 회복탄력성3의 경우 요인1과 요인2의 요인적재량이 0.4 이상으로 나타나 요인1과 요인2에 모두 묶이는 것으로 나타났습니다. 이럴 때에는 회복탄력성3을 제외하고 다시 요인분석을 진행해야 합니다.

❷ 묶이는 요인이 없을 수 있습니다. 회복탄력성3의 경우 요인1과 요인2의 요인적재량이 0.4 미만으로 나타나 요인1과 요인2에 모두 묶이지 않는 것으로 나타났습니다. 이럴 때에는 회복탄력성3을 제외하고 다시 요인분석을 진행해야 합니다.

❸ 본래 묶여야 하는 요인이 아니라 다른 요인에 묶이는 경우가 발생할 수 있습니다. 사전 정보를 통해 회복탄력성3이 본래 요인2에 묶였어야 했는데 요인1에 묶이는 것으로 나타났습니다. 이럴 때에도 회복탄력성3을 제외하고 다시 요인분석을 진행해야 합니다.

**패턴 행렬**[a]

❶ 묶이는 요인 2개

| | 요인 1 | 요인 2 |
|---|---|---|
| 회복탄력성1 문제가 생기면 해결 방안에 대해 생각한 후 해결하려고 노력한다. | .036 | .877 |
| 회복탄력성2 나는 대부분 상황에서 문제의 원인을 잘 알고 있다고 믿는다. | -.034 | .985 |
| 회복탄력성3 누군가가 나에게 화를 낼 경우 나는 우선 그 사람의 의견을 잘 듣는다. | .984 | .577 |
| 회복탄력성4 일이 생각대로 안 풀려도 쉽게 포기하지 않는다. | .982 | .017 |
| 회복탄력성5 당장 해야할 일이 있으면 나는 어떠한 유혹이나 방해도 잘 이겨낼 수 있다. | .973 | -.009 |

추출 방법: 최대우도.
회전 방법: 카이저 정규화가 있는 오블리민.
a. 3 반복계산에서 요인회전이 수렴되었습니다.

**패턴 행렬**[a]

❷ 묶이는 요인 ×

| | 요인 1 | 요인 2 |
|---|---|---|
| 회복탄력성1 문제가 생기면 해결 방안에 대해 생각한 후 해결하려고 노력한다. | .036 | .877 |
| 회복탄력성2 나는 대부분 상황에서 문제의 원인을 잘 알고 있다고 믿는다. | -.034 | .985 |
| 회복탄력성3 누군가가 나에게 화를 낼 경우 나는 우선 그 사람의 의견을 잘 듣는다. | .263 | .156 |
| 회복탄력성4 일이 생각대로 안 풀려도 쉽게 포기하지 않는다. | .982 | .017 |
| 회복탄력성5 당장 해야할 일이 있으면 나는 어떠한 유혹이나 방해도 잘 이겨낼 수 있다. | .973 | -.009 |

추출 방법: 최대우도.
회전 방법: 카이저 정규화가 있는 오블리민.
a. 3 반복계산에서 요인회전이 수렴되었습니다.

**패턴 행렬**[a]

❸ 다른 요인에 묶임

| | 요인 1 | 요인 2 |
|---|---|---|
| 회복탄력성1 문제가 생기면 해결 방안에 대해 생각한 후 해결하려고 노력한다. | .036 | .877 |
| 회복탄력성2 나는 대부분 상황에서 문제의 원인을 잘 알고 있다고 믿는다. | -.034 | .985 |
| 회복탄력성3 누군가가 나에게 화를 낼 경우 나는 우선 그 사람의 의견을 잘 듣는다. | .984 | -.005 |
| 회복탄력성4 일이 생각대로 안 풀려도 쉽게 포기하지 않는다. | .982 | .017 |
| 회복탄력성5 당장 해야할 일이 있으면 나는 어떠한 유혹이나 방해도 잘 이겨낼 수 있다. | .973 | -.009 |

추출 방법: 최대우도.
회전 방법: 카이저 정규화가 있는 오블리민.
a. 3 반복계산에서 요인회전이 수렴되었습니다.

[그림 19-19] 패턴 행렬 표에서 문제 상황

## Know how 패턴 행렬 표에서 요인적재량이 0.4 이상인 값만 보고 싶을 때

패턴 행렬 표에서 요인적재량이 0.4 이상인 값들만 볼 수 있다면 변수들이 어떤 요인에 묶이는지 쉽게 확인할 수 있을 겁니다. 이는 요인분석 창의 옵션에서 설정할 수 있습니다. 요인분석 창에서 ❶ 옵션을 클릭하면 요인분석: 옵션 창이 열립니다. ❷ 작은 계수 표시 안 함을 클릭한 후 ❸ 절댓값(아래)에 .4라고 입력합니다.

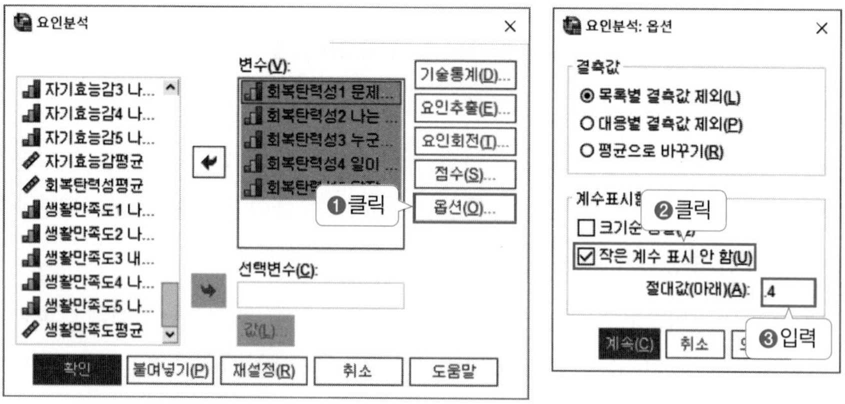


[그림 19-20] **요인적재량이 0.4 이상인 값만 제시 방법**

패턴 행렬 표에서 요인적재량이 0.4 미만인 값들은 제외되고 0.4 이상인 값들만 표시되는 것을 알 수 있습니다.

**패턴 행렬a**

| | 요인 1 | 요인 2 |
|---|---|---|
| 회복탄력성1 문제가 생기면 해결 방안에 대해 생각한 후 해결하려고 노력한다. | | .877 |
| 회복탄력성2 나는 대부분 상황에서 문제의 원인을 잘 알고 있다고 믿는다. | | .985 |
| 회복탄력성3 누군가가 나에게 화를 낼 경우 나는 우선 그 사람의 의견을 잘 듣는다. | .984 | |
| 회복탄력성4 일이 생각대로 안 풀려도 쉽게 포기하지 않는다. | .982 | |
| 회복탄력성5 당장 해야할 일이 있으면 나는 어떠한 유혹이나 방해도 잘 이겨낼 수 있다. | .973 | |

추출 방법: 최대우도.
회전 방법: 카이저 정규화가 있는 오블리민.
a. 3 반복계산에서 요인회전이 수렴되었습니다.

[그림 19-21] **요인적재량이 0.4 이상인 값만 제시**

## 5. 분석 결과표 작성

'회복탄력성의 타당도 검증'에 대한 요인분석 결과표 작성은 다음과 같습니다. 첫 행에 변수, 요인, 요인 번호, 공통성을 입력합니다. 변수에는 요인분석을 진행한 변수명을 넣고 그 아래에는 고유값, 설명분산(%), 누적분산(%)을 입력합니다.

<표> 회복탄력성 측정도구 요인분석

| 변수 | 요인 | | 공통성 |
|---|---|---|---|
| | 1 | 2 | |
| 회복탄력성1 | | | |
| 회복탄력성2 | | | |
| 회복탄력성3 | | | |
| 회복탄력성4 | | | |
| 회복탄력성5 | | | |
| 고유값 | | | |
| 설명분산(%) | | | |
| 누적분산(%) | | | |

공통성 출력 결과에서 각 변수의 추출 값을 분석 결과표의 공통성에 입력합니다.

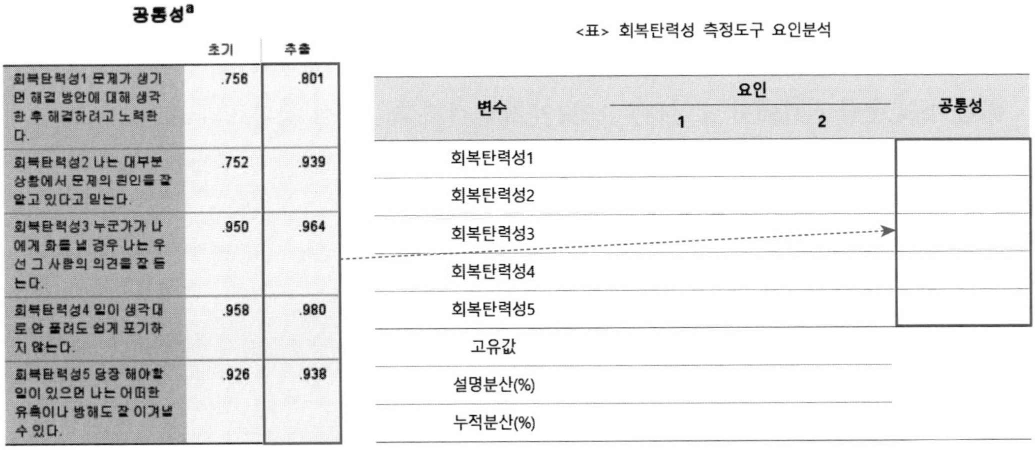

공통성[a]

| | 초기 | 추출 |
|---|---|---|
| 회복탄력성1 문제가 생기면 해결 방안에 대해 생각한 후 해결하려고 노력한다. | .756 | .801 |
| 회복탄력성2 나는 대부분 상황에서 문제의 원인을 잘 알고 있다고 믿는다. | .752 | .939 |
| 회복탄력성3 누군가가 나에게 화를 낼 경우 나는 우선 그 사람의 의견을 잘 듣는다. | .950 | .964 |
| 회복탄력성4 일이 생각대로 안 풀려도 쉽게 포기하지 않는다. | .958 | .980 |
| 회복탄력성5 당장 해야할 일이 있으면 나는 어떠한 유혹이나 방해도 잘 이겨낼 수 있다. | .926 | .938 |

<표> 회복탄력성 측정도구 요인분석

| 변수 | 요인 | | 공통성 |
|---|---|---|---|
| | 1 | 2 | |
| 회복탄력성1 | | | |
| 회복탄력성2 | | | |
| 회복탄력성3 | | | |
| 회복탄력성4 | | | |
| 회복탄력성5 | | | |
| 고유값 | | | |
| 설명분산(%) | | | |
| 누적분산(%) | | | |

[그림 19-22]

설명된 총분산 출력 결과에서 추출 제곱합 적재량의 전체, % 분산, 누적 %를 분석 결과표의 고유값, 설명분산(%), 누적분산(%)에 입력합니다. 다만, 첫 행에 있는 전체, % 분산, 누적 % 값은 요인1의 고유값, 설명분산(%), 누적분산(%)이므로 분석 결과표의 요인1에 입력, 두 번째 행에 있는 전체, % 분산, 누적 % 값은 요인2의 고유값, 설명분산(%), 누적분산(%)이므로 분석 결과표의 요인2에 입력합니다.

**설명된 총분산**

| 요인 | 초기 고유값 | | | 추출 제곱합 적재량 | | | 회전 제곱합 적재량[a] |
|---|---|---|---|---|---|---|---|
| | 전체 | % 분산 | 누적 % | 전체 | % 분산 | 누적 % | 전체 |
| 1 | 3.587 | 71.749 | 71.749 | 3.408 | 68.158 | 68.158 | 3.280 |
| 2 | 1.200 | 23.998 | 95.747 | 1.215 | 24.294 | 92.452 | 2.397 |
| 3 | .135 | 2.693 | 98.440 | | | | |
| 4 | .051 | 1.026 | 99.466 | | | | |
| 5 | .027 | .534 | 100.000 | | | | |

요인1 요인2

<표> 회복탄력성 측정도구 요인분석

| 변수 | 요인 | | 공통성 |
|---|---|---|---|
| | 1 | 2 | |
| 회복탄력성1 | | | .801 |
| 회복탄력성2 | | | .939 |
| 회복탄력성3 | | | .964 |
| 회복탄력성4 | | | .980 |
| 회복탄력성5 | | | .938 |
| 고유값 | | | |
| 설명분산(%) | | | |
| 누적분산(%) | | | |

[그림 19-23]

패턴 행렬 출력 결과에서 요인1과 요인2의 요인적재량을 분석 결과표의 요인1과 요인2에 입력합니다.

**패턴 행렬[a]**

| | 요인 | |
|---|---|---|
| | 1 | 2 |
| 회복탄력성1 문제가 생기면 해결 방안에 대해 생각한 후 해결하려고 노력한다. | .036 | .877 |
| 회복탄력성2 나는 대부분 상황에서 문제의 원인을 잘 알고 있다고 믿는다. | -.034 | .985 |
| 회복탄력성3 누군가가 나에게 화를 낼 경우 나는 우선 그 사람의 의견을 잘 듣는다. | .984 | -.005 |
| 회복탄력성4 일이 생각대로 안 풀려도 쉽게 포기하지 않는다. | .982 | .017 |
| 회복탄력성5 당장 해야할 일이 있으면 나는 어떠한 유혹이나 방해도 잘 이겨낼 수 있다. | .973 | -.009 |

<표> 회복탄력성 측정도구 요인분석

| 변수 | 요인 | | 공통성 |
|---|---|---|---|
| | 1 | 2 | |
| 회복탄력성1 | | | .801 |
| 회복탄력성2 | | | .939 |
| 회복탄력성3 | | | .964 |
| 회복탄력성4 | | | .980 |
| 회복탄력성5 | | | .938 |
| 고유값 | 3.408 | 1.215 | |
| 설명분산(%) | 68.158 | 24.294 | |
| 누적분산(%) | 68.158 | 92.452 | |

[그림 19-24]

출력 결과의 내용을 분석 결과표에 입력하면 다음과 같이 완성됩니다. 추가적으로 요인적재량 중 0.4 이상인 값들을 진하게 표시하거나 밑줄 표시해서 어떤 변수가 요인1과 요인2로 묶이는지 쉽게 확인할 수 있도록 합니다.

<표> 회복탄력성 측정도구 요인분석

| 변수 | 요인 | | 공통성 |
|---|---|---|---|
| | 1 | 2 | |
| 회복탄력성1 | .036 | **.877** | .801 |
| 회복탄력성2 | −.034 | **.985** | .939 |
| 회복탄력성3 | **.984** | −.005 | .964 |
| 회복탄력성4 | **.982** | .017 | .980 |
| 회복탄력성5 | **.973** | −.009 | .938 |
| 고유값 | 3.408 | 1.215 | |
| 설명분산(%) | 68.158 | 24.294 | |
| 누적분산(%) | 68.158 | 92.452 | |

## 6. 분석 결과 해석 작성

요인분석 결과에 대한 해석 작성은 다음과 같이 6단계로 진행합니다.

❶ 분석 목적과 분석 방법 작성

"회복탄력성 측정도구의 타당도를 검증하고자 요인분석을 진행하였다."고 작성합니다.

❷ 요인추출 방법, 요인회전 방법, 고유값 기준, 요인적재량 기준 작성

"요인추출 방법은 공통요인분석의 최대우도 요인추출법을 활용하였으며, 요인회전 방법은 직접 오블리민을 선택하였다. 요인추출은 고유값이 1 이상으로 설정하였으며, 변수 선택 기준은 요인적재량 0.4 이상으로 하였다."고 작성합니다.

❸ (요인적재량 관련 문제로 인해 요인분석에서 제외된 변수가 있을 때 해당 내용 작성)

- 묶이는 요인이 2개 이상일 때, "회복탄력성을 요인분석한 결과, 회복탄력성3 변수가 2개 이상의 요인에 묶이는 것으로 나타나 제외한 후 다시 요인분석을 실시하였다."고 작성합니다.
- 묶이는 요인이 없을 때, "회복탄력성을 요인분석한 결과, 회복탄력성3 변수가 묶이는 요인이 없는 것으로 나타나 제외한 후 다시 요인분석을 실시하였다."고 작성합니다.
- 다른 요인에 묶일 때, "회복탄력성을 요인분석한 결과, 회복탄력성3 변수가 선행연구와는 다르게 다른 요인에 묶이는 것으로 나타나 제외한 후 다시 요인분석을 실시하였다."고 작성합니다.

❹ KMO 측도와 Bartlett의 구형성 검정 유의확률 작성

"분석 결과, KMO 측도는 .761로 나타났으며, Bartlett의 구형성 검정의 유의확률은 $p < .001$로 나타나 요인분석을 하기에 적합한 것으로 확인되었다."고 작성합니다.

❺ 추출된 요인 수와 전체 누적분산(%) 작성

"회복탄력성 측정도구는 총 2개의 요인으로 추출되었으며, 2개 요인의 전체 분산 설명력은 92.452%로 나타났다."고 작성합니다.

❻ 추출된 요인의 변수와 요인명을 작성

"구체적으로 요인1은 회복탄력성3, 회복탄력성4, 회복탄력성5가 포함되었으며 충동통제력으로 명명하였다. 요인2는 회복탄력성1, 회복탄력성2가 포함되었으며 원인분석력으로 명명하였다."고 작성합니다.

이 6단계에 맞춰 요인분석 결과에 대한 해석을 작성하면 다음과 같습니다.

❶ 회복탄력성 측정도구의 타당도를 검증하고자 요인분석을 진행하였다. ❷ 요인추출 방법은 공통요인분석의 최대우도 요인추출법을 활용하였으며, 요인회전 방법은 직접 오블리민을 선택하였다. 요인추출은 고유값이 1 이상으로 설정하였으며, 변수 선택 기준은 요인적재량 0.4 이상으로 하였다. ❹ 분석 결과, KMO 측도는 .761로 나타났으며, Bartlett의 구형성 검정의 유의확률은 p<.001로 나타나 요인분석을 하기에 적합한 것으로 확인되었다. ❺ 회복탄력성 측정도구는 총 2개의 요인으로 추출되었으며, 2개 요인의 전체 분산 설명력은 92.452%로 나타났다. ❻ 구체적으로 요인1은 회복탄력성3, 회복탄력성4, 회복탄력성5가 포함되었으며 충동통제력으로 명명하였다. 요인2는 회복탄력성1, 회복탄력성2가 포함되었으며 원인분석력으로 명명하였다.

**[요인분석 결과표 및 해석 예시]**

회복탄력성 측정도구의 타당도를 검증하고자 요인분석을 진행하였다. 요인추출 방법은 공통요인분석의 최대우도 요인추출법을 활용하였으며, 요인회전 방법은 직접 오블리민을 선택하였다. 요인추출은 고유값이 1 이상으로 설정하였으며, 변수 선택 기준은 요인적재량 0.4 이상으로 하였다.

분석 결과, KMO 측도는 .761로 나타났으며, Bartlett의 구형성 검정의 유의확률은 p<.001로 나타나 요인분석을 하기에 적합한 것으로 확인되었다. 회복탄력성 측정도구는 총 2개의 요인으로 추출되었으며, 2개 요인의 전체 분산 설명력은 92.452%로 나타났다. 구체적으로 요인1은 회복탄력성3, 회복탄력성4, 회복탄력성5가 포함되었으며 충동통제력으로 명명하였다. 요인2는 회복탄력성1, 회복탄력성2가 포함되었으며 원인분석력으로 명명하였다.

**<표> 회복탄력성 측정도구 요인분석**

| 변수 | 요인 | | 공통성 |
|---|---|---|---|
| | 1 | 2 | |
| 회복탄력성1 | .036 | **.877** | .801 |
| 회복탄력성2 | -.034 | **.985** | .939 |
| 회복탄력성3 | **.984** | -.005 | .964 |
| 회복탄력성4 | **.982** | .017 | .980 |
| 회복탄력성5 | **.973** | -.009 | .938 |
| 고유값 | 3.408 | 1.215 | |
| 설명분산(%) | 68.158 | 24.294 | |
| 누적분산(%) | 68.158 | 92.452 | |

제20장

# 신뢰도 분석

## Key Point

신뢰도 분석 이해

- 리커트 척도의 신뢰도를 검증할 때 진행

신뢰도 분석 관련 기준

- Cronbach's α: 0.6 이상(엄격하게는 0.7 이상)

신뢰도 분석 변수 구성

| 리커트 척도 | + | X | = | 신뢰도 분석 |
|---|---|---|---|---|

신뢰도 분석 메뉴

- SPSS 프로그램 메뉴에서 '분석–척도분석–신뢰도 분석'

## 1. 신뢰도 분석 이해

신뢰도 분석은 리커트 척도의 신뢰도를 검증할 때 진행합니다. 즉, 리커트 척도가 측정하고자 하는 개념을 일관성 있게 측정하는지 확인할 때 진행합니다. 신뢰도 분석을 통해 리커트 척도를 구성하는 변수 중 일관성을 저해하는 변수를 찾아 삭제할 수 있습니다.

- 리커트 척도의 신뢰도를 검증할 때

**체크? 체크!** **평정자 간 신뢰도 검증**

신뢰도 분석의 주 대상은 리커트 척도입니다. 따라서 이 책에서는 리커트 척도의 신뢰도 검증에 초점을 두고 진행합니다. 다만, 신뢰도 분석은 평정자 간 신뢰도를 검증할 때도 사용합니다. 즉, 두 명 이상의 조사자가 조사대상자의 행동 등을 측정하고 그 측정이 유사한지를 검증할 때도 사용합니다. 주로 설문지에 응답하기 어려운 아동을 대상으로 많이 진행하는데, 두 명의 조사자가 목표 아동의 행동을 측정하고 그 측정 수준이 유사한지 비교하는 것입니다.

신뢰도를 분석하는 방법에는 재검사법, 복수 양식법, 반분법, 내적일관성 분석법 등이 있습니다만, 보통 내적일관성 분석법의 크론바흐 알파 계수(Cronbach Alpha Coefficient), 즉 Cronbach's α를 통해 신뢰도를 측정합니다. 여기서 말하는 내적일관성은 리커트 척도를 구성하는 문항들 간의 상관관계를 의미합니다. 상관관계가 높다면 Cronbach's α가 높게 나오고, 상관관계가 낮다면 Cronbach's α가 낮게 나옵니다.

신뢰도 분석이 무엇인지 구체적인 예를 통해서 확인해 보겠습니다. 생활만족도 척도는 5점 리커트 척도(1=전혀 그렇지 않다, 2=그렇지 않다, 3=보통이다, 4=그렇다, 5=매우 그렇다)이고 역문항은 없습니다. 생활만족도의 문항 수는 총 5개이며, 점수가 높을수록 생활만족도가 높은 것으로 해석합니다. 이러한 생활만족도 척도에 ID 1, 2, 3번이 다음과 같이 응답했다고 가정하겠습니다. 1번 케이스에서 1번, 2번, 3번, 5번 문항은 '4=그렇다' 혹은 '5=매우 그렇다' 긍정적으로 응답했습니다. 그러나 4번 문항에는 '1=전혀 그렇지 않다'에 체크하여 부정적으로 응답했습니다. 이러한 패턴은 2번 케이스와 3번 케이스 모두 유사합니다. 즉, 1번, 2번, 3번, 5번 문항은 생활만족도가 높은 것으로 체크했으나 4번 문항에만 생활만족도가 낮은 것으로 체크했습니다. 이런 경우, 4번 문항인 '나는 슬퍼할 일이 없다.'는 일관성을 저해합니다. 그 결과, 문항들 간의 상관관계를 낮추어 Cronbach's α도 낮게 나올 것입니다.

이는 응답자 입장에서 보면 일관성 있게 응답하지 않은 것이고, 조사자 입장에서 보면 일관성 있게 측정하지 않은 것입니다. 신뢰도 분석에서는 적정 수준의 신뢰도를 유지하기 위해 4번 문항을 생활만족도 척도에서 제외할지, 그대로 둘지를 판단할 수 있는 자료를 제공합니다.

| ID | | | 1 |
|---|---|---|---|

**1.** 다음은 생활만족도에 대한 질문입니다. 각 문항을 읽고 해당 사항에 체크하여 주십시오.

| 생활만족도 | 전혀 그렇지 않다 | 그렇지 않다 | 보통 이다 | 그렇다 | 매우 그렇다 |
|---|---|---|---|---|---|
| 1. 나는 요즘 하늘을 날 것처럼 즐겁다. | ① | ② | ③ | ✓④ | ⑤ |
| 2. 나는 지금 지루하게 느끼지 않는다. | ① | ② | ③ | ④ | ✓⑤ |
| 3. 내가 하고 있는 일들은 예전과 마찬가지로 행복하다. | ① | ② | ③ | ✓④ | ⑤ |
| 4. 나는 슬퍼할 일이 없다. | ✓① | ② | ③ | ④ | ⑤ |
| 5. 나는 조그마한 일에는 화가 나지 않는다. | ① | ② | ③ | ④ | ✓⑤ |

| ID | | | 2 |
|---|---|---|---|

**1.** 다음은 생활만족도에 대한 질문입니다. 각 문항을 읽고 해당 사항에 체크하여 주십시오.

| 생활만족도 | 전혀 그렇지 않다 | 그렇지 않다 | 보통 이다 | 그렇다 | 매우 그렇다 |
|---|---|---|---|---|---|
| 1. 나는 요즘 하늘을 날 것처럼 즐겁다. | ① | ② | ③ | ④ | ✓⑤ |
| 2. 나는 지금 지루하게 느끼지 않는다. | ① | ② | ③ | ④ | ✓⑤ |
| 3. 내가 하고 있는 일들은 예전과 마찬가지로 행복하다. | ① | ② | ③ | ④ | ✓⑤ |
| 4. 나는 슬퍼할 일이 없다. | ① | ✓② | ③ | ④ | ⑤ |
| 5. 나는 조그마한 일에는 화가 나지 않는다. | ① | ② | ③ | ④ | ✓⑤ |

| ID | | | 3 |
|---|---|---|---|

**1.** 다음은 생활만족도에 대한 질문입니다. 각 문항을 읽고 해당 사항에 체크하여 주십시오.

| 생활만족도 | 전혀 그렇지 않다 | 그렇지 않다 | 보통 이다 | 그렇다 | 매우 그렇다 |
|---|---|---|---|---|---|
| 1. 나는 요즘 하늘을 날 것처럼 즐겁다. | ① | ② | ③ | ④ ✓ | ⑤ |
| 2. 나는 지금 지루하게 느끼지 않는다. | ① | ② | ③ | ④ ✓ | ⑤ |
| 3. 내가 하고 있는 일들은 예전과 마찬가지로 행복하다. | ① | ② | ③ | ④ ✓ | ⑤ |
| 4. 나는 슬퍼할 일이 없다. | ① ✓ | ② | ③ | ④ | ⑤ |
| 5. 나는 조그마한 일에는 화가 나지 않는다. | ① | ② | ③ | ④ | ⑤ ✓ |

Cronbach's α는 0부터 1까지의 값을 가지며, 1에 가까울수록 신뢰도가 높다고 평가합니다. 보통 Cronbach's α가 0.6 이상이면(엄격하게는 0.7 이상) 내적일관성이 있다고 판단합니다. 신뢰도 기준은 전공마다 조금씩 차이가 있으므로 확인해 보기 바랍니다.

**Know how** **요인분석과 신뢰도 분석 중 어떤 분석을 먼저 진행해야 하는가?**

요인분석을 통해 타당도를 먼저 검증하고, 그다음 신뢰도 분석을 통해 신뢰도를 검증해야 합니다. 요인분석은 측정하고자 하는 개념을 정확히 측정하고 있는지 확인하는 것이고, 신뢰도 분석은 측정하고자 하는 개념을 일관성 있게 측정하는지 확인하는 것입니다. 모든 문항이 측정하고자 하는 개념을 정확히 측정하고 있다면 일관성과 관련하여 크게 문제가 발생하지는 않습니다. 하지만 반대로 모든 문항이 일관성 있게 측정했다고 하더라도 측정하고자 하는 개념을 정확하게 측정하고 있다고 볼 수 없습니다. 그렇기 때문에 요인분석을 한 후에 신뢰도 분석을 진행해야 합니다.

## 2. 신뢰도 분석 변수 구성

신뢰도 분석은 리커트 척도가 있을 때 진행할 수 있습니다.

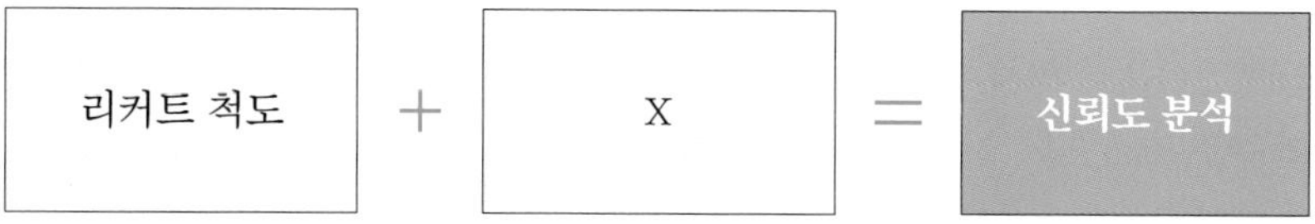


[그림 20-1] **신뢰도 분석 변수 구성**

리커트 척도는 하나의 개념을 측정하기 위해 여러 개의 문항으로 질문하는 척도를 말합니다. 예를 들어, 생활만족도라는 리커트 척도를 확인해 보면, 생활만족도라는 개념을 측정하기 위해서 총 5개의 문항으로 질문하고 있습니다. 이러한 변수들로 구성되어 있다면, 신뢰도 분석을 통해 '생활만족도의 신뢰도 검증'을 진행할 수 있습니다.

**1.** 다음은 생활만족도에 대한 질문입니다. 각 문항을 읽고 해당 사항에 체크하여 주십시오.

| 생활만족도 | 전혀 그렇지 않다 | 그렇지 않다 | 보통이다 | 그렇다 | 매우 그렇다 |
|---|---|---|---|---|---|
| 1. 나는 요즘 하늘을 날 것처럼 즐겁다. | ① | ② | ③ | ④ | ⑤ |
| 2. 나는 지금 지루하게 느끼지 않는다. | ① | ② | ③ | ④ | ⑤ |
| 3. 내가 하고 있는 일들은 예전과 마찬가지로 행복하다. | ① | ② | ③ | ④ | ⑤ |
| 4. 나는 슬퍼할 일이 없다. | ① | ② | ③ | ④ | ⑤ |
| 5. 나는 조그마한 일에는 화가 나지 않는다. | ① | ② | ③ | ④ | ⑤ |

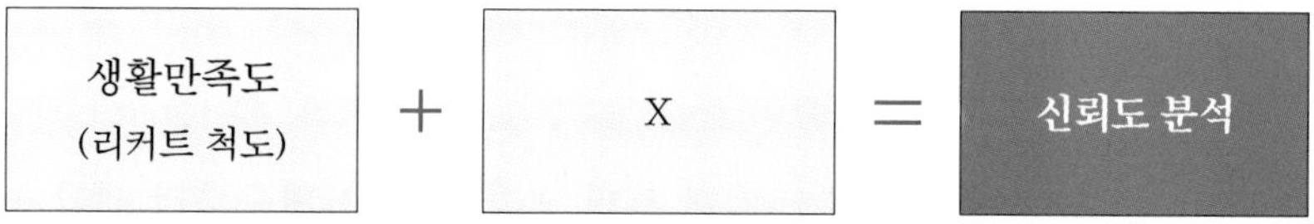


[그림 20-2] **신뢰도 분석 예시**

## 3. 신뢰도 분석 실습

### 실습 신뢰도 분석

- 실습내용: 생활만족도의 신뢰도 검증
- 실습파일: SPSS data.sav
- 활용변수: 생활만족도1, 생활만족도2, 생활만족도3, 생활만족도4, 생활만족도5

**1** 생활만족도의 신뢰도를 검증하기 위해 신뢰도 분석을 진행합니다. 메뉴의 ❶ 분석을 클릭하고 ❷ 척도분석을 클릭한 후 ❸ 신뢰도 분석을 선택합니다.

[그림 20-3]

**2** 신뢰도 분석 창이 열리면, ❶ 생활만족도1 변수를 클릭한 후 ❷ [Shift] 키를 누르면서 생활만족도5 변수를 클릭합니다. 그렇게 하면 생활만족도1 변수부터 생활만족도5 변수까지 모두 선택이 됩니다. 만약 어렵다면 변수 한 개씩 옮기는 것을 추천합니다. 그런 다음 ❸ [➡] 버튼을 누릅니다.

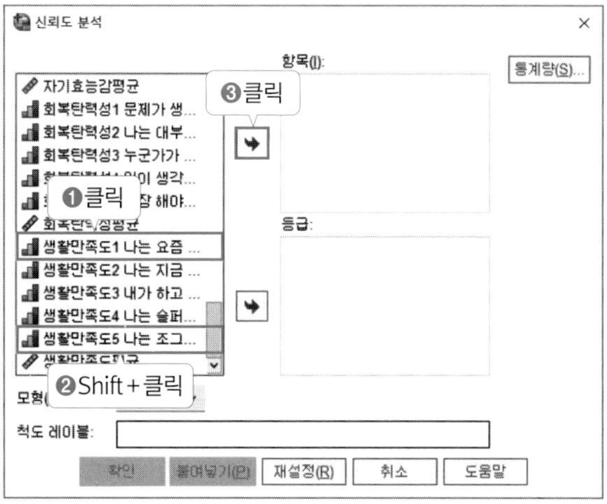


[그림 20-4]

❸ ❶ 통계량을 클릭한 후 신뢰도 분석: 통계량 창이 열리면, ❷ 항목제거 시 척도를 클릭합니다. 항목제거 시 척도는 문항이 삭제된 경우 Cronbach's α값이 어느 정도인지 확인할 수 있는 옵션입니다. ❸ 계속을 클릭하여 신뢰도 분석: 통계량 창을 닫은 후 신뢰도 분석 창에서 ❹ 확인을 클릭합니다.

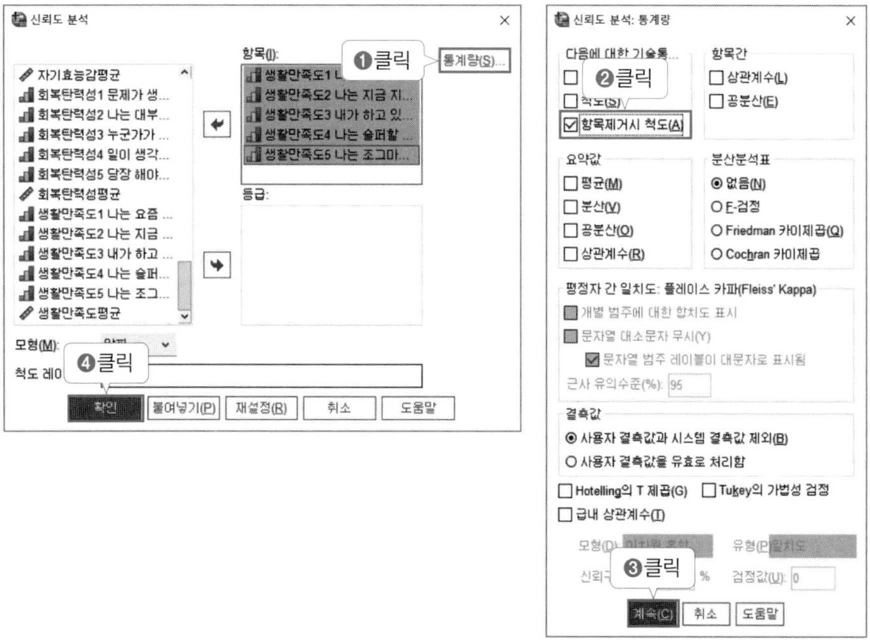


[그림 20-5]

## 4. 출력 결과 해석

### 1) 신뢰도 통계량 표에서 Cronbach's α값 확인

출력 결과 창을 확인해 보면 먼저 신뢰도 통계량 표를 살펴볼 수 있습니다. Cronbach's α를 확인해 보면 .904로 나타나 신뢰도가 높다고 판단할 수 있습니다. 이로써 생활만족도의 신뢰도에는 문제가 없음을 확인할 수 있습니다.

**신뢰도 통계량**

| Cronbach의 알파 | 항목 수 |
|---|---|
| .904 | 5 |

0.6 미만=내적일관성×
0.6 이상=내적일관성○

[그림 20-6] **신뢰도 분석 출력 결과 1**

### 2) (Cronbach's α값이 0.6 미만인 경우) 항목 총계 통계량 표에서 항목이 삭제된 경우 Cronbach 알파값 확인

만약 생활만족도의 Cronbach's α가 0.6 미만이라면, 항목 총계 통계량 표에서 '항목이 삭제된 경우 Cronbach의 알파'에 제시된 값을 확인합니다. 이 값들은 해당 문항을 삭제하고 나머지 문항으로 신뢰도 분석을 진행했을 때 나오는 Cronbach's α값을 의미합니다. 예를 들어, 생활만족도1의 경우 .891의 값이 도출되었는데, 이는 생활만족도1을 제외한 채 나머지 생활만족도2, 생활만족도3, 생활만족도4, 생활만족도5로 신뢰도 분석을 하면 나오는 Cronbach's α값이 .891이라는 의미입니다.

'항목이 삭제된 경우 Cronbach의 알파'에 0.6 이상인 α값이 있는지 보고, 가장 높은 값을 가진 변수를 제외하면 됩니다. 가장 높은 값을 보이는 변수를 제외해야 Cronbach's α값이 그만큼 오르기 때문입니다. 즉, 생활만족도2를 제외하고 생활만족도1, 생활만족도3, 생활만족도4, 생활만족도5로 신뢰도 분석을 하면 Cronbach's α값이 .893으로 가장 높게 나오므로 생활만족도2를 제외하여 생활만족도의 신뢰도를 높일 수 있습니다. 다만, 현재 생활만족도의 Cronbach's α가 .904로 0.6 이상이기 때문에 굳이 제외할 필요는 없습니다.

**항목 총계 통계량**

| | 항목이 삭제된 경우 척도 평균 | 항목이 삭제된 경우 척도 분산 | 수정된 항목-전체 상관계수 | 항목이 삭제된 경우 Cronbach 알파 |
|---|---|---|---|---|
| 생활만족도1 나는 요즘 하늘을 날 것처럼 즐겁다. | 15.79 | 8.565 | .724 | .891 |
| 생활만족도2 나는 지금 지루하게 느끼지 않는다. | 15.93 | 8.185 | .718 | .893 |
| 생활만족도3 내가 하고 있는 일들은 예전과 마찬가지로 행복하다. | 15.74 | 8.128 | .793 | .876 |
| 생활만족도4 나는 슬퍼할 일이 없다. | 15.65 | 8.310 | .801 | .875 |
| 생활만족도5 나는 조그마한 일에는 화가 나지 않는다. | 15.63 | 8.396 | .771 | .881 |

가장 높은 값을 확인 후 해당 변수 제외

[그림 20-7] **신뢰도 분석 출력 결과 2**

만약 생활만족도의 Cronbach's α가 0.6 미만인 상황에서 어떠한 변수를 제외해도 0.6 이상이 되지 못한다면 생활만족도는 신뢰할 수 없는 척도이므로 그 척도 자체를 분석에서 사용할 수 없습니다.

### Know how Cronbach's α가 0.6 이상이면 문항을 제외하지 않아도 됩니다

신뢰도를 판단할 때는 운전면허 시험과 같이 적정 기준을 통과했는지만 보면 됩니다. Cronbach's α 기준을 0.6으로 설정한 경우 신뢰도가 0.623으로 가까스로 넘었다 해도 신뢰할 만한 수준이므로 넘어가면 됩니다. 굳이 리커트 척도에 있는 문항을 빼지 않아도 됩니다. 즉, Cronbach's α 값이 0.6 이상이면 '항목이 삭제된 경우 Cronbach 알파'에 더 높은 수치가 있더라도 문항을 제외하지 않아도 됩니다. 예를 들어, 생활만족도의 Cronbach 알파는 .904입니다. 그런데 생활만족도에서 생활만족도2를 제외하면 Cronbach's α가 .964로 높아집니다. 이런 경우에 생활만족도2를 제외할 필요가 없다는 것입니다. 이미 생활만족도의 Cronbach's α는 0.6 이상이기 때문입니다.

리커트 척도를 구성하고 있는 문항을 제외한다는 것은 리커트 척도에서 그 문항에 담긴 역할을 보지 않겠다는 의미입니다. 따라서 문항 제외 여부를 결정할 때는 신중해야 합니다.

**신뢰도 통계량**

| Cronbach의 알파 | 항목 수 |
|---|---|
| .904 | 5 |

**항목 총계 통계량**

| | 항목이 삭제된 경우 척도 평균 | 항목이 삭제된 경우 척도 분산 | 수정된 항목-전체 상관계수 | 항목이 삭제된 경우 Cronbach 알파 |
|---|---|---|---|---|
| 생활만족도1 나는 요즘 하늘을 날 것처럼 즐겁다. | 15.79 | 8.565 | .724 | .891 |
| 생활만족도2 나는 지금 지루하게 느끼지 않는다. | 15.93 | 8.185 | .718 | .964 |
| 생활만족도3 내가 하고 있는 일들은 예전과 마찬가지로 행복하다. | 15.74 | 8.128 | .793 | .876 |
| 생활만족도4 나는 슬퍼할 일이 없다. | 15.65 | 8.310 | .801 | .875 |
| 생활만족도5 나는 조그마한 일에는 화가 나지 않는다. | 15.63 | 8.396 | .771 | .881 |

[그림 20-8] Cronbach's α가 0.6 이상일 때

## 5. 분석 결과표 작성

보통 신뢰도 분석 결과는 표로 제시하기보다 측정도구에 대한 설명을 제시할 때 '생활만족도의 Cronbach's α는 .904로 나타났다.' 정도로 작성하기 때문에 분석 결과표를 작성할 필요는 없습니다. 다만, 요인분석 결과를 제시한다면 다음과 같이 요인분석 결과표에 Cronbach's α 값도 함께 제시하고 있습니다.

<표> 생활만족도 측정도구 요인분석 및 신뢰도 분석

| 변수 | 요인 | | 공통성 | 신뢰도 (Cronbach's α) |
|---|---|---|---|---|
| | 1 | 2 | | |
| 생활만족도1 | .036 | **.877** | .801 | .758 |
| 생활만족도2 | −.034 | **.985** | .939 | |
| 생활만족도3 | **.984** | −.005 | .964 | |
| 생활만족도4 | **.982** | .017 | .980 | .885 |
| 생활만족도5 | **.973** | −.009 | .938 | |
| 고유값 | 3.408 | 1.215 | | |
| 설명분산(%) | 68.158 | 24.294 | | |
| 누적분산(%) | 68.158 | 92.452 | | |

* 해당 표는 실제 분석 결과는 아니며, 예시를 위해서 임의로 만든 표입니다.

## 6. 분석 결과 해석 작성

신뢰도 분석의 해석은 다음과 같이 2단계로 진행합니다.

❶ 분석 목적과 분석 방법 작성
"생활만족도 측정도구의 내적일관성을 확인하고자 신뢰도 분석을 진행하였다." 또는 "생활만족도 측정도구의 신뢰도를 검증하고자 신뢰도 분석을 진행하였다."고 작성합니다.

❷ Cronbach's α 작성
- Cronbach's α가 0.6 이상이면, "분석 결과, 생활만족도의 Cronbach's α는 .904로 나타났다."로 작성합니다.
- Cronbach's α가 0.6 미만으로 나타나 제외된 변수가 있다면, "분석 결과, 생활만족도의 Cronbach's α는 0.6 미만으로 나타나 내적일관성을 저해하는 생활만족도 2번 문항을 제외하였다. 최종 생활만족도의 Cronbach's α는 .904로 나타났다."로 작성합니다.

이 2단계에 맞춰 신뢰도 분석 결과에 대한 해석을 작성하면 다음과 같습니다.

❶ 생활만족도 측정도구의 내적일관성을 확인하고자 신뢰도 분석을 진행하였다. ❷ 분석 결과, 생활만족도의 Cronbach's α는 .904로 나타났다.

**[신뢰도 분석 결과 해석 예시]**

생활만족도 측정도구의 내적일관성을 확인하고자 신뢰도 분석을 진행하였다. 분석 결과, 생활만족도의 Cronbach's α는 .904로 나타났다.

제21장

# 상관관계분석

## Key Point

상관관계분석 이해

- 변수 간 상관관계가 유의한지 확인할 때 진행
- 변수 간 상관관계 강도를 확인할 때 진행
- 변수 간 상관관계 방향을 확인할 때 진행
- 회귀분석 전에 다중공선성을 의심할 때 진행

상관관계분석 변수 구성

| 평균변수 (보기가 없는 변수) | + | 평균변수 (보기가 없는 변수) | = | 상관관계분석 |
|---|---|---|---|---|

상관관계분석 메뉴

- SPSS 프로그램 메뉴에서 '분석-상관분석-이변량 상관'

# 1. 상관관계분석 이해

상관관계 분석은 네 가지를 확인할 때 활용합니다.

- 변수 간 상관관계가 유의한지 확인할 때
- 변수 간 상관관계 강도를 확인할 때
- 변수 간 상관관계 방향을 확인할 때
- 회귀분석 전에 다중공선성을 의심할 때

## 1) 변수 간 상관관계가 유의한지 확인할 때

두 변수 간의 상관관계 여부는 상관관계의 유의성을 통해 확인할 수 있습니다. 상관관계 분석을 진행하면 상관계수와 p값(유의확률)을 구할 수 있습니다. p값이 0.05보다 낮으면 상관관계가 유의하다고 판단하고 두 변수 간 상관관계가 있다고 봅니다. 만약 p값이 0.05 이상이라면 상관관계가 유의하지 않고 상관관계도 없는 것으로 판단합니다.

## 2) 변수 간 상관관계 강도를 확인할 때

상관관계 강도는 두 변수 간의 상관관계가 높은지 아니면 낮은지를 의미합니다. 상관관계 강도는 상관계수의 값을 통해 파악할 수 있습니다. 보통 상관계수는 소문자 r로 표시합니다. 상관계수는 −1부터 +1까지의 값을 가지는데, −1과 +1에 가까울수록 상관관계가 높은 것으로, 0에 가까울수록 상관관계가 낮은 것으로 판단하면 됩니다. 참고로, 두 변수의 상관계수가 1이 나오면 두 변수는 완전히 같은 변수라는 의미입니다. 두 변수의 상관계수가 −1이면 반대로 같은 변수를 의미합니다.

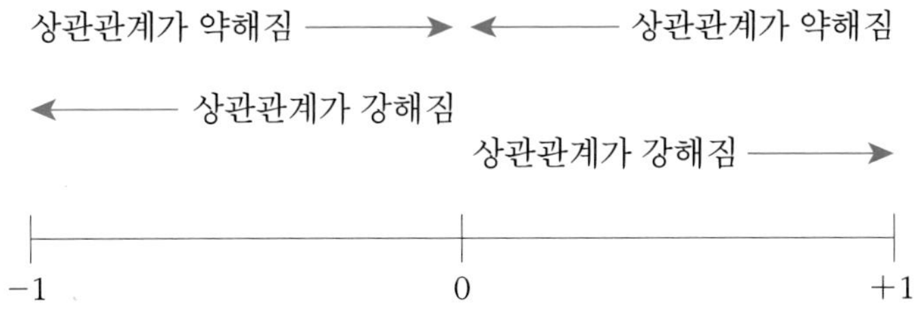


[그림 21-1] **상관관계 강도**

**체크? 체크!** **상관관계 계수에 따른 상관관계 강도 수준**

- r=0.9~1, −0.9 ~ −1: 매우 높은 상관관계
- r=0.7~0.9, −0.7 ~ −0.9: 높은 상관관계
- r=0.4~0.7, −0.4 ~ −0.7: 다소 높은 상관관계
- r=0.2~0.4, −0.2 ~ −0.4: 낮은 상관관계
- r=−0.2 ~ 0.2: 매우 낮은 상관관계

### 3) 변수 간 상관관계 방향을 확인할 때

상관관계 방향은 두 변수 간의 상관관계가 양(+)인지 음(−)인지를 의미합니다. 상관관계 방향은 상관계수의 부호를 통해 파악할 수 있습니다. 상관계수의 부호가 (+)면 양의 상관관계, (−)면 음의 상관관계에 있는 것입니다. 양의 상관관계라는 말은 A 변수가 높을수록 B 변수도 높아지는 것을 의미합니다. 음의 상관관계라는 말은 A 변수가 낮을수록 B 변수는 높아지는 것을 의미합니다. 참고로 양의 상관관계는 정의 상관관계, 음의 상관관계는 부의 상관관계로 사용하기도 합니다.

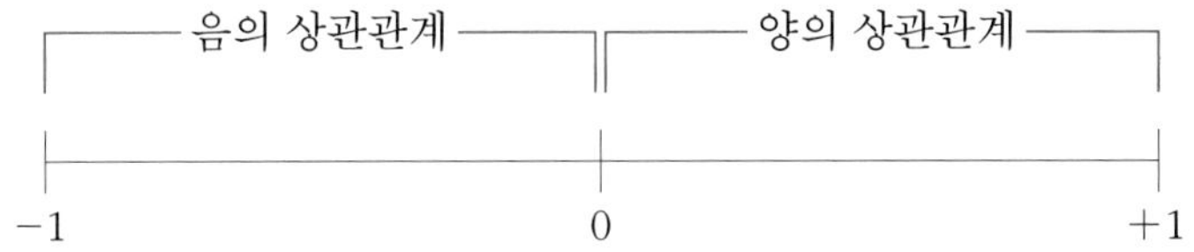


[그림 21-2] **상관관계 방향**

### 4) 회귀분석 전에 다중공선성을 의심할 때

회귀분석 전에 다중공선성을 의심할 때도 상관관계분석을 진행합니다. 다중공선성이란 독립변수들 간 상관관계가 높아 회귀분석 시 분석 결과를 신뢰할 수 없는 문제가 발생하는 것을 의미합니다. 다중공선성을 다음과 같이 기억하면 더 쉽게 이해할 수 있습니다. 다중공선성의 '다'는 '많을 다(多)'이고, '공'은 '공통된 부분'입니다. 즉, 독립변수들 간 공통된 부분이 많을 때 발생하는 문제라고 이해하면 됩니다. 독립변수들 간 공통된 부분이 많다는 것은 각 변수에 대한 질문 항목에 유사하게 응답했다는 뜻이고, 이는 독립변수들이 비슷한 변수임을 의미합니다.

상관관계가 강한 변수이자 유사한 변수인 A 변수와 B 변수를 독립변수로 설정했다고 가정해 보겠습니다. A 변수와 B 변수 간 공통부분이 커질수록 다중공선성 문제가 생길 가능성도 높아집니다.

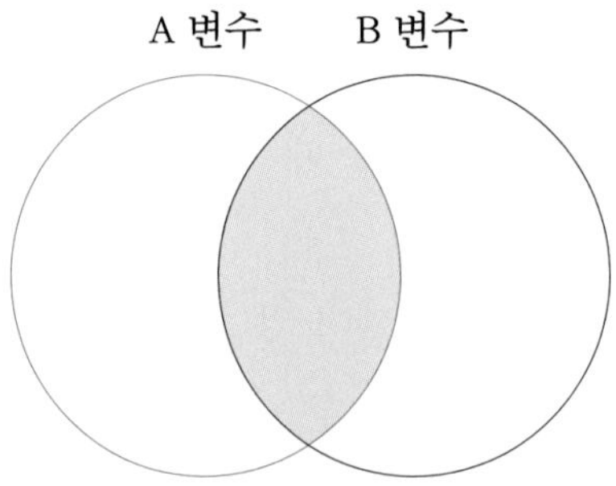

[그림 21-3] **다중공선성**

상관관계분석은 변수들 간 다중공선성을 의심할 때 활용합니다. 보통 상관계수가 0.8 이상 나오면 다중공선성을 의심할 수 있습니다. 여기서 중요한 포인트는 상관계수가 0.8 이상이라고 해서 무조건 다중공선성 문제가 있는 게 아니라는 점입니다. 즉, 상관계수가 0.8 이상이면 다중공선성을 의심할 수 있고 실제로 다중공선성 문제가 있는지는 회귀분석을 진행하여 분산팽창요인(Variance Inflation Factor: VIF)이나 공차 한계(Tolerance)를 통해서 파악할 수 있습니다.

## Know how 다중공선성 문제가 있는 독립변수들을 가지고 회귀분석을 한다면?

다중공선성, 즉 독립변수들 간 공통된 부분이 많으면 왜 회귀분석에서 문제가 될까요? 통계적으로 볼 때, 상관관계가 높은 독립변수들을 활용하면 회귀분석 결과가 왜곡되기 때문입니다.

아래 ❶, ❷, ❸ 연구모형을 각각 살펴보겠습니다. 여기서 A 변수와 B 변수는 다중공선성 문제가 있는 변수로 가정합니다.

❶ 연구모형은 A 변수를 독립변수로, C 변수를 종속변수로 설정하였습니다. 분석 결과, A 변수는 C 변수에 정적(+)으로 유의한 영향을 주었습니다. 즉, A 변수가 높아질수록 C 변수도 높아지는 것으로 분석되었습니다.

❷ 연구모형은 B 변수를 독립변수로, C 변수를 종속변수로 설정하였습니다. 분석 결과, B 변수는 C 변수에 정적(+)으로 유의한 영향을 주었습니다. 즉, B 변수가 높아질수록 C 변수도 높아지는 것으로 분석되었습니다.

❶ 연구모형과 ❷ 연구모형은 전혀 문제될 것이 없습니다. 하지만 ❸ 연구모형과 같이 다중공선성 문제가 있는 A 변수와 B 변수를 같이 독립변수로 설정하여 회귀분석을 진행하면, 왜곡된 분석 결과가 도출될 수 있습니다. A 변수는 본래 C 변수에 정적(+)으로 영향을 주었지만 ❸ 연구모형에서는 부적(-)으로 영향을 주는 것으로 나타났습니다. 즉, A 변수가 낮아질수록 C 변수는 높아지는 것으로 분석되었습니다. 아울러 B 변수는 본래 C 변수에 유의한 영향을 주었지만 ❸ 연구모형과 같이 영향을 주지 않는 것으로 분석될 수 있습니다.

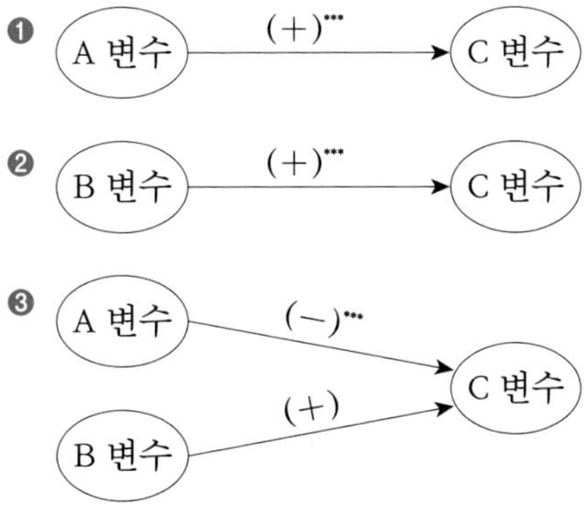


[그림 21-4] **다중공선성 있는 독립변수를 활용하여 회귀분석할 때 문제점**

연구적 관점으로 봐도 유사한 독립변수를 함께 넣어 검증하는 것은 큰 의미를 지니기 어렵습니다. 연구 필요성 측면에서 유사한 변수를 연구모형에 함께 넣어 굳이 검증해야 하는 이유를 밝히기는 어렵습니다. 아울러 A 변수와 B 변수가 모두 C 변수에 영향을 주었다고 가정하더라도, 제언의 중심 내용은 'C 변수를 높이기 위해 A 변수와 B 변수를 높여야 한다.'가 될 텐데, A 변수를 높이는 것과 B 변수를 높이는 것을 차별성 있게 작성하기는 어려울 것입니다.

## 2. 상관관계분석 변수 구성

상관관계분석은 2개 이상의 평균변수들이 있을 때 진행할 수 있습니다. 즉, 연령과 같이 보기가 없고 평균을 내는 것이 의미 있는 평균변수가 있다면 가능합니다. 다만, 성별과 같이 집단변수도 더미변수로 변환하면 평균변수로 활용할 수 있습니다. 아울러 사회적지지와 같이 리커트 척도 또한 2개 이상의 문항을 합하거나 평균을 내어 합변수 혹은 평균변수로 분석에서 활용하기 때문에 상관관계분석에서도 분석 가능합니다.

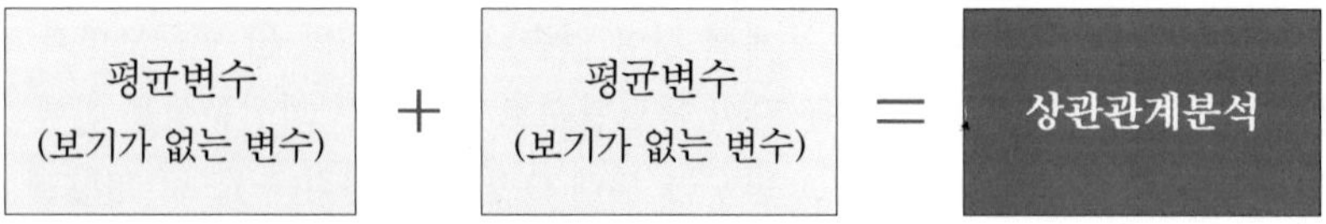


[그림 21-5] **상관관계분석 변수 구성**

구체적으로 어떠한 상황에서 상관관계분석을 진행하는지 확인해 보겠습니다. 주요 변수는 성별더미변수, 연령, 사회적지지입니다. 연령은 평균변수이고, 성별더미변수와 사회적지지는 평균변수로 볼 수 있는 더미변수와 리커트 척도입니다. 이러한 변수들로 구성되어 있다면, 상관관계분석을 통해 '주요 변수 간 상관관계'를 확인할 수 있습니다.

**1.** 귀하의 성별은 무엇입니까?
① 남성 ② 여성

**2.** 현재 귀하의 연령은 어떻게 됩니까? ( )세

**3.** 다음은 사회적지지에 대한 질문입니다. 각 문항을 읽고 해당 사항에 체크하여 주십시오.

| 사회적지지 | 전혀 그렇지 않다 | 그렇지 않다 | 보통이다 | 그렇다 | 매우 그렇다 |
|---|---|---|---|---|---|
| 1. 그들은 항상 나의 일에 관심을 갖고 걱정해주었다. | ① | ② | ③ | ④ | ⑤ |
| 2. 그들은 나의 문제를 들어주지 않았다. | ① | ② | ③ | ④ | ⑤ |
| 3. 그들과 함께 있으면 친밀감을 느끼게 해주었다. | ① | ② | ③ | ④ | ⑤ |

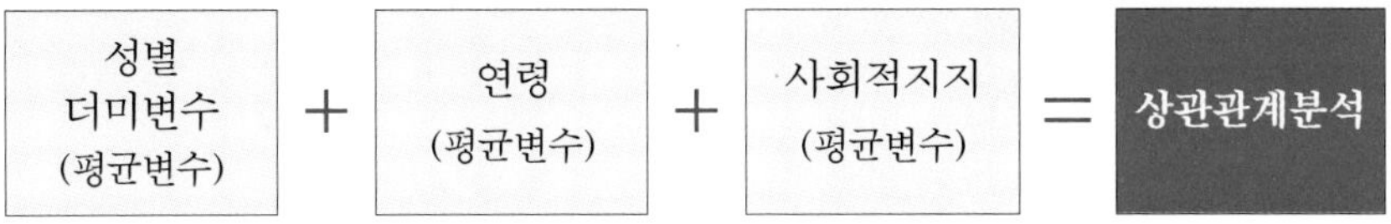


[그림 21-6] 상관관계분석 예시

## 3. 상관관계분석 실습

### 1) 상관관계분석 전 데이터 핸들링

**실습** 상관관계분석 전 데이터 핸들링: 더미변수 만들기

- 실습내용: 성별 변수를 활용하여 더미변수 만들기(남성=0, 여성=1)
- 실습파일: SPSS data.sav
- 활용변수: 성별

**1** 상관관계분석을 진행하기 위해서 사전에 집단변수인 성별 변수(남성=1, 여성=2)를 성별더미변수(남성=0, 여성=1)로 변환해야 합니다. SPSS 프로그램 메뉴의 ❶ 변환을 클릭하고 ❷ 더미변수 작성을 클릭합니다.

[그림 21-7]

**2** 더미변수 작성 창이 열리면, ❶ 성별 변수를 더블클릭한 후, 주효과 더미변수에서 루트 이름(선택한 변수당 한 개)에 ❷ 성별더미라고 입력합니다.

[그림 21-8]

❸ ❶ 확인을 클릭하여 더미변수 작성 창을 닫습니다.

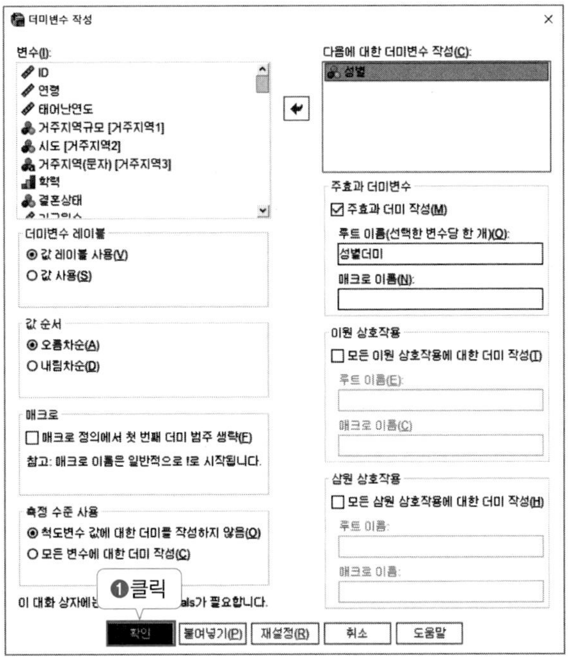


[그림 21-9]

4 새롭게 생성된 성별더미변수는 변수 보기 창에서 맨 아래에 위치해 있습니다. 먼저, ❶ 레이블을 확인합니다. 레이블에는 어떤 보기가 1로 설정되어 있는지 표시되어 있습니다. 이를테면, 성별더미_1의 경우 레이블에 성별=남성으로 설정되어 있는데, 이는 남성이 1이고 나머지 보기(여성)가 0으로 코딩되어 있다는 의미입니다. 이 분석에서는 남성=0, 여성=1로 진행하기로 했으므로 ❷ 여성이 1, 남성이 0으로 설정되어 있는 성별더미_2 변수를 활용합니다.

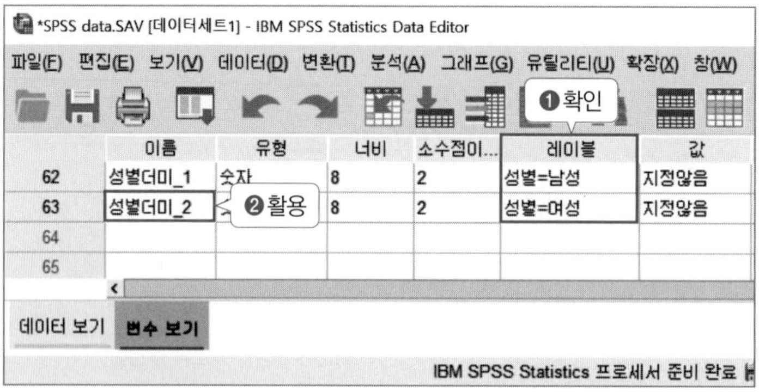


[그림 21-10]

## 실습 상관관계분석 전 데이터 핸들링: 평균변수 만들기

- 실습내용: 사회적지지 변수를 활용하여 '사회적지지평균' 변수 만들기
- 실습파일: SPSS data.sav
- 활용변수: 사회적지지1, 사회적지지2, 사회적지지3

1 평균변수를 만들기 전에 가장 먼저 해야 할 일은 빈도분석을 통해 이상한 값을 확인하는 일입니다. 메뉴의 ❶ 분석을 클릭하고 ❷ 기술통계량을 클릭한 후 ❸ 빈도분석을 선택합니다.

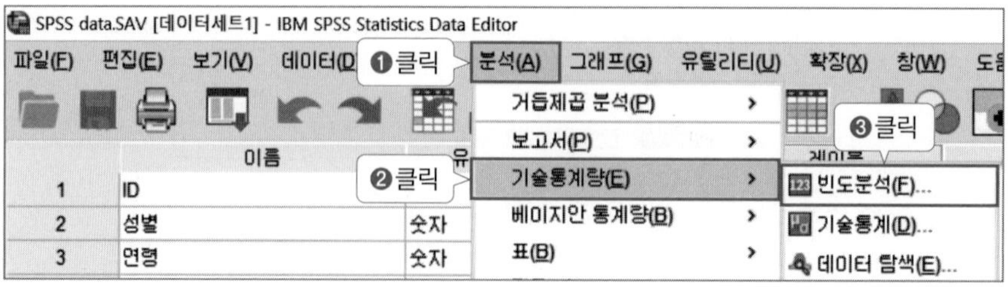


[그림 21-11]

**2** 빈도분석 창이 열리면, ❶ 사회적지지1 변수를 클릭한 후 ❷ Shift 키를 누르면서 사회적지지3 변수를 클릭합니다. 그렇게 하면 사회적지지1 변수부터 사회적지지3 변수까지 모두 선택됩니다. 만약 어렵다면 변수 한 개씩 옮기는 것을 추천합니다. ❸ ➡ 버튼을 누릅니다. 그런 다음 ❹ 확인을 클릭합니다.

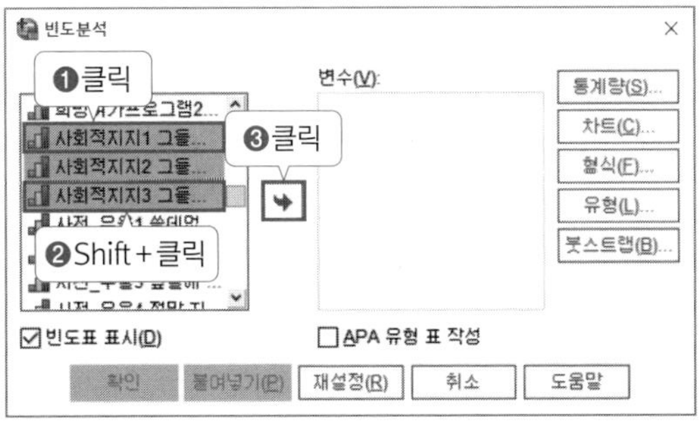


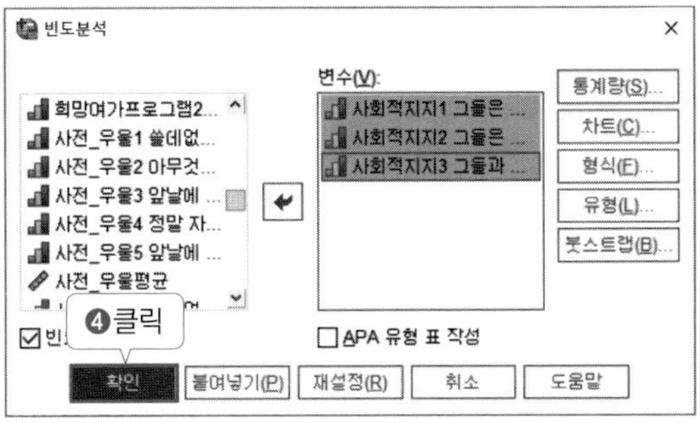


[그림 21-12]

**3** 출력 결과 창에서 사회적지지의 빈도분석 결과를 확인한 결과, 사회적지지1, 사회적지지2, 사회적지지3 모두 이상한 값이 없다는 것을 알 수 있습니다. 만약 다른 변수로 진행을 하다가 이상한 값이 있다면 '제10장 데이터 핸들링' 중 같은 변수(다른 변수)로 코딩변경에서 이상한 값을 결측값으로 처리할 때를 확인하고 처리하기 바랍니다.

**사회적지지1 그들은 항상 나의 일에 관심을 갖고 걱정해주었다.**

| | | 빈도 | 퍼센트 | 유효 퍼센트 | 누적 퍼센트 |
|---|---|---|---|---|---|
| 유효 | 전혀 그렇지 않다 | 330 | 6.6 | 6.6 | 6.6 |
| | 그렇지 않다 | 127 | 2.5 | 2.5 | 9.1 |
| | 보통이다 | 1121 | 22.4 | 22.4 | 31.6 |
| | 그렇다 | 2385 | 47.7 | 47.7 | 79.3 |
| | 매우 그렇다 | 1037 | 20.7 | 20.7 | 100.0 |
| | 전체 | 5000 | 100.0 | 100.0 | |

**사회적지지2 그들은 나의 문제를 들어주지 않았다.**

| | | 빈도 | 퍼센트 | 유효 퍼센트 | 누적 퍼센트 |
|---|---|---|---|---|---|
| 유효 | 전혀 그렇지 않다 | 314 | 6.3 | 6.3 | 6.3 |
| | 그렇지 않다 | 216 | 4.3 | 4.3 | 10.6 |
| | 보통이다 | 1160 | 23.2 | 23.2 | 33.8 |
| | 그렇다 | 2232 | 44.6 | 44.6 | 78.4 |
| | 매우 그렇다 | 1078 | 21.6 | 21.6 | 100.0 |
| | 전체 | 5000 | 100.0 | 100.0 | |

**사회적지지3 그들과 함께 있으면 친밀감을 느끼게 해주었다.**

| | | 빈도 | 퍼센트 | 유효 퍼센트 | 누적 퍼센트 |
|---|---|---|---|---|---|
| 유효 | 전혀 그렇지 않다 | 303 | 6.1 | 6.1 | 6.1 |
| | 그렇지 않다 | 156 | 3.1 | 3.1 | 9.2 |
| | 보통이다 | 975 | 19.5 | 19.5 | 28.7 |
| | 그렇다 | 2377 | 47.5 | 47.5 | 76.2 |
| | 매우 그렇다 | 1189 | 23.8 | 23.8 | 100.0 |
| | 전체 | 5000 | 100.0 | 100.0 | |

[그림 21-13]

**4** 평균변수를 만들기 전에 역코딩해야 할 문항이 있는지 확인합니다. 사회적지지는 점수가 높을수록 사회적지지가 높은 것으로 해석해야 합니다. 사회적지지2 변수의 경우 '그들은 나의 문제를 들어주지 않았다.'인데, 1은 '전혀 그렇지 않다'이고 5는 '매우 그렇다'입니다. 즉, 점수가 높을수록 사회적지지가 낮은 것이므로 역코딩해야 합니다. 그러므로 사회적지지2 변수만 역코딩을 진행하면 됩니다.

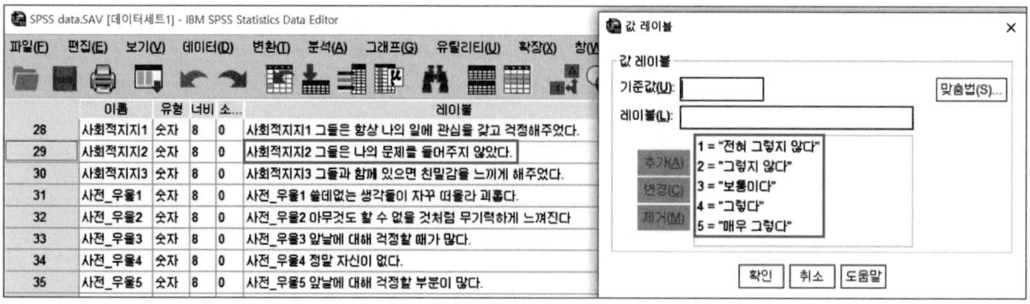


[그림 21-14]

5 사회적지지2 변수를 역코딩하기 위해 같은 변수로 코딩변경을 진행합니다. 메뉴의 ❶ 변환을 클릭하고, ❷ 같은 변수로 코딩변경을 클릭합니다.

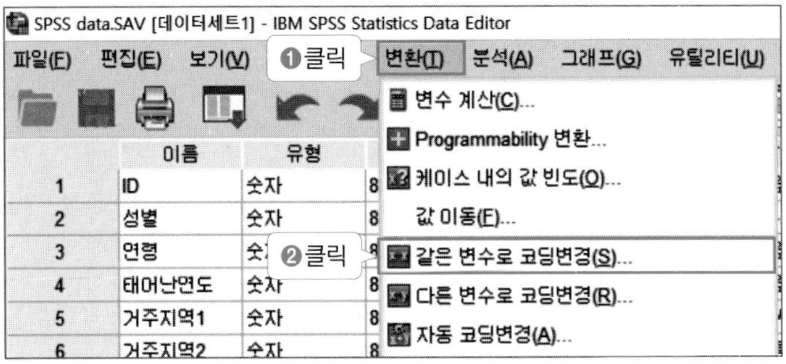

[그림 21-15]

6 같은 변수로 코딩변경 창이 열리면, ❶ 사회적지지2 변수를 더블클릭합니다. 그런 다음 ❷ 기존값 및 새로운 값을 클릭합니다.

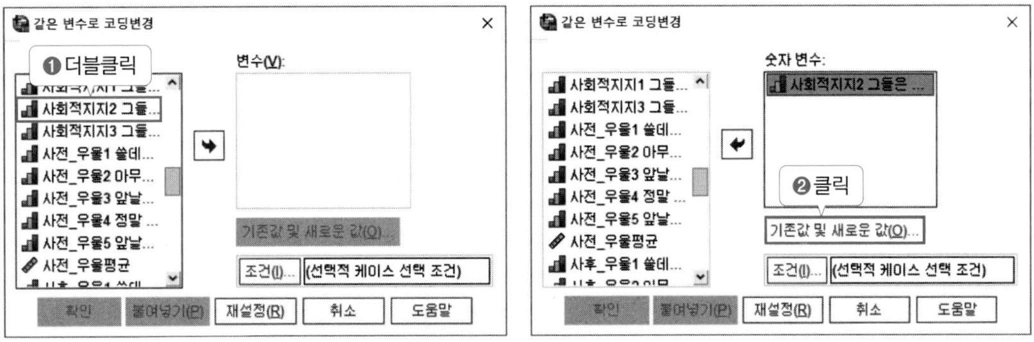

[그림 21-16]

**7** 같은 변수로 코딩변경: 기존값 및 새로운 값 창이 열리면, 기존값에서 값을 ❶ 1로 입력하고 새로운 값에서는 값을 ❷ 5로 입력합니다. 그런 다음 ❸ 추가를 클릭합니다. 같은 방법으로 기존값 '2'–새로운 값 '4', 기존값 '3'–새로운 값 '3', 기존값 '4'–새로운 값 '2', 기존값 '5'–새로운 값 '1'로 입력합니다.

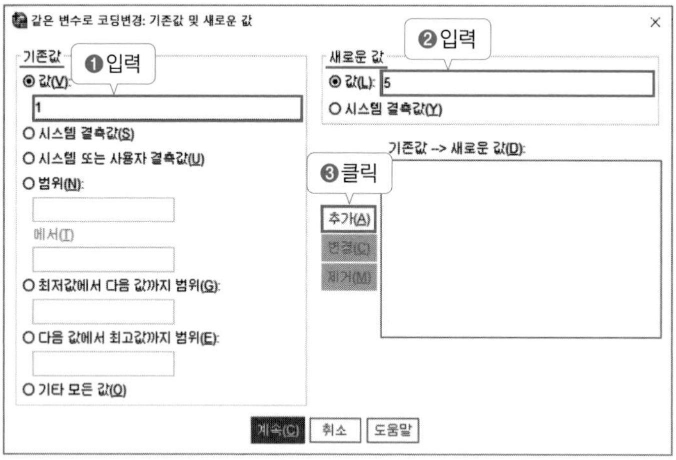


[그림 21-17]

**8** 사회적지지2 변수에는 1~5점 이외에 나올 수 있는 값이 없으므로, 1~5점 이외에 값은 시스템 결측값으로 설정해 주면 됩니다. 기존값에서 ❶ 기타 모든 값을 클릭하고, 새로운 값에서 ❷ 시스템 결측값을 클릭합니다. 그런 다음 ❸ 추가를 클릭한 후 ❹ 계속 버튼을 클릭합니다.

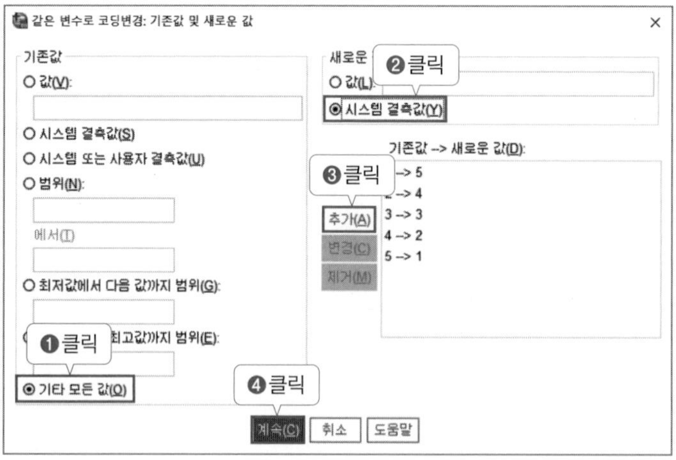


[그림 21-18]

9 같은 변수로 코딩변경 창에서 ❶ 확인 버튼을 클릭합니다.

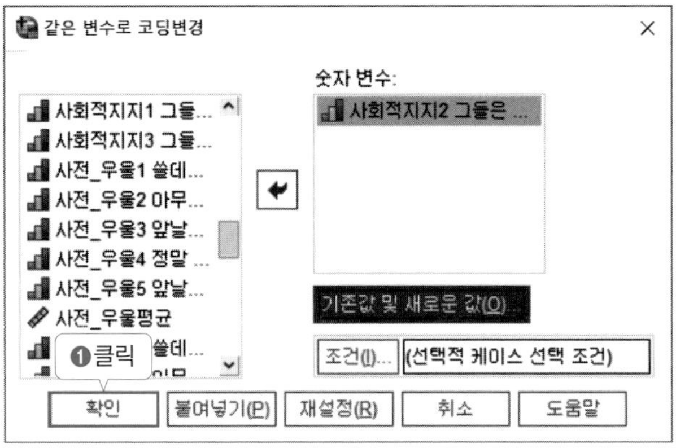


[그림 21-19]

10 사회적지지2 변수는 역코딩했다는 표시를 해 두기 위해 변수 보기 창에서 '사회적지지2' 변수 이름을 '사회적지지2re'로 변경합니다.

[그림 21-20]

11 '사회적지지평균' 변수를 만들기 위해 메뉴의 ❶ 변환을 클릭 후 ❷ 변수 계산을 누릅니다.

[그림 21-21]

⑫ 변수 계산 창이 열리면, 목표변수에 ❶ '사회적지지평균'이라고 변수명을 작성합니다. 그런 다음 숫자표현식에 ❷ mean()을 입력합니다.

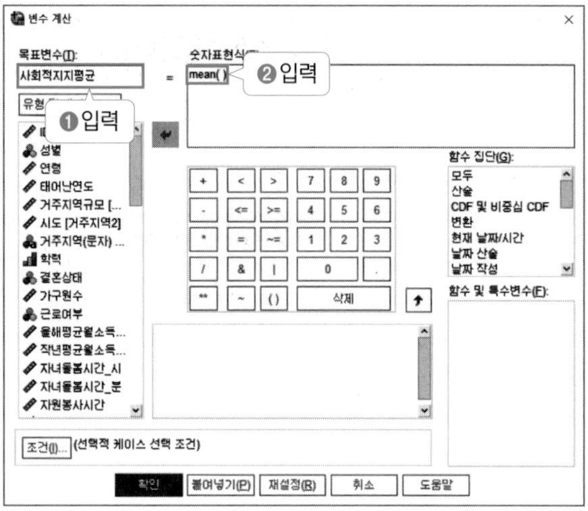


[그림 21-22]

⑬ 숫자표현식에서 작성한 ❶ mean( )의 괄호 안을 클릭합니다. 그런 다음 ❷ 사회적지지1 변수를 더블클릭하고 키보드에서 콤마(,)를 누릅니다. 그러면 숫자표현식에 mean(사회적지지1,) 이렇게 작성되어 있을 것입니다. 마찬가지로 ❸ 사회적지지2re 변수를 더블클릭하고 키보드에서 콤마(,)를 누릅니다. 마지막으로 ❹ 사회적지지3 변수를 더블클릭합니다.

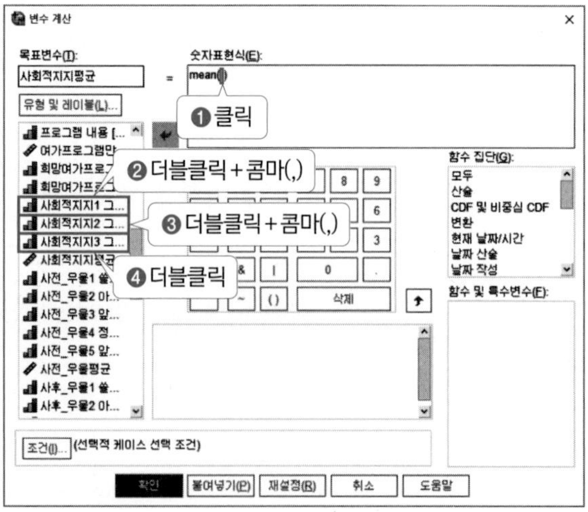


[그림 21-23]

⑭ 숫자표현식에 작성된 ❶ mean(사회적지지1, 사회적지지2re, 사회적지지3)을 확인합니다. 그런 다음 ❷ 확인을 클릭합니다.

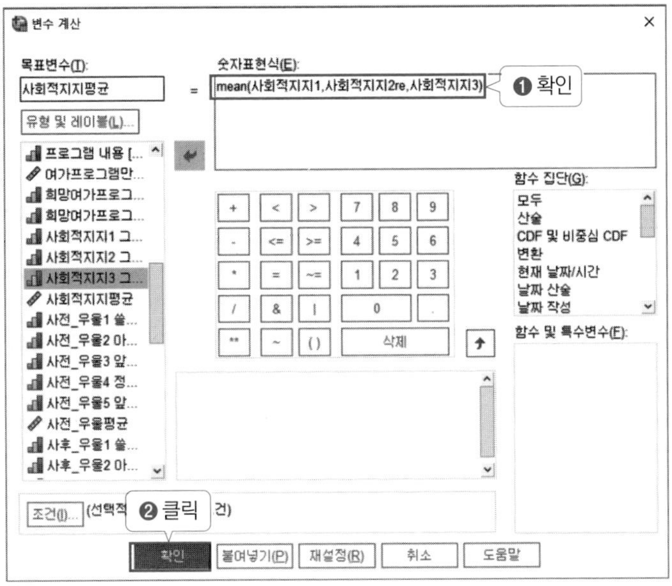


[그림 21-24]

⑮ 새로 만들어진 사회적지지평균 변수는 변수 보기 창의 맨 아래에 위치해 있습니다.

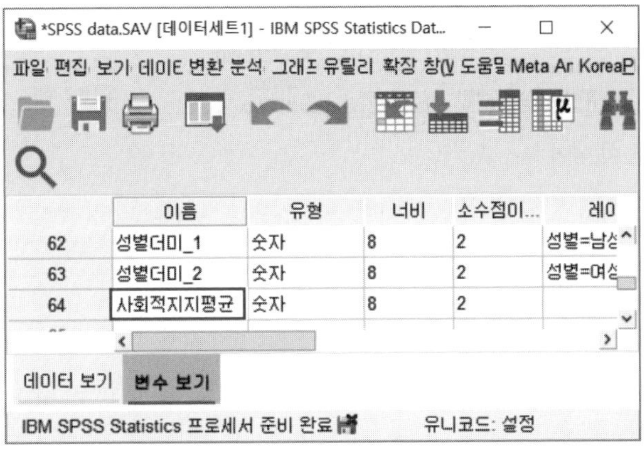


[그림 21-25]

## 2) 상관관계분석

**실습 상관관계분석**

- 실습내용: 성별, 연령, 사회적지지 간 상관관계
- 실습파일: SPSS data.sav
- 활용변수: 성별더미_2, 연령, 사회적지지평균

**1** 성별, 연령, 사회적지지 간 상관관계를 확인하기 위해 상관관계분석을 진행합니다. 메뉴의 ❶ 분석을 클릭하고 ❷ 상관분석을 클릭한 후 ❸ 이변량 상관을 선택합니다.

[그림 21-26]

**2** 이변량 상관계수 창이 열리면, ❶ 연령 변수를 더블클릭합니다. 그런 다음 스크롤을 내려서 ❷ 성별더미_2와 ❸ 사회적지지평균 변수를 더블클릭합니다.

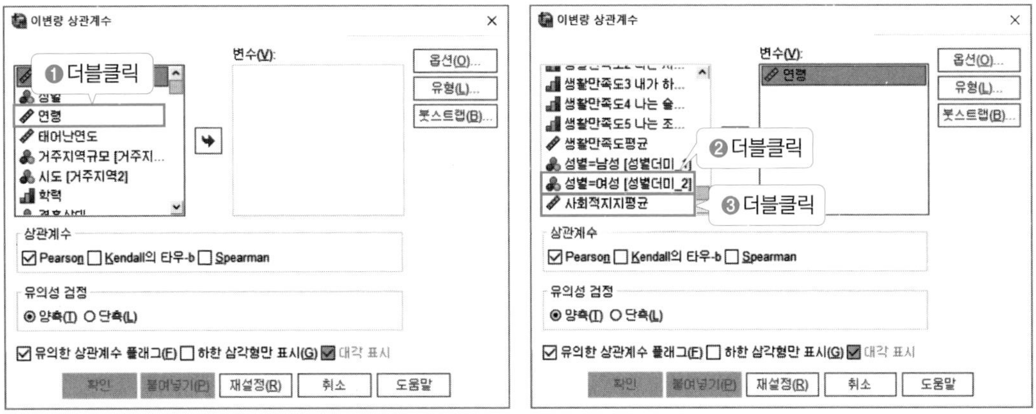


[그림 21-27]

**3** 변수들의 순서를 성별더미_2, 연령, 사회적지지평균으로 하기 위해서 ❶ 연령 변수를 클릭한 후 2초 후 다시 연령 변수를 클릭합니다. ❷ 연령 변수를 드래그하여 성별더미_2 변수 아래로 이동합니다. 성별더미_2, 연령, 사회적지지평균 순서대로 변수들이 정렬되었다면, ❸ 확인을 클릭합니다.

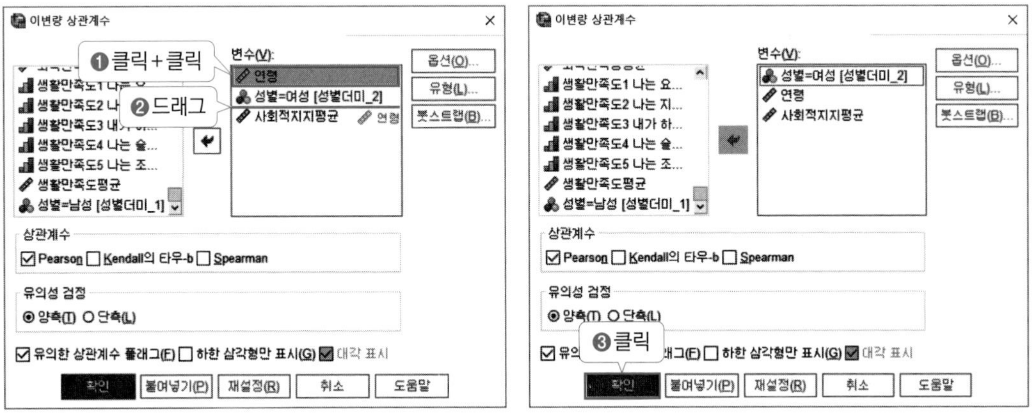


[그림 21-28]

# 4. 출력 결과 해석

## 1) 상관관계 표 이해

출력 결과 창을 확인해 보면 상관관계 표를 살펴볼 수 있습니다. 출력 결과를 해석하기 전에 상관관계 표에 대해서 간략히 이해한 후 진행하도록 하겠습니다. 상관관계 표에 첫 행과 첫 열에는 변수명이 제시되어 있습니다. 각 변수별로 Pearson 상관과 유의확률이 있는데, Pearson 상관은 상관계수를 의미하고 유의확률은 유의확률(p값)을 뜻합니다.

**상관관계**

변수명

| | | 성별=여성 | 연령 | 사회적지지평균 |
|---|---|---|---|---|
| 성별=여성 | Pearson 상관 | 상관계수 | .013 | -.003 |
| | 유의확률 (양측) | 유의확률 | .364 | .839 |
| | N | 5000 | 5000 | 5000 |
| 연령 | Pearson 상관 | 상관계수 | 1 | .067** |
| | 유의확률 (양측) | 유의확률 | | .000 |
| | N | 5000 | 5000 | 5000 |
| 사회적지지평균 | Pearson 상관 | 상관계수 | .067** | 1 |
| | 유의확률 (양측) | 유의확률 | .000 | |
| | N | 5000 | 5000 | 5000 |

**. 상관관계가 0.01 수준에서 유의합니다(양측).

[그림 21-29] **상관관계분석 출력 결과 1**

변수들 간의 상관계수와 유의확률을 확인하는 방법은 다음과 같습니다. 상관관계 표의 ❶ 첫 행에서 변수를 선택하고 상관관계 표의 ❷ 첫 열에서도 변수를 선택하여 ❸ 변수들이 교차되는 지점의 값을 확인하면 됩니다. 연령과 사회적지지의 상관계수는 .067로 나타났으며 유의확률은 .000으로 확인되었습니다.

**상관관계**

| | | 성별=여성 | 연령 | 사회적지지평균 |
|---|---|---|---|---|
| 성별=여성 | Pearson 상관 | 1 | .013 | -.003 |
| | 유의확률 (양측) | | .364 | .839 |
| | N | 5000 | 5000 | 5000 |
| 연령 | Pearson 상관 | .013 | 1 | .067** |
| | 유의확률 (양측) | .364 | | .000 |
| | N | 5000 | 5000 | 5000 |
| 사회적지지평균 | Pearson 상관 | -.003 | .067** | 1 |
| | 유의확률 (양측) | .839 | .000 | |
| | N | 5000 | 5000 | 5000 |

**. 상관관계가 0.01 수준에서 유의합니다(양측).

❶선택
❷선택
❸확인

[그림 21-30] **상관관계분석 출력 결과 2**

## Know how 상관계수 옆에 별표?

연령과 사회적지지의 상관계수 .067 옆에 별표(**)가 표시되어 있습니다. 이는 상관관계 표 아래에 제시되어 있듯이 상관관계가 0.01 수준에서 유의하다는 것을 의미합니다. 그러나 사회적지지와 연령의 유의확률은 .000이므로 실제 보고서 혹은 논문에는 별표 3개를 표시해야 하기 때문에 차이가 있습니다. 이에 출력 결과의 상관관계 표에 있는 별표 표시는 유의한지 혹은 유의하지 않은지 정도만 확인하는 데 활용하고 실제 보고서 및 논문에는 유의확률 값을 확인하여 별표 표시를 진행하기 바랍니다.

**상관관계**

| | | 성별=여성 | 연령 | 사회적지지평균 |
|---|---|---|---|---|
| 성별=여성 | Pearson 상관 | 1 | .013 | -.003 |
| | 유의확률 (양측) | | .364 | .839 |
| | N | 5000 | 5000 | 5000 |
| 연령 | Pearson 상관 | .013 | 1 | .067** |
| | 유의확률 (양측) | .364 | | .000 |
| | N | 5000 | 5000 | 5000 |
| 사회적지지평균 | Pearson 상관 | -.003 | .067** | 1 |
| | 유의확률 (양측) | .839 | .000 | |
| | N | 5000 | 5000 | 5000 |

**. 상관관계가 0.01 수준에서 유의합니다(양측).

[그림 21-31] **상관계수 옆 별표**

성별과 성별의 상관계수를 확인하면 1입니다. 마찬가지로 연령과 연령, 사회적지지와 사회적지지의 상관계수는 1입니다. 같은 변수 간 상관계수는 1입니다.

상관관계 표에서 1을 기준으로 대각선으로 양쪽에 있는 상관계수와 유의확률을 확인해 보면 동일하다는 것을 알 수 있습니다. 즉, 상관관계 표에는 두 변수 간 상관관계에 대한 내용이 2군데에 표시됩니다. 예를 들어, 상관관계 표 첫 행의 연령과 첫 열의 사회적지지의 교차지점을 확인해 보면 상관계수는 .067, 유의확률은 .000으로 확인되었습니다. 상관관계 표 첫 행의 사회적지지와 첫 열의 연령의 교차지점을 확인해 보면 상관계수는 .067, 유의확률은 .000으로 확인되었습니다. 즉, 연령과 사회적지지의 상관관계는 사회적지지와 연령의 상관관계로도 표시되어 결과가 도출됩니다.

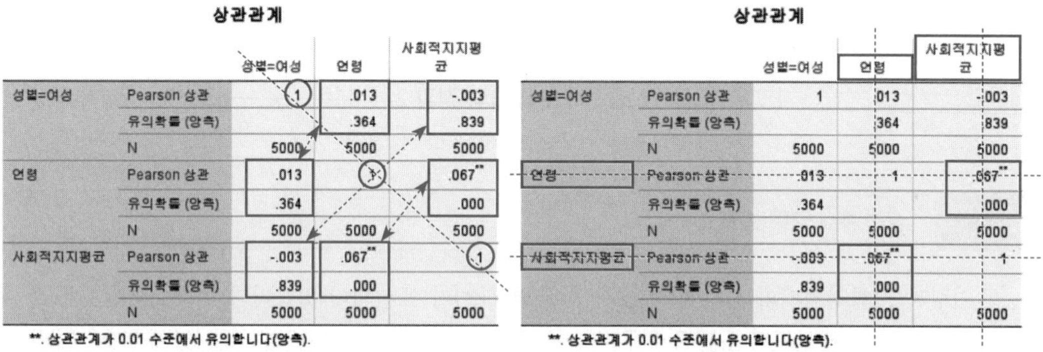

**상관관계**

| | | 성별=여성 | 연령 | 사회적지지평균 |
|---|---|---|---|---|
| 성별=여성 | Pearson 상관 | 1 | .013 | -.003 |
| | 유의확률 (양측) | | .364 | .839 |
| | N | 5000 | 5000 | 5000 |
| 연령 | Pearson 상관 | .013 | 1 | .067** |
| | 유의확률 (양측) | .364 | | .000 |
| | N | 5000 | 5000 | 5000 |
| 사회적지지평균 | Pearson 상관 | -.003 | .067** | 1 |
| | 유의확률 (양측) | .839 | .000 | |
| | N | 5000 | 5000 | 5000 |

**. 상관관계가 0.01 수준에서 유의합니다(양측).

**상관관계**

| | | 성별=여성 | 연령 | 사회적지지평균 |
|---|---|---|---|---|
| 성별=여성 | Pearson 상관 | 1 | .013 | -.003 |
| | 유의확률 (양측) | | .364 | .839 |
| | N | 5000 | 5000 | 5000 |
| 연령 | Pearson 상관 | .013 | 1 | .067** |
| | 유의확률 (양측) | .364 | | .000 |
| | N | 5000 | 5000 | 5000 |
| 사회적지지평균 | Pearson 상관 | -.003 | .067** | 1 |
| | 유의확률 (양측) | .839 | .000 | |
| | N | 5000 | 5000 | 5000 |

**. 상관관계가 0.01 수준에서 유의합니다(양측).

[그림 21-32] **상관관계분석 출력 결과 3**

상관관계 표에는 두 변수 간의 상관관계에 대한 내용이 2군데에 표시되기 때문에 상관계수 1을 기준으로 아래에 있는 결과만 보고서 및 논문에서 활용합니다.

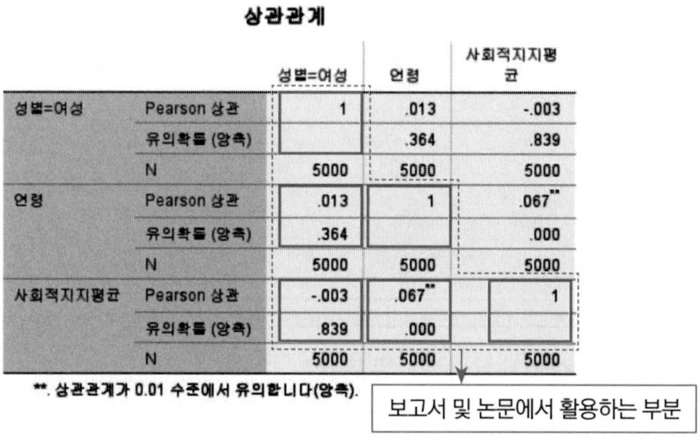


**상관관계**

| | | 성별=여성 | 연령 | 사회적지지평균 |
|---|---|---|---|---|
| 성별=여성 | Pearson 상관 | 1 | .013 | -.003 |
| | 유의확률 (양측) | | .364 | .839 |
| | N | 5000 | 5000 | 5000 |
| 연령 | Pearson 상관 | .013 | 1 | .067** |
| | 유의확률 (양측) | .364 | | .000 |
| | N | 5000 | 5000 | 5000 |
| 사회적지지평균 | Pearson 상관 | -.003 | .067** | 1 |
| | 유의확률 (양측) | .839 | .000 | |
| | N | 5000 | 5000 | 5000 |

**. 상관관계가 0.01 수준에서 유의합니다(양측).

[그림 21-33] **상관관계분석 출력 결과 4**

### 2) 상관관계 표에서 상관계수와 유의확률 확인

상관관계가 통계적으로 유의한지 파악하기 위해 상관관계 표에서 상관계수와 유의확률을 확인해 보면 됩니다. 유의확률이 0.05 미만으로 나타난 관계는 연령과 사회적지지입니다. 연령과 사회적지지의 상관계수는 .067로 양의 상관관계를 갖는 것으로 나타났으나 매우 낮은 수준의 상관관계인 것으로 분석되었습니다. 연령과 사회적지지의 유의확률은 .000으로 나타나 0.05 미만이므로 연령과 사회적지지 간 관계가 있는 것으로 확인되었습니다. 한편, 성별과 연령, 성별과 사회적지지의 경우 각각 유의확률이 .364, .839로 확인되어 관계가 없는 것으로 나타났습니다.

**상관관계**

| | | 성별=여성 | 연령 | 사회적지지평균 |
|---|---|---|---|---|
| 성별=여성 | Pearson 상관 | 1 | .013 | -.003 |
| | 유의확률 (양측) | | .364 | .839 |
| | N | 5000 | 5000 | 5000 |
| 연령 | Pearson 상관 | .013 | 1 | .067** |
| | 유의확률 (양측) | .364 | | .000 |
| | N | 5000 | 5000 | 5000 |
| 사회적지지평균 | Pearson 상관 | -.003 | .067** | 1 |
| | 유의확률 (양측) | .839 | .000 | |
| | N | 5000 | 5000 | 5000 |

**. 상관관계가 0.01 수준에서 유의합니다(양측).

0.05 미만=관계가 있다.
0.05 이상=관계가 없다.

[그림 21-34] **상관관계분석 출력 결과 5**

### 3) 다중공선성을 의심할 만한 변수 확인

각 변수들 간 상관계수 중 0.8 이상은 없으므로 다중공선성을 의심할 만한 변수는 없는 것으로 나타났습니다.

## 5. 분석 결과표 작성

'성별, 연령, 사회적지지 간 상관관계'에 대한 상관관계분석 결과표 작성은 다음과 같습니다. 첫 행에 구분과 함께 변수명을 차례대로 입력합니다. 구분 아래에도 변수명을 차례대로 입력합니다. 또한 p값(유의확률)과 관련하여 표 아래에 $^{*}p < .05$, $^{**}p < .01$, $^{***}p < .001$도 입력합니다.

<표> 성별, 연령, 사회적지지 간 상관관계

| 구분 | 성별 | 연령 | 사회적지지 |
|---|---|---|---|
| 성별 | | | |
| 연령 | | | |
| 사회적지지 | | | |

$^{*}p < .05$, $^{**}p < .01$, $^{***}p < .001$

**Know how** 상관관계분석 결과표 면적 줄이기

주요 변수, 즉 독립변수와 종속변수의 수가 많으면 상관관계 표는 커질 수밖에 없습니다. 그런데 변수명을 그대로 표에 넣다 보면 용지의 여백이 모자라 다 넣을 수 없게 됩니다.

이럴 때 사용하는 방법이 있습니다. 아래 표와 같이 변수명 대신 숫자로 대체하는 것입니다. 표의 가장 왼쪽 칸을 보면 '숫자+변수명'으로 제시되어 있습니다. 이 숫자는 표의 첫 행에 변수명 대신 입력한 숫자와 같은 의미를 지닌 숫자로 인식하면 됩니다. 즉, 표의 첫 행에서 1은 성별, 2는 연령, 3은 학력을 의미합니다. 이처럼 변수명을 숫자로 대체하면 표 면적을 쉽게 줄일 수 있습니다.

<표> 주요 변수 간 상관관계

| 구분 | 1 | 2 | 3 | 4 | 5 | 6 | 7 |
|---|---|---|---|---|---|---|---|
| 1. 성별 | | | | | | | |
| 2. 연령 | | | | | | | |
| 3. 학력 | | | | | | | |
| 4. 가구원수 | | | | | | | |
| 5. 월소득 | | | | | | | |
| 6. 사회적지지 | | | | | | | |
| 7. 생활만족도 | | | | | | | |

$^{*}p < .05$, $^{**}p < .01$, $^{***}p < .001$

만약 앞에 제시한 상관관계분석 결과표로도 면적이 부족하다면 다음과 같이 표의 첫 번째 열에 표시한 변수명도 삭제하고 숫자만 입력하는 것입니다. 그런 다음 표 아래에 주석으로 각 번호가 어떤 변수를 의미하는지 제시합니다. 이렇게 하면 조금 더 표 면적을 줄일 수 있습니다.

**<표> 주요 변수 간 상관관계**

| 구분 | 1 | 2 | 3 | 4 | 5 | 6 | 7 |
|---|---|---|---|---|---|---|---|
| 1 | | | | | | | |
| 2 | | | | | | | |
| 3 | | | | | | | |
| 4 | | | | | | | |
| 5 | | | | | | | |
| 6 | | | | | | | |
| 7 | | | | | | | |

$^{*}p < .05$, $^{**}p < .01$, $^{***}p < .001$

주: 1=성별, 2=연령, 3=학력, 4=가구원수, 5=월소득, 6=사회적지지, 7=생활만족도

출력 결과에서 Pearson 상관에 있는 값(상관계수)을 변수명에 맞춰 분석 결과표에 입력합니다. 다만, 두 변수 간 상관관계에 대한 상관계수 값이 2군데에 표시되어 있기 때문에 상관계수 1과 함께 상관계수 1 아래에 있는 상관계수 값들만 제시합니다. 상관계수는 보통 소수점 셋째 자리까지 제시합니다.

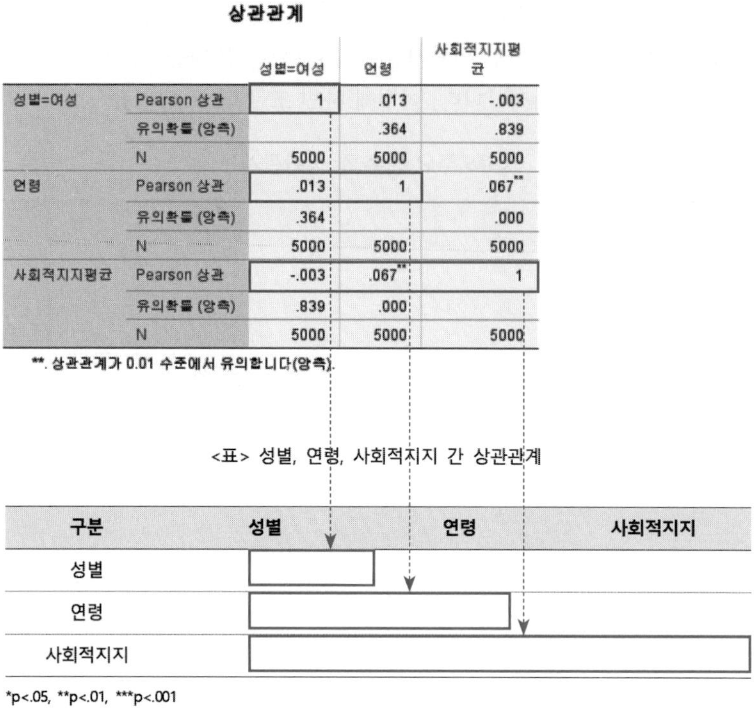

**상관관계**

| | | 성별=여성 | 연령 | 사회적지지평균 |
|---|---|---|---|---|
| 성별=여성 | Pearson 상관 | 1 | .013 | -.003 |
| | 유의확률 (양측) | | .364 | .839 |
| | N | 5000 | 5000 | 5000 |
| 연령 | Pearson 상관 | .013 | 1 | .067** |
| | 유의확률 (양측) | .364 | | .000 |
| | N | 5000 | 5000 | 5000 |
| 사회적지지평균 | Pearson 상관 | -.003 | .067** | 1 |
| | 유의확률 (양측) | .839 | .000 | |
| | N | 5000 | 5000 | 5000 |

**. 상관관계가 0.01 수준에서 유의합니다(양측).

<표> 성별, 연령, 사회적지지 간 상관관계

| 구분 | 성별 | 연령 | 사회적지지 |
|---|---|---|---|
| 성별 | | | |
| 연령 | | | |
| 사회적지지 | | | |

*p<.05, **p<.01, ***p<.001

[그림 21-35]

출력 결과의 유의확률(p값) 값을 분석 결과표에 입력하되, 유의확률 값이 0.05 미만이면 별표 1개(*), 0.01 미만이면 별표 2개(**), 0.001 미만이면 별표 3개(***)로 상관계수 열에 표시합니다. 만약 유의확률 값이 0.05 이상이면 별표를 붙이지 않습니다.

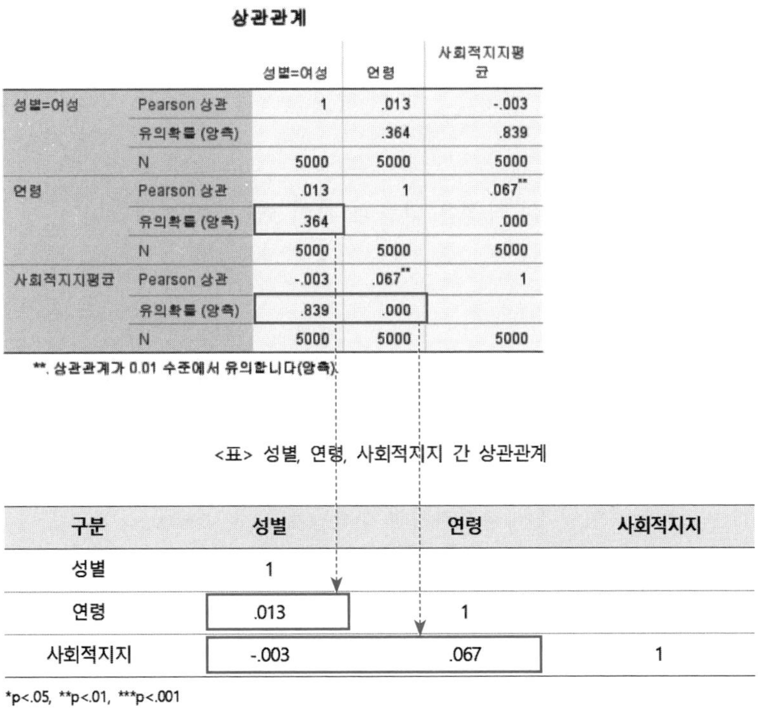

**상관관계**

| | | 성별=여성 | 연령 | 사회적지지평균 |
|---|---|---|---|---|
| 성별=여성 | Pearson 상관 | 1 | .013 | -.003 |
| | 유의확률 (양측) | | .364 | .839 |
| | N | 5000 | 5000 | 5000 |
| 연령 | Pearson 상관 | .013 | 1 | .067** |
| | 유의확률 (양측) | .364 | | .000 |
| | N | 5000 | 5000 | 5000 |
| 사회적지지평균 | Pearson 상관 | -.003 | .067** | 1 |
| | 유의확률 (양측) | .839 | .000 | |
| | N | 5000 | 5000 | 5000 |

**. 상관관계가 0.01 수준에서 유의합니다(양측).

<표> 성별, 연령, 사회적지지 간 상관관계

| 구분 | 성별 | 연령 | 사회적지지 |
|---|---|---|---|
| 성별 | 1 | | |
| 연령 | .013 | 1 | |
| 사회적지지 | -.003 | .067 | 1 |

*p<.05, **p<.01, ***p<.001

[그림 21-36]

출력 결과의 내용을 분석 결과표에 입력하면 다음과 같이 완성됩니다.

**<표> 성별, 연령, 사회적지지 간 상관관계**

| 구분 | 성별 | 연령 | 사회적지지 |
|---|---|---|---|
| 성별 | 1 | | |
| 연령 | .013 | 1 | |
| 사회적지지 | −.003 | .067*** | 1 |

*p < .05, **p < .01, ***p < .001

## 6. 분석 결과 해석 작성

상관관계분석 결과에 대한 해석 작성은 다음과 같이 3단계로 진행합니다.

❶ 분석 목적과 분석 방법 작성

"성별, 연령, 사회적지지 간 상관관계를 확인하고자 상관관계분석을 진행하였다."고 작성합니다.

❷ 상관계수와 p값을 통한 결과 작성

- p값이 0.05 미만이면, "연령과 사회적지지의 상관관계는 r=.067(p<.001)로 나타나 유의한 양의 상관관계에 있는 것으로 분석되었다."고 작성합니다.
- p값이 0.05 이상이면, "성별과 연령, 성별과 사회적지지의 상관관계는 유의하지 않은 것으로 나타났다."고 작성합니다.

❸ 다중공선성 의심 변수 작성

- 상관계수가 0.8 미만이면, "독립변수들 간의 상관계수가 0.8 이상이면 다중공선성의 위험이 있다고 볼 수 있다. 분석 결과, 독립변수들 간의 상관계수가 0.8 미만으로 나타나 다중공선성을 의심할 만한 변수는 없는 것으로 분석되었다."고 작성합니다.
- 상관계수가 0.8 이상이면, "독립변수들 간의 상관계수가 0.8 이상이면 다중공선성의 위험이 있다고 볼 수 있다. 분석 결과, 독립변수 성별과 연령의 상관계수는 0.8 이상으로 나타나 다중공선성이 의심되는 것으로 확인되었다."고 작성합니다.

**체크? 체크!** **독립변수와 종속변수 간에도 다중공선성 문제가 발생?**

독립변수와 종속변수 간 상관계수가 0.8 이상으로 나왔다면, 다중공선성을 의심해야 할까요? 아닙니다. 다중공선성을 의심하고 문제가 있다고 판단해야 할 대상은 독립변수들 간의 관계입니다.

이 3단계에 맞춰 상관관계분석 결과에 대한 해석을 작성하면 다음과 같습니다.

❶ 성별, 연령, 사회적지지 간 상관관계를 확인하고자 상관관계분석을 진행하였다. ❷ 연령과 사회적지지의 상관관계는 r=.067(p<.001)로 나타나 유의한 양의 상관관계에 있는 것으로 분석되었다. 이에 반해, 성별과 연령, 성별과 사회적지지의 상관관계는 유의하지 않은

것으로 나타났다. ❸ 한편, 독립변수들 간의 상관계수가 0.8 이상이면 다중공선성의 위험이 있다고 볼 수 있다. 분석 결과, 독립변수들 간의 상관계수가 0.8 미만으로 나타나 다중공선성을 의심할 만한 변수는 없는 것으로 분석되었다.

**[상관관계분석 결과표 및 해석 예시]**

성별, 연령, 사회적지지 간 상관관계를 확인하고자 상관관계분석을 진행하였다. 연령과 사회적지지의 상관관계는 r=.067(p<.001)로 나타나 유의한 양의 상관관계에 있는 것으로 분석되었다. 이에 반해, 성별과 연령, 성별과 사회적지지의 상관관계는 유의하지 않은 것으로 나타났다. 한편, 독립변수들 간의 상관계수가 0.8 이상이면 다중공선성의 위험이 있다고 볼 수 있다. 분석 결과, 독립변수들 간의 상관계수가 0.8 미만으로 나타나 다중공선성을 의심할 만한 변수는 없는 것으로 분석되었다.

**<표> 성별, 연령, 사회적지지 간 상관관계**

| 구분 | 성별 | 연령 | 사회적지지 |
|---|---|---|---|
| 성별 | 1 | | |
| 연령 | .013 | 1 | |
| 사회적지지 | −.003 | .067*** | 1 |

*p<.05, **p<.01, ***p<.001

**Know how** **상관관계분석 결과에서 분산팽창요인(VIF) 작성하기**

다중공선성을 의심할 만한 독립변수가 있는 경우, 회귀분석을 진행하여 분산팽창요인(VIF)을 상관관계분석 결과에 함께 제시하기도 합니다. 예를 들면, 다음과 같이 작성할 수 있습니다.

예시1

성별, 연령, 사회적지지 간 상관관계를 확인하고자 상관관계분석을 진행하였다. 연령과 사회적지지의 상관관계는 r=.067(p<.001)로 나타나 유의한 양의 상관관계에 있는 것으로 분석되었다. 이에 반해, 성별과 연령, 성별과 사회적지지의 상관관계는 유의하지 않은 것으로 나타났다. 한편, 독립변수들 간의 상관계수가 0.8 이상이면 다중공선성의 위험이 있다고 볼 수 있다. 분석 결과, 독립변수 성별과 연령의 상관계수는 0.8 이상으로 나타나 다중공선성이 의심되는 것으로 확인되었다. 실제 다중공선성 여부를 판단하기 위해 회귀분석을 진행하여 분산팽창요인(VIF)이 10을 넘는지 확인한 결과, 1을 조금 넘는 수준으로 나타나 문제가 되지 않는 것으로 확인되었다.

예시2

성별, 연령, 사회적지지 간 상관관계를 확인하고자 상관관계분석을 진행하였다. 연령과 사회적지지의 상관관계는 r=.067(p<.001)로 나타나 유의한 양의 상관관계에 있는 것으로 분석되었다. 이에 반해, 성별과 연령, 성별과 사회적지지의 상관관계는 유의하지 않은 것으로 나타났다. 한편, 독립변수들 간의 상관계수가 0.8 이상이면 다중공선성의 위험이 있다고 볼 수 있다. 분석 결과, 독립변수 성별과 연령의 상관계수는 0.8 이상으로 나타나 다중공선성이 의심되는 것으로 확인되었다. 실제 다중공선성 여부를 판단하기 위해 회귀분석을 진행하여 분산팽창요인(VIF)이 10을 넘는지 확인한 결과, 연령이 11.43으로 나타나 다중공선성에 문제가 있는 것으로 확인되었다. 이에 주요 변수에서 연령을 제외하였다.

분산팽창요인을 구하는 분석 방법에 대해서는 '제22장 회귀분석'을 참고하기 바랍니다.

제22장

# 회귀분석

## Key Point

회귀분석 이해

- 독립변수가 종속변수에 미치는 영향이 유의한지 확인할 때 진행
- 독립변수가 종속변수에 미치는 영향력을 확인할 때 진행
- 독립변수가 종속변수에 미치는 영향의 방향을 확인할 때 진행

회귀분석 해석방법

- B, β의 부호 (+) = 독립변수 ↑, 종속변수 ↑
- B, β의 부호 (–) = 독립변수 ↓, 종속변수 ↑

회귀분석 변수 구성

| 독립변수 | | 종속변수 | | |
|---|---|---|---|---|
| 평균변수<br>(보기가 없는 변수) | + | 평균변수<br>(보기가 없는 변수) | = | 회귀분석 |

회귀분석 메뉴

- SPSS 프로그램 메뉴에서 '분석–회귀분석–선형'

# 1. 회귀분석 이해

## 1) 회귀분석 개념 및 활용

회귀분석은 독립변수가 종속변수에 영향을 미치는지 확인하는 분석입니다. 즉, 독립변수가 높아지거나 낮아질수록 종속변수는 유의하게 높아지는지를 확인하는 분석입니다.

회귀분석은 독립변수의 수에 따라 단순회귀분석, 다중회귀분석(중다회귀분석)으로 불리기도 합니다. 이를테면, 독립변수가 1개일 경우 단순회귀분석이라고 하고, 독립변수가 2개 이상일 경우 다중회귀분석(중다회귀분석)이라고 합니다. 회귀분석은 세 가지를 확인할 때 활용합니다.

- 독립변수가 종속변수에 미치는 영향이 유의한지 확인할 때
- 독립변수가 종속변수에 미치는 영향력을 확인할 때
- 독립변수가 종속변수에 미치는 영향의 방향을 확인할 때

### (1) 독립변수가 종속변수에 미치는 영향이 유의한지 확인할 때

회귀분석을 진행하면 회귀계수와 p값을 구할 수 있습니다. 보통 p값이 0.05보다 낮으면 독립변수가 종속변수에 유의한 영향을 미친다고 판단합니다. 만약 p값이 0.05 이상이라면 독립변수는 종속변수에 유의한 영향을 미치지 않는다고 판단합니다.

### (2) 독립변수가 종속변수에 미치는 영향력과 방향을 확인할 때

독립변수가 종속변수에 미치는 영향력과 방향은 회귀계수를 통해 파악할 수 있습니다. 회귀계수에는 비표준화 계수와 표준화 계수가 있습니다. 특히 비표준화 계수는 독립변수가 1단위 증가할 때 종속변수의 변화 정도를 의미합니다. 즉, 회귀계수가 클수록 영향력이 높은 것이고, 회귀계수가 낮을수록 영향력이 낮은 것으로 판단하면 됩니다.

아울러 비표준화 계수 혹은 표준화 계수의 부호가 (+)면 독립변수가 종속변수에 정적으로 영향을 미치는 것이고, (−)면 독립변수가 종속변수에 부적으로 영향을 미치는 것입니다. 정적(+)으로 영향을 미친다는 것은 독립변수가 높을수록 종속변수도 높아진다는 뜻이고, 부적(−)으로 영향을 미친다는 것은 독립변수가 낮을수록 종속변수는 높아진다는 뜻입니다.

Know how **비표준화 계수 VS 표준화 계수**

회귀계수에는 비표준화 계수(Unstandardized Coefficient)와 표준화 계수(Standardized Coefficient)가 있습니다. 회귀분석 출력 결과나 보고서, 논문에서 비표준화 계수는 B 혹은 Coef.로 표시합니다. 표준화 계수는 β 혹은 Beta(베타)로 표시합니다.

비표준화 계수는 독립변수가 1단위 증가할 때 종속변수의 변화 정도를 의미합니다. 다만, 비표준화 계수를 통해 독립변수들 간의 영향력을 비교하기는 어렵습니다. 왜냐하면 비표준화 계수는 측정 변수의 단위와 밀접한 관련이 있는데, 독립변수 간 영향력을 비교하려면 각 변수의 단위가 모두 같아야 하기 때문입니다. 이를테면, 독립변수로 가구원수와 월소득으로 설정한 경우 가구원수의 단위는 명이고 월소득의 단위는 만 원이므로, 단위 자체가 다르기 때문에 비교할 수가 없습니다.

하지만 표준화 계수는 말 그대로 단위를 표준화하여 독립변수 간 영향력을 비교할 수 있습니다. 보고서나 논문에는 비표준화 계수와 표준화 계수 중 어느 것을 사용해도 전혀 문제가 되지 않습니다. 그러나 표준화 계수가 분석 결과에 제시되어 있다면 결과를 해석할 때 보통 표준화 계수를 많이 제시하기는 합니다.

참고로, 독립변수들 간 비교가 가능하다고 하여 다중회귀분석을 진행한 후 표준화 계수를 통해 독립변수의 영향력을 비교하는 것은 정확한 방법이 아닙니다. 결정계수(설명력) 등도 함께 고려해야 하기 때문에 위계적 회귀분석을 진행해야 독립변수의 영향력을 제대로 비교할 수 있습니다. 그러므로 다중회귀분석을 한 후 표준화 계수를 통해 단순하게 독립변수의 영향력을 비교하는 일은 지양해야 합니다.

Know how **독립변수와 종속변수가 있다면? 회귀분석처럼 해석!**

독립변수와 종속변수가 있다면 그 분석을 처음 본다고 할지라도 회귀분석처럼 해석할 수 있습니다. 이를테면, 구조방정식, 다층모형, 토빗분석, 프로빗분석, 로짓분석, 패널회귀분석, 패널로짓분석 등 독립변수와 종속변수가 있는 분석이라면 조금씩 차이는 있지만 회귀분석과 같이 해석할 수 있습니다. 즉, 회귀분석은 독립변수와 종속변수가 있는 분석의 가장 기초적인 형태입니다. 그러므로 회귀분석에 대해서 정확하게 이해한다면 다른 고급 분석을 진행하더라도 쉽게 이해하고 해석할 수 있습니다.

## 2) 회귀분석 해석 방법

회귀분석 결과 중 p값과 비표준화 계수 혹은 표준화 계수의 부호를 확인하여 회귀분석 결과를 해석할 수 있습니다. 진행 절차는 다음과 같습니다. 먼저, 독립변수의 p값을 확인하여 0.05보다 작으면, '독립변수는 종속변수에 유의한 영향을 미치는 것으로 나타났다.'로 해석합니다. 다음으로, 비표준화 계수(B) 혹은 표준화 계수(β)의 부호를 확인합니다. 비표준화 계수 혹은 표준화 계수의 부호가 (+)면, '독립변수가 높을수록 종속변수는 높아지는 것으로 나타났다.'로 해석합니다. 반대로 비표준화 계수 혹은 표준화 계수의 부호가 (−)면, '독립변수가 낮을수록 종속변수는 높아지는 것으로 나타났다.'로 해석합니다. 즉, 비표준화 계수 혹은 표준화 계수의 부호가 (+)든 (−)든 종속변수는 높아지는 것으로 나타났다고 해석하고, 비표준화 계수 혹은 표준화 계수의 부호가 (+)면 독립변수가 높을수록이라고 해석하고, (−)면 독립변수가 낮을수록이라고 해석하면 됩니다.

만약 독립변수의 p값이 0.05 이상이면 '독립변수는 종속변수에 유의한 영향을 미치지 않는 것으로 나타났다.'라고 해석합니다.

회귀분석 해석 방법

- B, β의 부호 (+) = 독립변수 ↑, 종속변수 ↑
- B, β의 부호 (−) = 독립변수 ↓, 종속변수 ↑

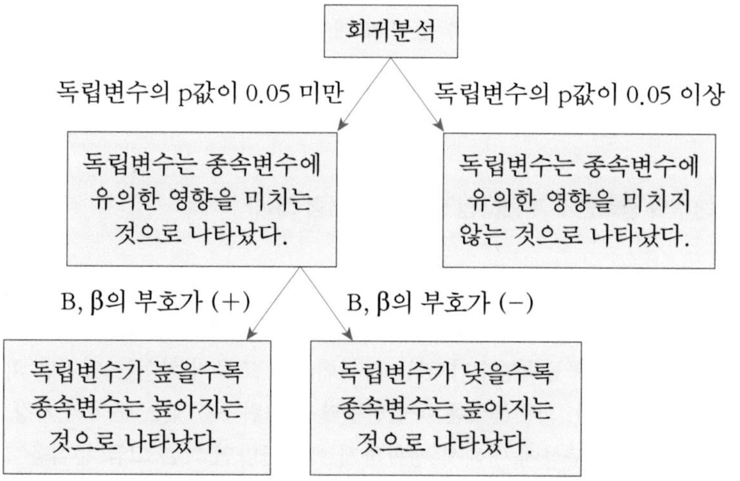
회귀분석
독립변수의 p값이 0.05 미만
독립변수의 p값이 0.05 이상
독립변수는 종속변수에 유의한 영향을 미치는 것으로 나타났다.
독립변수는 종속변수에 유의한 영향을 미치지 않는 것으로 나타났다.
B, β의 부호가 (+)
B, β의 부호가 (−)
독립변수가 높을수록 종속변수는 높아지는 것으로 나타났다.
독립변수가 낮을수록 종속변수는 높아지는 것으로 나타났다.

[그림 22-1] **회귀분석 해석 방법**

**Know how** **B, β의 부호에 따른 해석의 일관성: ~종속변수는 높아지는 것으로 나타났다**

회귀분석을 해석할 때 B(비표준화 계수), β(표준화 계수)의 부호가 (+)면 '독립변수가 높을수록 종속변수는 높아지는 것으로 나타났다.'로 해석하고, B, β의 부호가 (−)면 '독립변수가 낮을수록 종속변수는 높아지는 것으로 나타났다.'로 해석하기로 설정했습니다.

그런데 B, β의 부호가 (+)인 경우 '독립변수가 낮을수록 종속변수는 낮아지는 것으로 나타났다.'로 해석하고, B, β의 부호가 (−)인 경우 '독립변수가 높을수록 종속변수는 낮아지는 것으로 나타났다.'로 해석할 수도 있습니다. 이렇게 해석해도 전혀 문제가 되지 않습니다.

그렇다고 하더라도 B, β의 부호가 (+)면 '독립변수가 높을수록 종속변수는 높아지는 것으로 나타났다.'로 해석하고, B, β의 부호가 (−)면 '독립변수가 낮을수록 종속변수는 높아지는 것으로 나타났다.'로 해석하기를 바랍니다. 즉, B, β의 부호가 (+)든 (−)든 종속변수는 높아지는 것으로 나타났다고 해석하는 것입니다.

이렇게 작성해야 해석의 일관성을 가질 수 있습니다. 보고서나 논문을 작성할 때 어떤 독립변수에 대해서는 '~종속변수는 높아지는 것으로 나타났다.'로 작성하고, 또 다른 독립변수에 대해서는 '~종속변수는 낮아지는 것으로 나타났다.'로 작성한다면 독자는 헛갈립니다. 즉, '~종속변수는 높아지는 것으로 나타났다.'로 일관성 있게 작성해야 혼란스럽지 않고, 보고서와 논문의 완성도도 높아집니다.

독립변수가 성별(1=남성, 2=여성)이나 거주지역(1=대도시, 2=중소도시, 3=농어촌)처럼 집단변수라면 회귀분석 결과를 어떻게 해석해야 할지 난감할 수 있습니다. 이를테면, '성별이 높을수록~'은 말이 되지 않습니다. 즉, 이 상태로는 해석되지 않습니다. 하지만 집단변수를 더미변수로 변환하면 회귀분석에서 활용할 수 있습니다. 더미변수는 0을 기준으로 0과 1의 값을 활용하여 비율척도화한 변수를 말합니다.

독립변수가 더미변수인 경우 비표준화 계수 혹은 표준화 계수의 부호가 (+)면, '0으로 설정한 기준 집단 대비 1로 설정한 집단인 경우, 종속변수는 높아지는 것으로 나타났다.'로 해석합니다. 반대로 비표준화 계수 혹은 표준화 계수의 부호가 (−)면, '1로 설정한 집단 대비 0으로 설정한 기준 집단인 경우, 종속변수는 높아지는 것으로 나타났다.'로 해석합니다.

독립변수가 더미변수인 경우 회귀분석 해석 방법

- B, β의 부호 (+) = 0(기준)인 집단 대비 1인 집단인 경우, 종속변수 ↑
- B, β의 부호 (−) = 1인 집단 대비 0(기준)인 집단인 경우, 종속변수 ↑

구체적으로 독립변수가 성별(1=남성, 2=여성), 거주지역(1=대도시, 2=중소도시, 3=농어촌)과 같이 집단변수일 경우, 더미변수로 변환하여 회귀분석 진행 시 결과 해석을 어떻게 하는지 확인해 보겠습니다.

**1.** 귀하의 성별은 무엇입니까?

① 남성　　　　② 여성

**2.** 귀하의 거주지역은 어디입니까?
① 대도시 ② 중소도시 ③ 농어촌

성별의 경우 1=남성, 2=여성으로 설정되어 있는데, 이를 더미변수로 변환하면 0=남성, 1=여성으로 설정할 수 있습니다.

<표 22-1>**성별 변수와 성별더미변수**

| 변수 | 남성(기준) | 여성 |
|---|---|---|
| 성별 변수 | 1 | 2 |
| 성별더미변수 | 0 | 1 |

성별더미변수의 경우 회귀분석에서 해석은 어떻게 진행할까요? 독립변수가 성별이고, 종속변수가 생활만족도인 경우 비표준화 계수 혹은 표준화 계수의 부호가 (+)면, '성별이 높을수록, 생활만족도는 높아지는 것으로 나타났다.'라고 해석할 것입니다. 하지만 '성별이 높을수록'이라는 해석이 어색합니다. 성별이 높다는 것은 어떤 의미인가요? 0=남성, 1=여성에서 높은 것은 1=여성입니다. 그러므로 '남성 대비 여성인 경우, 생활만족도는 높아지는 것으로 나타났다.'라고 해석하면 됩니다. 만약 비표준화 계수 혹은 표준화 계수의 부호가 (−)면, '성별이 낮을수록'이므로 '여성 대비 남성인 경우, 생활만족도는 높아지는 것으로 나타났다.'라고 해석하면 됩니다.

성별더미변수(0=남성, 1=여성)인 경우 회귀분석 해석
- B, β의 부호 (+) = 남성 대비 여성인 경우, 종속변수 ↑
- B, β의 부호 (−) = 여성 대비 남성인 경우, 종속변수 ↑

거주지역(1=대도시, 2=중소도시, 3=농어촌)처럼 보기가 3개인 경우에는 어떻게 해야 할까요? 더미변수는 0과 1의 값으로만 변수를 설정해야 하므로 보기가 3개라면 더미변수를 2개 만듭니다. 더미변수 수는 '보기 수−1'입니다. 성별은 보기가 2개(남성, 여성)이므로 더미변수가 1개 만들어졌습니다. 같은 원리로 거주지역은 보기가 3개이므로 더미변수는 2개 만들어집니다. 대도시를 기준으로 한다면 대도시는 2개의 더미변수에서 모두 0으로 코딩합니다. 그런 다음 첫 번째 더미변수에서는 중소도시만 1로 코딩하고, 두 번째 더미변수에서는 농어촌만 1로 코딩합니다.

<표 22-2> **거주지역 변수와 거주지역더미변수**

| 변수 | 대도시 | 중소도시 | 농어촌 |
|---|---|---|---|
| 거주지역 변수 | 1 | 2 | 3 |
| 거주지역더미변수1 | 0 | 1 | 0 |
| 거주지역더미변수2 | 0 | 0 | 1 |

독립변수가 거주지역더미변수1, 거주지역더미변수2이고, 종속변수가 생활만족도인 경우 다음과 같이 해석할 수 있습니다. 먼저, 거주지역더미변수1의 경우 비표준화 계수 혹은 표준화 계수의 부호가 (+)면, 거주지역더미변수1에서 높은 것은 1=중소도시이므로 '□□ 대비 중소도시인인 경우, 생활만족도는 높아지는 것으로 나타났다.'라고 해석하면 됩니다. 문제는 □□에 대도시를 넣어야 하는지, 아니면 농어촌을 넣어야 하는지 헛갈릴 수 있습니다. 왜냐하면 0으로 설정한 집단이 대도시와 농어촌 둘 다 있기 때문입니다. 결론적으로 □□에는 기준 집단을 넣어 주면 됩니다. 즉, 더미변수에서 기준은 0이므로 0으로 설정한 대도시를 □□에 넣어야 합니다. 그러므로 비표준화 계수 혹은 표준화 계수의 부호가 (+)면, '대도시 대비 중소도시인인 경우, 생활만족도는 높아지는 것으로 나타났다.'라고 해석하면 됩니다. 만약 비표준화 계수 혹은 표준화 계수의 부호가 (−)면, 거주지역더미변수1에서 낮은 것은 0=대도시, 0=농어촌이지만 기준 집단이 대도시이므로 '중소도시 대비 대도시인 경우, 생활만족도는 높아지는 것으로 나타났다.'라고 해석하면 됩니다.

거주지역더미변수2의 경우도 거주지역더미변수1과 마찬가지로 비표준화 계수 혹은 표준화 계수의 부호가 (+)면, '대도시 대비 농어촌인 경우, 생활만족도는 높아지는 것으로 나타났다.'라고 해석하면 됩니다. 만약 비표준화 계수 혹은 표준화 계수의 부호가 (−)면, '농어촌 대비 대도시인 경우, 생활만족도는 높아지는 것으로 나타났다.'라고 해석하면 됩니다.

거주지역더미변수1[대도시=0(기준), 중소도시=1, 농어촌=0]인 경우 회귀분석 해석

- B, β의 부호 (+) = 대도시 대비 중소도시인 경우, 종속변수 ↑
- B, β의 부호 (−) = 중소도시 대비 대도시인 경우, 종속변수 ↑

거주지역더미변수2[대도시=0(기준), 중소도시=0, 농어촌=1]인 경우 회귀분석 해석

- B, β의 부호 (+) = 대도시 대비 농어촌인 경우, 종속변수 ↑
- B, β의 부호 (−) = 농어촌 대비 대도시인 경우, 종속변수 ↑

## 2. 회귀분석 변수 구성

회귀분석의 경우 독립변수와 종속변수가 평균변수일 때 진행할 수 있습니다. 즉, 연령이나 가구원수 같이 보기가 없고 평균을 내는 것이 의미가 있는 평균변수가 있다면 가능합니다. 다만, 성별이나 거주지역과 같이 집단변수도 더미변수로 변환하면 평균변수로 활용할 수 있습니다. 아울러 사회적지지나 생활만족도와 같이 리커트 척도 또한 2개 이상의 문항을 합하거나 평균을 내어 합변수 혹은 평균변수로 분석에서 활용하기 때문에 회귀분석에서도 가능합니다.

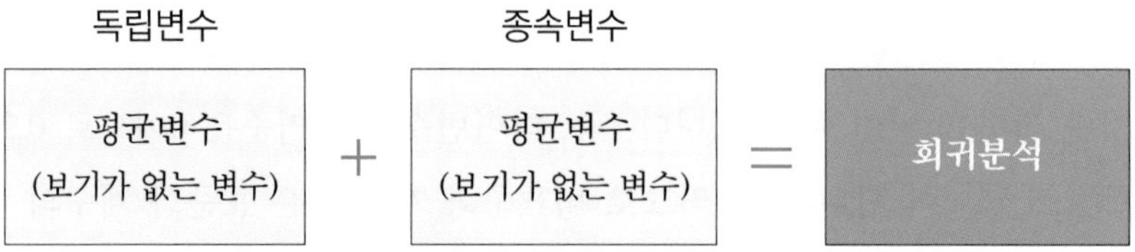


[그림 22-2] **회귀분석 변수 구성**

구체적으로 어떠한 상황에서 회귀분석을 진행하는지 확인해 보겠습니다. 이 분석에서 진행하는 연구모형은 [그림 22-3]과 같습니다. 즉, 독립변수는 성별, 연령, 가구원수, 거주지역, 사회적지지이고, 종속변수는 생활만족도로 설정하였습니다.

[그림 22-3] **회귀분석 연구모형**

주요 변수는 성별더미변수, 연령, 가구원수, 거주지역더미변수, 사회적지지, 생활만족도입니다. 연령과 가구원수는 평균변수이고, 성별더미변수, 거주지역더미변수, 사회적지지, 생활만족도는 평균변수로 볼 수 있는 더미변수와 리커트 척도입니다. 이러한 변수들로 구성되어 있다면, 회귀분석을 통해 '성별, 연령, 가구원수, 거주지역, 사회적지지가 생활만족도에 미치는 영향'을 확인할 수 있습니다.

**1.** 귀하의 성별은 무엇입니까?

① 남성 ② 여성

**2.** 현재 귀하의 연령은 어떻게 됩니까? ( )세

**3.** 현재 귀하와 함께 살고 있는 가구원수는 몇 명입니까? ( )명

**4.** 귀하의 거주지역은 어디입니까?

① 대도시 ② 중소도시 ③ 농어촌

**5.** 다음은 사회적지지에 대한 질문입니다. 각 문항을 읽고 해당 사항에 체크하여 주십시오.

| 사회적지지 | 전혀 그렇지 않다 | 그렇지 않다 | 보통 이다 | 그렇다 | 매우 그렇다 |
|---|---|---|---|---|---|
| 1. 그들은 항상 나의 일에 관심을 갖고 걱정해주었다. | ① | ② | ③ | ④ | ⑤ |
| 2. 그들은 나의 문제를 들어주지 않았다. | ① | ② | ③ | ④ | ⑤ |
| 3. 그들과 함께 있으면 친밀감을 느끼게 해주었다. | ① | ② | ③ | ④ | ⑤ |

**6.** 다음은 생활만족도에 대한 질문입니다. 각 문항을 읽고 해당 사항에 체크하여 주십시오.

| 생활만족도 | 전혀 그렇지 않다 | 그렇지 않다 | 보통 이다 | 그렇다 | 매우 그렇다 |
|---|---|---|---|---|---|
| 1. 나는 요즘 하늘을 날 것처럼 즐겁다. | ① | ② | ③ | ④ | ⑤ |
| 2. 나는 지금 지루하게 느끼지 않는다. | ① | ② | ③ | ④ | ⑤ |
| 3. 내가 하고 있는 일들은 예전과 마찬가지로 행복하다. | ① | ② | ③ | ④ | ⑤ |
| 4. 나는 슬퍼할 일이 없다. | ① | ② | ③ | ④ | ⑤ |
| 5. 나는 조그마한 일에는 화가 나지 않는다. | ① | ② | ③ | ④ | ⑤ |

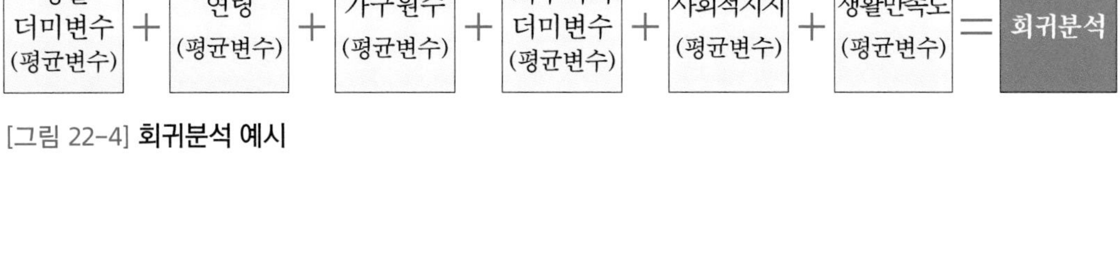


[그림 22-4] **회귀분석 예시**

# 3. 회귀분석 실습

## 1) 회귀분석 전 데이터 핸들링

**실습** **회귀분석 전 데이터 핸들링1: 성별더미변수 만들기**

- 실습내용: 성별 변수를 활용하여 성별더미변수(기준: 남성) 만들기
  (성별 더미변수: 남성=0, 여성=1)
- 실습파일: SPSS data.sav
- 활용변수: 성별

**1** 회귀분석을 진행하기 위해서 사전에 집단변수인 성별 변수(남성=1, 여성=2)를 성별더미변수(남성=0, 여성=1)로 변환해야 합니다. SPSS 프로그램 메뉴의 ❶ 변환을 클릭하고 ❷ 더미변수 작성을 클릭합니다.

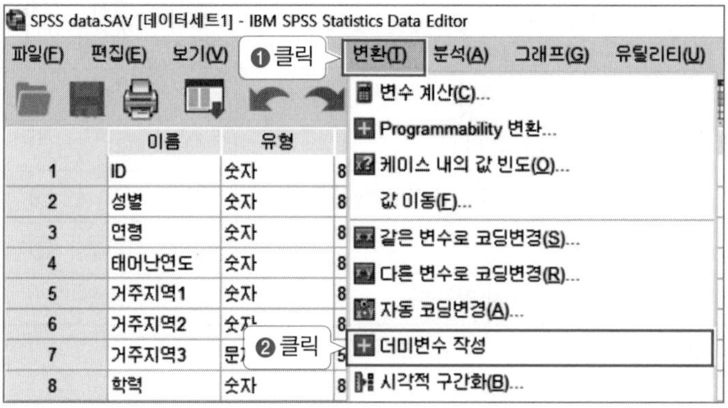

[그림 22-5]

**2** 더미변수 작성 창이 열리면, ❶ 성별 변수를 더블클릭한 후, 주효과 더미변수에서 루트 이름(선택한 변수당 한 개)에 ❷ 성별더미라고 입력합니다.

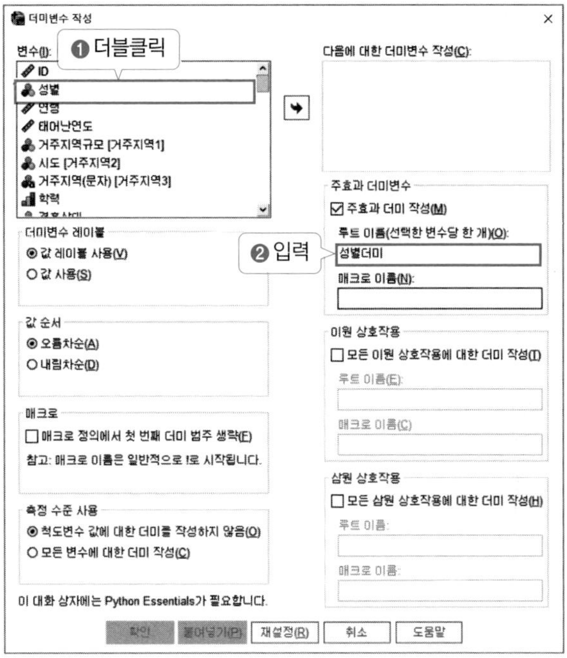


[그림 22-6]

**3** ❶ 확인을 클릭하여 더미변수 작성 창을 닫습니다.

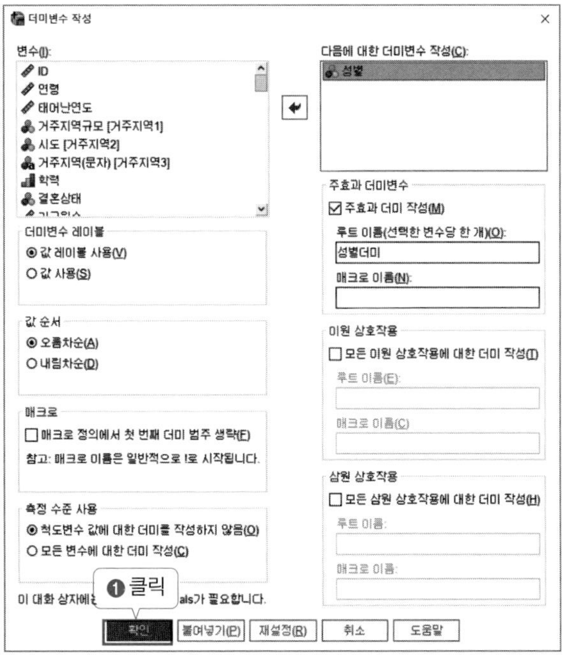


[그림 22-7]

4 새롭게 생성된 성별더미변수는 변수 보기 창에서 맨 아래에 위치해 있습니다. 먼저, ❶ 레이블을 확인합니다. 레이블에는 어떤 보기가 1로 설정되어 있는지 표시되어 있습니다. 이를테면, 성별더미_1의 경우 레이블에 성별=남성으로 설정되어 있는데, 이는 남성이 1이고 나머지 보기(여성)가 0으로 코딩되어 있다는 의미입니다. 이 분석에서는 남성=0, 여성=1로 진행하기로 했으므로 ❷ 여성이 1, 남성이 0으로 설정되어 있는 성별더미_2 변수를 활용합니다.

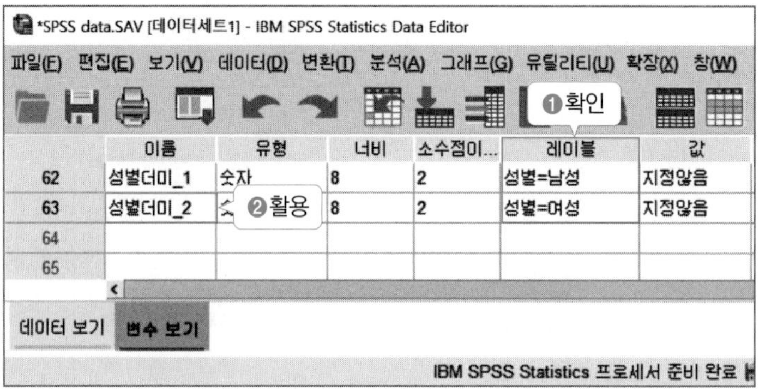


[그림 22-8]

**실습** **회귀분석 전 데이터 핸들링2: 거주지역더미변수 만들기**

- 실습내용: 거주지역 변수를 활용하여 거주지역더미변수(기준: 대도시) 만들기
  (거주지역더미변수1: 대도시=0, 중소도시=1, 농어촌=0)
  (거주지역더미변수2: 대도시=0, 중소도시=0, 농어촌=1)
- 실습파일: SPSS data.sav
- 활용변수: 거주지역1

**1** 회귀분석을 진행하기 위해 사전에 집단변수인 거주지역1 변수(대도시=1, 중소도시=2, 농어촌=3)를 더미변수로 변환해야 합니다. SPSS 프로그램 메뉴의 ❶ 변환을 클릭하고 ❷ 더미변수 작성을 클릭합니다.

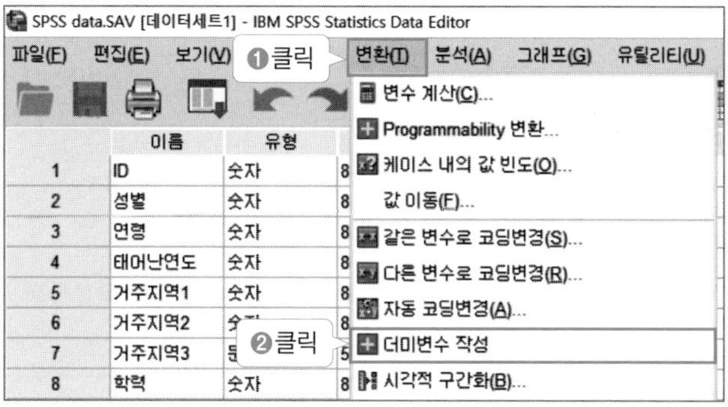


[그림 22-9]

**2** 더미변수 작성 창이 열리면, 기존에 성별더미변수를 만들기 위해서 작업한 내용이 있습니다. 거주지역더미변수를 만들기 위해 ❶ 재설정을 클릭하여 초기화합니다.

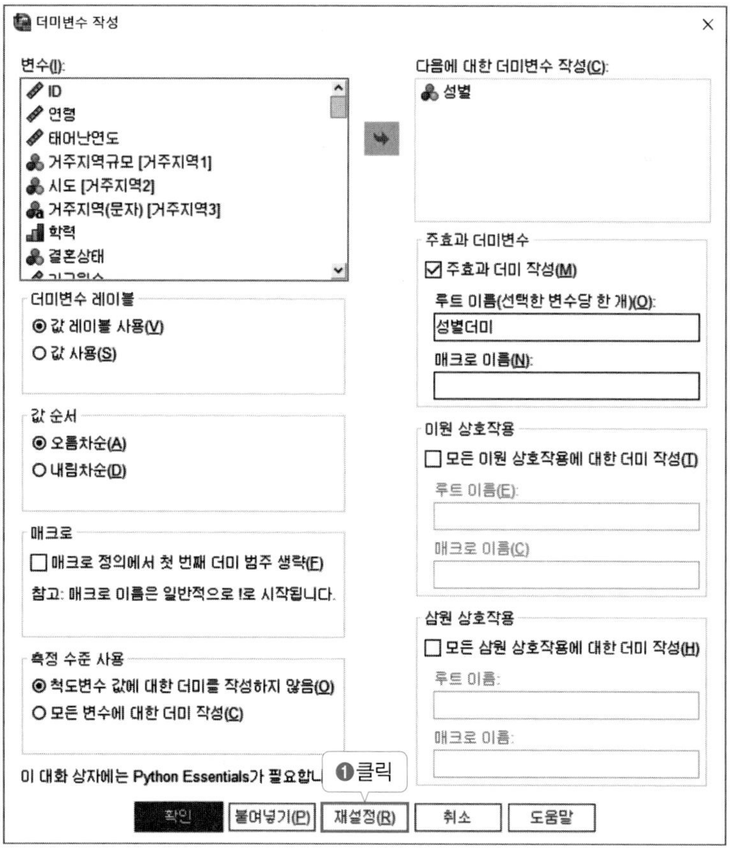


[그림 22-10]

3 ❶ 거주지역1 변수를 더블클릭한 후, 주효과 더미변수에서 루트 이름(선택한 변수당 한 개)에 ❷ 거주지역더미라고 입력합니다.

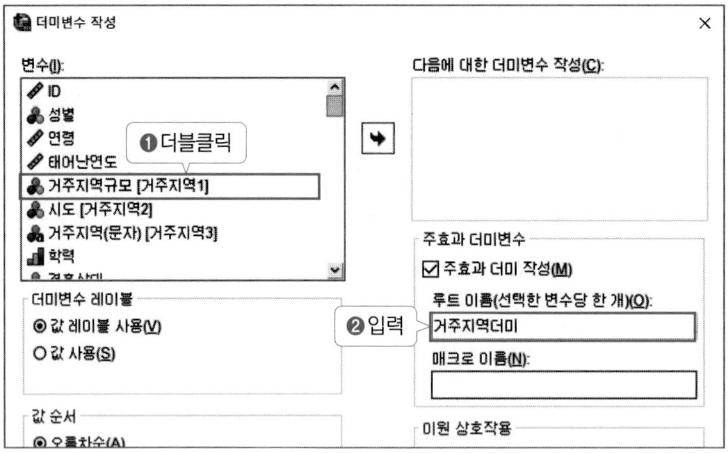


[그림 22-11]

4 ❶ 확인을 클릭하여 더미변수 작성 창을 닫습니다.

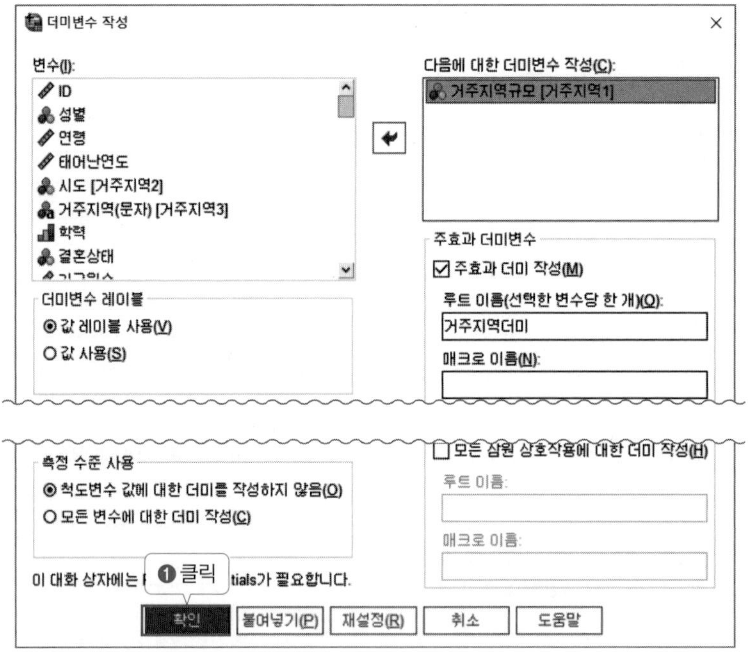


[그림 22-12]

5 새롭게 생성된 거주지역더미변수는 변수 보기 창에서 맨 아래에 위치해 있습니다. 먼저, ❶ 레이블을 확인합니다. 레이블에는 어떤 보기가 1로 설정되어 있는지 표시되어 있습니다. 이를테면, 거주지역더미_1의 경우 레이블에 거주지역1=대도시로 설정되

어 있는데, 이는 대도시가 1이고 나머지 보기(중소도시, 농어촌)가 0으로 코딩되어 있다는 의미입니다. 이 분석에서는 대도시를 기준으로 진행하기로 했으므로 ❷ 대도시가 0으로 설정되어 있는 거주지역더미_2(대도시=0, 중소도시=1, 농어촌=0)와 거주지역더미_3(대도시=0, 중소도시=0, 농어촌=1)을 활용합니다.

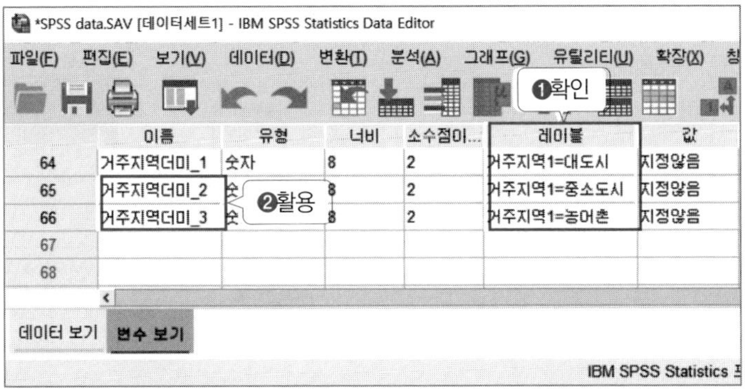


[그림 22-13]

## 실습 회귀분석 전 데이터 핸들링3: 사회적지지평균 변수 만들기

- 실습내용: 사회적지지 변수를 활용하여 '사회적지지평균' 변수 만들기
- 실습파일: SPSS data.sav
- 활용변수: 사회적지지1, 사회적지지2, 사회적지지3

**1** 평균변수를 만들기 전에 가장 먼저 해야 할 일은 빈도분석을 통해 이상한 값을 확인하는 일입니다. 메뉴의 ❶ 분석을 클릭하고 ❷ 기술통계량을 클릭한 후 ❸ 빈도분석을 선택합니다.

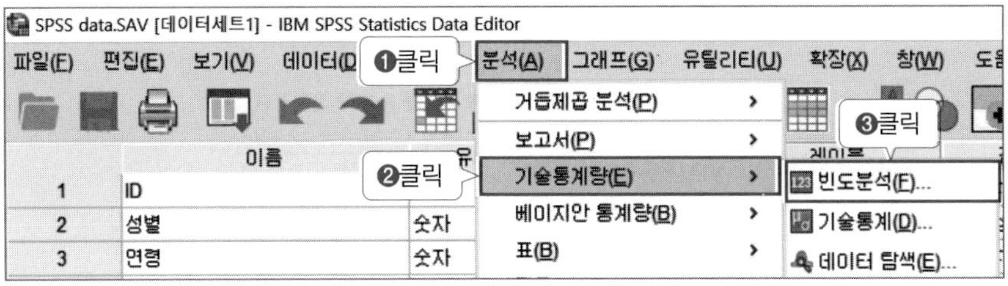


[그림 22-14]

2 빈도분석 창이 열리면, ❶ 사회적지지1 변수를 클릭한 후 ❷ Shift 키를 누르면서 사회적지지3 변수를 클릭합니다. 그렇게 하면 사회적지지1 변수부터 사회적지지3 변수까지 모두 선택됩니다. 만약 어렵다면 변수 한 개씩 옮기는 것을 추천합니다. ❸ ➡ 버튼을 누릅니다. 그런 다음 ❹ 확인을 클릭합니다.

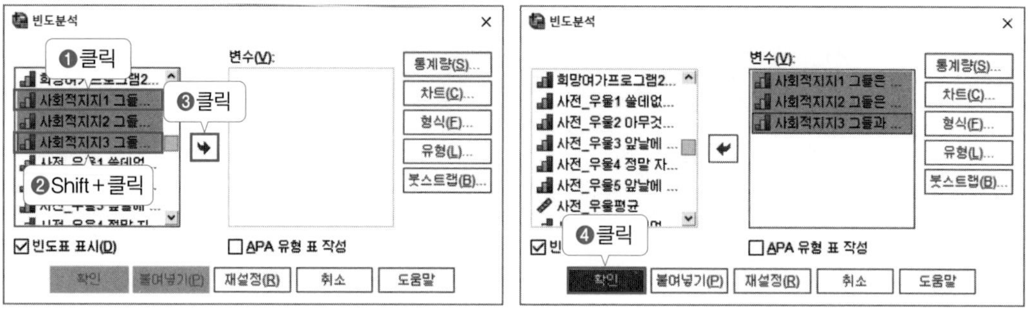


[그림 22-15]

3 출력 결과 창에서 사회적지지의 빈도분석 결과를 확인한 결과 사회적지지1, 사회적지지2, 사회적지지3 모두 이상한 값이 없다는 것을 알 수 있습니다. 만약 다른 변수로 진행하다가 이상한 값이 있다면 '제10장 데이터 핸들링' 중 같은 변수(다른 변수)로 코딩변경에서 이상한 값을 결측값으로 처리할 때를 확인하고 처리하기 바랍니다.

**사회적지지1 그들은 항상 나의 일에 관심을 갖고 걱정해주었다.**

| | | 빈도 | 퍼센트 | 유효 퍼센트 | 누적 퍼센트 |
|---|---|---|---|---|---|
| 유효 | 전혀 그렇지 않다 | 330 | 6.6 | 6.6 | 6.6 |
| | 그렇지 않다 | 127 | 2.5 | 2.5 | 9.1 |
| | 보통이다 | 1121 | 22.4 | 22.4 | 31.6 |
| | 그렇다 | 2385 | 47.7 | 47.7 | 79.3 |
| | 매우 그렇다 | 1037 | 20.7 | 20.7 | 100.0 |
| | 전체 | 5000 | 100.0 | 100.0 | |

**사회적지지2 그들은 나의 문제를 들어주지 않았다.**

| | | 빈도 | 퍼센트 | 유효 퍼센트 | 누적 퍼센트 |
|---|---|---|---|---|---|
| 유효 | 전혀 그렇지 않다 | 314 | 6.3 | 6.3 | 6.3 |
| | 그렇지 않다 | 216 | 4.3 | 4.3 | 10.6 |
| | 보통이다 | 1160 | 23.2 | 23.2 | 33.8 |
| | 그렇다 | 2232 | 44.6 | 44.6 | 78.4 |
| | 매우 그렇다 | 1078 | 21.6 | 21.6 | 100.0 |
| | 전체 | 5000 | 100.0 | 100.0 | |

**사회적지지3 그들과 함께 있으면 친밀감을 느끼게 해주었다.**

| | | 빈도 | 퍼센트 | 유효 퍼센트 | 누적 퍼센트 |
|---|---|---|---|---|---|
| 유효 | 전혀 그렇지 않다 | 303 | 6.1 | 6.1 | 6.1 |
| | 그렇지 않다 | 156 | 3.1 | 3.1 | 9.2 |
| | 보통이다 | 975 | 19.5 | 19.5 | 28.7 |
| | 그렇다 | 2377 | 47.5 | 47.5 | 76.2 |
| | 매우 그렇다 | 1189 | 23.8 | 23.8 | 100.0 |
| | 전체 | 5000 | 100.0 | 100.0 | |

[그림 22-16]

**4** 평균변수를 만들기 전에 역코딩해야 할 문항이 있는지 확인합니다. 사회적지지는 점수가 높을수록 사회적지지가 높은 것으로 해석해야 합니다. 사회적지지2 변수의 경우 '그들은 나의 문제를 들어주지 않았다.'인데, 1은 '전혀 그렇지 않다'이고 5는 '매우 그렇다'입니다. 즉, 점수가 높을수록 사회적지지가 낮은 것이므로 역코딩해야 합니다. 그러므로 사회적지지2 변수만 역코딩을 진행하면 됩니다.

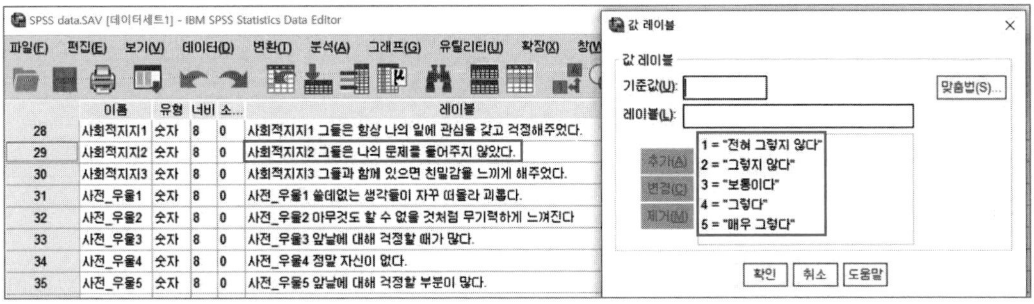

[그림 22-17]

**5** 사회적지지2 변수를 역코딩하기 위해 같은 변수로 코딩변경을 진행합니다. 메뉴의 ❶ 변환을 클릭하고 ❷ 같은 변수로 코딩변경을 클릭합니다.

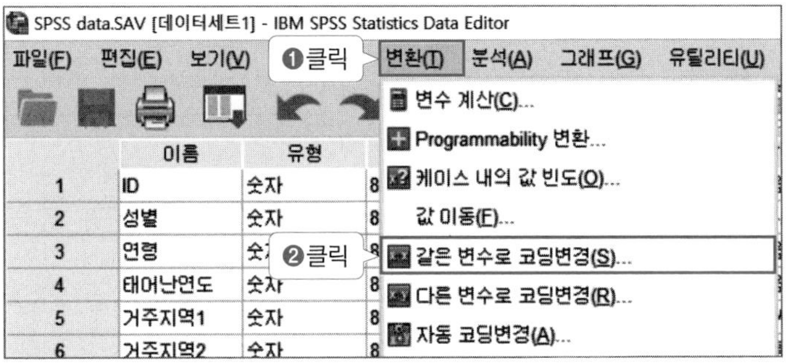

[그림 22-18]

6 같은 변수로 코딩변경 창이 열리면, ❶ 사회적지지2 변수를 더블클릭합니다. 그런 다음 ❷ 기존값 및 새로운 값을 클릭합니다.

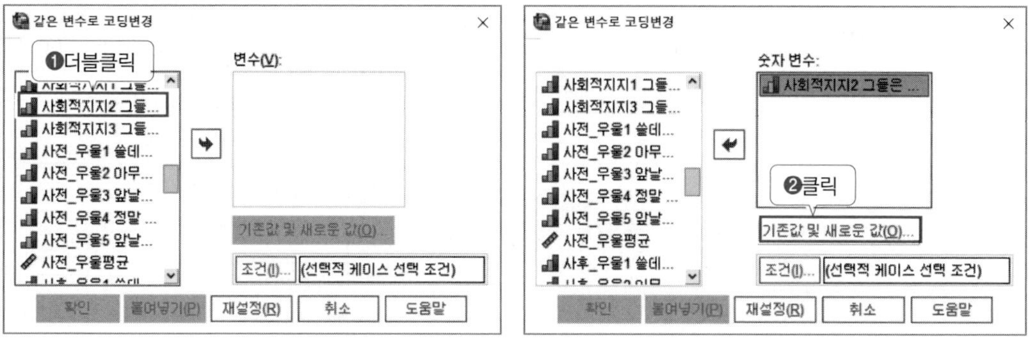


[그림 22-19]

7 같은 변수로 코딩변경: 기존값 및 새로운 값 창이 열리면, 기존값에서 값을 ❶ 1로 입력하고 새로운 값에서는 값을 ❷ 5로 입력합니다. 그런 다음 ❸ 추가를 클릭합니다. 같은 방법으로 기존값 '2'–새로운 값 '4', 기존값 '3'–새로운 값 '3', 기존값 '4'–새로운 값 '2', 기존값 '5'–새로운 값 '1'로 입력합니다.

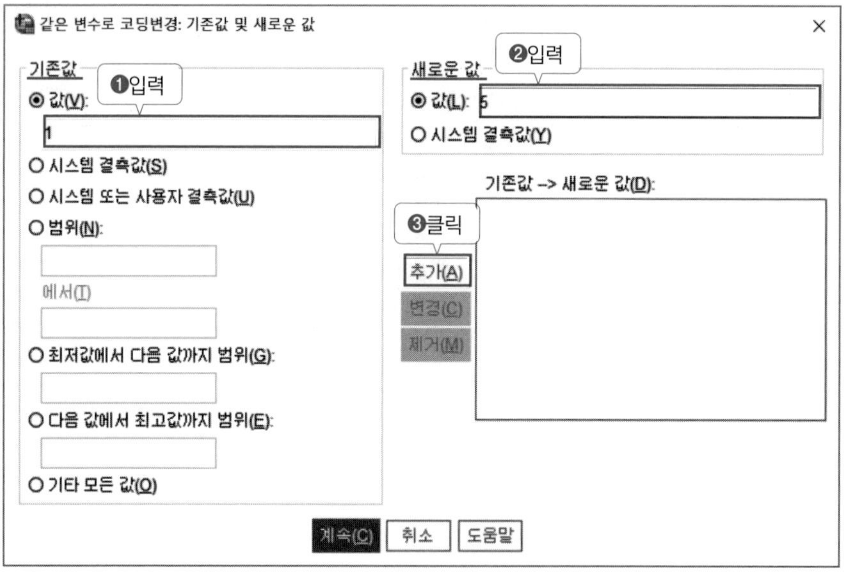


[그림 22-20]

8 사회적지지2 변수에는 1~5점 외에 나올 수 있는 값이 없으므로, 1~5점 외에 값은 시스템 결측값으로 설정해 주면 됩니다. 기존값에서 ❶ 기타 모든 값을 클릭하고, 새로운 값에서 ❷ 시스템 결측값을 클릭합니다. 그런 다음 ❸ 추가와 ❹ 계속을 클릭합니다.

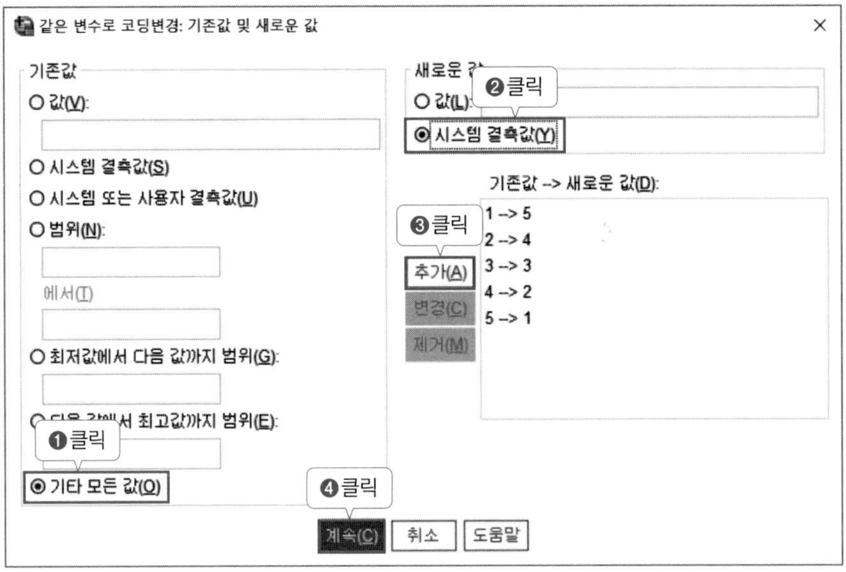


[그림 22-21]

9 같은 변수로 코딩변경 창에서 ❶ 확인을 클릭합니다.

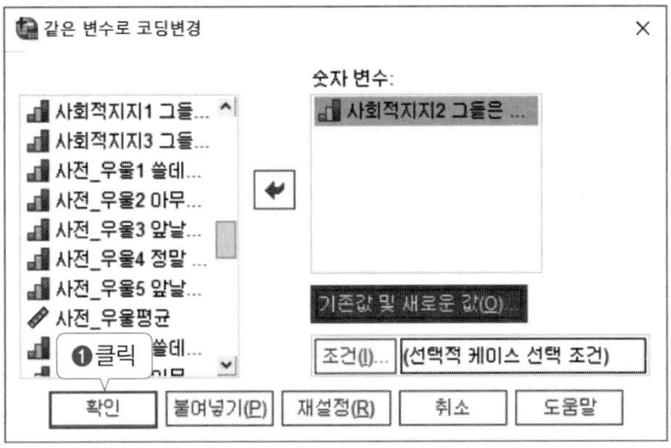


[그림 22-22]

⑩ 사회적지지2 변수는 역코딩했다는 표시를 해 두기 위해 변수 보기 창에서 '사회적지지2' 변수 이름을 '사회적지지2re'로 변경합니다.

[그림 22-23]

⑪ '사회적지지평균' 변수를 만들기 위해 메뉴의 ❶ 변환을 클릭 후 ❷ 변수 계산을 누릅니다.

[그림 22-24]

⑫ 변수 계산 창이 열리면, 목표변수에 ❶ '사회적지지평균'이라고 변수명을 작성합니다. 그런 다음 숫자표현식에 ❷ mean( )을 입력합니다.

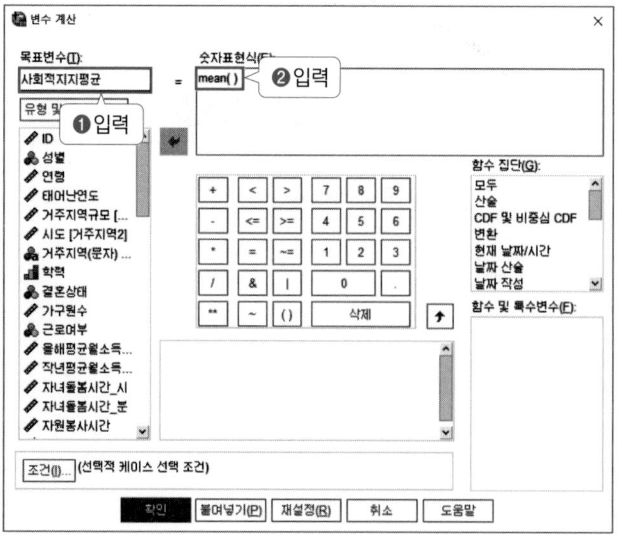


[그림 22-25]

⓭ 숫자표현식에서 작성한 ❶ mean( )의 괄호 안을 클릭합니다. 그런 다음 ❷ 사회적지지1 변수를 더블클릭하고 키보드에서 콤마(,)를 누릅니다. 그러면 숫자표현식에 mean(사회적지지1,) 이렇게 작성되어 있을 것입니다. 마찬가지로 ❸ 사회적지지2re 변수를 더블클릭하고 키보드에서 콤마(,)를 누릅니다. 마지막으로 ❹ 사회적지지3 변수를 더블클릭합니다.

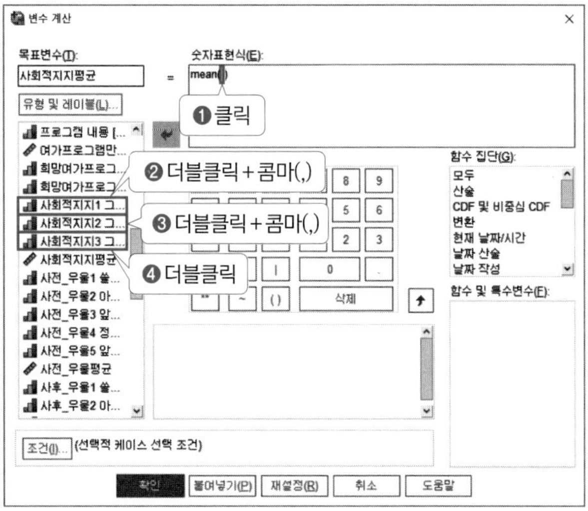


[그림 22-26]

⓮ 숫자표현식에 작성된 ❶ mean(사회적지지1, 사회적지지2re, 사회적지지3)을 확인합니다. 그런 다음 ❷ 확인을 클릭합니다.

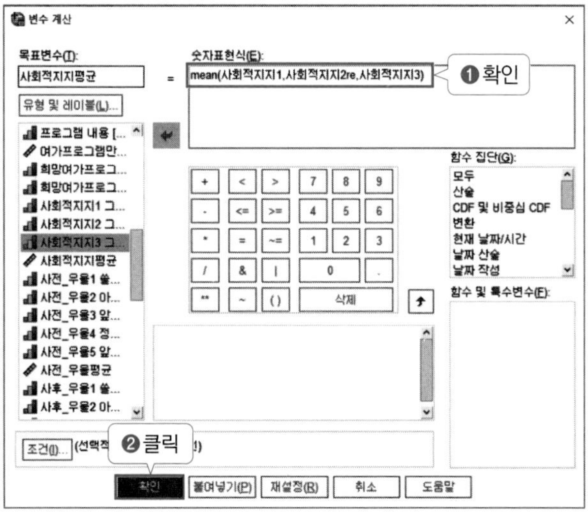


[그림 22-27]

⑮ 새로 만들어진 사회적지지평균 변수는 변수 보기 창의 맨 아래에 위치해 있습니다.

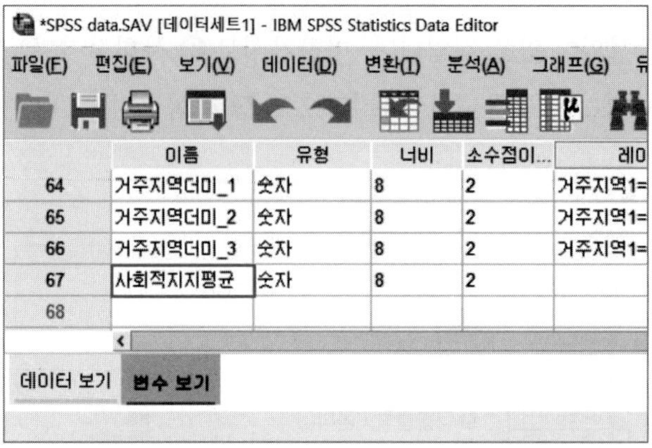


[그림 22-28]

## 실습 회귀분석 전 데이터 핸들링4: 생활만족도평균 변수 만들기

- 실습내용: 생활만족도 변수를 활용하여 '생활만족도평균' 변수 만들기
- 실습파일: SPSS data.sav
- 활용변수: 생활만족도1, 생활만족도2, 생활만족도3, 생활만족도4, 생활만족도5

❶ 빈도분석을 통해 생활만족도 변수에 이상한 값이 있는지 확인합니다. 메뉴의 ❶ 분석을 클릭하고 ❷ 기술통계량을 클릭한 후 ❸ 빈도분석을 선택합니다.

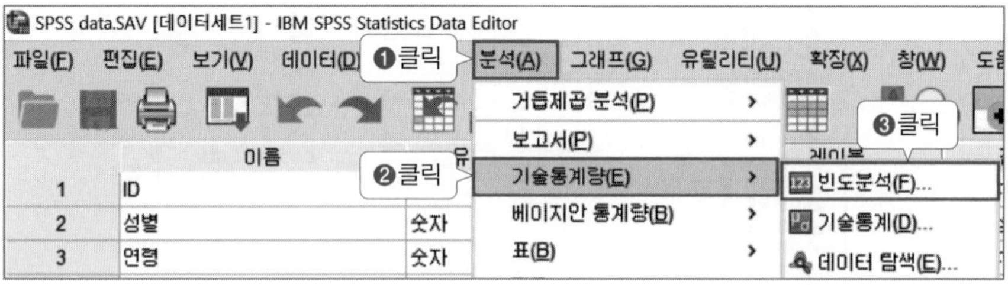


[그림 22-29]

2 빈도분석 창이 열리면, 기존에 사회적지지 빈도분석을 진행한 내용이 있습니다. 생활만족도 빈도분석을 진행하기 위해 ❶ 재설정을 클릭하여 초기화합니다.

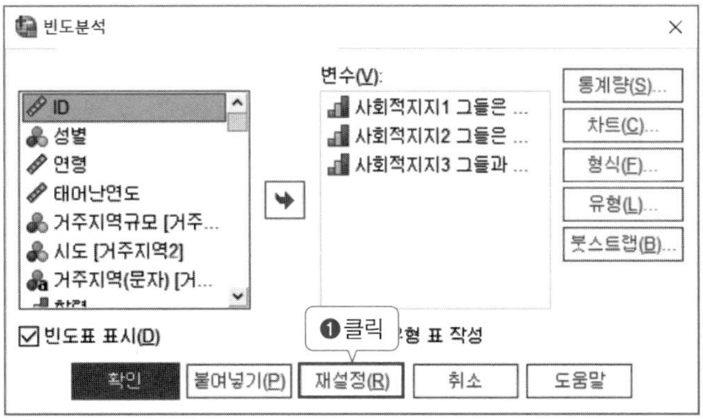


[그림 22-30]

3 ❶ 생활만족도1 변수를 클릭한 후 ❷ Shift 키를 누르면서 생활만족도5 변수를 클릭합니다. 그렇게 하면 생활만족도1 변수부터 생활만족도5 변수까지 모두 선택됩니다. 만약 어렵다면 변수 한 개씩 옮기는 것을 추천합니다. ❸ [➔] 버튼을 누른 다음 ❹ 확인을 클릭합니다.

[그림 22-31]

4 출력 결과 창에서 생활만족도의 빈도분석 결과를 확인한 결과 생활만족도1, 생활만족도2, 생활만족도3, 생활만족도4, 생활만족도5 모두 이상한 값이 없다는 것을 알 수 있습니다. 만약 다른 변수로 진행하다가 이상한 값이 있다면 '제10장 데이터 핸들링' 중 같은 변수(다른 변수)로 코딩변경에서 이상한 값을 결측값으로 처리할 때를 확인하고 처리하기 바랍니다.

**생활만족도1 나는 요즘 하늘을 날 것처럼 즐겁다.**

| | | 빈도 | 퍼센트 | 유효 퍼센트 | 누적 퍼센트 |
|---|---|---|---|---|---|
| 유효 | 전혀 그렇지 않다 | 86 | 1.7 | 1.7 | 1.7 |
| | 그렇지 않다 | 176 | 3.5 | 3.5 | 5.2 |
| | 보통이다 | 907 | 18.1 | 18.1 | 23.4 |
| | 그렇다 | 2833 | 56.7 | 56.7 | 80.0 |
| | 매우 그렇다 | 998 | 20.0 | 20.0 | 100.0 |
| | 전체 | 5000 | 100.0 | 100.0 | |

**생활만족도4 나는 슬퍼할 일이 없다.**

| | | 빈도 | 퍼센트 | 유효 퍼센트 | 누적 퍼센트 |
|---|---|---|---|---|---|
| 유효 | 전혀 그렇지 않다 | 67 | 1.3 | 1.3 | 1.3 |
| | 그렇지 않다 | 95 | 1.9 | 1.9 | 3.2 |
| | 보통이다 | 868 | 17.4 | 17.4 | 20.6 |
| | 그렇다 | 2558 | 51.2 | 51.2 | 71.8 |
| | 매우 그렇다 | 1412 | 28.2 | 28.2 | 100.0 |
| | 전체 | 5000 | 100.0 | 100.0 | |

**생활만족도2 나는 지금 지루하게 느끼지 않는다.**

| | | 빈도 | 퍼센트 | 유효 퍼센트 | 누적 퍼센트 |
|---|---|---|---|---|---|
| 유효 | 전혀 그렇지 않다 | 101 | 2.0 | 2.0 | 2.0 |
| | 그렇지 않다 | 322 | 6.4 | 6.4 | 8.5 |
| | 보통이다 | 1219 | 24.4 | 24.4 | 32.8 |
| | 그렇다 | 2423 | 48.5 | 48.5 | 81.3 |
| | 매우 그렇다 | 935 | 18.7 | 18.7 | 100.0 |
| | 전체 | 5000 | 100.0 | 100.0 | |

**생활만족도5 나는 조그마한 일에는 화가 나지 않는다.**

| | | 빈도 | 퍼센트 | 유효 퍼센트 | 누적 퍼센트 |
|---|---|---|---|---|---|
| 유효 | 전혀 그렇지 않다 | 60 | 1.2 | 1.2 | 1.2 |
| | 그렇지 않다 | 129 | 2.6 | 2.6 | 3.8 |
| | 보통이다 | 767 | 15.3 | 15.3 | 19.1 |
| | 그렇다 | 2543 | 50.9 | 50.9 | 70.0 |
| | 매우 그렇다 | 1501 | 30.0 | 30.0 | 100.0 |
| | 전체 | 5000 | 100.0 | 100.0 | |

**생활만족도3 내가 하고 있는 일들은 예전과 마찬가지로 행복하다.**

| | | 빈도 | 퍼센트 | 유효 퍼센트 | 누적 퍼센트 |
|---|---|---|---|---|---|
| 유효 | 전혀 그렇지 않다 | 71 | 1.4 | 1.4 | 1.4 |
| | 그렇지 않다 | 169 | 3.4 | 3.4 | 4.8 |
| | 보통이다 | 1013 | 20.3 | 20.3 | 25.1 |
| | 그렇다 | 2455 | 49.1 | 49.1 | 74.2 |
| | 매우 그렇다 | 1292 | 25.8 | 25.8 | 100.0 |
| | 전체 | 5000 | 100.0 | 100.0 | |

[그림 22-32]

**5** 평균변수를 만들기 전에 역코딩해야 할 문항이 있는지 확인합니다. 생활만족도는 점수가 높을수록 생활만족도가 높은 것으로 해석해야 합니다. 생활만족도의 경우 역코딩해야 할 문항은 없는 것으로 확인되었습니다.

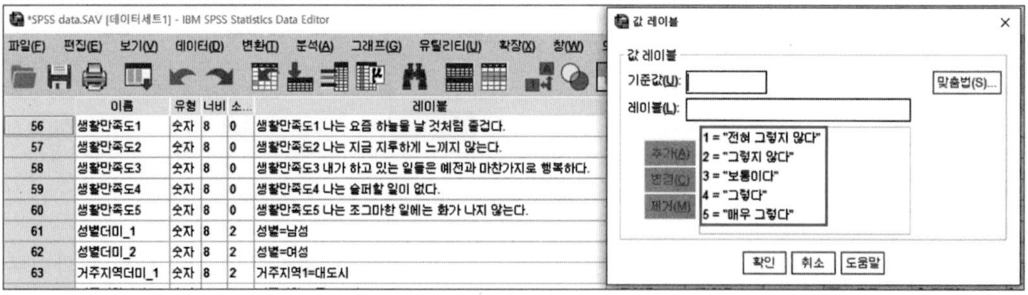


[그림 22-33]

6 '생활만족도평균' 변수를 만들기 위해 메뉴의 ❶ 변환을 클릭한 후 ❷ 변수 계산을 클릭합니다.

[그림 22-34]

7 변수 계산 창이 열리면, 기존에 사회적지지 변수 계산을 진행한 내용이 있습니다. ❶ 재설정을 클릭하여 초기화합니다.

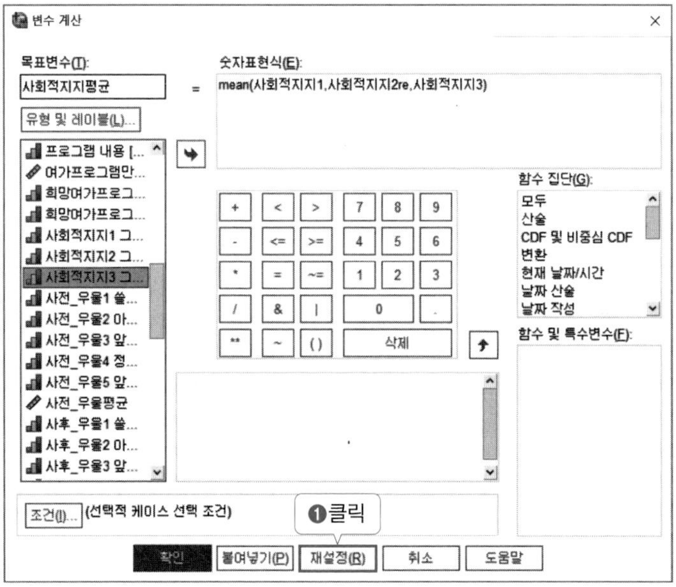


[그림 22-35]

8 목표변수에 ❶ '생활만족도평균'이라고 변수명을 작성합니다. 그런 다음 숫자표현식에 ❷ mean( )을 입력합니다.

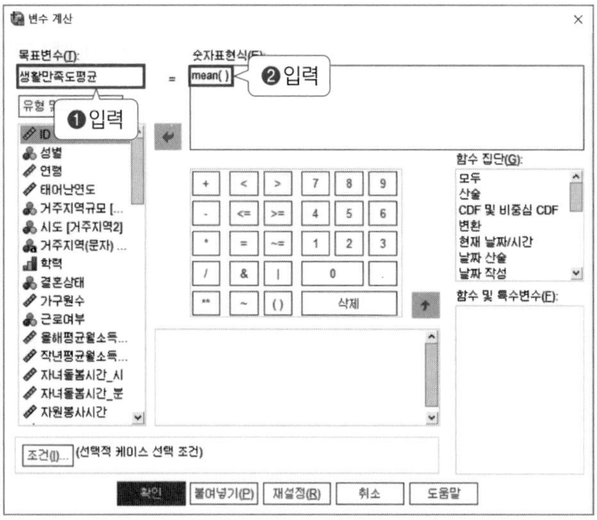


[그림 22-36]

9 숫자표현식에서 작성한 ❶ mean( )의 괄호 안을 클릭합니다. 그런 다음 ❷ 생활만족도1 변수를 더블클릭하고 키보드에서 콤마(,)를 누릅니다. 그러면 숫자표현식에 mean(생활만족도1,) 이렇게 작성되어 있을 것입니다. 마찬가지로 ❸ 생활만족도2 변수를 더블클릭하고 키보드에서 콤마(,)를 누릅니다. ❹ 생활만족도3 변수를 더블클릭하고 키보드에서 콤마(,)를 누릅니다. ❺ 생활만족도4 변수를 더블클릭하고 키보드에서 콤마(,)를 누릅니다. 마지막으로 ❻ 생활만족도5 변수를 더블클릭합니다.

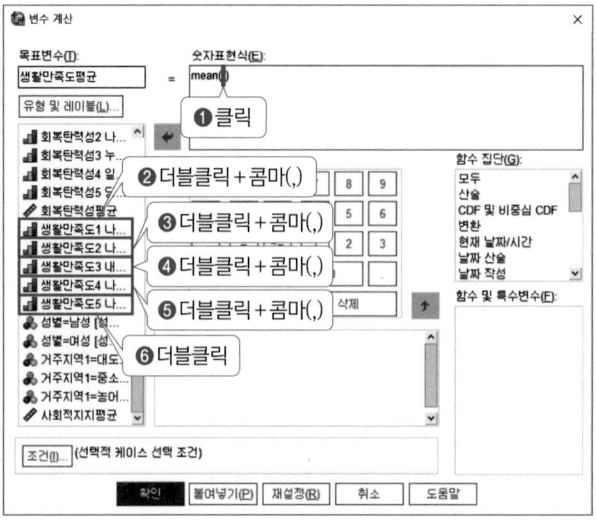


[그림 22-37]

**10** 숫자표현식에 작성된 ❶ mean(생활만족도1, 생활만족도2, 생활만족도3, 생활만족도4, 생활만족도5)을 확인합니다. 그런 다음 ❷ 확인을 클릭합니다.

제공하는 실습파일에는 편의를 위하여 이미 생활만족도평균 변수가 생성되어 있습니다. 이런 경우 '기존 변수를 변경하시겠습니까?'라는 창이 뜰 것입니다. 확인을 누르면 지금 만드는 변수로 변경됩니다.

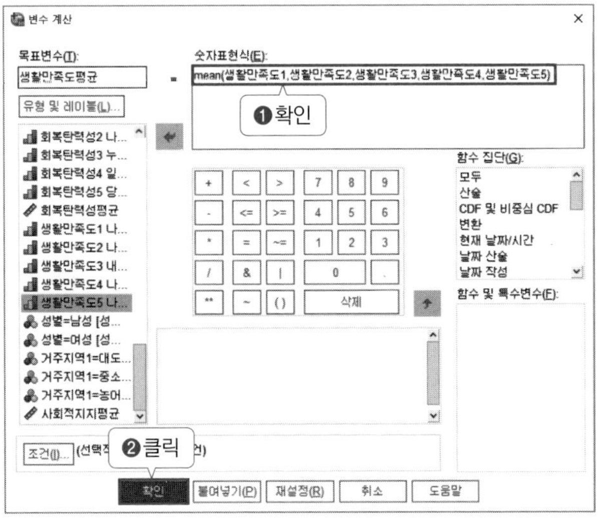


[그림 22-38]

**11** 새로 만들어진 생활만족도평균 변수는 변수 보기 창의 맨 아래에 위치해 있습니다.

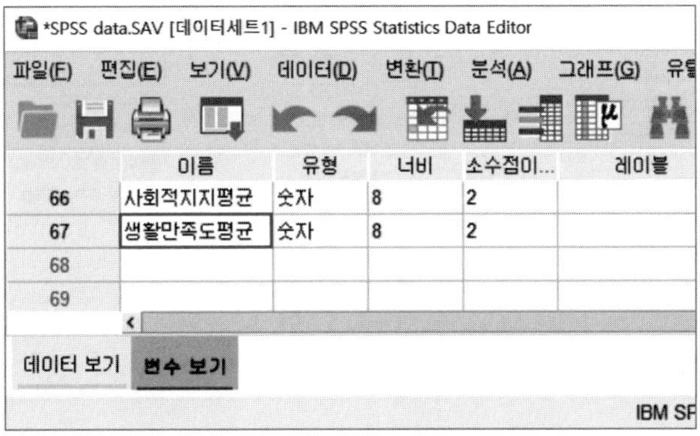


[그림 22-39]

## 2) 회귀분석

### 실습 회귀분석

- 실습내용: 성별, 연령, 가구원수, 거주지역, 사회적지지가 생활만족도에 미치는 영향
- 실습파일: SPSS data.sav
- 활용변수: 성별더미_2, 연령, 가구원수, 거주지역더미_2, 거주지역더미_3, 사회적지지평균, 생활만족도평균

**1** 성별, 연령, 가구원수, 거주지역, 사회적지지가 생활만족도에 미치는 영향을 확인하기 위해 회귀분석을 진행합니다. 메뉴의 ❶ 분석을 클릭하고 ❷ 회귀분석을 클릭한 후 ❸ 선형을 선택합니다.

[그림 22-40]

### Know how 선형 회귀분석?

회귀분석에는 종류가 많습니다만, 보통 회귀분석이라고 하면 선형 회귀분석을 의미합니다. 실제 본 분석에서도 선형 회귀분석을 진행합니다. 여기서 선형의 의미는 무엇일까요? 선형 회귀분석은 독립변수와 종속변수의 관계가 선형적 관계인지를 파악하는 분석입니다. 즉, 선형 회귀분석은 독립변수와 종속변수의 관계를 선으로 나타낼 수 있는지 파악하여 독립변수가 종속변수에 어떻게, 그리고 얼마나 영향을 주는지 확인하는 분석입니다.

회귀분석 해석 방법을 통해서도 독립변수와 종속변수의 관계가 선형 관계인지 아닌지를 파악할 수 있습니다. 비표준화 계수 혹은 표준화 계수의 부호가 (+)면, '독립변수가 높을수록 종

속변수는 높아지는 것으로 나타났다.'로 해석하고, 반대로 비표준화 계수 혹은 표준화 계수의 부호가 (−)면, '독립변수가 낮을수록 종속변수는 높아지는 것으로 나타났다.'로 해석합니다. 이를 그래프로 표시하면 아래와 같습니다.

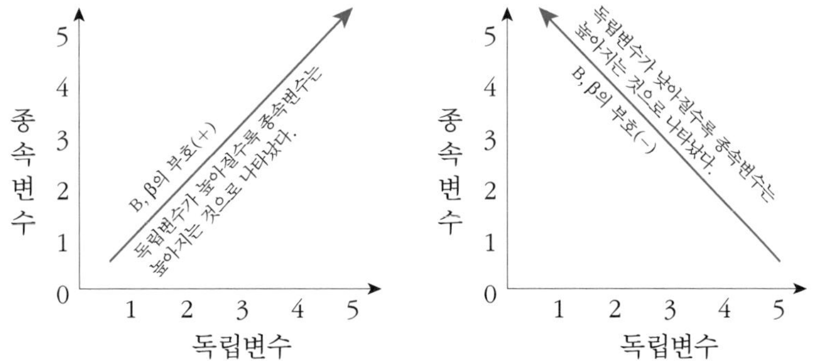


[그림 22-41] **선형 회귀분석**

독립변수와 종속변수의 관계를 통해서 위와 같이 선을 그릴 수 있으면 연구모형이 적합한 것으로 판단하고 회귀분석의 결과를 해석할 수 있습니다. 하지만 독립변수와 종속변수의 관계가 선을 그릴 수 없는 관계라면 연구모형이 적합하지 않은 것이라고 판단하고 결과 해석을 진행하지 않습니다.

아울러 위와 같이 선을 그을 수 있다면 일차함수($y=ax+b$) 그래프가 됩니다. 회귀식이 일차함수인 이유가 여기에 있습니다. 참고로 $y=ax+b$를 회귀식으로 살펴보면, 종속변수=기울기 · 독립변수+상수항을 의미합니다.

**2** 선형 회귀 창이 열리면, 독립변수들을 독립변수 칸에 옮기기 위해 ❶ 연령 변수를 클릭합니다. 그런 다음 ❷ Ctrl 키를 누르면서 가구원수를 클릭하면 연령과 가구원수가 동시에 선택된 것을 확인할 수 있습니다. 만약 어렵다면 변수 한 개씩 ➡ 버튼을 눌러 옮기는 것을 추천합니다. ❸ ➡ 버튼을 눌러 독립변수 칸으로 옮깁니다.

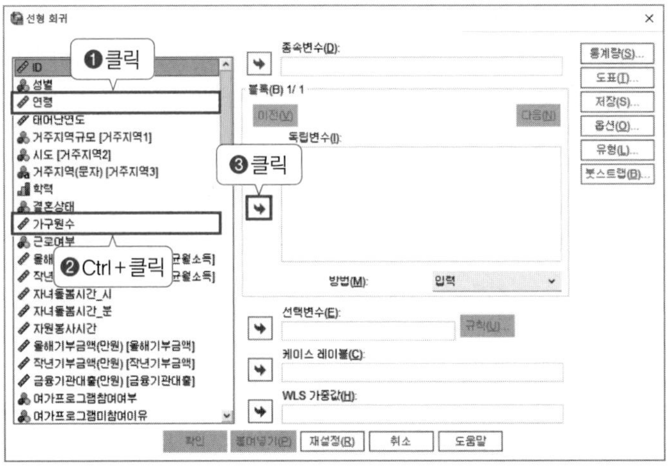


[그림 22-42]

❸ 스크롤을 아래로 내려서 ❶ 성별더미_2 변수를 클릭합니다. 그런 다음 ❷ Ctrl 키를 누르면서 거주지역더미_2를 클릭, ❸ Ctrl 키를 누르면서 거주지역더미_3을 클릭, ❹ Ctrl 키를 누르면서 사회적지지를 클릭하면 성별더미_2, 거주지역더미_2, 거주지역더미_3, 사회적지지가 동시에 선택된 것을 확인할 수 있습니다. 만약 어렵다면 변수 한 개씩 ➡ 버튼을 눌러 옮기는 것을 추천합니다. ❺ ➡ 버튼을 눌러 독립변수 칸으로 옮깁니다. 마지막으로 종속변수인 생활만족도 변수를 종속변수 칸에 옮기기 위해 ❻ 생활만족도평균 변수를 클릭합니다. 그런 다음 ❼ ➡ 버튼을 눌러 종속변수 칸으로 옮깁니다.

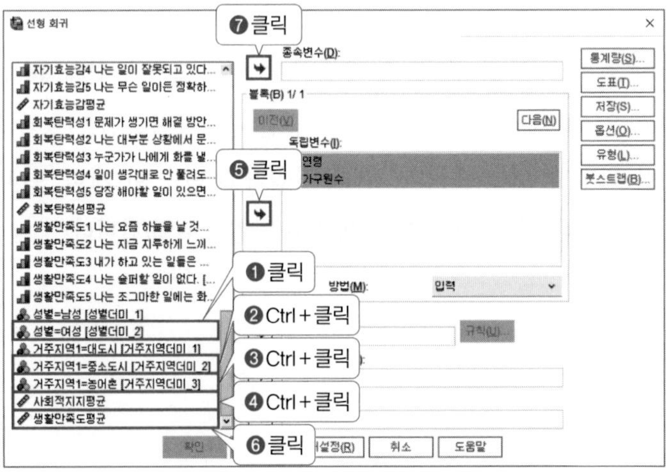


[그림 22-43]

4 독립변수들의 순서를 성별더미_2, 연령, 가구원수, 거주지역더미_2, 거주지역더미_3, 사회적지지평균으로 하기 위해서 ❶ 성별더미_2 변수를 클릭한 후 2초 후 다시 성별더미_2 변수를 클릭합니다. 그런 다음 ❷ 성별더미_2 변수를 드래그하여 연령 변수 위로 이동합니다.

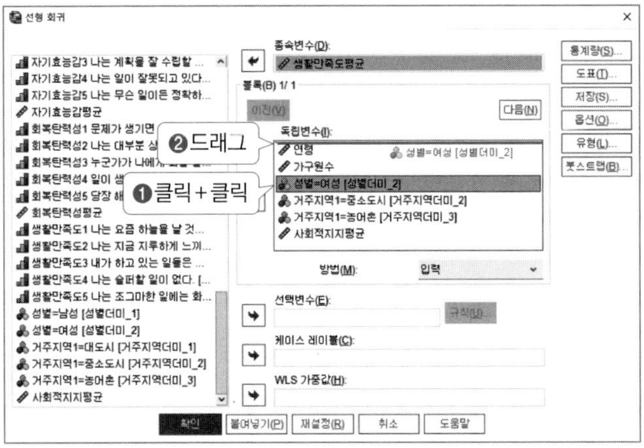


[그림 22-44]

5 ❶ 통계량을 클릭한 후 선형 회귀: 통계량 창이 열리면, ❷ 기술통계와 ❸ 공선성 진단을 클릭합니다. 기술통계는 평균과 표준편차를 구하기 위해 진행하는 분석이지만 회귀분석에서는 분석된 케이스 수를 확인하기 위해 체크합니다. 공선성 진단은 독립변수 간 다중공선성 문제가 있는지 확인하기 위해 체크합니다. ❹ 계속을 클릭하여 선형 회귀: 통계량 창을 닫은 후 선형 회귀 창에서 ❺ 확인을 클릭합니다.

[그림 22-45]

## 4. 출력 결과 해석

### 1) 기술통계량 표에서 분석된 케이스 수 확인

출력 결과 창을 확인해 보면 기술통계량 표를 살펴볼 수 있습니다. 기술통계량 표의 N에 있는 케이스는 실제 회귀분석에서 활용한 케이스 수를 말합니다. 이 회귀분석에서 진행한 케이스 수는 5,000명인 것으로 나타났습니다.

회귀분석에서 분석된 케이스 수를 확인하는 이유는 회귀분석 전에 진행한 각종 분석에서 진행한 케이스 수와 같은지 확인하기 위함입니다. 회귀분석의 경우 분석에서 활용하고자 하는 변수 중 결측값이 하나라도 있는 케이스는 제외되기 때문에 회귀분석 전에 진행한 분석들의 케이스와 다를 수 있습니다. 구체적인 내용은 '제10장 데이터 핸들링' 중 변수 계산에서 결측값이 있는 케이스를 확인할 때를 참고하기 바랍니다.

**기술통계량**

| | 평균 | 표준화 편차 | N |
|---|---|---|---|
| 생활만족도평균 | 3.9371 | .71249 | 5000 |
| 성별=여성 | .5444 | .49807 | 5000 |
| 연령 | 61.40 | 11.952 | 5000 |
| 가구원수 | 3.51 | 1.504 | 5000 |
| 거주지역1=중소도시 | .3572 | .47922 | 5000 |
| 거주지역1=농어촌 | .2894 | .45353 | 5000 |
| 사회적지지평균 | 3.2747 | .44187 | 5000 |

[그림 22-46] **회귀분석 출력 결과 1**

### 2) 입력/제거된 변수 표에서 제거된 변수 확인

입력/제거된 변수 표에서는 제거된 변수가 있는지 확인합니다. 만약 제거된 변수가 있다면 그 변수를 제거하고 다시 회귀분석을 진행하기 바랍니다.

**입력/제거된 변수[a]**

| 모형 | 입력된 변수 | 제거된 변수 | 방법 |
|---|---|---|---|
| 1 | 사회적지지평균, 성별=여성, 가구원수, 연령, 거주지역1=농어촌, 거주지역1=중소도시[b] | . | 입력 |

a. 종속변수: 생활만족도평균

b. 요청된 모든 변수가 입력되었습니다.

[그림 22-47] **회귀분석 출력 결과 2**

제거된 변수가 발생하는 이유는 종속변수와 독립변수 간에 매칭되는 케이스가 없기 때문입니다. 즉, 종속변수와 매칭되는 케이스가 없는 독립변수는 회귀계수 값 자체가 도출되지 않으므로 해당 독립변수를 제외하는 것입니다.

[그림 22-48] **제거된 변수가 발생하는 이유**

## 3) 모형 요약 표에서 $R^2$ 및 수정된 $R^2$ 확인

모형 요약 표에 R 제곱은 결정계수 $R^2$을 의미합니다. $R^2$은 종속변수에 대한 전체 독립변수의 설명력을 뜻합니다. $R^2$=.019로 나타나 종속변수인 생활만족도에 대한 독립변수 성별, 연령, 가구원수, 거주지역, 사회적지지의 설명력은 1.9%로 확인되었습니다. 모형 요약 표에 수정된 R 제곱은 수정된 $R^2$을 의미합니다. 수정된 $R^2$은 .018로 1.8% 설명하는 것으로 나타나 $R^2$보다는 조금 낮은 것으로 확인되었습니다.

설명력에 대한 기준은 따로 정해져 있지 않습니다. 그리고 전공마다 설명력에 대한 중요도 또한 차이가 있습니다. 이에 각 전공별로 설명력에 대한 기준 및 중요도를 확인해야 합니다. 다만, 수많은 전공의 논문 및 연구보고서를 통해 살펴본 결과, 설명력에 대한 경험적 기준은 10%입니다. $R^2$과 수정된 $R^2$이 0.1 이상, 즉 10% 이상은 되어야 합니다. 상식적으로 종속변수를 설명할 수 있는 것들의 총합이 100%인데 그중 자신이 설정한 독립변수들의 설명력이 10%도 안 된다면 이 연구는 의미가 있을까요? 물론 연구자가 판단해야 할 일지만, 설명력이 10% 미만이라면 심사자에게 지적받을 가능성이 높습니다.

그렇기 때문에 본 분석 결과인 $R^2$=.019는 1.9%로 10% 미만이기 때문에 회귀분석 결과를 해석하지는 못합니다. 다만, 교육상 10% 이상이라고 가정하고 다음 단계로 넘어가겠습니다.

**모형 요약**

| 모형 | R | R 제곱 | 수정된 R 제곱 | 추정값의 표준오차 |
|---|---|---|---|---|
| 1 | .137[a] | .019 | .018 | .70615 |

a. 예측자: (상수), 사회적지지평균, 성별=여성, 가구원수, 연령, 거주지역1=농어촌, 거주지역1=중소도시

0.1 미만=회귀분석×
0.1 이상=회귀분석○

[그림 22-49] 회귀분석 출력 결과 3

**Know how** $R^2$이란 도대체 무엇인가?

회귀분석의 $R^2$

$R^2$(설명력)에 대해 더 자세히 알아보겠습니다. 본문에서 언급했듯이, 회귀분석에서 $R^2$은 종속변수에 대한 독립변수와 통제변수의 설명력을 뜻합니다. 어떤 하나의 독립변수나 통제변수의 설명력을 말하는 것이 아니라 모든 독립변수와 모든 통제변수의 설명력을 의미합니다. 만약 통제변수가 없다면 모든 독립변수의 설명력을 의미합니다.

다음 그림을 통해 $R^2$을 쉽게 설명해 보겠습니다. 이번 분석에서 종속변수는 생활만족도입니다. 그림에서 파란 원 안에 있는 것들을 '생활만족도를 설명할 수 있는 모든 것'이라고 설정하겠습니다. 생활만족도를 설명할 수 있는 것들 중 제가 관심 있는 것은 성별, 연령, 가구원수, 거주지역, 사회적지지입니다. 그림에서 독립변수 1, 2, 3, 4, 5가 차지하고 있는 면적이 바로 $R^2$입니다. 이 분석에서 $R^2$=.019로 나타나므로 종속변수의 1.9%를 설명한다고 보면 됩니다.

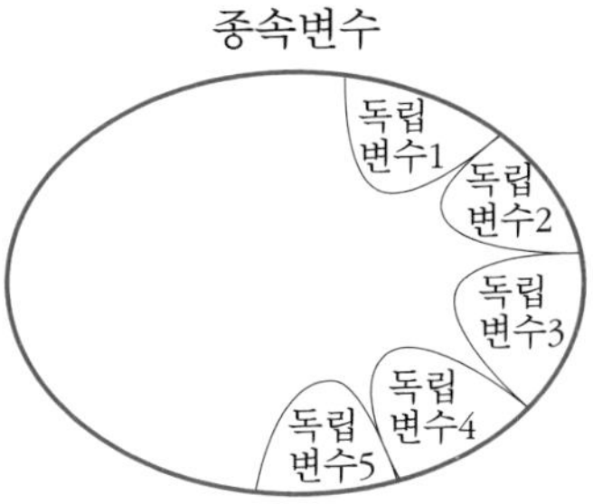


[그림 22-50] **회귀분석의 $R^2$**

수정된 $R^2$

$R^2$은 독립변수가 늘어나면 조금씩 늘어납니다. 즉, 독립변수가 많을수록 당연히 설명력이 좋은 연구모형이 됩니다. 하지만 회귀분석에서는 독립변수의 수가 많다고 무조건 좋은 모형은 아닙니다. 종속변수와 밀접하고 확실한 관계를 맺고 있는 독립변수가 많을수록 좋은 연구모형이 됩니다. 그러나 관계가 먼 독립변수가 많으면 좋은 연구모형이라고 할 수 없습니다.

그럼에도 $R^2$은 종속변수와 밀접한 관계에 놓여 있지 않은 독립변수가 추가되어도 단순하게 설명력이 늘어난다는 한계가 있습니다. 이 한계를 수정된 $R^2$을 통해서 극복할 수 있습니다. 수정된 $R^2$은 의미 없는 독립변수가 많은 경우 그 수에 따라 설명력이 떨어지도록 설계된 설명력입니다. 이에 보고서나 논문을 작성할 때 수정된 $R^2$만을 활용할 것 같지만, 실제로는 $R^2$과 수정된 $R^2$을 크게 구분하지 않고 둘 중 하나를 선택해서 작성하거나 $R^2$과 수정된 $R^2$ 모두 작성하기도 합니다.

Know how **회귀분석에서 통제변수의 의미**

혹시 회귀분석을 할 때 통제변수를 포함하셨나요? 통제변수는 독립변수가 진정 종속변수에 영향을 주는지 확인하기 위해서 분석 시 포함하는 변수입니다. 그런데 회귀분석에서는 독립변수와 통제변수를 전혀 구분하지 않습니다. 왜냐하면 실제 분석에서는 독립변수와 통제변수가 같은 역할을 하기 때문입니다. 예를 들어, '성별, 연령, 가구원수, 거주지역, 사회적지지가 생활만족도에 미치는 영향'을 살펴본다고 할 때 통제변수로 월소득을 설정했다고 가정하겠습니다. 독립변수 중 성별이 생활만족도에 미치는 영향을 확인하다고 할 때 통제변수인 월소득은 당연히 통제될 것입니다. 그렇다면 다른 독립변수인 연령, 가구원수, 거주지역, 사회적지지는 어떻게 될까요? 다른 독립변수들도 통제됩니다. 즉, 성별이 생활만족도에 미치는 영향을 확인할 때 통제변수인 월소득뿐만 아니라 다른 독립변수인 연령, 가구원수, 거주지역, 사회적지지도 통제된 상황에서 성별이 생활만족도에 영향을 주는지 확인하는 것입니다.

여기서 '통제한다'는 것은 '평균으로 고정한다'는 의미입니다. 즉, 생활만족도에 성별이 영향을 주는지 확인하고자 할 때 다른 독립변수 및 통제변수는 모두 평균으로 고정하고, 그런 상태에서도 성별의 변화에 따라 생활만족도가 변화하는지 보는 것입니다. 만약 성별이 변화할 때 생활만족도도 변화한다면 유의하게 영향을 주는 것입니다.

### 4) ANOVA 표에서 F값과 유의확률 확인

연구모형(회귀식)이 통계적으로 적합한지 파악하려면, ANOVA 표에서 F값과 유의확률을 확인해 보면 됩니다. F값은 16.031로 확인되었습니다. 아울러 유의확률은 p값을 의미하며, .000으로 나타나 0.05 미만이므로 연구모형은 적합한 것으로 확인되었습니다. 만약 유의확률이 0.05 이상이었다면 연구모형은 적합하지 않다고 판단할 수 있습니다. 연구모형이 적합하지 않다면 독립변수가 종속변수에 미치는 영향을 확인할 수 없습니다.

**ANOVA[a]**

| 모형 | | 제곱합 | 자유도 | 평균제곱 | F | 유의확률 |
|---|---|---|---|---|---|---|
| 1 | 회귀 | 47.963 | 6 | 7.994 | 16.031 | .000[b] |
| | 잔차 | 2489.723 | 4993 | .499 | | |
| | 전체 | 2537.685 | 4999 | | | |

a. 종속변수: 생활만족도평균

b. 예측자: (상수), 사회적지지평균, 성별=여성, 가구원수, 연령, 거주지역1=농어촌, 거주지역1=중소도시

0.05 미만=연구모형 적합
0.05 이상=연구모형 부적합

[그림 22-51] 회귀분석 출력 결과 4

**Know how** **회귀분석의 F값과 유의확률(p값)**

회귀분석의 F값과 p값에 대해서 구체적으로 파악해 보겠습니다. 독립변수는 사회적지지, 종속변수는 생활만족도일 때 ❶을 살펴보면 사회적지지 1점대로 응답한 케이스는 대부분 생활만족도 1점대로 응답했고, 사회적지지 5점대로 응답한 사람들은 생활만족도 5점대로 응답했습니다. 즉, 사회적지지 점수가 높을수록 생활만족도 응답 점수는 점점 높아지는 것을 알 수 있습니다. 이처럼 각각의 파란 점(케이스)을 확인해 보면 선을 그을 수 있는 경향성을 보입니다. 바로 이 선이 회귀선이고 회귀선이 있다는 것은 연구모형이 적합하다는 뜻입니다. 즉, p값이 0.05 미만이라면 이러한 회귀선을 그을 수 있다는 의미입니다.

❷를 살펴보면 선을 그을 수 있는 경향성이 보이지 않습니다. 이런 경우에는 회귀선을 그을 수 없으므로 결국 연구모형이 적합하지 않다는 것을 의미합니다. 즉, p값이 0.05 이상이라면 회귀선을 그을 수 없어 연구모형이 적합하지 않으므로 분석 결과를 더 이상 해석할 필요가 없습니다.

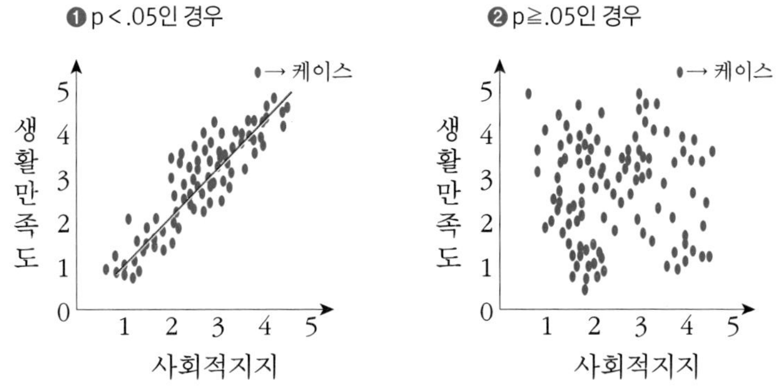


[그림 22-52] **회귀분석의 F값과 유의확률(p값)**

## 5) 계수 표에서 B(비표준화 계수) 또는 β(표준화 계수)값과 유의확률 확인

계수 표에서는 B(비표준화 계수) 또는 β(표준화 계수)값과 유의확률을 통해 각 독립변수들이 종속변수에 미치는 영향을 확인할 수 있습니다. 즉, B 또는 β의 부호를 통해 영향력의 방향을 확인할 수 있고 유의확률(p값)을 통해 독립변수가 종속변수에 미치는 영향의 통계적 유의성을 파악할 수 있습니다.

**계수**[a]

| 모형 | | 비표준화 계수 | | 표준화 계수 | t | 유의확률 | 공선성 통계량 | |
|---|---|---|---|---|---|---|---|---|
| | | B | 표준화 오류 | 베타 | | | 공차 | VIF |
| 1 | (상수) | 3.455 | .092 | | 37.652 | .000 | | |
| | 성별=여성 | -.062 | .020 | -.044 | -3.113 | .002 | 1.00 | |
| | 연령 | -.001 | .001 | -.020 | -1.456 | .146 | .99 | |
| | 가구원수 | .038 | .007 | .080 | 5.687 | .000 | .999 | 1.001 |
| | 거주지역1=중소도시 | .073 | .025 | .049 | 2.951 | .003 | .719 | 1.391 |
| | 거주지역1=농어촌 | .003 | .026 | .002 | .116 | .907 | .743 | 1.347 |
| | 사회적지지평균 | .132 | .024 | .082 | 5.589 | .000 | .919 | 1.088 |

a. 종속변수: 생활만족도평균

0.05 미만=영향을 미친다.
0.05 이상=영향을 미치지 않는다.

[그림 22-53] **회귀분석 출력 결과 5**

먼저, 유의확률을 확인합니다. 유의확률이 0.05 미만으로 나타나면 독립변수는 종속변수에 유의한 영향을 미치는 것으로 나타났다고 해석하고, 0.05 이상이면 독립변수는 종속변수에 유의한 영향을 미치지 않는 것으로 나타났다고 해석합니다. 유의확률이 0.05 미만인 경우에 B 혹은 β의 부호가 (+)면, 독립변수가 높을수록 종속변수는 높아지는 것으로 나타났다고 해석하고, B 혹은 β의 부호가 (−)면, 독립변수가 낮을수록 종속변수는 높아지는 것으로 나타났다고 해석합니다.

회귀분석 해석방법
- B, β의 부호 (+) = 독립변수 ↑, 종속변수 ↑
- B, β의 부호 (−) = 독립변수 ↓, 종속변수 ↑

성별 변수를 확인해 보면 성별=여성으로 기술되어 있습니다. 이는 더미변수를 뜻하고, 남성을 기준(남성=0)으로 하여, 0과 1 중 1에 해당하는 보기가 여성이라는 의미입니다. 성별더미변수의 유의확률은 .002로 나타나 0.05 미만이므로 성별은 생활만족도에 유의한 영향을 미친다고 판단할 수 있습니다. 구체적으로 어떻게 영향을 미치는지 알기 위해 성별더미변수의 B(비표준화 계수)를 확인해 보면, −.062로 나타났습니다. 부호가 (−)이므로 여성 대비 남성인 경우 생활만족도는 높아지는 것으로 나타났다고 볼 수 있습니다. 덧붙여 다음과 같은 해석도 할 수 있습니다. B는 비표준화 계수로 독립변수가 1단위 증가할 때 종속변수의 변화 정도를 의미합니다. '0은 남성, 1은 여성'이므로 성별더미변수에서 1단위의 의미는 '남성 대비 여성'인 경우로 보면 됩니다. 즉, 남성 대비 여성인 경우 생활만족도는 .062점만큼 감소하는 것으로 나타났다고 볼 수 있습니다.

독립변수가 더미변수인 경우 회귀분석 해석 방법
- B, β의 부호 (+) = 0(기준)인 집단 대비 1인 집단인 경우, 종속변수 ↑
- B, β의 부호 (−) = 1인 집단 대비 0(기준)인 집단인 경우, 종속변수 ↑

연령을 확인해 보면 유의확률은 .146으로 나타나 0.05 이상이므로 연령은 생활만족도에 유의한 영향을 미치지 않는 것으로 나타났다고 판단할 수 있습니다. 생활만족도에 영향을 미치지 않기 때문에 B 또는 β를 확인할 필요는 없습니다.

가구원수를 확인해 보면 유의확률은 .000으로 나타나 0.05 미만이므로 가구원수는 생활만족도에 유의한 영향을 미친다고 판단할 수 있습니다. 구체적으로 어떻게 영향을 미치는지 알기 위해 가구원수의 B를 확인해 보면 .038로 나타났습니다. 부호가 (+)이므로 가구원수가 많을수록 생활만족도는 높아지는 것으로 나타났다고 볼 수 있습니다. 덧붙여 해석하면, 가구원수가 1명 증가할 때 생활만족도는 .038점만큼 증가하는 것으로 나타났다고 볼 수 있습니다.

거주지역 변수를 보면 거주지역=중소도시, 거주지역=농어촌이라고 기술되어 있습니다. 이는 더미변수를 뜻하고, 대도시가 기준(대도시=0)임을 의미합니다. 거주지역=중소도시라고 적혀 있는 변수는 중소도시가 1로, 대도시와 농어촌은 0으로 설정된 것이고, 거주지역=농어촌이라고 적혀 있는 변수는 농어촌이 1로, 대도시와 중소도시는 0으로 설정된 것입니다. 거주지역=중소도시 변수의 유의확률은 .003으로 나타나 0.05 미만이므로 거주지역=중소도시는 생활만족도에 유의한 영향을 미친다고 판단할 수 있습니다. 구체적으로 어떻게 영향을 미치는지 알기 위해 거주지역=중소도시 더미변수의 B를 확인해 보면, .073으로 나타났습니다. 부호가 (+)이므로 대도시 대비 중소도시인 경우 생활만족도는 높아지는 것으로 나타났다고 볼 수 있습니다. 덧붙여 해석하면, 대도시 대비 중소도시인 경우 생활만족도는 .073점만큼 증가하는 것으로 나타났다고 볼 수 있습니다. 한편, 거주지역=농어촌 변수의 유의확률은 .907로 나타나 0.05 이상이므로 거주지역=농어촌은 생활만족도에 유의한 영향을 미치지 않는다고 판단할 수 있습니다.

사회적지지를 확인해 보면 유의확률은 .000으로 나타나 0.05 미만이므로 사회적지지는 생활만족도에 유의한 영향을 미친다고 판단할 수 있습니다. 구체적으로 어떻게 영향을 미치는지 알기 위해 사회적지지의 B를 확인해 보면 .132로 나타났습니다. 부호가 (+)이므로 사회적지지가 높을수록 생활만족도는 높아지는 것으로 나타났다고 볼 수 있습니다. 덧붙여 해석하면, 사회적지지가 1점 증가할 때 생활만족도는 .132점만큼 증가하는 것으로 나타났다고 볼 수 있습니다.

**체크? 체크!** **로그로 변환한 변수를 회귀분석에서 해석하는 방법**

로그로 변환한 변수가 있다고 하더라도 다음 회귀분석 해석 방법대로 해석하면 됩니다. 예를 들어, 금융기관대출 변수를 로그로 변환하여 회귀분석을 진행한 결과, 유의확률이 0.05 미만으로 나타나면 금융기관대출은 생활만족도에 유의한 영향을 미치는 것으로 나타났다고 해석하고, 0.05 이상이면 금융기관대출은 생활만족도에 유의한 영향을 미치지 않는 것으로 나타났다고 해석합니다. 유의확률이 0.05 미만인 경우에 B 혹은 β의 부호가 (+)면 금융기관대출이 많을수록 생활만족도는 높아지는 것으로 나타났다고 해석하고, B 혹은 β의 부호가 (−)면 금융기관대출이 적을수록 생활만족도는 높아지는 것으로 나타났다고 해석합니다.

회귀분석 해석 방법

- B, β의 부호 (+) = 독립변수 ↑, 종속변수 ↑
- B, β의 부호 (−) = 독립변수 ↓, 종속변수 ↑

만약 B(비표준화 계수)를 통해 더 구체적으로 해석하고 싶다면 다음을 참고하면 됩니다.

**로그로 변환한 변수를 회귀분석에서 B값으로 해석하는 방법**

❶ 독립변수, 종속변수: 독립변수가 1단위 증가할 때 종속변수의 변화 정도(B)
❷ 독립변수(로그), 종속변수: 독립변수가 1% 증가할 때 종속변수의 변화 정도(B/100)
❸ 독립변수, 종속변수(로그): 독립변수가 1단위 증가할 때 종속변수의 변화 정도(B×100)%
❹ 독립변수(로그), 종속변수(로그): 독립변수가 1% 증가할 때 종속변수의 변화 정도(B)%

❶ 독립변수, 종속변수 → B=.0129, 유의확률=0.000

독립변수와 종속변수 모두 로그로 변환한 변수가 아니라면 독립변수가 1단위 증가할 때 종속변수의 변화 정도(B)를 의미합니다. 따라서 다음과 같이 해석할 수 있습니다. '독립변수가 1단위 증가할 때 종속변수는 .0129만큼 증가하는 것으로 나타났다.'

❷ 독립변수(로그), 종속변수 → B=.0129, 유의확률=0.000

독립변수는 로그로 변환한 변수이고, 종속변수는 로그로 변환한 변수가 아니라면 독립변수가 1% 증가할 때 종속변수의 변화 정도(B/100)를 의미합니다. 따라서 다음과 같이 해석할 수 있습니다. '독립변수가 1% 증가할 때 종속변수는 .000129만큼 증가하는 것으로 나타났다.'

❸ 독립변수, 종속변수(로그) → B=.0129, 유의확률=0.000

독립변수는 로그로 변환한 변수가 아니고, 종속변수는 로그로 변환한 변수라면 독립변수가 1단위 증가할 때 종속변수의 변화 정도(B×100)%를 의미합니다. 따라서 다음과 같이 해석할 수 있습니다. '독립변수가 1단위 증가할 때 종속변수는 1.29%만큼 증가하는 것으로 나타났다.'

참고로, 독립변수가 더미변수라면 종속변수의 변화 정도는 단순히 B×100이 아닌 $e^B-1\times100$을 계산해서 보여 줘야 합니다. 하지만 B×100과 $e^B-1\times100$의 값이 거의 유사하기 때문에 단순하게 B×100 값을 활용하기도 합니다.

❹ 독립변수(로그), 종속변수(로그) → B=.0129, 유의확률=0.000

독립변수와 종속변수 모두 로그로 변환한 변수라면 독립변수가 1% 증가할 때 종속변수의 변화 정도(B)%를 의미합니다. 따라서 다음과 같이 해석할 수 있습니다. '독립변수가 1% 증가할 때 종속변수는 .0129%만큼 증가하는 것으로 나타났다.'

**체크? 체크!** 상수의 의미

계수 표에서 변수가 있는 칸에 상수라는 것도 있습니다. 상수는 영어로 constant입니다. 즉, 변수는 변하는 수이고, 상수는 변하지 않는 수를 의미합니다.

**계수[a]**

| 모형 | | 비표준화 계수 | | 표준화 계수 | t | 유의확률 | 공선성 통계량 | |
|---|---|---|---|---|---|---|---|---|
| | | B | 표준화 오류 | 베타 | | | 공차 | VIF |
| 1 | (상수) | 3.455 | .092 | | 37.652 | .000 | | |
| | 성별=여성 | -.062 | .020 | -.044 | -3.113 | .002 | 1.000 | 1.000 |
| | 연령 | -.001 | .001 | -.020 | -1.456 | .146 | .995 | 1.006 |
| | 가구원수 | .038 | .007 | .080 | 5.687 | .000 | .999 | 1.001 |
| | 거주지역1=중소도시 | .073 | .025 | .049 | 2.951 | .003 | .719 | 1.391 |
| | 거주지역1=농어촌 | .003 | .026 | .002 | .116 | .907 | .743 | 1.347 |
| | 사회적지지평균 | .132 | .024 | .082 | 5.589 | .000 | .919 | 1.088 |

a. 종속변수: 생활만족도평균

[그림 22-54] 상수

회귀선이 그어졌다면 Y절편, 즉 모든 독립변수가 0일 때 종속변수의 값이 바로 상수가 됩니다. 분석 결과를 작성할 때 상수에 대한 내용은 보통 의미 있게 작성하지 않습니다. 다만, 회귀선에 대한 회귀식을 작성할 때 필요한 값이기는 합니다.

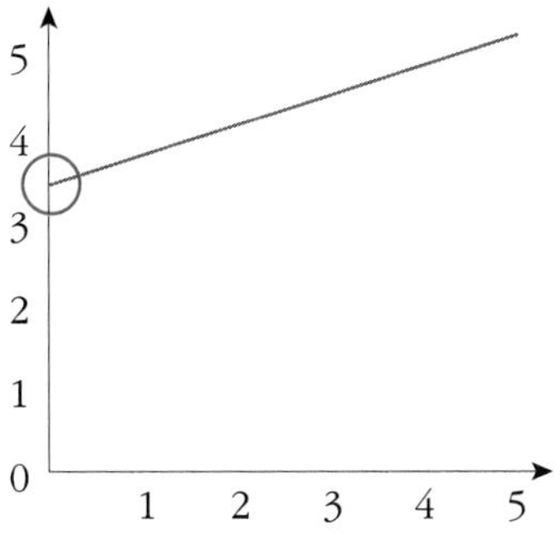


[그림 22-55] 상수의 의미

## 6) 계수 표에서 VIF(분산팽창요인) 확인

계수 표에서는 VIF를 통해 각 독립변수들의 다중공선성 문제 여부를 확인할 수 있습니다. VIF가 10을 넘어가면 다중공선성에 문제가 있다고 판단합니다. 다중공선성에 문제가 있다면 해당 독립변수를 제외하고 다시 회귀분석을 진행해야 합니다. VIF를 확인해 본 결과, 10을 넘는 변수는 없는 것으로 나타나 다중공선성 문제가 있는 변수는 없는 것으로 분석되었습니다.

**계수[a]**

| 모형 | | 비표준화 계수 | | 표준화 계수 | t | 유의확률 | 공선성 통계량 | |
|---|---|---|---|---|---|---|---|---|
| | | B | 표준화 오류 | 베타 | | | 공차 | VIF |
| 1 | (상수) | 3.455 | .092 | | 37.652 | .000 | | |
| | 성별=여성 | -.062 | .020 | -.044 | -3.113 | .002 | 1.000 | 1.000 |
| | 연령 | -.001 | .001 | -.020 | -1.456 | .146 | .995 | 1.006 |
| | 가구원수 | .038 | .007 | .080 | 5.687 | .000 | .999 | 1.001 |
| | 거주지역1=중소도시 | .073 | .025 | .049 | 2.951 | .003 | .719 | 1.391 |
| | 거주지역1=농어촌 | .003 | .026 | .002 | .116 | .907 | .743 | 1.347 |
| | 사회적지지평균 | .132 | .024 | .082 | 5.589 | .000 | .919 | 1.088 |

a. 종속변수: 생활만족도평균

10 미만=다중공선성 문제×
10 이상=다중공선성 문제○

[그림 22-56] **회귀분석 출력 결과 6**

## 5. 분석 결과표 작성

'성별, 연령, 가구원수, 거주지역, 사회적지지가 생활만족도에 미치는 영향'에 대한 회귀분석 결과표 작성은 다음과 같습니다. 첫 행에 구분, B(비표준화 계수), S.E.(표준오차), β(표준화 계수)를 차례대로 입력합니다. 구분 아래에는 독립변수명과 $R^2$(설명력), F(연구모형 적합도)를 입력합니다. $R^2$ 대신 수정된 $R^2$을 입력하거나 $R^2$과 수정된 $R^2$ 둘 다 입력해도 좋습니다. 독립변수명을 작성할 때 더미변수의 경우 (ref.= )를 넣어 기준이 무엇인지를 작성해 줍니다. 성별은 0으로 설정한 남성이 기준이므로 (ref.=남성)이라고 작성합니다. 참고로 로그를 취한 변수가 있다면 변수명 앞이나 뒤에 (ln)을 작성해 줍니다. 마지막으로 p값(유의확률)과 관련하여 표 아래에 *$p < .05$, **$p < .01$, ***$p < .001$도 입력합니다.

**<표> 성별, 연령, 가구원수, 거주지역, 사회적지지가 생활만족도에 미치는 영향**

| 구분 | B | S.E. | β |
|---|---|---|---|
| (상수) | | | |
| 성별(ref.=남성) | | | |
| 연령 | | | |
| 가구원수 | | | |
| 거주지역-중소도시(ref.=대도시) | | | |
| 거주지역-농어촌(ref.=대도시) | | | |
| 사회적지지 | | | |
| $R^2$ | | | |
| F | | | |

*$p < .05$, **$p < .01$, ***$p < .001$

**Know how** **회귀분석 표 여백이 없다면?**

본문에서 회귀분석 결과표의 첫 행에 B(비표준화 계수), S.E.(표준오차), β(표준화 계수)를 입력한다고 했습니다. 하지만 페이지의 여백이 모자라 최소한으로 제시하고 싶다면 B(비표준화 계수)나 β(표준화 계수)만 제시해도 좋습니다.

출력 결과에서 R 제곱에 있는 값은 분석 결과표의 $R^2$에 입력합니다. $R^2$값은 보통 소수점 셋째 자리까지 제시합니다. 출력 결과의 F값은 분석 결과표의 F 칸에 입력합니다. F값은 보통 소수점 셋째 자리까지 제시합니다. 출력 결과의 유의확률 값 또한 분석 결과표의 F 칸에 입력하되, 유의확률 값이 0.05 미만이면 별표 1개(*), 0.01 미만이면 별표 2개(**), 0.001 미만이면 별표 3개(***)로 F값 옆에 표시합니다.

**모형 요약**

| 모형 | R | R 제곱 | 수정된 R 제곱 | 추정값의 표준오차 |
|---|---|---|---|---|
| 1 | .137[a] | .019 | .018 | .70615 |

a. 예측자: (상수), 사회적지지평균, 성별=여성, 가구원수, 연령, 거주지역1=농어촌, 거주지역1=중소도시

**ANOVA[a]**

| 모형 | | 제곱합 | 자유도 | 평균제곱 | F | 유의확률 |
|---|---|---|---|---|---|---|
| 1 | 회귀 | 47.963 | 6 | 7.994 | 16.031 | .000[b] |
| | 잔차 | 2489.723 | 4993 | .499 | | |
| | 전체 | 2537.685 | 4999 | | | |

a. 종속변수: 생활만족도평균

b. 예측자: (상수), 사회적지지평균, 성별=여성, 가구원수, 연령, 거주지역1=농어촌, 거주지역1=중소도시

<표> 성별, 연령, 가구원수, 거주지역, 사회적지지가 생활만족도에 미치는 영향

| 구분 | B | S.E. | β |
|---|---|---|---|
| (상수) | | | |
| 성별(ref.=남성) | | | |
| 연령 | | | |
| 가구원수 | | | |
| 거주지역-중소도시(ref.=대도시) | | | |
| 거주지역-농어촌(ref.=대도시) | | | |
| 사회적지지 | | | |
| $R^2$ | | | |
| F | | | |

*p<.05, **p<.01, ***p<.001

[그림 22-57]

출력 결과의 B는 분석 결과표의 B 칸에 제시합니다. B값은 보통 소수점 셋째 자리까지 제시합니다. 출력 결과의 표준화 오류 값은 분석 결과표의 S.E. 칸에 소수점 셋째 자리까지 제시합니다. 출력 결과의 베타 값은 분석 결과표의 β 칸에 제시합니다. β값은 보통 소수점 셋째 자리까지 제시합니다. 출력 결과의 유의확률 또한 분석 결과표의 β 칸에 기입하되, 유의확

률이 0.05 미만이면 별표 1개(*), 0.01 미만이면 별표 2개(**), 0.001 미만이면 별표 3개(***)로 β값 옆에 표시해 주면 됩니다. 만약 유의확률이 0.05 이상이면 별표를 붙이지 않고 β 값만 제시합니다.

**계수[a]**

| 모형 | | 비표준화 계수 | | 표준화 계수 | t | 유의확률 | 공선성 통계량 | |
|---|---|---|---|---|---|---|---|---|
| | | B | 표준화 오류 | 베타 | | | 공차 | VIF |
| 1 | (상수) | 3.455 | .092 | | 37.652 | .000 | | |
| | 성별=여성 | -.062 | .020 | -.044 | -3.113 | .002 | 1.000 | 1.000 |
| | 연령 | -.001 | .001 | -.020 | -1.456 | .146 | .995 | 1.006 |
| | 가구원수 | .038 | .007 | .080 | 5.687 | .000 | .999 | 1.001 |
| | 거주지역1=중소도시 | .073 | .025 | .049 | 2.951 | .003 | .719 | 1.391 |
| | 거주지역1=농어촌 | .003 | .026 | .002 | .116 | .907 | .743 | 1.347 |
| | 사회적지지평균 | .132 | .024 | .082 | 5.589 | .000 | .919 | 1.088 |

a. 종속변수: 생활만족도평균

<표> 성별, 연령, 가구원수, 거주지역, 사회적지지가 생활만족도에 미치는 영향

| 구분 | B | S.E. | β |
|---|---|---|---|
| (상수) | | | |
| 성별(ref.=남성) | | | |
| 연령 | | | |
| 가구원수 | | | |
| 거주지역-중소도시(ref.=대도시) | | | |
| 거주지역-농어촌(ref.=대도시) | | | |
| 사회적지지 | | | |
| $R^2$ | | .019 | |
| F | | 16.031*** | |

*p<.05, **p<.01, ***p<.001

[그림 22-58]

**Know how** **유의확률인 별표(***)를 꼭 β에 표시해야 하나요?**

유의확률인 별표(***)를 꼭 β에 표시할 필요는 없습니다. B에 표시를 해도 됩니다. 다만, 분석 결과를 작성할 때 보통 '성별(β=−.044, p<.01)은 생활만족도에 유의한 영향을 미치는 것으로 나타났다.' 이런 식으로 작성하게 되는데, 이때 '성별(□=−.044, p<.01)은~'에서 □에 B로 할 것이면 분석 결과표에서도 B에 별표를 표시해 주는 것이 좋고, □에 β로 할 것이면 분석 결과표에서도 β에 별표를 표시해 줘야 합니다.

출력 결과의 내용을 분석 결과표에 입력하면 다음과 같이 완성됩니다.

<표> 성별, 연령, 가구원수, 거주지역, 사회적지지가 생활만족도에 미치는 영향

| 구분 | B | S.E. | β |
|---|---|---|---|
| (상수) | 3.455 | .092 | |
| 성별(ref.=남성) | -.062 | .020 | -.044** |
| 연령 | -.001 | .001 | -.020 |
| 가구원수 | .038 | .007 | .080*** |
| 거주지역-중소도시(ref.=대도시) | .073 | .025 | .049** |
| 거주지역-농어촌(ref.=대도시) | .003 | .026 | .002 |
| 사회적지지 | .132 | .024 | .082*** |
| $R^2$ | | .019 | |
| F | | 16.031*** | |

*p < .05, **p < .01, ***p < .001

## 6. 분석 결과 해석 작성

회귀분석 결과에 대한 해석 작성은 다음과 같이 4단계로 진행합니다.

❶ 분석 목적과 분석 방법 작성

"성별, 연령, 가구원수, 거주지역, 사회적지지가 생활만족도에 미치는 영향을 확인하고자 회귀분석을 진행하였다."고 작성합니다.

❷ 연구모형의 $R^2$과 F값 작성

"종속변수인 생활만족도에 대한 독립변수의 설명력은 1.9%로 나타났고($R^2$=.019), 연구모형은 적합한 것으로 확인되었다(F=16.031, p<.001)."고 작성합니다.

❸ VIF값에 따라 다중공선성 여부 작성

- VIF값이 10 미만이면, "다중공선성 여부를 판단하기 위해 VIF가 10을 넘는지 확인한 결과, 1을 조금 넘는 수준으로 나타나 문제가 되지 않는 것으로 확인되었다."고 작성합니다.
- VIF값이 10 이상이면, "다중공선성 여부를 판단하기 위해 VIF가 10을 넘는지 확인한 결과, 연령이 11.43으로 나타나 다중공선성에 문제가 있는 것으로 확인되었다. 이에 주요 변수에서 연령을 제외하였다."고 작성합니다.

❹ p값을 통한 각 변수 유의성 결과와 표준화 계수(β) 작성

- p값이 0.05 미만이면, "성별(β=-.044, p<.01), 가구원수(β=.080, p<.001), 거주지역-중소도시(β=.049, p<.01), 사회적지지(β=.082, p<.001)는 생활만족도에 유의한 영향을 미치는 것으로 나타났다. 즉, 여성 대비 남성인 경우, 가구원수가 많을수록, 거주지역이 대도시 대비 중소도시인 경우, 사회적지지가 높을수록, 생활만족도는 높아지는 것으로 나타났다."고 작성합니다.
- p값이 0.05 이상이면, "연령과 거주지역-농어촌은 생활만족도에 유의한 영향을 미치지 않는 것으로 확인되었다."고 작성합니다.

이 4단계에 맞춰 회귀분석 결과에 대한 해석을 작성하면 다음과 같습니다.

❶ 성별, 연령, 가구원수, 거주지역, 사회적지지가 생활만족도에 미치는 영향을 확인하고자 회귀분석을 진행하였다. ❷ 종속변수인 생활만족도에 대한 독립변수의 설명력은 1.9%로 나타났고($R^2$=.019), 연구모형은 적합한 것으로 확인되었다(F=16.031, p<.001). ❸ 다중

공선성 여부를 판단하기 위해 VIF가 10을 넘는지 확인한 결과, 1을 조금 넘는 수준으로 나타나 문제가 되지 않는 것으로 확인되었다. 분석 결과, ❹ 성별(β=-.044, p<.01), 가구원수(β=.080, p<.001), 거주지역-중소도시(β=.049, p<.01), 사회적지지(β=.082, p<.001)는 생활만족도에 유의한 영향을 미치는 것으로 나타났다. 즉, 여성 대비 남성인 경우, 가구원수가 많을수록, 거주지역이 대도시 대비 중소도시인 경우, 사회적지지가 높을수록, 생활만족도는 높아지는 것으로 나타났다. 한편, 연령과 거주지역-농어촌은 생활만족도에 유의한 영향을 미치지 않는 것으로 나타났다.

**[회귀분석 결과표 및 해석 예시]**

성별, 연령, 가구원수, 거주지역, 사회적지지가 생활만족도에 미치는 영향을 확인하고자 회귀분석을 진행하였다. 종속변수인 생활만족도에 대한 독립변수의 설명력은 1.9%로 나타났고 ($R^2$=.019), 연구모형은 적합한 것으로 확인되었다(F=16.031, p<.001). 다중공선성 여부를 판단하기 위해 VIF가 10을 넘는지 확인한 결과, 1을 조금 넘는 수준으로 나타나 문제가 되지 않는 것으로 확인되었다. 분석 결과, 성별(β=-.044, p<.01), 가구원수(β=.080, p<.001), 거주지역-중소도시(β=.049, p<.01), 사회적지지(β=.082, p<.001)는 생활만족도에 유의한 영향을 미치는 것으로 나타났다. 즉, 여성 대비 남성인 경우, 가구원수가 많을수록, 거주지역이 대도시 대비 중소도시인 경우, 사회적지지가 높을수록, 생활만족도는 높아지는 것으로 나타났다. 한편, 연령과 거주지역-농어촌은 생활만족도에 유의한 영향을 미치지 않는 것으로 나타났다.

**<표> 성별, 연령, 가구원수, 거주지역, 사회적지지가 생활만족도에 미치는 영향**

| 구분 | B | S.E. | β |
|---|---|---|---|
| (상수) | 3.455 | .092 | |
| 성별(ref.=남성) | -.062 | .020 | -.044** |
| 연령 | -.001 | .001 | -.020 |
| 가구원수 | .038 | .007 | .080*** |
| 거주지역-중소도시(ref.=대도시) | .073 | .025 | .049** |
| 거주지역-농어촌(ref.=대도시) | .003 | .026 | .002 |
| 사회적지지 | .132 | .024 | .082*** |
| $R^2$ | | .019 | |
| F | | 16.031*** | |

*p<.05, **p<.01, ***p<.001

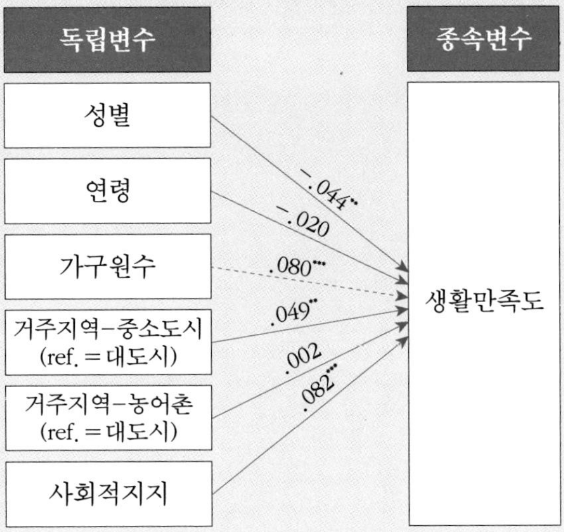


[그림 22-59] 성별, 연령, 가구원수, 거주지역, 사회적지지가 생활만족도에 미치는 영향(표준화 계수)

제23장

# 로지스틱 회귀분석

## Key Point

로지스틱 회귀분석 이해

- 독립변수가 종속변수를 결정하는 요인인지 확인할 때 진행
- 독립변수가 종속변수를 결정하는 확률의 증감을 확인할 때 진행

로지스틱 회귀분석 해석 방법

- B의 부호 (+) = 독립변수 ↑, 종속변수의 1인 집단에 속할 확률 ↑
- B의 부호 (-) = 독립변수 ↓, 종속변수의 1인 집단에 속할 확률 ↑

로지스틱 회귀분석 변수 구성

| 독립변수 | | 종속변수 | | |
|---|---|---|---|---|
| 평균변수 (보기가 없는 변수) | + | 집단변수 (보기가 있는 변수) | = | 로지스틱 회귀분석 |

로지스틱 회귀분석 메뉴

- SPSS 프로그램 메뉴에서 '분석-회귀분석-이분형 로지스틱'

# 1. 로지스틱 회귀분석 이해

## 1) 로지스틱 회귀분석 개념 및 활용

로지스틱 회귀분석은 회귀분석 중 하나입니다. 그러므로 로지스틱 회귀분석도 독립변수가 종속변수에 영향을 미치는지 확인하는 분석입니다. 다만, 회귀분석에서는 독립변수와 종속변수 모두 평균변수를 활용하지만, 로지스틱 회귀분석에서는 독립변수로 평균변수를 활용하고 종속변수로 집단변수를 활용한다는 점에서 차이가 있습니다. 즉, 종속변수가 집단변수이면 로지스틱 회귀분석을 진행합니다.

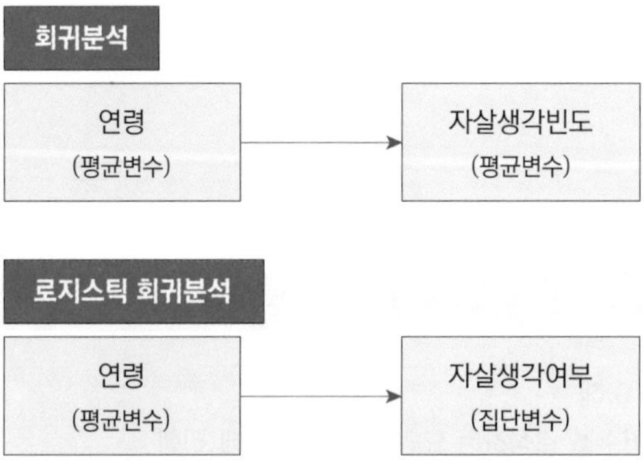


[그림 23-1] **회귀분석 VS 로지스틱 회귀분석**

그렇다면 이분형(이항) 로지스틱 회귀분석은 무엇일까요? 독립변수가 평균변수이고 종속변수가 집단변수인데, 그 집단변수가 2개의 집단으로 구성되어 있을 때(종속변수의 보기가 2개일 때) 적용할 수 있는 분석 방법이 이분형 로지스틱 회귀분석입니다. 예를 들어, 자살생각여부(1=있다, 2=없다)를 종속변수로 두었다면 자살생각을 해 본 적이 있는 집단과 자살생각을 해 본 적이 없는 집단으로 2개의 집단이 있기 때문에 이분형 로지스틱 회귀분석을 진행할 수 있습니다. 만약 종속변수에 해당하는 집단변수가 3개 이상의 집단으로 구성되어 있다면, 다항 로지스틱 회귀분석을 진행합니다. 이 장에서는 로지스틱 회귀분석을 대표하는 이분형 로지스틱 회귀분석에 대해 진행하겠습니다.

로지스틱 회귀분석은 다음 2가지를 확인할 때 활용합니다.

- 독립변수가 종속변수를 결정하는 요인인지 확인할 때
- 독립변수가 종속변수를 결정하는 확률의 증감을 확인할 때

(1) 독립변수가 종속변수를 결정하는 요인인지 확인할 때

일반적으로 회귀분석에서는 독립변수가 종속변수에 영향을 미치는지 확인하여 영향요인이 무엇인지 파악합니다. 그러나 로지스틱 회귀분석에서는 독립변수가 종속변수를 결정하는 요인, 즉 결정요인이 무엇인지 파악한다는 측면에서 조금 차이가 있습니다. 물론 로지스틱 회귀분석도 회귀분석이므로 영향요인을 파악한다고 말해도 무리는 없으나 보통 영향요인이라는 표현 대신 결정요인이라는 표현을 씁니다. 예를 들어, 종속변수가 생활만족도일 때 회귀분석에서는 생활만족도를 높아지게 하거나 낮아지게 하는 요인을 찾습니다. 그러나 로지스틱 회귀분석에서는 종속변수가 집단변수이기 때문에 높아지게 하거나 낮아지게 하는 요인을 찾을 수는 없습니다. 종속변수가 자살생각여부일 때 로지스틱 회귀분석에서는 자살생각을 해 본 적이 있고 없고를 결정하는 요인이 무엇인지 파악합니다.

(2) 독립변수가 종속변수를 결정하는 확률의 증감을 확인할 때

로지스틱 회귀분석은 종속변수에 있는 집단에 속할 확률이나 승산이 얼마나 증가하는지 혹은 감소하는지 확인할 수 있습니다. 이렇듯 로지스틱 회귀분석은 확률과 밀접한 관련이 있습니다. 이를 일반적인 회귀분석과 비교해서 확인해 보면 다음과 같은 차이가 있습니다.

일반적인 회귀분석의 경우, 독립변수를 연령으로 설정하고 종속변수를 자살생각빈도로 설정했다면 '연령이 높을수록 자살생각이 늘어나는 것으로 나타났다.' 혹은 '연령이 낮을수록 자살생각이 늘어나는 것으로 나타났다.'라는 식으로 해석됩니다.

하지만 로지스틱 회귀분석의 경우, 독립변수를 연령으로 설정하고 종속변수를 자살생각여부로 설정했다면 '연령이 높을수록 자살생각을 할 확률이 높아지는 것으로 나타났다.', '연령이 낮을수록 자살생각을 할 확률이 높아지는 것으로 나타났다.'라고 해석합니다. 실제로 로지스틱 회귀분석을 진행하면 자살생각을 할 확률이나 승산이 얼마나 증가하는지 혹은 감소하는지 구체적으로 확인할 수 있습니다.

## 2) 로지스틱 회귀분석 해석 방법

로지스틱 회귀분석 결과 중 p값과 비표준화 계수의 부호를 확인하여 로지스틱 회귀분석

결과를 해석할 수 있습니다. 진행 절차는 다음과 같습니다. 먼저, 독립변수의 p값을 확인하여 0.05보다 작으면, '독립변수는 종속변수에 유의한 결정요인인 것으로 나타났다.'로 해석합니다. 다음으로, 비표준화 계수(B)의 부호를 확인합니다. 비표준화 계수의 부호가 (+)면, '독립변수가 높을수록 종속변수의 1인 집단에 속할 확률이 높아지는 것으로 나타났다.'로 해석합니다. 반대로 비표준화 계수의 부호가 (−)면, '독립변수가 낮을수록 종속변수의 1인 집단에 속할 확률이 높아지는 것으로 나타났다.'로 해석합니다. 예를 들어, 자살생각여부 변수에서 0=없다, 1=있다로 설정되어 있다면, 1인 집단이 '있다'이므로 실제 해석은 다음과 같습니다. 비표준화 계수의 부호가 (+)면, '독립변수가 높을수록 자살생각을 할 확률이 높아지는 것으로 나타났다.'로 해석합니다. 반대로 비표준화 계수의 부호가 (−)면, '독립변수가 낮을수록 자살생각을 할 확률이 높아지는 것으로 나타났다.'로 해석합니다.

한편, 독립변수의 p값이 0.05 이상이면 '독립변수는 종속변수에 유의한 결정요인은 아닌 것으로 나타났다.'라고 해석합니다.

로지스틱 회귀분석 해석 방법

- B의 부호 (+) = 독립변수 ↑, 종속변수의 1인 집단에 속할 확률 ↑
- B의 부호 (−) = 독립변수 ↓, 종속변수의 1인 집단에 속할 확률 ↑

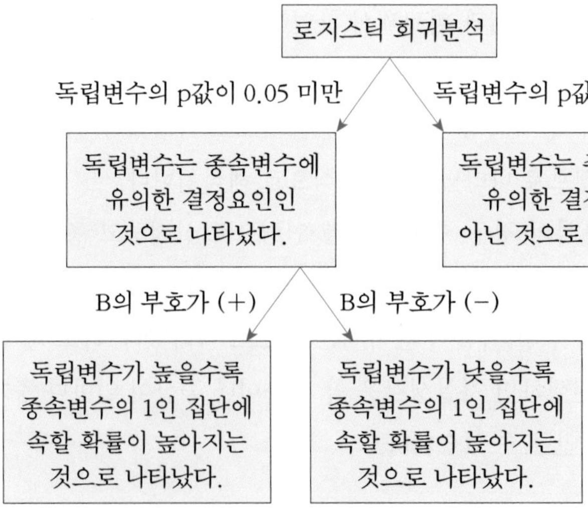


[그림 23-2] **로지스틱 회귀분석 해석 방법**

## 2. 로지스틱 회귀분석 변수 구성

로지스틱 회귀분석의 경우 독립변수는 평균변수, 종속변수는 집단변수일 때 진행할 수 있습니다. 특히 이분형 로지스틱 회귀분석의 경우 종속변수로 설정한 집단변수가 2개의 집단으로 구성되어 있을 때(종속변수의 보기가 2개일 때) 진행할 수 있습니다.

독립변수의 경우 연령이나 가구원수 같이 보기가 없고 평균을 내는 것이 의미가 있는 평균변수가 있다면 가능합니다. 다만, 성별이나 거주지역과 같이 집단변수도 더미변수로 변환하면 평균변수로 활용할 수 있습니다. 아울러 사회적지지와 같이 리커트 척도 또한 2개 이상의 문항을 합하거나 평균을 내어 합변수 혹은 평균변수로 분석에서 활용하기 때문에 독립변수로 분석 가능합니다.

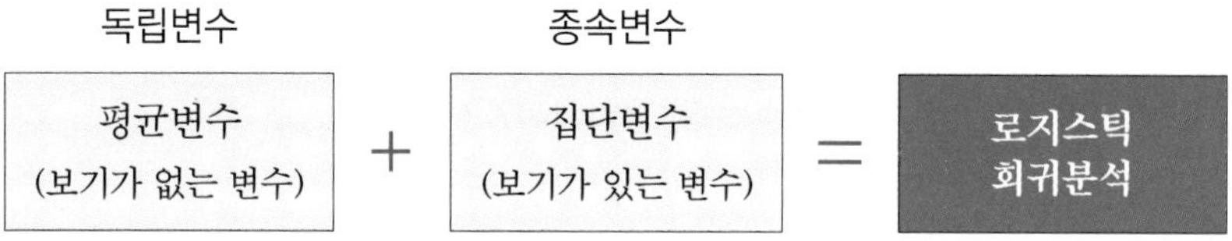


[그림 23-3] **로지스틱 회귀분석 변수 구성**

구체적으로 어떠한 상황에서 로지스틱 회귀분석을 진행하는지 확인해 보겠습니다. 이 분석에서 진행하는 연구모형은 다음과 같습니다. 즉, 독립변수는 성별, 연령, 가구원수, 거주지역, 사회적지지이고, 종속변수는 자살생각여부로 설정하였습니다.

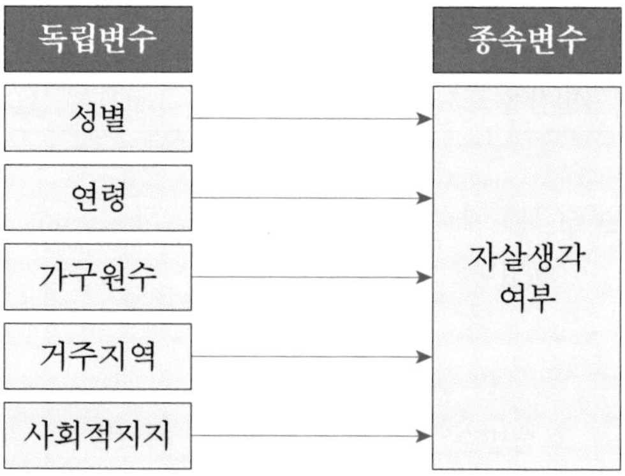


[그림 23-4] **로지스틱 회귀분석 연구모형**

주요 변수는 성별더미변수, 연령, 가구원수, 거주지역더미변수, 사회적지지, 자살생각여부더미변수입니다. 연령과 가구원수는 평균변수이고, 성별더미변수, 거주지역더미변수, 사회적지지는 평균변수로 볼 수 있는 더미변수와 리커트 척도입니다. 자살생각여부더미변수는 더미변수이지만 평균변수가 아닌 집단변수로 활용할 예정입니다. SPSS 프로그램에서는 로지스틱 회귀분석을 진행할 때 종속변수의 값 설정이 0과 1로 설정되어 있어야 하기 때문입니다. 이에 자살생각여부(1=있다, 2=없다)를 더미변수(0=없다, 1=있다)로 변환하고자 합니다. 물론 최신 SPSS 프로그램 버전에서는 0과 1로 설정되어 있지 않아도 가능합니다.

이러한 변수들로 구성되어 있다면, 로지스틱 회귀분석을 통해 '자살생각 여부 결정요인'을 확인할 수 있습니다.

**1.** 귀하의 성별은 무엇입니까?
① 남성 ② 여성

**2.** 현재 귀하의 연령은 어떻게 됩니까? ( )세

**3.** 현재 귀하와 함께 살고 있는 가구원수는 몇 명입니까? ( )명

**4.** 귀하의 거주지역은 어디입니까?
① 대도시 ② 중소도시 ③ 농어촌

**5.** 다음은 사회적지지에 대한 질문입니다. 각 문항을 읽고 해당 사항에 체크하여 주십시오.

| 사회적지지 | 전혀 그렇지 않다 | 그렇지 않다 | 보통 이다 | 그렇다 | 매우 그렇다 |
|---|---|---|---|---|---|
| 1. 그들은 항상 나의 일에 관심을 갖고 걱정해주었다. | ① | ② | ③ | ④ | ⑤ |
| 2. 그들은 나의 문제를 들어주지 않았다. | ① | ② | ③ | ④ | ⑤ |
| 3. 그들과 함께 있으면 친밀감을 느끼게 해주었다. | ① | ② | ③ | ④ | ⑤ |

**6.** 귀하께서는 지난 일주일 간 자살생각을 해 본 적이 있습니까?
① 있다 ② 없다

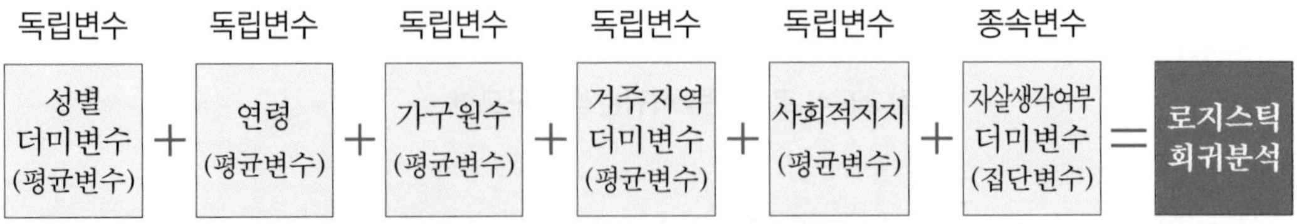


[그림 23-5] **로지스틱 회귀분석 예시**

# 3. 로지스틱 회귀분석 실습

## 1) 로지스틱 회귀분석 전 데이터 핸들링

로지스틱 회귀분석을 하기 위해 집단변수인 성별, 거주지역, 자살생각여부는 더미변수를 만들고 리커트 척도인 사회적지지는 사회적지지평균 변수로 만들어야 합니다. 성별과 거주지역을 더미변수 만드는 방법과 사회적지지를 사회적지지평균 변수 만드는 방법은 '제22장 회귀분석'의 회귀분석 실습에서 동일하게 진행했으므로 참고하기 바랍니다.

**실습** 로지스틱 회귀분석 전 데이터 핸들링: 자살생각여부더미변수 만들기

- 실습내용: 자살생각여부 변수를 활용하여 자살생각여부더미변수(기준: 없다) 만들기
  (자살생각여부더미변수: 없다=0, 있다=1)
- 실습파일: SPSS data.sav
- 활용변수: 자살생각여부

**1** 로지스틱 회귀분석을 진행하기 위해서 사전에 집단변수인 자살생각여부 변수(있다=1, 없다=2)를 자살생각여부더미변수(없다=0, 있다=1)로 변환해야 합니다. SPSS 프로그램 메뉴의 ❶ 변환을 클릭하고 ❷ 더미변수 작성을 클릭합니다.

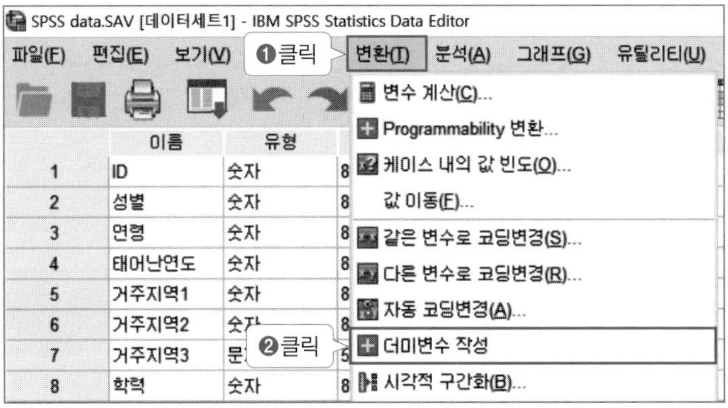

[그림 23-6]

❷ 더미변수 작성 창이 열리면, ❶ 자살생각여부 변수를 더블클릭한 후, 주효과 더미변수에서 루트 이름(선택한 변수당 한 개)에 ❷ 자살생각여부더미라고 입력합니다.

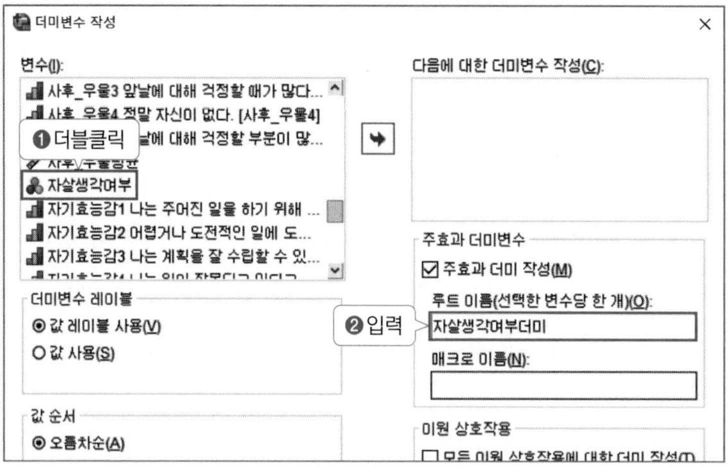


[그림 23-7]

❸ ❶ 확인을 클릭하여 더미변수 작성 창을 닫습니다.

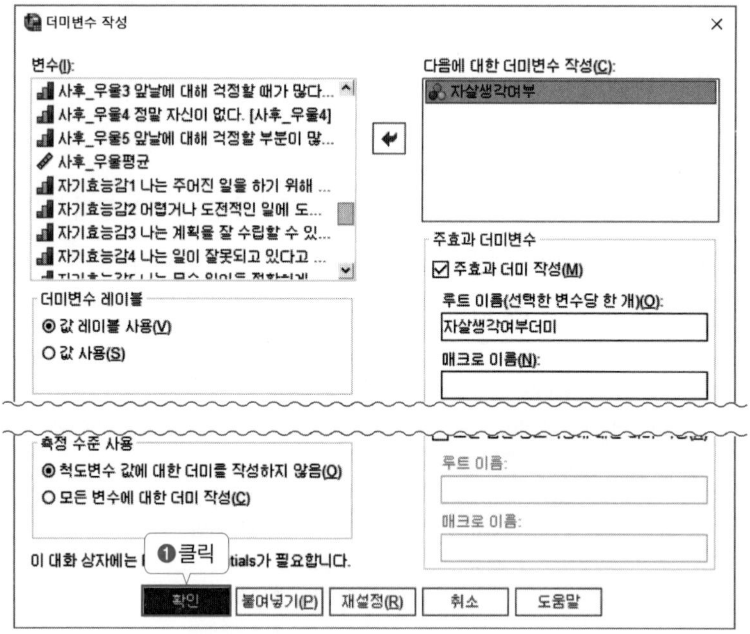


[그림 23-8]

4 새롭게 생성된 자살생각여부더미변수는 변수 보기 창에서 맨 아래에 위치해 있습니다. 먼저, ❶ 레이블을 확인합니다. 레이블에는 어떤 보기가 1로 설정되어 있는지 표시되어 있습니다. 이를테면, 자살생각여부더미_1의 경우 레이블에 자살생각여부=있다로 설정되어 있는데 이는 있다가 1이고 나머지 보기(없다)가 0으로 코딩되어 있다는 의미입니다. 이 분석에서는 없다=0, 있다=1로 진행하기로 했으므로 ❷ 있다가 1, 없다가 0으로 설정되어 있는 자살생각여부더미_1 변수를 활용합니다.

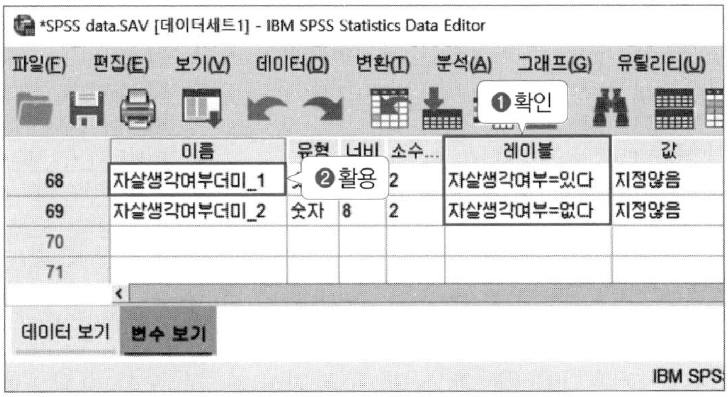


[그림 23-9]

## 2) 로지스틱 회귀분석

### 실습 로지스틱 회귀분석

- 실습내용: 성별, 연령, 가구원수, 거주지역, 사회적지지 중 자살생각 여부 결정요인 확인
- 실습파일: SPSS data.sav
- 활용변수: 성별더미_2, 연령, 가구원수, 거주지역더미_2, 거주지역더미_3, 사회적지지평균, 자살생각여부더미_1

1 성별, 연령, 가구원수, 거주지역, 사회적지지 중 자살생각 여부 결정요인을 확인하기 위해 로지스틱 회귀분석을 진행합니다. 메뉴의 ❶ 분석을 클릭하고 ❷ 회귀분석을 클릭한 후 ❸ 이분형 로지스틱을 선택합니다.

[그림 23-10]

**2** 이분형 로지스틱 창이 열리면, 독립변수들을 블록(공변량) 칸에 옮기기 위해 ❶ 연령 변수를 클릭합니다. 그런 다음 ❷ Ctrl 키를 누르면서 가구원수를 클릭하면 연령과 가구원수가 동시에 선택된 것을 확인할 수 있습니다. 만약 어렵다면 변수 한 개씩 ➡ 버튼을 눌러 옮기는 것을 추천합니다. ❸ ➡ 버튼을 눌러 독립변수 칸으로 옮깁니다.

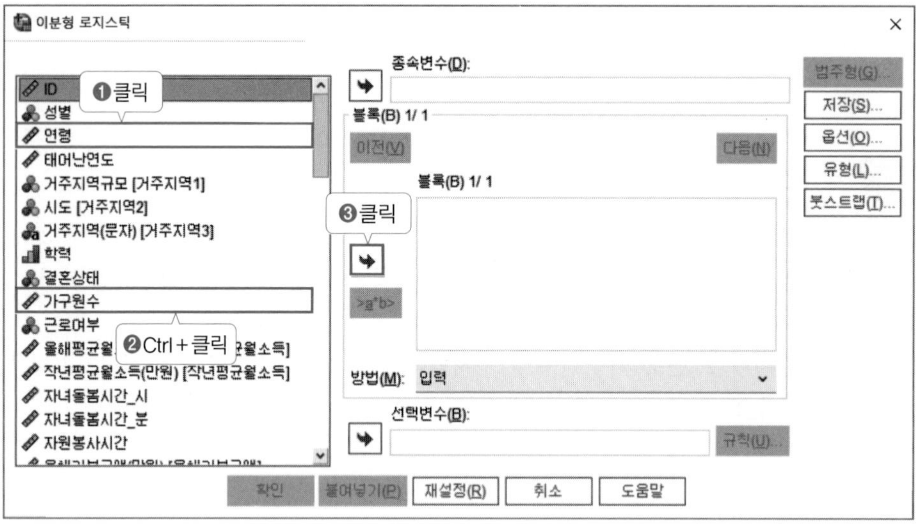


[그림 23-11]

**3** 스크롤을 아래로 내려서 ❶ 성별더미_2 변수를 클릭합니다. 그런 다음 ❷ Ctrl 키를 누르면서 거주지역더미_2를 클릭, ❸ Ctrl 키를 누르면서 거주지역더미_3을 클릭, ❹ Ctrl 키를 누르면서 사회적지지평균을 클릭하면 성별더미_2, 거주지역더미_2, 거주지역더미_3,

사회적지지평균이 동시에 선택된 것을 확인할 수 있습니다. 만약 어렵다면 변수 한 개씩 [➡] 버튼을 눌러 옮기는 것을 추천합니다. ❺ [➡] 버튼을 눌러 블록 칸으로 옮깁니다. 마지막으로 종속변수인 자살생각여부 변수를 종속변수 칸에 옮기기 위해 ❻ 자살생각여부더미_1 변수를 클릭합니다. 그런 다음 ❼ [➡] 버튼을 눌러 종속변수 칸으로 옮깁니다.

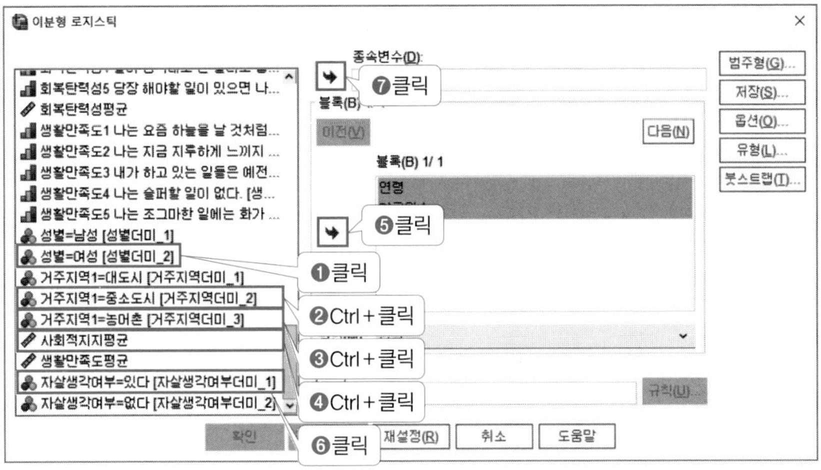


[그림 23-12]

**4** 독립변수들의 순서를 성별더미_2, 연령, 가구원수, 거주지역더미_2, 거주지역더미_3, 사회적지지평균으로 하기 위해서 ❶ 성별더미_2 변수를 클릭한 후 2초 후 다시 성별더미_2 변수를 클릭합니다. 그런 다음 ❷ 성별더미_2 변수를 드래그하여 연령 변수 위로 이동합니다.

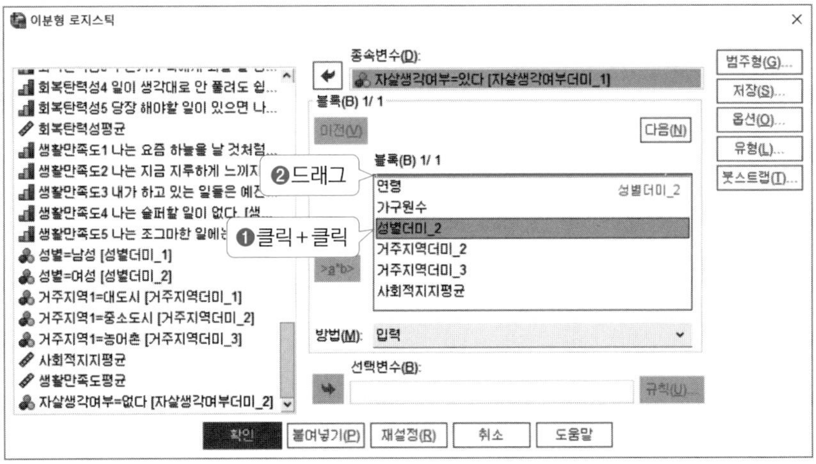


[그림 23-13]

5 ❶ 확인을 클릭하여 이분형 로지스틱 창을 닫습니다.

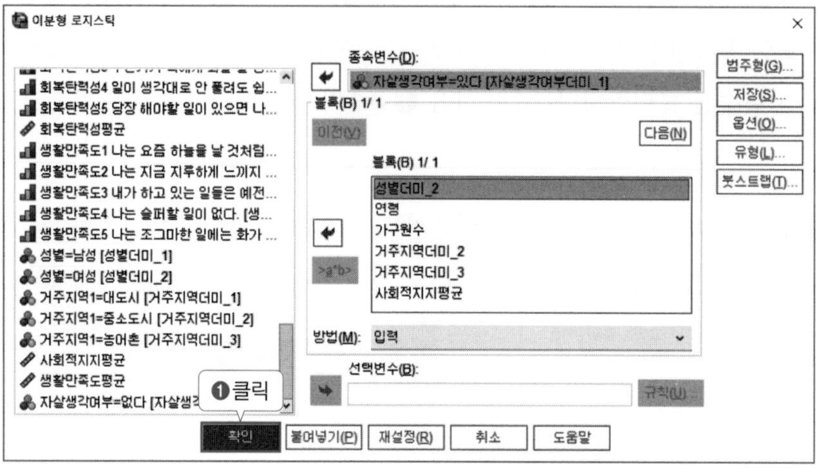


[그림 23-14]

## 4. 출력 결과 해석

### 1) 케이스 처리 요약 표에서 분석된 케이스 수 확인

출력 결과 창을 확인해 보면 케이스 처리 요약 표를 살펴볼 수 있습니다. 케이스 처리 요약 표의 N에 있는 케이스는 실제 로지스틱 회귀분석에서 활용한 케이스 수를 말합니다. 이 로지스틱 회귀분석에서 진행한 케이스 수는 5,000명인 것으로 나타났습니다.

로지스틱 회귀분석에서 분석된 케이스 수를 확인하는 이유는 로지스틱 회귀분석 전에 진행한 각종 분석에서 진행한 케이스 수와 같은지 확인하기 위함입니다. 로지스틱 회귀분석의 경우 분석에서 활용하고자 하는 변수 중 결측값이 하나라도 있는 케이스는 제외되기 때문에 로지스틱 회귀분석 전에 진행한 분석들의 케이스와 다를 수 있습니다. 구체적인 내용은 '제10장 데이터 핸들링' 중 변수 계산에서 결측값이 있는 케이스를 확인할 때를 참고하기 바랍니다.

**케이스 처리 요약**

| 가중되지 않은 케이스[a] | | N | 퍼센트 |
|---|---|---|---|
| 선택 케이스 | 분석에 포함 | 5000 | 100.0 |
| | 결측 케이스 | 0 | .0 |
| | 전체 | 5000 | 100.0 |
| 비선택 케이스 | | 0 | .0 |
| 전체 | | 5000 | 100.0 |

a. 가중값을 사용하는 경우에는 전체 케이스 수의 분류표를 참조하십시오.

[그림 23-15] 로지스틱 회귀분석 출력 결과 1

### 2) 블록1: 방법=입력부터 출력 결과 확인

'블록 0: 시작 블록' 이후에 제시된 표는 독립변수가 포함되지 않고 종속변수만으로 분석한 모형입니다. 이에 참고적으로만 보면 됩니다. '블록1: 방법=입력' 이후에 제시된 표부터 독립변수가 포함된 모형으로 '블록1: 방법=입력' 이후에 제시된 표부터 확인하기 바랍니다.

**블록 0: 시작 블록**

**분류표[a,b]**

| 관측됨 | | | 예측 자살생각여부=있다 .00 | 1.00 | 분류정확 % |
|---|---|---|---|---|---|
| 0 단계 | 자살생각여부=있다 | .00 | 3505 | 0 | 100.0 |
| | | 1.00 | 1495 | 0 | .0 |
| | 전체 퍼센트 | | | | 70.1 |

a. 모형에 상수항이 있습니다.

b. 절단값은 .500입니다.

**블록 1: 방법 = 입력**

**모형 계수의 총괄 검정**

| | | 카이제곱 | 자유도 | 유의확률 |
|---|---|---|---|---|
| 1 단계 | 단계 | 768.085 | 6 | .000 |
| | 블록 | 768.085 | 6 | .000 |
| | 모형 | 768.085 | 6 | .000 |

[그림 23-16] **로지스틱 회귀분석 출력 결과 2**

## 3) 모형 계수의 총괄 검정 표에서 카이제곱($\chi^2$)값과 유의확률 확인

연구모형이 통계적으로 적합한지 파악하려면, 모형 계수의 총괄 검정 표에서 모형의 $\chi^2$값과 유의확률을 확인해 보면 됩니다. $\chi^2$값은 768.085로 확인되었습니다. 아울러 유의확률은 p값을 의미하며, .000으로 나타나 0.05 미만이므로 연구모형은 적합한 것으로 확인되었습니다. 만약 유의확률이 0.05 이상이었다면 연구모형은 적합하지 않다고 판단할 수 있습니다. 연구모형이 적합하지 않다면 종속변수의 결정요인을 확인할 수 없습니다.

**블록 1: 방법 = 입력**

**모형 계수의 총괄 검정**

| | | 카이제곱 | 자유도 | 유의확률 |
|---|---|---|---|---|
| 1 단계 | 단계 | 768.085 | 6 | .000 |
| | 블록 | 768.085 | 6 | .000 |
| | 모형 | 768.085 | 6 | .000 |

0.05 미만=연구모형 적합
0.05 이상=연구모형 부적합

[그림 23-17] **로지스틱 회귀분석 출력 결과 3**

## 4) 모형 요약 표에서 Nagelkerke $R^2$ 확인

모형 요약 표에 Nagelkerke $R^2$은 종속변수에 대한 전체 독립변수의 설명력을 뜻합니다. Nagelkerke $R^2$=.202로 나타나 종속변수인 자살생각여부에 대한 독립변수 성별, 연령, 가구원수, 거주지역, 사회적지지의 설명력은 20.2%로 확인되었습니다. 20.2%라는 수치는 로지스틱 회귀분석에서 굉장히 높은 값입니다. 보통 로지스틱 회귀분석은 설명력이 10%도 넘기지 못할 정도로 종속변수에 대한 설명력이 낮게 나올 수밖에 없는데, 그 이유는 종속변수 자체가 집단변수로 다양한 값을 지니고 있지 않기 때문입니다. 로지스틱 회귀분석에서는 설명력 자체를 의미 있게 해석하지 않기 때문에 보고서나 논문에서 설명력을 해석하지 않기도 합니다.

**모형 요약**

| 단계 | -2 로그 우도 | Cox와 Snell의 R-제곱 | Nagelkerke R-제곱 |
|---|---|---|---|
| 1 | 5332.061ª | .142 | .202 |

a. 모수 추정값이 .001보다 작게 변경되어 계산반복 수 5에서 추정을 종료하였습니다.

[그림 23-18] 로지스틱 회귀분석 출력 결과4

**Know how** Cox와 Snell의 $R^2$

로지스틱 회귀분석에서 $R^2$(설명력)을 확인할 수 있는 지표가 많습니다. 대표적으로 Nagelkerke $R^2$이 있고, 이외에도 Cox와 Snell의 $R^2$ 등이 있습니다. 보통 로지스틱 회귀분석에서는 $R^2$을 잘 작성하지는 않지만 작성해야 한다면 Cox와 Snell의 $R^2$보다는 Nagelkerke $R^2$을 추천합니다. Nagelkerke $R^2$을 Cox와 Snell의 $R^2$보다 더 많이 활용하고 있으며, Cox와 Snell의 $R^2$을 개선한 지표가 Nagelkerke $R^2$이기 때문입니다.

**모형 요약**

| 단계 | -2 로그 우도 | Cox와 Snell의 R-제곱 | Nagelkerke R-제곱 |
|---|---|---|---|
| 1 | 5332.061ª | .142 | .202 |

a. 모수 추정값이 .001보다 작게 변경되어 계산반복 수 5에서 추정을 종료하였습니다.

[그림 23-19] Cox와 Snell의 $R^2$

## 5) 방정식의 변수 표에서 B(비표준화 계수)값과 유의확률 확인

방정식의 변수 표에서는 B(비표준화 계수)값과 유의확률을 통해 각 독립변수들이 종속변수에 유의한 결정요인인지를 확인할 수 있습니다.

**방정식의 변수**

| | | B | S.E. | Wald | 자유도 | 유의확률 | Exp(B) |
|---|---|---|---|---|---|---|---|
| 1 단계[a] | 성별=여성 | .185 | .068 | 7.549 | 1 | .006 | 1.204 |
| | 연령 | .072 | .003 | 529.474 | 1 | .000 | 1.074 |
| | 가구원수 | -.021 | .022 | .906 | 1 | .341 | .979 |
| | 거주지역1=중소도시 | -.424 | .084 | 25.601 | 1 | .000 | .655 |
| | 거주지역1=농어촌 | .205 | .083 | 6.116 | 1 | .013 | 1.228 |
| | 사회적지지평균 | -.822 | .079 | 109.673 | 1 | .000 | .439 |
| | 상수항 | -2.669 | .301 | 78.549 | 1 | .000 | .069 |

a. 변수가 1: 성별=여성, 연령, 가구원수, 거주지역1=중소도시, 거주지역1=농어촌, 사회적지지평균 단계에 입력되었습니다.

0.05 미만=결정요인이다.
0.05 이상=결정요인이 아니다.

[그림 23-20] **로지스틱 회귀분석 출력 결과 5**

먼저, 유의확률을 확인합니다. 유의확률이 0.05 미만으로 나타나면 독립변수는 종속변수에 유의한 결정요인인 것으로 나타났다고 해석하고, 0.05 이상이면 독립변수는 종속변수에 유의한 결정요인이 아닌 것으로 나타났다고 해석합니다. 유의확률이 0.05 미만인 경우에 B의 부호가 (+)면, '독립변수가 높을수록 종속변수의 1인 집단에 속할 확률이 높아지는 것으로 나타났다.'로 해석하고, B의 부호가 (−)면, '독립변수가 낮을수록 종속변수의 1인 집단에 속할 확률이 높아지는 것으로 나타났다.'로 해석합니다.

즉, 자살생각여부더미변수_1은 0=없다, 1=있다로 설정되어 있으므로 1인 집단이 '있다'입니다. 자살생각여부더미변수_1을 통한 실제 해석은 다음과 같습니다. 비표준화 계수의 부호가 (+)면, '독립변수가 높을수록 자살생각을 할 확률이 높아지는 것으로 나타났다.'로 해석합니다. 반대로 비표준화 계수의 부호가 (−)면, '독립변수가 낮을수록 자살생각을 할 확률이 높아지는 것으로 나타났다.'로 해석합니다.

로지스틱 회귀분석 해석 방법

- B의 부호 (+) = 독립변수 ↑, 종속변수의 1인 집단에 속할 확률 ↑
- B의 부호 (−) = 독립변수 ↓, 종속변수의 1인 집단에 속할 확률 ↑

성별 변수를 확인해 보면 성별=여성으로 기술되어 있습니다. 이는 더미변수를 뜻하고, 남성을 기준(남성=0)으로 하여, 0과 1 중 1에 해당하는 보기가 여성이라는 의미입니다. 성별더미변수의 유의확률은 .006으로 나타나 0.05 미만이므로 성별은 자살생각 여부에 유의한 결정요인인 것으로 나타났습니다. 구체적인 해석을 위해 성별더미변수의 B(비표준화 계수)를 확인해 보면, .185로 나타났습니다. 부호가 (+)이므로 남성 대비 여성인 경우 자살생각을 할 확률이 높아지는 것으로 나타났다고 볼 수 있습니다.

독립변수가 더미변수인 경우 로지스틱 회귀분석 해석 방법
- B의 부호 (+) = 0(기준)인 집단 대비 1인 집단인 경우, 종속변수의 1인 집단에 속할 확률 ↑
- B의 부호 (−) = 1인 집단 대비 0(기준)인 집단인 경우, 종속변수의 1인 집단에 속할 확률 ↑

연령을 확인해 보면 유의확률은 .000으로 나타나 0.05 미만이므로 연령은 자살생각 여부에 유의한 결정요인인 것으로 나타났습니다. 구체적인 해석을 위해 연령의 B를 확인해 보면, .072로 나타났습니다. 부호가 (+)이므로 연령이 높을수록 자살생각을 할 확률이 높아지는 것으로 나타났다고 볼 수 있습니다.

가구원수를 확인해 보면 유의확률은 .341로 나타나 0.05 이상이므로 가구원수는 자살생각 여부에 유의한 결정요인이 아닌 것으로 나타났습니다. 자살생각 여부에 결정요인이 아니기 때문에 B를 확인할 필요는 없습니다.

거주지역 변수를 보면 거주지역=중소도시, 거주지역=농어촌이라고 기술되어 있습니다. 이는 더미변수를 뜻하고, 대도시가 기준(대도시=0)임을 의미합니다. 거주지역=중소도시라고 적혀 있는 변수는 중소도시가 1로, 대도시와 농어촌은 0으로 설정된 것이고, 거주지역=농어촌이라고 적혀 있는 변수는 농어촌이 1로, 대도시와 중소도시는 0으로 설정된 것입니다. 거주지역=중소도시 변수의 유의확률은 .000으로 나타나 0.05 미만이므로 거주지역=중소도시는 자살생각 여부에 유의한 결정요인인 것으로 나타났습니다. 구체적인 해석을 위해 거주지역=중소도시 더미변수의 B를 확인해 보면, −.424로 나타났습니다. 부호가 (−)이므로 중소도시 대비 대도시인 경우 자살생각을 할 확률이 높아지는 것으로 나타났다고 볼 수 있습니다. 거주지역=농어촌 변수의 유의확률은 .013으로 나타나 0.05 미만이므로 거주지역=농어촌은 자살생각 여부에 유의한 결정요인인 것으로 나타났습니다. 구체적인 해석을 위해 거주지역=농어촌 더미변수의 B를 확인해 보면, .205로 나타났습니다. 부호가 (+)이므로 대도시 대비 농어촌인 경우 자살생각을 할 확률이 높아지는 것으로 나타났다고 볼 수 있습니다.

사회적지지를 확인해 보면 유의확률은 .000으로 나타나 0.05 미만이므로 사회적지지는 자살생각 여부에 유의한 결정요인인 것으로 나타났습니다. 구체적인 해석을 위해 사회적지지의 B를 확인해 보면, −.822로 나타났습니다. 부호가 (−)이므로 사회적지지가 낮을수록 자살생각을 할 확률이 높아지는 것으로 나타났다고 볼 수 있습니다.

### 6) 방정식의 변수 표에서 Exp(B)값 확인

방정식의 변수 표에서 B(비표준화 계수)값과 유의확률을 통해 각 독립변수들이 종속변수에 유의한 결정요인인지를 확인하고 해석하였습니다. 분석 결과에 대한 해석은 이 정도 수준에서 끝내도 문제는 없지만 승산비를 활용하여 더 구체적으로 해석하고 싶다면 방정식의 변수 표에서 Exp(B)값을 확인하면 됩니다. Exp(B)는 Odds Ratio를 말합니다. Odds Ratio는 오즈비와 승산비라고도 합니다.

$$\text{Exp(B)} = \text{Odds Ratio} = \text{오즈비} = \text{승산비}$$

여기서 승산(Odds)은 $\frac{\text{사건이 발생할 확률}}{\text{사건이 발생하지 않을 확률}}$을 의미하고, 승산비(Odds Ratio)는 $\frac{\text{1 집단의 승산}}{\text{0 집단의 승산}}$을 의미합니다.

이번 분석에서는 종속변수의 0을 자살생각을 해 본 적이 없는 집단, 1을 자살생각을 해 본 적이 있는 집단으로 설정했습니다. 그러므로 이번 분석의 승산비는 $\frac{\text{자살생각을 해 본 적이 있는 집단의 승산}}{\text{자살생각을 해 본 적이 없는 집단의 승산}}$을 의미합니다.

승산비를 통해 독립변수가 1단위 증가할 때 종속변수의 0인 집단에 속할 승산보다 1인 집단에 속할 승산이 얼마나 증가하는지 혹은 감소하는지 파악할 수 있습니다.

**Know how** **승산과 확률**

승산은 $\frac{\text{사건이 발생할 확률}}{\text{사건이 발생하지 않을 확률}}$이라고 설명했지만 사실 승산이라는 말 자체가 확 와닿지 않을 수 있습니다. 승산보다는 확률이라는 용어가 더 쉽게 와닿습니다. 그러다 보니 종종 승산을 확률로 착각하여 해석하는 경우가 많습니다. 예를 들어, 연령의 승산비가 1.074라면, 연령이 1세 증가할 때 자살생각을 할 승산이 7.4% 증가한다는 의미입니다. 그런데 연령이 1세 증가할 때 자살생각을 할 확률이 7.4% 증가한다고 잘못 작성된 통계프로그램 책과 논문들이 많습니다. 승산은 확률이 아니기에 확률이라고 해석하기에는 어려움이 있습니다. 확률을 구하려면 복잡한 계산을 한 번 더 거쳐야 합니다. 아쉽게도 SPSS 프로그램에서는 승산을 확률로 계산해 주는 옵션이 없기 때문에 승산을 제시하는 수준에서 그치고 있습니다. 물론 보고서나 논문에 확률이 아닌 승산만을 제시해도 문제는 없으므로 승산을 확률로 잘못 해석하는 오류는 발생하지 말아야 한다는 것입니다.

**체크? 체크!** **승산비 해석 방법**

❶ (승산비-1)×100=□□%

(승산비−1)×100을 통해 □□을 계산합니다.

❷ (승산비-1)×100의 부호 확인

- (승산비−1)×100의 부호가 (+)면, "독립변수가 1단위 증가할 때 종속변수의 1인 집단에 속할 승산은 □□% 증가한다."고 작성합니다. □□에는 (승산비−1)×100을 통해 계산한 값을 넣습니다.
- (승산비−1)×100의 부호가 (−)면, "독립변수가 1단위 증가할 때 종속변수의 1인 집단에 속할 승산은 □□% 감소한다."고 작성합니다. □□에는 (승산비−1)×100을 통해 계산한 값을 넣되 (−) 빼고 넣습니다.

**방정식의 변수**

| | | B | S.E. | Wald | 자유도 | 유의확률 | Exp(B) |
|---|---|---|---|---|---|---|---|
| 1 단계[a] | 성별=여성 | .185 | .068 | 7.549 | 1 | .006 | 1.204 |
| | 연령 | .072 | .003 | 529.474 | 1 | .000 | 1.074 |
| | 가구원수 | -.021 | .022 | .906 | 1 | .341 | .979 |
| | 거주지역1=중소도시 | -.424 | .084 | 25.601 | 1 | .000 | .655 |
| | 거주지역1=농어촌 | .205 | .083 | 6.116 | 1 | .013 | 1.228 |
| | 사회적지지평균 | -.822 | .079 | 109.673 | 1 | .000 | .439 |
| | 상수항 | -2.669 | .301 | 78.549 | 1 | .000 | .069 |

a. 변수가 1: 성별=여성, 연령, 가구원수, 거주지역1=중소도시, 거주지역1=농어촌, 사회적지지평균 단계에 입력되었습니다.

[그림 23-21] 로지스틱 회귀분석 출력 결과 6

승산비를 통한 해석은 유의확률이 유의한 독립변수만 진행하면 됩니다. 성별의 승산비는 1.204이므로 (1.204−1)×100=20.4%입니다. 20.4%의 부호가 (+)이므로 '성별이 1단위 증가할 때 자살생각을 할 승산은 20.4% 증가한다.'고 해석할 수 있으나 성별은 더미변수이므로 1단위 증가한다는 것에 대해서 구체적으로 제시해 줘야 합니다. 즉, 성별이 1단위 증가한다는 것은 '0=남성, 1=여성'으로 설정되어 있으므로, '남성 대비 여성인 경우'라는 의미로 볼 수 있습니다. 그러므로 '남성 대비 여성인 경우 자살생각을 할 승산은 20.4% 증가한다.'고 해석하면 됩니다.

연령의 승산비는 1.074이므로 (1.074−1)×100=7.4%입니다. 7.4%의 부호가 (+)이므로 '연령이 1세 증가할 때 자살생각을 할 승산은 7.4% 증가한다.'로 해석하면 됩니다.

가구원수는 유의확률이 0.05 이상이므로 승산비를 확인할 필요가 없습니다.

거주지역=중소도시의 승산비는 .655이므로 (.655−1)×100=−34.5%입니다. −34.5%의 부호가 (−)이므로 '거주지역=중소도시가 1단위 증가할 때 자살생각을 할 승산은 34.5% 감소한다.'고 해석할 수 있으나 거주지역=중소도시는 더미변수이므로 1단위 증가한다는 것에 대해서 구체적으로 제시해 줘야 합니다. 즉, 거주지역=중소도시가 1단위 증가한다는 것은 '0=대도시(기준), 1=중소도시'로 설정되어 있으므로 '대도시 대비 중소도시인 경우'라는 의미로 볼 수 있습니다. 그러므로 '대도시 대비 중소도시인 경우 자살생각을 할 승산은 34.5% 감소한다.'고 해석하면 됩니다.

거주지역=농어촌의 승산비는 1.228이므로 (1.228−1)×100=22.8%입니다. 22.8%의 부호가 (+)이므로 '거주지역=농어촌이 1단위 증가할 때 자살생각을 할 승산은 22.8% 증가한다.'고 해석할 수 있으나 거주지역=농어촌은 더미변수이므로 1단위 증가한다는 것에 대해서 구체적으로 제시해 줘야 합니다. 즉, 거주지역=농어촌이 1단위 증가한다는 것은 '0=대도시(기준), 1=농어촌'으로 설정되어 있으므로, '대도시 대비 농어촌인 경우'라는 의미로 볼 수 있습니다. 그러므로 '대도시 대비 농어촌인 경우 자살생각을 할 승산은 22.8% 증가한다.'고 해석하면 됩니다.

사회적지지의 승산비는 .439이므로 (.439−1)×100=−56.1%입니다. −56.1%의 부호가 (−)이므로 '사회적지지가 1점 증가할 때 자살생각을 할 승산은 56.1% 감소한다.'로 해석하면 됩니다.

## 5. 분석 결과표 작성

'자살생각 여부 결정요인'에 대한 로지스틱 회귀분석 결과표 작성은 다음과 같습니다. 첫 행에 구분, B(비표준화 계수), S.E.(표준오차), Odds Ratio(승산비)를 차례대로 입력합니다. 구분 아래에는 독립변수명과 Nagelkerke $R^2$(설명력), $\chi^2$(연구모형 적합도)을 입력합니다. 독립변수명을 작성할 때 더미변수의 경우 (ref.=    )를 넣어 기준이 무엇인지를 작성해 줍니다. 성별은 0으로 설정한 남성이 기준이므로 (ref.=남성)이라고 작성합니다. 참고로 로그를 취한 변수가 있다면 변수명의 앞이나 뒤에 (ln)을 작성해 줍니다. 마지막으로 p값(유의확률)과 관련하여 표 아래에 *p<.05, **p<.01, ***p<.001도 입력합니다.

<표> 자살생각 여부 결정요인

| 구분 | B | S.E. | Odds Ratio |
|---|---|---|---|
| 성별(ref.=남성) | | | |
| 연령 | | | |
| 가구원수 | | | |
| 거주지역-중소도시(ref.=대도시) | | | |
| 거주지역-농어촌(ref.=대도시) | | | |
| 사회적지지 | | | |
| (상수) | | | |
| Nagelkerke $R^2$ | | | |
| $\chi^2$ | | | |

*p<.05, **p<.01, ***p<.001

**Know how** Odds Ratio 표기 방법

Odds Ratio를 분석 결과표에 작성할 때 Odds Ratio 그대로 작성해도 좋고, 약자인 OR로 작성해도 좋습니다. 또는 Exp(B)로 표시하기도 합니다.

출력 결과에서 Nagelkerke R 제곱에 있는 값은 분석 결과표의 Nagelkerke $R^2$에 입력합니다. Nagelkerke $R^2$값은 보통 소수점 셋째 자리까지 제시합니다. 출력 결과의 $\chi^2$값은 분석 결과표의 $\chi^2$ 칸에 입력합니다. $\chi^2$값은 보통 소수점 셋째 자리까지 제시합니다. 출력 결과의 유의확률 값 또한 분석 결과표의 $\chi^2$ 칸에 입력하되, 유의확률 값이 0.05 미만이면 별표 1개(*), 0.01 미만이면 별표 2개(**), 0.001 미만이면 별표 3개(***)로 $\chi^2$값 옆에 표시합니다.

**모형 계수의 총괄 검정**

| | | 카이제곱 | 자유도 | 유의확률 |
|---|---|---|---|---|
| 1 단계 | 단계 | 768.085 | 6 | .000 |
| | 블록 | 768.085 | 6 | .000 |
| | 모형 | 768.085 | 6 | .000 |

**모형 요약**

| 단계 | -2 로그 우도 | Cox와 Snell의 R-제곱 | Nagelkerke R-제곱 |
|---|---|---|---|
| 1 | 5332.061[a] | .142 | .202 |

a. 모수 추정값이 .001보다 작게 변경되어 계산반복수 5에서 추정을 종료하였습니다.

<표> 자살생각 여부 결정요인

| 구분 | B | S.E. | Odds Ratio |
|---|---|---|---|
| 성별(ref.=남성) | | | |
| 연령 | | | |
| 가구원수 | | | |
| 거주지역-중소도시(ref.=대도시) | | | |
| 거주지역-농어촌(ref.=대도시) | | | |
| 사회적지지 | | | |
| (상수) | | | |
| Nagelkerke $R^2$ | | | |
| $\chi^2$ | | | |

*p<.05, **p<.01, ***p<.001

[그림 23-22]

출력 결과의 B는 분석 결과표의 B 칸에 제시합니다. B값은 보통 소수점 셋째 자리까지 제시합니다. 출력 결과의 S.E.값은 분석 결과표의 S.E. 칸에 소수점 셋째 자리까지 제시합니다. 출력 결과의 유의확률은 분석 결과표의 B 칸에 기입하되, 유의확률이 0.05 미만이면 별표 1개(*), 0.01 미만이면 별표 2개(**), 0.001 미만이면 별표 3개(***)로 B값 옆에 표시해 주면 됩니다. 만약 유의확률이 0.05 이상이면 별표를 붙이지 않고 B값만 제시합니다. 출력 결과의 Exp(B)값은 분석 결과표의 Odds Ratio 칸에 제시합니다. Odds Ratio 값은 보통 소수점 셋째 자리까지 제시합니다.

**방정식의 변수**

| | | B | S.E. | Wald | 자유도 | 유의확률 | Exp(B) |
|---|---|---|---|---|---|---|---|
| 1 단계[a] | 성별=여성 | .185 | .068 | 7.549 | 1 | .006 | 1.204 |
| | 연령 | .072 | .003 | 529.474 | 1 | .000 | 1.074 |
| | 가구원수 | -.021 | .022 | .906 | 1 | .341 | .979 |
| | 거주지역1=중소도시 | -.424 | .084 | 25.601 | 1 | .000 | .655 |
| | 거주지역1=농어촌 | .205 | .083 | 6.116 | 1 | .013 | 1.228 |
| | 사회적지지평균 | -.822 | .079 | 109.673 | 1 | .000 | .439 |
| | 상수항 | -2.669 | .301 | 78.549 | 1 | .000 | .069 |

a. 변수가 1: 성별=여성, 연령, 가구원수, 거주지역1=중소도시, 거주지역1=농어촌, 사회적지지평균 단계에 입력되었습니다.

<표> 자살생각 여부 결정요인

| 구분 | B | S.E. | Odds Ratio |
|---|---|---|---|
| 성별(ref.=남성) | | | |
| 연령 | | | |
| 가구원수 | | | |
| 거주지역-중소도시(ref.=대도시) | | | |
| 거주지역-농어촌(ref.=대도시) | | | |
| 사회적지지 | | | |
| (상수) | | | |
| Nagelkerke $R^2$ | | .202 | |
| $\chi^2$ | | 768.085*** | |

*p<.05, **p<.01, ***p<.001

[그림 23-23]

출력 결과의 내용을 분석 결과표에 입력하면 다음과 같이 완성됩니다.

**<표> 자살생각 여부 결정요인**

| 구분 | B | S.E. | Odds Ratio |
|---|---|---|---|
| 성별(ref.=남성) | .185** | .068 | 1.204 |
| 연령 | .072*** | .003 | 1.074 |
| 가구원수 | −.021 | .022 | .979 |
| 거주지역−중소도시(ref.=대도시) | −.424*** | .084 | .655 |
| 거주지역−농어촌(ref.=대도시) | .205* | .083 | 1.228 |
| 사회적지지 | −.822*** | .079 | .439 |
| (상수) | −2.669*** | .301 | .069 |
| Nagelkerke $R^2$ | | .202 | |
| $\chi^2$ | | 768.085*** | |

*p < .05, **p < .01, ***p < .001

# 6. 분석 결과 해석 작성

로지스틱 회귀분석 결과에 대한 해석 작성은 다음과 같이 4단계로 진행합니다.

❶ 분석 목적과 분석 방법 작성

"자살생각 여부 결정요인을 확인하고자 로지스틱 회귀분석을 진행하였다."고 작성합니다.

❷ 연구모형의 $\chi^2$값 작성

"이 연구모형은 통계적으로 유의하게 적합한 것으로 확인되었다($\chi^2$=768.085, p<.001)."고 작성합니다.

❸ p값을 통한 각 변수 유의성 결과와 비표준화 계수(B) 작성

- p값이 0.05 미만이면, "성별(B=.185, p<.01), 연령(B=.072, p<.001), 거주지역-중소도시(B=-.424, p<.001), 거주지역-농어촌(B=.205, p<.05), 사회적지지(B=-.822, p<.001)는 자살생각 여부에 유의한 결정요인인 것으로 나타났다. 즉, 남성 대비 여성인 경우, 연령이 높을수록, 거주지역이 중소도시 대비 대도시인 경우, 거주지역이 대도시 대비 농어촌인 경우, 사회적지지가 낮을수록, 자살생각을 할 확률이 높아지는 것으로 나타났다."고 작성합니다.
- p값이 0.05 이상이면, "가구원수는 자살생각 여부에 유의한 결정요인이 아닌 것으로 나타났다."고 작성합니다.

❹ p값이 유의한 변수만 승산비(Odds Ratio) 해석

"성별의 승산비는 1.204로 나타나, 남성 대비 여성인 경우 자살생각을 할 승산은 20.4% 증가하는 것으로 확인되었다. 연령의 승산비는 1.074로 나타나, 연령이 1세 증가할 때 자살생각을 할 승산은 7.4% 증가하는 것으로 확인되었다. 거주지역=중소도시의 승산비는 .655로 나타나, 대도시 대비 중소도시인 경우 자살생각을 할 승산은 34.5% 감소하는 것으로 확인되었다. 거주지역=농어촌의 승산비는 1.228로 나타나, 대도시 대비 농어촌인 경우 자살생각을 할 승산은 22.8% 증가하는 것으로 확인되었다. 사회적지지의 승산비는 .439로 나타나, 사회적지지가 1점 증가할 때 자살생각을 할 승산은 56.1% 감소하는 것으로 확인되었다."고 작성합니다.

**Know how** **분석 결과 해석 작성할 때 비표준화 계수 대신 승산비를 넣어도 됩니다**

로지스틱 회귀분석에 대한 해석을 작성할 때 비표준화 계수(B) 대신 승산비(Odds Ratio)를 넣기도 합니다. 이를테면, '성별(B=.185, p<.01)은 자살생각 여부에 유의한 결정요인인 것으

로 나타났다.'를 '성별(OR=1.204, p<.01)은 자살생각 여부에 유의한 결정요인인 것으로 나타났다.'로 대체할 수 있습니다. 참고로, OR은 Odds Ratio의 약자입니다.

이 4단계에 맞춰 로지스틱 회귀분석 결과에 대한 해석을 작성하면 다음과 같습니다.

❶ 자살생각 여부 결정요인을 확인하고자 로지스틱 회귀분석을 진행하였다. ❷ 이 연구모형은 통계적으로 유의하게 적합한 것으로 확인되었다($\chi^2$=768.085, p<.001). 분석 결과, ❸ 성별(B=.185, p<.01), 연령(B=.072, p<.001), 거주지역-중소도시(B=-.424, p<.001), 거주지역-농어촌(B=.205, p<.05), 사회적지지(B=-.822, p<.001)는 자살생각 여부에 유의한 결정요인인 것으로 나타났다. 즉, 남성 대비 여성인 경우, 연령이 높을수록, 거주지역이 중소도시 대비 대도시인 경우, 거주지역이 대도시 대비 농어촌인 경우, 사회적지지가 낮을수록, 자살생각을 할 확률이 높아지는 것으로 나타났다. 한편, 가구원수는 자살생각 여부에 유의한 결정요인이 아닌 것으로 나타났다.

❹ 성별의 승산비는 1.204로 나타나, 남성 대비 여성인 경우 자살생각을 할 승산은 20.4% 증가하는 것으로 확인되었다. 연령의 승산비는 1.074로 나타나, 연령이 1세 증가할 때 자살생각을 할 승산은 7.4% 증가하는 것으로 확인되었다. 거주지역=중소도시의 승산비는 .655로 나타나, 대도시 대비 중소도시인 경우 자살생각을 할 승산은 34.5% 감소하는 것으로 확인되었다. 거주지역=농어촌의 승산비는 1.228로 나타나, 대도시 대비 농어촌인 경우 자살생각을 할 승산은 22.8% 증가하는 것으로 확인되었다. 사회적지지의 승산비는 .439로 나타나, 사회적지지가 1점 증가할 때 자살생각을 할 승산은 56.1% 감소하는 것으로 확인되었다.

**[로지스틱 회귀분석 결과표 및 해석 예시]**

자살생각 여부 결정요인을 확인하고자 로지스틱 회귀분석을 진행하였다. 이 연구모형은 통계적으로 유의하게 적합한 것으로 확인되었다($\chi^2$=768.085, p<.001). 분석 결과, 성별(B=.185, p<.01), 연령(B=.072, p<.001), 거주지역-중소도시(B=-.424, p<.001), 거주지역-농어촌(B=.205, p<.05), 사회적지지(B=-.822, p<.001)는 자살생각 여부에 유의한 결정요인인 것으로 나타났다. 즉, 남성 대비 여성인 경우, 연령이 높을수록, 거주지역이 중소도시 대비 대도시인 경우, 거주지역이 대도시 대비 농어촌인 경우, 사회적지지가 낮을수록, 자살생각을 할 확률이 높아지는 것으로 나타났다. 한편, 가구원수는 자살생각 여부에 유의한 결정요인이 아닌 것으로 나타났다.

성별의 승산비는 1.204로 나타나, 남성 대비 여성인 경우 자살생각을 할 승산은 20.4% 증가하는 것으로 확인되었다. 연령의 승산비는 1.074로 나타나, 연령이 1세 증가할 때 자살생각을 할 승산은 7.4% 증가하는 것으로 확인되었다. 거주지역=중소도시의 승산비는 .655로 나타나, 대도시 대비 중소도시인 경우 자살생각을 할 승산은 34.5% 감소하는 것으로 확인되었다. 거주지역=농어촌의 승산비는 1.228로 나타나, 대도시 대비 농어촌인 경우 자살생각을 할 승산은 22.8% 증가하는 것으로 확인되었다. 사회적지지의 승산비는 .439로 나타나, 사회적지지가 1점 증가할 때 자살생각을 할 승산은 56.1% 감소하는 것으로 확인되었다.

<표> 자살생각 여부 결정요인

| 구분 | B | S.E. | Odds Ratio |
|---|---|---|---|
| 성별(ref.=남성) | .185** | .068 | 1.204 |
| 연령 | .072*** | .003 | 1.074 |
| 가구원수 | −.021 | .022 | .979 |
| 거주지역–중소도시(ref.=대도시) | −.424*** | .084 | .655 |
| 거주지역–농어촌(ref.=대도시) | .205* | .083 | 1.228 |
| 사회적지지 | −.822*** | .079 | .439 |
| (상수) | −2.669*** | .301 | .069 |
| Nagelkerke $R^2$ | | .202 | |
| $\chi^2$ | | 768.085*** | |

*p < .05, **p < .01, ***p < .001

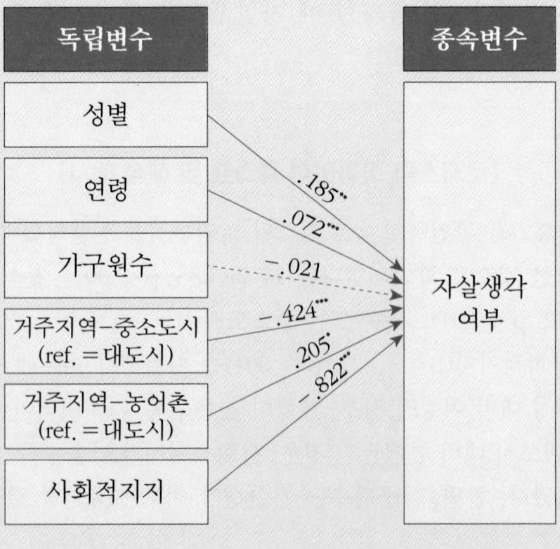


[그림 23-24] 자살생각 여부 결정요인(비표준화 계수)

## 체크? 체크! Hosmer-Lemeshow 적합도 검정

연구모형 적합도는 $\chi^2$ 외에도 Hosmer-Lemeshow 적합도를 통해서도 확인할 수 있습니다. 보통 보고서 및 논문에는 $\chi^2$에 대한 내용만 제시하기도 하지만, 적합도에 대한 내용을 추가하고 싶을 때 Hosmer-Lemeshow 적합도 결과도 함께 제시합니다.

Hosmer-Lemeshow 적합도는 예측한 모형과 실제 모형 간에 차이가 있는지 여부를 판단하여 모형의 적합성을 판단하는 것입니다. 예측한 모형과 실제 모형 간에 차이가 없어야 실제 모형을 잘 예측했다고 볼 수 있습니다. 그러므로 Hosmer-Lemeshow 적합도에 대한 유의확률은 0.05 이상으로 나와야 모형 예측이 잘된 것입니다. 0.05 미만으로 나온다면 예측 모형과 실제 모형 간에 차이가 있다는 의미이므로 모형이 적합하지 않은 것입니다.

Hosmer-Lemeshow 적합도는 이분형 로지스틱 창에서 ❶ 옵션을 클릭한 후 ❷ Hosmer-Lemeshow 적합도를 클릭하면 진행할 수 있습니다.

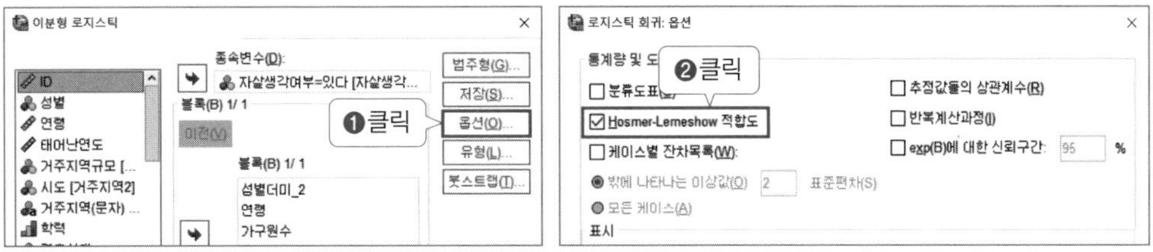

[그림 23-25] Hosmer-Lemeshow 적합도

실제 이 연구모형의 분석 결과, $\chi^2$은 67.256, 유의확률은 .000으로 나타나 0.05 미만이므로 연구모형은 적합하지 않은 것으로 확인되었습니다.

= Hosmer와 Lemeshow 검정 =

| 단계 | 카이제곱 | 자유도 | 유의확률 |
|---|---|---|---|
| 1 | 67.256 | 8 | .000 |

0.05 미만=연구모형 부적합
0.05 이상=연구모형 적합

[그림 23-26] 연구모형 적합도 기준

연구모형 적합도를 확인하기 위해 살펴본 $\chi^2$에서는 연구모형이 적합한 것으로 확인이 되었지만, Hosmer-Lemeshow 적합도 검정에 의거한 $\chi^2$에서는 연구모형이 적합하지 않은 것으로 나타나 차이가 있습니다. 이럴 때에는 둘 중 하나라도 적합하지 않으므로 해당 연구모형은 오류가 있다고 판단하고 분석 결과를 제시하지 않는 것이 바람직합니다.

다만, Hosmer-Lemeshow 적합도 검정은 표본크기에 민감합니다. 즉, 표본이 클수록 예측한 모형과 실제 모형 간에 차이가 있는 것으로 나타나, 연구모형이 적합하지 않은 것으로 도출되는 경향이 있습니다. 그러므로 표본이 클 때는 Hosmer-Lemeshow 적합도 검정을 참고하는 수준으로 살펴보는 것이 좋습니다.

참고로 Hosmer-Lemeshow 적합도 검정 결과 연구모형이 적합한 것으로 분석되었다면 다음과 같이 작성하면 됩니다. "연구모형에 대한 적합도 검정을 위해 Hosmer와 Lemeshow 적합도 검정 결과, $\chi^2$=3.540, p=.273으로 나타나 적합한 것으로 확인되었다."

## Hosmer-Lemeshow 적합도 검정

제24장

# 매개효과분석(SPSS PROCESS macro 활용)

## Key Point

매개효과분석 이해

- 독립변수가 종속변수에 미치는 영향에서 매개변수가 유의하게 매개하는지 확인할 때 진행

매개효과분석 과정

- 1단계: 독립변수 → 매개변수
- 2단계: 독립변수, 매개변수 → 종속변수
- 3단계: 매개효과 검증

매개효과분석 변수 구성

| 독립변수 | | 종속변수 | | 매개변수 | | |
|---|---|---|---|---|---|---|
| 평균변수<br>(보기가 없는 변수) | + | 평균변수<br>(보기가 없는 변수) | + | 평균변수<br>(보기가 없는 변수) | = | 매개효과분석 |

매개효과분석 메뉴

- SPSS 프로그램 메뉴에서 '분석-회귀분석-PROCESS by Andrew F. Hayes'

# 1. 매개효과분석 이해

## 1) 매개효과분석 개념 및 활용

매개효과분석은 다중회귀분석 중 하나로, 회귀분석 시 필요한 독립변수와 종속변수 외에 매개변수가 추가된 분석입니다. 즉, 매개효과는 매개변수를 통해 확인할 수 있습니다. 매개변수는 독립변수와 종속변수 사이에서 매개 역할을 하는 변수입니다. 즉, 독립변수가 종속변수에 직접적으로 미치는 영향(독립변수 → 종속변수) 외에 독립변수가 다른 변수(매개변수)를 거쳐 종속변수로 가는 간접적인 경로(독립변수 → ? → 종속변수)가 있는지를 확인해 보는 분석이 매개효과분석입니다.

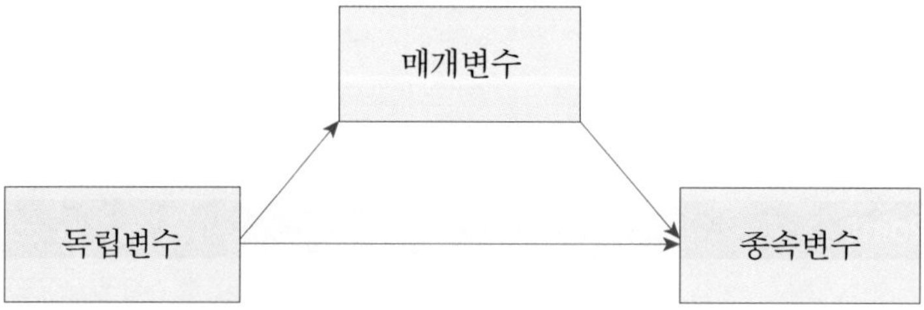


[그림 24-1] **매개효과분석**

매개효과분석은 다음과 같은 상황에서 활용합니다.

• 독립변수가 종속변수에 미치는 영향에서 매개변수가 유의하게 매개하는지 확인할 때

### (1) 전통적인 매개효과 검증 방법(Baron & Kenny + Sobel-test)

전통적으로 독립변수가 종속변수에 미치는 영향에서 매개변수가 유의하게 매개하는지 확인할 때 Baron과 Kenny의 매개효과 분석 방법과 Sobel-test를 활용하였습니다. Baron과 Kenny(1986)의 매개효과 분석 절차는 다음과 같습니다.

• 1단계: 독립변수 → 매개변수
• 2단계: 독립변수 → 종속변수

- 3단계: 독립변수, 매개변수 → 종속변수
- 4단계: 3단계 독립변수의 β값은 2단계 독립변수 β값보다 작아야 한다.

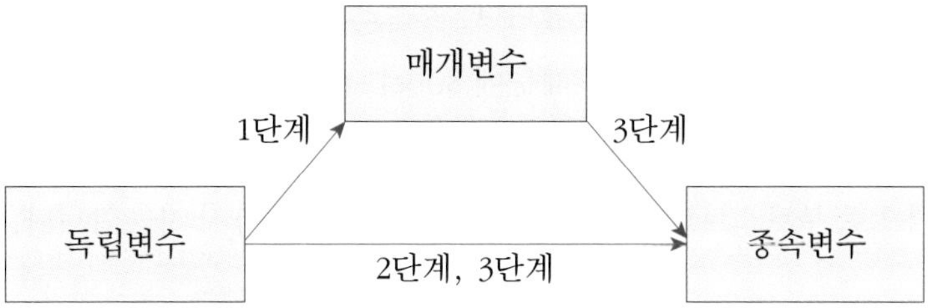


[그림 24-2] Baron & Kenny의 매개효과 분석 방법

다만, Baron과 Kenny의 매개효과 분석 방법은 세 번의 회귀분석을 통해 매개효과를 추론하기 때문에 검증 과정에서 오류가 발생할 가능성이 높고 통계적 검증력 또한 낮은 것으로 밝혀졌습니다(Hayes & Scharkow, 2013).

Sobel-test를 통한 매개효과 검증은 Baron과 Kenny의 매개효과 검증 방법을 통해 매개효과가 유의한 것으로 나타났을 때 재검증하는 목적으로 사용하고 있습니다. 실제 Sobel-test는 아래와 같은 수식에 비표준화 계수와 표준오차를 활용하여 계산하고, Z값을 통해 p값을 도출하여 매개효과가 유의한지 검증하는 방법입니다. Sobel-test를 통한 매개효과 검증은 매개효과의 크기를 검증한다는 측면에서 Baron과 Kenny의 매개효과 검증보다 더 정확하게 검증한다는 평가를 받고 있습니다.

$$Z_{ab} = \frac{ab}{\sqrt{b^2 SE_a^2 + a^2 SE_b^2}}$$

- a: '독립변수 → 매개변수'의 비표준화 계수
- b: '매개변수 → 종속변수'의 비표준화 계수
- $SE_a$: a의 표준오차, $SE_b$: b의 표준오차

다만, Sobel-test를 통한 매개효과 검증은 매개효과의 추정치가 정규분포라는 것을 가정한 상태에서 진행하는 검증 방법입니다. 하지만 기존 연구에서는 매개효과가 정규분포가 아닐 가능성이 높다고 밝히고 있기 때문에(Preacher & Hayes, 2004), 이에 Sobel-test를 통한 매개효과 검증 또한 적절하지 못하다는 비판을 받고 있습니다.

#### (2) 부트스트래핑을 활용한 매개효과 검증 방법

최근에는 부트스트래핑을 활용하는 방법을 매개효과 검증 방법으로 가장 많이 사용하고 있습니다. 부트스트래핑이란 데이터를 반복 추출하여 여러 개 만드는 것으로 매개효과를 검증할 때 표본을 반복 추출하여 검증합니다. 부트스트래핑을 활용한 매개효과 검증 방법은 정규분포 등을 가정하고 있지 않기 때문에 Sobel-test보다 더 안정적이고 민감하게 분석할 수 있다는 장점이 있습니다(Preacher & Hayes, 2004). 참고로 SPSS PROCESS macro에서는 한 번의 분석으로 부트스트래핑을 활용한 매개효과 검증까지 가능합니다.

### 2) 매개효과분석 과정

매개효과분석은 3단계의 분석 과정을 거칩니다. 1단계에서는 독립변수가 매개변수에 미치는 영향을 살펴보고, 2단계에서는 독립변수와 매개변수가 종속변수에 미치는 영향을 살펴봅니다. 3단계에서는 매개효과 검증을 통해 매개효과가 있는지 확인합니다. 다만, SPSS PROCESS macro에서는 한 번에 3단계까지 모든 분석을 진행하여 결과를 보여 줍니다.

- 1단계: 독립변수 → 매개변수
- 2단계: 독립변수, 매개변수 → 종속변수
- 3단계: 매개효과 검증

**Know how** **매개변수가 2개일 때 매개효과분석 과정**

매개변수가 2개일 때는 4단계를 거칩니다.

- 1단계: 독립변수 → 매개변수1
- 2단계: 독립변수, 매개변수1 → 매개변수2
- 3단계: 독립변수, 매개변수1, 매개변수2 → 종속변수
- 4단계: 매개효과 검증

## Know how 매개효과를 검증한다는 것의 의미

매개효과를 검증한다는 것은 '독립변수가 매개변수로 가는 경로(독립변수 → 매개변수)'의 결과와 '매개변수가 종속변수로 가는 경로(매개변수 → 종속변수)'의 결과가 유의한지 확인하는 것이 아닙니다. 매개효과를 검증한다는 것은 '독립변수 → 매개변수 → 종속변수'의 결과를 확인하는 것입니다. 즉, '독립변수 → 매개변수', '매개변수 → 종속변수'로 각각의 경로를 확인하는 것이 아닌 '독립변수 → 매개변수 → 종속변수'에 대한 결과를 확인하여 매개변수가 실제 매개효과가 있는지 검증하는 것입니다. '독립변수 → 매개변수', '매개변수 → 종속변수'로 각각의 경로를 확인하는 것은 매개효과 검증을 하기 위한 전제 조건이지 매개효과 검증은 아닙니다.

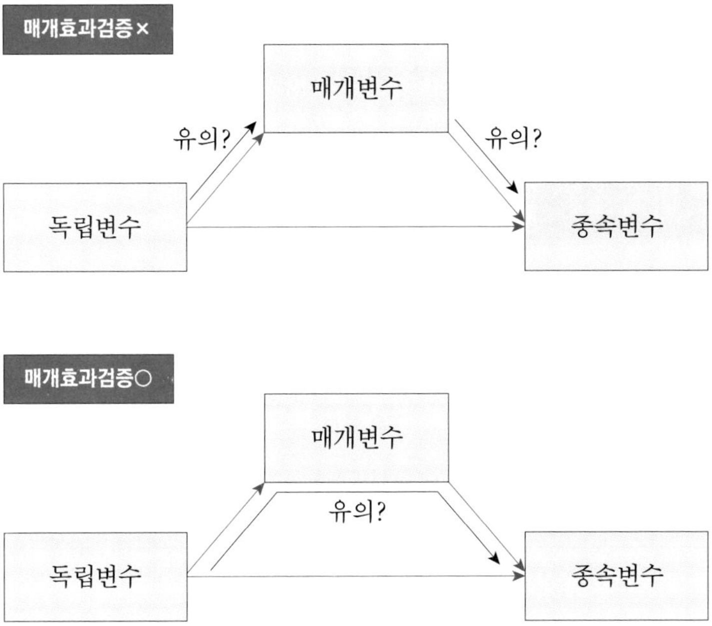


[그림 24-3] **매개효과 검증의 의미**

**Know how** **완전매개효과 VS 부분매개효과**

완전매개효과는 독립변수가 종속변수에 미치는 직접적인 경로는 유의하지 않지만, 독립변수가 매개변수를 거쳐 종속변수로 가는 간접적인 경로만 유의할 때를 말합니다. 부분매개효과는 독립변수가 종속변수에 미치는 직접적인 경로가 유의하고, 독립변수가 매개변수를 거쳐 종속변수로 가는 간접적인 경로도 유의할 때를 말합니다.

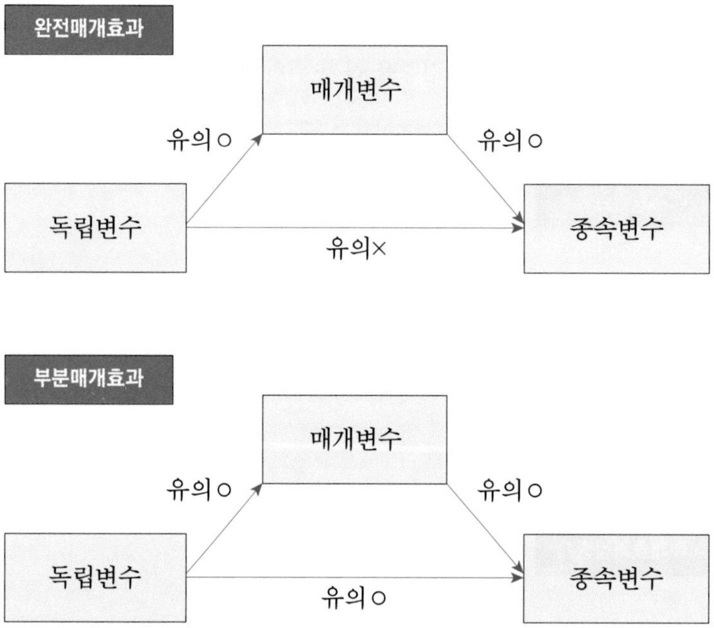


[그림 24-4] **완전매개효과 VS 부분매개효과**

## 3) SPSS PROCESS macro에서 분석 가능한 매개모형

SPSS PROCESS macro에서 분석 가능한 매개모형은 '독립변수 → 매개변수', '독립변수 → 종속변수', '매개변수 → 종속변수'에 해당하는 경로가 다 있을 때 진행할 수 있습니다. 만약 '독립변수 → 매개변수', '독립변수 → 종속변수', '매개변수 → 종속변수'의 경로 중 하나라도 빠져 있다면 그것은 SPSS PROCESS macro에서 분석할 수 있는 매개모형이 아닙니다.

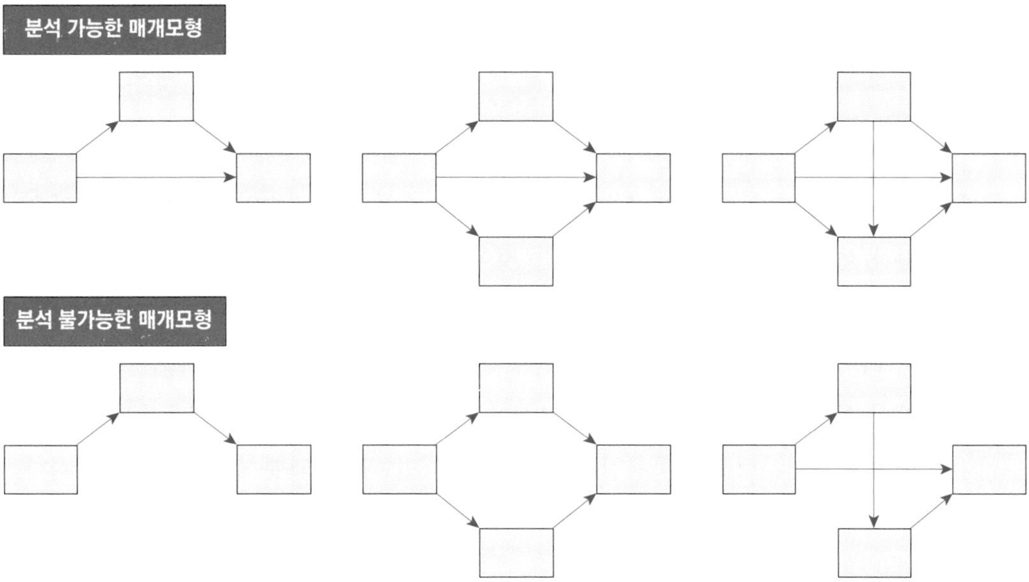


[그림 24-5] SPSS PROCESS macro에서 분석 가능한 매개모형 및 분석 불가능한 매개모형

## 2. 매개효과분석 변수 구성

매개효과분석의 경우 독립변수, 종속변수, 매개변수 모두 평균변수일 때 진행할 수 있습니다. 즉, 연령과 같이 보기가 없고 평균을 내는 것이 의미가 있는 평균변수가 있다면 가능합니다. 다만, 성별과 같이 집단변수도 더미변수로 변환하면 평균변수로 활용할 수 있고, 삶의 만족도와 같이 리커트 척도 또한 2개 이상의 문항을 합하거나 평균을 내어 합변수 혹은 평균변수로 분석에서 활용하기 때문에 매개효과분석에서도 가능합니다. 즉, 매개효과분석도 회귀분석이기 때문에 회귀분석에서 활용할 수 있는 변수라면 매개효과분석에서도 가능합니다.

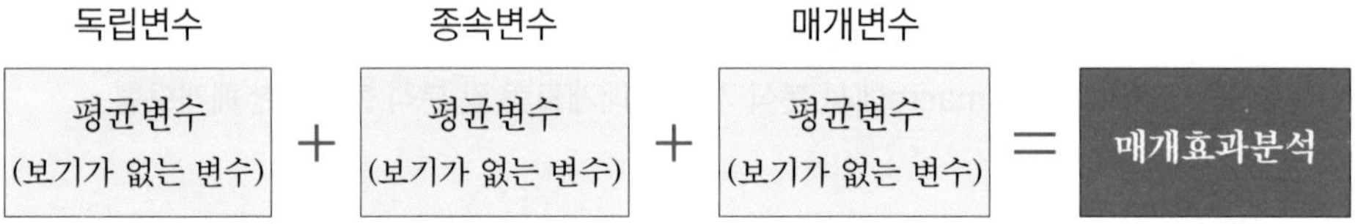


[그림 24-6] **매개효과분석 변수 구성**

구체적으로 어떠한 상황에서 매개효과분석을 진행하는지 확인해 보겠습니다. 이 분석에서 진행하는 연구모형은 매개변수가 2개 있는 이중매개모형(다중매개모형)입니다. 즉, 통제변수는 성별, 연령, 독립변수는 스마트폰 중독, 매개변수1은 공격성, 매개변수2는 우울, 종속변수는 삶의 만족도로 설정하였습니다.

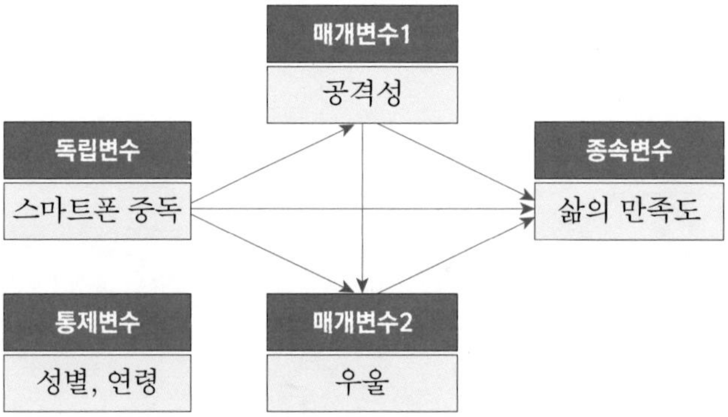


[그림 24-7] **매개효과분석 연구모형**

주요 변수는 성별더미변수, 연령, 스마트폰 중독, 공격성, 우울, 삶의 만족도입니다. 연령은 평균변수이고, 성별더미변수, 스마트폰 중독, 공격성, 우울, 삶의 만족도는 평균변수로 볼 수 있는 더미변수와 리커트 척도입니다. 이러한 변수들로 구성되어 있다면, 매개효과분석을 통해 '스마트폰 중독이 삶의 만족도에 미치는 영향과 공격성 및 우울의 매개효과'를 확인할 수 있습니다.

**1.** 귀하의 성별은 무엇입니까?
① 남성 ② 여성

**2.** 현재 귀하의 연령은 어떻게 됩니까? (　　)세

**3.** 다음은 스마트폰 중독에 대한 질문입니다. 각 문항을 읽고 해당 사항에 체크하여 주십시오.

| 스마트폰 중독 | 전혀 그렇지 않다 | 그렇지 않은 편이다 | 그런 편이다 | 매우 그렇다 |
|---|---|---|---|---|
| 1. 스마트폰을 사용하지 못하면 온 세상을 잃은 것 같은 생각이 든다. | ① | ② | ③ | ④ |
| 2. 가족이나 친구들과 함께 있는 것보다 스마트폰을 사용하고 있는 것이 더 즐겁다. | ① | ② | ③ | ④ |
| 3. 스마트폰을 사용할 수 없게 된다면 견디기 힘들 것이다. | ① | ② | ③ | ④ |
| 4. 스마트폰이 없으면 안절부절못하고 초조해진다. | ① | ② | ③ | ④ |
| 5. 스마트폰이 없으면 불안하다. | ① | ② | ③ | ④ |
| 6. 스마트폰이 옆에 없으면, 하루 종일 일(공부)이 손에 안 잡힌다. | ① | ② | ③ | ④ |
| 7. 스마트폰 사용시간을 줄이려고 해 보았지만 실패한다. | ① | ② | ③ | ④ |
| 8. 스마트폰을 사용할 때 그만해야지라고 생각은 하면서도 계속한다. | ① | ② | ③ | ④ |
| 9. 스마트폰 사용에 많은 시간을 보내는 것이 습관화되었다. | ① | ② | ③ | ④ |
| 10. 스마트폰 사용에 많은 시간을 보낸다. | ① | ② | ③ | ④ |

**4.** 다음은 공격성에 대한 질문입니다. 각 문항을 읽고 해당 사항에 체크하여 주십시오.

| 공격성 | 전혀 그렇지 않다 | 그렇지 않은 편이다 | 그런 편이다 | 매우 그렇다 |
|---|---|---|---|---|
| 1. 작은 일에도 트집을 잡을 때가 있다. | ① | ② | ③ | ④ |
| 2. 남이 하는 일을 방해할 때가 있다. | ① | ② | ③ | ④ |
| 3. 내가 원하는 것을 못하게 하면 따지거나 덤빈다. | ① | ② | ③ | ④ |
| 4. 별것 아닌 일로 싸우곤 한다. | ① | ② | ③ | ④ |
| 5. 하루 종일 화가 날 때가 있다. | ① | ② | ③ | ④ |
| 6. 아무 이유 없이 울 때가 있다. | ① | ② | ③ | ④ |

**5.** 다음은 우울에 대한 질문입니다. 각 문항을 읽고 해당 사항에 체크하여 주십시오.

| 우울 | 전혀 그렇지 않다 | 그렇지 않은 편이다 | 그런 편이다 | 매우 그렇다 |
|---|---|---|---|---|
| 1. 요즘은 행복한 기분이 들지 않는다. | ① | ② | ③ | ④ |
| 2. 불행하다고 생각하거나 슬퍼하고 우울해한다. | ① | ② | ③ | ④ |
| 3. 걱정이 있다. | ① | ② | ③ | ④ |
| 4. 죽고 싶은 생각이 든다. | ① | ② | ③ | ④ |
| 5. 울기를 잘한다. | ① | ② | ③ | ④ |
| 6. 어떤 일이 잘못되었을 때 나 때문이라는 생각을 자주 한다. | ① | ② | ③ | ④ |
| 7. 외롭다. | ① | ② | ③ | ④ |
| 8. 모든 일에 관심과 흥미가 없다. | ① | ② | ③ | ④ |
| 9. 장래가 희망적이지 않은 것 같다. | ① | ② | ③ | ④ |
| 10. 모든 일이 힘들다. | ① | ② | ③ | ④ |

**6.** 다음은 삶의 만족도에 대한 질문입니다. 각 문항을 읽고 해당 사항에 체크하여 주십시오.

| 삶의 만족도 | 전혀 그렇지 않다 | 그렇지 않은 편이다 | 그런 편이다 | 매우 그렇다 |
|---|---|---|---|---|
| 1. 나는 사는 게 즐겁다. | ① | ② | ③ | ④ |
| 2. 나는 걱정거리가 별로 없다. | ① | ② | ③ | ④ |
| 3. 나는 내 삶이 행복하다고 생각한다. | ① | ② | ③ | ④ |

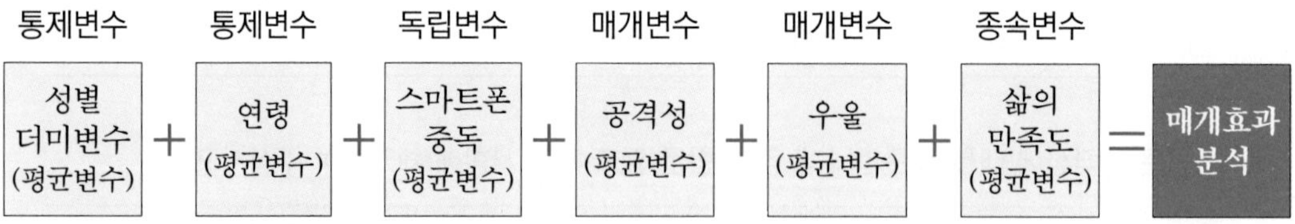


[그림 24-8] **매개효과분석 예시**

# 3. 매개효과분석 실습

## 1) 매개효과분석 전 데이터 핸들링(생략)

매개효과분석을 하기 위해 집단변수인 성별은 더미변수를 만들고 리커트 척도인 스마트폰 중독, 공격성, 우울, 삶의 만족도는 평균변수로 만들어야 합니다. 성별을 더미변수 만드는 방법과 스마트폰 중독, 공격성, 우울, 삶의 만족도를 평균변수로 만드는 방법은 '제22장 회귀분석-3. 회귀분석 실습'에서 진행한 성별(더미변수) 및 생활만족도(평균변수)와 데이터 핸들링 방법이 동일하므로 참고하기 바랍니다. 참고로 스마트폰 중독, 공격성, 우울, 삶의 만족도는 역문항이 없으며, 실습파일인 'SPSS PROCESS macro data'에는 이미 데이터 핸들링을 한 성별더미변수, 스마트폰 중독, 공격성, 우울, 삶의 만족도 평균변수가 있습니다.

## 2) 매개효과분석(SPSS PROCESS macro 활용)

**실습 매개효과분석**

- 실습내용: 스마트폰 중독이 삶의 만족도에 미치는 영향과 공격성 및 우울의 매개효과
- 실습파일: SPSS PROCESS macro data.sav
- 활용변수: gender(성별더미변수), age(연령), smamean(스마트폰중독평균), aggmean(공격성평균), depmean(우울평균), lifemean(삶의만족도평균)

**1** 자신이 진행하고자 하는 매개모형이 Model 4번인지 또는 Model 6번인지 확인합니다. Model 4번과 Model 6번의 큰 차이점은 '매개변수 → 매개변수' 경로 유무로 '매개변수 → 매개변수'가 없다면 Model 4번을 선택하고, '매개변수 → 매개변수'가 있다면 Model 6번을 선택합니다. 참고로 Model 4번은 매개변수가 최대 10개까지 가능하고, Model 6번은 매개변수가 최대 4개까지 가능합니다. 스마트폰 중독이 삶의 만족도에 미치는 영향과 공격성 및 우울의 매개효과를 살펴보는 매개모형은 Model 6번에 해당합니다.

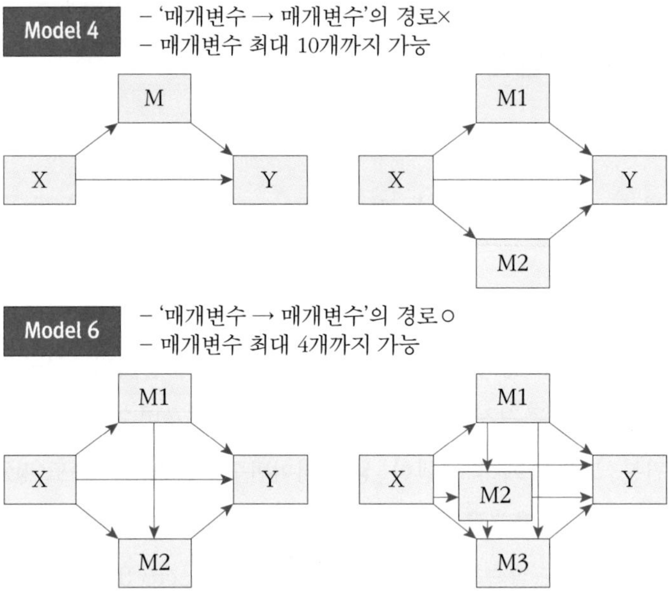


[그림 24-9]

자료: PROCESS macro v2.1의 templates 재구성

2 매개효과분석을 진행하기 위해 메뉴의 ❶ 분석을 클릭하고 ❷ 회귀분석을 클릭한 후 ❸ PROCESS by Andrew F. Hayes를 선택합니다.

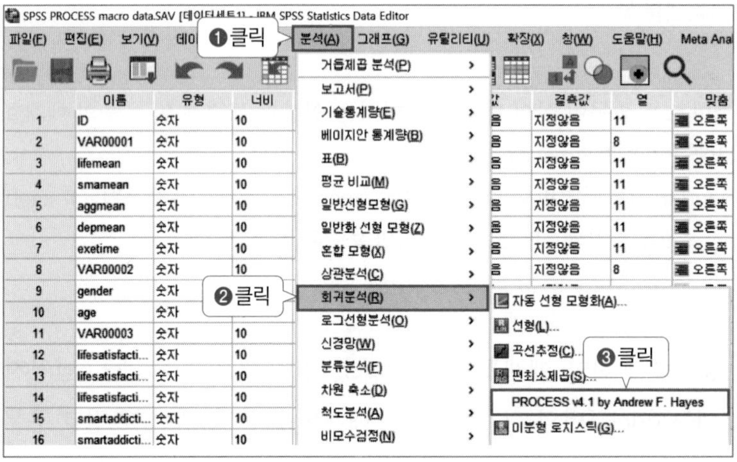


[그림 24-10]

❸ 템플릿의 모형에 적힌 알파벳을 확인합니다. X는 독립변수, Y는 종속변수, M은 매개변수입니다. M1은 매개변수1, M2는 매개변수2를 의미합니다.

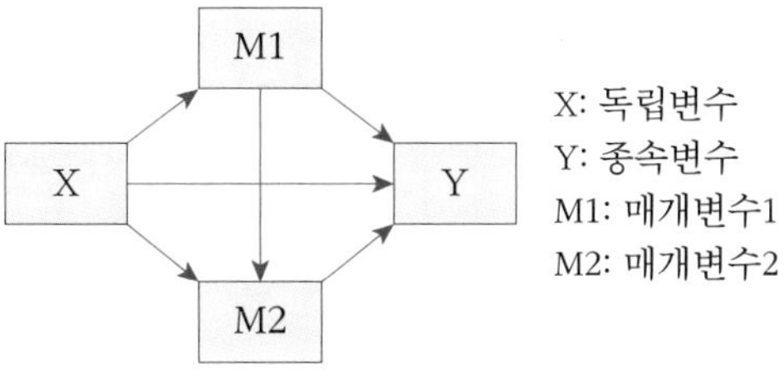


[그림 24-11]

❹ PROCESS 창에서 Y variable에 종속변수인 삶의만족도평균, X variable에 독립변수인 스마트폰중독평균, Mediator(s)에 매개변수인 공격성평균과 우울평균, Covariate(s)에 통제변수인 성별더미변수와 연령을 옮깁니다. 참고로 Mediator(s)에 매개변수인 공격성평균과 우울평균을 옮길 때 매개변수1(공격성평균)과 매개변수2(우울평균)를 순서대로 옮깁니다. 순서대로 옮기지 않으면 '매개변수1 → 매개변수2'가 아닌 '매개변수2 → 매개변수1'의 경로를 확인하게 됩니다.

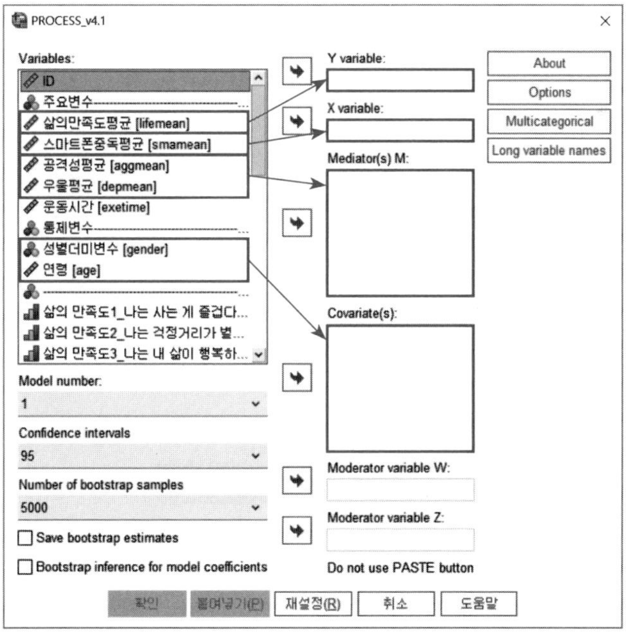


[그림 24-12]

5 이 매개모형은 Model 6번이므로 ❶ Model number를 클릭하여 ❷ 6을 선택합니다. 만약 자신의 매개모형이 Model 4번이면, Model number에서 4를 클릭합니다.

[그림 24-13]

6 ❶ Options을 클릭합니다.

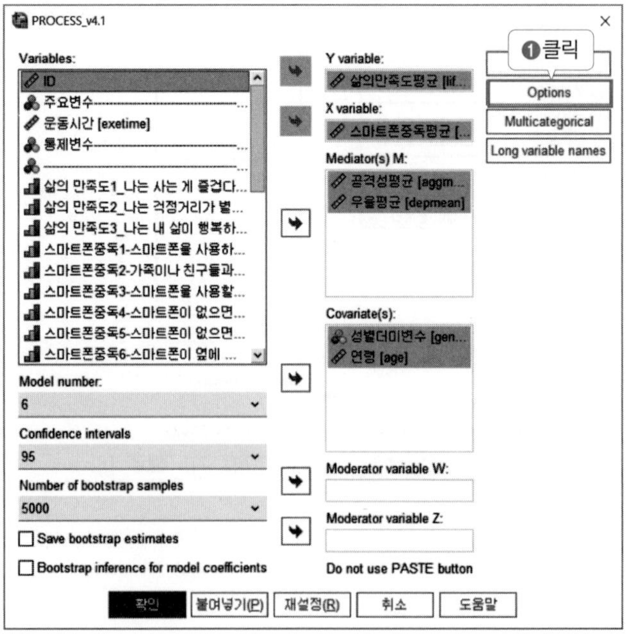


[그림 24-14]

7 PROCESS options 창이 열리면, 표준화 계수를 추정하기 위해 ❶ Standardized effects (mediation-only models)를 클릭합니다. 출력 결과값을 소수점 셋째 자리까지 제시하기 위해서 ❷ Decimal places in output에서 3으로 설정합니다. 그런 다음 ❸ 계속을 클릭합니다.

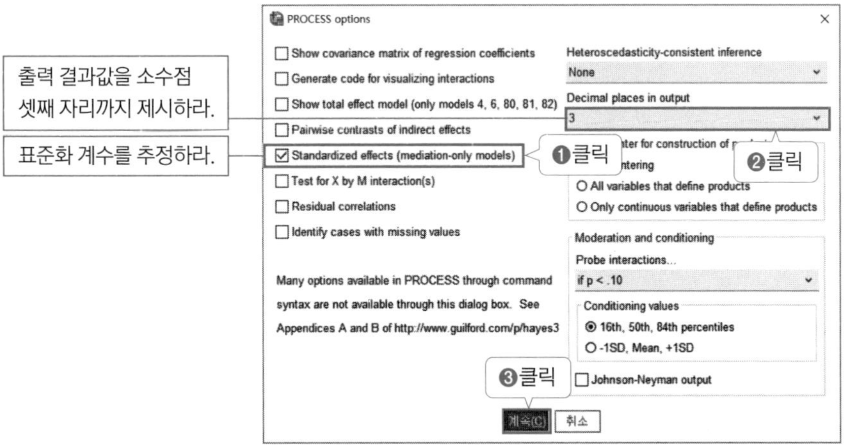


[그림 24-15]

**체크? 체크!** **독립변수가 종속변수에 미치는 총효과를 제시해야 한다면?**

독립변수가 종속변수에 미치는 총효과(직접효과+간접효과)를 파악하고 싶다면 PROCESS options 창에서 Show total effect model(only models 4, 6, 80, 81, 82)을 클릭하면 됩니다.

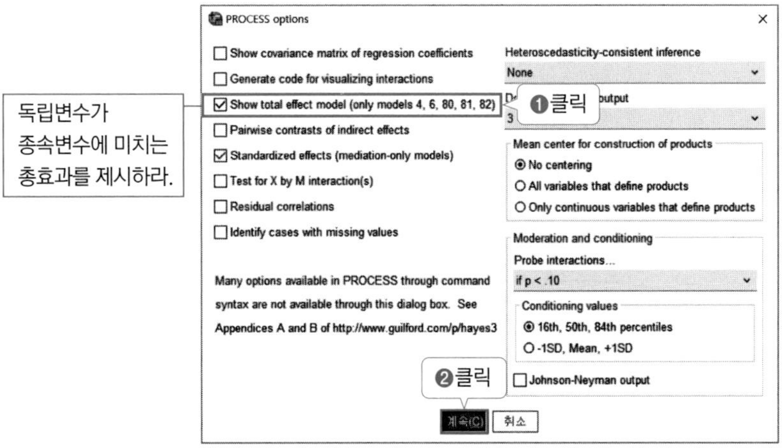


[그림 24-16]

8 ❶ 확인을 클릭하여 PROCESS 창을 닫습니다.

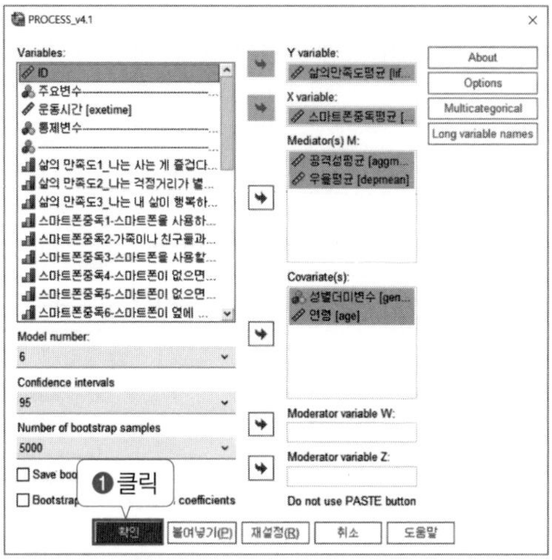


[그림 24-17]

## 체크? 체크! PROCESS 창에서 매개효과 검증을 위한 부트스트래핑은?

PROCESS 창에서 매개효과 검증을 위한 부트스트래핑은 기본적으로 세팅이 되어 있습니다. 즉, Number of bootstrap samples에 5,000으로 세팅되어 있습니다. 이는 매개효과를 검증하기 위해 부트스트래핑 반복 추출을 5,000번 한다는 의미입니다.

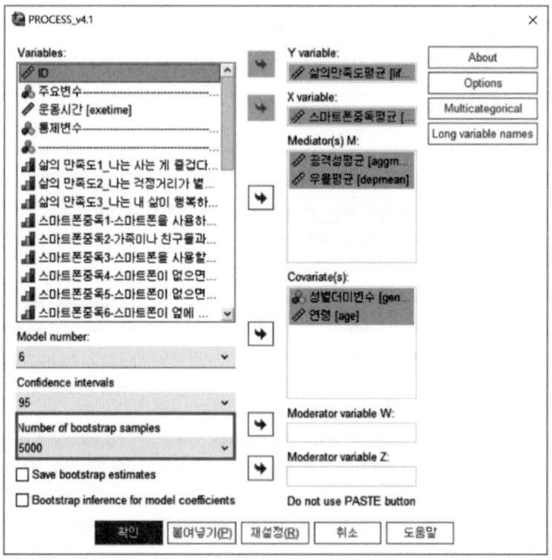


[그림 24-18]

## 4. 출력 결과 해석

스마트폰 중독이 삶의 만족도에 미치는 영향과 공격성 및 우울의 매개효과를 확인하기 위해 매개효과분석을 진행하였습니다. 매개효과분석은 다중회귀분석이므로 회귀분석 해석과 같습니다. 다만, SPSS PROCESS macro를 통한 출력 결과 양식이 SPSS 프로그램으로 진행한 출력 결과와 조금 차이가 있습니다. 이에 SPSS PROCESS macro를 통한 출력 결과에서 $R^2$, F값과 p값(유의확률), 비표준화 계수(B), 표준화 계수(β) 등이 어디에 제시되어 있는지를 확인하기 바랍니다.

### 1) 분석된 케이스 수 확인

출력 결과 창을 확인해 보면 분석된 케이스 수를 확인할 수 있습니다. Sample Size는 실제 매개효과분석에서 활용한 케이스 수를 말합니다. 이 매개효과분석에서 진행한 케이스 수는 1,834명으로 나타났습니다.

```
***************** PROCESS Procedure for SPSS Version 4.1 *****************

          Written by Andrew F. Hayes, Ph.D.       www.afhayes.com
    Documentation available in Hayes (2022). www.guilford.com/p/hayes3

**************************************************************************
Model  : 6
    Y  : lifemean
    X  : smamean
   M1  : aggmean
   M2  : depmean

Covariates:
 gender   age

Sample
Size:  1834

**************************************************************************
```

[그림 24-19] **매개효과분석 출력 결과 1**

### 2) 각 경로별 출력 결과 구성 확인

'독립변수 → 매개변수1', '독립변수, 매개변수1 → 매개변수2', '독립변수, 매개변수1, 매개변수2 → 종속변수'에 대한 경로별 출력 결과가 다음과 같이 제시됩니다. 각 경로별 출력 결과 구성을 확인해 보면 OUTCOME VARIABLE은 종속변수 또는 매개변수를 의미합니다.

Model Summary에 R-sq는 $R^2$으로 종속변수에 대한 전체 독립변수(그리고 매개변수, 통제변수)의 설명력을 뜻합니다. F값과 p값(유의확률)을 통해 연구모형(회귀식)이 통계적으로 적합한지 파악할 수 있습니다.

Model에서 가장 왼쪽에 있는 constant 등은 상수와 독립변수, 매개변수, 통제변수들의 변수명을 의미합니다. coeff는 비표준화 계수(B), se는 표준오차, p는 유의확률을 의미합니다. Standardized coefficients는 표준화 계수(β)입니다.

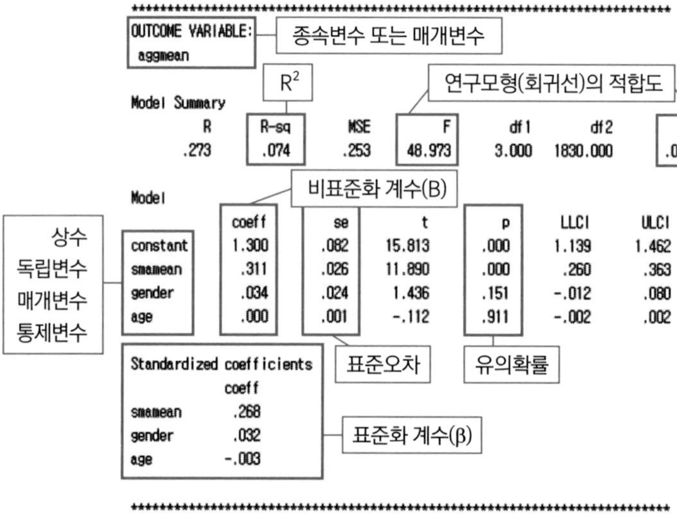


[그림 24-20] **매개효과분석 출력 결과 2**

### 3) '독립변수 → 매개변수1' 분석 결과 확인

출력 결과가 어떠한 경로에 대한 결과인지 파악하기 위해서 OUTCOME VARIABLE을 확인해야 합니다. ❶ OUTCOME VARIABLE은 종속변수로 해당 경로에서 종속변수는 aggmean입니다. aggmean 변수는 공격성평균으로 매개변수1에 해당합니다. 즉, 매개변수1을 종속변수로 설정한 경로는 '독립변수 → 매개변수1'이므로 해당 결과는 '독립변수 → 매개변수1'에 대한 출력 결과입니다.

❷ $R^2$은 R-sq=.074로 나타나 종속변수로 설정된 공격성에 대한 독립변수 스마트폰 중독과 통제변수 성별, 연령의 설명력은 7.4%인 것으로 분석되었습니다. 종속변수에 대한 설명력이 10%도 되지 않으므로 설명력이 낮다고 볼 수 있습니다. 이런 경우 해당 모형을 계속 진행할지 말지에 대한 고민이 필요합니다.

❸ F값은 F=48.973, 유의확률은 p=.000으로 나타났습니다. 유의확률이 0.05 미만이므로 연구모형은 통계적으로 적합하다고 판단할 수 있습니다.

❹ 독립변수, 통제변수가 매개변수(종속변수)에 미치는 영향을 확인하기 위해 coeff(비표준화 계수)와 p값(유의확률)을 확인합니다.

smamean(스마트폰 중독)을 확인해 보면 p값(유의확률)은 .000으로 나타나 0.05 미만이므로 스마트폰 중독은 공격성에 유의한 영향을 미친다고 판단할 수 있습니다. 구체적으로 어떻게 영향을 미치는지 알기 위해 스마트폰 중독의 coeff를 확인해 보면 .311로 나타났습니다. 부호가 (+)이므로 스마트폰 중독이 높을수록 공격성은 높아지는 것으로 나타났습니다.

한편, gender(성별더미)와 age(연령)을 확인해 보면 유의확률은 각각 .151, .911로 나타나 0.05 이상이므로 성별과 연령은 공격성에 유의한 영향을 미치지 않는 것으로 나타났습니다.

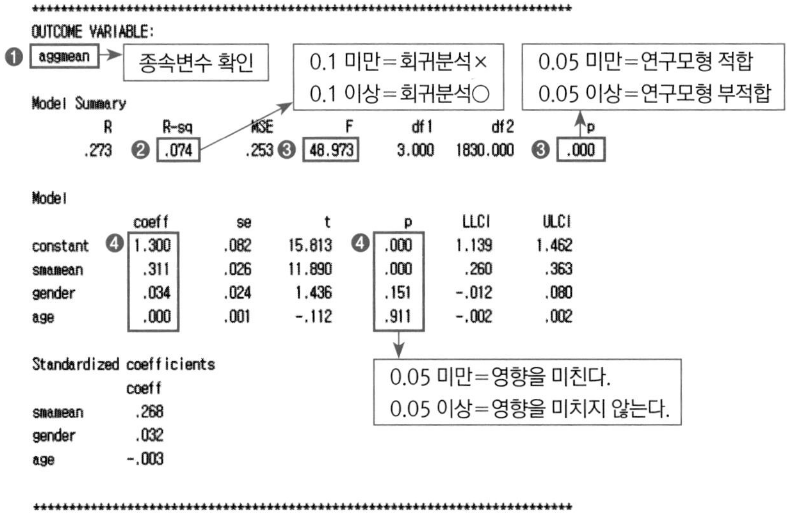


[그림 24-21] **매개효과분석 출력 결과 3**

### 4) '독립변수, 매개변수1 → 매개변수2' 분석 결과 확인

출력 결과가 어떠한 경로에 대한 결과인지 파악하기 위해서 ❶ OUTCOME VARIABLE을 확인한 결과, 해당 분석의 종속변수는 depmean입니다. depmean 변수는 우울평균으로 매개변수2에 해당합니다. 즉, 매개변수2를 종속변수로 설정한 경로는 '독립변수, 매개변수1 → 매개변수2'입니다.

❷ $R^2$은 R-sq=.358로 나타나 종속변수로 설정된 우울에 대한 독립변수 스마트폰 중독, 매개변수1 공격성, 통제변수 성별, 연령의 설명력은 35.8%인 것으로 분석되었습니다.

❸ F값은 F=254.741, 유의확률은 p=.000으로 나타났습니다. 유의확률이 0.05 미만이므로 연구모형은 통계적으로 적합하다고 판단할 수 있습니다.

❹ 독립변수, 매개변수1, 통제변수가 매개변수2(종속변수)에 미치는 영향을 확인하기 위해 coeff(비표준화 계수)와 p값(유의확률)을 확인합니다.

smamean(스마트폰 중독)을 확인해 보면 p값(유의확률)은 .000으로 나타나 0.05 미만이므로 스마트폰 중독은 우울에 유의한 영향을 미친다고 판단할 수 있습니다. 구체적으로 어떻게 영향을 미치는지 알기 위해 스마트폰 중독의 coeff를 확인해 보면 .247로 나타났습니다. 부호가 (+)이므로 스마트폰 중독이 높을수록 우울은 높아지는 것으로 나타났습니다.

aggmean(공격성)을 확인해 보면 p값(유의확률)은 .000으로 나타나 0.05 미만이므로 공격성은 우울에 유의한 영향을 미친다고 판단할 수 있습니다. 구체적으로 어떻게 영향을 미치는지 알기 위해 공격성의 coeff를 확인해 보면 .294로 나타났습니다. 부호가 (+)이므로 공격성이 높을수록 우울은 높아지는 것으로 나타났습니다.

gender[성별더미=남성(0), 여성(1)]를 확인해 보면 p값(유의확률)은 .000으로 나타나 0.05 미만이므로 성별은 우울에 유의한 영향을 미친다고 판단할 수 있습니다. 구체적으로 어떻게 영향을 미치는지 알기 위해 성별의 coeff를 확인해 보면 .098로 나타났습니다. 부호가 (+)이므로 남성 대비 여성인 경우 우울은 높아지는 것으로 나타났습니다.

한편, age(연령)을 확인해 보면 유의확률은 .888로 나타나 0.05 이상이므로 연령은 우울에 유의한 영향을 미치지 않는 것으로 나타났습니다.

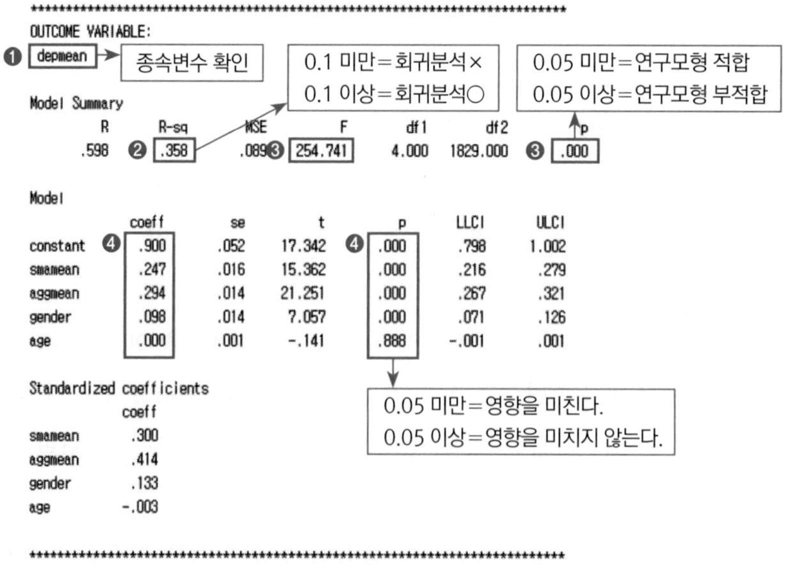
OUTCOME VARIABLE:
depmean

Model Summary

| R | R-sq | MSE | F | df1 | df2 | p |
|---|---|---|---|---|---|---|
| .598 | .358 | .089 | 254.741 | 4.000 | 1829.000 | .000 |

Model

| | coeff | se | t | p | LLCI | ULCI |
|---|---|---|---|---|---|---|
| constant | .900 | .052 | 17.342 | .000 | .798 | 1.002 |
| smamean | .247 | .016 | 15.362 | .000 | .216 | .279 |
| aggmean | .294 | .014 | 21.251 | .000 | .267 | .321 |
| gender | .098 | .014 | 7.057 | .000 | .071 | .126 |
| age | .000 | .001 | -.141 | .888 | -.001 | .001 |

Standardized coefficients

| | coeff |
|---|---|
| smamean | .300 |
| aggmean | .414 |
| gender | .133 |
| age | -.003 |



[그림 24-22] **매개효과분석 출력 결과 4**

### 5) '독립변수, 매개변수1, 매개변수2 → 종속변수' 분석 결과 확인

출력 결과가 어떠한 경로에 대한 결과인지 파악하기 위해서 ❶ OUTCOME VARIABLE을 확인한 결과, 해당 분석의 종속변수는 lifemean입니다. lifemean 변수는 삶의만족도평균으로 종속변수에 해당합니다. 즉, '독립변수, 매개변수1, 매개변수2 → 종속변수'입니다.

❷ $R^2$은 R-sq=.318로 나타나 종속변수로 설정된 삶의 만족도에 대한 독립변수 스마트폰 중독, 매개변수1 공격성, 매개변수2 우울, 통제변수 성별, 연령의 설명력은 31.8%인 것으로 분석되었습니다.

❸ F값은 F=170.269, 유의확률은 p=.000으로 나타났습니다. 유의확률이 0.05 미만이므로 연구모형은 통계적으로 적합하다고 판단할 수 있습니다.

❹ 독립변수, 매개변수1, 매개변수2, 통제변수가 종속변수에 미치는 영향을 확인하기 위해 coeff(비표준화 계수)와 p값(유의확률)을 확인합니다.

smamean(스마트폰 중독)을 확인해 보면 p값(유의확률)은 .000으로 나타나 0.05 미만이므로 스마트폰 중독은 삶의 만족도에 유의한 영향을 미친다고 판단할 수 있습니다. 구체적으로 어떻게 영향을 미치는지 알기 위해 스마트폰 중독의 coeff를 확인해 보면 -.393으로 나타났습니다. 부호가 (-)이므로 스마트폰 중독이 낮을수록 삶의 만족도는 높아지는 것으로 나타났습니다.

aggmean(공격성)을 확인해 보면 p값(유의확률)은 .383으로 나타나 0.05 이상이므로 공격성은 삶의 만족도에 유의한 영향을 미치지 않는 것으로 나타났습니다.

depmean(우울)을 확인해 보면 p값(유의확률)은 .000으로 나타나 0.05 미만이므로 우울은 삶의 만족도에 유의한 영향을 미친다고 판단할 수 있습니다. 구체적으로 어떻게 영향을 미치는지 알기 위해 우울의 coeff를 확인해 보면 -.586로 나타났습니다. 부호가 (-)이므로 우울이 낮을수록 삶의 만족도는 높아지는 것으로 나타났습니다.

gender[성별더미=남성(0), 여성(1)]를 확인해 보면 p값(유의확률)은 .022로 나타나 0.05 미만이므로 성별은 삶의 만족도에 유의한 영향을 미친다고 판단할 수 있습니다. 구체적으로 어떻게 영향을 미치는지 알기 위해 성별의 coeff를 확인해 보면 -.055으로 나타났습니다. 부호가 (-)이므로 여성 대비 남성인 경우 삶의 만족도는 높아지는 것으로 나타났습니다.

한편, age(연령)를 확인해 보면 유의확률은 .098으로 나타나 0.05 이상이므로 연령은 삶의 만족도에 유의한 영향을 미치지 않는 것으로 나타났습니다.

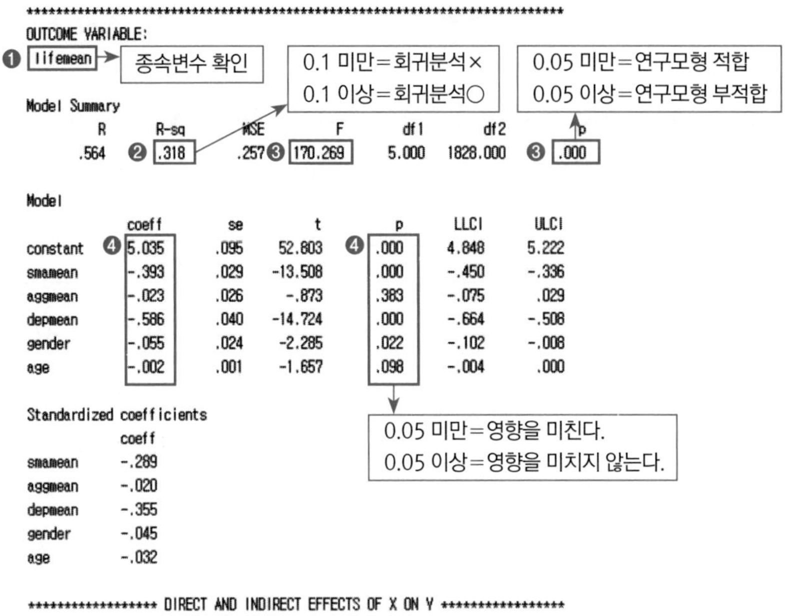


[그림 24-23] **매개효과분석 출력 결과 5**

## 6) 부트스트래핑을 통한 매개효과 검증 결과 확인

부트스트래핑을 통한 매개효과 검증 결과를 확인하기 위해서 출력 결과 중 Indirect effect(s) of X on Y를 확인합니다. 가장 왼쪽에 있는 TOTAL은 전체 매개효과를 의미하고, Ind1, Ind2, Ind3은 출력 결과의 가장 아래에 각각 어떠한 경로를 의미하는지 제시하고 있습니다. 이를테면, Ind1은 smamean(스마트폰 중독) → aggmean(공격성) → lifemean(삶의 만족도)이고, Ind2는 smamean(스마트폰 중독) → depmean(우울) → lifemean(삶의 만족도)이고, Ind3은 smamean(스마트폰 중독) → aggmean(공격성) → depmean(우울) → lifemean(삶의 만족도)입니다. 참고로 Ind는 Indirect의 약자입니다.

Ind1, Ind2, Ind3의 매개 경로에 대한 매개효과의 유의성 검증은 Indirect effect(s) of X on Y의 BootLLCI(Lower Limit Confidence Interval=신뢰구간 하한값)와 BootULCI(Upper Limit Confidence Interval=신뢰구간 상한값)를 확인합니다. 즉, BootLLCI값과 BootULCI값 사이에 0이 포함되지 않으면 매개효과는 유의하다고 해석을 합니다. 반대로 BootLLCI값과 BootULCI값 사이에 0이 포함되면 매개효과는 유의하지 않다고 해석을 합니다.

분석 결과, TOTAL(전체 매개효과)의 BootLLCI는 −.240, BootULCI는 −.174로 나타나 BootLLCI값과 BootULCI값 사이에 0이 포함되지 않으므로 전체 매개효과는 유의한 것으로 검증되었습니다.

Ind1[smamean(스마트폰 중독) → aggmean(공격성) → lifemean(삶의 만족도)]의 BootLLCI는 −.026, BootULCI는 .010로 나타나 BootLLCI값과 BootULCI값 사이에 0이 포함되므로 Ind1의 매개효과는 유의하지 않은 것으로 검증되었습니다.

Ind2[smamean(스마트폰 중독) → depmean(우울) → lifemean(삶의 만족도)]의 BootLLCI는 −.175, BootULCI는 −.117로 나타나 BootLLCI값과 BootULCI값 사이에 0이 포함되지 않으므로 Ind2의 매개효과는 유의한 것으로 검증되었습니다.

Ind3[smamean(스마트폰 중독) → aggmean(공격성) → depmean(우울) → lifemean(삶의 만족도)]의 BootLLCI는 −.068, BootULCI는 −.042로 나타나 BootLLCI값과 BootULCI값 사이에 0이 포함되지 않으므로 Ind3의 매개효과는 유의한 것으로 검증되었습니다.

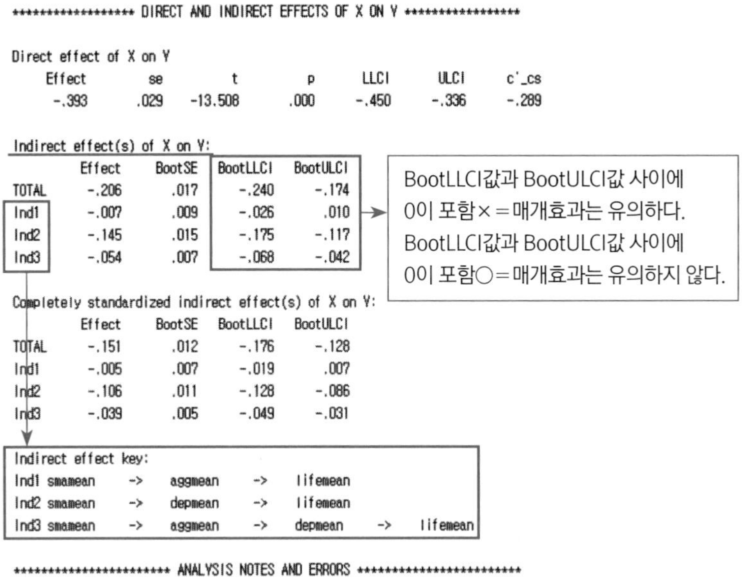

```
****************** DIRECT AND INDIRECT EFFECTS OF X ON Y *****************

Direct effect of X on Y
     Effect         se          t          p       LLCI       ULCI       c'_cs
      -.393       .029    -13.508       .000      -.450      -.336       -.289

Indirect effect(s) of X on Y:
          Effect     BootSE   BootLLCI   BootULCI
TOTAL      -.206       .017      -.240      -.174
Ind1       -.007       .009      -.026       .010
Ind2       -.145       .015      -.175      -.117
Ind3       -.054       .007      -.068      -.042

Completely standardized indirect effect(s) of X on Y:
          Effect     BootSE   BootLLCI   BootULCI
TOTAL      -.151       .012      -.176      -.128
Ind1       -.005       .007      -.019       .007
Ind2       -.106       .011      -.128      -.086
Ind3       -.039       .005      -.049      -.031

Indirect effect key:
Ind1  smamean   ->   aggmean   ->   lifemean
Ind2  smamean   ->   depmean   ->   lifemean
Ind3  smamean   ->   aggmean   ->   depmean   ->   lifemean

************************ ANALYSIS NOTES AND ERRORS ************************
```

BootLLCI값과 BootULCI값 사이에
0이 포함×=매개효과는 유의하다.
BootLLCI값과 BootULCI값 사이에
0이 포함○=매개효과는 유의하지 않다.

[그림 24-24] **매개효과분석 출력 결과 6**

**체크? 체크!** **Indirect effect(s) of X on Y에 제시된 BootLLCI값과 BootULCI값은 분석할 때마다 다를 수 있다?**

매개효과를 검증하기 위해 부트스트래핑 반복 추출을 5,000번합니다. 동일한 분석이라도 5,000번 반복 추출할 때 추출한 샘플이 분석할 때마다 다르기 때문에 BootLLCI값과 BootULCI값이 미세하게 다를 수 있습니다. 그러나 BootLLCI값과 BootULCI값이 미세하게 다를 뿐, BootLLCI값과 BootULCI값 사이에 0이 포함되지 않는데 다시 분석한다고 0을 포함할 정도로 값이 바뀌지는 않습니다.

**Know how** **매개효과 VS 간접효과**

종종 논문이나 연구보고서를 확인해 보면 매개효과를 검증했다고 하면서 간접효과라는 말도 혼용해서 사용하는 것을 확인할 수 있습니다. 매개효과(Mediation Effect)와 간접효과(Indirect Effect)는 엄격하게 보면 통계적으로는 차이가 있다고 하지만, 최근에는 같은 개념으로 인식하고 있습니다. 부트스트래핑을 통한 매개효과 검증 결과를 확인하기 위해 살펴본 Indirect effect(s) of X on Y도 정확히는 Indirect effect라고 명시되어 있으므로 간접효과라고 제시해야 하지만 매개효과라고 기술해도 큰 문제는 없습니다. 다만, 총효과, 직접효과 등을 제시하는 파트에서는 매개효과보다 간접효과라고 기술해야 합니다.

## 5. 분석 결과표 작성

'스마트폰 중독이 삶의 만족도에 미치는 영향과 공격성 및 우울의 매개효과'에 대한 매개효과분석 결과표는 회귀분석 결과표와 매개효과 검증 결과표로 이루어져 있습니다. 특히 회귀분석 결과표의 경우 경로별 결과표를 각각 만들어야 합니다. 이 분석에서는 총 3개의 경로('독립변수 → 매개변수1', '독립변수, 매개변수1 → 매개변수2', '독립변수, 매개변수1, 매개변수2 → 종속변수')에 대한 회귀분석 결과표를 만들어야 합니다.

### 1) '독립변수 → 매개변수1'에 대한 회귀분석 결과표 작성

첫 번째 분석 결과인 '독립변수 → 매개변수1'은 '스마트폰 중독이 공격성에 미치는 영향'입니다. 이에 대한 회귀분석 결과표 작성은 다음과 같습니다. 첫 행에 구분, B(비표준화 계수), S.E.(표준오차), β(표준화 계수)를 차례대로 입력합니다. 구분 아래에는 통제변수명, 독립변수명, $R^2$(설명력), F(연구모형 적합도)를 입력합니다. 변수명을 작성할 때 더미변수의 경우 (ref.=　)를 넣어 기준이 무엇인지를 작성해 줍니다. 성별은 0으로 설정한 남성이 기준이므로 (ref.=남성)이라고 작성합니다. 마지막으로 p값(유의확률)과 관련하여 표 아래에 $^*p < .05$, $^{**}p < .01$, $^{***}p < .001$도 입력합니다.

**<표> 스마트폰 중독이 공격성에 미치는 영향**

| 구분 | | B | S.E. | β |
|---|---|---|---|---|
| (상수) | | | | |
| 통제변수 | 성별(ref.=남성) | | | |
| | 연령 | | | |
| 독립변수 | 스마트폰 중독 | | | |
| $R^2$ | | | | |
| F | | | | |

$^*p < .05$, $^{**}p < .01$, $^{***}p < .001$

출력 결과에서 R-sq에 있는 값은 분석 결과표의 $R^2$에 입력합니다. $R^2$값은 보통 소수점 셋째 자리까지 제시합니다. 출력 결과의 F값은 분석 결과표의 F 칸에 입력합니다. F값은 보통 소수점 셋째 자리까지 제시합니다. 출력 결과의 p값 또한 분석 결과표의 F 칸에 입력하되, p값이 0.05 미만이면 별표 1개(*), 0.01 미만이면 별표 2개(**), 0.001 미만이면 별표 3개(***)로 F값 옆에 표시합니다.

출력 결과의 coeff는 분석 결과표의 B 칸에 제시합니다. B값은 보통 소수점 셋째 자리까지 제시합니다. 출력 결과의 se값은 분석 결과표의 S.E. 칸에 소수점 셋째 자리까지 제시합니다. 출력 결과의 Standardized coefficients 값은 분석 결과표의 β 칸에 제시합니다. β값은 보통 소수점 셋째 자리까지 제시합니다. 출력 결과의 p값도 분석 결과표의 β 칸에 기입하되, p값이 0.05 미만이면 별표 1개(*), 0.01 미만이면 별표 2개(**), 0.001 미만이면 별표 3개(***)로 β값 옆에 표시해 주면 됩니다. 만약 유의확률이 0.05 이상이면 별표를 붙이지 않고 β값만 제시합니다.

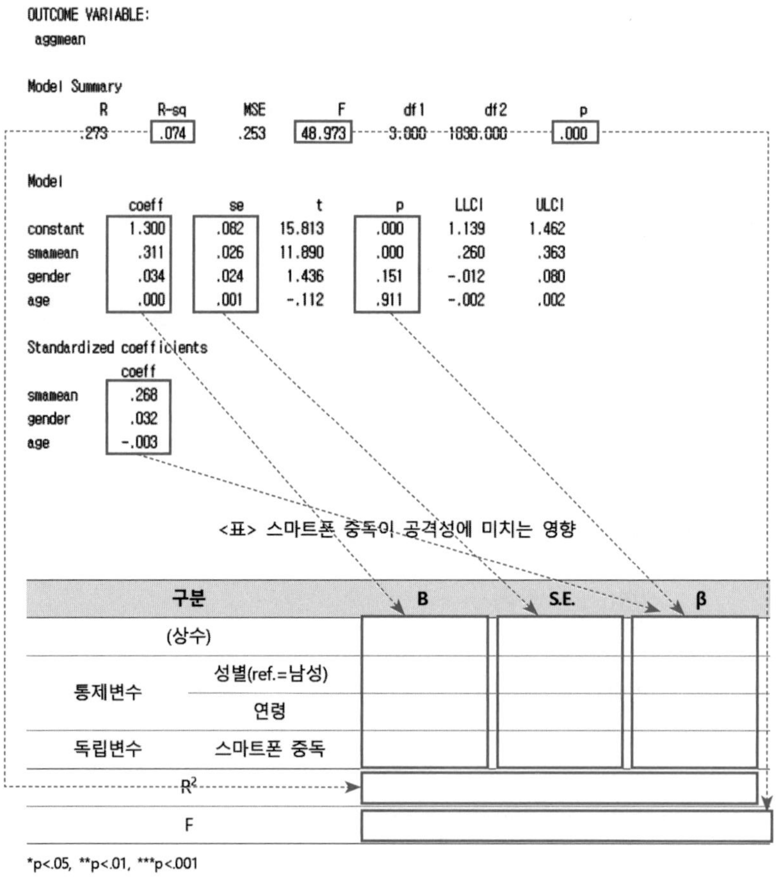


[그림 24-25]

출력 결과의 내용을 분석 결과표에 입력하면 다음과 같이 완성됩니다.

**<표> 스마트폰 중독이 공격성에 미치는 영향**

| 구분 | | B | S.E. | β |
|---|---|---|---|---|
| (상수) | | 1.300 | .082 | |
| 통제변수 | 성별(ref.=남성) | .034 | .024 | .032 |
| | 연령 | .000 | .001 | -.003 |
| 독립변수 | 스마트폰 중독 | .311 | .026 | .268*** |
| $R^2$ | | | .074 | |
| F | | | 48.973*** | |

*p < .05, **p < .01, ***p < .001

## 2) '독립변수, 매개변수1 → 매개변수2'에 대한 회귀분석 결과표 작성

두 번째 분석 결과인 '독립변수, 매개변수1 → 매개변수2'는 '스마트폰 중독, 공격성이 우울에 미치는 영향'입니다. 이에 대한 회귀분석 결과표 작성은 앞서 진행한 '독립변수 → 매개변수1'의 회귀분석 결과표와 같습니다. 다만, '독립변수, 매개변수1 → 매개변수2'에서는 독립변수와 함께 매개변수1도 분석을 진행하므로 독립변수 아래 매개변수도 추가합니다.

**<표> 스마트폰 중독, 공격성이 우울에 미치는 영향**

| 구분 | | B | S.E. | β |
|---|---|---|---|---|
| (상수) | | | | |
| 통제변수 | 성별(ref.=남성) | | | |
| | 연령 | | | |
| 독립변수 | 스마트폰 중독 | | | |
| 매개변수 | 공격성 | | | |
| $R^2$ | | | | |
| F | | | | |

*p < .05, **p < .01, ***p < .001

출력 결과에서 R-sq에 있는 값은 분석 결과표의 $R^2$에 입력합니다. $R^2$값은 보통 소수점 셋째 자리까지 제시합니다. 출력 결과의 F값은 분석 결과표의 F 칸에 입력합니다. F값은 보통 소수점 셋째 자리까지 제시합니다. 출력 결과의 p값 또한 분석 결과표의 F 칸에 입력하되, p값이 0.05 미만이면 별표 1개(*), 0.01 미만이면 별표 2개(**), 0.001 미만이면 별표 3개(***)로 F값 옆에 표시합니다.

출력 결과의 coeff는 분석 결과표의 B 칸에 제시합니다. B값은 보통 소수점 셋째 자리까지 제시합니다. 출력 결과의 se값은 분석 결과표의 S.E. 칸에 소수점 셋째 자리까지 제시합니다. 출력 결과의 Standardized coefficients 값은 분석 결과표의 β 칸에 제시합니다. β값은 보통 소수점 셋째 자리까지 제시합니다. 출력 결과의 p값 또한 분석 결과표의 β 칸에 기입하되, p값이 0.05 미만이면 별표 1개(*), 0.01 미만이면 별표 2개(**), 0.001 미만이면 별표 3개(***)로 β값 옆에 표시해 주면 됩니다. 만약 유의확률이 0.05 이상이면 별표를 붙이지 않고 β값만 제시합니다.

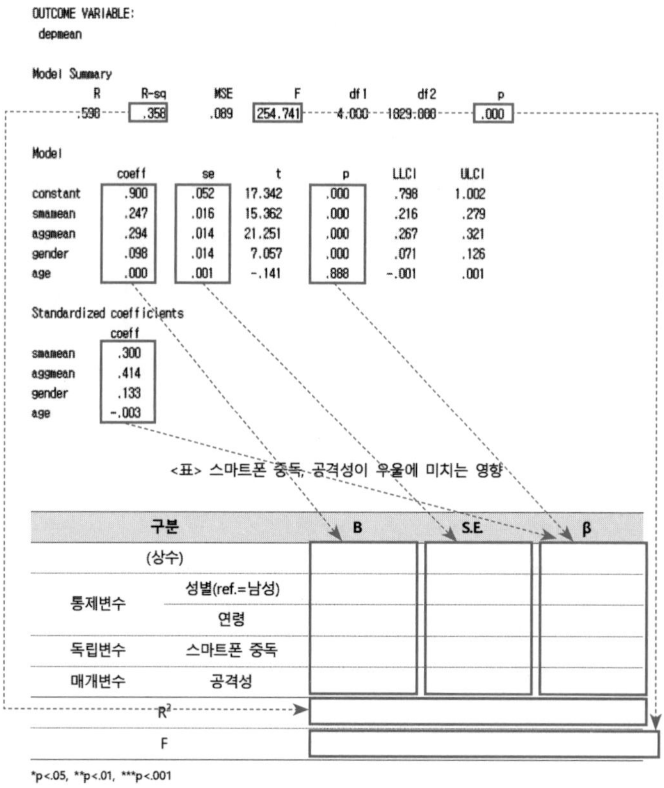


[그림 24-26]

출력 결과의 내용을 분석 결과표에 입력하면 다음과 같이 완성됩니다.

**<표> 스마트폰 중독, 공격성이 우울에 미치는 영향**

| 구분 | | B | S.E. | β |
|---|---|---|---|---|
| (상수) | | .900 | .052 | |
| 통제변수 | 성별(ref.=남성) | .098 | .014 | .133*** |
| | 연령 | .000 | .001 | −.003 |
| 독립변수 | 스마트폰 중독 | .247 | .016 | .300*** |
| 매개변수 | 공격성 | .294 | .014 | .414*** |
| $R^2$ | | | .358 | |
| F | | | 254.741*** | |

*p<.05, **p<.01, ***p<.001

### 3) '독립변수, 매개변수1, 매개변수2 → 종속변수'에 대한 회귀분석 결과표 작성

세 번째 분석 결과인 '독립변수, 매개변수1, 매개변수2 → 종속변수'는 '스마트폰 중독, 공격성, 우울이 삶의 만족도에 미치는 영향'입니다. 이에 대한 회귀분석 결과표 작성은 앞서 진행한 '독립변수 → 매개변수1'의 회귀분석 결과표와 같습니다. 다만, '독립변수, 매개변수1, 매개변수2 → 종속변수'에서는 독립변수와 함께 매개변수1과 매개변수2도 분석을 진행하므로 독립변수 아래 매개변수들도 추가합니다.

**<표> 스마트폰 중독, 공격성, 우울이 삶의 만족도에 미치는 영향**

| 구분 | | B | S.E. | β |
|---|---|---|---|---|
| (상수) | | | | |
| 통제변수 | 성별(ref.=남성) | | | |
| | 연령 | | | |
| 독립변수 | 스마트폰 중독 | | | |
| 매개변수 | 공격성 | | | |
| | 우울 | | | |
| $R^2$ | | | | |
| F | | | | |

*p<.05, **p<.01, ***p<.001

출력 결과에서 R−sq에 있는 값은 분석 결과표의 $R^2$에 입력합니다. $R^2$값은 보통 소수점 셋째 자리까지 제시합니다. 출력 결과의 F값은 분석 결과표의 F 칸에 입력합니다. F값은 보통 소수점 셋째 자리까지 제시합니다. 출력 결과의 p값 또한 분석 결과표의 F 칸에 입력하되, p값이 0.05 미만이면 별표 1개(*), 0.01 미만이면 별표 2개(**), 0.001 미만이면 별표 3개(***)로 F값 옆에 표시합니다.

출력 결과의 coeff는 분석 결과표의 B 칸에 제시합니다. B값은 보통 소수점 셋째 자리까지 제시합니다. 출력 결과의 se값은 분석 결과표의 S.E. 칸에 소수점 셋째 자리까지 제시합니다. 출력 결과의 Standardized coefficients 값은 분석 결과표의 β 칸에 제시합니다. β값은 보통 소수점 셋째 자리까지 제시합니다. 출력 결과의 p값 또한 분석 결과표의 β 칸에 기입하되, p값이 0.05 미만이면 별표 1개(*), 0.01 미만이면 별표 2개(**), 0.001 미만이면 별표 3개(***)로 β값 옆에 표시해 주면 됩니다. 만약 유의확률이 0.05 이상이면 별표를 붙이지 않고 β값만 제시합니다.

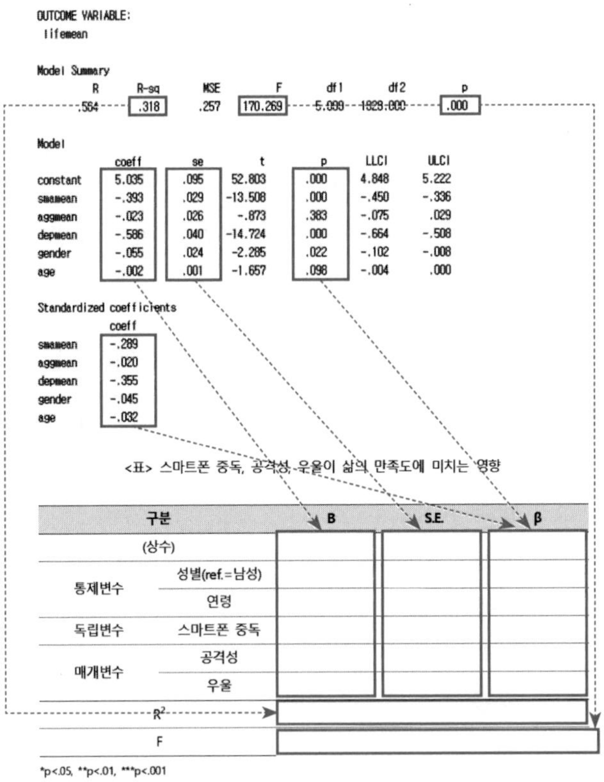


[그림 24-27]

출력 결과의 내용을 분석 결과표에 입력하면 다음과 같이 완성됩니다.

**<표> 스마트폰 중독, 공격성, 우울이 삶의 만족도에 미치는 영향**

| 구분 | | B | S.E. | β |
|---|---|---|---|---|
| (상수) | | 5.035 | .095 | |
| 통제변수 | 성별(ref.=남성) | −.055 | .024 | −.045* |
| | 연령 | −.002 | .001 | −.032 |
| 독립변수 | 스마트폰 중독 | −.393 | .029 | −.289*** |
| 매개변수 | 공격성 | −.023 | .026 | −.020 |
| | 우울 | −.586 | .040 | −.355*** |
| $R^2$ | | | .318 | |
| F | | | 170.269*** | |

*p < .05, **p < .01, ***p < .001

## 4) 매개효과 검증 결과표 작성

매개변수에 대한 매개효과 검증 결과표 작성은 다음과 같습니다. 첫 행에 변수 간 경로, B(비표준화 계수=간접효과 크기), S.E.(표준오차), 95% CI(95% 신뢰구간)를 차례대로 입력합니다. 특히 95% CI 아래에는 LLCI(신뢰구간 하한값)와 ULCI(신뢰구간 상한값)를 입력합니다.

**<표> 매개효과 검증**

| 변수 간 경로 | B | S.E. | 95%CI | |
|---|---|---|---|---|
| | | | LLCI | ULCI |
| | | | | |
| | | | | |
| | | | | |

출력 결과 중 Indirect effect(s) of X on Y에 있는 Ind1, Ind2, Ind3를 확인합니다. 출력 결과의 Effect, BootSE, BootLLCI, BootULCI는 분석 결과표의 B, S.E. LLCI, ULCI 칸에 입력합니다. B, S.E. LLCI, ULCI 값은 보통 소수점 셋째 자리까지 제시합니다. 출력 결과 중 Indirect effect key는 간접효과 경로를 의미하며, 분석 결과표의 변수 간 경로에 입력합니다.

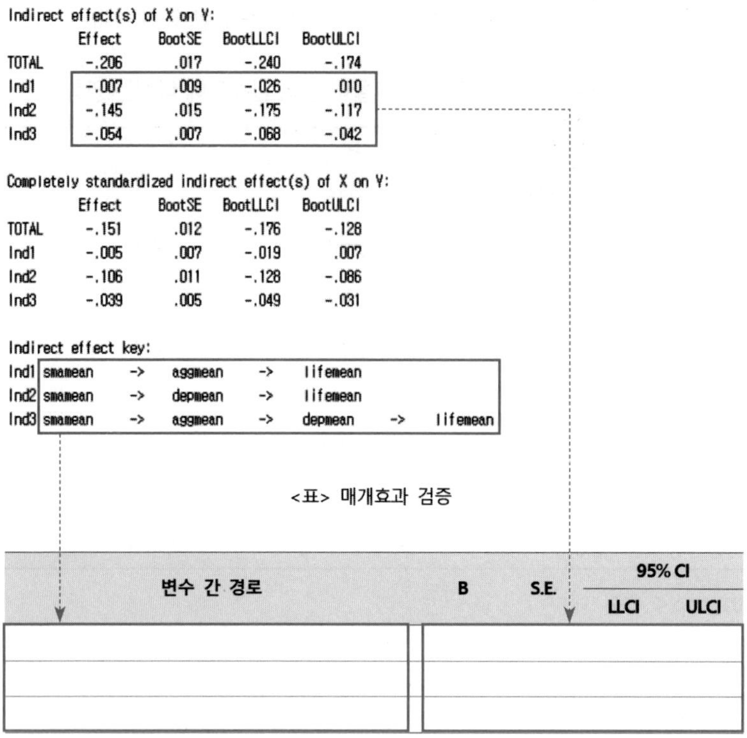


[그림 24-28]

출력 결과의 내용을 분석 결과표에 입력하면 다음과 같이 완성됩니다.

<표> 매개효과 검증

| 변수 간 경로 | B | S.E. | 95%CI | |
|---|---|---|---|---|
| | | | LLCI | ULCI |
| 스마트폰 중독 → 공격성 → 삶의 만족도 | −.007 | .009 | −.026 | .010 |
| 스마트폰 중독 → 우울 → 삶의 만족도 | −.145 | .015 | −.175 | −.117 |
| 스마트폰 중독 → 공격성 → 우울 → 삶의 만족도 | −.054 | .007 | −.068 | −.042 |

## 6. SPSS PROCESS macro 출력 결과를 한글 프로그램에 붙여넣기

SPSS PROCESS macro 출력 결과는 SPSS 프로그램의 출력 결과와 조금 차이가 있습니다. 그러다 보니 한글 프로그램에 붙여넣을 때 불편할 수 있습니다. 이에 실습을 통해서 비교적 쉽게 한글 프로그램에 붙여넣는 방법을 확인해 보겠습니다.

**실습** SPSS PROCESS macro 출력 결과를 한글 프로그램에 붙여넣기

**1** 출력 결과 창에서 ❶ 출력 결과를 더블클릭합니다.

```
**************************************************************************
OUTCOME VARIABLE:
 aggmean

Model Summary
          R       R-sq        MSE          F        df1        df2          p
       .273       .074       .253     48.973      3.000   1830.000       .000

Model
              coeff         se          t          p       LLCI       ULCI
constant      1.300       .082     15.813       .000      1.139      1.462
smamean        .311       .026     11.890       .000       .260       .363
gender         .034       .024      1.436       .151      -.012       .080
age            .000       .001      -.112       .911      -.002       .002
```

❶더블클릭

[그림 24-29]

**2** ❶ 출력 결과 중에서 한글 프로그램으로 붙여넣을 결과를 드래그하여 블록을 잡고 ❷ Ctrl+C(복사)를 누릅니다.

```
**************************************************************************
OUTCOME VARIABLE:
 aggmean

Model Summary
          R       R-sq        MSE          F        df1        df2          p
       .273       .074       .253     48.973      3.000   1830.000       .000

Model
              coeff         se          t          p       LLCI       ULCI
constant      1.300       .082     15.813       .000      1.139      1.462
smamean        .311       .026     11.890       .000       .260       .363
gender         .034       .024      1.436       .151      -.012       .080
age            .000       .001      -.112       .911      -.002       .002
```

❶드래그하여 블록잡기 + ❷Ctrl+C

[그림 24-30]

3 한글 프로그램을 열어서 ❶ Ctrl+V(붙여넣기)를 누릅니다.

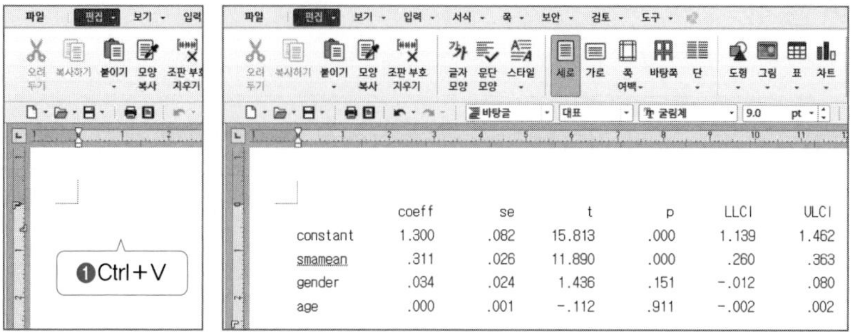


[그림 24-31]

4 ❶ 한글 프로그램에 붙여넣은 결과를 드래그하여 블록을 잡고 ❷ 표 아이콘 을 클릭합니다.

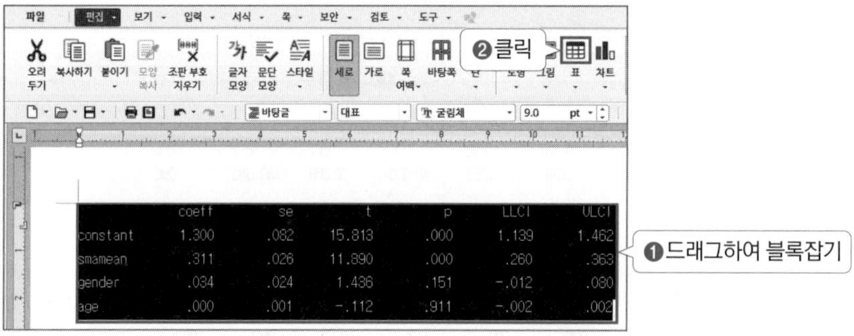


[그림 24-32]

5 SPSS PROCESS macro 출력 결과가 한글 프로그램에서 표로 만들어진 것을 확인할 수 있습니다. 이러한 표를 편집하여 이미 만들어 놓은 표에 복사+붙여넣기를 하면 됩니다.

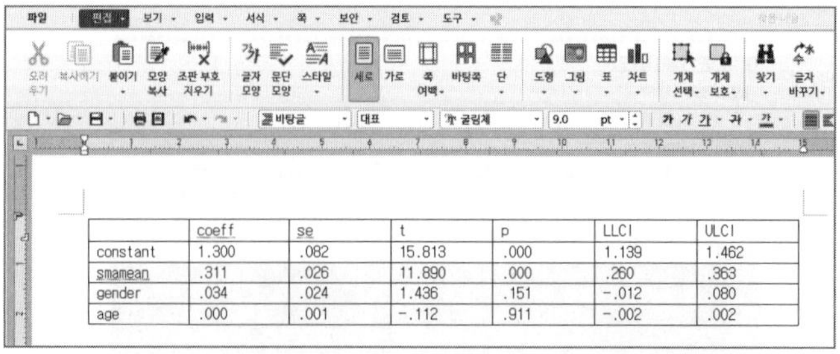


[그림 24-33]

## 7. 분석 결과 해석 작성

매개효과분석 결과에 대한 해석 작성은 다음과 같이 12단계로 진행합니다.

❶ 분석 목적, 분석 방법, 매개모형 모델 번호 작성

- Process Macro 4번 모델을 활용했다면, "스마트폰 중독이 삶의 만족도에 미치는 영향과 공격성 및 우울의 매개효과를 검증하기 위해 Hayes(2018)가 제안한 Process Macro 4번 모델을 활용하여 분석하였다."고 작성합니다.
- Process Macro 6번 모델을 활용했다면, "스마트폰 중독이 삶의 만족도에 미치는 영향과 공격성 및 우울의 매개효과를 검증하기 위해 Hayes(2018)가 제안한 Process Macro 6번 모델을 활용하여 분석하였다."고 작성합니다.

❷ 첫 번째 회귀분석 결과 설명 작성

"첫 번째 모형에서는 독립변수인 스마트폰 중독이 매개변수인 공격성에 미치는 영향을 살펴보았다."고 작성합니다.

❸ 첫 번째 회귀분석 결과의 $R^2$과 F값 작성

"매개변수인 공격성에 대한 설명력은 7.4%로 나타났고($R^2$=.074), 연구모형은 적합한 것으로 확인되었다(F=48.973, $p$<.001)."고 작성합니다.

❹ 첫 번째 회귀분석 결과의 p값을 통한 각 변수 유의성 결과와 표준화 계수(β) 작성

- p값이 0.05 미만이면, "독립변수인 스마트폰 중독(β=.268, $p$<.001)은 공격성에 유의한 영향을 미치는 것으로 나타났다. 즉, 스마트폰 중독이 높을수록 공격성은 높아지는 것으로 나타났다."고 작성합니다.
- p값이 0.05 이상이면, "통제변수인 성별과 연령은 공격성에 유의한 영향을 미치지 않는 것으로 확인되었다."고 작성합니다.

❺ 두 번째 회귀분석 결과 설명 작성(매개변수가 1개인 경우 작성×)

"두 번째 모형에서는 독립변수인 스마트폰 중독과 매개변수인 공격성이 매개변수인 우울에 미치는 영향을 살펴보았다."고 작성합니다.

❻ 두 번째 회귀분석 결과의 $R^2$과 F값 작성(매개변수가 1개인 경우 작성×)

"매개변수인 우울에 대한 설명력은 35.8%로 나타났고($R^2$=.358), 연구모형은 적합한 것으로 확인되었다(F=254.741, $p$<.001)."고 작성합니다.

❼ 두 번째 회귀분석 결과의 p값을 통한 각 변수 유의성 결과와 표준화 계수(β) 작성(매개변수가 1개인 경우 작성×)

- p값이 0.05 미만이면, "통제변수인 성별(β=.133, p<.001)은 우울에 유의한 영향을 미치는 것으로 나타났다. 즉, 남성 대비 여성인 경우 우울은 높아지는 것으로 나타났다. 독립변수인 스마트폰 중독(β=.300, p<.001)과 매개변수인 공격성(β=.414, p<.001)은 우울에 유의한 영향을 미치는 것으로 나타났다. 즉, 스마트폰 중독이 높을수록, 공격성이 높을수록, 우울은 높아지는 것으로 나타났다."고 작성합니다.
- p값이 0.05 이상이면, "통제변수인 연령은 우울에 유의한 영향을 미치지 않는 것으로 확인되었다."고 작성합니다.

❽ 세 번째 회귀분석 결과 설명 작성

"세 번째 모형에서는 독립변수인 스마트폰 중독과 매개변수인 공격성, 우울이 종속변수인 삶의 만족도에 미치는 영향을 살펴보았다."고 작성합니다.

❾ 세 번째 회귀분석 결과의 $R^2$과 F값 작성

"종속변수인 삶의 만족도에 대한 설명력은 31.8%로 나타났고($R^2$=.318), 연구모형은 적합한 것으로 확인되었다(F=170.269, p<.001)."고 작성합니다.

❿ 세 번째 회귀분석 결과의 p값을 통한 각 변수 유의성 결과와 표준화 계수(β) 작성

- p값이 0.05 미만이면, "통제변수인 성별(β=−.045, p<.05)은 삶의 만족도에 유의한 영향을 미치는 것으로 나타났다. 즉, 여성 대비 남성인 경우 삶의 만족도는 높아지는 것으로 나타났다. 독립변수인 스마트폰 중독(β=−.289, p<.001)과 매개변수인 우울(β=−.355, p<.001)은 삶의 만족도에 유의한 영향을 미치는 것으로 나타났다. 즉, 스마트폰 중독이 낮을수록, 우울이 낮을수록, 삶의 만족도는 높아지는 것으로 나타났다."고 작성합니다.
- p값이 0.05 이상이면, "통제변수인 연령과 매개변수인 공격성은 삶의 만족도에 유의한 영향을 미치지 않는 것으로 확인되었다."고 작성합니다.

⓫ 매개효과 검증 목적, 분석 방법 작성

"스마트폰 중독과 삶의 만족도의 관계에서 공격성 및 우울의 매개효과를 검증하기 위해 부트스트래핑 5,000회를 지정하고 95%의 신뢰구간을 설정하였다."고 작성합니다.

⓬ LLCI값과 ULCI값 사이에 0 포함 여부 통한 각 매개경로의 유의성 작성

- LLCI값과 ULCI값 사이에 0이 포함되지 않으면, "'스마트폰 중독 → 우울 → 삶의 만족도' 경로의 경우 95% 신뢰구간이 −.175~−.117이고, '스마트폰 중독 → 공격성 → 우울 → 삶의 만족도' 경로의 경우 95% 신뢰구간이 −.068~−.042로 0을 포함하지 않아 매개효과가 유의한 것으로 검증되었다."고 작성합니다.

- LLCI값과 ULCI값 사이에 0이 포함되면, "'스마트폰 중독 → 공격성 → 삶의 만족도' 경로의 경우 95% 신뢰구간이 −.026~.010으로 0을 포함하고 있으므로 이 경로에서 공격성의 매개효과는 유의하지 않은 것으로 확인되었다."고 작성합니다.

이 12단계에 맞춰 매개효과분석 결과에 대한 해석을 작성하면 다음과 같습니다.

❶ 스마트폰 중독이 삶의 만족도에 미치는 영향과 공격성 및 우울의 매개효과를 검증하기 위해 Hayes(2018)가 제안한 Process Macro 6번 모델을 활용하여 분석하였다.

❷ 첫 번째 모형에서는 독립변수인 스마트폰 중독이 매개변수인 공격성에 미치는 영향을 살펴보았다. ❸ 매개변수인 공격성에 대한 설명력은 7.4%로 나타났고($R^2$=.074), 연구모형은 적합한 것으로 확인되었다(F=48.973, p<.001). 분석 결과, ❹ 독립변수인 스마트폰 중독(β=.268, p<.001)은 공격성에 유의한 영향을 미치는 것으로 나타났다. 즉, 스마트폰 중독이 높을수록 공격성은 높아지는 것으로 나타났다. 한편, 통제변수인 성별과 연령은 공격성에 유의한 영향을 미치지 않는 것으로 확인되었다.

❺ 두 번째 모형에서는 독립변수인 스마트폰 중독과 매개변수인 공격성이 매개변수인 우울에 미치는 영향을 살펴보았다. ❻ 매개변수인 우울에 대한 설명력은 35.8%로 나타났고($R^2$=.358), 연구모형은 적합한 것으로 확인되었다(F=254.741, p=.001). 분석 결과, ❼ 통제변수인 성별(β=.133, p<.001)은 우울에 유의한 영향을 미치는 것으로 나타났다. 즉, 남성 대비 여성인 경우 우울은 높아지는 것으로 나타났다. 독립변수인 스마트폰 중독(β=.300, p<.001)과 매개변수인 공격성(β=.414, p<.001)은 우울에 유의한 영향을 미치는 것으로 나타났다. 즉, 스마트폰 중독이 높을수록, 공격성이 높을수록, 우울은 높아지는 것으로 나타났다. 한편, 통제변수인 연령은 우울에 유의한 영향을 미치지 않는 것으로 확인되었다.

❽ 세 번째 모형에서는 독립변수인 스마트폰 중독과 매개변수인 공격성, 우울이 종속변수인 삶의 만족도에 미치는 영향을 살펴보았다. ❾ 종속변수인 삶의 만족도에 대한 설명력은 31.8%로 나타났고($R^2$=.318), 연구모형은 적합한 것으로 확인되었다(F=170.269, p<.001). 분석 결과, ❿ 통제변수인 성별(β=−.045, p<.05)은 삶의 만족도에 유의한 영향을 미치는 것으로 나타났다. 즉, 여성 대비 남성인 경우 삶의 만족도는 높아지는 것으로 나타났다. 독립변수인 스마트폰 중독(β=−.289, p<.001)과 매개변수인 우울(β=−.355, p<.001)은 삶의 만족도에 유의한 영향을 미치는 것으로 나타났다. 즉, 스마트폰 중독이 낮을수록, 우울이 낮을수록, 삶의 만족도는 높아지는 것으로 나타났다. 한편, 통제변수인 연령과 매개변수인 공격성은 삶의 만족도에 유의한 영향을 미치지 않는 것으로 확인되었다.

⓫ 스마트폰 중독과 삶의 만족도의 관계에서 공격성 및 우울의 매개효과를 검증하기 위해

부트스트래핑 5,000회를 지정하고 95%의 신뢰구간을 설정하였다. 분석 결과, ⑫ '스마트폰 중독 → 우울 → 삶의 만족도' 경로의 경우 95% 신뢰구간이 −.175~−.117이고, '스마트폰 중독 → 공격성 → 우울 → 삶의 만족도' 경로의 경우 95% 신뢰구간이 −.068~−.042로 0을 포함하지 않아 매개효과가 유의한 것으로 검증되었다. 한편, '스마트폰 중독 → 공격성 → 삶의 만족도' 경로의 경우 95% 신뢰구간이 −.026~.010으로 0을 포함하고 있으므로 이 경로에서 공격성의 매개효과는 유의하지 않은 것으로 확인되었다.

**[매개효과분석 결과표 및 해석 예시]**

스마트폰 중독이 삶의 만족도에 미치는 영향과 공격성 및 우울의 매개효과를 검증하기 위해 Hayes(2018)가 제안한 Process Macro 6번 모델을 활용하여 분석하였다.

첫 번째 모형에서는 독립변수인 스마트폰 중독이 매개변수인 공격성에 미치는 영향을 살펴보았다. 매개변수인 공격성에 대한 설명력은 7.4%로 나타났고($R^2$=.074), 연구모형은 적합한 것으로 확인되었다(F=48.973, p<.001). 분석 결과, 독립변수인 스마트폰 중독(β=.268, p<.001)은 공격성에 유의한 영향을 미치는 것으로 나타났다. 즉, 스마트폰 중독이 높을수록 공격성은 높아지는 것으로 나타났다. 한편, 통제변수인 성별과 연령은 공격성에 유의한 영향을 미치지 않는 것으로 확인되었다.

<표> 스마트폰 중독이 공격성에 미치는 영향

| 구분 | | B | S.E. | β |
|---|---|---|---|---|
| (상수) | | 1.300 | .082 | |
| 통제변수 | 성별(ref.=남성) | .034 | .024 | .032 |
| | 연령 | .000 | .001 | −.003 |
| 독립변수 | 스마트폰 중독 | .311 | .026 | .268*** |
| $R^2$ | | | .074 | |
| F | | | 48.973*** | |

*p<.05, **p<.01, ***p<.001

두 번째 모형에서는 독립변수인 스마트폰 중독과 매개변수인 공격성이 매개변수인 우울에 미치는 영향을 살펴보았다. 매개변수인 우울에 대한 설명력은 35.8%로 나타났고($R^2$=.358), 연구모형은 적합한 것으로 확인되었다(F=254.741, p<.001). 분석 결과, 통제변수인 성별(β=.133, p<.001)은 우울에 유의한 영향을 미치는 것으로 나타났다. 즉, 남성 대비 여성인 경우 우울은 높아지는 것으로 나타났다. 독립변수인 스마트폰 중독(β=.300, p<.001)과 매개변수인 공격성(β=.414, p<.001)은 우울에 유의한 영향을 미치는 것으로 나타났다. 즉, 스마트폰 중독이 높을수록, 공격성이 높을수록, 우울은 높아지는 것으로 나타났다. 한편, 통제변수인 연령은 우울에 유의한 영향을 미치지 않는 것으로 확인되었다.

**<표> 스마트폰 중독, 공격성이 우울에 미치는 영향**

| 구분 | | B | S.E. | β |
|---|---|---|---|---|
| (상수) | | .900 | .052 | |
| 통제변수 | 성별(ref.=남성) | .098 | .014 | .133*** |
| | 연령 | .000 | .001 | −.003 |
| 독립변수 | 스마트폰 중독 | .247 | .016 | .300*** |
| 매개변수 | 공격성 | .294 | .014 | .414*** |
| $R^2$ | | | .358 | |
| F | | | 254.741*** | |

*p<.05, **p<.01, ***p<.001

세 번째 모형에서는 독립변수인 스마트폰 중독과 매개변수인 공격성, 우울이 종속변수인 삶의 만족도에 미치는 영향을 살펴보았다. 종속변수인 삶의 만족도에 대한 설명력은 31.8%로 나타났고($R^2$=.318), 연구모형은 적합한 것으로 확인되었다($F$=170.269, $p$<.001). 분석 결과, 통제변수인 성별($\beta$=−.045, $p$<.05)은 삶의 만족도에 유의한 영향을 미치는 것으로 나타났다. 즉, 여성 대비 남성인 경우 삶의 만족도는 높아지는 것으로 나타났다. 독립변수인 스마트폰 중독($\beta$=−.289, $p$<.001)과 매개변수인 우울($\beta$=−.355, $p$<.001)은 삶의 만족도에 유의한 영향을 미치는 것으로 나타났다. 즉, 스마트폰 중독이 낮을수록, 우울이 낮을수록, 삶의 만족도는 높아지는 것으로 나타났다. 한편, 통제변수인 연령과 매개변수인 공격성은 삶의 만족도에 유의한 영향을 미치지 않는 것으로 확인되었다.

**<표> 스마트폰 중독, 공격성, 우울이 삶의 만족도에 미치는 영향**

| 구분 | | B | S.E. | β |
|---|---|---|---|---|
| (상수) | | 5.035 | .095 | |
| 통제변수 | 성별(ref.=남성) | −.055 | .024 | −.045* |
| | 연령 | −.002 | .001 | −.032 |
| 독립변수 | 스마트폰 중독 | −.393 | .029 | −.289*** |
| 매개변수 | 공격성 | −.023 | .026 | −.020 |
| | 우울 | −.586 | .040 | −.355*** |
| $R^2$ | | | .318 | |
| F | | | 170.269*** | |

*p<.05, **p<.01, ***p<.001

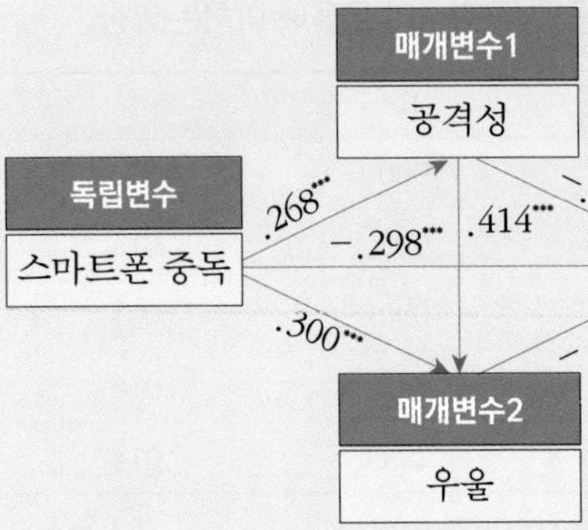


[그림 24-34] **스마트폰 중독이 삶의 만족도에 미치는 영향과 공격성 및 우울의 매개효과(표준화 계수)**

스마트폰 중독과 삶의 만족도의 관계에서 공격성 및 우울의 매개효과를 검증하기 위해 부트스트래핑 5,000회를 지정하고 95%의 신뢰구간을 설정하였다. 분석 결과, '스마트폰 중독 → 우울 → 삶의 만족도' 경로의 경우 95% 신뢰구간이 −.175~−.117이고, '스마트폰 중독 → 공격성 → 우울 → 삶의 만족도' 경로의 경우 95% 신뢰구간이 −.068~−.042로 0을 포함하지 않아 매개효과가 유의한 것으로 검증되었다. 한편, '스마트폰 중독 → 공격성 → 삶의 만족도' 경로의 경우 95% 신뢰구간이 −.026~.010으로 0을 포함하고 있으므로 이 경로에서 공격성의 매개효과는 유의하지 않은 것으로 확인되었다.

**<표> 매개효과 검증**

| 변수 간 경로 | B | S.E. | 95% CI | |
|---|---|---|---|---|
| | | | LLCI | ULCI |
| 스마트폰 중독 → 공격성 → 삶의 만족도 | −.007 | .009 | −.026 | .010 |
| 스마트폰 중독 → 우울 → 삶의 만족도 | −.145 | .015 | −.175 | −.117 |
| 스마트폰 중독 → 공격성 → 우울 → 삶의 만족도 | −.054 | .007 | −.068 | −.042 |

제25장

# 조절효과분석(SPSS PROCESS macro 활용)

## Key Point

조절효과분석 이해

- 독립변수가 종속변수에 미치는 영향력을 조절변수가 유의하게 조절하는지 확인할 때 진행
- 조절효과의 방향을 확인할 때 진행

조절효과분석 과정

- 1단계: 독립변수, 조절변수, 상호작용변수 → 종속변수
- 2단계: 조절변수 특정 값(평균−표준편차, 평균, 평균+표준편차)에 따른 조건부 효과
- 3단계: 조명등 분석
- 4단계: 조절효과 그래프 분석

조절효과분석 변수 구성

| 독립변수 | | 종속변수 | | 조절변수 | | |
|---|---|---|---|---|---|---|
| 평균변수<br>(보기가 없는 변수) | + | 평균변수<br>(보기가 없는 변수) | + | 집단변수<br>또는<br>평균변수 | = | 조절효과분석 |

조절효과분석 메뉴

- SPSS 프로그램 메뉴에서 '분석−회귀분석−PROCESS by Andrew F. Hayes'

# 1. 조절효과분석 이해

## 1) 조절효과분석 개념 및 활용

조절효과분석은 다중회귀분석 중 하나로, 회귀분석 시 필요한 독립변수와 종속변수 외에 조절변수가 추가된 분석입니다. 즉, 조절효과는 조절변수를 통해 확인할 수 있습니다. 조절변수는 독립변수에서 종속변수로 가는 영향력을 조절하는 변수입니다. 이러한 조절변수가 독립변수에서 종속변수에 미치는 영향력을 통계적으로 유의하게 높이거나 낮추는지 확인해 보는 분석이 조절효과분석입니다.

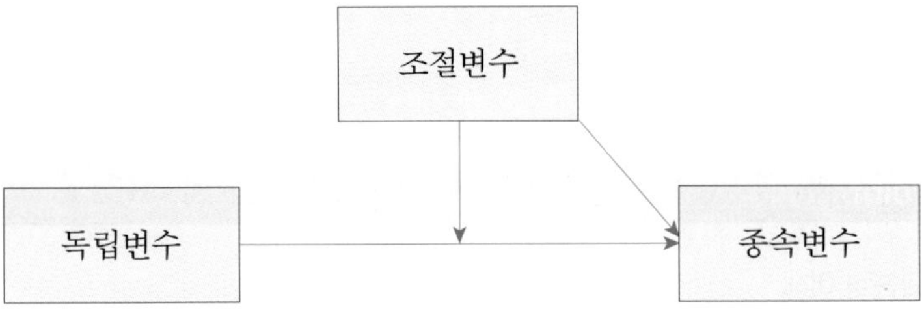


[그림 25-1] **조절효과분석**

조절효과분석은 다음과 같은 상황에서 활용합니다.

- 독립변수가 종속변수에 미치는 영향력을 조절변수가 유의하게 조절하는지 확인할 때
- 조절효과의 방향을 확인할 때

### (1) 독립변수가 종속변수에 미치는 영향력을 조절변수가 유의하게 조절하는지 확인할 때

독립변수가 종속변수에 미치는 영향력을 조절변수가 유의하게 조절하는지 확인할 때는 조절변수의 유의확률(p값)을 통해서 판단하지 않습니다. 조절변수가 유의하게 조절하는지 여부, 즉 조절효과의 유의성은 상호작용변수(상호작용항)의 유의확률을 통해서 확인합니다. 실제로 조절효과분석을 진행할 때는 독립변수와 조절변수만 주요 변수로 활용하는 것이 아니라 상호작용변수를 만들어 종속변수에 영향을 주는지 분석합니다. 상호작용변수는 독립변수와 조절변수를 곱한 변수입니다. 이 상호작용변수의 유의확률이 0.05보다 낮으면 유의

한 조절효과가 있다고 판단하고, 0.05 이상이면 조절효과가 유의하지 않다고 판단합니다. 참고로 SPSS PROCESS macro에서는 분석 시 독립변수와 조절변수를 가지고 임의로 상호작용변수를 만들어 주기 때문에 상호작용변수를 따로 만들지 않아도 됩니다.

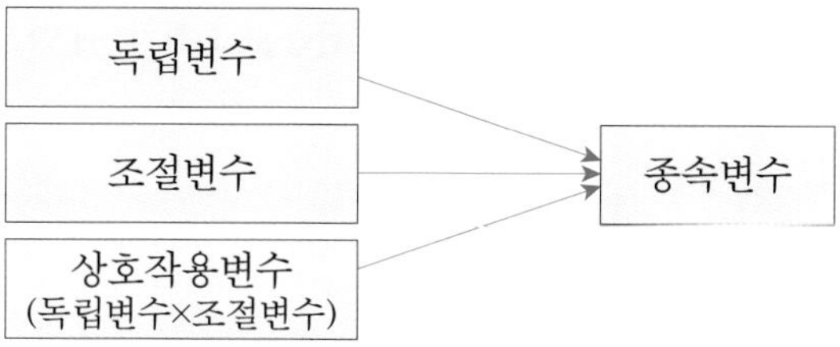


[그림 25-2] **상호작용변수를 통한 조절효과 유의성 확인**

(2) 조절효과의 방향을 확인할 때

조절효과의 방향은 독립변수에서 종속변수로 가는 영향을 조절변수가 유의하게 조절한다고 할 때 영향력을 높이는 쪽으로 조절하는가, 낮추는 쪽으로 조절하는가를 나타내는 것입니다. 조절효과의 방향은 상호작용변수의 회귀계수 부호를 통해 파악할 수도 있으나 보통 조절효과 그래프를 통해 정확하게 파악할 수 있습니다.

## 2) 조절효과분석 과정

조절효과분석은 총 4단계의 분석 과정을 거칩니다. 1단계에서는 독립변수, 조절변수, 상호작용변수가 종속변수에 미치는 영향을 살펴보고, 2단계에서는 조절변수의 특정 값(평균-표준편차, 평균, 평균+표준편차)에서 독립변수가 종속변수에 미치는 영향의 조건부 효과를 확인합니다. 즉, 독립변수가 종속변수에 영향을 미치는 과정에서 조절효과가 조절변수의 특정 값(평균-표준편차, 평균, 평균+표준편차) 중 어떤 값에서 유의한지를 확인하는 것입니다. 3단계에서는 존슨-네이만(Johnson-Neyman)의 조명등 분석법(floodlight analysis)을 활용하여 조절효과가 어떤 조절변수 값(범위)에서 유의한지를 파악합니다. 4단계에서는 조절효과 그래프를 그리고 분석하여, 조절변수가 독립변수와 종속변수 간의 관계를 어떻게 조절하는지 구체적으로 확인합니다.

참고로 2단계(조절변수 특정 값에 따른 조건부 효과)와 3단계(조명등 분석) 결과는 SPSS PROCESS macro에서 몇 번의 클릭만으로 제시되기 때문에 분석 결과에 함께 작성합니다. 그러나 SPSS PROCESS macro를 활용하지 않는다면 잘 제시하지 않습니다. 또한 1단계인 독립변수, 조절변수, 상호작용변수가 종속변수에 미치는 영향에서 상호작용변수가 유의하지 않게 분석되었다면 2단계부터 4단계까지는 진행할 필요가 없습니다.

- 1단계: 독립변수, 조절변수, 상호작용변수 → 종속변수
- 2단계: 조절변수 특정 값(평균-표준편차, 평균, 평균+표준편차)에 따른 조건부 효과
- 3단계: 조명등 분석
- 4단계: 조절효과 그래프 분석

### 3) SPSS PROCESS macro에서 분석 가능한 조절모형

SPSS PROCESS macro에서 분석 가능한 조절모형은 조절변수가 1개 있을 때와 2개 있을 때입니다. 즉, 조절변수가 2개 이하까지만 가능하고, 조절변수가 3개 이상 있을 때에는 SPSS PROCESS macro에서 한 번에 진행할 수 없습니다. 물론 조절변수가 3개 이상이라면 조절변수 1개씩 조절효과분석을 진행하는 방법을 활용할 수 있습니다.

'조절변수 → 종속변수'에 해당하는 경로를 살펴보지 않는 조절모형은 SPSS PROCESS macro에서 진행할 수 없습니다. SPSS PROCESS macro에서는 조절효과분석을 진행할 때 '조절변수 → 종속변수'에 해당하는 경로를 필수적으로 확인하기 때문입니다.

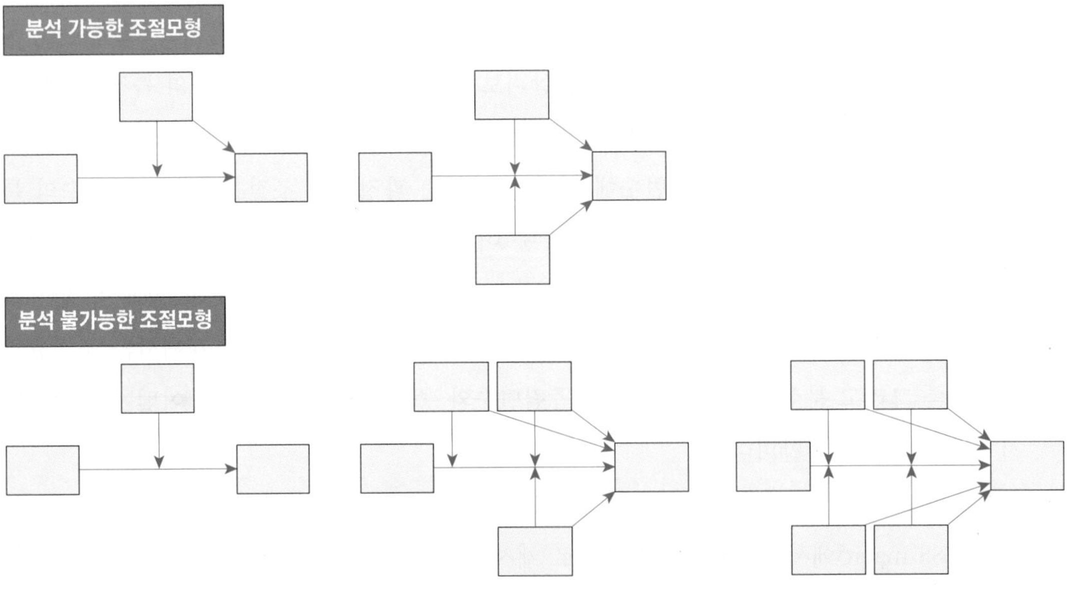


[그림 25-3] SPSS PROCESS macro에서 분석 가능한 조절모형 및 분석 불가능한 조절모형

**Know how** **조절변수가 2개일 때 조절변수 2개를 한 번에 분석할 때와 조절변수 1개씩 분석할 때의 차이점은?**

조절변수가 2개일 때 조절변수 2개를 한 번에 분석할 수도 있고 조절변수를 1개씩 분석할 수도 있습니다. 만약 조절변수를 1개씩 분석한다면 조절변수별 조절효과를 확인하겠다는 의미입니다. 조절변수 2개를 한 번에 분석할 때에도 조절변수별 조절효과를 확인하겠다는 의미도 있지만 조절변수 간의 관계도 고려하면서 조절효과를 보겠다는 의미도 있습니다. 회귀분석의 경우 독립변수로 설정하더라도 다른 변수의 유의성을 확인하기 위해서 통제변수가 되듯이 조절효과분석에서도 조절변수1의 조절효과를 확인할 때 다른 조절변수2는 통제변수가 됩니다.

결론적으로 조절변수 간의 관계를 고려하면서 진행해야 할 때는 조절변수 2개를 한 번에 분석하는 것을 추천합니다. 다만, 조절변수 간의 다중공선성 문제 등이 의심되거나 유사한 변수라면 조절변수를 1개씩 분석하는 것을 추천합니다.

## 2. 조절효과분석 변수 구성

조절효과분석의 경우 독립변수, 종속변수는 평균변수이고 조절변수는 집단변수 혹은 평균변수일 때 진행할 수 있습니다. 즉, 연령과 같이 보기가 없고 평균을 내는 것이 의미가 있는 평균변수가 있다면 가능합니다. 다만, 성별과 같이 집단변수도 더미변수로 변환하면 평균변수로 활용할 수 있고, 우울과 같이 리커트 척도 또한 2개 이상의 문항을 합하거나 평균을 내어 합변수 혹은 평균변수로 분석에서 활용하기 때문에 조절효과분석에서도 가능합니다. 즉, 조절효과분석도 회귀분석이기 때문에 회귀분석에서 활용할 수 있는 변수라면 조절효과분석에서도 가능합니다.

참고로 조절변수는 성별처럼 집단변수일 수도 있고, 운동시간처럼 평균변수일 수도 있습니다. 또는 조절변수가 공격성처럼 리커트 척도일 수도 있습니다. 즉, 회귀분석에서 활용할 수 있는 변수라면 모두 조절변수로 활용할 수 있습니다.

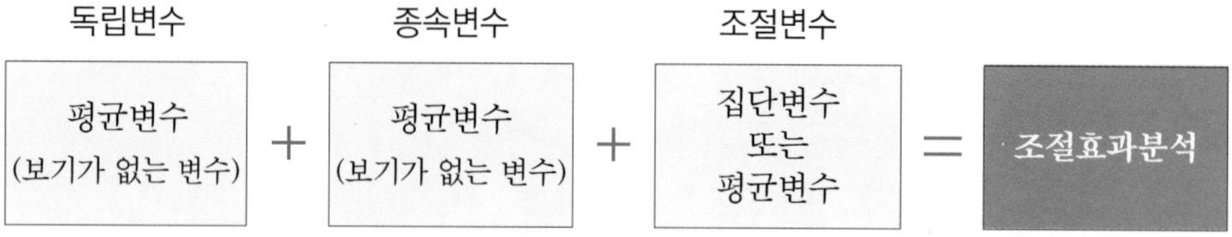


[그림 25-4] **조절효과분석 변수 구성**

구체적으로 어떠한 상황에서 조절효과분석을 진행하는지 확인해 보겠습니다. 이 분석에서 진행하는 연구모형은 조절변수가 1개 있는 모형입니다. 즉, 통제변수는 성별, 연령, 독립변수는 스마트폰 중독, 조절변수는 운동시간, 종속변수는 우울로 설정하였습니다.

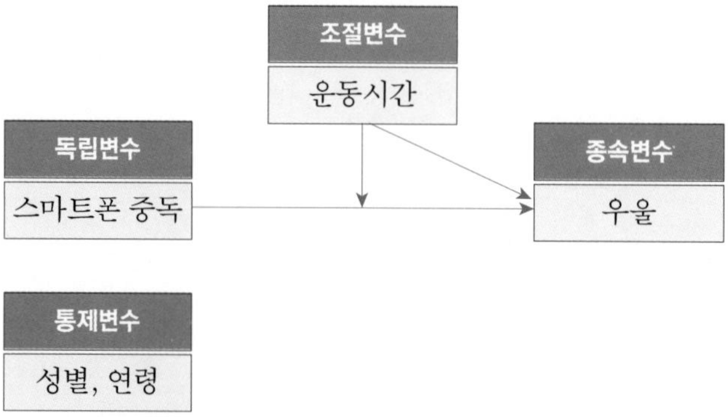


[그림 25-5] **조절효과분석 연구모형**

주요 변수는 성별더미변수, 연령, 스마트폰 중독, 운동시간, 우울입니다. 연령과 운동시간은 평균변수이고, 성별더미변수, 스마트폰 중독, 우울은 평균변수로 볼 수 있는 더미변수와 리커트 척도입니다. 이러한 변수들로 구성되어 있다면, 조절효과분석을 통해 '스마트폰 중독이 우울에 미치는 영향과 운동시간의 조절효과'를 확인할 수 있습니다.

**1.** 귀하의 성별은 무엇입니까?

① 남성 ② 여성

**2.** 현재 귀하의 연령은 어떻게 됩니까? (  )세

**3.** 다음은 스마트폰 중독에 대한 질문입니다. 각 문항을 읽고 해당 사항에 체크하여 주십시오.

| 스마트폰 중독 | 전혀 그렇지 않다 | 그렇지 않은 편이다 | 그런 편이다 | 매우 그렇다 |
|---|---|---|---|---|
| 1. 스마트폰을 사용하지 못하면 온 세상을 잃은 것 같은 생각이 든다. | ① | ② | ③ | ④ |
| 2. 가족이나 친구들과 함께 있는 것보다 스마트폰을 사용하고 있는 것이 더 즐겁다. | ① | ② | ③ | ④ |
| 3. 스마트폰을 사용할 수 없게 된다면 견디기 힘들 것이다. | ① | ② | ③ | ④ |
| 4. 스마트폰이 없으면 안절부절못하고 초조해진다. | ① | ② | ③ | ④ |
| 5. 스마트폰이 없으면 불안하다. | ① | ② | ③ | ④ |
| 6. 스마트폰이 옆에 없으면, 하루 종일 일(공부)이 손에 안 잡힌다. | ① | ② | ③ | ④ |
| 7. 스마트폰 사용시간을 줄이려고 해 보았지만 실패한다. | ① | ② | ③ | ④ |
| 8. 스마트폰을 사용할 때 그만해야지라고 생각은 하면서도 계속한다. | ① | ② | ③ | ④ |
| 9. 스마트폰 사용에 많은 시간을 보내는 것이 습관화되었다. | ① | ② | ③ | ④ |
| 10. 스마트폰 사용에 많은 시간을 보낸다. | ① | ② | ③ | ④ |

**4.** 귀하의 하루 평균 운동시간은 어떻게 됩니까? (  )시간

**5.** 다음은 우울에 대한 질문입니다. 각 문항을 읽고 해당 사항에 체크하여 주십시오.

| 우울 | 전혀 그렇지 않다 | 그렇지 않은 편이다 | 그런 편이다 | 매우 그렇다 |
|---|---|---|---|---|
| 1. 요즘은 행복한 기분이 들지 않는다. | ① | ② | ③ | ④ |
| 2. 불행하다고 생각하거나 슬퍼하고 우울해한다. | ① | ② | ③ | ④ |
| 3. 걱정이 있다. | ① | ② | ③ | ④ |
| 4. 죽고 싶은 생각이 든다. | ① | ② | ③ | ④ |
| 5. 울기를 잘한다. | ① | ② | ③ | ④ |
| 6. 어떤 일이 잘못되었을 때 나 때문이라는 생각을 자주 한다. | ① | ② | ③ | ④ |
| 7. 외롭다. | ① | ② | ③ | ④ |
| 8. 모든 일에 관심과 흥미가 없다. | ① | ② | ③ | ④ |
| 9. 장래가 희망적이지 않은 것 같다. | ① | ② | ③ | ④ |
| 10. 모든 일이 힘들다. | ① | ② | ③ | ④ |

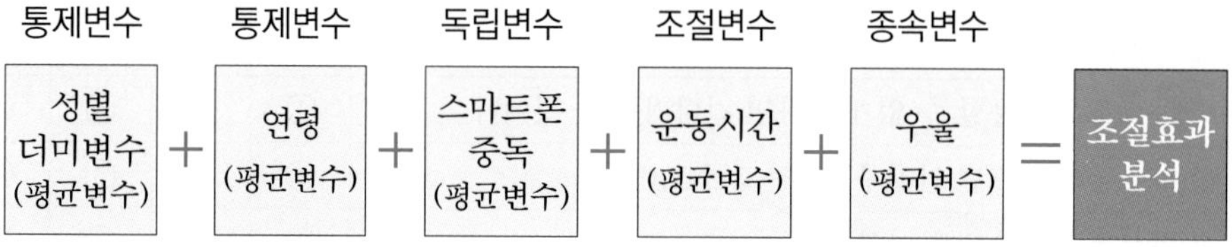


[그림 25-6] **조절효과분석 예시**

# 3. 조절효과분석 실습

## 1) 조절효과분석 전 데이터 핸들링(생략)

조절효과분석을 하기 위해 집단변수인 성별은 더미변수를 만들고 리커트 척도인 스마트폰 중독, 우울은 평균변수로 만들어야 합니다. 성별을 더미변수 만드는 방법과 스마트폰 중독, 우울을 평균변수로 만드는 방법은 '제22장 회귀분석-3. 회귀분석 실습'에서 진행한 성별(더미변수) 및 생활만족도(평균변수)와 데이터 핸들링 방법이 동일하므로 참고하기 바랍니다. 참고로 스마트폰 중독, 우울은 역문항이 없으며, 실습파일인 'SPSS PROCESS macro data'에는 이미 데이터 핸들링을 한 성별더미변수, 스마트폰중독, 우울평균 변수가 있습니다.

## 2) 조절효과분석(SPSS PROCESS macro 활용)

**실습** 조절효과분석

- 실습내용: 스마트폰 중독이 우울에 미치는 영향과 운동시간의 조절효과
- 실습파일: SPSS PROCESS macro data.sav
- 활용변수: gender(성별더미변수), age(연령), smamean(스마트폰중독평균), exetime(운동시간), depmean(우울평균)

**1** 자신이 진행하고자 하는 조절모형이 Model 1번인지 또는 Model 2번인지 확인합니다. Model 1번과 Model 2번의 큰 차이점은 조절변수의 개수입니다. 즉, 조절변수가 1개라면 Model 1번을 선택하고, 조절변수가 2개라면 Model 2번을 선택합니다. 스마트폰 중독이 우울에 미치는 영향과 운동시간의 조절효과를 살펴보는 조절모형은 Model 1번에 해당합니다.

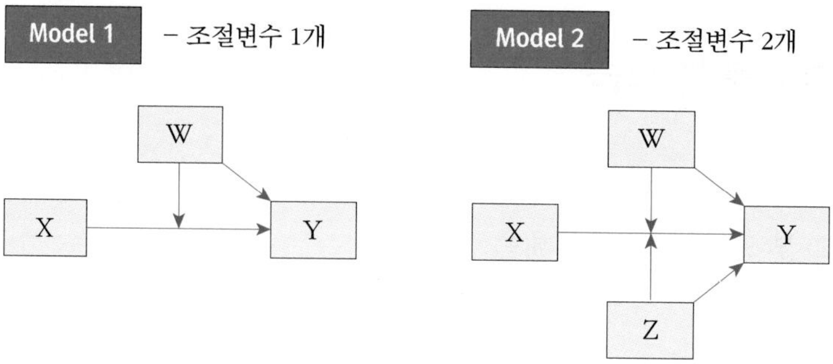


[그림 25-7]

자료: PROCESS macro v2.1의 templates 재구성

❷ 조절효과분석을 진행하기 위해 메뉴의 ❶ 분석을 클릭하고 ❷ 회귀분석을 클릭한 후 ❸ PROCESS by Andrew F. Hayes를 선택합니다.

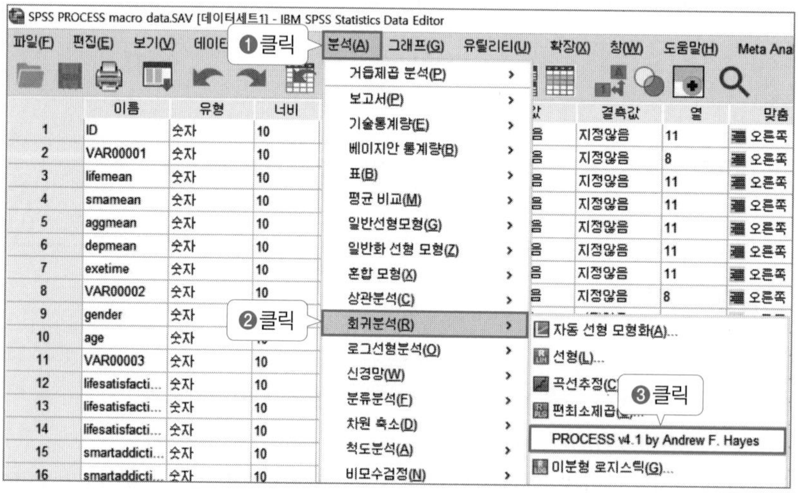


[그림 25-8]

❸ 템플릿의 모형에 적힌 알파벳을 확인합니다. X는 독립변수, Y는 종속변수, W는 조절변수입니다.

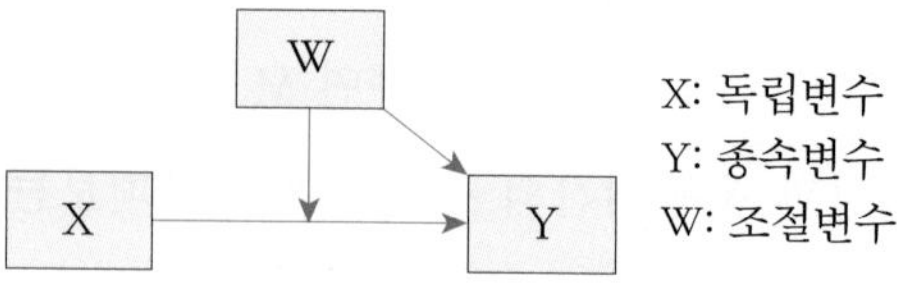


[그림 25-9]

**체크? 체크!** Model 2번

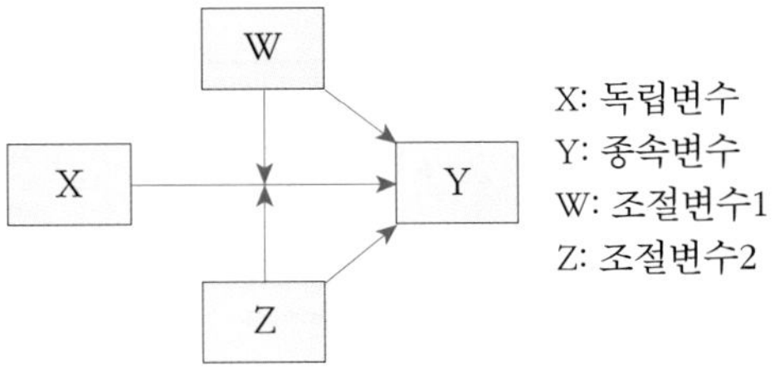


[그림 25-10]

4 PROCESS 창에서 Y variable에 종속변수인 우울평균, X variable에 독립변수인 스마트폰중독평균, Moderator variable W에 조절변수인 운동시간, Covariate(s)에 통제변수인 성별더미변수와 연령 변수를 옮깁니다. 참고로 조절변수가 2개라면 조절변수1은 Moderator variable W로 옮기고, 조절변수2는 Moderator variable Z로 옮기면 됩니다.

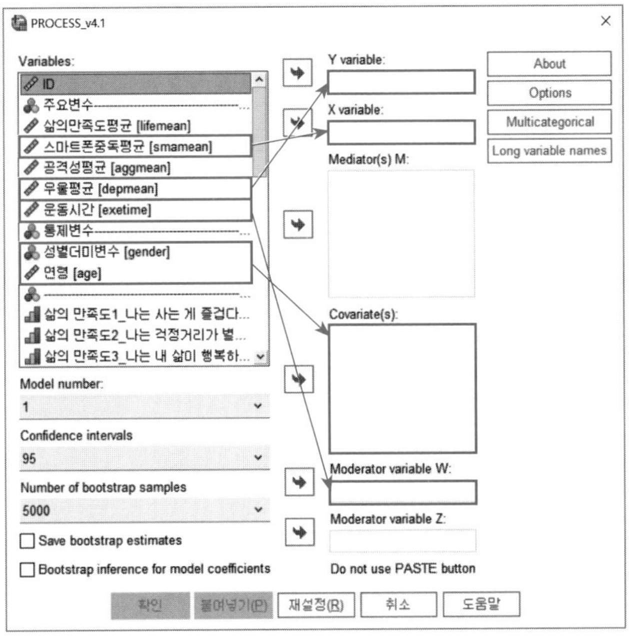


[그림 25-11]

5 이 조절모형은 Model 1번이므로 ❶ Model number를 클릭하여 ❷ 1을 선택합니다. 만약 자신의 조절모형이 Model 2번이면, Model number에서 2를 클릭합니다.

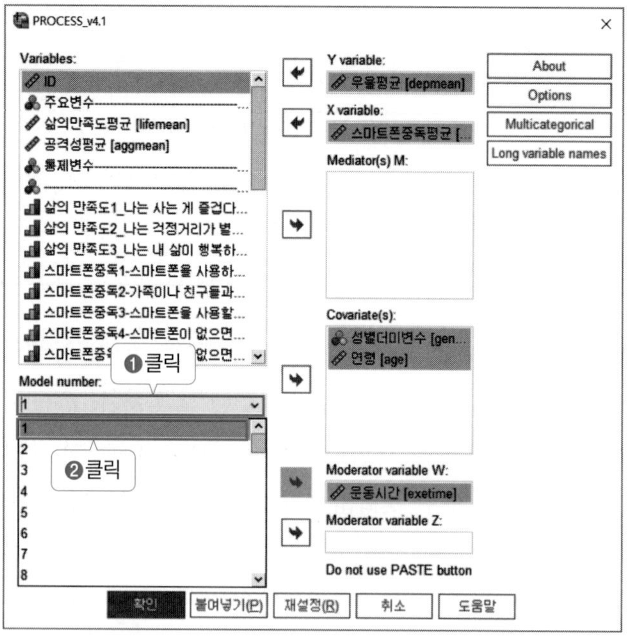


[그림 25-12]

6 ❶ Options을 클릭합니다.

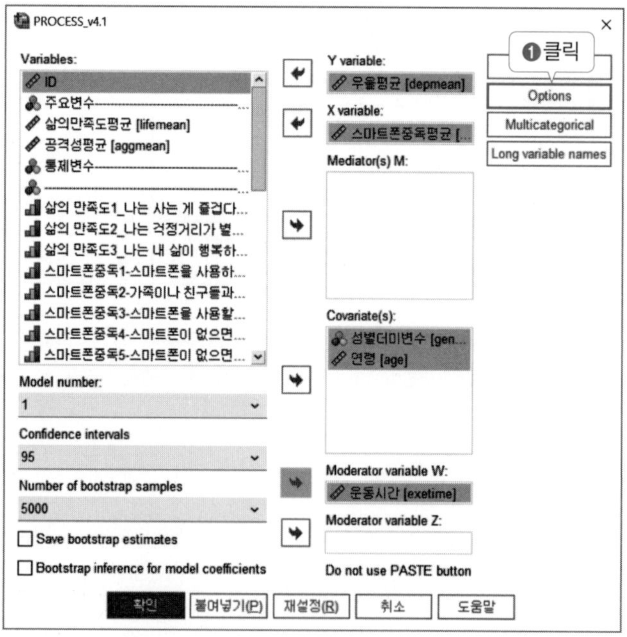


[그림 25-13]

**7** PROCESS options 창이 열리면, 조절효과를 시각화(그래프 그리기)하기 위한 데이터 출력을 위해 ❶ Generate code for visualizing interactions를 클릭합니다. 그런 다음 출력 결과값을 소수점 셋째 자리까지 제시하기 위해서 ❷ Decimal places in output에서 3으로 설정합니다. 상호작용변수의 유의수준을 $p < .05$로 설정하기 위해 ❸ Probe interactions에서 if $p < .05$으로 설정합니다. 조절변수의 특정 값(평균−표준편차, 평균, 평균+표준편차)에서 조건부 효과를 확인하기 위해 ❹ Conditioning values에서 −1SD, Mean, +1SD를 클릭합니다. 조절효과가 어떤 조절변수 값(범위)에서 유의한지 제시하기 위해 ❺ Johnson-Neyman output을 클릭합니다. 그런 다음 ❻ 계속을 클릭합니다.

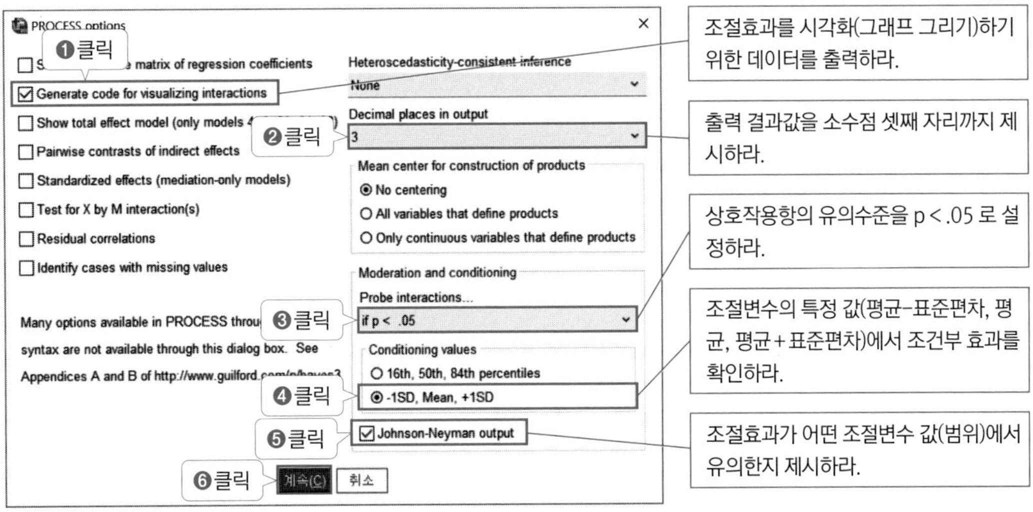


[그림 25-14]

**체크? 체크!** 

## 독립변수와 조절변수의 평균중심화를 설정하려면?

조절효과분석에서 상호작용변수(상호작용항)를 만드는 독립변수와 조절변수의 평균중심화를 설정하고 싶다면 PROCESS options 창에서 Mean center for construction of products의 All variables that define products를 클릭하면 됩니다.

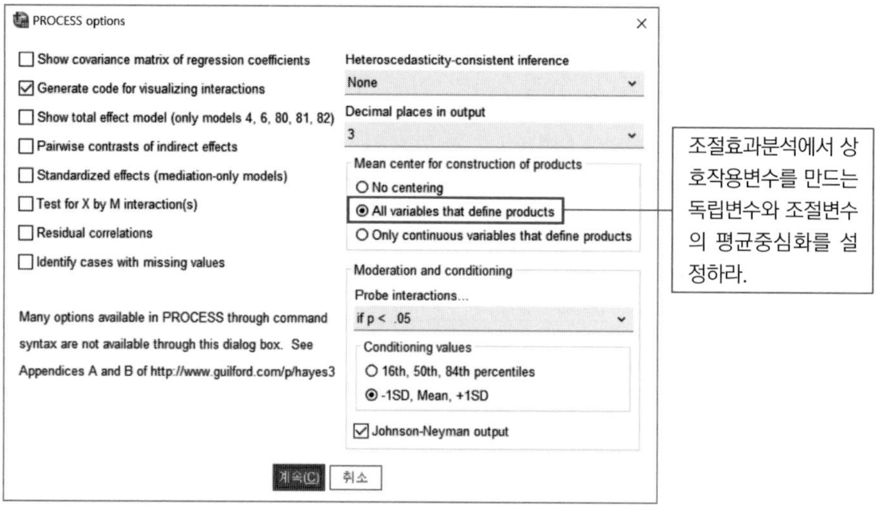


[그림 25-15]

**Know how**

## 평균중심화와 다중공선성 문제

조절효과분석을 진행하면 독립변수, 조절변수, 상호작용변수(독립변수×조절변수)를 함께 분석합니다. 그러므로 독립변수와 상호작용변수, 조절변수와 상호작용변수는 상관관계가 높게 나타날 수밖에 없기 때문에 다중공선성 문제에서 벗어나기가 쉽지 않습니다. 그래서 전통적으로 독립변수와 조절변수를 평균중심화(Mean Centering)하여 상호작용변수 만들기 등의 작업을 통해 다중공선성 문제에서 벗어나려고 노력합니다.

그런데 펜실베이니아 대학교의 Paul D. Allison 교수를 비롯한 Dalal과 Zickar(2012), Hayes (2013) 등 많은 학자가 다음과 같은 문제를 제기하였습니다. 다중공선성 문제를 해결하기 위해 평균중심화를 하든 하지 않든 상호작용변수의 p값은 동일할 뿐 아니라 수학적으로도 동일한 회귀모형이기 때문에 평균중심화를 하지 않고 독립변수×조절변수를 상호작용변수로 설정해도 문제가 되지 않는다는 것입니다. 더 나아가 Paul D. Allison 교수는 https://statisticalhorizons.com 사이트에 'When Can You Safely Ignore Multicollinearity?'라는 글을 게재했는데, 이 글에서 조절효과분석의 경우 다중공선성을 안전하게 무시해도 좋다고 언급하고 있습니다.

이런 이유로 본 분석에서는 평균중심화를 진행하지 않았습니다. 그럼에도 전공 특성상 혹은 지도 교수 특성상 평균중심화를 진행해야 한다면 PROCESS options 창에서 Mean center for construction of products의 All variables that define products를 클릭하면 됩니다.

8 ❶ 확인을 클릭하여 PROCESS 창을 닫습니다.

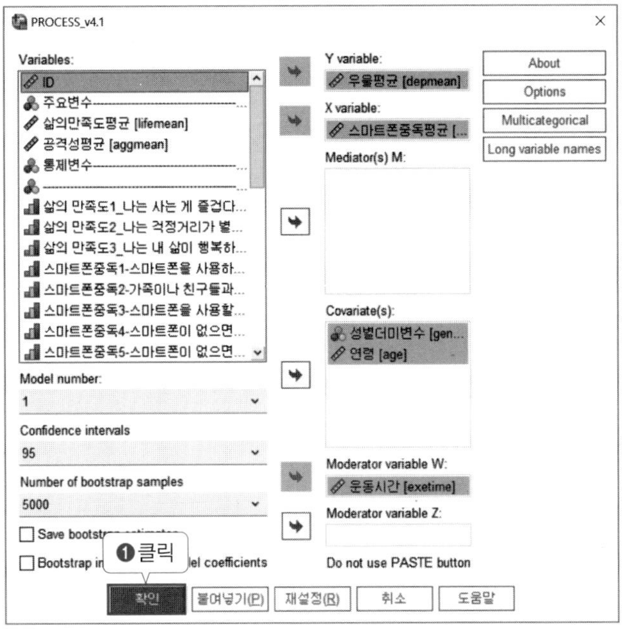

[그림 25-16]

## 4. 출력 결과 해석

스마트폰 중독이 우울에 미치는 영향과 운동시간의 조절효과를 확인하기 위해 조절효과 분석을 진행하였습니다. 조절효과분석은 다중회귀분석이므로 회귀분석 해석과 같습니다. 다만, SPSS PROCESS macro를 통한 출력 결과 양식이 SPSS 프로그램으로 진행한 출력 결과와 조금 차이가 있습니다. 이에 SPSS PROCESS macro를 통한 출력 결과에서 $R^2$, F값과 p값(유의확률), 비표준화 계수(B), 표준화 계수(β) 등이 어디에 제시되어 있는지를 확인하기 바랍니다.

### 1) 분석된 케이스 수 확인

출력 결과 창을 확인해 보면 분석된 케이스 수를 확인할 수 있습니다. Sample Size는 실제 조절효과분석에서 활용한 케이스 수를 말합니다. 이 조절효과분석에서 진행한 케이스 수는 1,834명으로 나타났습니다.

```
***************** PROCESS Procedure for SPSS Version 4.1 *****************

          Written by Andrew F. Hayes, Ph.D.       www.afhayes.com
    Documentation available in Hayes (2022). www.guilford.com/p/hayes3

**************************************************************************
Model  : 1
    Y  : depmean
    X  : smamean
    W  : exetime

Covariates:
 gender  age

Sample
Size:  1834

**************************************************************************
```

[그림 25-17] **조절효과분석 출력 결과 1**

### 2) '독립변수, 조절변수, 상호작용변수 → 종속변수' 출력 결과 구성 확인

'독립변수, 조절변수, 상호작용변수 → 종속변수'에 대한 출력 결과가 다음과 같이 제시됩니다. 출력 결과 구성을 확인해 보면 OUTCOME VARIABLE은 종속변수를 의미합니다.

Model Summary에 R-sq는 $R^2$으로 종속변수에 대한 전체 독립변수(그리고 조절변수, 상호작용변수, 통제변수)의 설명력을 뜻합니다. F값과 p값(유의확률)을 통해 연구모형(회귀식)이 통계적으로 적합한지 파악할 수 있습니다.

Model에서 가장 왼쪽에 있는 constant 등은 상수와 독립변수, 조절변수, 상호작용변수, 통제변수들의 변수명을 의미합니다. coeff는 비표준화 계수(B), se는 표준오차, p는 유의확률을 의미합니다.

Product terms key에서는 상호작용변수(Int_1)가 어떤 독립변수와 어떤 조절변수의 조합인지를 제시합니다.

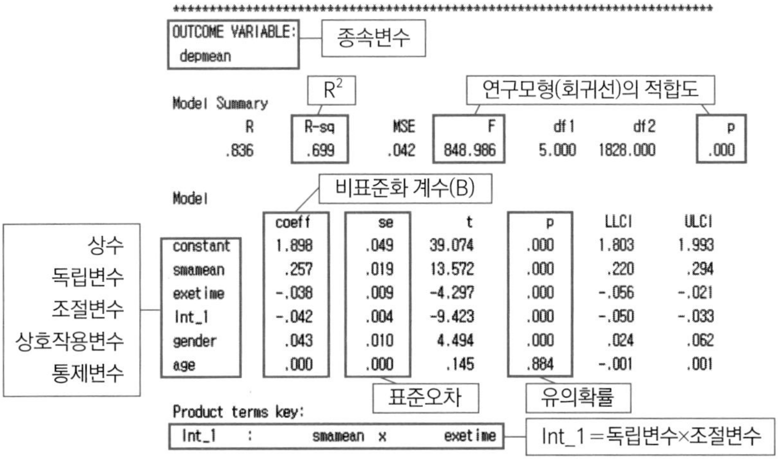


[그림 25-18] **조절효과분석 출력 결과 2**

**체크? 체크!** **조절효과분석에서는 표준화 계수가 도출되지 않습니다**

매개효과분석에서는 표준화 계수가 도출되었습니다. 매개효과분석 시 PROCESS options 창에서 표준화 계수를 추정하기 위해 Standardized effects(mediation-only models)를 클릭합니다. 다만, 이 옵션은 매개모형일 때만 체크할 수 있습니다. 즉, 조절모형일 때는 따로 표준화 계수를 도출하지 않습니다. 그렇기 때문에 분석 결과를 작성할 때도 표준화 계수를 작성하지 않습니다.

### 3) '독립변수, 조절변수, 상호작용변수 → 종속변수' 분석 결과 확인

❶ OUTCOME VARIABLE은 종속변수인 depmean으로 우울평균입니다.

❷ $R^2$은 R−sq=.699로 나타나 종속변수인 우울에 대한 독립변수 스마트폰 중독, 조절변수 운동시간, 상호작용변수 스마트폰 중독 × 운동시간, 통제변수 성별, 연령의 설명력은 69.9%인 것으로 분석되었습니다. 종속변수에 대한 설명력이 10% 이상이므로 분석하기에 적절한 것으로 판단할 수 있습니다.

❸ F값은 F=848,986, 유의확률은 p=.000으로 나타났습니다. 유의확률이 0.05 미만이므로 연구모형은 통계적으로 적합하다고 판단할 수 있습니다.

❹ 독립변수, 조절변수, 상호작용변수, 통제변수가 종속변수에 미치는 영향을 확인하기 위해 coeff(비표준화 계수)와 p값(유의확률)을 확인합니다.

smamean(스마트폰 중독)을 확인해 보면 p값(유의확률)은 .000으로 나타나 0.05 미만이므로 스마트폰 중독은 우울에 유의한 영향을 미친다고 판단할 수 있습니다. 구체적으로 어떻게 영향을 미치는지 알기 위해 스마트폰 중독의 coeff를 확인해 보면 .257로 나타났습니다. 부호가 (+)이므로 스마트폰 중독이 높을수록 우울은 높아지는 것으로 나타났습니다.

exetime(운동시간)을 확인해 보면 p값(유의확률)은 .000으로 나타나 0.05 미만이므로 운동시간은 우울에 유의한 영향을 미친다고 판단할 수 있습니다. 구체적으로 어떻게 영향을 미치는지 알기 위해 운동시간의 coeff를 확인해 보면 −.038로 나타났습니다. 부호가 (−)이므로 운동시간이 짧을수록 우울은 높아지는 것으로 나타났습니다.

Int_1(상호작용변수=스마트폰 중독×운동시간)을 확인해 보면 p값(유의확률)은 .000으로 나타나 0.05 미만이므로 상호작용변수는 우울에 유의한 영향을 미친다고 판단할 수 있습니다. 이를 통해 스마트폰 중독과 우울의 관계에서 운동시간의 조절효과가 유의하다는 것을 파악할 수 있습니다. 구체적으로 어떻게 조절하는지 파악하기 위해서는 독립변수와 상호작용변수의 비표준화 계수(coeff) 부호를 통해서 확인할 수 있으나 직접 조절효과 그래프를 그려서 확인한 후 해석하는 것을 추천합니다. 만약 상호작용변수가 종속변수에 유의한 영향을 미치지 않았다면 조절효과 그래프도 그릴 필요는 없습니다.

gender[성별더미=남성(0), 여성(1)]를 확인해 보면 p값(유의확률)은 .000으로 나타나 0.05 미만이므로 성별은 우울에 유의한 영향을 미친다고 판단할 수 있습니다. 구체적으로 어떻게 영향을 미치는지 알기 위해 성별의 coeff를 확인해 보면 .043으로 나타났습니다. 부호가 (+)이므로 남성 대비 여성인 경우 우울은 높아지는 것으로 나타났습니다.

한편, age(연령)를 확인해 보면 유의확률은 .884로 나타나 0.05 이상이므로 연령은 우울에 유의한 영향을 미치지 않는 것으로 나타났습니다.

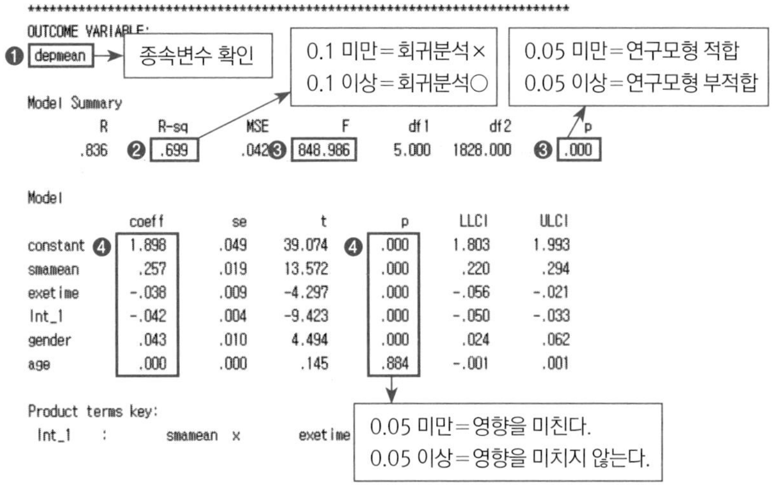


[그림 25-19] **조절효과분석 출력 결과 3**

### 4) 상호작용변수가 투입되었을 때 $R^2$변화량 유의성 확인

상호작용변수가 종속변수에 유의한 영향을 미치는 것뿐만 아니라 상호작용변수가 투입되었을 때 $R^2$변화량 또한 유의한 것으로 나타나야 조절효과가 검증된 것입니다. 즉, 상호작용변수가 투입되기 전 '독립변수, 조절변수, 통제변수 → 종속변수' 경로의 $R^2$값과 '독립변수, 조절변수, 통제변수, 상호작용변수 → 종속변수'로 상호작용변수가 투입되었을 때 $R^2$값의 차이가 .015라는 의미입니다. 상호작용변수가 투입되기 전보다 투입된 이후에 $R^2$이 .015만큼 증가(변화)했다는 것입니다. 이 변화가 유의한지 확인하기 위해 p값을 살펴보면, .000으로 나타나 조절효과는 유의한 것으로 나타났다고 판단할 수 있습니다.

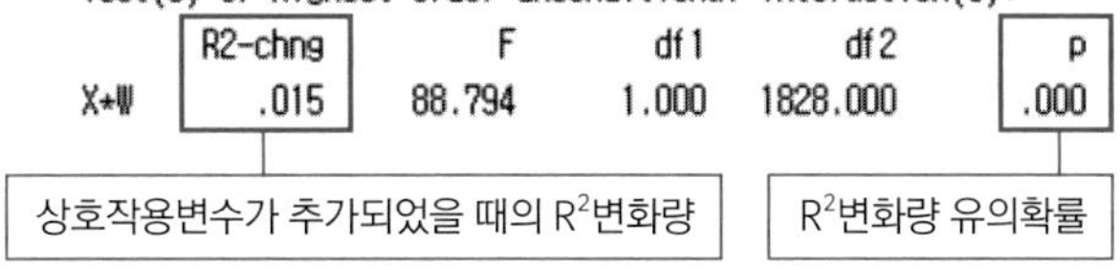


[그림 25-20] **조절효과분석 출력 결과 4**

### 5) 조절변수 특정 값에 따른 조건부 효과 확인

조절변수 특정 값에 따른 조건부 효과를 확인한다는 것은 독립변수가 종속변수에 영향을 미치는 과정에서 조절효과가 조절변수의 특정 값(평균-표준편차, 평균, 평균+표준편차) 중 어떤 값에서 유의한지를 확인하는 것입니다.

조절변수의 특정 값(평균−표준편차, 평균, 평균+표준편차)에서 독립변수가 종속변수에 미치는 영향의 조건부 효과를 확인하기 위해 Conditional effects of the focal predictor at values of the moderator(s)를 살펴봅니다.

운동시간(exetime)에 1.168, 3.503, 5.839가 제시되어 있는데 1.168은 '평균−표준편차(M−1SD)'를 의미하고, 3.503은 '평균(M)'을 의미합니다. 5.839는 '평균+표준편차(M+1SD)'를 의미합니다. 이는 조절변수의 값에 따라 평균보다 작은 집단(M−1SD), 평균 집단(M), 평균 보다 큰 집단(M+1SD)으로 구분했다고 생각하면 됩니다.

p값은 조절변수의 특정 값에서 조절효과에 대한 유의확률을 의미합니다. 즉, 독립변수가 종속변수에 미치는 과정에서 조절효과가 유의한지를 확인할 수 있습니다. 평균보다 작은 집단과 평균 집단의 경우 p값이 .000으로 나타나 0.05 미만이므로 스마트폰 중독이 우울에 미치는 과정에서 운동시간의 조절효과가 유의하다고 판단할 수 있습니다. 반면, 평균보다 큰 집단의 p값은 .350으로 나타나 0.05 이상이므로 스마트폰 중독이 우울에 미치는 과정에서 운동시간의 조절효과가 유의하지 않다고 판단할 수 있습니다. 정리하면 운동시간이 평균보다 작거나 평균일 때에는 운동시간의 조절효과가 유의하지만, 운동시간이 평균보다 클 때는 조절효과가 유의하지 않은 것으로 분석되었습니다.

Conditional effects of the focal predictor at values of the moderator(s):

| | exetime | Effect | se | t | p | LLCI | ULCI |
|---|---|---|---|---|---|---|---|
| 평균−표준편차 | 1.168 | .209 | .015 | 13.769 | .000 | .179 | .238 |
| 평균 | 3.503 | .112 | .011 | 9.793 | .000 | .089 | .134 |
| 평균+표준편차 | 5.839 | .015 | .016 | .935 | .350 | −.016 | .045 |

조절변수의 값에 따라 평균보다 작은 집단(M−1SD), 평균 집단(M), 평균보다 큰 집단(M+1SD)으로 볼 수 있다.

조절변수의 특정 값에서 조절효과에 대한 유의확률

[그림 25-21] **조절효과분석 출력 결과 5**

**체크? 체크!** **조절변수가 집단변수(예: 성별더미변수)라면 조절변수 특정 값에 따른 조건부 효과는?**

조절변수가 성별더미변수와 같이 집단변수라면 조절변수 특정 값은 평균−표준편차, 평균, 평균+표준편차가 아니라 집단변수에서 코딩한 값이 됩니다. 이를테면, 성별더미변수(남성=0, 여성=1)인 경우, 0과 1을 특정 값으로 설정하고 조건부 효과를 분석합니다.

Conditional effects of the focal predictor at values of the moderator(s):

| gender | Effect | se | t | p | LLCI | ULCI |
|---|---|---|---|---|---|---|
| .000 | .288 | .024 | 12.073 | .000 | .241 | .335 |
| 1.000 | .394 | .025 | 15.769 | .000 | .345 | .443 |

[그림 25-22] **집단변수일 때 조건부 효과 분석에서 조절변수 특정 값**

## 6) 존슨-네이만의 조명등 분석 결과 확인

존슨-네이만(Johnson-Neyman)의 조명등 분석법(floodlight analysis)을 활용하여 조절효과가 어떤 조절변수 값(범위)에서 유의한지를 파악할 수 있습니다. 조명등처럼 조절변수의 값들을 모두 살펴보는 것이라고 이해할 수 있습니다. 사전에 진행한 조절변수 특정 값에 따른 조건부 효과 분석에서는 조절변수 값을 크게 3개로 구분하여 조절효과가 유의한지 살펴보았다면 존슨-네이만의 조명등 분석에서는 전체 조절변수 값을 통해 어떤 조절변수 값(범위)에서 유의한지 확인하기 때문에 더 정확하게 추정할 수 있습니다. 참고로 존슨-네이만의 조명등 분석 결과는 조절변수가 평균변수일 때만 도출됩니다. 즉, 조절변수가 집단변수인 경우 도출되지 않습니다.

존슨-네이만의 조명등 분석 결과를 확인하기 위해서 출력 결과 중 Conditional effect of focal predictor at values of the moderator의 ❶ p값을 확인합니다. p값은 조절변수 값에서 조절효과에 대한 유의확률을 의미합니다.

p값이 0.05 미만일 때 ❷ 조절변수 값을 확인합니다. 확인한 결과, 조절변수 값이 5.500시간보다 낮고, 7.127시간보다 높을 때 유의한 것으로 나타났습니다. 즉, 조절변수 값이 5.500시간보다 낮고, 7.127시간보다 높을 때, '독립변수 → 종속변수' 경로에서 조절효과가 유의하다는 의미입니다.

❸ Value는 조절효과 유의성을 구분할 수 있는 조절변수 값으로 5.500과 7.127로 나타났습니다. 실제 p값을 통해서 살펴보았을 때 5.500과 7.127이 기준값인 것을 알 수 있었습니다. % below는 전체 케이스 중 Value보다 낮은 케이스 비율이고, % above는 전체 케이스 중 Value보다 높은 케이스 비율을 의미합니다.

Value가 5.500인 경우, % below는 75.954, % above는 24.046으로 나타났는데 이것은 전체 케이스 중 조절변수 값 5.500보다 낮은 비율이 75.954%이고 조절변수 값 5.500 이상 비율이 24.046%로 나타났다는 것을 의미합니다. 즉, 운동시간의 조절효과는 전체 케이스 중 75.954%에 해당하는 5.500보다 낮을 때 유의합니다.

Value가 7.127인 경우, % below는 90.185, % above는 9.815로 나타났는데 이것은 전체 케이스 중 조절변수 값 7.127보다 낮은 비율이 90.185%이고 조절변수 값 7.127 이상 비율은 9.815%로 나타났다는 것을 의미합니다. 즉, 운동시간의 조절효과는 전체 케이스 중 9.815%에 해당하는 7.127보다 높을 때 유의합니다.

Moderator value(s) defining Johnson-Neyman significance region(s):

| | Value | % below | % above |
|---|---|---|---|
| ❸ | 5.500 | 75.954 | 24.046 |
| | 7.127 | 90.185 | 9.815 |

- Value: 조절효과 유의성을 구분할 수 있는 조절변수 값
- % below: 전체 케이스 중 Value보다 낮은 케이스 비율
- % above: 전체 케이스 중 Value보다 높은 케이스 비율

Conditional effect of focal predictor at values of the moderator:

| exetime | Effect | se | t | p | LLCI | ULCI |
|---|---|---|---|---|---|---|
| 1.000 | [illegible] | .016 | 13.777 | .000 | [illegible] | [illegible] |
| 1.368 | [illegible] | .015 | 13.734 | .000 | [illegible] | [illegible] |
| 1.737 | .185 | .014 | 13.574 | .000 | [illegible] | [illegible] |
| 2.105 | .170 | .013 | 13.247 | .000 | .145 | .195 |
| 2.474 | .154 | .012 | 12.703 | .000 | .131 | .178 |
| 2.842 | .139 | .012 | 11.900 | .000 | .116 | .162 |
| 3.211 | .124 | .011 | 10.824 | .000 | .101 | .146 |
| 3.579 | .108 | .011 | 9.505 | .000 | .086 | .131 |
| 3.947 | .093 | .012 | 8.019 | .000 | .070 | .116 |
| 4.316 | .078 | .012 | 6.466 | .000 | .054 | .101 |
| 4.684 | .063 | .013 | 4.940 | .000 | .038 | .087 |
| 5.053 | .047 | .013 | 3.512 | .000 | .021 | .074 |
| 5.421 | .032 | .014 | 2.220 | .027 | .004 | .060 |
| 5.500 | .029 | .015 | 1.961 | .050 | .000 | .057 |
| 5.789 | .017 | .015 | 1.077 | .282 | -.014 | .047 |
| 6.158 | .001 | .017 | .078 | .938 | -.031 | .034 |
| 6.526 | -.014 | .018 | -.789 | .430 | -.049 | .021 |
| 6.895 | -.029 | .019 | -1.540 | .124 | -.067 | .008 |
| 7.127 | -.039 | .020 | -1.961 | .050 | -.078 | .000 |
| 7.263 | -.045 | .020 | -2.191 | .029 | -.085 | -.005 |
| 7.632 | -.060 | .022 | -2.758 | .006 | -.103 | -.017 |
| 8.000 | -.075 | .023 | -3.252 | .001 | -.121 | -.030 |

❷ 조절변수 값

❶ 조절변수 값에서 조절효과에 대한 유의확률

[그림 25-23] **조절효과분석 출력 결과 6**

## 7) 조절효과 그래프 분석 결과 확인(실습파일: 조절효과 그래프.xlsx)

조절효과 그래프를 통해 조절효과가 구체적으로 어떻게 나타났는지 확인할 수 있습니다. 조절효과 그래프를 그리기 위한 수치는 출력 결과에서 Data for visualizing the conditional effect of the focal predictor를 확인하면 됩니다. 다만, 출력 결과에서는 SPSS syntax를 이용하여 조절효과 그래프 그리는 방법을 언급하고 있으나 실제 SPSS syntax를 활용하기에는 그래프 편집 등이 불편하기 때문에 실습파일 '조절효과 그래프.xlsx'를 이용하기 바랍니다.

### (1) 조절변수가 평균변수일 때

출력 결과를 확인해 보면 DATA LIST FREE에 독립변수명, 조절변수명, 종속변수명이 있고, BEGIN DATA에는 독립변수(평균−1SD, 평균, 평균+1SD), 조절변수(평균−1SD, 평균, 평균+1SD), 종속변수의 값(독립변수와 조절변수에 해당하는 종속변수 값)들이 제시되어 있습니다.

```
Data for visualizing the conditional effect of the focal predictor:
Paste text below into a SPSS syntax window and execute to produce plot.

DATA LIST FREE/
  smamean    exetime    depmean
BEGIN DATA.
   1.646     1.168     2.222
   2.096     1.168     2.316
   2.546     1.168     2.409
   1.646     3.503     1.972
   2.096     3.503     2.023
   2.546     3.503     2.073
   1.646     5.839     1.723
   2.096     5.839     1.730
   2.546     5.839     1.736
```

독립변수 조절변수 종속변수

| 독립변수 | 조절변수 | 종속변수 |
|---|---|---|
| 평균-1SD | 평균-1SD | 독립변수(평균-1SD)와 조절변수(평균-1SD)에 해당하는 종속변수 값 |
| 평균 | 평균-1SD | 독립변수(평균)와 조절변수(평균-1SD)에 해당하는 종속변수 값 |
| 평균+1SD | 평균-1SD | 독립변수(평균+1SD)와 조절변수(평균-1SD)에 해당하는 종속변수 값 |
| 평균-1SD | 평균 | 독립변수(평균-1SD)와 조절변수(평균)에 해당하는 종속변수 값 |
| 평균 | 평균 | 독립변수(평균)와 조절변수(평균)에 해당하는 종속변수 값 |
| 평균+1SD | 평균 | 독립변수(평균+1SD)와 조절변수(평균)에 해당하는 종속변수 값 |
| 평균-1SD | 평균+1SD | 독립변수(평균-1SD)와 조절변수(평균+1SD)에 해당하는 종속변수 값 |
| 평균 | 평균+1SD | 독립변수(평균)와 조절변수(평균+1SD)에 해당하는 종속변수 값 |
| 평균+1SD | 평균+1SD | 독립변수(평균+1SD)와 조절변수(평균+1SD)에 해당하는 종속변수 값 |

[그림 25-24] **조절효과분석 출력 결과 7**

조절효과 그래프를 그릴 때 필요한 값은 총 4개의 종속변수 값으로, ❶ 독립변수가 가장 낮은 값(평균−1SD)이고 조절변수가 가장 낮은 값(평균−1SD)일 때 종속변수 값, ❸ 독립변수가 가장 높은 값(평균+1SD)이고 조절변수가 가장 낮은 값(평균−1SD)일 때 종속변수 값, ❼ 독립변수가 가장 낮은 값(평균−1SD)이고 조절변수가 가장 높은 값(평균+1SD)일 때 종속변수 값, ❾ 독립변수가 가장 높은 값(평균+1SD)이고 조절변수가 가장 높은 값(평균+1SD)일 때 종속변수 값입니다. 결론적으로 DATA LIST FREE에서 ❶, ❸, ❼, ❾ 위치에 있는 종속변수 값을 활용한다고 판단하면 됩니다. 이 종속변수 값들을 실습파일인 '조절효과 그래프.xslx'에 입력하면 그래프가 완성됩니다.

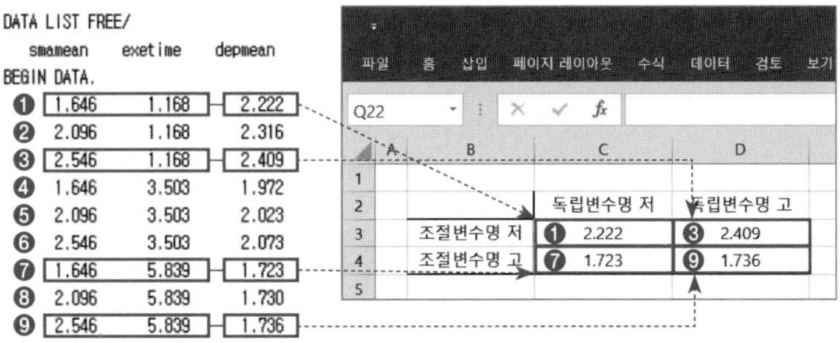


[그림 25-25] **조절효과분석 출력 결과 8**

조절효과 그래프를 통해 조절변수 고수준 집단과 저수준 집단을 비교할 수 있습니다. 즉, 조절변수인 운동시간을 고수준 집단, 저수준 집단으로 구분하여 확인해 본 결과, 스마트폰 중독이 높아질수록 우울은 높아지지만 운동시간이 높고 낮음에 따라 스마트폰 중독이 우울에 미치는 영향은 차이가 있는 것으로 분석되었습니다. 즉, 운동시간 저수준 집단이 고수준 집단보다 스마트폰 중독이 높아질수록 우울은 더 급격하게 증가하는 것으로 나타났습니다.

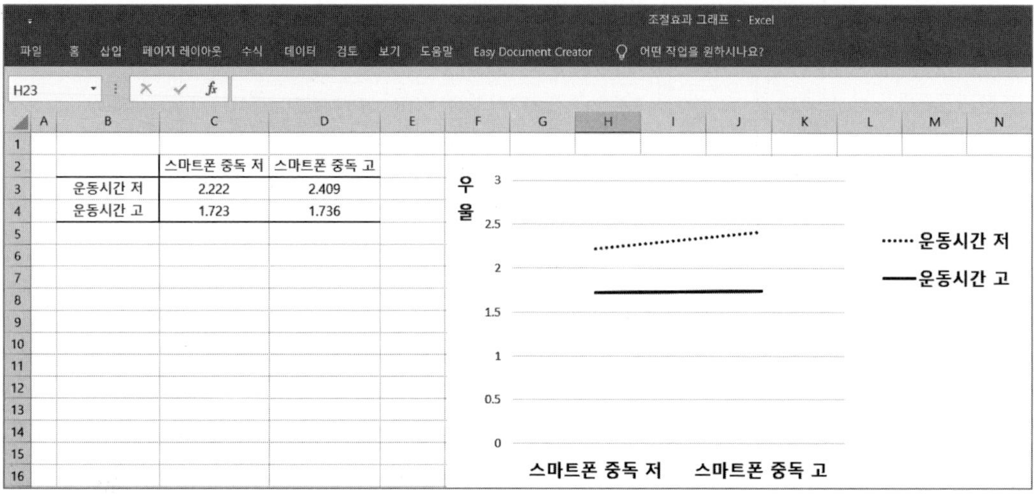


[그림 25-26] **조절효과 그래프**

### (2) 조절변수가 집단변수일 때

'스마트폰 중독이 우울에 미치는 영향과 성별의 조절효과'에 대한 조절효과분석을 진행한다면, 성별(남성=0, 여성=1)이 집단변수이기 때문에 조절변수가 평균변수일 때와 출력 결과에서 조금 차이가 있습니다.

출력 결과를 확인해 보면 DATA LIST FREE에 독립변수명, 조절변수명, 종속변수명이 있고, BEGIN DATA에는 독립변수(평균−1SD, 평균, 평균+1SD), 조절변수(0, 1), 종속변수의 값(독립변수와 조절변수에 해당하는 종속변수 값)들이 제시되어 있습니다.

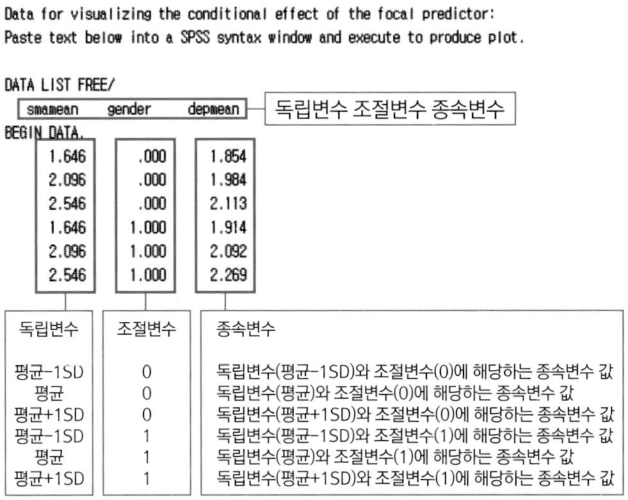


[그림 25-27] **조절효과분석 출력 결과 9**

조절효과 그래프를 그릴 때 필요한 값은 총 4개의 종속변수 값으로, ❶ 독립변수가 가장 낮은 값(평균−1SD)이고 조절변수가 가장 낮은 값(0)일 때 종속변수 값, ❸ 독립변수가 가장 높은 값(평균+1SD)이고 조절변수가 가장 낮은 값(0)일 때 종속변수 값, ❹ 독립변수가 가장 낮은 값(평균−1SD)이고 조절변수가 가장 높은 값(1)일 때 종속변수 값, ❻ 독립변수가 가장 높은 값(평균+1SD)이고 조절변수가 가장 높은 값(1)일 때 종속변수 값입니다. 결론적으로 DATA LIST FREE에서 ❶, ❸, ❹, ❻ 위치에 있는 종속변수 값을 활용한다고 판단하면 됩니다. 이 종속변수 값들을 실습파일인 '조절효과 그래프.xslx'에 입력하면 그래프가 완성됩니다.

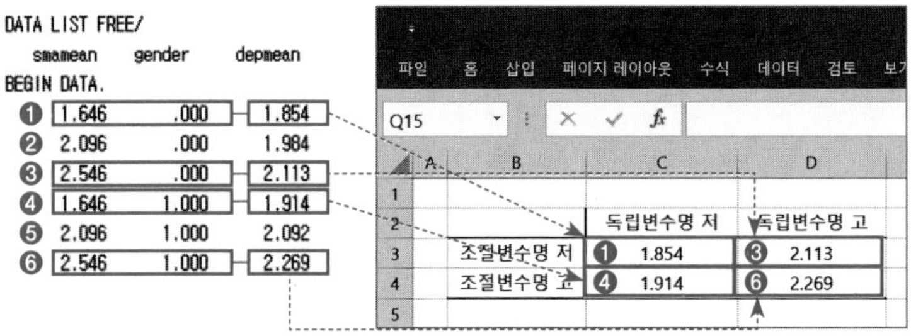


[그림 25-28] **조절효과분석 출력 결과 10**

조절효과 그래프를 통해 조절변수 0으로 설정한 집단과 1로 설정한 집단을 비교할 수 있습니다. 즉, 조절변수인 성별을 남성 집단, 여성 집단으로 구분하여 확인해 본 결과, 스마트폰 중독이 높아질수록 우울은 높아지지만 성별에 따라 스마트폰 중독이 우울에 미치는 영향은 차이가 있는 것으로 분석되었습니다. 즉, 여성 집단이 남성 집단보다 스마트폰 중독이 높아질수록 우울은 더 급격하게 증가하는 것으로 나타났습니다.

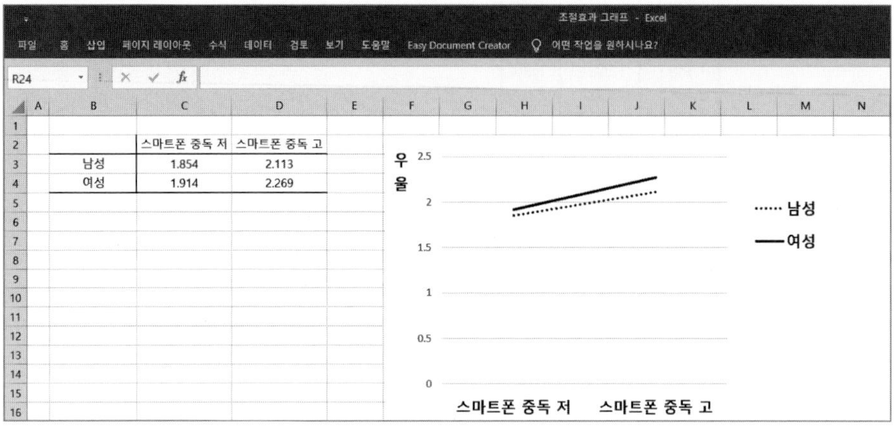


[그림 25-29] **조절효과 그래프**

## Know how 조절효과 그래프 수정

조절효과 그래프.xslx 파일에서 그래프를 활용하고자 할 때 독립변수명과 조절변수명, 그리고 종속변수명을 입력해 줘야 그래프에 변수명이 나타납니다. 아울러 축옵션을 더블클릭하면 최소값과 최대값, 단위 등을 수정할 수 있습니다.

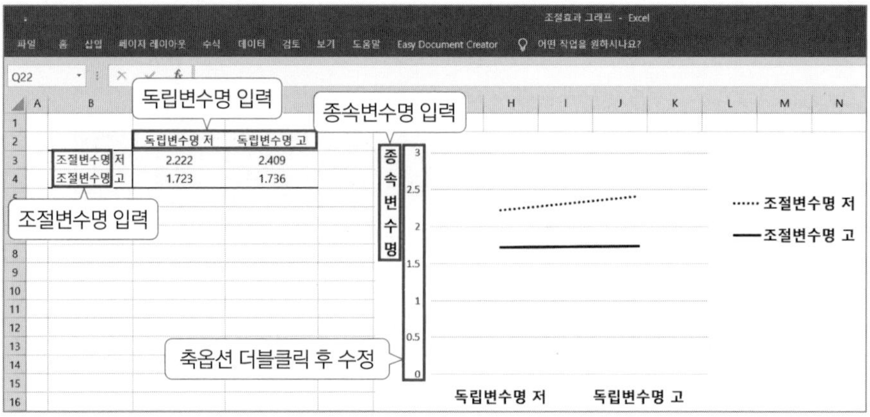


[그림 25-30] **조절효과 그래프 수정**

이를테면, 현재 최소값이 1.723이므로 축옵션의 최소값을 1.5로 설정한다면 조절변수 고수준 집단과 저수준 집단의 차이를 더 명확하게 드러낼 수 있습니다.

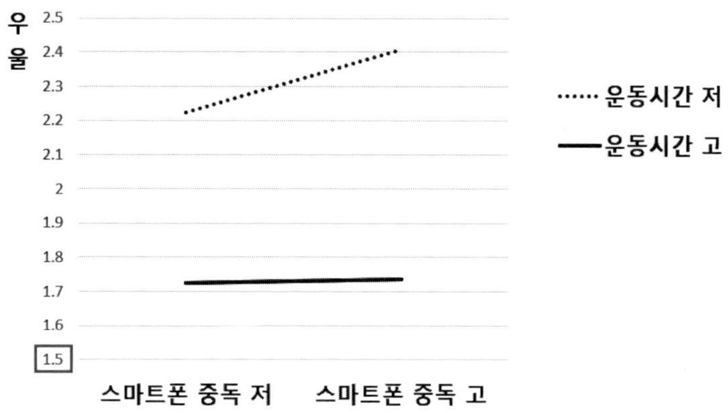


[그림 25-31] 축옵션 최소값 수정

## 5. 분석 결과표 작성

'스마트폰 중독이 우울에 미치는 영향과 운동시간의 조절효과'에 대한 조절효과분석 결과표는 회귀분석 결과표, 조절변수 특정 값에 따른 조건부 효과 결과표로 이루어져 있습니다.

### 1) '독립변수, 조절변수, 상호작용변수 → 종속변수'에 대한 회귀분석 결과표 작성

첫 행에 구분, B(비표준화 계수), S.E.(표준오차)를 차례대로 입력합니다. 구분 아래에는 통제변수명, 독립변수명, 조절변수명, 상호작용변수, $R^2$(설명력), F(연구모형 적합도)를 입력합니다. 변수명을 작성할 때 더미변수의 경우 (ref.= )를 넣어 기준이 무엇인지를 작성해 줍니다. 성별은 0으로 설정한 남성이 기준이므로 (ref.=남성)이라고 작성합니다. 마지막으로 p값(유의확률)과 관련하여 표 아래에 *p<.05, **p<.01, ***p<.001도 입력합니다.

<표> 스마트폰 중독이 우울에 미치는 영향과 운동시간의 조절효과

| 구분 | | B | S.E. |
|---|---|---|---|
| | (상수) | | |
| 통제변수 | 성별(ref.=남성) | | |
| | 연령 | | |
| 독립변수 | 스마트폰 중독 | | |
| 조절변수 | 운동시간 | | |
| 상호작용변수 | 스마트폰 중독 × 운동시간 | | |
| | $R^2$ | | |
| | F | | |

*p<.05, **p<.01, ***p<.001

출력 결과에서 R-sq에 있는 값은 분석 결과표의 $R^2$에 입력합니다. $R^2$값은 보통 소수점 셋째 자리까지 제시합니다. 출력 결과의 F값은 분석 결과표의 F 칸에 입력합니다. F값은 보통 소수점 셋째 자리까지 제시합니다. 출력 결과의 p값 또한 분석 결과표의 F 칸에 입력하되, p값이 0.05 미만이면 별표 1개(*), 0.01 미만이면 별표 2개(**), 0.001 미만이면 별표 3개(***)

로 F값 열에 표시합니다.

출력 결과의 coeff는 분석 결과표의 B 칸에 제시합니다. B값은 보통 소수점 셋째 자리까지 제시합니다. 출력 결과의 se값은 분석 결과표의 S.E. 칸에 소수점 셋째 자리까지 제시합니다. 출력 결과의 p값 또한 분석 결과표의 B 칸에 기입하되, p값이 0.05 미만이면 별표 1개(*), 0.01 미만이면 별표 2개(**), 0.001 미만이면 별표 3개(***)로 B값 열에 표시해 주면 됩니다. 만약 유의확률이 0.05 이상이면 별표를 붙이지 않고 B값만 제시합니다.

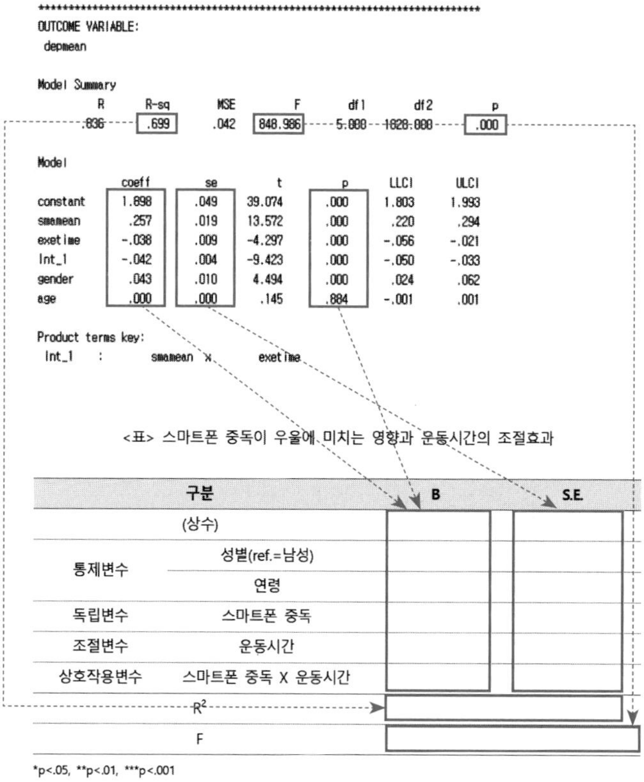


[그림 25-32]

출력 결과의 내용을 분석 결과표에 입력하면 다음과 같이 완성됩니다.

**<표> 스마트폰 중독이 우울에 미치는 영향과 운동시간의 조절효과**

| 구분 | | B | S.E. |
|---|---|---|---|
| (상수) | | 1.898*** | .049 |
| 통제변수 | 성별(ref.=남성) | .043*** | .010 |
| | 연령 | .000 | .000 |

| | | | |
|---|---|---|---|
| 독립변수 | 스마트폰 중독 | .257*** | .019 |
| 조절변수 | 운동시간 | −.038*** | .009 |
| 상호작용변수 | 스마트폰 중독×운동시간 | −.042*** | .004 |
| | $R^2$ | .699 | |
| | F | 848.986*** | |

*p < .05, **p < .01, ***p < .001

## 2) 조절변수 특정 값에 따른 조건부 효과 결과표 작성

조절변수 특정 값에 따른 조건부 효과 결과표 작성은 다음과 같습니다. 첫 행에 조절변수명, B(비표준화 계수), S.E.(표준오차), 95% CI(95% 신뢰구간)를 차례대로 입력합니다. 특히 95% CI 아래에는 LLCI(신뢰구간 하한값)와 ULCI(신뢰구간 상한값)를 입력합니다. 조절변수명 아래에는 M−1SD, M, M+1SD를 입력합니다. 마지막으로 p값(유의확률)과 관련하여 표 아래에 *p < .05, **p < .01, ***p < .001도 입력합니다.

<표> 운동시간에 따른 조건부 효과

| 운동시간 | B | S.E. | 95% CI | |
|---|---|---|---|---|
| | | | LLCI | ULCI |
| M−1SD | | | | |
| M | | | | |
| M+1SD | | | | |

*p < .05, **p < .01, ***p < .001

출력 결과 중 Conditional effects of the focal predictor at values of the moderator(s)를 확인합니다. 출력 결과의 Effect는 분석 결과표의 B 칸에 제시합니다. B값은 보통 소수점 셋째 자리까지 제시합니다. 출력 결과의 se값은 분석 결과표의 S.E. 칸에 소수점 셋째 자리까지 제시합니다. 출력 결과의 p값 또한 분석 결과표의 B 칸에 기입하되, p값이 0.05 미만이면 별표 1개(*), 0.01 미만이면 별표 2개(**), 0.001 미만이면 별표 3개(***)로 B값 옆에 표시해 주면 됩니다. 만약 유의확률이 0.05 이상이면 별표를 붙이지 않고 B값만 제시합니다. 출력 결과의 LLCI, ULCI는 분석 결과표의 LLCI, ULCI 칸에 입력합니다. LLCI, ULCI 값은 보통 소수점 셋째 자리까지 제시합니다.

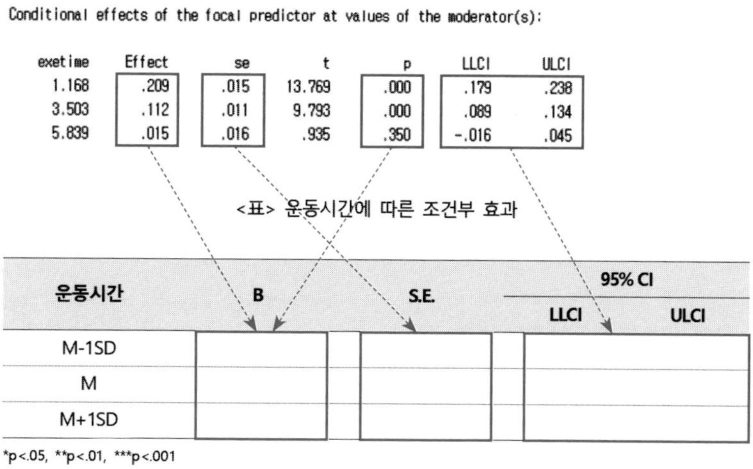


[그림 25-33]

출력 결과의 내용을 분석 결과표에 입력하면 다음과 같이 완성됩니다.

<표> 운동시간에 따른 조건부 효과

| 운동시간 | B | S.E. | 95%CI | |
|---|---|---|---|---|
| | | | LLCI | ULCI |
| M−1SD | .209*** | .015 | .179 | .238 |
| M | .112*** | .011 | .089 | .134 |
| M+1SD | .015 | .016 | −.016 | .045 |

*p < .05, **p < .01, ***p < .001

# 6. 분석 결과 해석 작성

조절효과분석 결과에 대한 해석 작성은 다음과 같이 8단계로 진행합니다.

❶ 분석 목적, 분석 방법, 조절모형 모델 번호 작성

- Process Macro 1번 모델을 활용했다면, "스마트폰 중독이 우울에 미치는 영향과 운동시간의 조절효과를 검증하기 위해 Hayes(2018)가 제안한 Process Macro 1번 모델을 활용하여 분석하였다."고 작성합니다.
- Process Macro 2번 모델을 활용했다면, "스마트폰 중독이 우울에 미치는 영향과 운동시간의 조절효과를 검증하기 위해 Hayes(2018)가 제안한 Process Macro 2번 모델을 활용하여 분석하였다."고 작성합니다.

❷ 연구모형의 $R^2$과 F값 작성

"종속변수인 우울에 대한 설명력은 69.9%로 나타났고($R^2$=.699), 연구모형은 적합한 것으로 확인되었다(F=848.986, p<.001)."고 작성합니다.

❸ p값을 통한 통제변수, 독립변수, 조절변수 유의성 결과와 비표준화 계수(B) 작성

- p값이 0.05 미만이면, "통제변수인 성별(B=.043, p<.001)은 우울에 유의한 영향을 미치는 것으로 나타났다. 즉, 남성 대비 여성인 경우 우울은 높아지는 것으로 나타났다. 독립변수인 스마트폰 중독(B=.257, p<.001)과 조절변수인 운동시간(B=−.038, p<.001)은 우울에 유의한 영향을 미치는 것으로 나타났다. 즉, 스마트폰 중독이 높을수록, 운동시간이 짧을수록, 우울은 높아지는 것으로 나타났다."고 작성합니다.
- p값이 0.05 이상이면, "통제변수인 연령은 우울에 유의한 영향을 미치지 않는 것으로 확인되었다."고 작성합니다.

❹ p값을 통한 상호작용변수 유의성 결과와 비표준화 계수(B) 작성

- p값이 0.05 미만이면, "상호작용변수인 스마트폰 중독×운동시간(B=−.042, p<.001)은 우울에 유의한 영향을 미치는 것으로 나타났다. 즉, 스마트폰 중독과 우울의 관계에서 운동시간의 조절효과는 유의한 것으로 확인되었다."고 작성합니다.
- p값이 0.05 이상이면, "상호작용변수인 스마트폰 중독×운동시간은 우울에 유의한 영향을 미치지 않는 것으로 나타났다. 즉, 스마트폰 중독과 우울의 관계에서 운동시간의 조절효과는 유의하지 않은 것으로 확인되었다."고 작성합니다.

❺ 상호작용변수가 투입되었을 때 $R^2$변화량 유의성 작성

- p값이 0.05 미만이면, "상호작용항의 추가됨에 따른 $R^2$변화량은 .015($p < .001$)로 나타나 운동시간의 조절효과는 검증되었다."고 작성합니다.
- p값이 0.05 이상이면, "상호작용항의 추가됨에 따른 $R^2$변화량은 .015($p = .119$)로 나타나 운동시간의 조절효과는 검증되지 않은 것으로 나타났다."고 작성합니다.

❻ 조절변수 특정 값에 따른 조건부 효과 작성

"운동시간의 특정 값에서 스마트폰 중독이 우울에 미치는 영향의 조건부 효과는 다음과 같다."고 작성합니다.

- p값이 0.05 미만이면, "운동시간이 평균보다 작은 집단(M−1SD), 평균 집단(M)일 때, 조건부 효과가 유의한 것으로 나타났다. 즉, 스마트폰 중독이 우울에 미치는 과정에서 운동시간이 평균보다 작은 집단, 평균 집단인 경우 조절효과는 유의한 것으로 확인되었다."고 작성합니다.
- p값이 0.05 이상이면, "운동시간이 평균보다 큰 집단(M+1SD)일 때, 조건부 효과는 유의하지 않은 것으로 나타났다. 즉, 스마트폰 중독이 우울에 미치는 과정에서 운동시간이 평균보다 높은 집단인 경우 조절효과는 유의하지 않은 것으로 확인되었다."고 작성합니다.

❼ 존슨-네이만(Johnson-Neyman)의 조명등 분석 결과 작성

"조절변수 특정 값에 따른 조건부 효과 분석을 보완하기 위해 조절변수의 전 범위에 대하여 조절변수의 유의성을 검증하는 Johnson-Neyman의 조명등 분석법을 활용하였다. 분석 결과, 조절변수인 운동시간이 5.500시간보다 낮고, 7.127시간보다 높을 때 조절효과가 유의한 것으로 나타났다. 전체 케이스 중 운동시간이 5.500시간보다 낮은 케이스는 75.954%이고, 운동시간이 7.127시간보다 높은 케이스는 9.815%로 확인되었다. 즉, 스마트폰 중독과 우울의 관계에서 운동시간의 조절효과는 전체 케이스 중 85.769%에서 유의한 것으로 나타났다."고 작성합니다.

❽ 조절효과 그래프 분석 결과 작성

"스마트폰 중독이 우울에 미치는 영향에서 운동시간의 조절효과를 보다 구체적으로 살펴보기 위해 도식화를 하면 다음과 같다. 조절변수인 운동시간을 고수준 집단과 저수준 집단으로 구분하여 확인해 본 결과, 스마트폰 중독이 높아질수록 우울은 높아지지만 운동시간이 높고 낮음에 따라 스마트폰 중독이 우울에 미치는 영향은 차이가 있는 것으로 분석되었다. 즉, 운동시간 저수준 집단이 고수준 집단보다 스마트폰 중독이 높아질수록 우울은 더 급격하게 증가하는 것으로 나타났다."고 작성합니다.

이 8단계에 맞춰 조절효과분석 결과에 대한 해석을 작성하면 다음과 같습니다.

❶ 스마트폰 중독이 우울에 미치는 영향과 운동시간의 조절효과를 검증하기 위해

Hayes(2018)가 제안한 Process Macro 1번 모델을 활용하여 분석하였다. ❷ 종속변수인 우울에 대한 설명력은 69.9%로 나타났고($R^2$=.699), 연구모형은 적합한 것으로 확인되었다(F=848.986, p<.001). 분석 결과, ❸ 통제변수인 성별(B=.043, p<.001)은 우울에 유의한 영향을 미치는 것으로 나타났다. 즉, 남성 대비 여성인 경우 우울은 높아지는 것으로 나타났다. 독립변수인 스마트폰 중독(B=.257, p<.001)과 조절변수인 운동시간(B=−.038, p<.001)은 우울에 유의한 영향을 미치는 것으로 나타났다. 즉, 스마트폰 중독이 높을수록, 운동시간이 짧을수록, 우울은 높아지는 것으로 나타났다. 한편, 통제변수인 연령은 우울에 유의한 영향을 미치지 않는 것으로 확인되었다. ❹ 상호작용변수인 스마트폰 중독×운동시간(B=−.042, p<.001)은 우울에 유의한 영향을 미치는 것으로 나타났다. 즉, 스마트폰 중독과 우울의 관계에서 운동시간의 조절효과는 유의한 것으로 확인되었다. 또한 ❺ 상호작용항의 추가됨에 따른 $R^2$변화량은 .015(p<.001)로 나타나 운동시간의 조절효과는 검증되었다.

❻ 운동시간의 특정 값에서 스마트폰 중독이 우울에 미치는 영향의 조건부 효과는 다음과 같다. 분석 결과, 운동시간이 평균보다 작은 집단(M−1SD), 평균 집단(M)일 때, 조건부 효과가 유의한 것으로 나타났다. 즉, 스마트폰 중독이 우울에 미치는 과정에서 운동시간이 평균보다 작은 집단, 평균 집단인 경우 조절효과는 유의한 것으로 확인되었다. 한편, 운동시간이 평균보다 큰 집단(M+1SD)일 때, 조건부 효과는 유의하지 않은 것으로 나타났다. 즉, 스마트폰 중독이 우울에 미치는 과정에서 운동시간이 평균보다 높은 집단인 경우 조절효과는 유의하지 않은 것으로 확인되었다.

❼ 조절변수 특정 값에 따른 조건부 효과 분석을 보완하기 위해 조절변수의 전 범위에 대하여 조절변수의 유의성을 검증하는 Johnson-Neyman의 조명등 분석법을 활용하였다. 분석 결과, 조절변수인 운동시간이 5.500시간보다 낮고, 7.127시간보다 높을 때 조절효과가 유의한 것으로 나타났다. 전체 케이스 중 운동시간이 5.500시간보다 낮은 케이스는 75.954%이고, 운동시간이 7.127시간보다 높은 케이스는 9.815%로 확인되었다. 즉, 스마트폰 중독과 우울의 관계에서 운동시간의 조절효과는 전체 케이스 중 85.769%에서 유의한 것으로 나타났다.

❽ 스마트폰 중독이 우울에 미치는 영향에서 운동시간의 조절효과를 보다 구체적으로 살펴보기 위해 도식화를 하면 다음과 같다. 조절변수인 운동시간을 고수준 집단과 저수준 집단으로 구분하여 확인해 본 결과, 스마트폰 중독이 높아질수록 우울은 높아지지만 운동시간이 높고 낮음에 따라 스마트폰 중독이 우울에 미치는 영향은 차이가 있는 것으로 분석되었다. 즉, 운동시간 저수준 집단이 고수준 집단보다 스마트폰 중독이 높아질수록 우울은 더 급격하게 증가하는 것으로 나타났다.

**[조절효과분석 결과표 및 해석 예시]**

스마트폰 중독이 우울에 미치는 영향과 운동시간의 조절효과를 검증하기 위해 Hayes(2018)가 제안한 Process Macro 1번 모델을 활용하여 분석하였다. 종속변수인 우울에 대한 설명력은 69.9%로 나타났고($R^2$=.699), 연구모형은 적합한 것으로 확인되었다(F=848.986, p<.001).

분석 결과, 통제변수인 성별(B=.043, p<.001)은 우울에 유의한 영향을 미치는 것으로 나타났다. 즉, 남성 대비 여성인 경우 우울은 높아지는 것으로 나타났다. 독립변수인 스마트폰 중독(B=.257, p<.001)과 조절변수인 운동시간(B=−.038, p<.001)은 우울에 유의한 영향을 미치는 것으로 나타났다. 즉, 스마트폰 중독이 높을수록, 운동시간이 짧을수록, 우울은 높아지는 것으로 나타났다. 한편, 통제변수인 연령은 우울에 유의한 영향을 미치지 않는 것으로 확인되었다. 상호작용변수인 스마트폰 중독×운동시간(B=−.042, p<.001)은 우울에 유의한 영향을 미치는 것으로 나타났다. 즉, 스마트폰 중독과 우울의 관계에서 운동시간의 조절효과는 유의한 것으로 확인되었다. 또한 상호작용항의 추가됨에 따른 $R^2$변화량은 .015(p<.001)로 나타나 운동시간의 조절효과는 검증되었다.

<표> **스마트폰 중독이 우울에 미치는 영향과 운동시간의 조절효과**

| 구분 | | B | S.E. |
|---|---|---|---|
| (상수) | | 1.898*** | .049 |
| 통제변수 | 성별(ref.=남성) | .043*** | .010 |
| | 연령 | .000 | .000 |
| 독립변수 | 스마트폰 중독 | .257*** | .019 |
| 조절변수 | 운동시간 | −.038*** | .009 |
| 상호작용변수 | 스마트폰 중독 × 운동시간 | −.042*** | .004 |
| $R^2$ | | .699 | |
| F | | 848.986*** | |

*p<.05, **p<.01, ***p<.001

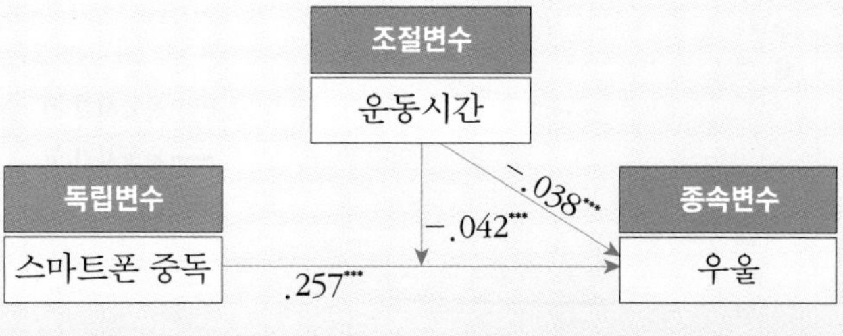


[그림 25-34] **스마트폰 중독이 우울에 미치는 영향과 운동시간의 조절효과(비표준화 계수)**

운동시간의 특정 값에서 스마트폰 중독이 우울에 미치는 영향의 조건부 효과는 다음과 같다. 분석 결과, 운동시간이 평균보다 작은 집단(M−1SD), 평균 집단(M)일 때, 조건부 효과가 유의한 것으로 나타났다. 즉, 스마트폰 중독이 우울에 미치는 과정에서 운동시간이 평균보다 작은 집단, 평균 집단인 경우 조절효과는 유의한 것으로 확인되었다. 한편, 운동시간이 평균보다 큰 집단(M+1SD)일 때, 조건부 효과는 유의하지 않은 것으로 나타났다. 즉, 스마트폰 중독이 우울에 미치는 과정에서 운동시간이 평균보다 높은 집단인 경우 조절효과는 유의하지 않은 것으로 확인되었다.

<표> 운동시간에 따른 조건부 효과

| 운동시간 | B | S.E. | 95% CI | |
|---|---|---|---|---|
| | | | LLCI | ULCI |
| M−1SD | .209*** | .015 | .179 | .238 |
| M | .112*** | .011 | .089 | .134 |
| M+1SD | .015 | .016 | −.016 | .045 |

*p < .05, **p < .01, ***p < .001

조절변수 특정 값에 따른 조건부 효과 분석을 보완하기 위해 조절변수의 전 범위에 대하여 조절변수의 유의성을 검증하는 Johnson-Neyman의 조명등 분석법을 활용하였다. 분석 결과, 조절변수인 운동시간이 5.500시간보다 낮고, 7.127시간보다 높을 때 조절효과가 유의한 것으로 나타났다. 전체 케이스 중 운동시간이 5.500시간보다 낮은 케이스는 75.954%이고, 운동시간이 7.127시간보다 높은 케이스는 9.815%로 확인되었다. 즉, 스마트폰 중독과 우울의 관계에서 운동시간의 조절효과는 전체 케이스 중 85.769%에서 유의한 것으로 나타났다.

스마트폰 중독이 우울에 미치는 영향에서 운동시간의 조절효과를 보다 구체적으로 살펴보기 위해 도식화를 하면 다음과 같다. 조절변수인 운동시간을 고수준 집단과 저수준 집단으로 구분하여 확인해 본 결과, 스마트폰 중독이 높아질수록 우울은 높아지지만 운동시간이 높고 낮음에 따라 스마트폰 중독이 우울에 미치는 영향은 차이가 있는 것으로 분석되었다. 즉, 운동시간 저수준 집단이 고수준 집단보다 스마트폰 중독이 높아질수록 우울은 더 급격하게 증가하는 것으로 나타났다.

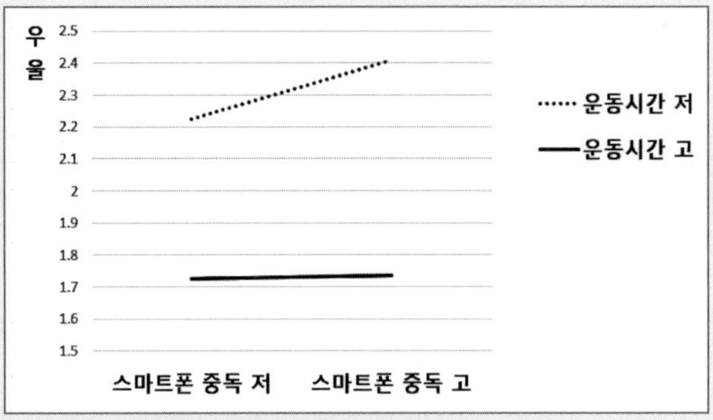


[그림 25-35] 운동시간 조절효과 그래프

제26장

# 조절된 매개효과분석(SPSS PROCESS macro 활용)

## Key Point

조절된 매개효과분석 이해

• 독립변수가 매개변수를 거쳐 종속변수에 미치는 매개효과를 조절변수가 유의하게 조절하는지 확인할 때 진행

조절된 매개효과분석 과정

• 1단계: 매개효과분석
  - 1-1단계: 독립변수 → 매개변수
  - 1-2단계: 독립변수, 매개변수 → 종속변수
  - 1-3단계: 매개효과 검증
• 2단계: 조절효과분석
  - 2-1단계: 독립변수, 조절변수, 상호작용변수 → 종속변수
  - 2-2단계: 조절변수 특정 값(평균-표준편차, 평균, 평균+표준편차)에 따른 조건부 효과
  - 2-3단계: 조명등 분석
  - 2-4단계: 조절효과 그래프 분석
• 3단계: 조절된 매개효과분석
  - 3-1단계: 조절변수 특정 값(평균-표준편차, 평균, 평균+표준편차)에 따른 조건부 매개효과
  - 3-2단계: 조절된 매개효과 검증

조절된 매개효과분석 변수 구성

| 독립변수 | | 종속변수 | | 매개변수 | | 조절변수 | | |
|---|---|---|---|---|---|---|---|---|
| 평균변수 (보기가 없는 변수) | + | 평균변수 (보기가 없는 변수) | + | 평균변수 (보기가 없는 변수) | + | 집단변수 또는 평균변수 | = | 조절된 매개효과 분석 |

조절된 매개효과분석 메뉴

• SPSS 프로그램 메뉴에서 '분석-회귀분석-PROCESS by Andrew F. Hayes'

# 1. 조절된 매개효과분석 이해

## 1) 조절된 매개효과분석 개념 및 활용

조절된 매개효과분석은 매개효과분석 중 하나로, 매개효과분석 시 필요한 독립변수, 종속변수, 매개변수 외에 조절변수가 추가된 분석입니다. 조절된 매개효과분석은 독립변수가 매개변수를 경유하여 종속변수에 영향을 미치는 매개효과가 조절변수의 값에 따라 다르게 나타나는지를 분석하는 것입니다. 즉, '독립변수 → 매개변수 → 종속변수'의 매개효과가 조절변수에 의해 조절되는지 검증하는 것입니다. 결국 조절된 매개효과분석의 목적은 조절변수입니다.

조절된 매개모형은 크게 2가지입니다. 즉, 독립변수와 매개변수 간의 관계에서 조절효과를 살펴보는 조절된 매개모형과 매개변수와 종속변수 간의 관계에서 조절효과를 살펴보는 조절된 매개모형입니다. 조절변수를 어디에 투입할 것인지에 대한 판단은 자신의 연구목적과 기존 선행연구에 기반해서 진행해야 합니다.

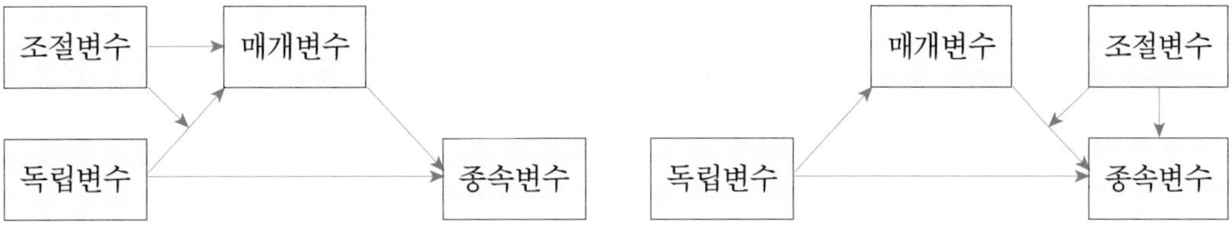


[그림 26-1] **조절된 매개효과분석**

**체크? 체크!** **매개된 조절효과?**

매개된 조절효과는 독립변수와 조절변수의 상호작용이 매개변수를 경유하여 종속변수에 영향을 주는지 검증하는 분석입니다. 즉, '독립변수 × 조절변수 → 매개변수 → 종속변수'를 분석하는 것입니다. 매개된 조절모형은 독립변수가 매개변수에 미치는 영향과 독립변수가 종속변수에 미치는 영향을 동시에 조절변수가 조절하는 모형입니다.

[그림 26-2] **매개된 조절효과**

다만, 매개된 조절효과에 대한 문제점으로 인해 현재 매개된 조절효과분석을 진행하지 않는 상황입니다. 즉, 독립변수와 조절변수의 상호작용변수가 다른 변수에 영향을 미치는 원인변수로 사용할 수 없다는 지적으로(Hayes, 2018), 현재 많은 연구자가 활용하지 않고 있습니다. 또한 PROCESS macro 버전3부터는 더 이상 매개된 조절효과에 대한 내용이 없습니다.

조절된 매개효과분석은 다음과 같은 상황에서 활용합니다.

- 독립변수가 매개변수를 거쳐 종속변수에 미치는 매개효과를 조절변수가 유의하게 조절하는지 확인할 때

조절된 매개효과분석은 독립변수가 매개변수를 거쳐 종속변수에 미치는 매개효과(영향력)를 조절변수가 유의하게 조절하는지 확인할 때 활용합니다. 즉, 매개효과의 크기가 조절변수에 의해 조절되는지를 확인하는 분석입니다.

### 2) 조절된 매개효과분석 과정

조절된 매개효과분석은 3단계의 분석 과정을 거칩니다. 1단계에서는 매개효과분석을 통해 매개변수의 매개효과 검증을 진행하고, 2단계에서는 조절효과분석을 통해 조절효과 검증을 진행합니다. 3단계에서는 조절된 매개효과분석을 통해 조절된 매개효과를 검증합니다.

참고로 조절된 매개효과분석을 통해 매개효과분석과 조절효과분석에 대한 모든 결과가 도출되는 것은 아닙니다. 그렇기 때문에 조절된 매개효과분석의 3단계 분석 과정은 조절된 매개효과분석만 진행한다고 해서 가능한 것이 아니라 매개효과분석과 조절효과분석을 따로 진행한 후 결과를 작성해야 합니다.

- 1단계: 매개효과분석
- 2단계: 조절효과분석
- 3단계: 조절된 매개효과분석

예를 들어, 스마트폰 중독과 삶의 만족도 관계에서 우울의 매개효과를 운동시간이 조절하는지 검증하기 위해 다음과 같이 연구모형을 설정했을 때 실제 어떻게 분석이 이루어지는지 구체적으로 확인하면 다음과 같습니다.

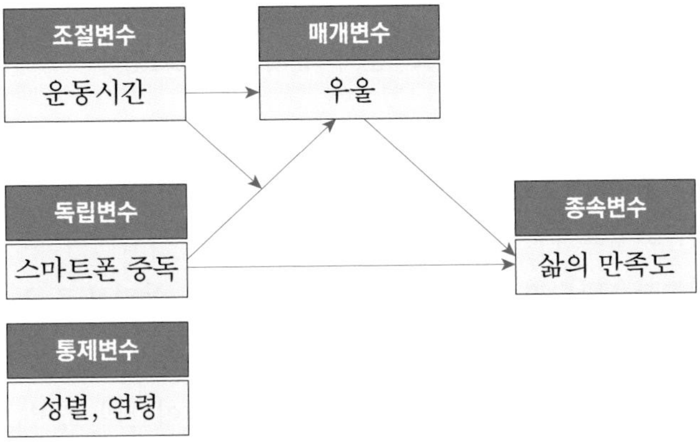


[그림 26-3] **조절된 매개모형**

1단계는 '스마트폰 중독이 삶의 만족도에 미치는 영향과 우울의 매개효과'에 대한 매개효과분석을 진행합니다. 매개효과분석은 3단계의 분석 과정을 거칩니다. 1-1단계에서는 독립변수가 매개변수에 미치는 영향을 살펴보고, 1-2단계에서는 독립변수와 매개변수가 종속변수에 미치는 영향을 살펴봅니다. 1-3단계에서는 매개효과 검증을 통해 매개효과가 있는지 확인합니다.

1단계 매개효과분석
- 1-1단계: 독립변수 → 매개변수
- 1-2단계: 독립변수, 매개변수 → 종속변수
- 1-3단계: 매개효과 검증

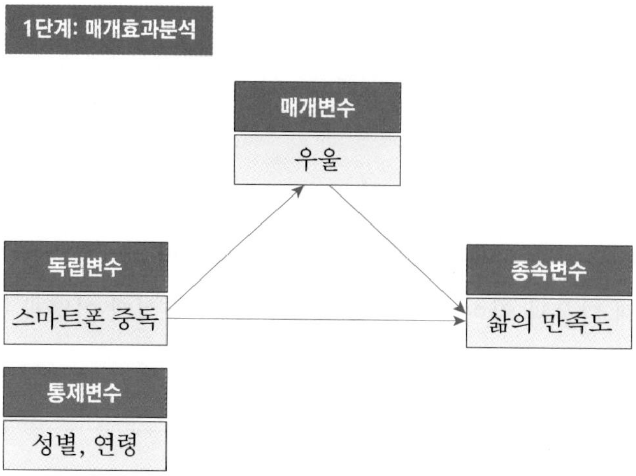


[그림 26-4] **조절된 매개효과분석 1단계: 매개효과분석**

2단계는 '스마트폰 중독이 우울에 미치는 영향과 운동시간의 조절효과'에 대한 조절효과 분석을 진행합니다. 조절효과분석은 4단계의 분석 과정을 거칩니다. 2-1단계에서는 독립변수, 조절변수, 상호작용변수가 종속변수에 미치는 영향을 살펴보고, 2-2단계에서는 조절변수의 특정 값(평균-표준편차, 평균, 평균+표준편차)에서 독립변수가 종속변수에 미치는 영향의 조건부 효과를 확인합니다. 2-3단계에서는 존슨-네이만의 조명등 분석법을 활용하여 조절효과가 어떤 조절변수 값(범위)에서 유의한지를 파악합니다. 4단계에서는 조절효과 그래프를 그리고 분석합니다.

2단계 조절효과분석

- 2-1단계: 독립변수, 조절변수, 상호작용변수 → 종속변수
- 2-2단계: 조절변수 특정 값(평균-표준편차, 평균, 평균+표준편차)에 따른 조건부 효과
- 2-3단계: 조명등 분석
- 2-4단계: 조절효과 그래프 분석

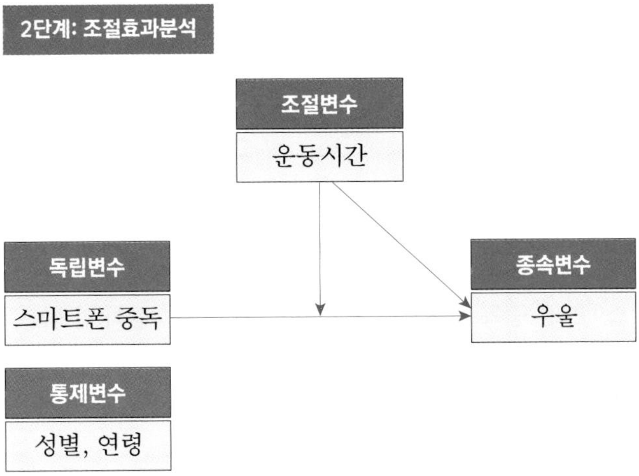


[그림 26-5] **조절된 매개효과분석 2단계: 조절효과분석**

3단계는 '스마트폰 중독과 삶의 만족도 관계에서 우울의 매개효과와 운동시간의 조절된 매개효과'에 대한 조절된 매개효과분석을 진행합니다. 조절된 매개효과분석은 2단계의 분석 과정을 거칩니다. 3-1단계에서는 조절변수의 특정 값(평균-표준편차, 평균, 평균+표준편차)에 따른 조건부 매개효과를 확인합니다. 즉, 독립변수가 매개변수를 거쳐 종속변수에 영향을 미치는 과정에서 조절된 매개효과가 조절변수의 특정 값(평균-표준편차, 평균, 평균+표준편차) 중 어떤 값에서 유의한지를 확인하는 것입니다. 그런 다음 3-2단계에서는 조절된 매개효과 검증을 진행합니다.

3단계 조절된 매개효과분석

- 3-1단계: 조절변수 특정 값(평균-표준편차, 평균, 평균+표준편차)에 따른 조건부 매개효과
- 3-2단계: 조절된 매개효과 검증

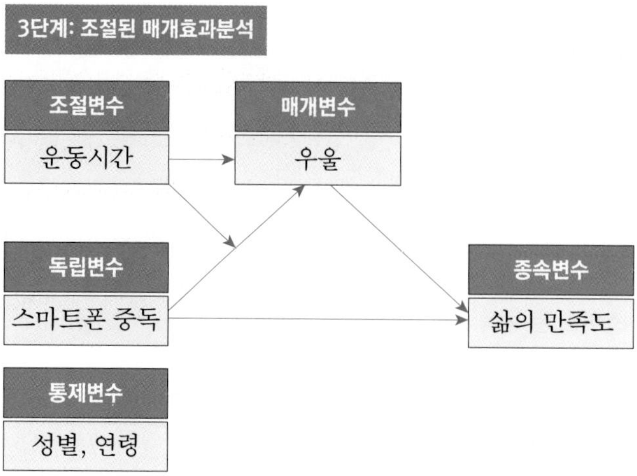


[그림 26-6] **조절된 매개효과분석 3단계: 조절된 매개효과분석**

**체크? 체크!** **조건부 매개효과 VS 조건부 간접효과**

조절된 매개효과의 3단계에서는 조절된 매개효과분석을 진행하여 조절변수 특정 값(평균−표준편차, 평균, 평균+표준편차)에 따른 조건부 매개효과를 확인합니다. 논문이나 연구보고서를 보면 조절된 매개효과를 분석할 때 조건부 매개효과가 아닌 조건부 간접효과라고 기술되어 있는 경우를 볼 수 있습니다. 실제 조건부 매개효과와 조건부 간접효과를 혼용해서 사용하고 있으나, 단어의 일관성을 위해서 이 책에서는 조건부 매개효과로 설정하였습니다.

## 2. 조절된 매개효과분석 변수 구성

조절된 매개효과분석의 경우 독립변수, 종속변수, 매개변수는 평균변수이고 조절변수는 집단변수 혹은 평균변수일 때 진행할 수 있습니다. 즉, 연령과 같이 보기가 없고 평균을 내는 것이 의미가 있는 평균변수가 있다면 가능합니다. 다만, 성별과 같이 집단변수도 더미변수로 변환하면 평균변수로 활용할 수 있고, 삶의 만족도와 같이 리커트 척도 또한 2개 이상의 문항을 합하거나 평균을 내어 합변수 혹은 평균변수로 분석에서 활용하기 때문에 조절된 매개효과분석에서도 가능합니다. 즉, 조절된 매개효과분석도 회귀분석이기 때문에 회귀분석에서 활용할 수 있는 변수라면 조절된 매개효과분석에서도 가능합니다.

참고로 조절변수는 성별처럼 집단변수일 수도 있고, 운동시간처럼 평균변수일 수도 있습니다. 또는 조절변수가 공격성처럼 리커트 척도일 수도 있습니다. 즉, 회귀분석에서 활용할 수 있는 변수라면 모두 조절변수로 활용할 수 있습니다.

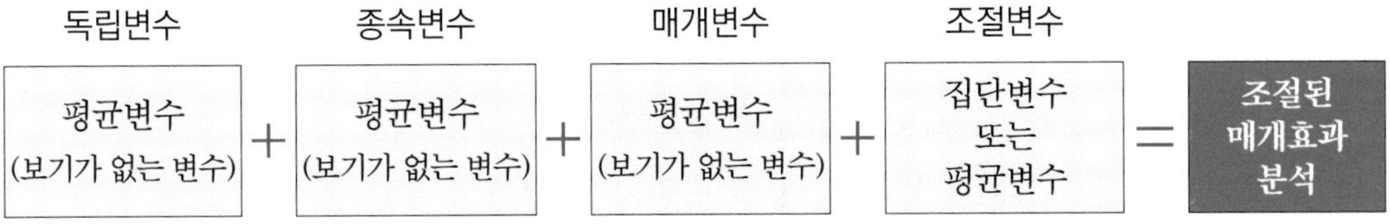


[그림 26-7] **조절된 매개효과분석 변수 구성**

구체적으로 어떠한 상황에서 조절된 매개효과분석을 진행하는지 확인해 보겠습니다. 이 분석에서 진행하는 것은 다음과 같습니다. 즉, 통제변수는 성별, 연령, 독립변수는 스마트폰 중독, 매개변수는 우울, 조절변수는 운동시간, 종속변수는 삶의 만족도로 설정하였습니다.

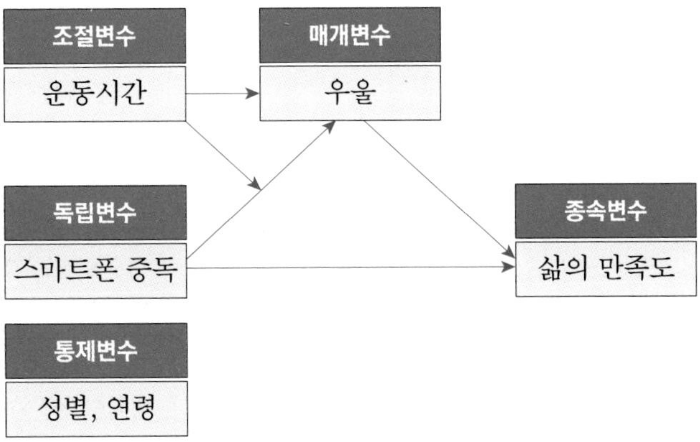


[그림 26-8] **조절된 매개효과분석 연구모형**

주요 변수는 성별더미변수, 연령, 스마트폰 중독, 우울, 운동시간, 삶의 만족도입니다. 연령과 운동시간은 평균변수이고, 성별더미변수, 스마트폰 중독, 우울, 삶의 만족도는 평균변수로 볼 수 있는 더미변수와 리커트 척도입니다. 이러한 변수들로 구성되어 있다면, 조절된 매개효과분석을 통해 '스마트폰 중독과 삶의 만족도 관계에서 우울의 매개효과와 운동시간의 조절된 매개효과'를 확인할 수 있습니다.

**1.** 귀하의 성별은 무엇입니까?

① 남성 ② 여성

**2.** 현재 귀하의 연령은 어떻게 됩니까? ( )세

**3.** 다음은 스마트폰 중독에 대한 질문입니다. 각 문항을 읽고 해당 사항에 체크하여 주십시오.

| 스마트폰 중독 | 전혀 그렇지 않다 | 그렇지 않은 편이다 | 그런 편이다 | 매우 그렇다 |
|---|---|---|---|---|
| 1. 스마트폰을 사용하지 못하면 온 세상을 잃은 것 같은 생각이 든다. | ① | ② | ③ | ④ |
| 2. 가족이나 친구들과 함께 있는 것보다 스마트폰을 사용하고 있는 것이 더 즐겁다. | ① | ② | ③ | ④ |
| 3. 스마트폰을 사용할 수 없게 된다면 견디기 힘들 것이다. | ① | ② | ③ | ④ |
| 4. 스마트폰이 없으면 안절부절못하고 초조해진다. | ① | ② | ③ | ④ |
| 5. 스마트폰이 없으면 불안하다. | ① | ② | ③ | ④ |
| 6. 스마트폰이 옆에 없으면, 하루 종일 일(공부)이 손에 안 잡힌다. | ① | ② | ③ | ④ |
| 7. 스마트폰 사용시간을 줄이려고 해 보았지만 실패한다. | ① | ② | ③ | ④ |
| 8. 스마트폰을 사용할 때 그만해야지라고 생각은 하면서도 계속한다. | ① | ② | ③ | ④ |
| 9. 스마트폰 사용에 많은 시간을 보내는 것이 습관화되었다. | ① | ② | ③ | ④ |
| 10. 스마트폰 사용에 많은 시간을 보낸다. | ① | ② | ③ | ④ |

**4.** 다음은 우울에 대한 질문입니다. 각 문항을 읽고 해당 사항에 체크하여 주십시오.

| 우울 | 전혀 그렇지 않다 | 그렇지 않은 편이다 | 그런 편이다 | 매우 그렇다 |
|---|---|---|---|---|
| 1. 요즘은 행복한 기분이 들지 않는다. | ① | ② | ③ | ④ |
| 2. 불행하다고 생각하거나 슬퍼하고 우울해한다. | ① | ② | ③ | ④ |
| 3. 걱정이 있다. | ① | ② | ③ | ④ |
| 4. 죽고 싶은 생각이 든다. | ① | ② | ③ | ④ |
| 5. 울기를 잘한다. | ① | ② | ③ | ④ |
| 6. 어떤 일이 잘못되었을 때 나 때문이라는 생각을 자주 한다. | ① | ② | ③ | ④ |
| 7. 외롭다. | ① | ② | ③ | ④ |
| 8. 모든 일에 관심과 흥미가 없다. | ① | ② | ③ | ④ |
| 9. 장래가 희망적이지 않은 것 같다. | ① | ② | ③ | ④ |
| 10. 모든 일이 힘들다. | ① | ② | ③ | ④ |

**5.** 귀하의 하루 평균 운동시간은 어떻게 됩니까? (　　)시간

**6.** 다음은 삶의 만족도에 대한 질문입니다. 각 문항을 읽고 해당 사항에 체크하여 주십시오.

| 삶의 만족도 | 전혀 그렇지 않다 | 그렇지 않은 편이다 | 그런 편이다 | 매우 그렇다 |
|---|---|---|---|---|
| 1. 나는 사는 게 즐겁다. | ① | ② | ③ | ④ |
| 2. 나는 걱정거리가 별로 없다. | ① | ② | ③ | ④ |
| 3. 나는 내 삶이 행복하다고 생각한다. | ① | ② | ③ | ④ |

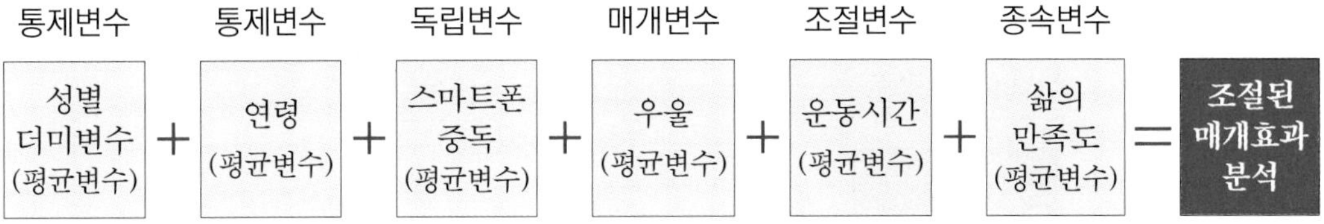


[그림 26-9] 조절된 매개효과분석 예시

# 3. 조절된 매개효과분석 실습

## 1) 조절된 매개효과분석 전 데이터 핸들링(생략)

조절된 매개효과분석을 하기 위해 집단변수인 성별은 더미변수를 만들고 리커트 척도인 스마트폰 중독, 우울, 삶의 만족도는 평균변수로 만들어야 합니다. 성별을 더미변수 만드는 방법과 스마트폰 중독, 우울, 삶의 만족도를 평균변수 만드는 방법은 '제22장 회귀분석-3. 회귀분석 실습'에서 진행한 성별(더미변수) 및 생활만족도(평균변수)와 데이터 핸들링 방법이 동일하므로 참고하기 바랍니다. 참고로 스마트폰 중독, 우울, 삶의 만족도는 역문항이 없으며, 실습파일인 'SPSS PROCESS macro data'에는 이미 데이터 핸들링을 한 성별더미변수, 스마트폰 중독, 우울, 삶의 만족도 평균 변수가 있습니다.

## 2) 매개효과분석(SPSS PROCESS macro 활용)

조절된 매개효과분석을 하기 위해 사전에 '스마트폰 중독이 삶의 만족도에 미치는 영향과 우울의 매개효과'에 대한 매개효과분석을 진행해야 합니다.

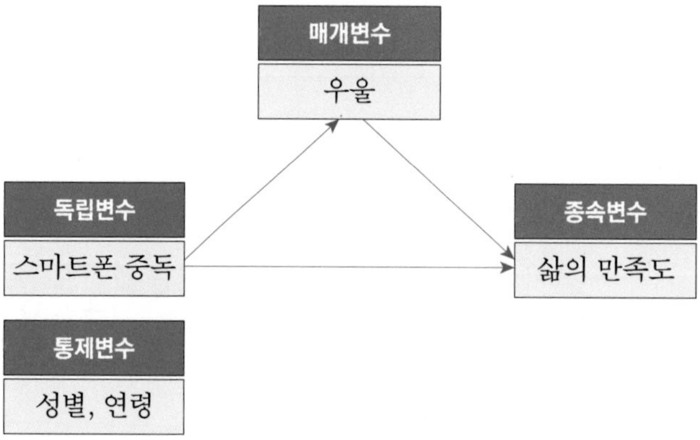


[그림 26-10]

구체적인 매개효과분석 실습은 '제24장 매개효과분석-3. 매개효과분석 실습'을 참고하기 바랍니다. 주요 매개효과분석 실습을 요약하면 다음과 같습니다.

## 실습 매개효과분석

- 실습내용: 스마트폰 중독이 삶의 만족도에 미치는 영향과 우울의 매개효과
- 실습파일: SPSS PROCESS macro data.sav
- 활용변수: gender(성별더미변수), age(연령), smamean(스마트폰중독평균), depmean(우울평균), lifemean(삶의만족도평균)

1 PROCESS 창에서 Y variable에 종속변수인 삶의만족도평균, X variable에 독립변수인 스마트폰중독평균, Mediator(s)에 매개변수인 우울평균, Covariate(s)에 통제변수인 성별더미변수와 연령을 옮깁니다.

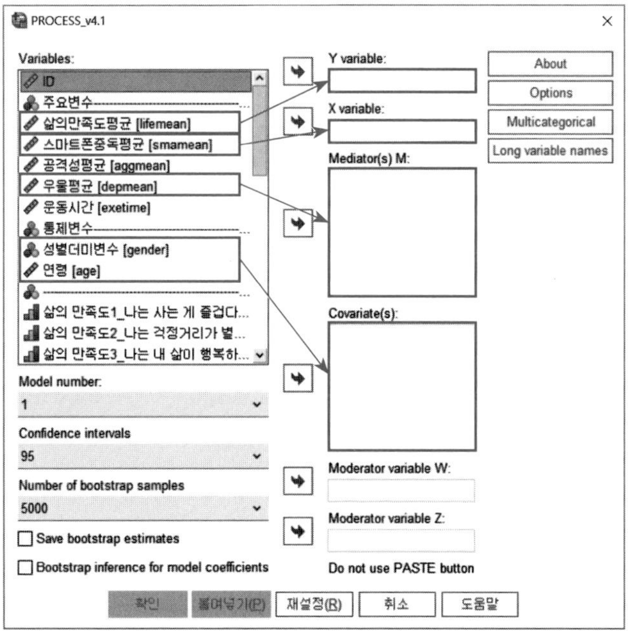


[그림 26-11]

**2** 이 매개모형은 Model 4번이므로 Model number를 클릭하여 4를 선택합니다.

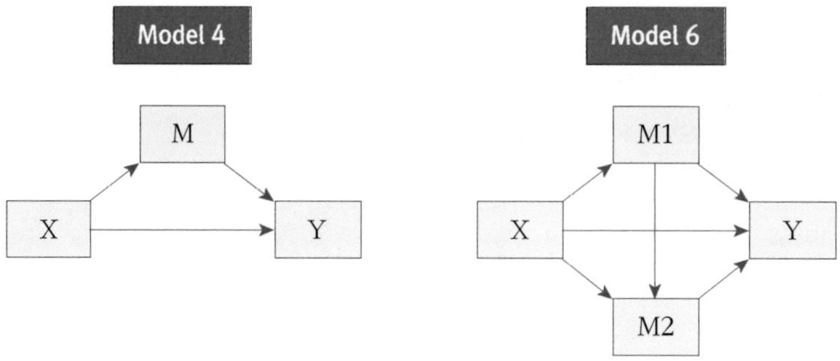


[그림 26-12]

자료: PROCESS macro v2.1의 templates 재구성

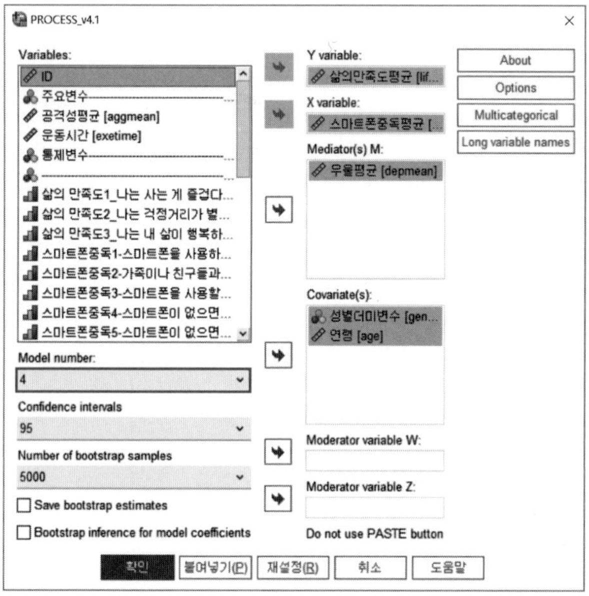


[그림 26-13]

**3** PROCESS 창에서 Options을 클릭하여 PROCESS options 창이 열리면, 표준화 계수를 추정하기 위해 Standardized effects(mediation-only models)를 클릭합니다. 출력 결과값을 소수점 셋째 자리까지 제시하기 위해서 Decimal places in output에서 3으로 설정합니다.

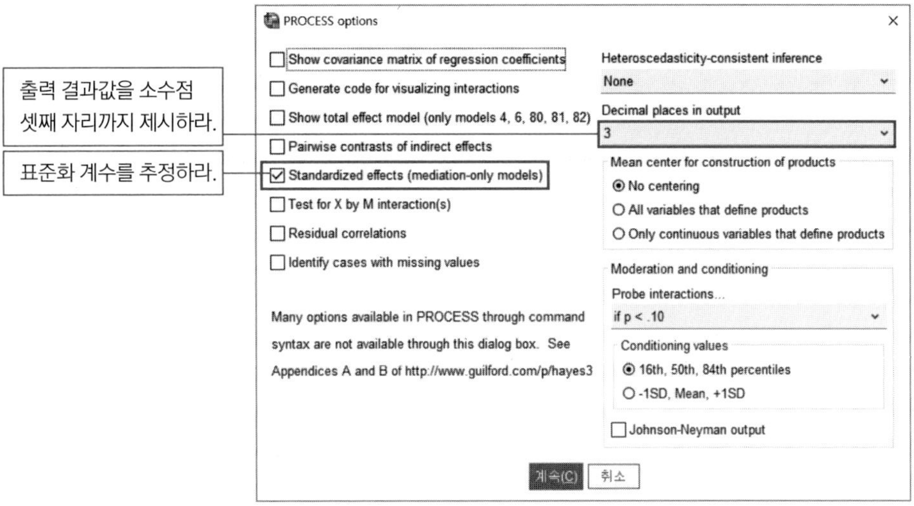


[그림 26-14]

### 3) 조절효과분석(SPSS PROCESS macro 활용)

조절된 매개효과분석을 하기 위해 사전에 '스마트폰 중독이 우울에 미치는 영향과 운동시간의 조절효과'에 대한 조절효과분석을 진행해야 합니다.

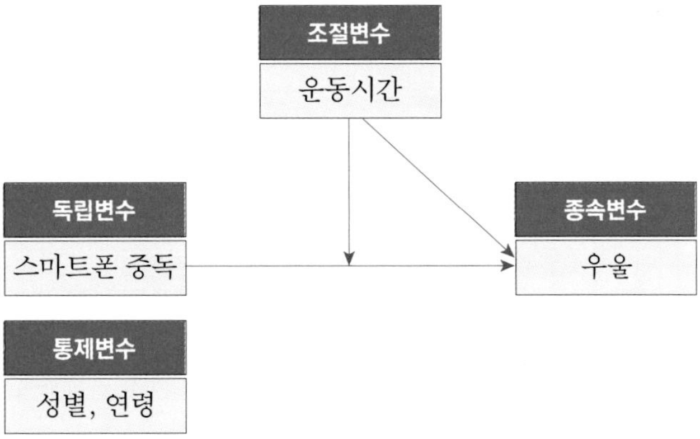


[그림 26-15]

구체적인 매개효과분석 실습은 '제25장 조절효과분석-3. 조절효과분석 실습'을 참고하기 바랍니다. 주요 조절효과분석 실습을 요약하면 다음과 같습니다.

## 실습 조절효과분석

- 실습내용: 스마트폰 중독이 우울에 미치는 영향과 운동시간의 조절효과
- 실습파일: SPSS PROCESS macro data.sav
- 활용변수: gender(성별더미변수), age(연령), smamean(스마트폰중독평균), exetime(운동시간), depmean(우울평균)

**1** PROCESS 창에서 Y variable에 종속변수인 우울평균, X variable에 독립변수인 스마트폰중독평균, Moderator variable W에 조절변수인 운동시간, Covariate(s)에 통제변수인 성별더미변수와 연령을 옮깁니다.

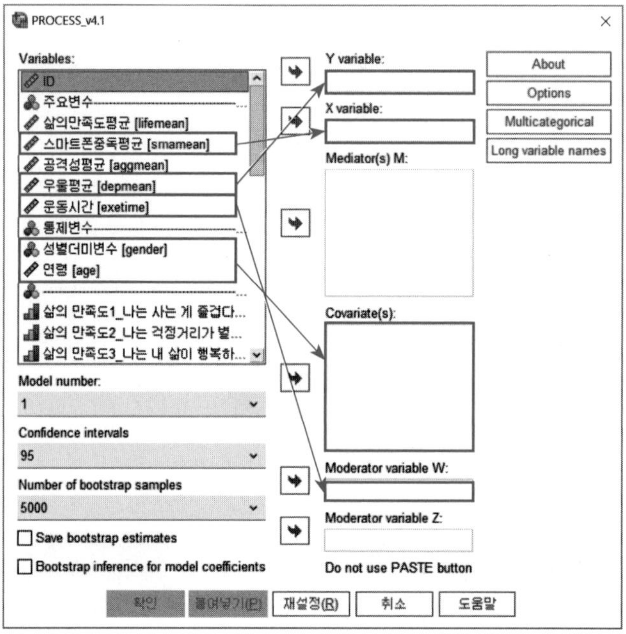


[그림 26-16]

❷ 이 매개모형은 Model 1번이므로 Model number를 클릭하여 1을 선택합니다.

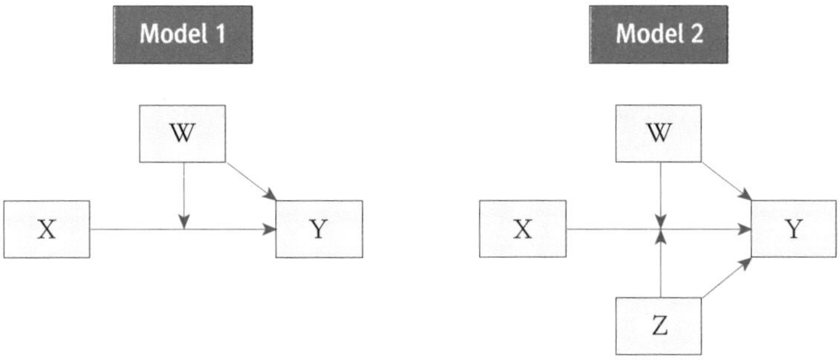


[그림 26-17]

자료: PROCESS macro v2.1의 templates 재구성

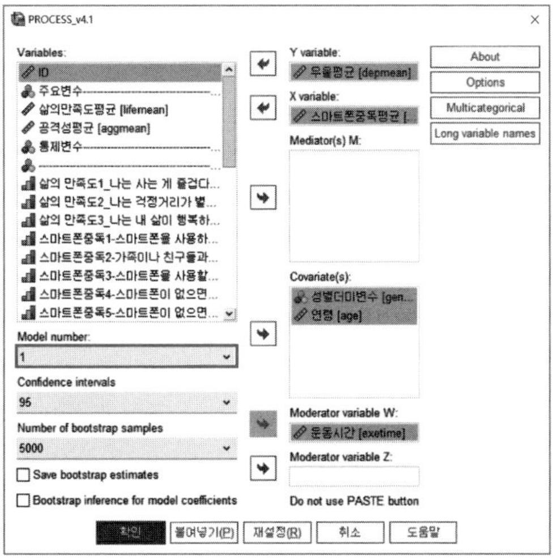


[그림 26-18]

❸ PROCESS 창에서 Options을 클릭하여 PROCESS options 창이 열리면, 조절효과를 시각화(그래프 그리기)하기 위한 데이터 출력을 위해 Generate code for visualizing interactions를 클릭합니다. 그런 다음 출력 결과값을 소수점 셋째 자리까지 제시하기 위해서 Decimal places in output에서 3으로 설정합니다. 상호작용변수의 유의수준을 $p < .05$로 설정하기 위해 Probe interactions에서 if $p < .05$로 설정합니다. 조절변수의 특정 값(평균−표준편차, 평균, 평균+표준편차)에서 독립변수가 종속변수에 미치는 영향을 확인하기 위해 Conditioning values에서 −1SD, Mean, +1SD를 클릭합니다. 조절효과가 어떤 조절변수 값(범위)에서 유의한지 제시하기 위해 Johnson-Neyman output을 클릭합니다.

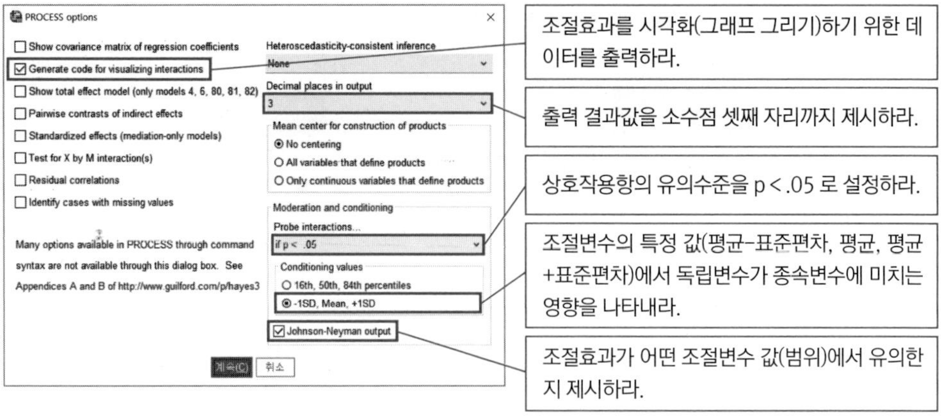


[그림 26-19]

## 4) 조절된 매개효과분석(SPSS PROCESS macro 활용)

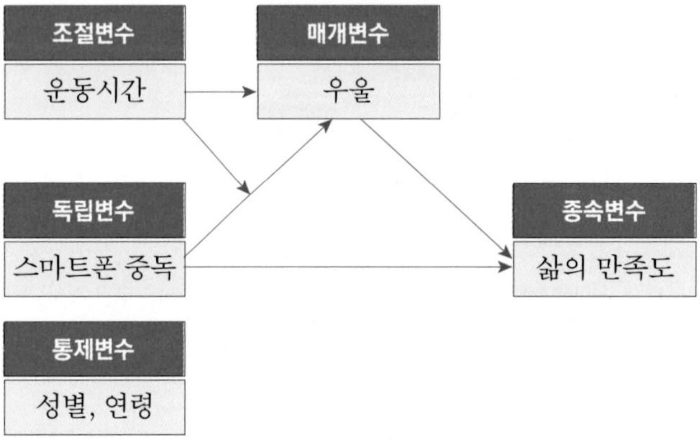


[그림 26-20]

**실습** **조절된 매개효과분석**

- 실습내용: 스마트폰 중독과 삶의 만족도 관계에서 우울의 매개효과와 운동시간의 조절된 매개효과
- 실습파일: SPSS PROCESS macro data.sav
- 활용변수: gender(성별더미변수), age(연령), smamean(스마트폰중독평균), exetime(운동시간), depmean(우울평균), lifemean(삶의만족도평균)

**1** 자신이 진행하고자 하는 조절된 매개모형이 Model 7번인지 또는 Model 14번인지 확인합니다. Model 7번과 Model 14번의 큰 차이점은 조절변수의 위치입니다. 즉, 조절변수가 독립변수와 매개변수의 관계를 조절하는 경우라면 Model 7번을 선택하고, 조절변수가 매개변수와 종속변수의 관계를 조절하는 경우라면 Model 14번을 선택합니다. 스마트폰 중독과 삶의 만족도 관계에서 우울의 매개효과와 운동시간의 조절된 매개효과를 살펴보는 조절된 매개모형은 Model 7번에 해당합니다.

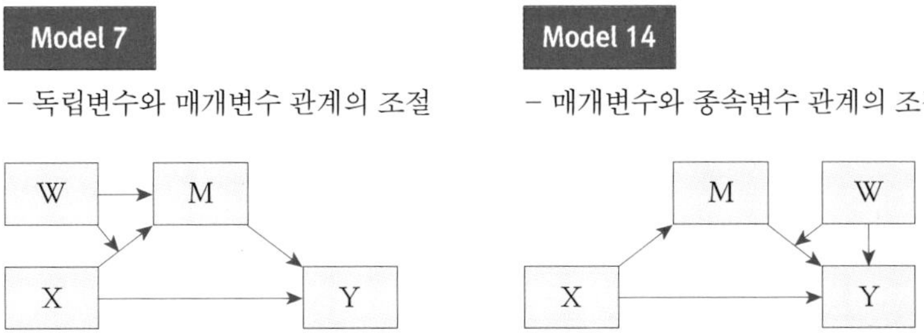


[그림 26-21]

자료: PROCESS macro v2.1의 templates 재구성

**2** 조절된 매개효과분석을 진행하기 위해 메뉴의 ❶ 분석을 클릭하고 ❷ 회귀분석을 클릭한 후 ❸ PROCESS by Andrew F. Hayes를 선택합니다.

[그림 26-22]

❸ 템플릿의 모형에 적힌 알파벳을 확인합니다. X는 독립변수, Y는 종속변수, M은 매개변수, W는 조절변수입니다.

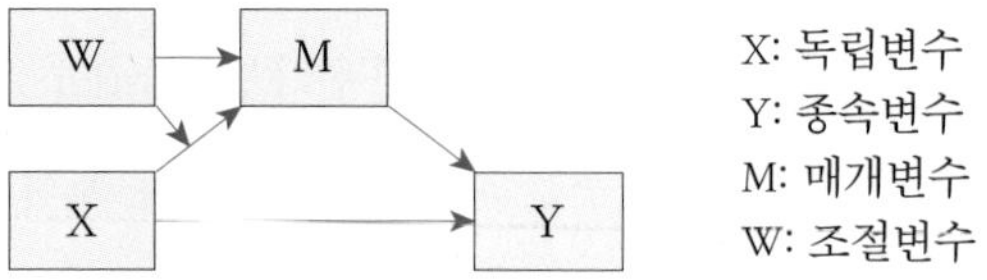


[그림 26-23]

**체크? 체크!** Model 14번

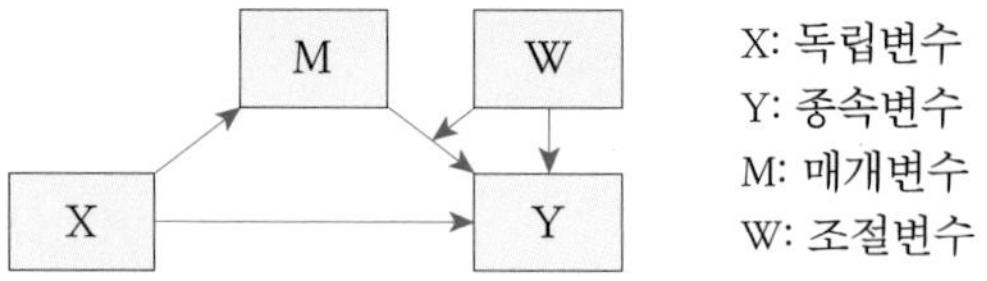


[그림 26-24]

❹ PROCESS 창에서 Y variable에 종속변수인 삶의만족도평균, X variable에 독립변수인 스마트폰중독평균, Mediatior(s) M에 매개변수인 우울평균, Moderator variable W에 조절변수인 운동시간, Covariate(s)에 통제변수인 성별더미변수와 연령을 옮깁니다.

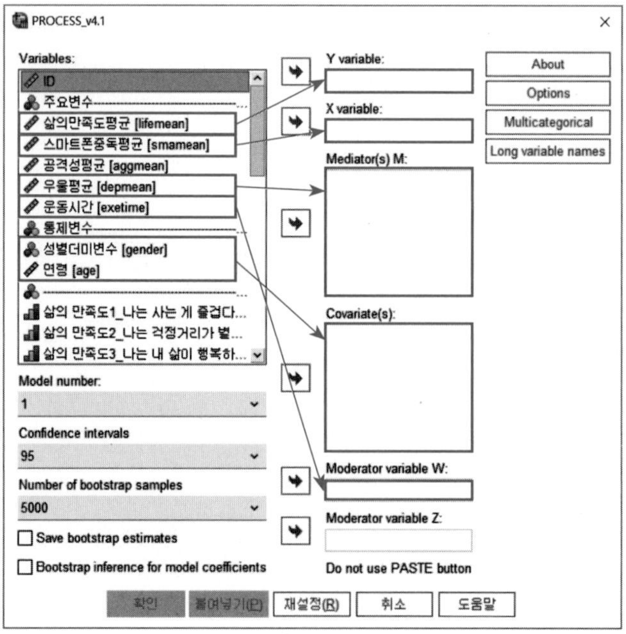


[그림 26-25]

**5** 이 조절된 매개모형은 Model 7번이므로 ❶ Model number를 클릭하여 ❷ 7을 선택합니다. 만약 자신의 조절된 매개모형이 Model 14번이면, Model number에서 14를 클릭합니다.

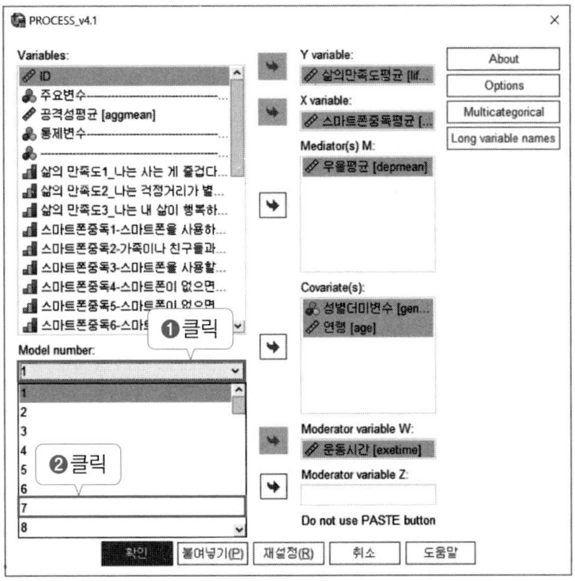


[그림 26-26]

**6** ❶ Options을 클릭합니다.

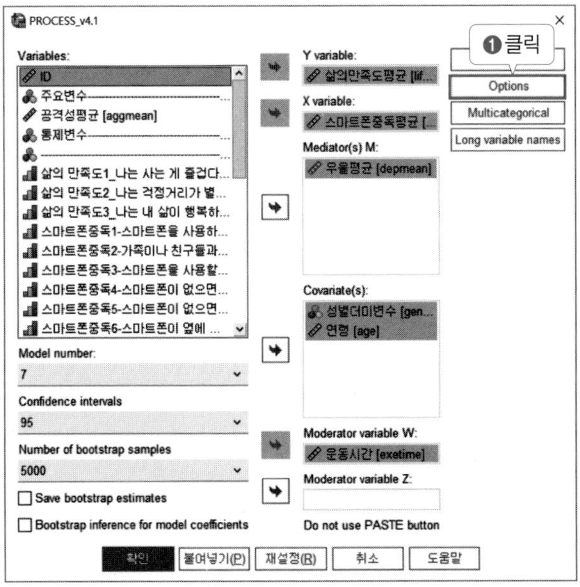


[그림 26-27]

**7** PROCESS options 창이 열리면, 출력 결과값을 소수점 셋째 자리까지 제시하기 위해 ❶ Decimal places in output에서 3으로 설정합니다. 상호작용변수의 유의수준을 p < .05로 설정하기 위해 ❷ Probe interactions에서 if p < .05로 설정합니다. 조절변수의 특정 값(평균−표준편차, 평균, 평균+표준편차)에서 조건부 매개효과를 확인하기 위해 ❸ Conditioning values에서 −1SD, Mean, +1SD를 클릭합니다. 그런 다음 ❹ 계속을 클릭합니다.

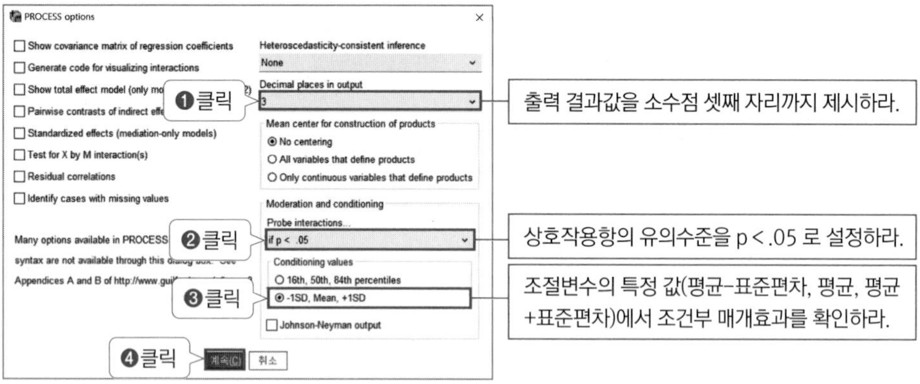


[그림 26-28]

## Know how 조절효과분석 후 조절된 매개효과 분석 시 PROCESS options 창에서 수정하지 않아도 됩니다

조절효과를 분석한 이후 바로 조절된 매개효과분석을 진행한다면, PROCESS options 창에는 조절효과에서 설정한 옵션일 것입니다. 조절된 매개효과분석은 조절효과에서 설정한 옵션을 그대로 활용해도 전혀 문제가 되지 않습니다. 그렇기 때문에 PROCESS options 창에서 특별한 수정 없이 진행해도 됩니다.

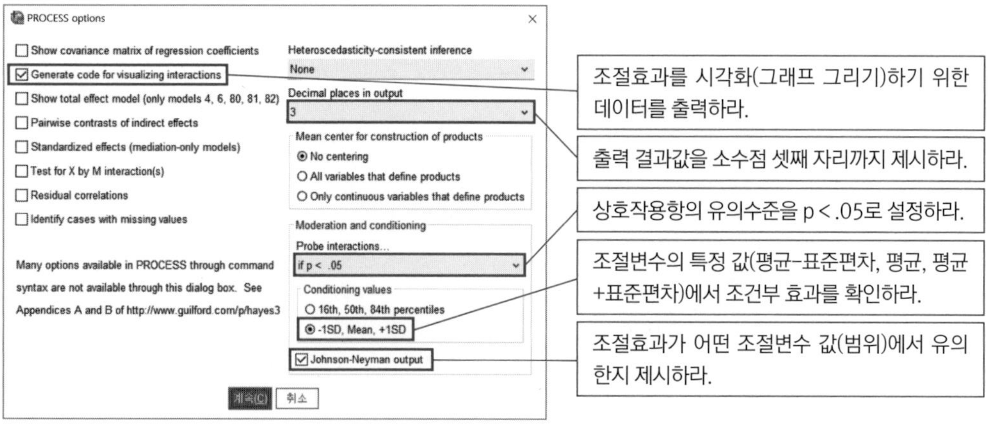


[그림 26-29]

8 ❶ 확인을 클릭하여 PROCESS 창을 닫습니다.

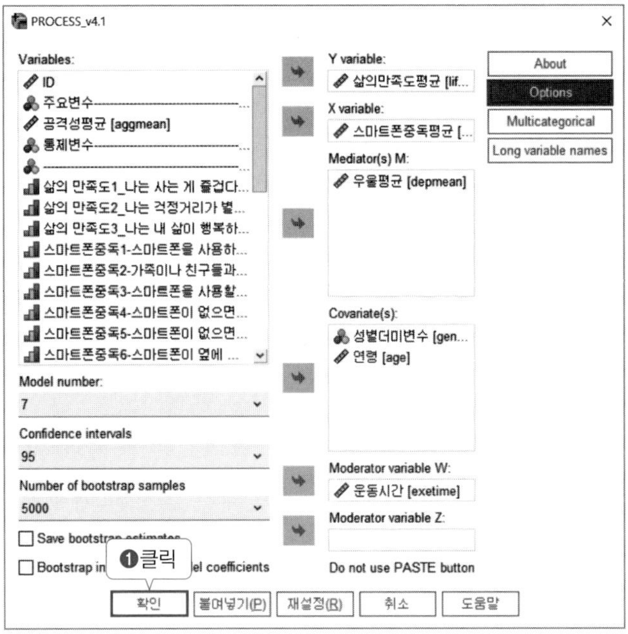


[그림 26-30]

## 4. 출력 결과 해석

스마트폰 중독과 삶의 만족도 관계에서 우울의 매개효과와 운동시간의 조절된 매개효과를 확인하기 위해 조절된 매개효과분석을 진행하였습니다. 조절된 매개효과분석에서 1단계로 진행한 '스마트폰 중독이 삶의 만족도에 미치는 영향과 우울의 매개효과'에 대한 매개효과분석과 2단계로 진행한 '스마트폰 중독이 우울에 미치는 영향과 운동시간의 조절효과'에 대한 조절효과분석의 출력 결과 해석은 '제24장 매개효과분석-4. 출력 결과 해석'과 '제25장 조절효과분석-4. 출력 결과 해석'을 참고하기 바랍니다.

이에 조절된 매개효과분석에서 3단계로 진행한 '스마트폰 중독과 삶의 만족도 관계에서 우울의 매개효과와 운동시간의 조절된 매개효과'에 대한 조절된 매개효과분석의 출력 결과 해석을 진행하면 다음과 같습니다.

### 1) 분석된 케이스 수 확인

출력 결과 창을 확인해 보면 분석된 케이스 수를 확인할 수 있습니다. Sample Size는 실제 조절된 매개효과분석에서 활용한 케이스 수를 말합니다. 이 조절된 매개효과분석에서 진행한 케이스 수는 1,834명으로 나타났습니다.

```
***************** PROCESS Procedure for SPSS Version 4.1 *****************

          Written by Andrew F. Hayes, Ph.D.       www.afhayes.com
    Documentation available in Hayes (2022). www.guilford.com/p/hayes3

**************************************************************************
Model  : 7
    Y  : lifemean
    X  : smamean
    M  : depmean
    W  : exetime

Covariates:
 gender   age

Sample
Size:  1834

**************************************************************************
```

[그림 26-31] **조절된 매개효과분석 출력 결과 1**

## 2) 조절된 매개효과분석의 2단계인 조절효과분석 결과 확인 및 패스

출력 결과를 확인해 보면, 조절된 매개효과분석의 2단계인 조절효과분석 결과가 제시되어 있는 것을 알 수 있습니다. 즉, '독립변수(스마트폰 중독), 조절변수(운동시간), 상호작용항(스마트폰 중독×운동시간) → 매개변수(우울)' 분석 결과에 대한 출력 결과가 다음과 같이 제시됩니다. 이 분석 결과는 이미 사전에 진행한 조절효과분석에서 똑같은 분석 결과가 도출된 상태이며, 출력 결과에 대해서도 해석을 진행한 상태입니다. 그러므로 3단계 조절된 매개효과분석에서 제시된 2단계 조절효과분석 출력 결과는 해석을 진행하지 않고 넘기면 됩니다.

```
**************************************************************************
OUTCOME VARIABLE:
 depmean

Model Summary
          R       R-sq
       .836       .699

Model
              coeff        se          t          p       LLCI       ULCI
constant      1.898      .049     39.074       .000      1.803      1.993
smamean        .257      .019     13.572       .000       .220       .294
exetime       -.038      .009     -4.297       .000      -.056      -.021
Int_1         -.042      .004     -9.423       .000      -.050      -.033
gender         .043      .010      4.494       .000       .024       .062
age            .000      .000       .145       .884      -.001       .001

Product terms key:
 Int_1    :     smamean   x     exetime

Test(s) of highest order unconditional interaction(s):
       R2-chng          F        df1        df2          p
X*W       .015     88.794      1.000   1828.000       .000
----------
    Focal predict: smamean  (X)
          Mod var: exetime  (W)

Conditional effects of the focal predictor at values of the moderator(s):

    exetime     Effect        se          t          p       LLCI       ULCI
      1.168       .209      .015     13.769       .000       .179       .238
      3.503       .112      .011      9.793       .000       .089       .134
      5.839       .015      .016       .935       .350      -.016       .045

**************************************************************************
```

조절된 매개효과분석의 2단계인 조절효과분석 결과: '독립변수(스마트폰 중독), 조절변수(운동시간), 상호작용항(스마트폰 중독×운동시간) → 매개변수(우울)' 분석 결과

[그림 26-32] **조절된 매개효과분석 출력 결과 2**

### 3) 조절된 매개효과분석의 1단계인 매개효과분석 결과(일부) 확인 및 패스

출력 결과를 확인해 보면, 조절된 매개효과분석의 1단계인 매개효과분석 결과가 제시되어 있는 것을 알 수 있습니다. 즉, '독립변수(스마트폰 중독), 매개변수(우울) → 종속변수(삶의 만족도)' 분석 결과에 대한 출력 결과가 다음과 같이 제시됩니다. 이 분석 결과는 이미 사전에 진행한 매개효과분석에서 똑같은 분석 결과가 도출된 상태이며, 출력 결과에 대해서도 해석을 진행한 상태입니다. 그러므로 3단계 조절된 매개효과분석에서 제시된 1단계 매개효과분석 출력 결과는 해석을 진행하지 않고 넘기면 됩니다.

**************************************************************************

OUTCOME VARIABLE:
lifemean

조절된 매개효과분석의 1단계인 매개효과분석 결과(일부): '독립변수(스마트폰 중독), 매개변수(우울) → 종속변수(삶의 만족도)' 분석 결과

Model Summary

| R | R-sq | | | | | |
|---|---|---|---|---|---|---|
| .563 | .317 | .257 | 212.673 | 4.000 | 1829.000 | .000 |

Model

| | coeff | se | t | p | LLCI | ULCI |
|---|---|---|---|---|---|---|
| constant | 5.025 | .095 | 53.088 | .000 | 4.839 | 5.210 |
| smamean | -.395 | .029 | -13.613 | .000 | -.452 | -.338 |
| depmean | -.602 | .036 | -16.877 | .000 | -.672 | -.532 |
| gender | -.054 | .024 | -2.250 | .025 | -.101 | -.007 |
| age | -.002 | .001 | -1.657 | .098 | -.004 | .000 |

****************** DIRECT AND INDIRECT EFFECTS OF X ON Y *****************

[그림 26-33] **조절된 매개효과분석 출력 결과 3**

### 4) 조절변수 특정 값에 따른 조건부 매개효과 확인

조절변수 특정 값에 따른 조건부 매개효과를 확인한다는 것은 독립변수가 매개변수를 거쳐 종속변수에 영향을 미치는 과정에서 조절된 매개효과가 조절변수의 특정 값(평균-표준편차, 평균, 평균+표준편차) 중 어떤 값에서 유의한지를 확인하는 것입니다.

조절변수의 특정 값(평균-표준편차, 평균, 평균+표준편차)에서 조건부 매개효과를 확인하기 위해 Conditional indirect effects of X on Y를 살펴봅니다.

운동시간(exetime)에 1.168, 3.503, 5.839가 제시되어 있는데 1.168은 '평균-표준편차(M-1SD)'를 의미하고, 3.503은 '평균(M)'을 의미합니다. 5.839는 '평균+표준편차(M+1SD)'를 의미합니다. 이는 조절변수의 값에 따라 평균보다 작은 집단(M-1SD), 평균 집단(M), 평균보다 큰 집단(M+1SD)으로 구분했다고 생각하면 됩니다.

조절변수의 특정 값에 대한 조절된 매개효과의 유의성 검증은 Conditional indirect effects of X on Y의 BootLLCI(Lower Limit Confidence Interval=신뢰구간 하한값)와 BootULCI(Upper Limit Confidence Interval=신뢰구간 상한값)를 통해 확인할 수 있습니다. 즉, BootLLCI값과 BootULCI값 사이에 0이 포함되지 않으면 조절된 매개효과는 유의하다고 해석을 합니다. 반대로 BootLLCI값과 BootULCI값 사이에 0이 포함되면 조절된 매개효과는 유의하지 않다고 해석을 합니다.

분석 결과, 평균보다 작은 집단(M−1SD)의 BootLLCI는 −.155, BootULCI는 −.098로 나타나 BootLLCI값과 BootULCI값 사이에 0이 포함되지 않으므로 평균보다 작은 집단(M−1SD)의 조절된 매개효과는 유의한 것으로 검증되었습니다.

평균 집단(M)의 BootLLCI는 −.088, BootULCI는 −.048로 나타나 BootLLCI값과 BootULCI값 사이에 0이 포함되지 않으므로 평균 집단(M)의 조절된 매개효과는 유의한 것으로 검증되었습니다.

평균보다 큰 집단(M+1SD)의 BootLLCI는 −.035, BootULCI는 .017으로 나타나 BootLLCI값과 BootULCI값 사이에 0이 포함되므로 평균보다 큰 집단(M+1SD)의 조절된 매개효과는 유의하지 않은 것으로 검증되었습니다.

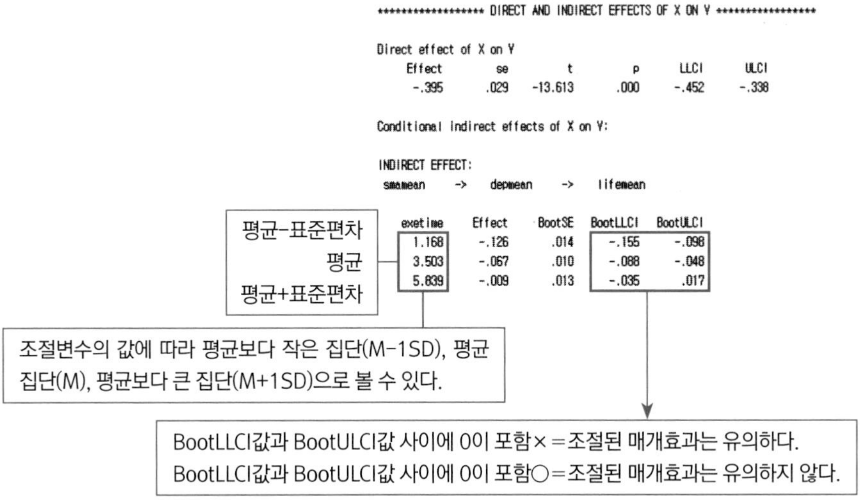


[그림 26-34] **조절된 매개효과분석 출력 결과 4**

**체크? 체크! 조절변수가 집단변수(예: 성별더미변수)라면 조절변수 특정 값에 따른 조건부 매개효과는?**

조절효과분석의 조건부 효과 부분에서도 언급했던 내용으로 조절변수가 성별더미변수와 같이 집단변수라면 조절변수 특정 값은 평균−표준편차, 평균, 평균+표준편차가 아니라 집단변수에서 코딩한 값이 됩니다. 이를테면, 성별더미변수(남성=0, 여성=1)인 경우, 0과 1을 특정 값으로 설정하고 조건부 효과를 분석합니다.

Conditional indirect effects of X on Y:

INDIRECT EFFECT:

smamean -> depmean -> lifemean

| gender | Effect | BootSE | BootLLCI | BootULCI |
|---|---|---|---|---|
| .000 | -.177 | .019 | -.215 | -.142 |
| 1.000 | -.242 | .022 | -.286 | -.200 |

[그림 26-35] **집단변수일 때 조건부 매개효과분석에서 조절변수 특정 값**

## 5) 조절된 매개효과 검증 결과 확인

독립변수가 매개변수를 거쳐 종속변수에 미치는 매개효과를 조절변수가 유의하게 조절하는지 확인하기 위해 조절된 매개효과 검증을 진행하였습니다. 조절된 매개효과 검증 결과는 Index of moderated mediation의 BootLLCI(신뢰구간 하한값)와 BootULCI(신뢰구간 상한값)를 통해 확인할 수 있습니다. 즉, BootLLCI값과 BootULCI값 사이에 0이 포함되지 않으면 조절된 매개효과는 유의하다고 해석을 합니다. 반대로 BootLLCI값과 BootULCI값 사이에 0이 포함되면 조절된 매개효과는 유의하지 않다고 해석을 합니다.

참고로 Index는 조절된 매개지수로 조절된 매개효과 크기를 의미합니다. 분석 결과, 운동시간의 조절된 매개지수(Index)는 .025로 나타났고, BootLLCI는 .017, BootULCI는 .033으로 나타나 BootLLCI값과 BootULCI값 사이에 0이 포함되지 않으므로 조절된 매개효과는 유의한 것으로 검증되었습니다.

조절된 매개지수

Index of moderated mediation:

| | Index | BootSE | BootLLCI | BootULCI |
|---|---|---|---|---|
| exetime | .025 | .004 | .017 | .033 |

BootLLCI값과 BootULCI값 사이에 0이 포함× =조절된 매개효과는 유의하다.
BootLLCI값과 BootULCI값 사이에 0이 포함○=조절된 매개효과는 유의하지 않다.

[그림 26-36] **조절된 매개효과분석 출력 결과 5**

# 5. 분석 결과표 작성

조절된 매개효과분석의 분석 결과표는 매개효과분석 결과표('독립변수 → 매개변수' 결과표, '독립변수, 매개변수 → 종속변수' 결과표, 매개효과 검증 결과표)와 조절효과분석 결과표('독립변수, 조절변수, 상호작용변수 → 종속변수' 결과표, 조절변수 특정 값에 따른 조건부 효과 결과표), 그리고 조절된 매개효과분석 결과표(조절변수 특정 값에 따른 조건부 매개효과 결과표)로 이루어져 있습니다.

매개효과분석 결과표 작성은 '제24장 매개효과분석-5. 분석 결과표 작성'을 참고하기 바랍니다. 조절효과분석 결과표 작성은 '제25장 조절효과분석-5. 분석 결과표 작성'을 참고하기 바랍니다. 매개효과분석 결과표와 조절효과분석 결과표 완성본은 다음과 같습니다.

## 1) 매개효과분석 결과표 작성

### (1) '독립변수 → 매개변수' 결과표

<표> 스마트폰 중독이 우울에 미치는 영향

| 구분 | | B | S.E. | β |
|---|---|---|---|---|
| (상수) | | 1.282 | .054 | |
| 통제변수 | 성별(ref.=남성) | .108 | .016 | .146*** |
| | 연령 | .000 | .001 | -.004 |
| 독립변수 | 스마트폰 중독 | .339 | .017 | .411*** |
| $R^2$ | | | .199 | |
| F | | | 151.746*** | |

*p < .05, **p < .01, ***p < .001

#### (2) '독립변수, 매개변수 → 종속변수' 결과표

**<표> 스마트폰 중독, 우울이 삶의 만족도에 미치는 영향**

| 구분 | | B | S.E. | β |
|---|---|---|---|---|
| (상수) | | 5.025 | .095 | |
| 통제변수 | 성별(ref.=남성) | −.054 | .024 | −.044* |
| | 연령 | −.002 | .001 | −.032 |
| 독립변수 | 스마트폰 중독 | −.395 | .029 | −.290*** |
| 매개변수 | 우울 | −.602 | .036 | −.364*** |
| $R^2$ | | | .317 | |
| F | | | 212.673*** | |

*p < .05, **p < .01, ***p < .001

#### (3) 매개효과 검증 결과표

**<표> 매개효과 검증**

| 변수 간 경로 | B | S.E. | 95%CI | |
|---|---|---|---|---|
| | | | LLCI | ULCI |
| 스마트폰 중독 → 우울 → 삶의 만족도 | −.204 | .017 | −.239 | −.171 |

### 2) 조절효과분석 결과표 작성

#### (1) '독립변수, 조절변수, 상호작용변수 → 종속변수' 결과표

**<표> 스마트폰 중독이 우울에 미치는 영향과 운동시간의 조절효과**

| 구분 | | B | S.E. |
|---|---|---|---|
| (상수) | | 1.898*** | .049 |
| 통제변수 | 성별(ref.=남성) | .043*** | .010 |
| | 연령 | .000 | .000 |
| 독립변수 | 스마트폰 중독 | .257*** | .019 |
| 조절변수 | 운동시간 | −.038*** | .009 |
| 상호작용변수 | 스마트폰 중독 × 운동시간 | −.042*** | .004 |
| $R^2$ | | .699 | |
| F | | 848.986*** | |

*p < .05, **p < .01, ***p < .001

(2) 조절변수 특정 값에 따른 조건부 효과 결과표

<표> 운동시간에 따른 조건부 효과

| 운동시간 | B | S.E. | 95%CI | |
|---|---|---|---|---|
| | | | LLCI | ULCI |
| M−1SD | .209*** | .015 | .179 | .238 |
| M | .112*** | .011 | .089 | .134 |
| M+1SD | .015 | .016 | −.016 | .045 |

*p < .05, **p < .01, ***p < .001

### 3) 조절된 매개효과분석 결과표 작성: 조절변수 특정 값에 따른 조건부 매개효과 결과표

조절변수 특정 값에 따른 조건부 매개효과 결과표 작성은 다음과 같습니다. 첫 행에 조절변수명, B(비표준화 계수), S.E.(표준오차), 95% CI(95% 신뢰구간)를 차례대로 입력합니다. 특히 95% CI 아래에는 LLCI(신뢰구간 하한값)와 ULCI(신뢰구간 상한값)를 입력합니다. 조절변수명 아래에는 M−1SD, M, M+1SD를 입력합니다.

<표> 운동시간에 따른 조건부 매개효과

| 운동시간 | B | S.E. | 95% CI | |
|---|---|---|---|---|
| | | | LLCI | ULCI |
| M−1SD | | | | |
| M | | | | |
| M+1SD | | | | |

*p < .05, **p < .01, ***p < .001

출력 결과 중 Conditional indirect effects of X on Y를 확인합니다. 출력 결과의 Effect는 분석 결과표의 B 칸에 제시합니다. B값은 보통 소수점 셋째 자리까지 제시합니다. 출력 결과의 se값은 분석 결과표의 S.E. 칸에 소수점 셋째 자리까지 제시합니다. 출력 결과의 LLCI, ULCI는 분석 결과표의 LLCI, ULCI 칸에 입력합니다. LLCI, ULCI 값은 보통 소수점 셋째 자리까지 제시합니다.

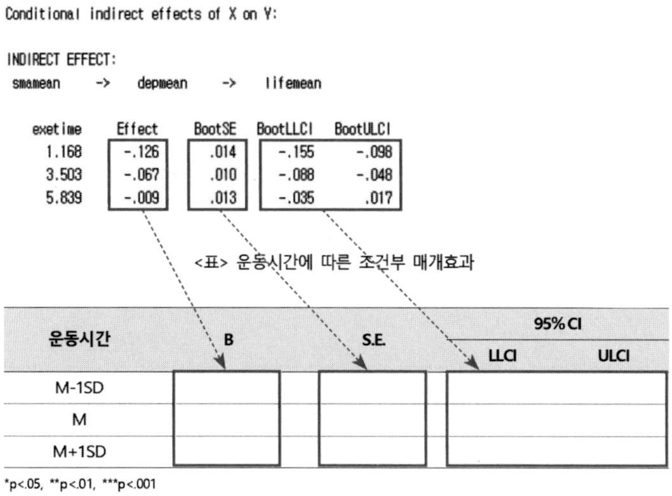


[그림 26-37]

출력 결과의 내용을 분석 결과표에 입력하면 다음과 같이 완성됩니다.

<표> 운동시간에 따른 조건부 매개효과

| 운동시간 | B | S.E. | 95% CI | |
|---|---|---|---|---|
| | | | LLCI | ULCI |
| M−1SD | −.126 | .014 | −.155 | −.098 |
| M | −.067 | .010 | −.088 | −.048 |
| M+1SD | −.009 | .013 | −.035 | .017 |

*p < .05, **p < .01, ***p < .001

## 6. 분석 결과 해석 작성

조절된 매개효과분석 결과에 대한 해석 작성은 매개효과분석 결과, 조절효과분석 결과, 조절된 매개효과분석 결과 모두 진행해야 합니다. 다만, 매개효과분석과 조절효과분석 결과 해석 작성 방법은 '제24장 매개효과분석-7. 분석 결과 해석 작성'과 '제25장 조절효과분석-6. 분석 결과 해석 작성'을 참고하기 바랍니다. 조절된 매개효과분석 결과 해석 작성은 다음과 같이 3단계로 진행합니다.

❶ 분석 목적, 분석 방법, 조절된 매개모형 모델 번호 작성

- Process Macro 7번 모델을 활용했다면, "스마트폰 중독과 삶의 만족도 관계에서 우울의 매개효과를 운동시간이 조절하는지 검증하기 위해 Hayes(2018)가 제안한 Process Macro 7번 모델을 활용하여 분석하였다."고 작성합니다.
- Process Macro 14번 모델을 활용했다면, "스마트폰 중독과 삶의 만족도 관계에서 우울의 매개효과를 운동시간이 조절하는지 검증하기 위해 Hayes(2018)가 제안한 Process Macro 14번 모델을 활용하여 분석하였다."고 작성합니다.

❷ 조절변수 특정 값에 따른 조건부 매개효과 작성

"운동시간의 특정 값에 따른 조건부 매개효과 결과는 다음과 같다."고 작성합니다.

- LLCI값과 ULCI값 사이에 0이 포함되지 않으면, "평균보다 작은 집단(M-1SD)의 경우 95% 신뢰구간이 -.155~-.098이고, 평균 집단(M)의 경우 95% 신뢰구간이 -.088~-.048로 0을 포함하지 않아 조절된 매개효과가 유의한 것으로 검증되었다."고 작성합니다.
- LLCI값과 ULCI값 사이에 0이 포함되면, "평균보다 큰 집단(M+1SD)의 경우 95% 신뢰구간이 -.035~.017로 0을 포함하고 있으므로 조절된 매개효과는 유의하지 않은 것으로 확인되었다."고 작성합니다.

❸ 조절된 매개효과 검증 결과 작성

- LLCI값과 ULCI값 사이에 0이 포함되지 않으면, "조절된 매개효과 검증 결과, 운동시간의 조절된 매개지수는 .025이고, 95% 신뢰구간이 .017~.033으로 0을 포함하지 않아 조절된 매개효과가 유의한 것으로 검증되었다. 즉, 스마트폰 중독과 삶의 만족도 관계에서 우울의 매개효과를 운동시간이 조절하는 것으로 확인되었다."고 작성합니다.
- LLCI값과 ULCI값 사이에 0이 포함되면, "조절된 매개효과 검증 결과, 운동시간의 조절된 매개지수는 .025이고, 95% 신뢰구간이 -.017~.033으로 0을 포함하고 있으므로 조절된 매개효과가 유의하지 않은 것으로 확인되었다. 즉, 스마트폰 중독과 삶의 만족도 관계에서 우울의 매개효과를 운동시간이 조절하지 못하는 것으로 확인되었다."고 작성합니다.

이 3단계에 맞춰 조절된 매개효과분석 결과에 대한 해석을 작성하면 다음과 같습니다.

❶ 스마트폰 중독과 삶의 만족도 관계에서 우울의 매개효과를 운동시간이 조절하는지 검증하기 위해 Hayes(2018)가 제안한 Process Macro 7번 모델을 활용하여 분석하였다. 분석 결과, ❷ 운동시간의 특정 값에 따른 조건부 매개효과 결과는 다음과 같다. 평균보다 작은 집단(M−1SD)의 경우 95% 신뢰구간이 −.155~−.098이고, 평균 집단(M)의 경우 95% 신뢰구간이 −.088~−.048로 0을 포함하지 않아 조절된 매개효과가 유의한 것으로 검증되었다. 한편, 평균보다 큰 집단(M+1SD)의 경우 95% 신뢰구간이 −.035~.017로 0을 포함하고 있으므로 조절된 매개효과는 유의하지 않은 것으로 확인되었다.

❸ 조절된 매개효과 검증 결과, 운동시간의 조절된 매개지수는 .025이고, 95% 신뢰구간이 .017~.033으로 0을 포함하지 않아 조절된 매개효과가 유의한 것으로 검증되었다. 즉, 스마트폰 중독과 삶의 만족도 관계에서 우울의 매개효과를 운동시간이 조절하는 것으로 확인되었다.

**[조절된 매개효과분석 결과표 및 해석 예시]**

스마트폰 중독과 삶의 만족도 관계에서 우울의 매개효과를 운동시간이 조절하는지 검증하기 위해 Hayes(2018)가 제안한 Process Macro 7번 모델을 활용하여 분석하였다. 분석 결과, 운동시간의 특정 값에 따른 조건부 매개효과 결과는 다음과 같다. 평균보다 작은 집단(M−1SD)의 경우 95% 신뢰구간이 −.155~−.098이고, 평균 집단(M)의 경우 95% 신뢰구간이 −.088~ −.048로 0을 포함하지 않아 조절된 매개효과가 유의한 것으로 검증되었다. 한편, 평균보다 큰 집단(M+1SD)의 경우 95% 신뢰구간이 −.035~.017로 0을 포함하고 있으므로 조절된 매개효과는 유의하지 않은 것으로 확인되었다.

조절된 매개효과 검증 결과, 운동시간의 조절된 매개지수는 .025이고, 95% 신뢰구간이 .017~.033으로 0을 포함하지 않아 조절된 매개효과가 유의한 것으로 검증되었다. 즉, 스마트폰 중독과 삶의 만족도 관계에서 우울의 매개효과를 운동시간이 조절하는 것으로 확인되었다.

**<표> 운동시간에 따른 조건부 매개효과**

| 운동시간 | B | S.E. | 95% CI | |
|---|---|---|---|---|
| | | | LLCI | ULCI |
| M−1SD | −.126 | .014 | −.155 | −.098 |
| M | −.067 | .010 | −.088 | −.048 |
| M+1SD | −.009 | .013 | −.035 | −017 |

$^{*}p < .05$, $^{**}p < .01$, $^{***}p < .001$

**[매개효과분석 및 조절효과분석 결과를 포함한 조절된 매개효과분석 결과표 및 해석 예시]**

1. 스마트폰 중독이 삶의 만족도에 미치는 영향과 우울의 매개효과

스마트폰 중독이 삶의 만족도에 미치는 영향과 우울의 매개효과를 검증하기 위해 Hayes(2018)가 제안한 Process Macro 6번 모델을 활용하여 분석하였다.

첫 번째 모형에서는 독립변수인 스마트폰 중독이 매개변수인 우울에 미치는 영향을 살펴보았다. 매개변수인 우울에 대한 설명력은 19.9%로 나타났고($R^2$=.199), 연구모형은 적합한 것으로 확인되었다(F=151.746, p<.001). 분석 결과, 통제변수인 성별(β=.146, p<.001)은 우울에 유의한 영향을 미치는 것으로 나타났다. 즉, 남성 대비 여성인 경우, 우울은 높아지는 것으로 나타났다. 독립변수인 스마트폰 중독(β=.411, p<.001)은 우울에 유의한 영향을 미치는 것으로 나타났다. 즉, 스마트폰 중독이 높을수록 우울은 높아지는 것으로 나타났다. 한편, 통제변수인 연령은 우울에 유의한 영향을 미치지 않는 것으로 확인되었다.

**<표> 스마트폰 중독이 우울에 미치는 영향**

| 구분 | | B | S.E. | β |
|---|---|---|---|---|
| (상수) | | 1.282 | .054 | |
| 통제변수 | 성별(ref.=남성) | .108 | .016 | .146*** |
| | 연령 | .000 | .001 | −.004 |
| 독립변수 | 스마트폰 중독 | .339 | .017 | .411*** |
| $R^2$ | | | .199 | |
| F | | | 151.746*** | |

*p<.05, **p<.01, ***p<.001

두 번째 모형에서는 독립변수인 스마트폰 중독과 매개변수인 우울이 종속변수인 삶의 만족도에 미치는 영향을 살펴보았다. 종속변수인 삶의 만족도에 대한 설명력은 31.7%로 나타났고($R^2$=.317), 연구모형은 적합한 것으로 확인되었다(F=212.673, p<.001). 분석 결과, 통제변수인 성별(β=−.044, p<.05)은 삶의 만족도에 유의한 영향을 미치는 것으로 나타났다. 즉, 여성 대비 남성인 경우, 삶의 만족도는 높아지는 것으로 나타났다. 독립변수인 스마트폰 중독(β=−.290, p<.001)과 매개변수인 우울(β=−.364, p<.001)은 삶의 만족도에 유의한 영향을 미치는 것으로 나타났다. 즉, 스마트폰 중독이 낮을수록, 우울이 낮을수록, 삶의 만족도는 높아지는 것으로 나타났다. 한편, 통제변수인 연령은 삶의 만족도에 유의한 영향을 미치지 않는 것으로 확인되었다.

<표> 스마트폰 중독, 우울이 삶의 만족도에 미치는 영향

| 구분 | | B | S.E. | β |
|---|---|---|---|---|
| (상수) | | 5.025 | .095 | |
| 통제변수 | 성별(ref.=남성) | -.054 | .024 | -.044* |
| | 연령 | -.002 | .001 | -.032 |
| 독립변수 | 스마트폰 중독 | -.395 | .029 | -.290*** |
| 매개변수 | 우울 | -.602 | .036 | -.364*** |
| $R^2$ | | | .317 | |
| F | | | 212.673*** | |

*p<.05, **p<.01, ***p<.001

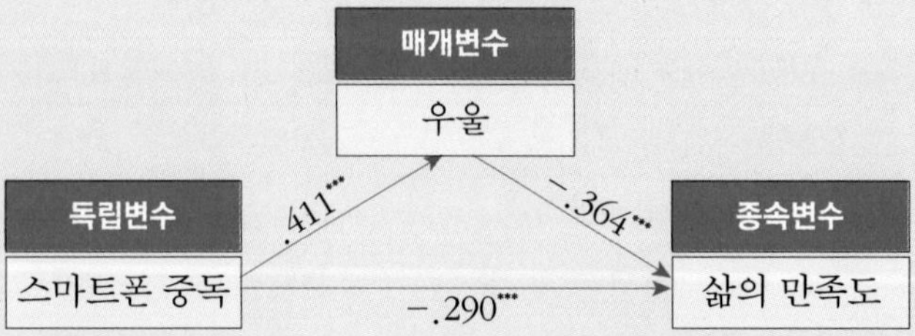


[그림 26-38] 스마트폰 중독이 삶의 만족도에 미치는 영향과 우울의 매개효과(표준화 계수)

스마트폰 중독과 삶의 만족도의 관계에서 우울의 매개효과를 검증하기 위해 부트스트래핑 5,000회를 지정하고 95%의 신뢰구간을 설정하였다. 분석 결과, '스마트폰 중독 → 우울 → 삶의 만족도' 경로의 경우 95% 신뢰구간이 -.239~-.171로 0을 포함하지 않아 매개효과가 유의한 것으로 검증되었다.

<표> 매개효과 검증

| 변수 간 경로 | B | S.E. | 95% CI | |
|---|---|---|---|---|
| | | | LLCI | ULCI |
| 스마트폰 중독 → 우울 → 삶의 만족도 | -.204 | .017 | -.239 | -.171 |

2. 스마트폰 중독이 우울에 미치는 영향과 운동시간의 조절효과

스마트폰 중독이 우울에 미치는 영향과 운동시간의 조절효과를 검증하기 위해 Hayes(2018)가 제안한 Process Macro 1번 모델을 활용하여 분석하였다. 종속변수인 우울에 대한 설명력은 69.9%로 나타났고($R^2$=.699), 연구모형은 적합한 것으로 확인되었다(F=848.986, p<.001). 분석 결과, 통제변수인 성별(B=.043, p<.001)은 우울에 유의한 영향을 미치는 것으로 나타났다. 즉, 남성 대비 여성인 경우 우울은 높아지는 것으로 나타났다. 독립변수인 스마트폰 중독(B=.257, p<.001)과 조절변수인 운동시간(B=-.038, p<.001)은 우울에 유의한 영향을 미치는 것

으로 나타났다. 즉, 스마트폰 중독이 높을수록, 운동시간이 짧을수록, 우울은 높아지는 것으로 나타났다. 한편, 통제변수인 연령은 우울에 유의한 영향을 미치지 않는 것으로 확인되었다. 상호작용변수인 스마트폰 중독 × 운동시간(B=−.042, $p<.001$)은 우울에 유의한 영향을 미치는 것으로 나타났다. 즉, 스마트폰 중독과 우울의 관계에서 운동시간의 조절효과는 유의한 것으로 확인되었다. 또한 상호작용항의 추가됨에 따른 $R^2$변화량은 .015($p<.001$)로 나타나 운동시간의 조절효과는 검증되었다.

**<표> 스마트폰 중독이 우울에 미치는 영향과 운동시간의 조절효과**

| 구분 | | B | S.E. |
|---|---|---|---|
| (상수) | | 1.898*** | .049 |
| 통제변수 | 성별(ref.=남성) | .043*** | .010 |
| | 연령 | .000 | .000 |
| 독립변수 | 스마트폰 중독 | .257*** | .019 |
| 조절변수 | 운동시간 | −.038*** | .009 |
| 상호작용변수 | 스마트폰 중독 × 운동시간 | −.042*** | .004 |
| $R^2$ | | .699 | |
| F | | 848.986*** | |

*p<.05, **p<.01, ***p<.001

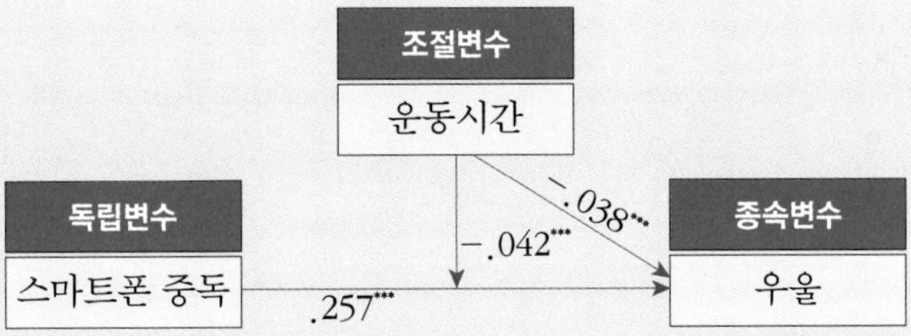


[그림 26-39] 스마트폰 중독이 우울에 미치는 영향과 운동시간의 조절효과(비표준화 계수)

운동시간의 특정 값에서 스마트폰 중독이 우울에 미치는 영향의 조건부 효과는 다음과 같다. 분석 결과, 운동시간이 평균보다 작은 집단(M−1SD), 평균 집단(M)일 때, 조건부 효과가 유의한 것으로 나타났다. 즉, 스마트폰 중독이 우울에 미치는 과정에서 운동시간이 평균보다 작은 집단, 평균 집단인 경우 조절효과는 유의한 것으로 확인되었다. 한편, 운동시간이 평균보다 큰 집단(M+1SD)일 때, 조건부 효과는 유의하지 않은 것으로 나타났다. 즉, 스마트폰 중독이 우울에 미치는 과정에서 운동시간이 평균보다 높은 집단인 경우 조절효과는 유의하지 않은 것으로 확인되었다.

<표> 운동시간에 따른 조건부 효과

| 운동시간 | B | S.E. | 95% CI | |
|---|---|---|---|---|
| | | | LLCI | ULCI |
| M−1SD | .209*** | .015 | .179 | .238 |
| M | .112*** | .011 | .089 | .134 |
| M+1SD | .015 | .016 | −.016 | .045 |

*p < .05, **p < .01, ***p < .001

조절변수 특정 값에 따른 조건부 효과 분석을 보완하기 위해 조절변수의 전 범위에 대하여 조절변수의 유의성을 검증하는 Johnson-Neyman의 조명등 분석법을 활용하였다. 분석 결과, 조절변수인 운동시간이 5.500시간보다 낮고, 7.127시간보다 높을 때 조절효과가 유의한 것으로 나타났다. 전체 케이스 중 운동시간이 5.500시간보다 낮은 케이스는 75.954%이고, 운동시간이 7.127시간보다 높은 케이스는 9.815%로 확인되었다. 즉, 스마트폰 중독과 우울의 관계에서 운동시간의 조절효과는 전체 케이스 중 85.769%에서 유의한 것으로 나타났다.

스마트폰 중독이 우울에 미치는 영향에서 운동시간의 조절효과를 보다 구체적으로 살펴보기 위해 도식화를 하면 다음과 같다. 조절변수인 운동시간을 고수준 집단과 저수준 집단으로 구분하여 확인해 본 결과, 스마트폰 중독이 높아질수록 우울은 높아지지만 운동시간이 높고 낮음에 따라 스마트폰 중독이 우울에 미치는 영향은 차이가 있는 것으로 분석되었다. 즉, 운동시간 저수준 집단이 고수준 집단보다 스마트폰 중독이 높아질수록 우울은 더 급격하게 증가하는 것으로 나타났다.

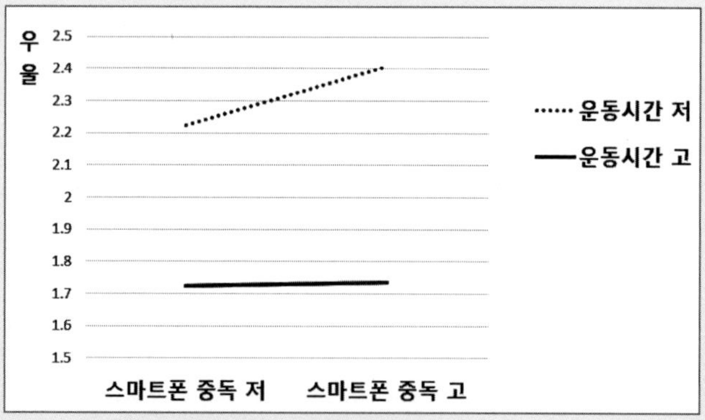


[그림 26-40] 운동시간 조절효과 그래프

3. 운동시간의 조절된 매개효과

스마트폰 중독과 삶의 만족도 관계에서 우울의 매개효과를 운동시간이 조절하는지 검증하기 위해 Hayes(2018)가 제안한 Process Macro 7번 모델을 활용하여 분석하였다. 분석 결과, 운동시간의 특정 값에 따른 조건부 매개효과 결과는 다음과 같다. 평균보다 작은 집단(M−1SD)의 경우 95% 신뢰구간이 −.155∼−.098이고, 평균 집단(M)의 경우 95% 신뢰구간이 −.088∼ −.048로

0을 포함하지 않아 조절된 매개효과가 유의한 것으로 검증되었다. 한편, 평균보다 큰 집단(M+1SD)의 경우 95% 신뢰구간이 −.035~.017로 0을 포함하고 있으므로 조절된 매개효과는 유의하지 않은 것으로 확인되었다.

조절된 매개효과 검증 결과, 운동시간의 조절된 매개지수는 .025이고, 95% 신뢰구간이 .017~.033으로 0을 포함하지 않아 조절된 매개효과가 유의한 것으로 검증되었다. 즉, 스마트폰 중독과 삶의 만족도 관계에서 우울의 매개효과를 운동시간이 조절하는 것으로 확인되었다.

**<표> 운동시간에 따른 조건부 매개효과**

| 운동시간 | B | S.E. | 95%CI | |
|---|---|---|---|---|
| | | | LLCI | ULCI |
| M−1SD | −.126 | .014 | −.155 | −.098 |
| M | −.067 | .010 | −.088 | −.048 |
| M+1SD | −.009 | .013 | −.035 | .017 |

*p < .05, **p < .01, ***p < .001

# 부록

| 『SPSS를 활용한 자료분석론』 실습 설문지 | ID | | | |
|---|---|---|---|---|

안녕하십니까? □□□ 연구단은 현장과 학문 및 연구분야에서 사회조사를 위해 애쓰고 있는 학생과 전문가들을 지원하는 업무를 하고 있습니다.

이에 본 연구단은『SPSS를 활용한 자료분석론』교재를 활용한 실습이 가능하도록 본 설문을 구성하였으며, 시간은 약 5분 정도 소요될 예정입니다.

귀하께서 응답하신 내용은「통계법」제33조(비밀의 보호)에 의해 개인의 신상자료가 외부에 노출되는 일은 없습니다. 또한「개인정보보호법」제15조(개인 정보의 수집 · 이용)에 의거하여 보호받으며, 동법 제21조(개인정보의 파기)에 의거하여 조사 종료 후 파기되오니 안심하고 모든 문항에 빠짐없이 응답해 주시면 감사하겠습니다.

시간을 내어 조사에 응해 주셔서 진심으로 감사드립니다.

202×. ○○. ○○.

□□□ 연구단, 정규형 · 김성희 연구팀

[문의] 연구책임자 정규형 교수 Tel: 02–◇◇◇–□□□□ / E-mail: jqbrother@gmail.com

**1.** 귀하의 성별은 무엇입니까?

① 남성 ② 여성

**2.** 현재 귀하의 연령은 어떻게 됩니까? (　　)세

**3.** 귀하의 태어난 년도는 어떻게 됩니까? (　　)년도

**4.** 귀하의 거주지역 규모는 어느 정도입니까?

① 대도시 ② 중소도시 ③ 농어촌

**5.** 귀하의 거주지역(시 · 도)은 어디입니까?

| | | | |
|---|---|---|---|
| ① 서울특별시 | ② 부산광역시 | ③ 대구광역시 | ④ 인천광역시 |
| ⑤ 광주광역시 | ⑥ 대전광역시 | ⑦ 울산광역시 | ⑧ 경기도 |
| ⑨ 강원도 | ⑩ 충청북도 | ⑪ 충청남도 | ⑫ 경상북도 |
| ⑬ 경상남도 | ⑭ 전라북도 | ⑮ 전라남도 | ⑯ 제주도 |
| ⑰ 세종시 | | | |

**6.** 귀하의 거주지역은 어디입니까? (          ) 시/도

**7.** 귀하의 학력은 어떻게 됩니까?

| | | |
|---|---|---|
| ① 무학 | ② 초등학교 졸업 | ③ 중학교 졸업 |
| ④ 고등학교 졸업 | ⑤ 대학교 졸업 | ⑥ 대학원 졸업 |

**8.** 귀하의 결혼상태는 어떻게 됩니까?

| | | |
|---|---|---|
| ① 미혼 | ② 기혼 | ③ 이혼 |
| ④ 사별 | ⑤ 기타 | |

**9.** 현재 귀하의 가구원수는 몇 명입니까? (     )명

**10.** 현재 귀하는 일을 하고 있습니까?

① 일을 하고 있다    ② 일을 하고 있지 않다

**11.** 귀하의 올해 평균 월 소득은 얼마입니까? (     )만 원

**12.** 귀하의 작년 평균 월 소득은 얼마입니까? (     )만 원

**13.** 귀하께서는 하루 평균 자녀돌봄시간이 어떻게 됩니까? (     시     분)

**14.** 지난 한 달간 귀하의 자원봉사시간은 몇 시간 정도입니까? (     )시간

**15.** 귀하의 올해 기부금액은 얼마입니까? (     )만 원

**16.** 귀하의 작년 기부금액은 얼마입니까? (     )만 원

**17.** 귀하의 금융기관 대출은 얼마 정도입니까? (  )만 원

**18.** 현재 귀하는 여가프로그램에 참여하고 계십니까?

① 참여  ② 미참여

**19.** 귀하께서는 여가프로그램에 참여하지 못하는 이유가 무엇입니까?

① 이용할 수 있는 서비스가 적어서
② 프로그램 질이 낮아서
③ 시설 및 장비가 좋지 않아서
④ 이용 시간대가 제한적이어서
⑤ 대기 기간이 길어서
⑥ 기타

**20.** 다음은 여가프로그램의 만족도에 대한 질문입니다. 각 문항을 읽고 해당 사항에 체크하여 주십시오.

| 여가프로그램 만족도 | 전혀 그렇지 않다 | 그렇지 않다 | 보통이다 | 그렇다 | 매우 그렇다 |
|---|---|---|---|---|---|
| 1. 시설 및 환경 | ① | ② | ③ | ④ | ⑤ |
| 2. 직원 및 강사 | ① | ② | ③ | ④ | ⑤ |
| 3. 프로그램 내용 | ① | ② | ③ | ④ | ⑤ |

**21.** 아래 보기 중 귀하께서 참여하고 싶은 여가프로그램을 1순위와 2순위 선택해 주십시오.
1순위 (  ), 2순위 (  )

① 노래 교실  ② 댄스 교실  ③ 서예 교실
④ 탁구 교실  ⑤ 기타(  )

**22.** 다음은 사회적지지에 대한 질문입니다. 각 문항을 읽고 해당 사항에 체크하여 주십시오.

| 사회적지지 | 전혀 그렇지 않다 | 그렇지 않다 | 보통이다 | 그렇다 | 매우 그렇다 |
|---|---|---|---|---|---|
| 1. 그들은 항상 나의 일에 관심을 갖고 걱정해주었다. | ① | ② | ③ | ④ | ⑤ |
| 2. 그들은 나의 문제를 들어주지 않았다. | ① | ② | ③ | ④ | ⑤ |
| 3. 그들과 함께 있으면 친밀감을 느끼게 해주었다. | ① | ② | ③ | ④ | ⑤ |

**23.** 다음은 사전 우울에 대한 질문입니다. 각 문항을 읽고 해당 사항에 체크하여 주십시오.

| 우울 | 전혀 그렇지 않다 | 그렇지 않다 | 보통 이다 | 그렇다 | 매우 그렇다 |
|---|---|---|---|---|---|
| 1. 쓸데없는 생각들이 자꾸 떠올라 괴롭다. | ① | ② | ③ | ④ | ⑤ |
| 2. 아무것도 할 수 없을 것처럼 무기력하게 느껴진다. | ① | ② | ③ | ④ | ⑤ |
| 3. 앞날에 대해 걱정할 때가 많다. | ① | ② | ③ | ④ | ⑤ |
| 4. 정말 자신이 없다. | ① | ② | ③ | ④ | ⑤ |
| 5. 앞날에 대해 걱정할 부분이 많다. | ① | ② | ③ | ④ | ⑤ |

**24.** 다음은 사후 우울에 대한 질문입니다. 각 문항을 읽고 해당 사항에 체크하여 주십시오.

| 우울 | 전혀 그렇지 않다 | 그렇지 않다 | 보통 이다 | 그렇다 | 매우 그렇다 |
|---|---|---|---|---|---|
| 1. 쓸데없는 생각들이 자꾸 떠올라 괴롭다. | ① | ② | ③ | ④ | ⑤ |
| 2. 아무것도 할 수 없을 것처럼 무기력하게 느껴진다. | ① | ② | ③ | ④ | ⑤ |
| 3. 앞날에 대해 걱정할 때가 많다. | ① | ② | ③ | ④ | ⑤ |
| 4. 정말 자신이 없다. | ① | ② | ③ | ④ | ⑤ |
| 5. 앞날에 대해 걱정할 부분이 많다. | ① | ② | ③ | ④ | ⑤ |

**25.** 귀하께서는 지난 일주일 간 자살 생각을 해 본 적이 있습니까?

① 있다　　　　② 없다

**26.** 다음은 자기효능감에 대한 질문입니다. 각 문항을 읽고 해당 사항에 체크하여 주십시오.

| 자기효능감 | 전혀 그렇지 않다 | 그렇지 않다 | 보통 이다 | 그렇다 | 매우 그렇다 |
|---|---|---|---|---|---|
| 1. 나는 주어진 일을 하기 위해 정보를 충분히 활용할 수 있다. | ① | ② | ③ | ④ | ⑤ |
| 2. 어렵거나 도전적인 일에 도전하는 것은 재미있는 일이다. | ① | ② | ③ | ④ | ⑤ |
| 3. 나는 계획을 잘 수립할 수 있다. | ① | ② | ③ | ④ | ⑤ |
| 4. 나는 일이 잘못되고 있다고 생각되면, 빨리 바로잡을 수 있다. | ① | ② | ③ | ④ | ⑤ |
| 5. 나는 무슨 일이든 정확하게 처리할 수 있다. | ① | ② | ③ | ④ | ⑤ |

**27.** 다음은 회복탄력성에 대한 질문입니다. 각 문항을 읽고 해당 사항에 체크하여 주십시오.

| 회복탄력성 | 전혀 그렇지 않다 | 그렇지 않다 | 보통 이다 | 그렇다 | 매우 그렇다 |
|---|---|---|---|---|---|
| 1. 문제가 생기면 해결 방안에 대해 생각한 후 해결하려고 노력한다. | ① | ② | ③ | ④ | ⑤ |
| 2. 나는 대부분 상황에서 문제의 원인을 잘 알고 있다고 믿는다. | ① | ② | ③ | ④ | ⑤ |
| 3. 누군가가 나에게 화를 낼 경우 나는 우선 그 사람의 의견을 잘 듣는다. | ① | ② | ③ | ④ | ⑤ |
| 4. 일이 생각대로 안 풀려도 쉽게 포기하지 않는다. | ① | ② | ③ | ④ | ⑤ |
| 5. 당장 해야 할 일이 있으면 나는 어떠한 유혹이나 방해도 잘 이겨 낼 수 있다. | ① | ② | ③ | ④ | ⑤ |

**28.** 다음은 생활만족도에 대한 질문입니다. 각 문항을 읽고 해당 사항에 체크하여 주십시오.

| 생활만족도 | 전혀 그렇지 않다 | 그렇지 않다 | 보통 이다 | 그렇다 | 매우 그렇다 |
|---|---|---|---|---|---|
| 1. 나는 요즘 하늘을 날 것처럼 즐겁다. | ① | ② | ③ | ④ | ⑤ |
| 2. 나는 지금 지루하게 느끼지 않는다. | ① | ② | ③ | ④ | ⑤ |
| 3. 내가 하고 있는 일들은 예전과 마찬가지로 행복하다. | ① | ② | ③ | ④ | ⑤ |
| 4. 나는 슬퍼할 일이 없다. | ① | ② | ③ | ④ | ⑤ |
| 5. 나는 조그마한 일에는 화가 나지 않는다. | ① | ② | ③ | ④ | ⑤ |

# 참고문헌

정규형(2019). Stata로 끝내는 논문-Stata 초급자를 위한 모든 것. 서울: 한빛아카데미.

김성은, 정규형, 우종훈, 허영회(2018). 한번에 통과하는 논문-SPSS 결과표 작성과 해석 방법. 서울: 한빛아카데미.

성태제(2009). 알기 쉬운 통계분석. 서울: 학지사.

Baron, R. M., & Kenny, D. A. (1986). The moderator-mediator variable distinction in social psychological research: Conceptual, strategic, and statistical considerations. *Journal of Personality and Social Psychology, 51*(6), 1173-1182.

Cohen, J. (1988). *Statistical power analysis Jbr the behavioral Sciences*. Hillsdale (NJ): Lawrence Erlbaum Associates, 18-74.

Dalal, D. K., & Zickar, M. J. (2012). Some common myths about centering predictor variables in moderated multiple regression and polynomial regression. *Organizational Research Methods, 15*(3), 339-362.

Hayes, A. F. (2013). *Truth and myths about mean centering*. In Author, Introduction to mediation, moderation, and conditional process: A regression-based approach (282-290). New York: The Guilford Press.

Hayes, A. F. (2018). *Introduction to mediation, moderation, and conditional process analysis: A regression-based approach* (2nd ed.). New York, NY: The Guilford Press.

Hayes, A. F., & Scharkow, M. (2013). The relative trustworthiness of inferential tests of the indirect effect in statistical mediation analysis: does method really matter?. *Psychological science, 24*(10), 1918-1927.

Hong, S. H., Malik, M. L., & Lee, M. K. (2003). Testing configural, metric, scalar, latent mean invariance across genders in sociotropy and autonomy using a non-western sample. *Educational and Psychological Measurement, 63*(4), 636-654.

Kline, R. B. (2011). *Principles and practice of structural equation modeling* (3rd ed.). New York, NY: The Guilford Press.

Preacher, K. J., & Hayes, A. F. (2004). SPSS and SAS procedures for estimating indirect effects in simple mediation models. *Behavior research methods, instruments, & computers, 36*(4), 717-731.

Shingala, M. C., & Rajyaguru, A. (2015). Comparison of post hoc tests for unequal variance. *International Journal of New Technologies in Science and Engineering, 2*(5), 22-33.

West, S. G., Finch, J. F., & Curran, P. J. (1995). *Structural equation models with nonnormal variables: Problems and remedies*. In R. H. Hoyle (Ed.), Structural equation modeling: Concepts, issues, and applications, Thounsand Oaks, CA: Sage Publications.

Yeo, I. K., & Johnson, R. A. (2000). A new family of power transformations to improve normality or symmetry. *Biometrika, 87*(4), 954−959.

국가통계포털 홈페이지 https://kosis.kr

마이크로데이터 통합서비스 홈페이지 https://mdis.kostat.go.kr

복지국가연구센터 홈페이지 http://www.welfarestate.re.kr

PROCESS macro 홈페이지 https://www.processmacro.org

Statistical Horizons 홈페이지 https://statisticalhorizons.com

## 찾아보기

# 저자 소개

## 정규형(Kyu-Hyoung Jeong)

연세대학교, 사회복지학 학사(B.A.), 석사(M.A.), 박사(Ph.D.)

**주요 경력**

세명대학교 사회복지학과 교수(2020~현재)
노원구청 구정연구단 연구원(2019~2020)
(주)히든그레이스 전문 강사(2016~2018)
연세대학교 사회복지연구소 연구원(2014~2019)
한국농촌경제연구원 연구원(2013~2014)

**주요 저서**

한번에 통과하는 논문: 양적논문작성(2017), SPSS(2018), Amos(2018)
Stata로 끝내는 논문(2019)

jqbrother@gmail.com
https://sites.google.com/view/jqbrother

## 김성희(Sunghee Kim)

연세대학교, 아동 · 가족학 학사(B.S.)/사회복지학 학사(B.A.)
사회복지학 석사(M.A.), 사회복지정책협동과정 박사수료(Ph.D.Candidate)

**주요 경력**

대원대학교 사회복지학과 강사(2021~현재)
연세대학교 사회복지연구소 연구원(2018~현재)
사단법인 위스타트 해외센터 센터장/본부 연구원(2011~2016)

ohmyenergy@gmail.com
https://sites.google.com/view/sh-kim

## 히든그레이스 논문통계팀

- 2013년 1월 설립
- 2017년 11월 사회적 기업인증
- 2019년 4월 모범납세인 국세청장상 수상
- 20,000여 건의 학술 논문과 200개 대학 연구 보고서 용역 진행
- 300여 건의 데이터 분석과 AI 모델링 프로젝트 진행
- 200여 건의 의학보건통계 강의와 분석 진행

**카카오톡** 히든그레이스
**전화번호** 02-598-8121
**대표메일** help@hjgrace.com
**회사주소** 서울특별시 서초구 효령로 47길 27, 3층 (서초동)
**주요저서** 한번에 통과하는 논문: 논문 쓰기 전략(2017), SPSS 결과표 작성(2018), 구조방정식(2019)
한번에 적용하는 분석: stata(2019), jamovi&사회과학 패널데이터(2021)
한번에 적용하는 의학보건통계: R&jamovi(2022), SAS&메타분석(2023), 의료보건 패널데이터&복합표본(2023 예정)

**SPSS를 활용한 자료분석론**
Data Analysis with SPSS Statistics

2023년 4월 20일 1판 1쇄 인쇄
2023년 5월 1일 1판 1쇄 발행

지은이 • 정규형 · 김성희 · 히든그레이스 논문통계팀
펴낸이 • 김진환
펴낸곳 • (주) 학지사
04031 서울특별시 마포구 양화로 15길 20 마인드월드빌딩
대표전화 • 02)330-5114 팩스 • 02)324-2345
등록번호 • 제313-2006-000265호

홈페이지 • http://www.hakjisa.co.kr
페이스북 • https://www.facebook.com/hakjisa

ISBN 978-89-997-2847-1 93330

정가 30,000원



실습파일은 학지사 홈페이지의『SPSS를 활용한 자료분석론』(정규형, 김성희, 히든그레이스 논문통계팀) 부록 자료에서 다운로드할 수 있습니다. 또는 정규형 교수 홈페이지(네이버나 구글에서 '정규형 교수 연구실' 검색. https://sites.google.com/view/jqbrother)의 저서에서 다운로드할 수 있습니다.